Beda Franziskus
Dudi

k

Mährens allgemeine Geschichte

Im Auftrage des mährischen Landesausschusses dargestellt von B. Dudík

Beda Franziskus
Dudi

k

Mährens allgemeine Geschichte
Im Auftrage des mährischen Landesausschusses dargestellt von B. Dudík

ISBN/EAN: 9783742869364

Hergestellt in Europa, USA, Kanada, Australien, Japan

Cover: Foto ©ninafisch / pixelio.de

Manufactured and distributed by brebook publishing software (www.brebook.com)

Beda Franziskus
Dudi

k

Mährens allgemeine Geschichte

MÄHRENS
ALLGEMEINE GESCHICHTE.

IM AUFTRAGE DES MÄHRISCHEN LANDES-AUSSCHUSSES

DARGESTELLT

VON

DR. B. DUDÍK,

O. S. B.

II. BAND.

DIE ZEIT DES MARKGRAFEN KARL

VON 1333 BIS 1350.

BRÜNN, 1888.

VERLAG DES MÄHRISCHEN DOMESTICALFONDES.

K. K. HOFBUCHDRUCKER FR. WINIKER & SCHICKARDT, BRÜNN.

Inhalt.

I. Buch.

Karl, Markgraf in Mähren, Statthalter in Böhmen und Pfleger in Tirol (1333) bis zu seiner Anerkennung als Erbe der böhmischen Krone (1341).

Seite

Karls Geburt 1316, seine Erziehung in Frankreich und sein Auftreten als Statthalter in Böhmen von 1316 bis December 1335. — Erster Landtag in Prag 1334. — Karls Gemahlin, Blanca von Valois, kam nach Prag 1334. — Bischof von Olmütz, Hinek von Duba, gestorben 1333, sein Nachfolger, Johann Wolek, natürlicher Sohn Königs Wenzel II. von Böhmen. — Streit zwischen dem Kloster- und dem Weltclerus in Prag 1334. — Markgraf Karl urkundet in Mähren, August 1334. — König Johann unterhandelt wegen seiner zweiten Heirat mit Beatrix von Bourbon 1335. — Vermählung der Prinzessin Anna, Schwester des Markgrafen Karl, mit dem Herzoge Otto von Österreich; Znaim verpfändet 1335. — Die Herzoge von Österreich, Albrecht und Otto, mit Kärnten und Krain durch den Kaiser Ludwig am 5. Mai 1335 belehnt. — Königs Johann Aufgebot deshalb wider die österreichischen Herzoge Juli 1335. — Schutz- und Trutzbündnis mit Polen und Ungarn. — Markgraf Karl unterhandelte im Mai 1335 in Sandomir mit Polen wegen eines einjährigen Waffenstillstandes. — Karls Infeudations-System. — Markgraf Karl beim Könige Johann verleumdet 1335, weshalb vom Hofe sammt der Gemahlin verwiesen. In Bürglitz brachte sie ihm die Tochter Margaretha 24. Mai 1335. — Karl verzichtet auf Luxemburg zu Gunsten der männlichen Kinder seines Vaters aus der zweiten Ehe 1335. — Bemerkung bei der Verzichtleistung. — Trenčiner Vertrag zwischen Böhmen und Polen 1335. — Vyšegrader Schutz- und Trutzbündnis mit Ungarn September

VI

1335. — Friedensschluss zwischen König Johann und Kaiser Ludwig und ihren Bundesgenossen 16. Sept. 1335. — Bolek von Münsterberg, Vasall der Krone Böhmens 1336. — Vyšegrader Dreikönigs-Congress im November 1335 und dessen Folge. — Breslau wird böhmisches Lehen 25. November 1335. — Folgen des Vyšegrader Congresses für Mähren. — Regelung der ungar.-mähr. Zölle Januar 1336. — Krieg mit Österreich Februar 1336. — Markgraf Karl Pfleger in Tirol Anfangs 1336. — Congress der drei Könige von Böhmen, Ungarn und Polen zu Marchek am 21. Juni 1336. — König Johann greift den deutschen Kaiser Ludwig in Niederbaiern an. — Friedensschluss zu Enns nach den Präliminarien zu Freistadt 9. October 1336. — Kreuzzug nach Litthauen 1337, wobei Bischof Johann von Olmütz. — Zustand der mährischen Kirche 1336. — Königs Johann geschwächtes Augenlicht 1337. — Markgraf Karl in Tirol 1337. — Spannung mit dem Vater Juni 1337. — Ausbruch der Kriege zwischen Philipp VI. von Frankreich und Eduard III. von England. Heinrich von Lipa Reichsverweser. — Karl kehrte im November 1337 aus Tirol nach Böhmen zurück. — Der Friede von Enns ratificirt im Sept. 1337 mit Ausnahme des Grafen Johann und des Markgrafen Karl. — Rechtszustände in Mähren seit Karls Rückkehr aus Tirol nach Mähren 1337. — Spannungen in Schlesien wegen Militsch. — Karl und der Vyšegrader Vertrag 1338. — Vermählung zwischen Ludwig von Ungarn und Margaretha in Mähren. — Markgraf Karl in Mähren im März 1338. — Aufstand der Pottensteiner. — Markgraf Karl auf seiner Reise nach Luxemburg bis Frankfurt. — Wahlfürsten zu Rense den 15. Juni 1338. — Das Pulkauer Wunder 1338. — Reichstag zu Frankfurt vom 14. März 1339. — Consequenzen dieses Reichstages. — Markgraf Karl beim kranken Könige Karl von Ungarn 1339. — Allgemeine Berna am 1. Juni 1339. — Landtag in Brünn 3. Juli 1339. — Zweite Fehde wider Niklas von Pottenstein. — Karl in Breslau wegen der Burg Militsch 1339. — In Mähren Achtung vor dem canonischen Rechte. — Zehentschwierigkeiten in Mähren. Karl am Wege nach Frankreich im Hochsommer 1339. — König Johann verlor das Augenlicht und Markgraf Karl wurde Stellvertreter in Böhmen Ende 1339. — Markgraf Karl in Frankreich und sein Wunsch, in Spanien zu kämpfen, December 1339. — Markgraf Karl mit seinem Vater in Avignon. — Mähren im Frieden vom Juli 1319 bis März 1340. —

Stiftung des Annaklosters in Alt-Brünn Sept. 1339. — Vertrauen des Bischofs Johann am Hofe zu Avignon 1339. — Häresie der Apostelbrüder in Mähren 1340. — Markgraf Karl in Tirol vom März 1340. — Besuch der beiden Brüder in Krakau und in Ungarn 1340. — Revolution in Tirol und Vertreibung des Grafen Johann 1340. — Aufbauung der Twingenburg bei Tepenec in Mähren 1340. — Königs Johann Testament 9. Sept. 1340. — Stiftung der Nonnenabtei Pustoměř 1340. — Landtag in Prag Juni 1341. — Dem Markgrafen Karl die Erbfolge zugesichert 1341 . . 1—226

II. Buch.

Von Karls Anerkennung als Erbe der böhmischen Krone (1341) bis zum Tode des Königs Johann (1346).

Der grosse Krieg zwischen den Russen und Polen 1341. — Vereinigung von Ober- und Niederbaiern 1341. — Herzogin Margaretha kam am 20. Mai 1341, leider kränklich, in Prag an. — König Kazimir kam als Brautwerber in Prag an. — Margaretha starb in Prag den 11. Juli 1341. Bündnisse mit Kazimir. — Kazimir auf der Brautschau. — Deutschordensverhältnisse. — Zustände in Tirol 1341. — Margaretha Maultasch verjagt den Fürsten Johann, ihren Gemahl, 1341. — Albrecht von Österreich im Bunde mit König Johann wider den Kaiser Dec. 1341. — Vermählung Ludwigs von Brandenburg mit Margaretha Maultasch 10. Febr. 1342. — Regierungsantritt des Papstes Klemens VI. im November 1342. — Auftreten wider die Ketzer vom freien Geiste in Mähren 1342. — Wohlstand der Klöster in Mähren. — Krönung Klemens' VI. 1342. — Markgraf Karl General-Gubernator von Böhmen 1342. — Zustände in Tirol. — Karl Bevollmächtigter Königs Johann wegen Militsch. — Karls Thätigkeit in Breslau 1342. — Tod des Königs Karl von Ungarn 1342. — Erhebung des Prager Bisthums zum Erzbisthum 1342. — Gründung des Allerheiligenstiftes in Prag. — Bischof Johann von Dražic starb am 5. Jan. 1343, sein Nachfolger Arnost von Pardubitz. — Gnaden des Papstes Klemens VI. für Mähren 1343. — Karl hielt einen allgemeinen Landtag in Prag Febr. 1343. — Fürst Johann Heinrich kommt als Verjagter im Mai 1343 nach

VIII

Prag. — Karls Verwaltungsthätigkeit in seinen Erbländern. — Anlauf, seine Schulden zu ordnen. — Karl stiftet beim Prager Dome Mansionare. — Karls finanzielle Nothlage 1343. — Schlesische Städte huldigen Karl. — K. Johann unterhandelt ohne Wissen des Markgrafen Karl mit Kaiser Ludwig 1343. — Waffenstillstand in Cham und Taus zwischen Karl und dem Kaiser Aufangs 1344. — Karl in Avignon. — Verlegung der Collegiatkirche in Sacka nach Prag 1344. — Errichtung der Metropolie Prag 1344. — Johann Heinrich vertrat damals Karl in der Regierung 1343 und 1344. — Fehden an Österreichs Grenzen 1344. — Verwandtschaftsbande zwischen Friedrich von Österreich und der Tochter des Markgrafen Karl, Katharina. — Kaiser Ludwig legt das wider ihn gefällte Urtheil des Papstes den Curfürsten zur Begutachtung vor zu Köln September 1344. — Unterhandlungen zwischen K. Johann und dem Kaiser. — Defensivbündnis zwischen Friedrich von Meissen und Thüringen 1344, und von Seite Königs Johann und Karls projectirte Heirat zwischen einem Sohne Friedrichs von Meissen und einer Tochter des Markgrafen. — Grundsteinlegung der St. Veitskirche in Prag 1344. — Dritter Kreuzzug wider die Litthauer 1344. — Spannung mit Polen wegen unbezahlter Schulden. — Karl in der Gefahr, in Polen gefangen zu werden 1345. — Spannung deshalb mit Polen und mit Herzog Bolek. — Johann Heinrich abermaliger Reichsvertreter für Karl 1345. — Leitomyšl zur Stadt erhoben und Organisirung dessen Bisthums. — Zustand der mährischen Kirche 1343—1345. — Prager Synode 1343. — Grubenheimer in Böhmen und Mähren. — Das Inquisitoren-Institut. — Vereitelte Stiftung der Augustiner in Schüttenhofen. — Kaiser Ludwig in Coalition wider die Luxemburger 1345. — Johanns Deputationen in Krakau gefangen 1345. — Des Markgrafen Administrationsgegenstände in Böhmen und Mähren 1345. — Der apostol. Stuhl nahm die Vermittlung zwischen dem Luxemburger und Ludwig dem Baier in eigene Hand 1345. — Allianz zwischen Ungarn und dem Kaiser wider den Papst. — Theilung der von Berk'schen Güter Januar 1346. — Unterhandlungen der Luxemburger mit dem Kaiser März 1346. — Kaiser Ludwig vom Papste abgesetzt am 13. April 1346. — Punkte der Wahlcapitulation für den neuen deutschen König. — Die Wahl Karls ausgeschrieben 22. Mai 1346. — Notificirung der Absetzung Kaisers Ludwig an Frankreich 3. Juni 1346. —

Mönche mit slav. Ritus eingeführt in Prag 1347. —
Wahl Karls zum deutschen Könige 11. Juli 1346 bei
Rense. — Krieg zwischen England und Frankreich.
— Schlacht bei Crecy 26. August 1346. — Tod
Königs Johann. — Seine Beurtheilung . . . 227—460

III. Buch.

Vom Tode Königs Johann (1346) bis zur Übergabe
Mährens an Johann Heinrich (1350).

Begebenheiten nach der Schlacht von Crecy bis zum
Ende des J. 1346. — Papst Klemens VI. erkennt die
Wahl Karls IV. als deutschen König an. — Karl IV. gekrönt in Bonn 26. Nov. 1346. — Karls Belehnungen nach
seiner deutschen Krönung. — Er ernannte seinen
Grossoheim zum Verwalter im deutschen Reiche 1346.
— Karl reiste verkleidet nach Böhmen. — Karl nach
Dreikönigstag 1347 in Prag. — Karl in Tirol. —
Kaiser Ludwig verliert in Tirol an Ansehen 1347. —
König Karl eilt incognito durch Ungarn und Oberitalien nach Tirol, wo er Mitte März 1347 vor Trient
anlangt. — Schmähschrift des Kaisers an den K. Karl
vom 7. Jan. 1347. — Verhältnis Herzogs Albrecht
von Österreich zu den beiden Gegnern. — Karl
eröffnet zu Ostern den Feldzug in Tirol. — Karl
intercedirt in Avignon für Smil von Lichtenburg,
welcher seinen Patronatspfarrer Wojslav ertränken
liess. — Karls Erfolge in Südtirol im Sommer 1347.
— Bischof Ulrich von Chur, Karls Bundesgenosse,
geschlagen und gefangen bei Tramin 24. Juni 1347.
— Karls Geschick auf der Rückreise nach Böhmen
im Juli 1347. — Karl um die Mitte August in der
Heimat. — Kaiser Ludwig für seinen Sohn Stephan
in Schwaben. — Unruhen an der Grenze Böhmens
im Juli 1347. — Krieg Karls als König von Böhmen
2. September 1347. — Mährens Zustände vom Juni
1345 an bis November 1347. — Krönungsceremoniell
des böhmischen Königs. — Karl stiftet gleich nach
seiner Krönung in Prag ein Carmelitenkloster 18. Sept.
1347. — Urkundenbestätigung für die Erbländer und
für Breslau. — Karls Augenmerk auf das Finanzwesen 1347. — Rüstung zum Kriege wider den Kaiser.
— Karl bricht am 13. Oct. 1347 gegen Kaiser Ludwig

nach Regensburg auf. — In Taus auf dem Wege erfährt Karl, dass Kaiser Ludwig am 11. Oct. 1347 plötzlich verschieden sei. — Karl in Regensburg bis 31. October. — Noch in Nürnberg empfängt er den Act der Huldigung. — Stiftung des slavischen Klosters Emaus in Prag 21. Nov. 1347. — Huldigungsreise nach Nürnberg und Strassburg. — Der Papst ermahnt den König, grösseren Anstand zu beachten, 24. Febr. 1348. — Karl in Basel am Schlusse des Jahres 1347. — Von Basel nach Speier, wo die Städte Worms und Erfurt huldigten Januar 1348. — Der schwäbische Städtebund huldigt Karl. — Karl in Mainz unter gewissen Bedingungen eingelassen Januar 1348. — Gegenkönig Eduard III. von England seit 10. Jan. 1348. — Nimmt die Wahl nicht an. — Karl beschliesst, über Worms und Nürnberg nach Mähren zu gehen. — Karls Ankunft in Prag 1. Mai 1348. — Anlegung der Neustadt und ihre Stiftungsurkunde 8. März 1348. — Karlstein gebaut. — Karl sorgt für Mährens Grenzen. — General-Landtag in Prag 1348. — Bestätigung der wichtigsten Staatsurkunden durch den Landtag zu Prag 7. April 1348. — Wie dachte sich K. Karl die Stellung zum deutschen Reiche als König von Böhmen? — Des Bisthums Olmütz und des Herzogthums Troppau staatsrechtliches Verhältnis zu Böhmen 7. April 1348. — Karl tritt das Markgrafthum Mähren an seinen Bruder Johann Heinrich ab am 7. April 1348. — Landfrieden promulgirt. — Stiftung der Prager Universität 9. April 1348. — Karls Unterhandlungen mit Albrecht von Österreich, Brünn. — Ein neuer Throncandidat, Friedrich von Meissen und Thüringen, Juni 1348. — Karl mit Herzog Albrecht in Seefeld. — Nimmt in Znaim die Huldigung von dem Herzoge Barnim von Stettin am 12. Juni 1348 an. — Karl in Prag seit 17. Juni 1348. — Erhebung Mecklenburgs zum Herzogthume zu Prag 8. Juli 1348. — Mährens glückliche und ruhige Zustände. — Nürnberg empört sich wider Karl im Juni 1348. — Die Unterhandlungen in Passau zerschlugen sich. — Tod der Königin Blanca 1. August 1848 in Prag. — Der Papst rathet dem verwitweten deutschen Könige Karl eine französische Prinzessin zur Gattin an, die jedoch Karl ausschlägt. — Begründung des Nonnenstiftes des heil. Geistes in der Neustadt Prags 1346. — Vollendung desselben 1348. — Der Gegenkönig Friedrich von Meissen erkennt Karl als König an Sept. 1348. — Neuer Krieg mit den Wittelsbachern. — Die Tiroler werden aufgehetzt, die

Waffen wider ihren Herrn zu ergreifen. — Auftreten
des falschen Waldemar im September 1348. — Karl
schreibt nach dem September eine Heerfahrt in die
Mark aus. — Der Papst sieht in dem falschen Waldemar einen Fingerzeig Gottes 22. Juli 1348. —
Commission zur Verificirung des falschen Waldemar
2. Oct. 1348. — Der falsche Waldemar von Karl mit
Brandenburg belehnt 2. Oct. 1348. — Karl belagert
Frankfurt a. O. — Karl in Breslau 7. Nov. 1348. —
Karl geht einen Frieden ein mit Kazimir von Polen
und mit Bolek von Schweidnitz im November 1348.
— Tag zu Wittenberg Anfangs December 1348. —
Karl in Dresden. — Auftreten des Gegenkönigs
Günther von Schwarzburg. — Der Papst bestellt
Untersuchungsrichter wegen der Ehescheidung zwischen
Johann und Margaretha von Tirol. — Fürst Johann.
Karls Bruder, Stellvertreter in der Regierung seiner
Erbländer 1349. — Günther von Schwarzburg zum
Gegenkönige gewählt Januar 1349. — König Karl in
Bonn Januar 1349. — Karl nimmt Anna von der
Pfalz zur Gemahlin 4. März 1349. — Karl rückt gegen
Günther mit gutem Erfolge vor, Mai 1349 — Günther
krank. — Friedensschluss 26. Mai 1349. — Günther
verzichtet auf den Thron 1349. — Tod Günthers Mai
1349. — Karl fast allgemein in Deutschland als König
anerkannt. — Karl stark verschuldet. — Krönung
des Königspaares in Aachen 25. Juli 1349. — Karl
schützt die Juden. — K. Karl eilt nach Böhmen um
den 29. September. — Karl und seine Gemahlin Anna
in Prag im October 1349. — Ordnung der Landtafel
1349. — Maiestas Carolina 1348. — Schreckenszeit
unter Karl. — Judenverfolgung. — Schwarzer Tod.
— Flagellanten. — Karl anerkennt Waldemar als
Markgrafen von Brandenburg am 15. August 1349 —
Karls Krönungsreise vom September bis October 1349.
- Karl nach 15monatlicher Abwesenheit in Prag. —
Krönung der Königin Anna in Prag 1. Nov. 1349. —
Provinzial-Synode in Prag vom 11. und 12. Nov. 1349.
— Veränderungen in der königl. Familie. — Johann
Heinrich mit dem Markgrafthum Mähren belehnt
26. December 1349. — Karls Charakter als Markgraf
von Mähren . . . . 460—677

I. Buch.

Karl, Markgraf in Mähren, Statthalter in Böhmen und Pfleger in Tirol
(1333)
bis zu seiner Anerkennung als Erbe der böhmischen Krone
(1341)

Karls Geburt 1316, seine Erziehung in Frankreich und sein Auftreten als Statthalter in Böhmen von 1316 bis December 1335. — Erster Landtag in Prag 1334. - Karls Gemahlin, Blanca von Valois, kam nach Prag 1334. - Bischof von Olmütz, Hinek von Duba, gestorben 1333, sein Nachfolger, Johann Volek, natürlicher Sohn König Wenzels II. von Böhmen. — Streit zwischen dem Kloster- und dem Weltclerus in Prag 1334. — Markgraf Karl urkundet in Mähren August 1334. — König Johann unterhandelt wegen seiner zweiten Heirat mit Beatrix von Bourbon 1335. — Vermählung der Prinzessin Anna, Schwester des Markgrafen Karl, mit dem Herzoge Otto von Österreich; Znaim verpfändet 1335. — Die Herzoge von Österreich, Albrecht und Otto, mit Kärnten und Krain durch den Kaiser Ludwig am 5. Mai 1335 belehnt. — König Johanns Aufgebot deshalb wider die österreichischen Herzoge Juli 1335. — Schutz- und Trutzbündnis mit Polen und Ungarn. — Markgraf Karl unterhandelte im Mai 1335 in Sandomir mit Polen wegen eines einjährigen Waffenstillstandes. — Karls Infeudations-System. — Markgraf Karl beim Könige Johann verleumdet 1335, weshalb vom Hofe sammt der Gemahlin verwiesen. In Bürglitz:

brachte sie ihm die Tochter Margaretha 24. Mai 1335. — Karl verzichtet auf Luxemburg zu Gunsten der männlichen Kinder seines Vaters aus der zweiten Ehe 1335. — Bemerkung bei der Verzichtleistung. — Trenčiner Vertrag zwischen Böhmen und Polen 1335. — Vyšegrader Schutz- und Trutzbündnis mit Ungarn September 1335. — Friedensschluss zwischen König Johann und Kaiser Ludwig und ihren Bundesgenossen 16. Sept. 1335. — Bolek von Münsterberg, Vasall der Krone Böhmens 1336. — Vyšegrader Dreikönigs-Congress 1335 im November und dessen Folge. — Breslau wird böhmisches Lehen 25. November 1335. — Folgen des Vyšegrader Congresses für Mähren. — Regelung der ungar.-mähr. Zölle Januar 1336. — Krieg mit Österreich Februar 1336. — Markgraf Karl Pfleger in Tirol Anfangs 1336. — Congress der drei Könige von Böhmen, Ungarn und Polen zu Marchek am 21. Juni 1336. — König Johann greift den deutschen Kaiser Ludwig in Niederbaiern an. — Friedensschluss zu Enns nach den Präliminarien zu Freistadt 9. October 1336. — Kreuzzug nach Lithauen 1337, wobei Bischof Johann von Olmütz. — Zustand der mährischen Kirche 1336. — König Johanns geschwächtes Augenlicht 1337. — Markgraf Karl in Tirol 1337. — Spannung mit dem Vater Juni 1337. — Ausbruch der Kriege zwischen Philipp VI. von Frankreich und Eduard III. von England. Heinrich von Lipa Reichsverweser. — Karl kehrte im Nov. 1337 aus Tirol nach Böhmen zurück. — Der Friede von Enns ratificirt im Sept. 1337 mit Ausnahme des Grafen Johann und des Markgrafen Karl. — Rechtszustände in Mähren 1337 seit Karl's Rückkehr aus Tirol nach Mähren. — Spannungen in Schlesien wegen Militsch — Karl und der Vyšegrader Vertrag 1338. — Vermählung zwischen Ludwig von Ungarn und Margaretha in Mähren. — Markgraf Karl in Mähren im März 1338. — Aufstand der Pottensteiner. — Markgraf Karl auf seiner Reise nach Luxemburg bis Frankfurt. — Wahlfürsten

zu Reuse den 15. Juni 1338. — Das Pulkauer Wunder
1338. — Reichstag zu Frankfurt vom 14. März 1339. —
Consequenzen dieses Reichstages. — Markgraf Karl beim
kranken Könige Karl von Ungarn 1339. — Allgemeine
Berua am 1. Juni 1339. — Landtag in Brünn 3. Juli 1339.
— Zweite Fehde wider Niklas von Pottenstein. — Karl
in Breslau wegen der Burg Militsch 1339. — In Mähren
Achtung vor dem canonischen Rechte. — Zehentschwierigkeiten
in Mähren. — Karl am Wege nach Frankreich im Hoch-
sommer 1339. — König Johann verlor das Augenlicht und
Markgraf Karl wurde Stellvertreter in Böhmen Ende 1339
— Markgraf Karl in Frankreich und sein Wunsch, in
Spanien zu kämpfen, Dec. 1339. — Markgraf Karl mit
seinem Vater in Avignon. — Mähren im Frieden vom Juli
1319 bis März 1340. — Stiftung des Anna-Klosters in Alt-
Brünn Sept. 1339. — Vertrauen des Bischofs Johann am
Hofe zu Avignon 1339. — Häresie der Apostelbrüder in
Mähren 1340. — Markgraf Karl in Tirol vom März 1340.
— Besuch der beiden Brüder in Krakau und in Ungarn
1340. — Revolution in Tirol und Vertreibung des Grafen
Johann 1340. — Aufbauung der Twingenburg bei Tepenec
in Mähren 1340. — Königs Johann Testament 9. Sept.
1340. — Stiftung der Nonnenabtei Pustoměř 1340. — Landtag in Prag Juni 1341. — Dem Markgrafen Karl die Erbfolge zugesichert 1341.

Markgraf Karl, als deutscher und römischer Kaiser
unter dem Namen Karl IV. weltberühmt, ist als das dritte
Kind, aber als erster Sohn des Begründers der Luxemburger
Dynastie in Böhmen, Johann, und der Přemyslidin Elisabeth,
Tochter nach Wenzel II., zu Prag am 14. Mai 1316 geboren,
und durch den Erzbischof Peter von Mainz in Gegenwart

seines Grossoheims Balduin, Erzbischofs und Churfürsten von Trier, des Bischofs Johann von Prag und seines Generalvicars und Weihbischofs, des Augustiners Hermann Zajic von Waldek, in der Prager Domkirche am Pfingstsonntage 30. Mai 1316 getauft, wobei er den Namen „Wenzel" erhielt. Bis in den April 1323 lebte Prinz Wenzel unter der Obhut des Herrn Wilhelm Zajic von Waldek in der Burg Bürglitz (Křivoklad), aber seit dem 30. Juni 1327 mit seinen beiden Schwestern, Margaretha und Jutta, und mit der Mutter auf dem ihr gehörigen Schlosse Ellbogen, darauf nach etwa einem Jahre abermals in Bürglitz, bis ihn der Vater von da aus am 4. April 1333 zu seiner Tante, der Königin Maria und ihrem Gemahle, König Karl IV. von Frankreich, nach Paris brachte. Hier erhielt er bei der Firmung den Namen Karl, den er von nun an auch bei seinen Landsleuten ausschliesslich führt. Die Erziehung, welche für seine Entwickelung massgebend wurde, genoss er hier am französischen Hofe unter geistlicher Leitung, daher kein Wunder, dass sie ihm eine Richtung gab, wie sie ein hervorragender Bischof seinerzeit hätte haben sollen; aber gerade diese Richtung brachte ihm Glanz und Ehre. Denn wir dürfen nicht vergessen, dass die Welt damals unter dem Einflusse der römischen Curie stand, und diese allem huldigte und alles unterstützte, was mit ihren Grundsätzen übereinstimmte. Wir besitzen aus Karl's eigenen Aufzeichnungen die Beweise hiezu, sowie auch über des Prinzen erste Lebensjahre bis zu dem Momente, wo er in Italien von seinem Vater, König Johann, zum Markgrafen von Mähren ernannt wurde.[1] Im 17. Lebensjahre stand

[1] Vita Karoli quarti imperatoris ab ipso Karolo conscripta. Böhmer, Fontes rerum Germanicarum. I. 231 et sqq.

Markgraf Karl, als er im Auftrage seines Vaters die selbständige Verwaltung Mährens als Markgraf antrat,[1]) während er in Böhmen nur der oberste Beamte seines Vaters, sein Landeshauptmann, war. Ende August 1333 erhielt er vom Könige Johann die Erlaubnis, Italien zu verlassen, wo er Gelegenheit fand, die Grundsätze einer reinen Interessenpolitik und die hiezu nothwendige politische Gewandtheit zu erlernen und sich anzueignen.

Auf der Heimreise aus Italien nach Böhmen besuchte der neue Markgraf seinen jüngeren Bruder Johann, welcher den 12. Febr. 1322 geboren, im September 1330, also im Kindesalter, mit der 1318 gebornen, daher um 4 Jahre älteren Tochter des Herzogs Heinrich V. aus Kärnten und Tirol, Margaretha, verheiratet war. König Johann war im Worthalten nie genau. Als er seinen Sohn an Margaretha verheiraten wollte, versprach er in verschiedenen Aussöhnungsverträgen ihrem Vater ihr eine Mitgift von 40.000 Mark, und da sie nicht gezahlt waren, gab er seinem Sohne Karl die Vollmacht, für diese Summe als Bürge aufzutreten. Karl stellte darüber zu Meran am 6. October 1333 eine Urkunde aus,[2]) die auch mehrere böhmische Baronen unterzeichneten. Die Weiterreise setzte der Markgraf über Baiern fort; denn er erzählt, dass er seine Schwester Margaretha, welche 1322 an Heinrich II. von Nieder-Baiern verheiratet war, daselbst besuchte und ihren vierjährigen Sohn Johann kennen lernte.

[1]) Siehe Bd. I. S. 472 d. W. und ffg.
[2]) Cod. Dipl. Mor. VI. 397. Leider ist die Urkunde unvollständig hier abgedruckt. Karl nennt sich in derselben: „Wir Charl des Chuniges von Behaim Elter Sun," ohne sich des Titels „eines Markgrafen von Mähren" zu bedienen. Auch die Zeugen sind unvollständig.

Von da aus schlug er seinen Weg nach Böhmen ein, das
er vor 11 Jahren verlassen und an das ihn nur traurige
Erinnerungen brachten. Bevor er aber die Hauptstadt Prag
betrat, besuchte er in Königssaal das Grab seiner Mutter,
welche am 28. September 1330 in Prag starb und in
Königssaal begraben wurde. Diese Pietät für die Mutter hat
ihm die Liebe des böhmischen Volkes, welches in aller
Anhänglichkeit an dieser frommen Dulderin hieng, im Sturme
erobert, und darum war der Jubel ein allgemeiner, als der
17jährige Jüngling am 30. October 1333 mit einem statt-
lichen Gefolge seinen feierlichen Einzug in Prag hielt. Doch
in welchem Zustande fand er das Reich? Er, der bis jetzt
freudenlos, ohne Geschwister- und Elternliebe, aufwuchs, der
in Frankreich die Unbeständigkeit des Glückes und in Italien
die Unsicherheit der Freundschaft kennen lernte, der in
seiner Erinnerung die schreckliche Zeit der Kämpfe des
Feudaladels wider seinen Vater trug, wie fand er das Reich
Böhmen? Er beschreibt es also: „Wir fanden das Reich so
verwahrlost, dass auch nicht Eine königliche Burg frei war,
die nicht mit ihrem gesammten Besitz gänzlich verpfändet
gewesen wäre, so dass wir, wie ein gewöhnlicher Bürger,
eine Privatwohnung nehmen mussten; denn das Prager
Königsschloss lag seit König Otakar II. in Trümmern und
unbewohnt, weshalb wir auch gleich anfiengen, einen neuen
und schönen Palast mit grossen Kosten, wie wir es heute
sehen, aufzubauen. Wir schickten damals um unsere Gattin,
die noch in Luxemburg lebte, und die nach einem Jahre
ihrer Rückkehr eine Tochter, Namens Margaretha, gebar.
**Damals übertrug uns unser Vater die Markgraf-
schaft Mähren und wir gebrauchten diesen Titel.** Nach-

dem aber der bessere Theil des böhmischen Volkes uns als Abkömmling des alten königlichen böhmischen Geschlechtes liebte, half es uns, die königlichen Burgen und königliche Regalien abermals zu erwerben. Damals gewannen wir mit grossen Kosten und Mühen wieder die Burgen Bürglitz oder Křivoklad, Tyřov, Lichtenburg, Luticz, Grecz, Pisek, Nečtin, Zbyrov, Tachov, Trutnov in Böhmen, in Mähren aber Lukov, Telč, Veveři und die Burgen in Olmütz, Brünn und Znaim und viele andere Güter, welche vom Reiche entweder verpfändet oder verkauft waren. Auch hielten wir damals viele Krieger in Bereitschaft, und so gedieh das Reich von Tag zu Tag; denn die guten Bürger liebten uns, die bösen aber hielten sich aus Furcht vor dem Schlechten in Acht, denn die Gerechtigkeit fieng im Reiche aufzuleben, weil die meisten Landherren Tyrannen waren und hatten keine Achtung vor dem Könige, weil sie unter sich die Herrschaft getheilt haben, und so hielten wir die Statthalterschaft des Reiches, dessen Zustand allmählig verbessernd, durch zwei Jahre. In dieser Zeit verheirateten wir unsere jüngere Schwester, Anna, an Otto, Herzog von Österreich."[1])

Mit diesen Worten gibt Markgraf Karl in Umrissen seine Regierungsthätigkeit der ersten zwei Jahre, also vom Januar 1334 bis December 1335. Sehen wir, ob diese seine Aufzeichnung mit den Quellen übereinstimmt. Dass fast alles, was Karl in seinem Leben erzählt, vollkommen wahr ist, bestätigt der gleichzeitige Chronist, Peter von Zittau, dessen

[1]) Vita Karoli. Böhmer l. c. I. 247 und 248. Fast übereinstimmend: Loserth, Königssaaler Geschichtsquellen pag. 498 „De reditu Karoli hæredis regni Bohemiæ. Anno Domini 1333."

Bekanntschaft Markgraf Karl im Kloster Königssaal machte. Dieser bemerkt, dass Karl am 30. October 1333 als Königs Johann erstgeborener Sohn und rechtmässiger Erbe nach der erblichen Linie Prag als sein Eigen, umgeben von vielen Adeligen, betrat,[1]) und durch seine äussere Erscheinung und durch seinen Anstand, und wir setzen hinzu, durch den vorausgegangenen Ruf der Tapferkeit in der Schlacht bei San Felice am 25. November 1332 und durch die Pietät, die er durch seinen Besuch der Gräber in Königssaal an den Tag legte,[2]) sich schnell die Liebe der Bevölkerung erworben hatte. Seine Erziehung am französischen Hofe war eine ausgezeichnete. Die Kenntnis des Lesens, Schreibens und die Anfangsgründe der lateinischen Grammatik erhielt er durch einen königlichen Hofkaplan, welcher auf des Königs Befehl den jungen Prinzen frühzeitig mit den Horen zur Mutter Gottes vertraut machte. Eine tiefere Kenntnis des Lateinischen und der Religion brachte ihm der Benedictiner-Abt von Fecamp in der Normandie, Pierre de Rosiers, bei, ein seinerzeit durch Talent und Gelehrsamkeit weit und breit bekannter Mann, welcher im schnellen Laufe die verschiedenen kirchlichen Rangstufen durchlief, bis er nach dem Tode des Papstes Benedict XII. 1342 unter dem Namen Clemens VI. den päpstlichen Stuhl erlangte, aber selbst in dieser hohen

[1]) Siehe Bd. 1. d. W. 489. „Karolus, qui et Wenceslaus, Iohannis regis Boemie primogenitus et heres regni legitimus. . Hic itaque adolescens inclitus ad suum regnum hereditarium, quod successione stirpis maternæ suum est proprium, cum regressus fuisset, ipsum regnum confusum et divisum reperit nimis." Chron. Aul. Reg. pag. 498. Edit. Loserth. Vita Karoli Böhmer l. c. 247.

[2]) Siehe Bd. 1. S. 470 und ffg. und S. 6 d. W.

Stellung des Markgrafen Karl Freund und Rathgeber blieb.[1]) Nicht nur eine gründliche theologische, sondern auch eine politische Kenntnis brachte Roger dem Prinzen bei, und da zur Aneignung dieser Kenntnisse die lateinische Sprache das Mittel gab, brachte es Karl in dieser Sprache zur Geläufigkeit, wie sie nur unter den damaligen Gelehrten anzutreffen war, und da die Thomistische Theologie die Basis der gesammten Ausbildung machte, eignete sich Karl ihre Grundsätze an, die ihn nie mehr verliessen. So spricht von ihm der Chronist von Königssaal.

Also die eine der damaligen Welt- und diplomatischen Sprachen, die lateinische, verstand und gebrauchte Karl vollkommen. Ebenso die zweite, die französische, gleichsam seine Muttersprache, deren er sich am französischen Hofe von seinem 7. bis 14. Lebensjahre, also von 1323 bis Frühjahr 1330, bediente, und da im Luxemburgischen die französische Sprache schon seit Langem vorherrschte, bediente sich Karl, besonders als ja seine Gemahlin Blanca nur diese Sprache kannte, auch im Luxemburgischen nur dieser Sprache, bis er in Italien, nachdem ihn dahin sein Vater 1330 berufen hatte und er daselbst 2 Jahre und 5 Monate zubrachte, also von 1330 bis Ende August 1333. sich die dritte Weltsprache, das Italienische im lombardischen Dialecte, und dabei das Deutsche angewöhnte; denn in Italien, wo er Statthalter seines Vaters war, bestand seine Umgebung aus Deutschen, so dass sein Chronist mit Recht sagen konnte, dass Karl, als er nach Prag kam, der französischen, lateinischen, italienischen und deutschen Sprache

[1]) Vita Karoli. Böhmer I. c. 234 und 235.

in Wort und Schrift vollkommen mächtig war.¹) Das Böhmische, die Sprache seiner Unterthanen, hat er während seines langen elfjährigen Aufenthaltes im Auslande zwar gänzlich vergessen, aber die Laute, welche er mit der Muttermilch einsog, sie kamen alsbald ins Gedächtnis zurück und in kürzester Zeit sprach er das Böhmische wie ein geborener Böhme,²) was um so lobenswerter, und um so sympathischer dem Volke wurde, als ja gerade damals beinahe in allen Städten des Königreiches und vor dem Könige die deutsche Sprache gebräuchlicher als die böhmische war,³) weshalb er auch den Befehl gab, dass gleich nach einem Monate der mit dem Könige am 12. Juni 1334 angekommene Hof, aus Franzosen und Luxemburgern bestehend, am 13. Juli mit einer Auslage von 2000 Mark entlassen und mit einheimischen Adeligen ersetzt wurde. Um mit den Personen des neuen Hofadels leben zu können, fieng die Königin die deutsche Sprache zu lernen an, „in der sie sich lieber als im Böhmischen unterhielt." ⁴) Und da Karl durch die ganze

¹) Vita Karoli l. c. 498.
²) „Ydioma quoque Boemicum ex toto oblivioni tradideramus, quod post redidicimis, ita ut loqueremur et intelligeremus ut alter Boemus." Vita Karoli l. c. 246 und 247.
³) „Nam in omnibus civitatibus fere regni et coram rege communior est usus linquae Theutonicae quam Boemicae ista vice" sagt Karl selbst. Chron. Aul. Reg. l. c. 502.
⁴) „Familia tota de Francia et de Lucemburgensi comitia... ad terras suas remittitur, et familia alia de Boemia per nobiles terrae eidem Dominae applicatur. Ut autem hominibus benignius possit convivere, linquam Teutonicam incipit discere et plus in ea solet se, quam in linquagio Boemico exercere." Nam in etc., wie in der früheren Note. l. c. 502.

Zeit seiner Regierung dieser Gleichberechtigung der Sprache in seinem Reiche treu blieb und das Böhmische, als die Hauptsprache, zwar förderte, aber das Deutsche nicht unterdrückte, gewann er beide Nationalitäten schnell für sich, und dies umsomehr, als er seinen Unterthanen Gelegenheit verschaffte, ohne Rücksicht der Nationalität durch öffentliche Arbeiten sich Brot zu erwerben, wobei seine Erziehung und seine Jugendeindrücke massgebend waren.

In Frankreich, und namentlich in Italien, sah Karl herrliche Paläste, die ihm gewiss in Erinnerung blieben, und nun musste er in Prag in einem einfachen Privathause seine Wohnung nehmen. Wissend, dass die Autorität, ohne welcher ein Regent nicht regieren kann, zu ihrer Kundgebung einen gewissen äusseren Glanz benöthigt, zu welchem in erster Linie die Wohnung gehört, in Prag aber die königl. Burg am Hradschin seit etwa 30 Jahren durch eine grosse Feuersbrunst in Ruinen lag, die nicht bewohnt werden konnten, beschloss er, die Wiege seiner Ahnen aus dem Schutte zu erheben und nach dem Muster des französischen Palastes in Paris aufzubauen.[1]) Das Werk schritt rasch vorwärts und nach einem zweimonatlichen Wohnen in der Stadt[2]) nahm der königliche Prinz und Statthalter seinen Aufenthalt in dem burggräflichen Hause, das unweit des hinteren Schlossthores auf der Prager Burg stand. Von da aus konnte er den Bau, welcher dessenungeachtet dennoch

---

[1]) Chron. Aul. Reg. Loserth. S. 499.
[2]) Tomek behauptet in den Základy I. 146, dass das Haus, zum Stupart genannt, das ursprünglich von Karl bewohnte Haus gewesen war. Werunsky, Geschichte Kaiser Karls IV. und seiner Zeit, I. 112.

einige Jahre dauerte, leichter übersehen. Wie die Prager Burg, so restaurirte er auch andere königliche Burgen, wie z. B. Königingrätz und andere nach der Reihe, wie er sie auslöste; im Innern Böhmens waren es Teyřov bei Bürglitz, Zbyrov und Pisek, im Westen Tachau, Nečtin und Lutic, im Osten Lichtenburg und Trautenau; in Mähren hingegen Telč, Eichhorn, Lukov und die königlichen Schlösser in Olmütz, Brünn und Znaim.[1]) Nicht nur hat der Markgraf durch die Herstellung dieser landesfürstlichen Burgen den Unterthanen Arbeit verschafft, er hat, was mehr bedeutete als dieses, dieselben mit königlichen Beamten besetzt, und so abermals die Centra der alten Kreisgerichte oder die Justizpflege hergestellt. Von Telč heisst es z. B., dass Markgraf Karl über Auftrag seines Vaters ddo. Brünn 30. Nov. 1335 der Stadt Jamnitz ihre Freiheiten und Privilegien bestätigt habe und dass er damals in Telč einen Hofmeier oder Villicus hatte, der zugleich den Auftrag erhielt, die Bürger von Zlabings in der Justizpflege nicht zu stören.[2]) War aber eine geregelte Justizpflege da, dann mussten die Befehdungen, Zeugen der Selbsthilfe, und mit denselben die Unsicherheit der Strassen und Wege aufhören, und somit Förderung des Handels und damit Hebung des Wohlstandes

---

[1]) Vita Karoli l. c. 247. Über verpfändete Burgen Eichhorn, Gretz, Bisenz. Cod. Dipl. Mor. VII. 805.

[2]) Cod. Dipl. Mor. VII. 74 und 75. Telč blieb nicht lange in markgräflichen Händen. Durch eine Urkunde ddo. Landshut 7. Mai 1339 sehen wir, dass König Johann und Markgraf Karl den mit Ulrich von Neuhaus geschlossenen Tausch des Gutes Bánov an der ungarischen Grenze für Telč genehmigt haben. Cod. Dipl. Mor. VII. 168.

eintreten, und mit voller Einsicht alles dieses begann der
neue Markgraf seine Regierung, welcher auf seiner ersten
für Mähren ausgestellten Urkunde ddo. Prag 25. Jan. 1334
Bestätigung der vom Könige Johann seinem Mundschenk,
Ulrich von Kessing, geschenkten Veste Womic mit den
Dörfern Womic und Bukovan bei Rossitz, nicht nur den
Titel „Markgraf von Mähren," sondern anch ein Majestäts-
siegel mit dem geschachten mährischen Adler, also mit dem
Landeswappen, führt.[1])

Hatte Karl den Titel und das Wappen eines Markgrafen
von Mähren angenommen und geführt, dann ist in Erfüllung
gegangen, was König Johann schon vor zehn Jahren geplant
hatte. Im Schlosse von Munziller (Monselice, südlich von Padua)
urkundet er nämlich am 2. Juli 1324, dass zwischen ihm und
seinem Schwager, Herzog Heinrich von Kärnten, eine ewige
Freundschaft geschlossen sei, und verspricht der Tochter des
Herzogs, „wenn sie seinen Sohn heuratet, 10.000 Mark
Silber, ihm aber, dem Sohne, das Landt zu Marhern. . das
Landt zu Troppau... das Landt zu Glatz... und das Landt zu
Budissin mit allen Rechten und Leuten, die dazu gehören,"[2])
und daher erklärlich, wie schon in einem Bündnisse zwischen
König Karl von Ungarn und König Johann von Böhmen am
1. Sept. 1325 der Kronprinz von Böhmen, Karl, Markgraf
von Mähren genannt werden konnte.[3])

Die ersten Monate des Jahres 1334 brachte Karl in Prag
zu. Er musste, wie wir sagten, vor allem um eine würdige
Wohnung sorgen, und nachdem er im Anfange des Jahres

[1] Siehe Bd. I., S. 475 und 485 d. W.
[2] Cod. Dipl. Mor. VI. 200 sqq.
[3] Cod. Dipl. Mor. VII. 831. Vergl. Bd. I. S. 322 und 323.

1334 selbe am Hradschin im Hause der Prager Burggrafen gefunden hat,[1]) hielt er in Prag einen Landtag ab, der ihm die so nothwendige Berna bewilligte, um mit der Einlösung der versetzten Burgen die Regierung zu beginnen; denn wenn auch die Berna eingieng und das Volk dem neuen Markgrafen zustimmte, war besonders Böhmen noch lange davon entfernt, um Frieden zu haben, es fehlte die Autorität des Gesetzes und im Ganzen und Grossen war Raub, Mord und Plünderung an der Tagesordnung; haufenweise sah man Räuber und Plünderer ungescheut das Land durchstreifen und Räuberbanden ausrüsten;[2]) froh musste vorderhand der Markgraf sein, dass wenigstens die Hauptstadt Prag insoweit sicher war und sich ruhig verhielt, dass er den Landtag abhalten und die bewilligte Berna eintreiben konnte.

Da dieser schwierige Schritt glücklich vonstatten gieng,[3]) hielt er es für angezeigt, seine junge Gemahlin Blanca von Valois, mit der er seit 1324 vermählt war, aus Luxemburg[4]) nach Prag kommen zu lassen, was am 12. Juni 1334 zur

[1]) Chron. Aul. Reg. pag. 499. Siehe S. 11 d. W.
[2]) Chron. Aul. Reg. Loserth 508. „Utinam hanc nostri Boemi attenderent strenuitatem et audaciam! qui non cessant cotidie committere spolium et rapinam; profugis namque et impiis terra Boemiæ nunc (1334) plena est; vidimus quosdam ex illis catervatim et potenter incedere, alios latenter rapere, sua expensis fortalitia replere, nec curiæ regis imperio obedire." Chron. Aul. Reg. 508.
[3]) Cod. Dipl. Mor. VII. 12. „Videns autem communitas prohorum virorum de Boemia, quod eramus de antiqua stirpe regum Boemorum, diligentes nos, dederunt nobis auxilium ad recuperanda castra et bona regalia." Vita Karoli. Böhmer Fontes rer. German. pg. 247.
[4]) Chron. Aul. Reg. 501.

grossen Befriedigung des Volkes auch geschah. Ihre anmuthige Gestalt und besonders ihre Vorliebe für das Eigenthümliche der neuen Heimat gewann ihr bald die Herzen des Volkes, und da dieses getreu den Anordnungen des neuen Markgrafen sich fügte, merkte man bald die guten Folgen der neuen Regierung und dies umsomehr, als Markgraf Karl den für jene Zeiten allein richtigen Weg einschlug, sich in ein freundschaftliches, ja intimes Verhältnis mit der Kirche zu stellen.

Der regierende Bischof von Olmütz, Hinek von Duba, Bruder des Prager Burggrafen und Herrn in Lipa, Hinco, genannt Berka von Duba,[1]) und somit Sohn des ehemaligen gewaltigen Gubernators und Landeshauptmanns von Mähren gleichen Namens,[2]) war am 27. December 1333 zu Prag, wo er sich der Gesundheit wegen gerne aufhielt, gestorben, und in der Hauptkirche bei St. Veit begraben.[3]) Da sich der Papst die Besetzung des Olmützer Bischofssitzes für diesen Fall reservirt hatte, so eröffnete er durch ein Breve aus Avignon vom 10. April 1334 dem Olmützer Capitel und den Vasallen der Olmützer Kirche, dass er diesesmal an die Stelle des Verstorbenen den bisherigen Probst der Wyšegrader Kirche, Johann, zum Bischofe von Olmütz ernannt habe.[4]) Dieser Wyšegrader Probst und zugleich Reichskanzler von Böhmen war der natürliche Sohn des Königs Wenzel II.,

[1]) Cod. Dipl. Mor. VI. 325. „Hinco, episcopus Olomucen, princeps, nec non Hinco, dictus Berka de Duba, Pragen burggravius et dominus in Lipa, frater eiusdem." Urkunde vom 5. August 1331.
[2]) Siehe Bd. I. S. 435 d. W.
[3]) Chron. Aul. Reg. 500.
[4]) Cod. Dipl. Mor. VII. 4 und 5.

folglich Onkel des Markgrafen Karl. Nachdem Johann durch den Papst legitimirt wurde, erhielt er durch denselben zu Avignon das Subdiaconat und am 21. Mai d. J. in der Wyšegrader Kirche das Diaconat.[1]) Wo und von wem Johann das Presbyteriat und die Consecration erhielt, ist nicht aufgezeichnet, nur heisst es in der Königssaaler Chronik, dass er gleich nach seiner Ernennung 1334 vom Mainzer Metropoliten Mathias, Grafen von Bucheck, bestätigt wurde,[2]) was offenbar nicht möglich ist, weil Mathias bereits 1328 starb. Als consecrirter Bischof von Olmütz erscheint Johann erst im Juni des folgenden Jahres 1335. Der rechtmässige Consecrator, der Erzbischof von Mainz, hiess damals Heinrich von Virnenburg. Dass er damals, also 1334, in Mähren als Metropolit seine Jurisdiction ausübte, trotzdem dass er wegen des Zwistes, welcher im Mainzer Capitel herrschte, das die Bisthumsadministration dem Oheime des Königs Johann, Balduin, Erzbischof von Trier, überliess, nicht

[1]) Chron. Aul. Reg. 500. „Hic electus et confirmatus eodem anno in quatuor temporibus, quibus Caritas Dei canitur (den 21. Mai 1334), in Wissegradensi ecclesia in diaconum ordinatur." Über Johanns Vorleben siehe Bd. I. S. 269 u. flg. d. W. Wann Johann das Diaconat erhielt, ist nicht klar; denn die Worte der Chronik „eodem anno" beziehen sich auf „electus et confirmatus." Die Worte „electus et confirmatus" kommen in einer Urkunde ddo. Prag 22. Mai 1334 vor. Cod. Dipl. Mor. VII. 13.

[2]) Ob hier der Chronist nicht irrt? Mathias starb bereits am 10. Sept. 1328. Das Mainzer Capitel wählte zum Administrator den Oheim Königs Johann, mithin Grossonkel des Markgrafen Karl. Da aber das Mainzer Capitel dem König Ludwig anhieng, verwarf Johann XXII. den Administrator, und bestätigte als Erzbischof Heinrich von Virnenburg.

allgemein anerkannt war, sehen wir aus drei Urkunden. Am 28. Juni 1334 bestätigte er die Vereinigung der Prokopskapelle mit dem Kloster Maria-Saal, genannt Aula reginæ, in Alt-Brünn, am 12. Juli d. J. bestätigte er demselben Kloster das Patronat über die Pfarrkirche in Auspitz und an demselben Tage demselben Kloster die Schenkung der Kirche in Wolframitz.¹) Es stand demnach der Metropolit mit Mähren in ziemlich reger Verbindung, und wir haben volles Recht, vorauszusetzen, dass er wusste, wer am Stuhle des heil. Method in Olmütz sitze.

Ob er den neuen Bischof consecrirte, können wir vermuthen, aber nicht beweisen, ja es scheint sogar, dass Johann, welchem die spätere Zeit den Beinamen Wolko beilegte, damals, als er vom Papste zum Bischofe von Olmütz ernannt wurde, noch nicht die Priesterweihe hatte, weil er noch im August 1334 den Wyšegrader Domdechant, Peter, seinen General-Vicar „in spiritualibus et temporalibus" nannte, was gewiss nicht nothwendig gewesen wäre, wenn er die Priesterweihe gehabt hätte, was wir umsomehr anzunehmen uns berechtigt finden, als dieser Olmützer General-Vicar, Peter, durch eine Urkunde ddo. Mezeřič 19. August 1334 den Zderaser Kreuzherrenpriester, Heinrich, als Pfarrer an der Kirche in Mezeřič bestätigte, was gewiss Bischof Johann gethan hätte, falls er hiezu berechtigt

¹) Cod. Dipl. Mor. VII. 15 und 16. Diese Urkunden sind in Köln ausgestellt. Vergl. Cod. Dipl. Mor. VI. 339, 195 und 285. Der Erzbischof Balduin von Trier legte die Administration des Erzbisthums Mainz in die Hände des Papstes nieder erst am 2. Juli 1337, worauf Heinrich seinen Sitz in Mainz nahm und zum wirklichen Besitze des ihm bis dahin vorenthaltenen Stuhles gelangte.

gewesen wäre. Und dieser General-Vicar nennt in dieser Urkunde seinen Bischof einfach einen „erwählten," [1]) welcher erst in einer Urkunde ddo. Prag 20. Juli 1335 „als Bischof von Olmütz" einen Vergleich bezüglich der Kapelle in Lidefovitz zwischen Wilhelm von Landstein und dem Grossmeister des Kreuzherrenordens mit dem rothen Sterne in Prag bestätigte. [2])

Also gleich im ersten Jahre, da Markgraf Karl die Regierung in Mähren antrat, hatte er das Glück, einen ihm nahe befreundeten und, wie wir wissen, gediegenen und unbescholtenen Mann am bischöflichen Sitze zu Olmütz zu sehen und sicher zu sein, dass er an diesem Bischofe eine Stütze seines redlichen Strebens finden werde.

Wie nothwendig der Markgraf eine entschieden kirchliche Autorität zur Seite hatte, zeigen die kirchlichen Wirren, welche er, als er nach Prag kam, unter dem Welt- und Regularclerus antraf. Durch die Bettelmönche, Dominikaner, Franciscaner und Augustiner wurden damals die Weltpriester, besonders die Pfarrer, stark behelligt. Namentlich gieng nach und nach fast die ganze Pastoration in die Hände dieser Mönche über, also das Beichthören, der Krankenbesuch und das Begräbnis, besonders seitdem Papst Martin IV. (1281 bis 1285) den oberwähnten Mönchen die Erlaubnis gab, Beichte zu hören und Bussen aufzulegen; sie dehnten aber diese Vollmacht, wie eine Synode vom September 1287

---

[1]) Cod. Dipl. Mor. VII. 17. „Nos Petrus... Decanus Wissegradensis, venerabilis in Christo Patris ac domini, domini Iohannis dei et eiusdem sedis gracia Electi Olomucensis Vicarius in spiritualibus et temporalibus generalis."
[2]) Cod. Dipl. Mor. VII. 45.

klagt,¹) gegen den Sinn des Papstes und im Widerspruche
mit allen kirchlichen Gesetzen zur grossen Benachtheiligung
der bischöflichen Jurisdiction aus. Es kamen unterschiedliche
Beschwerden an die päpstliche Curie, besonders als die
erwähnten Mönche Pfarrkirchen übernahmen und in ihren
Kirchen, die sich häufig mehrten, zum grossen Nachtheile
der Weltgeistlichen Begräbnisstätten errichteten. Da hat auf
Bitten des Weltclerus Papst Bonifaz VIII. (1294—1303)
eine Verordnung erlassen, der gemäss die Bettelmönche verpflichtet waren, den vierten Theil der Einkünfte von den
Begräbnissen, die bei ihnen stattfanden, an die Pfarrgeist-
lichkeit abzuführen. Diese Verordnung, die wir im ursprünglichen
Texte nicht kennen,²) haben die Bettelmönche trotz häufiger
Ermahnung der päpstlichen Curie ignorirt, und obwohl die
Gegner dieselbe öffentlich producirten, missachtet³) und gegen
dieselbe als erdichtet protestirt. Da versammelten die Pfarrer
in Prag Sonntag in der Vigil des h. Jakob, also den 24. Juli
1334, nach gemeinsamer Übereinkunft in den Altstädter-
Kirchen, der h. Jungfrau na Louži und zum h. Nikolaus
auf dem Hühnermarkte, alle ihre Pfarrkinder, und nachdem
die beiden Kirchen gedrängt voll waren, verkündigten sie
von der Kanzel den Inhalt der päpstlichen Bulle, welche

¹) Hefele, Conciliengeschichte VI. 228.
²) Cod. Bipl. Mor. VI. 357, ddo. Iohannes XXII. 9. Nov. 1333.
³) Chron. Aul. Reg. Loserth 502. „Literas papales .. de
quarta portione per Bonifacium papam ordinatas, populo
publice cœperunt ostendere, et quod ipsi fratres de ordine
mendicantium sæpe super hoc per iudices, a sede apostolica datos, admoniti ipsis nollent acquiescere, sed potius
resisterent contumaciter et proterve." Chron. Francisc.
Script. rer. Böhmer, II. 182.

ausdrücklich gegen die Dawiderhandelnden die Excommunication aussprach. Kaum war dies geschehen, kaum wurden die Gläubigen ermahnt, sich bei Strafe des Bannes jeder Gemeinschaft mit den Ungehorsamen und Verächtern der päpstlichen Autorität zu enthalten, also die Kirchen der Augustiner, Dominikaner und Franciscaner zu meiden, brachen diese Bettelmönche, die seit längerer Zeit wussten, was da kommen werde, mit ihrem zum Theil bewaffneten Anhange gewaltsam in die Kirchen, und erzeugten durch Schmähungen und Schimpfworte einen so gewaltigen Lärm, dass ein förmlicher Raufhandel entstand und die ohnehin erbitterte Stimmung zwischen den Mönchen und dem Weltclerus nahm einen so drohenden Charakter an, dass wirklich viele den Umgang mit ihnen mieden und ihnen kein Almosen mehr spendeten. Erst zu Nikolai, 6. Dec. d. J., kamen beide Parteien um Schiedsrichter ein, welche den ganzen ärgerlichen Streit, welcher weder der einen, noch der andern Partei zur Ehre gereichte, an die päpstliche Curie zur endlichen Entscheidung leiteten. Der Prager Bischof Johann hat von diesem Moment an den Bettelmönchen, welche an Sonntagen in der Prager Kathedralkirche zu predigen pflegten, diese Auszeichnung untersagt. Der als Chronist bekannte bischöfliche Kaplan und Poenitentiar, Franz, einst Rector der Schule am Wyšegrad, wurde als Prediger angestellt.[1])

Ob Karl während dieses Tumultes, also zwischen dem 24. Juli und 6. December 1334, in Prag anwesend war? Am 12. Juni empfieng er in Prag feierlich seine Gemahlin Blanca; die Festlichkeiten ihrer Ankunft dauerten in Prag

---

[1]) Chron. Aul. Reg. l. c. 503 und 504.

durch mehrere Tage¹) und da die Prager Burg, die er Ende Juni oder Anfangs Juli besucht haben mochte,²) noch nicht hergestellt war, musste der Markgraf für eine anständige Wohnung sorgen; er wählte hiezu die landesfürstliche Burg Bürglitz. Die letzten, von Karl in Prag ausgestellten Urkunden sind vom 13. Mai für Welehrad, eine Bestätigung des Gerichtes in Gross-Němčic für dieses Kloster, und vom 18. Mai für seinen Notar, Niclas von Brünn (im December 1336 zum Bischofe von Trient ernannt³), gleichfalls eine Bestätigung einer Entscheidung in einem Streite zwischen dem Doxaner Nonnenkloster und den Bürgern von Leitmeritz bezüglich der letzten königlichen Berna. Der Markgraf bestätigte im vollen Gerichte den Ausspruch seines Notars, dass die Bürger von Leitmeritz die Berna für die Güter, die sie vom Kloster hatten, zu zahlen verpflichtet seien.⁴) Es hat demnach allen Anschein, dass Karl während der Tumulte und Scandale nicht in Prag war, sondern seine Markgrafschaft, sein Mähren, aber wie es sich von selbst

[1] Chron. Aul. Reg. l. c. 501. „Pragæ festivitatem in deliciis et læticiis diebus pluribus facit magnam (Karolus marchio)."
[2] Pelzel, Kaiser Karl IV. I. 49.
[3] Huber, Regesta Karl's IV. 5, 30. Die Series Epis. von Gams, 817, gibt Nicolaus' Wahl zum Bischofe in Trient zum 3. Juli 1338 und lässt ihn 1347 sterben. Hier wird er genannt: Nicolaus Abrein von Brünn.
[4] Cod. Dipl. Mor. VII. 11, 12. „Coram nostris et curie nostre proceribus... definitive prolocutus est (Nicolaus de Bruna, cancellarius noster), dictam civitatem Luthomericensem vobis et vestro monasterio debere teneri et rationabiliter obligari presentem bernam et alias regales bernas de omnibus et singulis bonis.. que a dicto monasterio tenent... dare et persolvere eidem monasterio."

versteht, nicht ohne Gefolge, besuchte. Gewiss war es ihm dafür zu thun, um als Thronerbe und neuer Markgraf würdevoll aufzutreten. Ein guter Ruf gieng ihm allerdings voran; leider, dass wir keinen Chronisten besitzen, der uns das erste Eingreifen Karl's in Mähren geschildert hätte. Auch in der Selbstbiographie hielt er es nicht für wert, den ersten Eindruck, den Mähren auf ihn machte, anzugeben; wir sind daher nur auf einzelne Andeutungen gewiesen, wie Karl's erstes Auftreten in Mähren beschaffen war.

Es wäre interessant, die Personen zu kennen, die in seinem Gefolge waren, als Karl im August in Mähren urkundete. Wir können vermuthen, aber nicht beweisen, dass sein Freund, Herzog Niklas II. von Troppau und Ratibor sich bei ihm befand. Niklas II., Nachfolger seines um 1318 verstorbenen und am 25. Juli zu Brünn bei den Minoriten begrabenen Vaters Niklas I., ist der erste Lehensherzog von Troppau; unter ihm trennte sich staatsrechtlich das Herzogthum Troppau von Mähren.¹) Dem Könige Johann und nun dem Markgrafen Karl war er zu vielem Danke verpflichtet; er war sein Freund und daher kein Wunder,

¹) „Im Jahre 1336 erlosch der männliche Regentenstamm von Ratibor; es waren nur noch zwei Schwestern des verstorbenen letzten Herzogs Lesko am Leben, von denen die eine, Ofka, Nonne im Dominikanerkloster zu Ratibor, und die andere, Anna, Gemahlin des Herzogs Niclas II. von Troppau war. Sämmtliche Fürsten Ober-Schlesiens erhoben Ansprüche auf das erledigte Land. König Johann hat ihnen dasselbe lehensweise zugesprochen. Seit dieser Zeit führten sämmtliche Přemysliden Troppau's, selbst wenn sie auch nicht Ein Dorf im Ratibor'schen oder Troppau'schen hatten.

wenn wir voraussetzen, dass er zu ihm nach Prag kam und dann mit ihm nach Mähren gieng. Wählen wir die Urkunden zum Wegweiser, so finden wir, dass Herzog Niklas II. am 4. Mai 1334 in Gratz urkundlich erklärt, dass er den in Seifersdorf, damals Sifridendorf genannt, gelegenen und dem Welehrader Kloster gehörigen Teich wieder hergestellt habe; am 22. Mai d. J. stellt er zu Prag dem deutschen Ritterorden eine Urkunde über die Schenkung des Patronats der Pfarrkirche in Jägerndorf[1]) aus, und nach drei Monaten, gerade am 22. August, befreit er zu Olmütz zwei dem Kloster Welehrad gehörige Lahne in Žalkovitz von allen ihm zustehenden Rechten.[2]) Also am 22. August 1334 war Niklas II. in Mähren und am 28. August datirt Markgraf Karl in Brünn und bestätigt den Prager Bürgern auf der Kleinseite ein von seinem Vater ihnen ertheiltes Privilegium wegen des Meilenrechtes, und am 29. August gestattet er daselbst urkundlich dem Welehrader Kloster den Bezug des Bau- und Brennholzes und die niedere Jagd in den markgräflichen Waldungen, welche

    den Herzogstitel von Troppau und Ratibor. Biermann, Geschichte von Troppau, 150.

[1]) Cod. Dipl. Mor. VII. 9 und 12. „Ius Patronatus ecclesie parochialis sancti Martini in civitate Kirnovia, que nomine Theutonico Jægerndorf nominatur." Unter den Zeugen ist dominus Iohannes prepositus ecclesie Wisegradensis, nec non electus et confirmatus ecclesie Olomucen, aber noch nicht consecratus.

[2]) Cod. Dipl. Mor. VII. 18. „in villa Schalkovitz, que olim ad castrum nostrum Grecz quondam speciali iure pertinebat."

an den Stiftsbesitz grenzen.¹) Markgraf Karl hat diese Urkunde „aus angeborenem Wohlthätigkeitssinn" und um den Klagen des Klosters Welehrad gegen die markgräflichen Jagdbeamten der nahen Burg Buchlau zu begegnen, ausgestellt. Wir können voraussetzen, dass bei diesem ersten Besuche des Markgrafen in Mähren er mit dem Bischofe von Olmütz, Johann, zusammentraf. Durch ein päpstliches Breve vom 1. Mai 1334 hat Johann XXII. von Avignon aus dem Bischofe von Olmütz aufgetragen, ein Wunder, welches sich in der mähr. Grenzstadt Hradisch zugetragen haben soll, zu untersuchen und über den Wunsch der Stadtbewohner zum Andenken dieses Wunders daselbst ein Franciscanerkloster zu stiften, und darüber an den päpstlichen Hof zu berichten. Gewiss mochte Bischof Johann dieses Sensation erregenden Breves dem Markgrafen, der dem Wunderglauben sehr ergeben war,²) Erwähnung gethan und erzählt haben, wie ihm der Papst aufgetragen habe, ungeachtet des durch Bonifaz VIII. ergangenen Verbotes, keine neuen Minoritenklöster aufzurichten, doch für die Begründung eines solchen Klosters in Hradisch zu stimmen, weil der Minoriten-Ordens-Provinzial in Böhmen und Polen, Fr. Nicolaus, berichtet, wie die vom Feinde in neuerer Zeit angegriffene Stadt durch den heil. Franciscus von der ihr drohenden Gefahr befreit wurde, indem die stürmenden Feinde durch seine Fürbitte gelähmt und blind gemacht wurden, und wie deshalb

¹) Cod. Dipl. Mor. VII. 18 und 19.
²) Wir erwähnen hier des Traumes, der ihm den Tod des Dauphin von Frankreich ankündigte und des Spukes im Burggrafenhause in Prag. Vita Karoli. Böhmer, Script. rer. German. 244 und 249.

Stiftung eines Franciscanerklosters in Ung.-Hradisch 1334. **25**

der Stadtmagistrat und die Bewohner das Gelübde gemacht haben, für den Orden in der Stadt ein Kloster zu stiften. Der Bischof möge also untersuchen, was an der Sache Wahres sei, und wenn er sie bestätigt finde, soll er sehen, ob die Stadt ein Kloster für zwölf Mönche erhalten könne, denen ein Convent mit der Kirche und einem Friedhofe aufgebaut werden solle.[1]) Sind denn die Klagen des Weltclerus über die Bettelmönche und die deshalb in Prag entstandenen Scandale noch nicht zu Johann's Ohren gelangt? In Mähren scheinen wenigstens die Prager Unruhen vom Juli keine Schwingungen bewirkt zu haben. Der Markgraf ist ihnen entgangen.

Wir sehen den Markgrafen am 25. November 1334 schon wieder in Prag, aber auch Bischof Johann scheint die letzten Monate des Jahres in Prag beschlossen zu haben; denn der Königssaaler Chronist berichtet, dass König Johann im genannten Jahre 1334 dem Cardinal P. (episcopo Altisiodorensi sic! soll heissen: Antissiodorensi, Auxerre) die Wyšegrader Probstei verliehen habe,[2]) dass aber jener, weil mit dieser Stellung die böhmische Reichskanzlerwürde verbunden war, den Bischof Johann von Olmütz, den ehemaligen Reichskanzler, zu seinem Procurator bestimmt und ihm, obwohl Berthold von Lipa eigentlicher Probst und

---

[1]) Cod. Dipl. Mor. VII. 7.
[2]) Dudík, Iter Rom. II. 119. „P. tituli S. Stephani in Celiomonte Cardinali, quod possit licite retinere præposituram ecclesiæ Vyšegrad, collatam sibi per regem Boemiæ ddo. Avignione 1. Juni 1334." Petrus de Mortemarte war damals Cardinal und Bischof von Auxerre, resignirte 1327. (Vide Gams Series. pag. 502.

Kanzler war (1334—1343),[1]) gewissermassen den Posten unter gewissen Bedingungen zurückgestellt habe.[2]) Während Markgraf Karl sich alle Mühe gab, das übernommene Amt eines Statthalters in Böhmen, und zwar nicht ohne günstigen Erfolg, zu versehen, denn der Staatsorganismus, repräsentirt durch seine Beamten, fungirte ganz regelmässig,[3]) denkt König Johann an eine neue Heirat. Nachdem er im November 1333 Italien verlassen und dem Könige Philipp von Frankreich die Stadt und Grafschaft Lucca in Italien für 100.000 Florentiner verkauft habe,[4]) begannen in Paris die Unterhandlungen wegen einer Vermählung des Königs mit Beatrix, der Tochter des Herzogs von Bourbon, Grafen von Clermont und Marche. Johann konnte das Versprechen, welches er 1332 den Herzogen von Österreich geleistet, die Prinzessin Elisabeth, eine Tochter Friedrichs des Schönen, zu

[1]) Cod. Dipl. Mor. VII. 86 vom 7. Juni 1336. Damals scheint der Olmützer Bischof die Procuratie in die Hände des rechtmässigen Probstes ganz niedergelegt zu haben.
[2]) „Eodem anno (1334) Iohannes rex Boemiæ domino Antissiodorensi episcopo cardinali præposituram Vyšegradensem.. contulit, in quo dominum Iohannem, Olomucensem episcopum... procuratorem suum constituit, et ei ipsam sub condicionibus recommisit." Chron. Aul. Reg. Edit. Loserth 509.
[3]) Cod. Dipl. Mor. VII. 9. Der königl. böhmische Unterkämmerer Wilhelm von Landstein schlichtet über Auftrag des Markgrafen Karl einen Streit zwischen den Schöpfen und Bürgern von Iglau, ddo. Iglau 7. Mai 1334.
[4]) Schötter, Johann, Graf von Luxemburg und König von Böhmen, II. 84. Böhmer, Regesten Johanns von Böhmen, S. 200, hat 180.000 Florentiner. Dieser Verkauf wurde bald nachher auf Bitten des Königs von Apulien rückgängig gemacht.

heiraten, nicht erfüllen, da der Papst Johann XXII. die früher in Aussicht gestellte Dispens zu ertheilen sich weigerte.[1]) Der Ehevertrag zwischen König Johann und dem Herzoge von Bourbon, der im Namen seiner Tochter Beatrix handelte, ward im December 1334 im Bois de Vincennes in Gegenwart des Königs von Frankreich, Filipp, geschlossen,[2]) und enthielt unter den vielen Bestimmungen folgende, welche den Markgrafen Karl, und folglich Mähren, betreffen: a) Der König versprach seiner Gemahlin ein Witthum von 6000 Pfund Turnosen, welche er auf Städte seiner französischen Besitzungen aussetzte. Sollten die Einkünfte dieser Städte die erwähnte Summe nicht abwerfen, solle das Fehlende aus seinen Gütern in der Grafschaft Luxemburg genommen werden. b) Erhält König Johann mit Beatrix männliche Nachkommen, so erben diese die Grafschaft Luxemburg und andere Güter, die er in Frankreich besitze, während die Töchter alle seine Besitzungen im Hennegau im Betrage von 4000 Pfund bekommen. c) Da jedoch das Witthum seiner Schwiegertochter Blanca auf die Besitzungen im Hennegau ausgesetzt war, so versprach Johann, im Falle diese ihren Gemahl Karl überlebe, den Töchtern für die 4000 Pfund die Grafschaft la Roche bis zum Tode der Blanca zu verpfänden. d) Im Falle die Ehe seines Sohnes Karl mit Kindern gesegnet wird, so macht sich der König verbindlich, da jene die Güter im Hennegau erben werden, den eigenen Töchtern 4000 Pfund Turnosen aus der Grafschaft Luxem-

[1]) Cod. Dipl. Mor. VI. 350. Dudík, Iter Rom. II. 119. Joh. Victorien. Böhmer, Fontes Germ. I. 413.
[2]) Cod. Dipl. Mor. VII. 25—29. Wörtlich aus Schötter, Johann von Luxemburg II. 85.

burg zu überweisen, unter der Bedingung, dass sie und ihre Nachkommen die damit belasteten Besitzungen von der Grafschaft Luxemburg zu Lehen tragen. e) Zur grösseren Sicherheit der vorhergehenden Bestimmungen versprach er, dass sein Sohn Karl, Markgraf von Mähren, und sein jüngster Sohn, Johann Heinrich, sowie die Edelleute und die freien Städte der Grafschaft Luxemburg diesen Vertrag bestätigen werden. Markgraf Karl, sowie auch sein Bruder Johann Heinrich genehmigten und billigten in der nächsten Zeit diese Übereinkunft in allen Punkten und verpflichteten sich und ihre Nachkommen eidlich, derselben nie zuwider zu handeln.[1])

Noch im December 1334 fand die Heirat des Königs statt. Davon wusste man in Böhmen nichts. Erst am Feste der h. drei Könige, also am 6. Januar 1335, gelangte dahin die Kunde, welche nicht wenig Aufsehen erregte, dass sich der König in einem fremden Lande vermählt habe.[2]) Bei der Hochzeitsfeier war zu Cholet ein glänzendes Turnier veranstaltet, an dem viele ausländische Ritter theilnahmen und in welchem manche schwer verwundet wurden. So beliebt waren diese Militärspiele, dass ungeachtet grosser kirchlichen und weltlichen Strafen, welche die Kirche und die französischen Regenten über diejenigen, welche sich denselben ergaben, verhängten, König Johann, nach einem kurzen Aufenthalte in Luxemburg, im Sommer des Jahres 1335 in Paris ohne Wissen und Willen des Königs ein Turnier halten liess, bei dem er derart verwundet wurde, dass er deshalb

[1]) Karl's Revers ist ddo. Prag August 1335, Johann Heinrich's ddo. Tirol März 1338 und der der Landstände Tirols von 1336.
[2]) Chron. Aul. Reg. Edit. Loserth. „De secundo matrimonio regis Bohemie. 520.

durch mehrere Wochen an's Krankenlager gebunden wurde,[1]) gerade zu einer Zeit, welche seine Anwesenheit in Böhmen dringend nöthig machte.

Die wegen der Vermählung der Schwester des Markgrafen Karl, der Prinzessin Anna, mit dem Herzoge Otto von Österreich seit etwa 4 Jahren geführten Unterhandlungen kamen nach dem Tode des Papstes Johann XXII., welcher zu Avignon am 4. December 1334 erfolgt war, durch Dispens Benedicts XII. zum glücklichen Abschlusse, und die etwa 12jährige Braut, die seit mehreren Jahren in Luxemburg lebte, sollte dem 33jährigen Witwer, Otto,[2]) zugeführt werden. Zu diesem Ende brachte man die Prinzessin am Sonntag den 5. Februar 1335 aus Luxemburg nach Prag.[3]) Hier machte Markgraf Karl durch 8 Tage die Vermählungsvorbereitungen, bevor er die Schwester nach Znaim begleitete; sie kam gleichfalls an einem Sonntage, den 12., in Znaim an und den Sonntag darauf, den 19., geschah in Gegenwart des Markgrafen die Vermählung, nachdem die Braut den Tag

---

[1]) Chron. Aul. Reg. Edit. Loserth 520.

[2]) Otto's erste Gemahlin, Elisabeth, Tochter Herzogs Stephan von Nieder-Baiern, war bereits am 25. März 1330 infolge von Vergiftung gestorben. Johannes Victorien. Böhmer, Fontes I. 406. Herzog Otto wollte zuerst seine Nichte, eine Sicilianische, und dann eine polnische Prinzessin, eine Schwester des Königs von Ungarn, heiraten, l. c.

[3]) Chron. Aul. Reg. Edit. Loserth 518. „De Luxemburg, ubi (Anna) quatuor annis manserat, Pragam quarto Nonas Februarii 1335 die dominii est adducta." Im J. 1335 fiel IV. Non. Febr. (2. Febr.) auf einen Montag. An diesem Tage ist jedoch Purificatio B. M. V., während der Sonntag, der 5. Febr., Nonis Febr. war. Über die Ehe Otto's siehe Bd. I. 420 d. W.

vorher zu Jaispitz aus den Händen des Geschichtsschreibers Peter das Busssacrament zur allgemeinen Freude empfangen hat. Glänzend war die Vermählung, grossartig die achttägige Bewirtung des Markgrafen Karl. Sein Marschall gibt an, dass durch Eine Nacht aus Karl's Vorräthen für 6000 Pferde das Futter ausgefolgt wurde, kein Wunder, da nach Angabe des anwesenden Chronisten Peter gegenwärtig waren drei Bischöfe, fünf Herzoge, unzählige Barone, Grafen und Magnaten.[1] Wenige Tage nach vollbrachter Vermählung ordnete Markgraf Karl noch in Znaim im Auftrage und mit Vollmacht seines Vaters mit Herzog Otto die Angelegenheit der Heimsteuer, welche auf 10.000 Mark festgesetzt wurde. Im Baren sie zu erlegen, war es weder dem Markgrafen, noch weniger dem Könige Johann möglich; man griff zur Verpfändung, und die Burg und die Stadt Znaim mit ihrem gesammten Hab und Gut bilden das Pfandobject. Am 23. Febr. 1335 wurde darüber die Urkunde ausgestellt,[2] und von den Betheiligten angenommen. Zwei Urkunden, welche die Herzoge Albert und Otto am 7. und 8. März l. J. in Wien ausstellten, bestätigen dies, während eine dritte vom 10. März d. J. dem Markgrafen Karl verspricht, das Pfandobject, also Znaim, zurückzugeben, wenn die Pfandsumme beglichen sein werde.[3] Die Hochzeitsgäste scheinen also sich nicht lange in Znaim aufgehalten zu haben, — andere wichtige Angelegenheiten erwarteten sie.

Am 2. April 1335 starb plötzlich auf seinem Schlosse Tirol der fast 70jährige Exkönig, Heinrich von Böhmen,

[1] Chron. Aul. Reg. Edit. Loserth 519.
[2] Cod. Dipl. Mor. VII. 31.
[3] Cod. Dipl. Mor. VII. 32.

der letzte männliche Sprosse des görzischen Hauses.¹) Nun war für König Johann der Augenblick da, den langgehegten Plan auszuführen, seinem Sohne Johann Heinrich und seiner Schwiegertochter Margaretha zum ruhigen Besitze der Grafschaft Tirol und womöglich des kaiserlichen Lehens, des Herzogthums Kärnten, zu verhelfen. Aber König Johann war noch nicht zur Stelle. Erst den 30. Juli 1335 kam er nach Prag, um handelnd auftreten zu können.²) Wir müssen uns hier erinnern,³) dass König Johann im September 1330 nach Innsbruck kam, um die Vermählung des noch nicht 9jährigen Prinzen Johann Heinrich mit der 12jährigen Margaretha zu vollziehen, die früheren Verträge zu erneuern und durch alle möglichen Bürgschaften die dem Exkönige versprochenen 40.000 Mark zu garantiren,⁴) und dass bei dieser Veranlassung König Johann im Namen seines Sohnes für den Fall der Nothwendigkeit einer vormundschaftlichen Regierung nach Heinrichs Tode jetzt schon die Huldigung der Einwohner der Grafschaft Tirol entgegennahm. Doch wie geändert fand König Johann bei seiner Rückkehr nach Prag im Sommer 1335, und zwar durch seine zweideutigen Freunde, die Habsburger, die ganzen Verhältnisse! Nachdem die Habsburger nach dem Tode Friedrichs des Schönen (13. Jan. 1330) sahen, dass wenigstens für die nächste Zeit die königliche Krone ihrem Hause nicht zufallen werde,

---

¹) Huber, Geschichte der Vereinigung Tirols mit Österreich. S. 23, N. 3.
²) Chron. Aul. Reg. Edit. Loserth 520.
³) Siehe Band I. S. 410 d. W.
⁴) Ob Heinrich bis zu seinem Tode auch nur einen Theil dieses Geldes erhalten hat, ist fraglich. Huber l. c. 16, n. 1.

hielten sie es nach dem Vorbilde anderer Fürsten für vortheilhaft, eine möglichst selbständige Herrschaft zu gründen, und in erster Linie für ihre eigenen Interessen zu sorgen. Darum musste ihnen der Tod Heinrichs von Tirol und Kärnten von der höchsten Wichtigkeit gewesen sein. Kommt Böhmen in den Besitz dieser Länder, dann sind sie von zwei Seiten von der Luxemburger Dynastie, die sich seit Jahrzehent als ihren natürlichen Gegner zeigte, umklammert. Was war also da zu thun? Nichts anderes, als auf die Belehnung Albrechts I. von Österreich, des Vaters der damaligen Herzoge Albrecht II. und Otto, zurückzugreifen.[1] Obwohl dieselben kein strictes Recht auf den erledigten Besitz hatten, so kam ihnen hier die Politik des Kaisers Ludwig zustatten, welcher gerade damals 1335 fester als je auf der Höhe seiner Macht stand.[2] Auf einer Zusammenkunft des Kaisers mit den österreichischen Herzogen Albert und Otto im November 1330 zu Augsburg versprach Kaiser Ludwig den genannten Herzogen, wenn einmal Kärnten erledigt werde, sie mit diesem Herzogthume zu belehnen, wogegen sie ihn gegen Böhmen unterstützen sollen. Nun war Kärnten durch Heinrichs Tod erledigt und die Zusage sollte in Erfüllung gehen. Es ist ganz begreiflich, dass sich die verwaisten Eheleute, Johann Heinrich und Margaretha,

---

[1] Über die Rechtsfrage bei der Erledigung Kärntens, Stögmann, Sitzungsber. der kaiserlichen Akademie Band XIX., 203—220.

[2] Wilhelm Perger, Die Politik des Papstes Johann XXII. in Bezug auf Italien und Deutschland. Abhandl. baier. Akad. der Wissensch. 1885. III. Cl., XVII. Band, III. Abth., S. 560.

an ihre Verwandten, namentlich an König Johann, der noch immer an seinen im Turniere erlittenen Wunden krank in der Fremde lag, und an den Markgrafen Karl um schleunige Hilfe wandten. Die abgeschickten Eilboten brachten den schwachen Trost, der König werde, sobald es seine Kräfte erlauben, kommen und für ihre Länder sorgen,[1]) und Markgraf Karl konnte gleichfalls für den Augenblick nichts anderes thun, als ddo. Prag 15. April 1335 trösten und eine baldige Ankunft versprechen.[2])

Mittlerweile kamen die Herzoge Albrecht und Otto von Österreich in Linz mit dem Kaiser Ludwig zusammen, und hier wurde ihnen der zu Augsburg zugesagte Lehensbrief am 2. Mai 1335 für das erledigte Reichslehen Kärnten und Krain und die Grafschaft Süd-Tirol mit den Vogteien zu Trient und Brixen ausgestellt, zugleich mit dem Versprechen, den Herzogen Albrecht und Otto von Österreich gegen König Johann, dessen Kinder und Erben beizustehen, und ohne ihren Beitritt keinen Separat-Frieden zu schliessen,[3]) und als der Kaiser, sein ganzes Haus, die Herzoge von Baiern, mit Ausnahme Herzogs Heinrich von Nieder-Baiern, des Schwiegersohnes des böhmischen Königs, und die Habsburge, den Erzbischof von Salzburg und die Grafen von Görz in ein Bündnis brachte,[4]) und nachdem die Mission des Geheim-

---

[1]) Iohannes Victorien. Böhmer, Script. rer. German. I. 416.
[2]) Der Brief in deutscher Sprache bei Huber, Geschichte der Vereinigung Tirols mit Österreich S. 140. Cod. Dipl. Mor. VII. 35.
[3]) Cod. Dipl. Mor. VII. 35–37 in drei Urkunden von demselben Datum.
[4]) Cod. Dipl. Mor. VII. 33, 35 und 39.

schreibers der bisherigen Regenten der Grafschaft Tirol, des Chronisten dieser Zeit, des Abtes Johann von Viktring, an die österr. Herzoge und an den Kaiser in Linz von Seite K. Johanus eine völlig gescheiterte blieb; [1]) sah K. Johann deutlich ein, dass in diesem Falle nur die Waffen entscheiden können. Noch sollte Markgraf Karl einen Schritt wagen. Schnell entschlossen reiste er im Frühjahre von Prag über Budweis zum Kaiser nach Linz,[2]) um womöglich seinen Bruder und die Schwägerin zu retten.. Doch wie des Abtes Mission, so vergeblich war auch die seine. Der Kaiser berief sich auf die vollendete Thatsache, indem am 5. Mai 1335 die feierliche Belehnung der österreichischen Herzoge in Linz durch den Kaiser erfolgt war.[3]) Das Erbe des Exköuigs Heinrich war durch diese Belehnung in drei Theile getheilt: die Habsburger erhielten Kärnten, Krain und die windische Mark, dann Süd-Tirol und das Vogteirecht auf die Bisthümer Trient und Brixen, und die Kinder des Kaisers Ludwig das Innthal und den nördlichen Theil Tirols von den Grenzen Schwabens und Ober-Baierns bis zur Finstermünz, dem Taufer und der

[1]) Ioh. Vict. Böhmers Script. rer. Germ. I. 416 und ffg. Die beste Quelle über diese Zeit.
[2]) Cod. Dipl. Mor. VII. 33. Markgraf Karl bestätigt in Budweis die Vereinigung des Dorfes Gauerndorf (Mokré) und einer Mühle mit dem Spitale zum h. Wenzel in Budweis und befreit das Dorf und die Mühle von allen Abgaben. Das Spital ist durch Konrad Landocer gestiftet.
[3]) Ioh. Victorien. Böhmer, Fontes rer. German. I. 417. „Dux Baviariæ, Henricus, gener regis Bohemiae Iohannis, et Karolus, marchio, filius eius, per Danubii alveum venientes, iniuste et enormiter agi cum pueris ducis Karinthiæ declamantes, qui et ipsi inefficaciter abscesserunt."

heutigen Franzensfeste;¹) nur die Grafschaft Tirol verblieb
der Erbin Margaretha. Die Besitzergreifung von Kärnten und
Krain war schnell und ohne Widerstand erfolgt; denn hier
sprachen die wichtigsten Vasallen, Konrad von Auffenstein,
Otto von Lichtenstein, Ulrich von Pfannberg, Ulrich von
Walsee, für die Habsburger; aber schwerer gieng es in Süd-
Tirol; denn hier hielten die Tiroler treu an ihrem Herrscher-
geschlechte und der Sieg blieb in den langen Nachfolge-
streitigkeiten jedesmal demjenigen, für den das Land selbst
eintrat.

Auch in diesem Falle war das Land, wenn auch nicht
für böhm. Vergrösserungsgelüste, so doch für seine Regentin.
Margaretha, die damals etwa im 18. Lebensjahre stand,
während ihr Gemahl, Johann Heinrich, kaum 14 Jahre zählte.
Jetzt erschien Johann am 30. Juli 1335 in Prag, und war
derart erbost über Kaiser Ludwig und die österreichischen
Herzoge, dass er gleich am zweiten Tage seiner Ankunft
gegen selbe ein Aufgebot ergehen liess:²) denn König Johann
wusste, dass er vom Kaiser Ludwig nichts Gutes zu erwarten
habe. Seit dem Jahre 1333, als König Johann dem Kaiser
den Rath ertheilte, er werde die vom Letzteren sehnlichst
erwartete Aussöhnung mit der römischen Curie unter der
einen Bedingung beim Papste durchführen, wenn Kaiser
Ludwig zu Gunsten des königlichen Schwiegersohnes, Heinrich, Herzogs von Nieder-Baiern, auf seine kaiserliche und

---

¹) Huber, Geschichte der Vereinigung &c. S. 137. Regesten n. 36
²) Chron. Aul. Reg. Edit. Loserth 520.

königliche Würde freiwillig verzichte[1]), und Herzog Heinrich durch Voreiligkeit, indem er die Reichsstädte, namentlich Aachen, misstrauisch machte, den ganzen Plan verdarb: erkannte Kaiser Ludwig, dass er am Könige Johann nur einen egoistischen Freund sich grossgezogen habe, welcher um so gefährlicher wird, je ausgedehnter seine Hausmacht, sein Ländercomplex sich gestalte. Vom Kaiser Ludwig war daher nichts Gutes zu erwarten, und was von den beiden österreichischen Herzogen? Die Antwort, die sie dem Markgrafen Karl auf seine Vermittlung gaben, lieber das Leben als Kärnten zu lassen, konnte ihm als Vorbote dessen, was ihm die nächsten Tage bringen werden, dienen. Mit aller Vorsicht und Entschiedenheit, aber auch mit Mässigung, rüstete König Johann zum bevorstehenden Kriege, den er, wie es scheint, diesesmal nur gezwungen annahm, sonst könnten wir uns nach der missglückten Legation seines Erstgeborenen und seines Schwiegersohnes nicht erklären, wie er den Olmützer Bischof Johann Wolek und den Herzog von Sachsen mit einer neuen Mission an die österreichischen Herzoge betraut haben konnte. Die Sprache dieser zwei

[1]) Weech, Kaiser Ludwig der Baier und König Johann von Böhmen, S. 45—51, und Dr. Wilhelm Pergers Arbeiten aus den J. 1879 und 1880 in den Abhandlungen der bairischen Akademie der Wissenschaften zu München, Band XV. Die Frage wegen der Abdankung Ludwigs des Baiern zu Gunsten des Herzogs Heinrich von Nieder-Baiern S. 45—60, II. Abth., dann Band XVI. von demselben. Über die Anfänge des kirchenpolitischen Kampfes unter Ludwig dem Baier von 1315—1324, Abth. II. 113 und ffg., und hiezu Band XIV: Der kirchlich-politische Kampf unter Ludwig dem Baier und die öffentliche Meinung in Deutschland.

Abgeordneten war zwar entschieden, aber nicht provocirend. „Die Herzoge sollen dem Rechte," so sprachen die Sendboten, „und der Billigkeit Raum geben, und Kärnten zurückstellen, es gelüste dem Könige keineswegs nach einem Kriege mit ihnen, aber das gute Recht seiner Kinder könne er nicht unbeschützt lassen." Die Antwort der Herzoge war kurz und bündig: „sie werden lieber den Krieg annehmen, als Kärnten aufgeben."[1]) Damit war der Krieg erklärt; es waren aber auch die nothwendigen Vorbereitungen von Seite des böhmischen Königs getroffen, um denselben mit Nachdruck aufzunehmen und durchzuführen.

Zu diesen Vorbereitungen gehörten die mit den Nachbarstaaten, mit Polen und Ungarn, abgeschlossenen Schutz- und Trutzbündnisse. Die besseren Beziehungen des Königs Johann zu Polen, seitdem er in den Waffenstillstands-Schlüssen zwischen dem Orden und Polen neben dem ungarischen Könige immer zum Schiedsrichter erwählt wurde, liessen ihn von dem jungen Kazimir im Verein mit Karl von Ungarn eine nützliche Bundesgenossenschaft erwarten, und lenkten daher sein Auge auf diese östlichen Potentaten. Es war aber auch die höchste Zeit für König Johann, sich um das polnische Bündnis zu kümmern; bald hätte ihm Kaiser Ludwig den Rang abgelaufen. Wir lesen, dass zu Frankfurt am 16. Mai 1335 festgestellt wurde, dass ein zwischen dem Könige Kazimir einerseits und dem Kaiser und seinem dritten Sohne, Ludwig dem Römer, andererseits abzuschliessendes Schutz- und Trutzbündnis dadurch eingeleitet werde, dass Kazimir seine älteste Tochter, Elisabeth, dem jüngstgeborenen gleich-

[1]) Iohannes Victorien. Böhmer, Script. Germ. I. 420.

namigen Sohne des Kaisers, dem Bruder des Markgrafen von
Brandenburg, vermählen sollte.¹) Schon wurde auf eine
Zusammenkunft der contrahirenden Theile gedrungen, als
Johann's Stellung zu den österreichischen Herzogen den
Kaiser Ludwig nöthigte, für diesesmal die polnischen Ange-
legenheiten fallen zu lassen, derer sich König Johann durch
seinen Sohn, den Markgrafen von Mähren, allsogleich
bemächtigt hatte. Er wurde dabei durch den König von
Ungarn, Karl Robert, den Schwager des erst 1310 gekrönten
Polenkönigs, dessen Rathe sich der junge König Kazimir bei
jeder Gelegenheit mit Kindlichkeit anschloss, kräftigst unterstützt. Karl Robert hatte eben damals, da König Kazimir
keinen Sohn hatte und trotz seiner Jugend von seiner
Gemahlin keine Nachkommen zu erhoffen waren, den grossen
Gedanken erfasst, Polens Krone an das Haupt seines Erstgeborenen, Ludwig (geb. 1326), zu bringen. Nun war es
offenkundig, dass auch König Johann an die polnische Krone
denke, denn noch immer führte er den Titel eines Königs
von Polen; es musste daher dem Könige von Ungarn vieles
daran liegen, Johann für sich zu gewinnen. Dieser grosse
Gedanke erleichterte dem Könige Johann die Annäherung an
die beiden Ostmächte.

Wenn auch seit dem Heereszuge Johann's nach Posen
im Jahre 1331 kein eigentlicher Krieg zwischen Böhmen
und Polen bestand,²) so hatten doch die raubsüchtigen
Magnaten beider Länder die allgemeine Zerrüttung und
Rechtslosigkeit zu gegenseitigen Fehden und Beeinträchti-

¹) Caro, Gesch. Polens II. 183.
²) Siehe Band I., S. 445—447 d. W.

gungen fortwährend benützt. Mit dem Schlusse des Jahres 1333 war aber für beide Länder die Zeit gekommen, dass durch zwei junge, kräftige Regenten, in Polen durch Kazimir, dem die dankbare Nachwelt den Ehrennamen des Grossen beilegte, und in Böhmen durch den Markgrafen Karl, welcher sich den Namen des Vaters des Vaterlandes erworben hat, Recht und Gesetz wieder eingeführt und dadurch der Rechts- und Gesetzlosigkeit ein Ende gemacht wurde. Es war nun sehr natürlich, dass die beiden jungen Fürsten, von gleichartigen Bestrebungen geleitet, einander die Hände reichten, um dem räuberischen Unwesen ein Ziel zu setzen. Dies war der allgemeine Grund; einen speciellen, mit Böhmen in Freundschaft zu stehen, fand König Kazimir in seiner Lage zum deutschen Ritterorden. Da König Johann der anerkannte Schiedsrichter zwischen der geistlich-ritterlichen Macht in Polen war, musste dem einsichtsvollen Kazimir der Vortheil einleuchten, sich zu dem präsumtiven Schiedsrichter gut zu stellen, und darum war er nicht abgeneigt, als Markgraf Karl im Monate Mai 1335 nach Sandomir kam, um mit Kazimir vorläufig auf ein Jahr, nämlich vom 28. Mai 1335 bis Johanni 1336, einen Vertrag folgenden Inhalts abzuschliessen: Beide Fürsten versprachen für sich und ihre Unterthanen die Ruhe aufrecht zu erhalten und Klagen polnischer Unterthanen gegen böhmische Angehörige in Breslau, Beschwerden böhmischerseits gegen Polen in Kalisz zum richterlichen Austrag bringen zu lassen; in beiden Fällen verbürgten sich die Fürsten für freies Geleite und Sicherheit der gegentheiligen Partei. Eingeschlossen in diesen Vertrag werden der König von Ungarn und die Herzoge Premysl von Kujavien und Wladislav von Lenczyce und Dobrzyn, welche denselben später bestätigten und urkundlich verbürgen sollten.[1]) Dies der Vertrag, welcher von nun an auf lange Zeit den Ausgangspunkt der politischen Stellung des böhm.-mähr. Reiches zu Polen bildet. Er sollte den beiderseitigen Grenzstreitigkeiten ein Ziel setzen und so die Herstellung der königlichen Macht im Lande fördern.

Nach den Begriffen der damaligen Zeit fand man als das wirksamste Mittel, die königliche Macht im Lande herzustellen und zu begründen, in der Förderung und Verbreitung des Feudalwesens. Man verstand im 14. Jahrhunderte unter dem Feudalwesen jenes politische System, welches das Staatsgebiet nicht als das Gesammteigenthum der Bürger, die es bewohnen und zu ihren Zwecken verwenden, sondern als das Alleineigenthum eines Herrschers betrachtet, der es, weil er es nicht selbst unmittelbar benützen kann, an einige seiner Getreuen oder Unterthanen unter gewissen Bedingungen, gegen bestimmte Dienste, verleiht, oder sie damit belehnt, welche es dann an andere auf gleiche Weise verleihen können. Der Vortheil eines solchen Systems der damaligen Zeit lag darin, dass ein kräftiger Wille einen Gedanken leichter durchführen, und somit ruhiger regieren konnte. Markgraf Karl hatte einen solchen kräftigen Willen, und darum gelang ihm wie in Böhmen, so in Mähren das Regieren. Dieser kräftige Wille äusserte sich hauptsächlich darin, dass er sich widerspenstige Elemente mit Gewalt, oder auch am friedlichen Wege, zu unterordnen wusste. So siegte er in Italien, wo er, wie uns bekannt ist, 2 Jahre und 5 Monate herrschte, und sich angewöhnte, die Entscheidung

[1]) Cod. Dipl. Mor. VII. 41. Der Auszug nach Caro, Gesch. Polens II. 184 und 185.

Infeudation, Mittel, die königliche Macht zu heben. 41

in politischen Combinationen statt in Waffenmacht zu suchen: [1]) so verschaffte er sich durch seine strenge Consequenz, Wahrhaftigkeit und realistische Offenheit in seinem Handeln die unerlässliche Autorität und durch dieselbe die Obermacht im böhmisch-mährischen Reiche. Die Einziehung und Einlösung der verpfändeten und durch K. Johann verschleuderten königl. Burgen und Güter daselbst war die Folge davon.

Ja selbst durch Ankäufe suchte Markgraf Karl seinem Grundsatze, durch Infeudation die königliche Macht zu heben, Durchgang zu verschaffen. Am 17. Mai 1335 unterzeichnete zu Prag Hotěbor von Hirstein einen Kaufbrief für den Markgrafen von Mähren, durch welchen Hotěbor bestätigte, dass der erwähnte Markgraf seine Burg und den dazu gehörigen Besitz Kostomlat (ehemals im Bunzlauer Kreise) um 900 Schock Prager Groschen gekauft habe. [2]) Aber auch noch im grossen Massstabe leitete Markgraf Karl die Infeudation vieler Städte und ausgedehnter Herrschaften besonders in Schlesien ein; denn Herzog Johann von Schlesien und Herr von Stinau, welcher bereits seit 29. April 1329 Vasall der böhmischen Krone geworden war und bei seinem kinderlosen Dasein schon im Jahre 1331 seinen Erbantheil an Glogau dem Könige Johann verkaufte, erklärte durch eine Urkunde ddo. Prag 7. Juni 1335, mit dem Könige Johann von Böhmen und dessen Sohne, dem Markgrafen von Mähren, Karl, dahin übereingekommen zu sein, dass er, Johann von Stinau, sobald die an seinen Bruder, Herzog Konrad von Namslau und Öls, verpfändete Stadt Frauenstadt ausgelöst

[1]) Werunsky, Geschichte Kaisers Karl IV. I. 106.
[2]) Cod. Dipl. Mor. VII. 40.

und ihm überdies 400 polnische Mark, die Mark zu 48 Prager Groschen gerechnet, ausgezahlt sein werden, die dortigen Vasallen zur Ablegung des Huldigungseides an König Johann und an den Markgrafen Karl verhalten wolle.[1] „Infolge dieser Übereinkunft ward Aussicht auf Arrondirung des unmittelbar böhmischen Besitzes im nordöstlichen Schlesien eröffnet," und durch die geleistete Huldigung der Vasallen, mochten sie wo immer ihre Burgen liegen haben, die Verpflichtung aufgetragen, dem Könige, oder an seiner statt dem Markgrafen, ihre Burgen stets offen zu halten und zu ihrem Dienste, so oft nöthig, mit bestimmtem Geleite, auch wenn kein allgemeines Aufgebot stattfand, bereit zu sein, und dafür erhielten die Vasallen das Privilegium, „frei — nobilis — für sich," und namentlich in Böhmen und Mähren mit diesem Privilegium auch die Richtergewalt über ihre sämmtlichen Unterthanen, wodurch erst die Patrimonial-Gerichtsbarkeit in den beiden genannten Ländern ihre feste gesetzliche Begründung erhielt.[2] Es ist dies eine weittragende Einrichtung, welche sich, weil sie der Eigenthümlichkeit des Volkes in Böhmen und Mähren entsprach, bis in die neueste Zeit erhielt.

Das Vasallenthum fand bei dem höheren Clerus und bei dem Feudaladel solchen Anklang, dass es kaum ein Bisthum oder eine Abtei, und kaum einen begüterten Adeligen

---

[1] Cod. Dipl. Mor. VII. 43.
[2] Werunsky, l. c. I. 132 und 133, und Palacký, Gesch. II. 2, 202. Damals kam infolge des neuen Regierungssystems der oberste Hoflehenrichter, iudex curiae, auf. Die Allode unterstanden dem Landrechte, die Feuda — auch Beneficia genannt — dem obersten Hoflehengerichte.

gab. der nicht Vasallen gehabt hätte oder selbst nicht zu
irgendeinem Mächtigen im Vasallenverhältnisse gestanden
wäre. Man glaubte eben darin ein ausgiebiges Mittel, wenn
nicht der Bereicherung, doch der Selbsterhaltung zu finden.
Und sowie einzelne Berechtigte sich den Wert ihrer Privilegien durch Bestätigung und Bündnisse zu wahren suchten, so
die Besitzenden durch Infeudationen.

Man sollte annehmen, dass König Johann mit den von
seinem Sohne Karl getroffenen Einrichtungen und erzielten
Erfolgen, man denke an den Sandomirer Vertrag, nicht nur
einverstanden, sondern dafür auch dankbar war. Aber der
leicht erregbare und unüberlegte Charakter des Königs zeigte
sich wider den Sohn nicht nur undankbar, sondern höchst
ungerecht. Karl berichtet in seiner Selbstbiographie:[1]) Mit
der Rückkehr des Königs und seiner neuen Gemahlin Beatrix,
die ihm in späteren Jahren den einzigen Sohn Wenzel
geboren,[2]) nach Prag, also nach dem 30. Juli 1335 und
nach dem 7. Juni 1336, umlagerten schlechte und falsche
böhmische und luxemburgische Rathgeber Tag und Nacht den
König und lagen ihm in den Ohren, sich nur recht bald
seines Sohnes Karl zu entledigen; denn von diesem aus
drohe dem Könige die höchste Gefahr. Nicht umsonst habe

[1]) Böhmer, Fontes German. I. 248.
[2]) Chron. Aul. Reg. Edit. Loserth pag. 523. Die zweite Gemahlin
Johanns, Beatrix, Tochter des Herzogs Ludwig von Bourbongois, Oheims des damals regierenden französischen Königs
Philipp VI., vermählt im Dec. 1334, hatte als einzigen Sohn
Wenzel, geboren 25. Febr. 1337; er wurde Herzog von
Luxemburg und starb am 7. Dec. 1383. Seine Gemahlin
war seit 1352 Johanna, Tochter Johanns III. von Brabant.
Sie starb am 1. December 1406.

jener so viele Burgen im Lande eingelöst; dadurch mächtig geworden, werde es ihm leicht werden, den König zu verdrängen, wozu ihm noch die Liebe des Volkes beihilflich sein werde; „das Volk erkenne in ihm einen Abkömmling der alten königlichen Dynastie, in dem Könige jedoch nur einen Fremdling." Solche und ähnliche Reden mussten bei dem leichtgläubigen, dabei aber eitlen und auf die Erfolge des Sohnes eifersüchtigen Könige einen anhaltenden Eindruck zurücklassen, und brachten es dahin, dass König Johann wirklich dem Sohne jegliche administrative und Regierungsgewalt, sowie auch die bereits eingelösten Burgen in Böhmen und Mähren abnahm, und ihm nichts als den leeren Titel eines Markgrafen von Mähren übrigliess. Den Grund zu diesen Anfeindungen und Verleumdungen fanden die Feinde in dem haushälterischen Sinne des jungen Fürsten. Sie sahen ein, dass unter Karl es nicht leicht sein werde, sich zu bereichern und zum Nachtheile der Krone Landesgüter, wie das unter Johann geschah, zu erwerben. Wird Karl beseitigt, so calculirten sie, wird der alte Zustand, wie er unter König Johann herrschte, zurückkehren und mit demselben auch die alte Möglichkeit der Bereicherung.[1]

So beim Könige verleumdet, angeschwärzt, wurde Markgraf Karl mit seiner Gemahlin nach Bürglitz verwiesen. Hier hatte ihm diese am 24. Mai 1335 das erste Kind, eine Tochter, die er nach ihrer Tante, Margaretha, nannte, geboren.[2]

[1] Vita Karoli. Böhmer, Fontes German. I. 248. Entschiedener kam diese Ungnade jedoch erst im J. 1337 zum Ausbruch und veranlasste Karl, Böhmen auf einige Zeit ganz zu verlassen.

[2] Chron. Aul. Reg. Edit. Loserth pag. 521. Margaretha, seit 1338 Königs Ludwig I von Ungarn Gemahlin; sie starb 1349.

Mit diesen Familienfreuden wurde aber auch Karl's Haushalt ein erhöhter, und doch waren die Einkünfte desselben durch des Königs Ungnade bis zur Dürftigkeit geschmälert. In dieser Noth bewog Karl die Klöster in Mähren zur Zahlung einer Aushilfe, oder eines gewissen jährlichen Zinses gegen dem, dass sie von den andern Steuern, wie sie sonst von Seite der Regenten vorgeschrieben waren, frei sein sollten, wobei der Chronist Beneš von Weitmil bemerkt, dass diese Aushilfe auch weiter blieb und auch die andere Steuer, so dass von nun an die Klöster in Mähren mit einer doppelten Ruthe gezüchtigt wurden, was Karl selbst oder seine Nachkommen gut machen sollen.[1]

Es hat schon die Gleichzeit gewundert,[2] dass Karl bei einer solchen ihm angethanen Ungerechtigkeit und Lieblosigkeit sich ruhig und unterwürfig wider seinen Vater verhielt. Wir erkennen in dieser Ruhe und Unterwürfigkeit

[1] „Factum est ergo, ut ipse Karolus cum coniuge et familia sua multum egerent et vitam ducerent humiliorem, quam filium regis decebat. . Ipse Karolus hac compulsus necessitate monasteria in Moravia redegit ad solutionem censuum annui, quo persoluto deberent ipsa monasteria ab aliis solutionibus esse libera. Sed succedente tempore solverunt subsidia, et nihilominus censum, et sic duplici poena conteruntur. Hæc ideo scripsimus, ut per ipsum (Karolum) vel filios suos, hoc, quod male factum est, in melius reformetur." Benešii de Weitmil Chron. Tom. Script. rer. Bohem. pag. 309.

[2] Beneš Chron. l. c. 309. „Et quamvis in magna penuria ac paupertate (Karolus) multo tempore existeret, nihil tamen contra patrem egit vel fecit toto tempore vitæ suæ, sed omnia sustinuit patienter."

gerade Karl's politische Befähigung zur Herrschaft vieler und grosser Reiche. Er kannte des Königs aufbrausendes Wesen und dessen leicht erregbares Gemüth, er wusste aber auch aus langjähriger Erfahrung, wie z. B. aus der Affaire mit seinem Verwandten, dem Prinzen Johann,[1]) dass solche Aufbrausungen vorübergehender Natur seien, und dass Johanns Herz gewissen ihm zusagenden Gefälligkeiten und Handlungsweisen leicht zugänglich ist, und eine solche Gelegenheit bot sich dem Sohne dar, als sein Vater zum zweitenmal heiratete, und nun zur Bestimmung des Erbtheils der zu erhoffenden Kinder seiner zweiten Ehe die Zustimmung der Kinder aus seiner ersten Ehe nöthig hatte. Erinnern wir uns an den Vertrag, den König Johann und der Herzog von Bourbon über die Heirat des Königs mit Ludwigs Tochter, Beatrix, im December 1334 abgeschlossen hat.[2]) In diesem Vertrage traf Johann unter andern die Bestimmung, dass, falls er von seiner Gemahlin Beatrix männliche Nachkommen erhalte, diese neben den Gütern, welche er, Johann, in Frankreich liegen habe, auch das Stammland — die Grafschaft Luxemburg — erben, während die Besitzungen in Hennegau der Gemahlin Karl's, Blanca, als Witthum zufallen sollen. Obwohl dieses Witthum und das Vermächtnis an die männlichen Nachkommen der zweiten Gemahlin in keinem Äquivalent standen, und Markgraf Karl auf das väterliche Hauserbe, auf Luxemburg, als Erstgeborener das vollste Anrecht hatte; so hat er dennoch diese Übereinkunft in allen Punkten genehmigt und eidlich für sich und seine Nachkommen versprochen, nie dawider zu handeln. Unter Einem

[1]) Siehe Band I., S. 269 d W.
[2]) Siehe S. 27, 28 d. W.

übertrug er seiner Stiefmutter und deren Kindern alle seine Ansprüche auf die väterlichen Güter in Frankreich, indem er die Edelleute, Vasallen und Bewohner der freien Städte des Eides für enthoben erklärte, den sie ihm nach dem Tode seines Vaters zu leisten gehalten wären. Mit einem Worte: Karl verzichtet für sich und seine Erben zu Gunsten der Nachkommen Königs Johann mit Beatrix von Bourbon auf die Grafschaft Luxemburg und stellt dafür zu Prag im Monate August 1335 eine vollgiltige Urkunde aus.[1]

Auf diese Verzichtleistung wird sonst in Karl's Geschichte weniger Nachdruck gelegt, und doch glauben wir, dass sie den Schlüssel bildet zur Deutung seiner weiteren Geschichte. Werfen wir uns die Frage auf: Worin lag der eigentliche Grund der grossen Unbeliebtheit des böhmisch-mährischen Volkes wider König Johann? Weil er sich, wie es sein Sohn Karl recht gut bemerkt,[2] stets als Fremder im Lande, und das böhmisch-mährische Reich als eine gute Melkkuh ansah, die ihm die Mittel für das Gedeihen seines Stammlandes liefern musste. Nun, diese Quelle der Unbeliebtheit sollte durch Karl's Verzichtleistung auf Luxemburg für immer verstopft werden, und sie wurde es, indem Markgraf Karl selbe von sich wies, ihr ganz entsagte. Die Vaterlandsliebe, die im Leben der Menschen ein mächtiger Factor ist, musste bei Karl, sozusagen, erst geschaffen werden. Sein bisheriges Leben war das des Kosmopoliten. Dieses sollte aufhören, und weil sein Heimatsland, Luxemburg, nicht mehr ihm gehörte, sollte erst Böhmen und Mähren zur Heimat

[1] Cod. Dipl. Mor. VII. 60. Siehe S. 28 d. W.
[2] Vita Karoli. Böhmer, Fontes rer. German. I. 248. „vos estis advena."

gemacht werden. Nicht mehr nach auswärts gieng, wie bei seinem Vater, Karl's Streben, es fehlte das auswärtige Substrat und somit, da er die Ursachen, die seinen Vater missbillig machten, entfernte, war es leicht, sich in der Gunst und in der Liebe seiner Unterthanen zu befestigen, und da dies die Zaubermittel in jedem Lande und bei jedem Regenten sind, mussten sie, weil gut angewendet, auch bei dem Markgrafen und späteren Könige und Kaiser Wunder wirken.

Bevor noch sein Vater nach Prag kam, also vor dem 30. Juli 1335, hat Karl daselbst den Schulmeistern und den Vicären der Kirche zu Olmütz die denselben vom Könige Wenzel durch eine Urkunde vom 10. Sept. 1289 verliehene Abgabefreiheit bestätigt[1]) und dadurch die Herzen derjenigen gewonnen, die schon damals auf die Menge einen gewissen Einfluss ausübten. Darauf verzichtete er, wie wir schon sagten, noch zu Prag im August 1335 auf die Grafschaft Luxemburg, und erscheint noch im Monate August in Brünn. Hier gibt er dem Kloster Welehrad die Freiheit, dass es nicht gehalten sein soll, von den auf seinen Besitzungen vorgefallenen Todschlägen und Verwundungen dem Cudengericht Anzeige zu machen.[2]) Markgraf Karl bemerkt in dieser Urkunde, dass er diese Befreiung von der Provinz-Cuda dem Kloster Welehrad „aus speciellem Willen seines Vaters" verliehen habe, und da er zu Ung. Brod am 19. August d. J., wo er dem obgenannten Kloster die schon früher erhaltene Befreiung von der Abhaltung der Jagden durch den Adel in den stiftlichen Waldungen und von der Zahlung der Zölle

[1]) Cod. Dipl. Mor. VII. 45.
[2]) Ibid. 50.

und Mauten auf den Hauptstationen Bisenz, Wracov, Prerau und Hullein bestätigte, in der Urkunde fast dieselben Worte wie in der vorigen gebraucht, dass er diese Bestätigung „auf ausdrücklichen Willen, Befehl und Zulassung seines Vaters" erlassen habe;[1]) so bewies damit der Markgraf, dass er zu jener Zeit entweder nicht die absolute Macht hatte, solche Souverainitäts-Acte auszuüben, oder aus Klugheit und Vorsicht sich dieser Formel „de mandato, consensu et voluntate domini... genitoris nostri" oder „præsertim cum ad hoc domini... genitoris nostri predicti voluntas accedat et consensus" bediente, um den reizbaren und auf seine Stellung eifersüchtigen König nicht herauszufordern. König Johann war zur selben Zeit mit dem Markgrafen Karl in Brünn: denn am 15. August 1335 befreit er zu Brünn den Rath und die Gemeinde zu Budissin vom Salzmonopol.[2]) Dies ist uns ein Beweis, dass sich der Zorn des Vaters bereits gelegt hatte.

Der zu Sandomir am 28. Mai 1335 abgeschlossene Vertrag zwischen dem Könige Kazimir von Polen und Johann von Böhmen, in welchem unter andern auch der König von Ungarn, Karl, eingeschlossen war, sollte, wie wir wissen,[3]) nur auf die Zeit bis Johanni 1336 Giltigkeit haben; der König Johann hatte aber grosse Eile, mit Polen und mit Ungarn in Ordnung zu kommen, weil er den Kampf mit dem Kaiser Ludwig und mit dessen Bundesgenossen, mit den Herzogen von Österreich, Albrecht und Otto, welche seit dem 4. Juli 1335 im festen Vertrage und Bündnisse mit dem Grafen Albrecht von Görz gegen König Johann und dessen Söhne

[1]) Ibid. 51.
[2]) Cod. Dipl. Mor. VII. 51.
[3]) Siehe S. 39 d. W.

standen,[1]) stündlich erwartete und sich ohne fester Bundesgenossen unmöglich in denselben einlassen konnte. Auch wusste er, dass Ludwig der Baier Anstalten trifft, um Polen an seine Seite zu bringen.[2]) Die Zeit drängte daher, um dem Kaiser zuvorzukommen und um Polen an sich zu ketten. Zu diesem Ende beschloss er gleich im nächsten Monate nach seiner Ankunft in Prag — also im August — mit seinem Sohne Karl aufzubrechen und den Weg durch Mähren nach Trenčín einzuschlagen. Hier sollten Abgeordnete des Königs Kazimir im Hochsommer des Jahres 1335 erscheinen und mit der Krone Böhmen einen Präliminarfrieden abschliessen. König Johann und Markgraf Karl schlugen den Weg über Brünn und Ung. Brod ein, wo sie, wie wir erwähnten, urkundeten, und mochten in Trenčín, also auf ungarischem Boden, um den 24. August angekommen sein, um den Inhalt des vom polnischen Könige der Gesandtschaft um den 9. August ertheilten Procuratoriums zu vernehmen. Sie hatten die Vollmacht über alle Herzogthümer und Landestheile des Königreiches Polen und über dieses selbst, auf welches der König von Böhmen ein Recht in Anspruch nimmt, zu verhandeln, die nöthigen Resignationen und Transactionen zu vollziehen, mit dem einen Vorbehalt, dass eine eventuelle Geldforderung für den Verzicht des Königs von Böhmen auf den Titel eines polnischen Königs nur bis zur Höhe von 30.000 Schock böhmischer Groschen zugestanden werden dürfe. Nicht ganz zwei Wochen dauerten die Unterhandlungen, die wahrscheinlich in Gegenwart des Königs Johann und des Markgrafen Karl am 24. August

[1]) Cod. Dipl. Mor. VII. 47.
[2]) Siehe S. 37 d. W.

1335 zum Abschluss kamen. Zur Ratificirung des Vertrages und zur Erledigung vieler Einzelnheiten wurde eine persönliche Zusammenkunft aller drei Könige auf den nächsten Gallustag, d. i. den 16. October l. J., bestimmt.[1]
Der Inhalt dieses Trenčiner Präliminarfriedens war jedoch im Sinne des K. Johann nur von nebensächlicher Bedeutung; ihm lag vielmehr daran, schon jetzt mit den beiden Königen ein Schutz- und Trutzbündnis gegen den Kaiser Ludwig zustande zu bringen. Sei es nun, dass die polnischen Bevollmächtigten über ihre Vollmacht nicht hinauszugehen wagten, oder dass König Kazimir in frischer Erinnerung an die Königsberger und Frankfurter Beschlüsse[2] wegen der Vermählung seiner Tochter mit einem Sohne des deutschen Kaisers noch nicht entschlossen war, die Freundschaft der Wittelsbacher dem Lützelburger zum Opfer zu bringen; die Polen folgten den Wünschen Johanns nicht so weit nach, als er gefordert hatte. Und darum begnügte er sich vorläufig mit König Karl von Ungarn am 3. September 1335 zu Wyšegrad in ein Schutz- und Trutzbündnis gegen jedermann, mit Ausnahme Königs Kazimir von Polen oder Roberts von Neapel, zu treten.[3] Nur das Recht behielt er sich darin vor, falls er mit den Herzogen von Österreich allein in Krieg verwickelt sein sollte, mit ihnen auch allein, doch mit Willen und Wissen des

---

[1] Wörtlich aus Caro, Geschichte Polens II. 186.
[2] Caro l. c. 187. Über die Unterhandlungen zu Frankfurt 16. Mai 1335 und Königsberg in der Mark 20. Juni d. J. Über das Schutz- und Trutzbündnis zwischen Kaiser Ludwig und König Kazimir, siehe Caro l c. 183 und S. 37 d. W.
[3] Caro l. c. 187. Cod. Dipl. Mor. VII. 62 und 63.

Königs von Ungarn, Frieden zu schliessen, was vice versa auch der König von Ungarn zu thun versprach.[1]

Bevor jedoch dieses so nothwendige und viel ersehnte Schutz- und Trutzbündnis mit Ungarn abgeschlossen wurde, eilten K. Johann und Markgraf Karl von Trenčín nach Prag, um die angefangenen Rüstungen wider Österreich zu beschleunigen; denn die Hoffnung auf Ungarn bekräftigte die Hoffnung auf Polen, und verbunden mit diesen beiden Ostmächten konnte schon König Johann mit einer grossen Zuversicht den Kampf beginnen. Der Rückweg wurde über Brünn und Deutsch-Brod genommen. Am 15. August war König Johann noch in Brünn, und that hier der Stadt Bautzen die besondere Gnade, dass sie a cambio salis frei sein sollte; an den König von Ungarn aber richtete er die Bitte, sich als einen Freund in der Noth zu bewähren.[2] Am 27. August 1335 begnadigt Markgraf Karl zu Brünn das Kloster Tišnovitz, indem er dasselbe von der unfreiwilligen Beherbergung der Adeligen und von der Beistellung der Treiber zu den Jagden befreit, und den Bewohnern der Stiftsdörfer Čejč, Výmyslic und Kynic das Recht des Bierbrauens gestattet und überdies Čejč zum Markte erhebt,[3] und in Deutsch-Brod verleiht Karl am 29. August dem eben damals zur Stadt erhobenen Markte Trebič diejenigen Rechte, mit welchen Znaim bewidmet war. Beide diese Urkunden sind auf Geheiss und mit Willen des Königs Johann ausgestellt, welcher um den 28. August mit seinem „liebsten" Sohne in Deutsch-

[1] Cod. Dipl. Mor. VII. 63.
[2] Damberger, synchron. Geschichte Band 14, S. 305.
[3] „Statuentes, ut vos ipsum vestrum monasterium, bona, seu homines ipsius ad aliquas hospitalitates, procurationes vel expensas faciendas aliquibus nobilibus Baronibus, seu etiam

Brod weilte und daselbst mit dem damaligen Abte von Trebič ausmachte, dass die Stadt binnen drei Jahren mit Mauern und Gräben befestigt werden solle und das Znaimer Recht erhalte.¹) K. Johann blieb jetzt bis in den Spätherbst in Böhmen: am 2. Sept. 1335 verbrieft er zu Prag die Rechte des Klosters Braunau,²) während er den Markgrafen Karl mit einem Theile der geworbenen Truppen — den andern entliess er — gegen Herzog Bolek II. von Münsterberg abschickte, angeblich, um die von ihm an einigen Klöstern verübten Unbilden zu rächen, in der That aber, um ihn zu zwingen, sich gleich den andern Piasten Schlesiens als Vasall der Krone Böhmen zu erklären: er selbst eilte zum Kaiser, welcher, wie es scheint, wirklich in Böhmen einfiel, um mit ihm Friedensunterhandlungen anzuknüpfen. Am 16. Sept. 1335 macht Johann bekannt, dass zwischen ihm und dem „hochwürdigen Herrn Kaiser Ludwigen" bis auf St. Johannistag zu Sunewenden, der erst kommt, und den Tag bis auf die Nacht, ein Friede geschlossen

venatoribus perpetuo non teneamini obligati." Cod. Dipl. Mor. VII. 59.

¹) Heri dum apud nos dominus noster genitor hospitaret, providit salutifere cum devoto nostro abbate Trebicensis monasterii civitatem vestram infra triennium muris et fossatis fortitudinis cingi et etiam recompleri, ut cincti muris et fossatis de munificentia regis digne (cives) nuncupari possitis. Verum, quia civitates sine legibus et statutis municipalibus cum salute nequeunt commode subsistere, volumus, statuimus et decernimus auctoritate paterna et nostra, quatenus vos et civitas vestra ac vestri successores omnibus et singulis iuribus .. et statutis perpetuo gaudere et uti debeatis, quibus civitas nostra Znoymensis gaudet quomodolibet et potitur." Cod. Dipl. Mor. VII. 59.

²) Dobner, Monum. histor. VI. 59.

sei. Eingeschlossen sind die beiderseitigen Helfer und Mithelfer. Von Seite Johanns:[1]) Erzbischof Balduin von Trier, sein Oheim, Bischof Albrecht von Passau, Johanns Eidam Herzog Heinrich von Baiern, Karl und Johann, seine Söhne, König Karl von Ungarn, König Kazimir von Polen, Herzog Rudolf von Sachsen und Markgraf Friedrich von Meissen: von Seite des Kaisers: Erzbischof Balduin, die Herzoge Albrecht und Otto von Österreich (und von diesen der Bischof von Passau und der Erzbischof von Salzburg), die Pfalzgrafen Gebrüder Rudolf und Ruprecht, des Kaisers Sohn Ludwig Markgraf von Brandenburg und sein Eidam Friedrich von Meissen. Bürgen des Waffenstillstandes sind von Seite Johanns: Der böhmische Kämmerer und Landmarschall Heinrich von Lipa, Peter von Rosenberg und Wilhelm von Landstein und deren Substituten Herzog Niklas von Troppau, Hinek Berka von Duba, Johann von Lipa, Heinrichs Bruder, und Ulrich von Neuhaus; von Seite des Kaisers: Graf Berthold von Nyffen, Burggraf Johann von Nürnberg und Lutz von Hohenlohe. Zwei Tage darauf, also den 18. September, beurkundet König Johann gleichfalls zu Regensburg, dass in Gemässheit des mit Kaiser Ludwig abgeschlossenen Friedens die Strassen in ihren beiderseitigen Ländern den Frieden haben und alle auf denselben geschirmt sein sollen, dergestalt, dass, wenn jemand gegen ihrer eine redliche Schuld habe, er zwar in den Städten, aber nicht auf dem Felde gepfändet werden möge. Am 13. October war König Johann schon in Prag, weil er hier gemeinschaftlich mit seinem Sohne, dem Markgrafen Karl, die Bürger von Prag auf 4 Jahre lang frei von allen Abgaben erklärt, nachdem dieselben versprochen haben.

[1]) Cod. Dipl. Mor. VII. 64.

ihnen zu ihren Bedürfnissen, während dieser 4 Jahre, jährlich auf St. Gallus 1500 Schock Groschen auszuzahlen.[1]) Als König Johann und Markgraf Karl in Prag weilten und über den Frieden zu Regensburg sich beriethen, kam ihnen die Kunde von dem Tode der Königin-Witwe Elisabeth. Bekanntlich war sie seit 1303 in zweiter Ehe mit dem Könige Wenzel II., welcher am 21. Juni 1305 starb. und seit 16. October 1306 an Herzog Rudolf von Österreich verheiratet. Witwe seit 4. Juli 1307. starb sie am 19. Oct. 1335 als Stifterin des Cistercienser-Nonnenklosters in Altbrünn, Maria-Saal, weshalb sich die Nachwelt gewöhnte. das am 1. Juni 1323 begründete Kloster „Königin-Kloster" zu nennen. In der Geschichte hat sie als Witwe ihren Ruf nicht rein zu erhalten gewusst. Der damals mächtige Landeshauptmann von Mähren, Heinrich Berka von Duba, hat denselben stark bemakelt. Auch König Johann bereitete durch seine Stellung zu dieser königlichen Witwe viel Herzenskummer seiner engelsreinen Gemahlin gleichen Namens. Die Beweise hiefür bringen die Documente des I. Bandes. d. W.[2]) Die Königin-Witwe starb, wie gesagt, am 19. Oct. 1335.[3]) Ihr Testament ohne Ausstellungsort und Zeitangabe, aber vermuthlich in Brünn, wo sie in ihrer Stiftung das Leben einer armen Nonne führte, ist entworfen und zeigt von ihrer Reue, die

[1]) Cod. Dipl. Mor. VII. 64 und 65 nach Böhmers Regesta Imperii K. Johanns 201.
[2]) Siehe Band I., S. 231 und 400 u. s. w. d. W.
[3]) Chron. aulae regiæ edit. Loserth S. 522. Eodem anno (1335) quarto decimo Kalendas Novembris mortua est Elisabeth quondam regina Boemiæ et Poloniæ dicta de Grecz et in Brunna suæ fundationis monasterio sanctimonialium Cisterciensis ordinis est sepulta.

sie in ihren letzten Tagen fühlen mochte.¹) Zu Testamentsexecutoren bestimmte sie ihre Tochter Agnes, Herzogin zu Schlesien und seit 1316 Gemahlin des Herzogs Heinrich von Jauer und Fürstenberg, und die Äbtissin vom Königinkloster. Viel Gewicht legt sie in diesem Testamente auf Unterstützung ihrer zahlreichen Dienerschaft, worunter auch zwei Maler, Ulrich und Pešek, genannt werden, und auf die vielen Anniversarien in böhmischen und polnischen Klöstern, woraus man ersieht, dass im Dome zu Gnesen ihre Eltern begraben liegen. Auch ihres ehemaligen Freundes, des H. Heinrich, des Alten von der Lipa, gedenkt sie in ihren Fundationen. Dass die Gleichzeit ihre schwachen Seiten kannte, zeigen die Verse der Königssaaler Chronik.²) Doch mochte sie in der Zeit ihres Aufenthaltes in Maria-Saal auf ihre Umgebung gut eingewirkt haben, weil selbst nach ihrem Tode sich Spuren finden, dass ihre Dienerinnen ähnliche geistliche Stiftungen, wie sie es selbst im Testamente that, vollzogen. So besitzen wir von Brünn aus dd0. 8. Februar 1336 ein Testament einer ihrer ehemaligen Dienerinnen mit Namen Gertrud, welche unter der Zeugenschaft der Herren Vznata von Lomnitz, Gerhard von Kunstadt und Hecht von Rossitz nicht nur das Kloster, in dem sie lebte, sondern auch die Dominikaner bei St. Michael, die Dominikanerinnen bei St. Anna, beide in Brünn, und noch andere Klöster reich bedacht hatte.

Während Johann durch den Frieden zu Regensburg

¹) Testament abgedruckt in Cod. Dipl. Mor. VII. S. 65 u. f.
²) „Isti reginæ da dona deus medicinæ; Ipsam purgatam culpis fac esse beatam. Fac, ut lætetur et sanctis associetur. Pax sit temper ei, sauctæque locus requiei." Chron. Aul. Reg. Edit. Loserth pag. 522.

Herzog Bolek II. wird Vasall der Krone Böhmen 1336.

Zeit für seine Rüstungen wider Österreich fand, verheerte Markgraf Karl im Kriege gegen Herzog Bolek von Münsterberg, um ihn zur Anerkennung des Vasallenthums zu zwingen, mit seinen Söldnern dessen Land, nahm auch die Stadt Kanth ein, erlitt jedoch bei der Belagerung von Frankenstein einen grossen Verlust. Hier gerieth eine Schar von 150 Helmen, und unter ihnen die Brüder Jaroslav und Albrecht von Sternberg, von falschen Wegweisern geleitet, in einen Hinterhalt und wurde zu Gefangenen gemacht, die später König Johann um 800 Schock Prager Groschen ausgelöst hatte. Dieser Verlust bei Frankenstein reifte Bolek's Entschluss, sich als Vasall Böhmens zu bekennen und mit Johann den Frieden zu schliessen.[1]) Im August des folgenden Jahres 1336 suchte Herzog Bolek den König Johann im Feldlager zu Straubing in Nieder-Baiern auf und leistete ihm dort am 29. August die vasallitische Huldigung, indem er ihm sein Herzogthum sammt Zubehör und dessen Erben auftrug und das alles von

---

[1]) Chron. Aul. Reg. Ed. Loserth pag. 520 und 521. Vita Karoli, Böhmer. Font. I. 249. Beneš de Weitmil. Dobrovsky, Script. rer. Boh. II. 268. Die Verräther werden genannt: „Arnoldus de Rachnov et Michael de Borov, qui portionem cum illis perceperunt de huiusmodi traditione." Der Feldzug scheint eröffnet gewesen zu sein im Monate September; nachher am 16. Sept. hat K. Johann mit dem Kaiser zu Augsburg einen Waffenstillstand abgeschlossen. Am 12. Oct. war Markgraf Karl schon wieder in Prag, weil er an diesem Tage gemeinschaftlich mit seinem Vater die Prager Bürger auf vier Jahre von allen Abgaben gegen Zahlung jährlicher 1500 Schock befreit hatte. Cod. Dipl. Mor. VII. 65. Siehe S. 54 d. W.

demselben als Mannlehen der böhmischen Krone zurückerhielt.[1])

Mittlerweile kam der Gallustag. welcher im Präliminar-Vertrage von Trenčín am 24. August eine persönliche Zusammenkunft der drei Könige, von Böhmen, Polen und Ungarn, in Aussicht stellte.[2]) Von der Wichtigkeit dieser Zusammenkunft waren nicht blos die drei Regenten, es waren auch die benachbarten Fürsten durchdrungen, weil hier die schon so lange zerfahrenen politischen Zustände von Ost-Europa geordnet werden sollten. Dass jeder der Anwesenden auch seine Privatwünsche beglichen haben wollte, ist selbstverständlich. Uns interessirt in erster Linie der Markgraf von Mähren, Karl, und sein Vater, der König Johann von Böhmen. Als Ort der Begegnung und Verhandlung war das königliche ungarische Schloss Vyšegrad, östlich von Gran, am rechten Ufer der Donau, ausgesucht; es scheint, dass die dortige slavische Gegend von Deutschen stark bewohnt war, weil man die damalige königliche Residenz mit dem deutschen Namen „Blindenburg" benannte.[3]) Durch Mähren nahm König Johann, und zwar über Brünn, den Weg nach Ungarn: denn am 24. Oct. 1335 verbietet er hier urkundlich, dass die von Flüchtigen und von Räubern gefangenen Iglauer Bürger weder mit ihrem eigenen, noch mit dem Gelde der Stadt ausgelöst werden sollen. Er motivirte dieses Verbot damit, weil die Räuber eben des sicheren Lösegeldes wegen zu

[1]) Sommersberg I. 849. Werunsky l. c. I. 149.
[2]) Siehe S. 51 d. W.
[3]) In Urkunden sonst auch Altum castrum genannt, wie z. B. in einer Urkunde vom 9. September 1335. Cod. Dipl. Mor. VII. 62.

diesem Menschenraube angeeifert werden.¹) Um das Martinifest, das in Ungarn besonders glänzend gefeiert wurde, also um den 11. Nov. 1335, mochte König Johann in Vyšegrad bei dem ungarischen Könige Karl, welcher die Hospitalität der, wie zu vermuthen war, sehr zahlreichen Versammlung auf sich nahm und hiezu grossartige Vorbereitungen getroffen habe, angekommen sein.²) Mit ihm kam auch Kazimir der Grosse von Polen und jeder mit einem ansehnlichen Gefolge. An der Seite des K. von Böhmen standen sein Sohn, der Markgraf von Mähren, Karl, dessen natürlicher Oheim, der Bischof von Olmütz Johann, die Herzoge Rudolf von Sachsen und Boleslav von Liegnitz, und von den böhmischen Magnaten Těma von Koldic und Heinrich von Lipa,³) während man im Gefolge Königs Kazimir den Herzog Wladislav von Lenczyce und Dobrzyn und die hervorragendsten der polnischen Reichsgrossen erblickte.⁴) Auch der apostolische Nuntius des

¹) „Ut per hoc profugis, spoliatoribus et maleficis, vos (cives Iglavienses) captivandi via de cetero precludatur." Cod. Dipl. Mor. VII. 68.

²) „Anno D. 1335 circa festum sancti Martini Iohannes, rex Boemorum, cum Carolo filio suo et rex Polonorum venerant ad regem Karolum in Hungariam ad castrum Wyssegrad pro perpetue pacis concordia componenda, quod et factum est." Thurocz, Script. rer. Ung. I. 205.

³) Die hier Genannten erscheinen als Zeugen auf dem schiedsrichterlichen Friedensspruche der Könige Karl von Ungarn und Johann von Böhmen über den zwischen dem deutschen Orden und dem Könige von Polen strittigen Besitz von Pommern, Dobrin und Kujavien ddo. Wyšegrad 26. Nov. 1335. Cod. Dipl. Mor. VII. 73 und 74.

⁴) Die Namen der anwesenden polnischen Reichsgrossen liest man in der Urkunde des Königs Kazimir ddo. In Wyše-

Königreichs Polen, Gailhardus de Carceribus (Chartres), war anwesend,[1]) und war dieser da, dann ist zu erwarten, dass der ungarische und polnische hohe Clerus ihm das Geleite gab und zahlreich am Vyšegrad versammelt war, und da es sich unter andern um den Ausgleich zwischen Polen und dem deutschen Orden handelte, war der deutsche Ritterorden durch seinen Hochmeister, Dietrich, Burggraf von Altenburg (gew. 3. Mai 1335, † 6. October 1341), bevollmächtigt durch den Grosscomthur von Kulm, Heinrich von Reuss, den Comthur von Thorn, Markward von Sparenberg, und den Comthur von Schwecz, Konrad von Brunigsheim, repräsentirt. Mit einem Worte: eine so illustre Gesellschaft war noch nie am ungarischen Hofe vereint gewesen. Jeder der Anwesenden umgab sich mit dem grössten Glanze, weil jeder die Absicht hatte, zu imponiren. Fürsten und einfache Bürger empfinden eine eigenthümliche Genugthuung und Freude darüber, wenn sie von den Mächtigen und Einflussreichen der Erde mit Zuvorkommenheit und ausgezeichneter Aufmerksamkeit behandelt werden. „In Fürsten wie Bürgern stumpft die Gewohnheit den Reiz der Eindrücke ab, in beiden aber erfüllt das Neue, das im Gewande des Glanzes einhertritt, mit unwiderstehlicher Anziehung das Gemüth. Kazimir, der Sohn eines

grado 12. Nov. 1335, durch welche er dem Könige Johann 20.000 Schock Prager Groschen für die Verzichtleistung auf das Königreich Polen verbürgt. Cod. Dipl. Mor. VII. 69.

[1]) Theiner, Vetera Monum. Poloniæ et Lithuan. I. 395. In einer Relation an Papst Benedict XII. vom J. 1337 sagt Gailhardus ausdrücklich: man habe ihn citirt „cum scirent, me ivisse cum domino rege Poloniæ in Ungariam pro confirmatione concordie inter ipsum et Cruciferos, quæ nondum est confirmata."

Herzogs, der einst an den Thüren eines ungarischen Vasallen um ein Obdach bat, trat jetzt als 25jähriger Jüngling, mit feurigen Anlagen, mit lebhafter Empfänglichkeit für die Romantik seines Zeitalters, ebenbürtig neben zwei mächtige Könige, von denen der eine, König Karl, einen ausserordentlichen, wohl berechneten Glanz, Prunk und Aufwand entfaltete, von denen der andere die Blume der Ritterschaft seinerzeit genannt zu werden verdiente, der in seinem wilden Thatendrang vom Turnier an einem Ende Europas zur ernsten Schlacht aus andere Ende flog, und die Beiden um den erregten Jüngling mit Eifer und mit lebhafter Unterstützung seiner Schwester, der Königin von Ungarn, warben; — was dürfen wir uns da wundern, wenn Kazimir's trunkene Seele das politische Interesse und die in kalten Tractaten gemachten Zusagen vergass." [1]) Und darum war es eigentlich den beiden anderu Königen, dem von Böhmen und dem von Ungarn, zu thun: dem Böhmen, um Kazimir's dem deutschen Kaiser, Ludwig dem Baier, in Königsberg und Frankfurt gemachten Zusagen rückgängig zu machen, dem Ungarn, um Kazimir's Tochter, und mit der Tochter das neu sich gestaltete poln. Reich zu gewinnen. Für solche Güter und für ein solches Geschenk war kein Aufwand, waren keine Auslagen zu gross, und darum mögen wir dem ungarischen Chronisten unseren vollen Glauben schenken, wenn er erzählt, dass täglich für den König von Böhmen nebst der nöthigen königl. Nahrung 2500 Brode, und für seine Pferde 25 Koretz an Futter verabfolgt wurden, während der König von Polen nebst gleicher Nahrung täglich 1500 Brode erhielt.

[1]) Caro, Gesch. Polon. II. 187 und flg.

An Wein giengen während der dreiwöchentlichen Dauer des Congresses 180 Fass auf.[1]) Wie musste dies alles auf das jugendliche und durch eine sorgsame Erziehung vorbereitete Gemüth des Markgrafen Karl, der noch voll der Freude war über die glückliche Geburt seiner erstgeborenen Tochter Margaretha, welche, wie gesagt, am 24. Mai 1335 erfolgt war,[2]) gewirkt haben? Besonders als vorausgesetzt werden muss, dass der königl. Hof auf dem Wyšegrad durch den König, welcher, als der Familie Anjou entstammend, in Italien künstlerischen Sinn anerzogen hatte. Selbstverständlich leitete der König Karl die Verhandlungen und rieth, vermittelte und verbürgte sich bei jeder Angelegenheit mit so viel Gewandtheit und Nachdruck, dass schon nach wenigen Tagen alle Streitigkeiten beigelegt und die Staatsverhältnisse im Osten Europas durch diesen glänzenden Fürstentag auf lange Zeit hinaus endgiltig geregelt wurden.

Zuerst kam die böhmisch-polnische Frage an die Tagesordnung. Hier musste vor Allem die Stellung der böhmischen Krone zu der durch Wladislav Lokietek neu geschaffenen polnischen bestimmt werden. Wir wissen, dass seit König

[1]) Omni enim die ad prandium regis Bohemorum ex magnificentia regis Ungariæ expendebantur duo mille et quingenti panes et de cibis regalibus copiose, pabulum etiam eqnis eius per singulos dies viginti quinque garletæ. Ad prandium vero regis Polonorum mille et quingenti panes, de cibariis etiam abuudanter. De vino autem expensæ sunt 180 tunellæ." Thurocz, Script. rer. Ungar. I. 205 und 206.

[2]) Chron. Aul. Reg. Loserth pag. 521. Beneš von Weitmil setzte hiezu: „quam postea tradidit Ludovico regi Ungariæ, quæ sine prole moritur." Script. rer. Bohem. II. 267. Siehe S. 44 d W.

Wenzel II. die böhmischen Könige, also: Wenzel III., Rudolf von Habsburg, Heinrich von Kärnten und Johann von Luxemburg, in ihren Wappen und Siegeln sich Könige von Polen, Anfangs von ganz Polen, seit König Johann von Nieder-Polen, also von den grossen Provinzen Gnesen und Kalisch, Kujavien, mit Ausnahme von Massovien und Plock, welche Lehen der böhmischen Krone blieben,[1] nannten.[2] Denn seitdem Wladislav Lokietek in Gross-Polen als König anerkannt ward, wurde der vom Könige Johann geführte Titel „König von Polen" nur ein Anwartschaftstitel. Einen eigentlichen Nutzen hatte Böhmen von Polen nicht. Nichtsdestoweniger hielt König Johann an seinem ererbten und übernommenen Rechte, aber auf Grund der Trenčiner Präliminarien und in der Stimmung, in welcher sich die betheiligten Könige

[1] Erst K. Karl leistet um 1353 gegen Schweidnitz und Jauer auf Massovien und Plock zu Gunsten Kazimir's d. G. Verzicht.
[2] Vita Karoli. Böhmer, Fontes rer. Germ. I. 250. „Fecit rex Carolus (Ungariæ in Wyšegrado 1335) pacem inter patrem nostrum et Cracoviæ regem (Kazimirum), ita quod renuntiaret pater noster (rex Iohannes Bohemiæ) iuri, sibi debito, in inferiori Polonia, scilicet Gnesnensi et Kalisciensi et aliis inferioribus provinciis Poloniæ. Rex vero Cracoviæ renunciavit patri nostro et regno Boemiae, pro se et successoribus suis regibus inferioris Poloniæ in perpetuum de omni accione omnium ducatuum Slesiæ et Opuliæ et civitatis Wratislaviæ." Dieses Nieder-Polen, sonst auch Gross-Polen genannt, lag zwischen der unteren Netze und der Weichsel, und zählte die Woiwodschaften: Rawa, Lenczycz, Sieradz, Kalisz, Posen, Gnesen und das weizenberühmte Kujawien. Ober-Polen oder Klein-Polen hiessen die Woiwodschaften: Krakau und Sandomirz.

befanden, war es nicht schwer, die böhmisch-polnische Frage aus der Welt zu schaffen. König Johann verzichtete einfach für sich und seine Nachfolger auf den böhm. Thron, „sowie uns sein Sohn Karl zu Trenčín 14. Aug. 1335 zugesichert habe," [1]) auf das Königreich und auf den Titel eines K. von Polen gegen eine Zahlung von 20.000 Schock Prager Groschen. Kazimir zahlte sofort 10.000 Schock an K. Johann, und an Heinrich von Lipa aus nicht näher bekannter Ursache 4000 Schock, so dass noch 6000 Schock zu zahlen übrig blieben, wobei König Kazimir allen Rechten entsagte, die er etwa auf die schlesischen Herzogthümer, die jetzt unter Böhmens Oberhoheit standen, hatte. Am 12. Nov. 1335 versprachen der K. Kazimir und zwölf der angesehensten polnischen Beamten und Reichsgrossen als Bürgen den Rest der Entschädigungssumme bis zu Ostern kommenden Jahres in Ratibor, oder in der mährischen Stadt Troppau, auszuzahlen. Für Nichtzahlung am festgesetzten Termine wurde mit dem Einlager in Troppau und mit einer Pœn von 1000 Schock böhmischer Groschen gedroht. Sollten die Bürgen sich zum Einlager in Troppau nicht stellen oder dasselbe verlassen, bevor die Schuld beglichen ist; sollten der König und die Königin Elisabeth von Ungarn, Kazimir's Schwester, und deren Sohn Ludwig die bei ihnen deponirte Verzichtleistungsurkunde dem Könige Johann oder dessen Erben zurückstellen, Kazimir aber eine Conventionsstrafe von 1000 Schock Groschen zu erlegen haben.[2]) Überhaupt war

[1]) Cod. Dipl. Mor. VII. 56.

[2]) Cod. Dipl. Mor. VII. 72 Thurocz bemerkt in seiner Chronik (Schwandtner, Script. rer. Hungar. I. 206) „quia rex Poloniæ erat regi Boemorum censualis... et quod ei (regi Boemiœ) rex Ungariæ Karolus ad redimendum eundem regem de solutione censuali, regi Bohemorum quingentas

der König von Ungarn, wie man aus Allem sieht, der Vermittler und der eigentliche Bürge der zwischen den Königen Johann und Kazimir abgeschlossenen Verträge, weshalb er auch am 19. November d. J. zu Wyšegrad die königliche Verzichtsurkunde in seine Verwahrung nahm mit der Verpflichtung, selbe an König Johann auszuhändigen oder bis marcas auri purissimi dedit." Thurocz erwähnt demnach, dass bei den Verhandlungen über die polnisch-böhmische Sache auch die alte Zinsbarkeit Polens gegen Böhmen zur Sprache kam. Der älteste Chronist Mährens, ein Mönch des Prämonstratenserklosters Hradisch bei Olmütz, bemerkt zum Schlusse des J. 1050, dass von nun für immerwährende Zeiten die Polen dem Herzoge Břetislav I. 500 Mark Silber zu zahlen sich verpflichtet haben, und Cosmas Pertz IX. 75) ergänzt diesen Bericht, indem er zum J. 1054 sagt: Damals wurde Breslau und die andern Burgen in Schlesien von Břetislav an Polen abgetreten, aber unter der Bedingung, dass sie sowohl dem Herzoge, als auch seinen Nachfolgern jährlich 500 Mark Silber und 30 Mark Goldes zu entrichten haben werden. Polen zahlte auf jeden Fall an Böhmen einen Zins. Wie lange er gezahlt wurde, wissen wir nicht. Nur noch unter Břetislavs II. geschieht des Tributs Erwähnung, dann gar nicht mehr, obgleich häufige Kriege und Friedensschlüsse hiezu Veranlassung gaben, besonders als unter König Wenzel II. die Krone Polens an Böhmen fiel. Siehe: Dr. Jakob Caro in seiner Geschichte Polens II. 189. Da Bonfini in seinen rerum Ungar. Decades pag. 361 sagt: „qui rex Poloniae enim antea Bohemiae regi tributa penderet," so muss doch an dem polnischen Tribute irgend etwas Historisches gewesen sein, oder wie Karl in seiner Lebensbeschreibung sagt, handelte es sich blos um Reluirung der aus der Schenkung der Tante Königs Wenzel II., Griphina, stammenden Rechte der Böhmen-Könige auf Polen. Von Griphina, der Herzogin

auf nächste Ostern die schuldigen 6000 Mark auszuzahlen.¹) Zugleich war der Friedensbund zwischen Böhmen und Polen definitiv abgeschlossen und Vorsorge dafür getroffen, dass durch die zwischen den Vasallenfürsten und Hauptleuten der beiden Könige entstandenen Grenzstreitigkeiten der Friede von Krakau, Sendomir und Sieradz, Schwester der böhm. Königin Kunigunde, welche nach dem Tode ihres Gemahls Lešek des Schwarzen dieses ihr Erbe an ihren königlichen Neffen schenkweise übertragen hatte, gibt Pulkava diese Nachricht (Dobner, Monum. III. 251), hat aber nicht beigesetzt, ob K. Wenzel sich bei dieser Übernahme oder irgendein polnischer Herzog zu irgendeiner Zahlung verpflichtet habe, was wohl auch nicht möglich war, da ja König Wenzel 1300 zum Könige von ganz Polen gekrönt wurde. Um dieser Besitzergreifung ein gewisses Recht aufzudrücken, verlobte sich Wenzel II. in demselben Jahre mit Richsa, der Tochter Přemysls II., die er nach drei Jahren unter dem veränderten Namen Elisabeth heiratete. Die Chron. Aul. Reg. (edit. Loserth pag. 523) sagt: „Hoc itaque regnum Poloniae, quod 37 annis in persona piissimi Wenceslai regis fuerat regno Boemiæ unitum, ab ipso modo, quibusdam adiectis condicionibus, est divisum." Also auch die Königssaaler Chronik weiss nichts von irgendeinem aufgelassenen Tribute. Bonfin wird das Richtige getroffen haben, wenn er sagt: „(Iohannes rex Boemiæ) quingentis enim pondo ab Ungariæ rege donatus est, ut debita ad arcem Ioanni stipendia persolveret." Thurocz mochte in seiner Quelle von einem Zinse, den Polen an Böhmen zu zahlen hatte, gelesen haben; aber da er von der Abschaffung desselben nichts weiter vorfand, und dennoch hörte, dass König Karl zu Wyšegrad dem Könige Johann Geld auszahlte, ohne den Grund hiezu zu wissen, dachte er, dass die 500 Mark die Reluition für den Tribut bildeten.

¹) Cod. Dipl. Mor. VII. 72.

zwischen den beiden Staaten nicht gestört werde. Es wurde
dafür ein Schiedsgericht angeordnet und bestimmte Normen
zur Bestrafung der Friedensbrecher, namentlich des räuberischen Landadels, festgesetzt. Wenn solche Übelthäter den
Beraubten Schadenersatz zu leisten sich weigern würden, so
ward ihr weltlicher Herr, Herzog, Bischof oder königlicher
Hauptmann, verpflichtet, ihre Burgen zu zerstören und ihren
Besitz in Beschlag zu nehmen. Man gieng in den Strafbestimmungen gegen den Raubadel so weit, dass man die
Friedensbrecher auch nach ersetztem Schaden für rechtlich
infam erklärte: ein in Ungarn, Polen oder Böhmen geächteter
Friedensbrecher sollte auch in den beiden andern Reichen
gleichfalls für geächtet gelten.[1]) Bestimmte Normen wurden
für das Verfahren bei Grenzstreitigkeiten für die beiderseitigen Vasallen festgesetzt; die Burg Boleslavice, der
Schlüssel der zwischen Breslau und Polen gelegenen Handelsstrasse, sollte durch Böhmen geschleift werden, das Territorium
aber, worauf die Burg gestanden, der polnischen Krone verbleiben, die ihrerseits dafür sorgen wollte, dass dort nie
mehr eine ähnliche Burg, welche den Handel unsicher machen
würde, errichtet werde.[2]) Zur Befestigung der neuen Freundschaftsbande sollte der Sohn des Herzogs Heinrich von
Nieder-Baiern, Johann, also ein Enkel des Böhmenkönigs,
die noch sehr junge Tochter Kazimir's, Elisabeth (Richsa),
zur Gemahlin nehmen, was König Johann zur Hauptbedingung
machte, um die beabsichtigten Schwägerschaftsverhältnisse
zwischen dem Kaiser und dem polnischen Könige unmöglich

[1]) Cod. Dipl. Mor. VII. 71 und darauf Werunsky, Geschichte
Kaisers Karl IV., I. 152.
[2]) Caro, Gesch. von Polen II. 189.

zu machen. Die Mitgift der Braut wurde auf 5000, die Aussteuer des Bräutigams auf 7000 Schock böhmischer Groschen festgesetzt.[1]) Nach Schlichtung der poln.-böhm. Frage kam die polnische und Deutschordens'sche an die Reihe. Der damalige Hochmeister Dietrich, Burggraf von Altenburg hat durch seine Bevollmächtigten, worunter der Landcomthur Heinrich Reuss der bedeutendste war, einen Entwurf zur Schlichtung derselben eingeschickt.[2]) Dieser galt als Basis der Unterhandlungen. erhielt aber so exorbitante Forderungen, z. B., dass Polen den ungehinderten Durchzug der dem Orden zu Hilfe ziehenden Kriegsscharen gewähren solle, dass bei der grössten Nachgiebigkeit von Seite des polnischen Königs endlich ein Vertrag zustande kam, welcher ein rein diplomatisches Machwerk war, der dem Übelwollen der Parteien allerlei Handhaben und Hinterthüren bot. Auch das trug wenig zur Besserung des Vertrages bei, dass, wie aus einem Schreiben des böhm. Königs an den Hochmeister hervorgeht, alle Betheiligten zu ihren Verpflichtungen urkundlich sich bekennen und neben der Entsagung des ungarischen Königspaares, als Agnaten des polnischen Thrones, auch die Bestätigung von Seite des Papstes erwirkt werden sollte.[3]) Im Allgemeinen sollten nach dem Vertrage der König von Polen Kujavien und Dobrin. die deutschen Ritter aber das östliche Pommern und die Provinzen Kulm und Thorn als Eigenthum besitzen. Unter den Betheiligten an dem zwischen dem deutschen Ritter-

[1]) Cod. Dipl. Mor. VII. 70.
[2]) Die vom Orden vorgelegte Punktation steht bei Voigt, Cod. Dipl. Pruss. II. 199, n. 158.
[3]) Caro, Gesch. von Polen II. 192, wo die nöthigen Belege.

orden und Polen abgeschlossenen Vertrage vom 26. Nov.
1335 erscheint König Johann als Hauptmandatar. Er verbürgte sich für die Aufrechthaltung der einzelnen Vertragspunkte, was ihm schon im nächsten Jahre Verlegenheiten
bereitete. Unter den Zeugen erscheinen der Markgraf Karl
und Johann, Bischof von Olmütz. Rudolf, Herzog von Sachsen.
Boleslav, Herzog von Liegnitz, Thima von Koldic und Heinrich von Lipa.[1])

Es scheint auch eine Deputation aus Breslau anwesend
gewesen zu sein, welche die Nachricht brachte, dass am
25. Nov. 1335 Heinrich, Herzog von Breslau, kinderlos
starb. Nach alten Verträgen und nach dem mit dem Verstorbenen am 6. April 1327 geschlossenen Lehensvertrage
fiel das erledigte Herzogthum Breslau an König Johann,
weshalb er, wahrscheinlich noch in Wyšegrad, seinem Sohne
Karl den Auftrag gab, sich unverzüglich nach Breslau zu
begeben und Stadt und Land für König Johann in Besitz
zu nehmen.[2]) Dies mochte die letzte Thätigkeit Königs
Johann am Fürstencongresse gewesen sein. Kurz nach dem

[1]) Cod. Dipl. Mor. VII. 73.
[2]) Chron. Aul. Reg. l. c. 522. Die Vortheile, welche der Stadt
und dem Lande Breslau aus dessen innigem Anschlusse an
Böhmen erwuchsen, hat Grünhagen in seiner Geschichte
Breslau's auseinandergesetzt; besonders betont er das
nationale Interesse der damals schon grossentheils deutschen
Bewohner der Stadt, während ein Anfall Breslau's an das
sich auf nationaler Grundlage consolidirte Polenreich die
allmählige Einschmelzung der Deutschen Schlesiens in die
herrschende polnische Nationalität zur nothwendigen Folge
gehabt haben würde. Werunsky, Geschichte Karl's IV.
I. 157.

26. November giengen die Könige auseinander und mit ihnen auch Markgraf Karl, welcher die Überzeugung mit sich nahm, dass Ungarns imponirende Macht und Reichthum für die Krone Böhmen nicht nur wertvoll, sondern auch nützlich, ja nothwendig wären, um eine innige Freundschaft zu werben. Ob Karl nicht schon damals an eine Verbindung zwischen seiner Tochter Margaretha und einem ungarischen Kronprinzen dachte! Mit reichen Geschenken von Seite des ungarischen Königs versehen [1]) und voll Versicherung der unwandelbaren Freundschaft, aber nicht mit einem schriftlichen Trutz- und Schutzbündnisse wider den Kaiser, an dem eigentlich dem Könige Johann alles gelegen war, löste sich die erlauchte Gesellschaft auf. König Kazimir fand am ritterlichen Könige Johann so viel Wohlgefallen, dass er ihn nach Prag begleitete, wo Johann bereits in den ersten Tagen des Decembers anlangte, weil wir von ihm schon eine zu Prag am 4. December 1335 datirte Urkunde besitzen, [2]) während Markgraf Karl schon den 30. November 1335 zu Brünn im Auftrage des Vaters die Freiheiten und Privilegien der Stadt Jamnitz bestätigte. [3]) Die Königssaaler Chronik

---

[1]) Die Geschenke, welche König Johann vom ungarischen Könige Karl erhielt, zählt Thurocz gewiss nach einer alten Quelle auf. „Remunerat rex Ungariæ regem Bohemiæ diversis et pretiosis clinodiis, videlicet quinquaginta vasis argenteis, duabus pharetris, duobus baltheis et una tabula pro scutis mirabili, duabus sellis inestimabilis precii, uno bicello (Buzogán) valente ducentas marcas argenti et una concha margaritarum mirabili opere composita." Thurocz, Script. rer. Ung. I. 206.
[2]) Böhmer, Kaiserregesten, Johann von Böhmen, pag. 202.
[3]) Cod. Dipl. Mor. VII. 74.

bemerkt, dass König Johann den König Kazimir mit sich nach Böhmen nahm und am Nikolaifeste, also den 6. Nov., in Prag einzog, wo der Gast durch neun Tage unter verschiedenen Ehrenbezeugungen verblieb, worauf er zu seinem Schwager nach Ungarn zurückkehrte, um mit ihm die Weihnacht zu feiern.[1])

Die erste wohlthätige Wirkung des Wyšegrader Congresses und der dort gehabten Conferenzen zeigte sich in Mähren. Die bis jetzt unsicheren und ungeregelten Grenzzustände wirkten besonders nachtheilig auf die Sicherheit der Strassen, folglich auch die des Handels. Es bildeten sich Räuberbanden und Räuberburgen, die die Reisenden plünderten und nach Gutdünken ungebürliche Zölle erhoben, was den Verkehr nicht nur hemmte, sondern förmlich aufhob. Um hierin den handeltreibenden Nachbarstaaten in Mähren und Böhmen eine Erleichterung zu verschaffen, sorgte König Karl vor Allem für eine geregelte Strassenpolizei, dann für bestimmte Einbruchsstationen und für Regelung der Zölle. Gewiss hatte der K. von Ungarn, welcher, wie wir wissen, aus dem Hause Anjou stammt, und in Italien geregelte Handelszustände kennen lernte, diese Zustände vor

---

[1]) „Iohannes rex Casimirum regem Cracoviæ, filium Lotkonis, cui ipse coram rege Ungariæ regnum Poloniæ pro viginti millibus marcarum vendiderat, secum adduxit, et Pragam in die beati Nicolai (6. Dec.) cum eo pariter introivit. Ideo rex Casimirus, pluribus acceptis honoribus, Pragæ per dies novem mansit, et ad sua rediens, ius et titulum regis Poloniæ, consentiente Iohanne rege Bohemiæ, hilariter reportavit. Igitur ex hac die Iohannes, rex Boemiæ, tam sigillis quam epistolis cessavit se regem Poloniæ nominare." Chron. Aul. Reg. l. c. 522.

Augen, als er noch auf seinem Schlosse zu Wišegrad am 6. Jan. 1336 den öffentlichen Strassenzug von Böhmen durch Mähren bestimmte, und die an demselben von den Waren zu zahlenden Zölle festsetzte. Als Einbruchsstationen wurden bezeichnet: Alba (heute Holič), wo Kaufmannswaren den 80. Theil ihres Wertes zu entrichten hatten, und Jablunkau, wo nur an der Olsa eine Brückenmaut zu entrichten kam, und zwar von einem Pferde, einem Zugochsen oder vier kleinen Thieren ein Wiener Pfennig. Weiter wurden Zollstationen im Innern des Landes bis Budapest festgesetzt und mit dem Graner Erzbischofe dieser Zölle wegen, da die Kirche in Ungarn steuerfrei war, ein Übereinkommen getroffen, und die königl. Castellane mit der Durchführung der Zollbestimmungen beauftragt.[1]) Unstreitig hatte Mähren einen Vortheil von dieser Einrichtung. Zur Darnachachtung schickte man einzelne Exemplare dieser Bestimmung an die wichtigsten Handelsstädte der Nachbarstaaten. So auch an Brünn, wo in seinem Archive die Urkunde bis zur Gegenwart aufbewahrt wird. Leider, dass sie zur Hebung des Handels momentan nichts beitragen konnte; denn, wo Waffen klirren, dort hat der Merkurstab nichts zu schaffen. Und in Böhmen und Mähren klirrten damals gewaltig die Waffen.

Nach der friedlichen Besitzergreifung der Stadt und des Herzogthums Breslau und des Landes Glatz, das nun im lebenslänglichen Pfandbesitze zu Heinrich von Breslau stand,

[1]) Cod. Dipl. Mor. VII. 76 und 77 ad 1336. „Pro eisdem mercatoribus, tam nostri, quam Bohemie et aliorum evicinorum Regnorum, vias et stratas infrascriptas publicas fore girandos et perambulandas, ac tributa in locis et modis inferius exprimendis, exigenda duximus atque ordinamus."

kehrte Markgraf Karl noch im Dec. 1335 nach Prag zurück,
wo König Johann das neue Jahr 1336 feierte, voll Gedanken
und Pläne für die Unternehmungen, die ihm bevorstanden:
denn auf den Regensburger Waffenstillstand mit dem Kaiser
vom 16. Sept. vorigen Jahrs war nicht zu rechnen, weil
der behufs Abschlusses eines definitiven Friedensschlusses acht
Tage nach Martini gleichfalls in Regensburg ausgeschriebene
Congress gar nicht zustande kam. Man streute aus, dass
Kaiser Ludwig auf das Reich verzichte, und dass König
Johann Kärnten und Tirol gegen Brandenburg abzutreten
beabsichtige, beides, um den Parteien Misstrauen einzuflössen
und den Kaiser und den König zu discreditiren, alles
Anzeichen des nahen Ausbruches der Feindseligkeiten. Wir
müssen den Grund derselben in Erinnerung bringen. Am
2. April 1335 starb auf dem Schlosse Tirol der Herzog
Heinrich, Herzog in Kärnten, Graf zu Tirol, ehemaliger
König von Böhmen. Für diesen Fall wurde zwischen dem
Kaiser und den österreichischen Herzogen, Albrecht und Otto,
ein geheimer Vertrag geschlossen, wornach diesen Kärnten,
Krain und das Etschland, jenem das tirolische Innthal zutheil
werden sollte.[1]) Die österreichischen Herzoge waren hiezu
gleich bereit. Am 2. Juli nahm Herzog Otto, indem er sich
den alten, höchst feierlichen Gebräuchen der Inthronisation
auf dem Felsblocke unterzog, die Huldigung der neuen Provinz
entgegen.[2]) Jetzt wurde klar, dass ungeachtet mancher
Friedensvermittlungen es ohne Krieg nicht abgehen werde,
besonders als der Kaiser an König Johann durch eine
Gesandtschaft die Aufforderung schickte, sofort die Stadt Eger

[1]) Siehe S. 34 d. W.
[2]) Joh. Victoricn Chron. Böhmer, Fontes rer. Germ. I. 419.

und die Reichslehen, die Burgen Floss und Parkstein, dem Reiche zurückzustellen, was wie eine Kriegserklärung klang. Ohne Zagen und ohne Furcht antwortete König Johann mit einem entschiedenen Nein, und so entliess er die Gesandtschaft.[1] Der Krieg ward unvermeidlich. Kaiser Ludwig eilte nach Wien, um die Herzoge durch Belehnung mit den Verbündeten zu Padua und zu Treviso, und durch die am 5. Jan. 1336 ertheilte Vollmacht, an seiner statt über alle Lehen des römischen Reiches in Ungarn zu verfügen, sich verbindlich zu machen.[2]

Obwohl König Johann gleich am 3. Jan. 1336 seinen Sohn Karl nach Tirol sandte, um die dortigen Zustände kennen zu lernen, dachte doch niemand an einen, damals noch immer ungewöhnlichen, Winterfeldzug, und noch weniger, dass König Johann aufbrechen werde. Hat er ja am 2. Jan. 1336 die ihm unlängst in Paris angetraute junge Gemahlin Beatrix, Tochter des Herzogs Louis von Bourbon, in Prag empfangen! Da gab es Feste über Feste.[3] Johann blieb beinahe zwei Monate mit ihr in Prag. Wer dachte da an einen Krieg! Und doch brach er am 24. Februar mit

[1] „Qui (legati Ludovici) congruo responso accepto a rege (Iohanne) minime formidante, reversi fuerant in regionem suam sine fine." Chron. Aul. Reg. l. c. 524.
[2] Böhmer, Kaiserregesten, Ludwig der Baier, pag. 107. Cod. Dipl. Mor. VII. 76. Joh. Victorien. Böhmer, Script. rer. Germ. I. 420.
[3] Chron. Aul. Reg. l. c. 523. Die Krönung fand am 31. März 1337 statt. Des Markgrafen Karl Gemahlin, Blanca, fuhr ihr bis Eger entgegen und blieb in ihrer Gesellschaft, weil sie mit ihr französisch reden konnte, und beide als Verwandte viele Relationen hatten.

2300 Helmen und 15.000 Mann zu Fuss aus,[1]) und zwar nicht, wie man erwartete, gegen den Kaiser, sondern gegen die Herzoge von Österreich.[2]) In Eilmärschen rückte K. Johann gegen den Feind, denn es scheint, dass er durch einen raschen barbarischen Verwüstungszug, bei dem die Ungarn helfen werden, die Herzoge Albert und Otto dermassen schrecken wollte, dass sie des Friedens und eines Bündnisses mit ihm und dem Könige von Ungarn froh wären, und dann erst, wenn mit den Herzogen der Friede geschlossen wäre, sollte die vereinigte Macht, im Rücken gesichert, über Baiern, wo der Kaiser stand, herstürzen. Die Führung des österreichischen Heeres, das aus 2000 Rittern und 2000 Fussvolk bestand, worunter Steirer, Kärntner und Krainer, also Mannschaften der neu acquirirten Provinzen waren, übernahm statt des lahmen Albrecht sein Bruder Otto. Schon lagen die ganze Fastenzeit hindurch die Heere wider einander, brennend und sengend nach damaliger Art, als König Johann, um der Unsicherheit ein Ende zu machen, Anstalten traf, am 24. April den Österreichern eine Feldschlacht zu liefern. Herzog Otto erfuhr dies, vielleicht auch, dass in seinen Reihen der Verrath spukte,[3]) und weil er vergebens auf die Ankunft des Kaisers wartete, gab er den Befehl, sich in der Nacht, die auf den 24. folgte, über die Donau gegen Wien zu ziehen. Als Morgens den 25. die Böhmen und die mit ihnen verbundenen fremden Truppen in Schlachtlinien gegen das

---

[1]) Chron. Aul. Reg. Edit. Loserth 524. In die b. Mathiæ Apost.
[2]) Chron. Aul. Reg. l. c. Edit. Loserth 524.
[3]) „Visum est quibusdam iusti belli ordinem non servari, sed Ottonis periculum clanculo pertractari." Joh. Victoricn. Böhmer, Fontes I. 420.

österreichische Lager vorrückten, fanden sie dasselbe zu ihrem grossen Erstaunen ausgeräumt. Nun erst ergaben sich die böhmischen Truppen, unbelästigt vom Feinde, so recht der Plünderung und der Berennung der feindlichen Schlösser und Ortschaften, die noch verschont waren, z. B. Mauerberg, Gunthersdorf, Sefeld capitulirte, und dies dauerte bis gegen das Ende des Monates Mai. Der Königssaaler Chronist sagt, dass der König am Vorabende des h. Urban (24. Mai) in Prag einzog. An der Territorialgrenze des Klosters Zwettel erhielt das zurückkehrende Heer noch eine Verpflegung mit Wein und Brot, und der König, um nicht das Kloster zu beunruhigen, 40 Drillinge Wein.

Während das böhmische Heer im Lager stand und Markgraf Karl mit den Angelegenheiten seines Bruders in Tirol beschäftigt war, sehen wir K. Johann — ob in Person? — in der ersten Hälfte des Monates April in Pohrlitz urkunden. Am 9. April 1336 verpfändet er dem Vyšegrader Probste, Berchtold, und dessen Brüdern Heinrich und Johann von Lipa die Burg und den Markt Choyno (sic!) mit den hiezu gehörigen Besitzungen. Am 10. April d. J. befreit er den Abt und die Unterthanen des Klosters Bruck von den königl. Gerichten, wie sie die Kämmerer, Zauduer und Provinzialrichter ausübten, und legt die Jurisdiction in die Hände des Abtes oder seines Hauptmannes, erhebt das Stiftsdorf Olkowitz zum Markte und befreit denselben von jeglicher für den Unterhalt des königlichen Jagdpersonales erhobenen Abgabe, und am 13. April 1336 schenkte er dem Brucker Kloster das Stadtgericht von Znaim, und zwar von dem Augenblicke an, wenn Znaim, welches, wie wir wissen, für die Mitgift der Prinzessin Anna, welche an Herzog Otto verheiratet war,

K. Johann im Lager wider Österreich 1386. **77**

verpfändet ist, wieder in den vollen Besitz des Königs oder des Markgrafen gelangen werde. Ausdrücklich bemerkt der König in dieser Urkunde, dass er im Felde gegen die Österreicher stehe, und dass das Kloster durch diesen Krieg viel zu leiden habe.[1] Der Feldzug hat etwa 3 Monate gedauert.[2]

[1] Cod. Dipl. Mor. VII. 82 und 83. In der Urkunde vom 13. April lesen wir: „in instante nostra guerra, quam adversus hostes nostros australes ad presens gerimus... in recompensam et solamen perpetuum monasterio nostro iudicium civitatis Znoyme... damus... quamprimum ipsa Znoymensis civitas ad nostram et nostrorum puerorum redierit potestatem." Vergl. S. 29 d. W.

[2] Chron. Aul. Reg. l. c. 524. „Viginti (Iohannes) expugnavit munitiones, captivavit tam de Austria, quam de aliis terris multos comites, ministeriales et nobiles, nec non muratas cepit civitates aliquas." Den besten Commentar zu dieser Nachricht gibt der gut unterrichtete Chronist des damals stark ins Mitleid gezogenen Klosters Zwettel. Man liest zum Jahre 1336 (Pertz Script. IX. 682): „Cumque in crastino essent pugnaturi, nescio quo consilio occulto inter se decreto, factum est, ut rex Bohemiae retro se in Bohemiam fugeret, eine Variante hat: fugit ad unum miliare in terram suam; dux autem noster cum omnibus fugit suis non retro respicientes, sed festinantes, donec unusquisque in sua perveniret. Videns igitur rex Bohemiae neminem rebellantem, revertitur in Austriam, et obsedit Gunthassdorf (Guntherdorf) et expugnavit illud, et cepit in eo Eberhardum de Walse de Lintza et alios bene decem ministeriales. Similiter expugnavit Mawerperg et Weigerwerch (Mauerberg und Weichserberg) posuitque in eis Michuenses, qui per totam estatem terram vexaverunt. Ipse vero rex obsedit cum reliquo exercitu castrum Seveld, quod etiam quatuor septimanis cum fossoribus et machinis impugnavit. Dominus autem Albertus de Chunring, timens periculum hominum

Der polnischen und ungarischen Hilfe sicher, benöthigte König Johann, um mit Erfolg aufzutreten, nur noch des Geldes; denn ein gewaltiger Krieg stand ihm an zwei Seiten in Aussicht, an der Donau und am Inn und an der Etsch. Das Geld verschaffte er sich durch Einführung einer im Lande zwar nicht unbekannten, aber vergessenen, jetzt neu hergestellten Steuer vom Wein und Salz in den königlichen Städten und in den Landmärkten, des sogenannten Umgeldes, und durch Schatzgräberei. Es kam ihm nämlich die Kunde zu, dass die Juden in der Voraussicht des Krieges ihre Gold- und Silbersachen in der Synagoge, um sie geschützt zu wissen, vergraben haben; hier liess er nachsuchen und fand 2000 Mark an Gold und Silber. Was die Juden thaten, werden auch die Christen gethan haben, so glaubte er, und liess in der Kathedralkirche um den Altar des h. Adalbert nachgraben; hier aber fand er nichts, sondern begnügte sich mit der Verpfändung jener silbernen Statuen, die Markgraf Karl aus seinem und aus gesammeltem Gelde anfertigen liess

> in castro obsessorum, licet omnem habuerit copiam expensarum et armorum, castrum predictum regi Bohemiae conditionaliter resignavit. Rex igitur Bohemiae festinus ascendens per terminos monasterii (Zwetlensis) Sveviam festinavit, cui abbas monasterii festinus occurrit, expensas, vinum videlicet et panem et alia, que habere potuit, toti exercitui, in quantum potuit, ministravit. Deinde, ne nos et nostros offenderet, regi quadraginta ternarios vini (abbas) promisit."
>
> Das Zurückweichen des Königs Johann in seiner Stellung zum Herzoge Otto ist doch klar; warum er dies that, blieb unbekannt. Wahrscheinlich hörte der Chronist, dass König Johann vor einigen Tagen in Pohrlitz in Mähren war (denn bis 13. April war Johann sicherlich in Pohrlitz) und hielt dies für einen Rückzug.

und der Kirche schenkte, um damit das Grabmal des heil. Wenzel zu zieren.[1]) Durch diese saubere Finanzoperation brachte König Johann 20.000 Mark Silbers zusammen, die er noch, wie der Königssaaler Chronist bemerkt,[2]) damit vermehrte, dass er der Abtei Königssaal die grosse Herrschaft Landsberg mit mehr als 50 Ortschaften unter dem Vorwande, dass dieser Besitz, weit vom Stifte entfernt und sehr zerstreut, demselben keinen Nützen abwerfe, gegen den Willen des Abtes und des Conventes confiscirte, sich jedoch ddo. Prag 15. Juni 1336 urkundlich verpflichtete, für diese Herrschaft dem Kloster andere näher gelegene Besitzungen mit päpstlicher Genehmigung zu überlassen.[3]) Das so gewonnene Geld hat er zur Befriedigung seiner Söldner und zur theilweisen Tilgung seiner auswärtigen Schulden verwendet.

Während in den Donaugegenden die Heeren einander gegenüber standen, war auch Tirol, um das es sich eigentlich handelte und dessen Stellung den König Johann zum Kampfe mit Österreich bewog, von allen Seiten angegriffen worden. Um dieses Landes sicher zu sein, schickte K. Johann seinen Sohn, den Markgrafen Karl, wie es scheint, in den letzten Tagen des Jahres 1335 dahin, damit er mit Zustimmung der Landstände im Namen seines 14jährigen Sohnes, Johann, und dessen Gemahlin Margaretha die Regierung des Landes übernehme. Die Landstände hatten hier durch die Gutmüthigkeit des verstorbenen Herzogs Heinrich eine Macht erlangt, dass ohne ihren Willen nichts im Lande geschehen konnte, was sonst Regierung hiess. Ihr Haupt war der Burggraf von Tirol,

[1]) Beneš de Weitmil. Script. rer. Bohem. II. 271.
[2]) Chron. Aul. Reg. l. c. 525.
[3]) Cod. Dipl. Mor. VII. 87.

Volkmar von Burgstall. Es war daher nur klug, sich gleich bei seiner Ankunft am Sitz der Regierung, die am 3. Jan. erfolgt war,[1]) mit ihm und den Landständen gut zu stellen. Im Gefolge des Markgrafen befand sich der Olmützer Domherr, Nikolaus von Brünn, ein treuer Anhänger der Luxemburger Dynastie, welcher nach dem am 9. October 1336 erfolgten Tode des Bischofs Heinrich von Trient sein Nachfolger wurde und als mächtiger Landesherr dem Markgrafen wichtige Dienste leistete. Wir treffen den zum vormundschaftlichen Regenten und Pfleger allgemein angenommenen Markgrafen Karl am 19. Febr. in Bozen, und zwar bei der Belohnung Heinrich's von Niederthor durch den Grafen Johann von Tirol und Herzog von Kärnten, und am 26. März siegelt der Pfleger Karl auf dem Schlosse Tirol einen Lehensbrief seines Bruders Johann für Annenberg, gewesenen Burggrafen von Tirol.[2]) Es dauerte nicht lange, und schon war Karl von allen Seiten von Feinden umringt. Im Norden bedrohten das Innthal die Baiern und die Schwaben, im Süden der Herr von Mailand, Mastin della Scala, und vom Osten die österreichischen Herzoge und die Grafen von Görz. Für den Augenblick waren diese die gefährlichsten.

[1]) „Eodem tempore (1336) die tertia post circumcisionem Domini Karolus, marchio Moraviæ, in auxilium fratris sui Iohannis, secundo nati, ducis Karinthiæ, ex iussione regis, patris eorum, in Karinthiam venit, ut sibi contra homines ducum Austriæ spem ferret, sunt enim in continuo in conflictu Karinthiæ pro ducatu." Chron. Aul. Reg. l. c. 523. Nicht nach Kärnthen, welches bereits am 2. Juli 1335 den österr. Herzogen gehuldigt hatte, sondern nach Tirol gieng Markgraf Karl. Damberger, synchron. Gesch. XIV. 275.

[2]) Alfons Huber, Regesten des Kaiserreiches unter Karl IV. S. 5.

Auftreten der Görzer Grafen.

Die Görzer Grafschaft, in ihrer bedeutsamen Mittestellung zwischen Kärnten, Krain, Tirol, Istrien und Friaul, war eine Schöpfung der unternehmenden und glücklichen Politik eines uralten Grafengeschlechtes, das sich in seinen Ahnen mit der Dynastie von Andechs-Meran und Tirol berührt haben mochte. In der ersten Hälfte des 12. Jahrh. begegnen wir in Urkunden „Görzer Grafen," deren Stammgüter in den tiroler-kärntnischen Gebirgsthälern des Drauflusses lagen, einem Geschlechte, das sich allmählig in das Gebiet Aquileja's einpflanzte, auf dem Wege der Vogtei das Kirchenland an beiden Ufern des Isonzo zum Grafenlande umwandelte, und in Friaul und in der Trevisanischen Mark gütermächtig wurde. Unter diesen Görzer Grafen erlangte Mainhard II., Schwiegervater des deutschen Königs, Albrechts I., die grösste Berühmtheit, als er nach dem Jahre 1248 die Andechs-Meranischen Güter im Inn-Wipthale erblich an sich gebracht, und so am Inn, an der Eisach und Etsch, also in zwei Dritttheilen des heutigen Tirol geboten. Dass von diesem Grafen Mainhard II. Margaretha Maultasch und mit der Margaretha die Ansprüche der Luxemburger an Tirol und Kärnten abgeleitet werden, wissen wir.[1]) Als Karl in Tirol zu Gunsten seines Bruders, oder besser gesagt, seines Hauses, auftrat, bildete die Ostgrenze Tirol's, wie altersher, das untere Pusterthal von Innichen an der Drau hinab zu dem karanthanischen Lurngaue, als dessen Hauptort Lienz anzusehen ist, seit 1253 der Sitz der Lurngau-Görz-Tiroler Grafen. Seit 1267 kam unter Mainhard II. das ganze Pusterthal an

---

[1]) Siehe S. 31 und ffg. und Band I. S. 411 und ffg. d. W.

Kärnten,¹) und gehörte dazu, als Markgraf Karl den 1. April, es war 1336 der zweite Ostertag, ins Pusterthal einbrach, um den Freund der österreichischen Herzoge und seinen gefährlichsten Gegner, den Grafen von Görz, anzugreifen. Begleitet von dem erfahrenen Burggrafen von Tirol, Volkmar von Burgstall, rückte er gegen das feste Schloss der Grafen von Görz, St. Lambrechtsburg bei Brunecken, welches die Grafen von Görz vom Bisthume Brixen zu Lehen hatten; dieses ward erobert und plündernd und verheerend drangen Karl's Scharen bis zur Lienzer Klause vor. Drei Wochen blieb Karl mit seinen Scharen im Pusterthale, da kam ihm eine Nachricht vom Vater, die ihn bewog, den Rückweg anzutreten.²) Es war dies um den 24. April, als der Herzog von Österreich, Otto, gegen König Johann das Feld räumte, und Kaiser Ludwig, dem nicht nur der Vater, König Johann, sondern auch der Sohn, Karl, den Kaisertitel absprachen,³) alle Nachbarn Tirols wider den Markgrafen in Harnisch brachte.⁴) Und in dieser höchst gefährlichen Lage kommt an Karl die Botschaft, ihm mit einem Heere zu Hilfe zu

¹) Krones, Umrisse des Geschichtslebens der deutsch-österr. Ländergruppe. S. 43, 55 und 118. Der Antritt der Görzer Erbschaft von Seite Maximilians I. im J. 1500 hatte auf Bitten der Tiroler Stände die Vereinigung des Pusterthales sammt Lienz mit Tirol zur Folge. Krones l. c. 118.
²) Vita Karoli. Böhmer, Fontes I. 251.
³) Vita Karoli l. c. „Ludovicus vero, qui se gerebat pro imperatore." König Johann gebrauchte dieselbe Redewendung, als er am 13. Dec. 1335 den Landherren von Kärnten und Tirol von Prag aus schreibt, es sei das Gerücht, er wolle Kärnten und Krain gegen die Mark Brandenburg umtauschen, nicht wahr.
⁴) Vita Karoli. Böhmer, Fontes I. 251.

eilen; denn nachdem König Johann seine Kriegscasse auf die oberwähnte Art und durch eine allen Juden im Lande aufgelegte Contribution[1]) gefüllt hatte, erinnerte er seine Bundesgenossen, die Könige Kazimir von Polen und Karl von Ungarn, an den Vyšegrader Vertrag, und bestimmte den dicht an der ungarisch-österreichischen Grenze liegenden mährischen Ort Marchek zur persönlichen Besprechung. Am 21. Juni 1336 kamen hier die drei Könige zusammen und einigten sich wegen der dem böhm. K. zum bevorstehenden Kriege mit dem deutschen Kaiser und den österreichischen Herzogen zu schaffenden Hilfe. Das polnische Hilfscorps bestand aus 200 Schwerbewaffneten und 300 leichten Reitern; Ungarn stellte 600 Helme und viele Tausende Bogenschützen, während König Johann mit seinem Heere durch Mähren vorbrach und einer kräftigen Unterstützung seines Schwiegersohnes, Heinrich von Nieder-Baiern, gewiss war.[2])

Während die Ungern, unterstützt von einem Theile der Polen, die österreichische Grenze feindlich bereits überschritten haben, kommt an König Johann die Nachricht, dass Kaiser Ludwig mit einer ansehnlichen Heeresmacht den Österreichern zu Hilfe eile, und das Königreich Böhmen mit einem Einfalle bedrohe.[3]) Es war dies kein leeres Gerede, sondern leider die bitterste Wahrheit. Nachdem der deutsche Kaiser bei Regensburg ein ansehnliches Heer auf-

---

[1]) Chron. Aul. Reg. 1. c. 524. „Die vero decimo (3. Juni) adventus regis in Pragam rex Iudaeos mandavit per omne dominium suum captivari; ex hac captivitate rex ditatur non modica pecuniae quantitate."
[2]) Chron. Aul. Reg. Edit. Loserth 525.
[3]) Chron. Aul. Reg. 525.

gestellt hatte, zog er mit demselben durch Nieder-Baiern, um an die Donau zu gelangen. Natürlich schädigte er damit den Herzog Heinrich, dem er ohnehin wegen dessen Verbindung und Freundschaft mit König Johann, mehr als billig, gram war. Kaum überzeugte sich König Johann von der Wahrheit dieses Zuges, kaum hörte er das Wehklagen aus Nieder-Baiern, so stürzte er sich, wie der Chronist sagt,[1]) wie ein brüllender Löwe und wie ein beflügelter Adler, nur von Wenigen begleitet, über Budweis und Chamb auf Straubing, den Hauptort und die Residenz von Nieder-Baiern, um seinem Schwiegersohne zu helfen; das Heer ist mittlerweile in Eilmärschen nachgekommen. Es waren grossentheils polnische und ungarische Reitertruppen. Man beeilte sich an die Isar zu kommen und schlug diesseits des Stromes im Angesichte von Landau ein festes Lager. Hier erwartete König Johann die bereits avisirte Hilfe des Markgrafen Karl, der aus dem Tirolergebirge hervorbrechen sollte. Wie sicher König Johann der Hilfe war, beweist der Umstand, dass er dem Sohne ungarische Reiterei entgegenschickte, um ihn unversehrt ins Lager zu geleiten; denn König Johann rechnete auf eine sichere Schlacht, bei welcher er die Truppen seines Sohnes sehen wollte. Doch dieser kam nur bis Kufstein; hier konnte er nicht durchdringen, weil auf Befehl des Kaisers dessen ältester Sohn, Markgraf von Brandenburg, Ludwig, mit dem ohnehin König Johann in Fehde stand,[2]) Baierns

[1]) Chron. Aul. Reg. l. c. 525, 526.
[2]) König Johann schloss zu Prag am 2. Juni 1336 mit dem Magdeburger Erzbischofe Otto einen Bund gegen Ludwig von Brandenburg und versprach, ihm wider Ludwig mit 100 Gewappneten und ebensoviel Ungewappneten beizustehen. Cod. Dipl. Mor. VII. 86.

Südgrenzen besetzt hielt und bei Kufstein und Kitzbühel eine
so vortheilhafte Stellung nahm, dass Karl, gegen den auch
Schwaben vorbrachen, den Plan aufgeben musste, seinem
Vater bei Landau Hilfe zu bringen. Hier im Lager vor
Landau, während er auf den Sohn und dessen Hilfe wartet,
stellt König Johann für den Pfarrer der St. Michaelskirche in
Znaim, Johann, Andreas' Sohn von Jevišovitz, am 10. Aug.
1336 eine Urkunde aus,[1]) durch welche er die der genannten
Kirche im Jahre 1287 vom Könige Wenzel II. ertheilten
Freiheiten und Begünstigungen, welche von dem Stadtmagistrat, ja selbst von den Pfarrlingen nicht geachtet und
verletzt wurden, bestätigte. Und in dieser Urkunde nennt
sich König Johann „Markgraf von Mähren," eine so seltene
Erscheinung, dass wir nach dem Grunde derselben fragen
müssen. Wie, wenn wir diese Erscheinung mit der Nachricht
in Verbindung brächten, dass unmittelbar nach Königs Johann
Rückkehr aus Paris im Juli 1335 durch Verleumdung eine
so arge Spannung zwischen Vater und Sohn entstand, dass,
wie Karl in seiner Selbstbiographie bemerkt, ihm der Vater
alle Burgen und jegliche Verwaltung in Böhmen und in Mähren
entzog, so dass ihm der blosse Titel „Markgraf" ohne jeglicher
Rechte verblieb.[2]) Die Burg Bürglitz wurde ihm und seiner

[1], Cod. Dipl. Mor. VII. 88. Datum et actum in castris Landau
1336 in die beati Laurentii martyris. „Iohannes, Dei gracia
Boemie rex, Lucelburgensis comes, marchioque Moravie."
[2]) Vita Karoli. Böhmer, Fontes I. 248, ad an. 1335. „Ipse
(Iohannes) in tantum assensit consiliis eorum (inimicorum
Karoli), quod de nobis diffidebat, et propter hec abstulit
nobis omnia castra et administrationem in Boemia et in
marchionatu Moraviae. Et sic nobis remansit solus titulus
„Marchio Moraviae" sine re. Vergl. S. 143 d. W.

Gemahlin zum Aufenthalte angewiesen.¹) Und in der ersten Aufwallung mochte der König seiner Kanzlei den Auftrag gegeben haben, ihm in seine Titel auch die Aufschrift „Markgraf von Mähren" zu setzen. Die Spannung zwischen Vater und Sohn hörte, wie wir wissen, gleich auf, der Widerruf wegen des Titels kam nicht, und so verblieb derselbe in der königl. Kanzlei, als am Laurenzitage, den 10. August 1336, für die Michaels-Pfarrkirche in Znaim eine Urkunde ausgestellt wurde. Weder vorher, noch später hat sich K. Johann dieses Titels bedient.

Hier bei Landau stand schon durch einige Tage das böhmische Heer, welches 4400 Helme zählte, ihm gegenüber zwischen dem Kloster Aldersbach und der Donau zog Kaiser Ludwig seine Truppen, welche mit der österreichischen Hilfe auf 5000 Bewaffnete zählten, zusammen. Graf Ulrich von Württemberg und Graf Wilhelm von Jülich, des Kaisers Schwager, welcher kurz zuvor zum Markgrafen erhoben wurde, machten den Feldzug mit.²) Obwohl durch diese Hilfe bedeutend stärker als König Johann, machte der Kaiser dennoch keine Anstalten zum Angriffe. Zwölf Tage standen sich hier die beiden Armeen gegenüber, neckten wohl einander, aber zu irgend einem ernsten Treffen kam es nicht. Am 15. Tage, es war der 18. August, beschloss der Kaiser auf Vorstellungen, die ihm Herzog Otto machte, das Lager abzubrechen, und über Passau gegen Linz zu marschieren. Einen

¹) Als Karl 1335 von Bürglitz nach Prag kam, hatte er bei seinem aufgeregten Gemüthe eine Vision, ein unsichtbares Etwas hat die in seiner Schlafkammer aufgestellten Trinkbecher herumgeworfen — welche er auf seinen Entschluss, seinem Bruder Johann nach Tirol zu Hilfe zu eilen, deutete. Vita Karoli I. c. 249. Beneš II. 269.
²) Ioh. Victorien, Böhmer Fontes I. 420 und 422.

Tag, also den 19. August, blieb König Johann unbeweglich in seiner Stellung; er wollte erst die Absicht des Kaisers erfahren; als er jedoch wahrnahm, der Rath der österr. Herzoge gehe dahin, das eben versammelte Heer nach Böhmen zu leiten, brach König Johann sein Lager ab und marschierte auf derselben Strasse, auf welcher er vor etwa einem Monate nach Baiern kam, nach Böhmen zurück, und lagerte sein Heer bei Budweis in der Absicht, dem Kaiser den Donauübergang womöglich zu wehren. In Straubing hinterliess er einen Theil seines Kriegsvolkes beim Eidam Heinrich, um des Kaisers Rückzug zu beunruhigen, siegelte hier den 29. August 1336 eine Urkunde, in welcher Bolek, Herzog von Schlesien und Herr von Münsterberg, erklärt, dass er vom Könige Johann das Herzogthum und die übrigen Länder zu Lehen erhalten habe,[1]) und lagerte, wie gesagt, bei Budweis.

Der Kaiser merkte das gefährliche Unternehmen und wollte, bevor er sich in dasselbe stürze, von den Herzogen von Österreich eine gewisse Sicherheit erhalten. Zu diesem Ende verlangte er von ihnen vier gemauerte Städte an der Enns und an der Donau als Bürgschaft für etwaigen Schaden, den ihm das beabsichtigte Unternehmen brächte. Als die Herzoge Otto und Albrecht dieses Ansuchen rundweg abschlugen, verliess das kaiserliche Heer Linz und trat über Passau den Rückweg an. Dieser wurde ihm durch die unter Herzog Heinrich zurückgelassene kleine Heeresabtheilung recht bitter gemacht. Ein Glück war es, dass er, der Kaiser, den den Österreichern, entrissenen Proviant mit sich führte, weil sonst der Rückzug

---

[1]) Cod. Dipl. Mor. VII. 89. Siehe S. 53 d. W.

in den verwüsteten und durch den Herzog beunruhigten Gegenden kaum gelungen wäre.¹) Während König Johann zwar arm an Geld, denn der Feldzug hatte enorme Summen gekostet, weil er grossentheils mit Rittern, und also mit Pferden, geführt wurde, aber beruhigt, weil Kaiser Ludwig auch nicht mit einem Schritte die gut befestigte böhm. Grenze überschritt, nach Prag kam, wo ihn seine junge Gemahlin Beatrix erwartete, und er neue Gelder sammelte,²) gab sich sein Sohn, der Markgraf Karl, Mühe, um mit heiler Haut von Kufstein zu kommen, wo, wie wir wissen, ihm Markgraf Ludwig von Brandenburg den Weg verlegte, dass er nicht an die Isar durchbrechen und seinem Vater bei Landau im Lager helfen konnte,³) suchte Karl, nachdem er nach einem heftigen Kampfe bei Wörgl, wobei ihm sein treuer Anhänger, Burggraf Volkmar, behilflich war, die Baiern aus dem Innthale vertrieben hatte,⁴) Südtirol zu erreichen, wo Mastino von Scala eine Bewegung zu Gunsten des nördlichen Italiens, das ihm gehorchte, hervorrufen wollte, urkundet am 19. August in Innsbruck, und am 29. in Stams, kommt am 16. Sept. in St. Zennoberg bei Meran mit seinem Bruder Johann und seiner Schwägerin Margaretha zusammen, und schlägt für den October und überhaupt für den Rest des Jahres 1336 seinen Aufenthalt in Trient auf. Am 14. October befiehlt Karl vermöge der ihm vom Trienter Capitel für seinen Bruder Johann als Vogte von Trient ertheilten Vollmacht, den Beamten und allen der

¹) Chron. Aul. Reg. l. c. 526 und 527. Ioh. Victorien l. c. 422.
²) Chron. Aul. Reg. l. c. 527.
³) Siehe S. 48 d. W.
⁴) Werunsky, Geschichte Böhmens, Karl IV. I. 165.

Kirche von Trient Verpflichteten, während der Sedisvacanz dem Matthäus und Justinian von Gardelis, Richtern zu Trient, über alle Einkünfte der genannten Kirche Rede zu stehen und zu zahlen.[1]) Die Sedisvacanz, von der hier die Rede ist, entstand nach dem Tode des Bischofs Heinrich III. von Metz, aus dem Orden der Cistercienser. Heinrich wurde am 20. Mai 1310 vom Papste Clemens V. als Bischof von Trient confirmirt. Er schloss am 8. Juni 1314 einen dauernden Frieden mit den damaligen Grafen von Tirol, nach welchem das Vogteirecht bleibend bei den Regenten von Tirol verblieb und folglich unangefochten an Margaretha und ihren Gemahl übergieng. Am 9. October 1336 starb Heinrich und die Rechte der Vogtei übernahm für seinen Bruder Markgraf Karl. Der langgehegte Plan, seinem Kanzler Nikolaus, welcher den Beinamen Alrain geführt haben soll[2]) und von Brünn stammte, und damals schon Domherr von Olmütz war,[3]) als einem klugen und verlässlichen Manne das erledigte Bisthum zu verschaffen, glückte, es gelang ihm, die einflussreichen Persönlichkeiten für Niklas zu gewinnen; selbst kein

[1]) Cod. Dipl. Mor. VII. 98.

[2]) Der Beiname erscheint in der Reihenfolge der Trienter Bischöfe bei Gams, Series episcoporum eccles. cathol. pag. 317. Die Familie in Brünn ansässig. Cod. Dipl. Mor. III.

[3]) Cod. Dipl. Mor. VII. 158. „Nicolaus, episcopus Tridentinus, olim ipsius ecclesie (Olomucen) canonicus," nennt ihn Papst Benedict XII., als er am 5. December 1338 dem Pfarrer Nikolaus von Czetwitz in der Olmützer Diöcese ein durch die Promotion zum Bischofe erledigtes Canonicat sammt Präbende cedirte. Dass Bischof Nikolaus auch Canonicus in Prag war, zeigt die Urkunde vom 29. Sept. 1334. Cod. Dipl. Mor. VII. 20. Er starb 1347 zu Nikolsburg in Mähren.

Widerspruch fand statt, als ihm Karl das wichtige Bisthum Trient, welches durch seinen grossen Besitzstand den meisten Einfluss in Südtirol ausübte, übertrug.[1]) Kaum ein Monat nach dieser Ernennung ward das angrenzende Bisthum Brixen durch den Tod des Bischofs Albert von Enns erledigt; man schritt zu einer Compromisswahl, und entschied sich, gewiss durch Karls Einfluss, für den Kaplan und Vertrauten des Grafen Johann von Tirol, des Bruders des Markgrafen, Matthäus Konzmann. Es ist derselbe, welcher, als Österreich Kärnten besetzte, nach Prag als Johanns und Margarethas Abgesandte kam, um den Markgrafen zu bewegen, nach Tirol zu eilen und dort mit Zustimmung, der Stände die Verwaltung zu übernehmen. So setzte Markgraf Karl mit seiner Klugheit und mit seinem diplomatischen Verstande durch, dass beide Bisthümer, Trient und Brixen, mit sicheren, den Luxemburgern zugethanen Herren besetzt wurden, und in dieser Überzeugung konnte er noch am Schlusse des Jahres 1336 Tirol gesichert verlassen und nach Prag zurückkehren.

Mitten in den besten Unternehmungen, denn Karls Absicht gieng nach Sicherung von Südtirol mit dem Plane um, Kärnten den Österreichern abermals zu entreissen, wurde der Markgraf zu seinem Vater nach Prag gerufen. Wir sagen, Karls Plan gieng dahin, von Trient aus über den

[1]) Vita Karoli. Böhmer l. c. 252. „Illo tempore facimus Nicolaum, natione Brunensem, cancellarium nostrum, episcopum Tridentinum, et Brixinensem, nomine Matheum, capellanum fratris nostri, quia ambo episcopatus vacabant tempore eodem." Über den Kaplan des Grafen Iohann von Tirol, welcher Mathias genannt wird, Beneš de Weitmil, Script. rer. Bohem. II. 269.

mächtigsten Dynasten von Kärnten, den Herrn von Auffenstein, herzufallen und sich so den Weg zur Eroberung von Kärnten zu bahnen. Schon unter König Heinrich waren die Auffensteiner mächtig in Kärnten; sie besassen, als Karl in Südtirol weilte, 15 Burgen und Güter im Lande, hauptsächlich im Pusterthale, welches bis 1500 zu Kärnten gehörte. Im Jahre 1335 war Konrad von Auffenstein kärntnerischer Landesmarschall. Seine gleichnamige Burg bei Matrei ward im Sommer d. J. im Auftrage des Landesherrn, Johann von Volkmar, Burggrafen auf Tirol, mit bedeutenden Scharen erstürmt, und vom Markgrafen Karl zerstört.[1]) Markgraf Karl hatte somit schon einen festen Fuss in Kärnten, als er abberufen wurde.

Während Karl in Tirol weilte, geschahen unerwartete Dinge an der Donau. Wir wissen, dass sich Kaiser Ludwig in ein Unternehmen mit König Johann nur einlassen wollte, wenn ihm die österreichischen Herzoge jeglichen Nachtheil durch Übergabe von 4 Städten an der Enns und Donau garantiren.[2]) Da die Herzoge diese Bedingung nicht eingehen wollten, verliess der Kaiser den Kriegsschauplatz und zog sich zurück. Ohne kaiserlicher Hilfe waren aber die österr. Herzoge lahm gelegt, und mochten im Grunde froh gewesen sein, als sie hörten, dass König Johann, nachdem ihn die Ungern verlassen, gleichfalls mit seinem Heere abzog. Die erbitterten Feinde waren sich also gleich, beide isolirt;

[1]) „Iohannis regis filius, castrum Chunradi de Aufenstain hereditarium, in districtu positum Tirolensi, subvertit usque ad fundum, imputans ei desidiam, quod terre capitaneus armis terram minime defendisset." Ioh. Victorien. Böhmer, Fontes Germ. I. 422.

[2]) Siehe S. 87 d. W.

aber was ihnen beiden am meisten schadete, das ist der Mangel an Geld, ohne dem auch schon damals jeglicher Krieg unmöglich war. Man suchte sich zu helfen, wie es eben gieng; die Herzoge von Österreich führten noch im Jahre 1336 eine allgemeine Kopfsteuer ein, die im Volke ungemein verhasst war,[1]) und König Johann erpresste dem Kloster Königsaal gegen das Versprechen, die entrissene Herrschaft Landsberg zurückzugeben, eine Summe von 1600 Goldgulden. Ob die Versetzung der silbernen Statuen, welche 500 Mark schwer, das Grab des h. Wenzel zierten und nicht einmal vollendet waren, damals oder schon früher erfolgt war, ist gleichgiltig, sicher aber, dass König Johann nach Geld suchte und es auch sehr benöthigte.[2]) Finanziell momentan geordnet, musste König Johann alles anwenden, um eine Gefahr, der er eben glücklich entrannte, einer Vereinigung des Kaisers mit den österreichischen Herzogen zu vermeiden, für immer zu beseitigen, und um dies zustande zu bringen, eilte er nach Linz, wo die beiden Herzoge noch weilten. Hier mochte er Friedensvorschläge eröffnet haben, die in Freistadt an der Donau fortgesetzt. und nach Besiegung grosser Hindernisse, die bei dem reizbaren Charakter des Königs Johann und der kalten Beharrlichkeit des Herzogs Albrecht nur eine kluge Frau, die Gemahlin des Herzogs Albrecht, Johanna, Gräfin von Pfirt, beseitigen konnte, hier in Freistadt am 4. September

---

[1]) „Eodem anno (1336) consilio maligno exactionem inhonestam et inauditam, videlicet de qualibet persona unum grossum denariorum, receperant duces Austriae." Pertz, Script. IX. 512.
[2]) Chron. Aul. Reg. l. c. 527.

1336 die Form von Friedenspräliminarien angenommen haben.¹) Am 15. d. M. kehrte König Johann nach Prag zurück, befriedigte so viel als möglich seine Söldner, und reiste am Vorabende des Festes des heil. Wenzel, also den 27. Sept., nach Wien, wo er bei dem Herzoge acht Tage blieb, besuchte von da aus den König von Ungarn,²) und gieng darauf nach Enns, wo er nach den Freistädter Präliminarien mit den Herzogen von Österreich einen definitiven Frieden abschloss.³) Das Datum dieses Friedens ist Enns 9. October 1336 und dessen Inhalt folgender:

1. König Johann gelobte in seinem und seiner Erben, besonders im Namen seines Sohnes Johann und dessen Gemahlin, Margaretha Maultasch, zu Gunsten der Herzoge

¹) Ioh. Victorien. Böhmer l. c. 422. „Interea rex Boemie concordiam optans cum duce Austrie, Lynczam, deinde Liberam Civitatem veniens, ubi ex utraque parte causarum obstacula obiciuntur et solvuntur. Et difficultatibus pluribus interiectis, Iohanna ducissa, Alberti consors, nunc regem, nunc ducem blanditiis liniens et amplexans, bonum semen amicitiæ et concordiæ seminat."

²) Chron. Aul. Reg. l. c. 527.

³) Die Friedensbedingungen nach Cod. Dipl. Mor. VII. 91 bis 95, wörtlich nach Dr. Joh. Schötter, Johann Graf von Luxemburg, König von Böhmen, II. 115—117. Die Urkunden, welche von Seite der österreichischen Herzoge an Böhmen ausgeliefert werden sollen, sind in erster Linie die Urkunde ddo. Linz an dem Erchtag nach St. Walburgistag (2. Mai 1335), mit welcher Kaiser Ludwig den Herzogen von Österreich die Grafschaft Tirol mit den Vogteien zu Trient und Brixen verleiht. Cod. Dipl. Mor. VII. 36, und dann überhaupt die Briefe, welche an dem obigen Tage zu Linz ausgestellt wurden. Huber, Geschichte der Vereinigung etc. S. 140 und 141.

von Österreich, Albrecht und Otto, allen Ansprüchen auf das Herzogthum Kärnten, auf Krain und die windische Mark, mit Ausnahme der Salzburger Lehen und einiger Burgen an der Drau, die zu Tirol kommen sollten, zu entsagen, alle auf diese Länder bezüglichen Urkunden bis künftigen Georgi-Tag (23. April) auszuliefern und alle Briefe, die ihm in dieser Beziehung von Kaisern und Königen, und besonders von Ludwig, der sich Kaiser nenne, verliehen worden seien, für kraftlos und nichtig zu erklären.

2. Er macht sich anheischig, die Verbriefungen seiner Söhne, Karl und Johann, sowie der beiden Töchter des Herzogs Heinrich, Adelheid und Margaretha, über die Verzichtleistung auf Kärnten, Krain und die windische Mark bis zum Dreifaltigkeits-Sonntage beizubringen.

3. Er versprach den Herzogen, ihren aufrührerischen Unterthanen in seinen Staaten keine Zuflucht zu gestatten, sondern ihnen auf ihr Verlangen, gegen denselben Nachbardienst, wider dieselben Beistand zu leisten.

4. Zur grösseren Freundschaft und Einigung gelobte er ihnen, dass, wenn seinerzeit zur Wahl eines neuen römischen Königs geschritten werde, er dem neugewählten Oberhaupte weder Huld noch Dienst leisten wolle, bevor die genannten Herzoge nicht gleich ihre Lehen von demselben empfangen hätten.

5. Er mache sich unter einem Eide verbindlich, dass, wenn Herr Ludwig, der sich Kaiser nenne, die Herzoge innerhalb der Marken ihrer Länder angreift, er denselben mit seiner ganzen Macht auf ihre Kosten an Brot und Wein, aber auf seinen Schaden beistehen werde. Die bei dieser Gelegenheit eroberten Länder, Städte und Burgen gehören

dem, der Hilfe verlangt, bewegliche Sachen und Personen dem, der sich ihrer bemächtigt habe.

6. Die Herzoge von Österreich verzichten zu Gunsten des Herzogs Johann von Tirol auf alle Rechte und Ansprüche, die sie auf die Grafschaft Tirol erheben könnten, und sichern demselben den ruhigen Besitz des Schlosses Greifenberg und desjenigen Bezirkes an der Drau zu, der bisher zu Kärnten gehörte und nun an Tirol abgetreten werde. Alle Tirol betreffenden Urkunden verpflichteten sie sich bis nächsten Georgitag auszuliefern.

7. Sie versprechen dem Könige Johann, dahin zu wirken, dass Graf Albrecht von Görz, ihr Oheim, dem Grafen Johann von Tirol die Schlösser Greifenberg und Stein übergebe; geschehe dies nicht, dann habe König Johann das Recht, sich mit Gewalt der beiden Burgen zu bemächtigen. Für die bei dieser Besitzergreifung gehabten Auslagen könne sich König Johann an den dem Grafen Albrecht gehörigen Zöllen schadlos halten.[1]

8. Sie gelobten, ihren Vasallen, Albrecht von Rauhenstein, zu bewegen, dem Könige von Böhmen das Schloss Lundenburg in Mähren auszuliefern. Zum Unterpfande behalte König Johann einstweilen das in der Nähe gelegene Schloss

---

[1] „Quodsi comes antedictus in hoc nobis parere noluerit, et se nimis rigidum in exemptione dictorum castrorum ostenderit, tenebimus, una cum rege predicto, adicere manum potentivam, et nihilominus dominus Iohannes parte reddituum theloneorum multorum, in comitatu Tirolis eundem comitem contingentium, de nostro beneplacito uti ac frui tenetur." Cod. Dipl. Mor. VII. 94.

Feldsberg in Besitz, das, wenn Lundenburg ausgeliefert ist, an Albert von Rauhenstein zurückfalle.[1]

9. Die Herzoge stellen dem Könige Johann die Stadt Znaim zurück, welche er seinem Schwiegersohne, Otto, für die Mitgift seiner Tochter, Anna, verpfändet,[2] und machen sich verbindlich, ihm ausserdem 10.000 Mark zu bezahlen. Bis zur Erlegung dieser Summe versetzen sie ihm die Städte Laa und Waidhofen in Österreich nebst dem Schlosse Waidhofen.[3]

Der Abschluss dieser Verhandlungen zu Enns bildete der grosse Freundschaftsbund, den König Karl von Ungarn, König Johann von Böhmen, die Herzoge Albrecht und Otto, Markgraf Karl von Mähren und Graf Johann von Tirol

[1] Cod. Dipl. Mor. VII. 95. „Inter unionem et amicabilem compositionem.. his diebus proxime preteritis factam." Der Friedensschluss war „Actum et datum in die B. Dyonisii" zu Enns ausgestellt, während die den Friedensschluss bildenden Verhandlungen mehrere Tage früher dauerten.

[2] Vita Karoli l. c. 252. „Dux Austriae restituit civitatem Znoymensem, quam pater noster dederat eidem cum filia sua in dotem." Im Februar 1335 wurde Znaim verpfändet. Siehe S. 29 u. ffg. d. W.

[3] Vita Karoli l. c. „magnamque partem pecuniæ dedit (dux Austriae) patri nostro." Dies erhellet aus späteren Urkunden. Am 11. October 1336 datirt Herzog Albrecht den Schuldbrief, aber nur auf 5000 Mark, zahlbar im nächsten Jahre in zwei Raten, am 24. April und 11. November. Über die zweite Hälfte liegt keine Urkunde vor; dass aber Herzog Albert dem Könige Johann oder seinen Erben 10.000 Mark schuldete, und dass Laa und Stadt und Burg Waidhofen verpfändet waren, bezeugen die Urkunden, eine ddo. Znaim 26. November und zwei ddo. Wien 15. December 1341. Cod. Dipl. Mor. VII. 258, 262 und 263.

schlossen, mit der näheren Bestimmung, sich gegenseitig gegen Jedermann innerhalb der Reichsgrenzen zu unterstützen. Selbstverständlich war die Spitze dieses Vertrages gegen Kaiser Ludwig gerichtet, wenn es ihm etwa einfallen sollte, sich dem geschlossenen Frieden zu widersetzen.¹)

Wie der Zwist des Kaisers Ludwig mit Johann, Schwiegersohn, Heinrich von Niederbaiern, sein Ende fand, wissen wir nicht. Die beiderseitige Erschöpfung mochte sie dazu gebracht haben.

Während König Johann mit den Herzogen von Österreich in Enns unterhandelte, hält der Kaiser seinen Aufenthalt in Nürnberg, nachdenkend über die schwächste Seite seiner Stellung, über sein Verhältnis zur Kirche.²) Von Enns eilte König Johann durch Znaim nach Wien, eigentlich durch Wien zu seinem Freunde, dem Könige Karl von Ungarn, dessen Unterschrift er zum Ennser Bündnisse benöthigte. In Znaim urkundete König Johann am 16. Oct. 1336 für das benachbarte Kloster Bruck. Für die im Hause herrschende Frömmigkeit und für die Treue schenkt er dem Kloster zwei Lahne in Olkowitz und zwei in

¹) Cod. Dipl. Mor. VII. 30. Weder persönlich, noch durch Bevollmächtigte waren König Karl von Ungarn und Königs Johann Söhne, Karl und Johann, in Enns vertreten. König Johann setzte ihre Namen tacito modo in das Friedensinstrument, dem auch noch die Siegel fehlten.

²) Am 28. Oct. 1336 gibt der Kaiser dem Markgrafen von Jülich und dem Pfalzgrafen Ruprecht gemeinschaftlich und jedem besonders Specialvollmacht, um vor dem römischen Hofe Namens seiner näher bezeichnete Erklärungen behufs seiner Aussöhnung mit der Kirche abzulegen. Böhmer, Kaiserregesten, Ludwig der Baier. S. 112, n. 179.

Schakwitz, die er der besonderen Obsorge der Znaimer Kastellane oder Schaffner anempfiehlt.¹) Nach zwei Tagen war König Johann schon in Wien, wo er acht Tage verweilte.²) Er kam gerade zu den letzten Athemzügen seiner ehemaligen Braut, der Tochter Königs Friedrich, Elisabeth. Der Chronist von Viktring sagt, dass ihn der Anblick dieser einst blühenden, jedoch durch eine Lungenkrankheit herabgekommenen Prinzessin zu Thränen gerührt habe.³) Hier in Wien bedachte König Johann die Bürger von Eibenschitz in Mähren mit einer Urkunde vom 18. October 1336, kraft welcher er dieselben befreite von der Zahlung des Zinses

¹) Cod. Dipl. Mor. VII. 97. „Advertentes devotionis vestrae constantiam puritatemque fidei constantem" etc.
²) Chron. Aul. Reg. l. c. 526. Der Chronist hat hier nach dem Friedensschlusse 9. October erst den Prager Aufenthalt zwischen 15. October und 27. September angesetzt, was unrichtig ist.
³) Hoc tempore (1336) infirmabatur gravissima infirmitate, qua et mortua est (28. Oct. 1336), Friderici regis filia Elisabeth.. Rex Boemorum venit Viennam, filiam suam (Annam), Ottonis consortem, visitare . quem dux Otto, gener suus, ad puellam per manus traxerat decumbentem, que verecundo atque puelle modo ad se affandam copiam ei dedit. Extitit nihilominus in cordis sui radice fixum, quod ei olim desponsata fuerat (13. Juli 1332, siehe Bd. I., 459 d. W.) et ab ea propter labem impotentie, quam allegaverat, separatus, et aliam superduxit. Visa puella, rex ingemuit, quod suffuso vultu lacrimis suspiria alta trahens, egreditur, suorum conscientia excessuum stimulatus." Früher noch war Elisabeth verlobt dem Sohne des Kaisers Ludwig von Baiern, dem Stephan von Baiern, und schließlich wollte man sie vermählen mit Duschan, König von Servien. Joh. Victor. Böhmer, Fontes I. 425, 426.

von Weingärten, Feldern, Wiesen u. s. w., den sie bis jetzt
an die dortige königl. Burg zu zahlen hatten, verpflichtete
sie aber zur weiteren Abfuhr des Zehents an die dortige
Kirche.¹) Und dem Stifte Welehrad ertheilte er noch zu
Wien am 10. Nov. die Steuerfreiheit des ihm in Brünn
gehörigen Stiftshauses.²)

Blieb K. Johann, wie der Chronist sagt, acht Tage in
Wien, so mochte seine Reise nach Ungarn um den
26. Oct. stattgefunden haben. Er wollte, wie wir wissen,
des Königs Karl Unterschrift zur Ennser Friedensurkunde
erlangen, konnte jedoch seinen Freund zu derselben nicht
bewegen. K. Karl war zu sehr über die Herzoge von Österreich aufgebracht, weil dieselben von der kaiserl. Vollmacht
vom 5. Jan. 1336, mit Reichsgütern in Ungarn zu belehnen,³)
wirklich Gebrauch zu machen schienen. Wir können dies
durch zwei Beispiele erhärten. Am 7. Jan. 1336 beurkunden
in Wien die Grafen Georg, Dyonis und Paul, Söhne des
weiland Stephan, Ban's von Stenischnach, dass sie und ihre
Erben freiwillig den Herzogen Albrecht und Otto mit ihren
Schlössern, Städten, Leuten etc. dienen, und ohne ihren
Willen mit König Karl von Ungarn keinen Vergleich machen
wollen, und am 20. Jan. d. J. beurkunden Graf Johann
von Leukenhaus für sich und seine Brüder, Ladislaus und
Heinrich, und Elisabeth, Witwe nach Graf Nikolaus, für
sich und ihre Söhne Laszlo und Heinrich, dass sie freiwillig
der Herzoge Albrecht und Otto Diener geworden sind, versprechen mit ihren Burgen und Leuten zu dienen und ohne

¹) Cod. Dipl. Mor. VII. 98.
²) Cod. Dipl. Mor. VII. 99.
³) Siehe S. 74 d. W.

den Willen der Herzoge mit K. Karl von Ungarn keinen Friedensvertrag einzugehen.¹) Unter solchen Umständen müssen wir es begreiflich finden, dass K. Karl nicht allsogleich seine Anerkennung dem Ennser Instrumente geben wollte, und dass K. Johann unverrichteter Dinge abreisen musste. K. Johann hat sich also, als er am 9. Oct. 1336 zu Enns dem Freundschaftsbündnisse Karl's von Ungarn Namen einfügte, verrechnet; er hat sich aber auch verrechnet, als er seiner Söhne und seiner Schwiegertochter Namen unter Urkunden setzte, deren Inhalt sie nicht kannten und jetzt, als sie erfahren haben, dass es sich um die Abtretung von Kärnten, Krain und der windischen Mark handle, feierlichst dagegen protestirten. Wahrscheinlich in Trient erfuhren sie den ganzen Inhalt der Ennser Abtretungsurkunde und waren darüber so erzürnt, dass sie den tirolischen Adel dahin brachten, sich an die durch K. Johann gethane Versprechung nicht zu halten.²) Graf Johann von Tirol und seine Gattin Margaretha hielten den Eid gewissenhaft, sein Bruder Karl und der König von Ungarn hielten ihn, solange sie durch Umstände nicht genöthigt waren, ihn aufzugeben. Namentlich ist dies der Fall beim Markgrafen Karl; er betrachtete den Schritt seines Vaters in Enns am 9. Oct. als höchst verwerflich, weil durch denselben das

¹) Lichnovsky, Gesch. des Hauses Habsburg III. Urkundenverzeichnis 429 n. 1060 und 1061.

²) „Porro idem Iohannes cum Karolo, marchione fratre eius et nobilibus ipsius provincie in corpore Christi pariter iuraverunt, nullatenus desistere, nisi Karinthiam reaquirant; pacta placitaque patris eorum habita cum ducibus Austriae nihil esse, et non potuisse affirmantes." Ioh. Victor. Böhmer, Fontes I. 424.

Haus Luxemburg nicht nur einen materiellen Schaden, sondern auch an seiner Ehre, wir würden sagen, an seinem Prästige, Vieles einbüsste. Er hoffte noch immer Kärnten zu erobern; die Burg Auffenstein, einen wichtigen Schlüssel zu Kärnten, besass er ja schon.[1]) Selbst als er auf Befehl seines Vaters Tirol verlassen musste, gab er den Gedanken auf die Eroberung Kärntens nicht auf. Erst nachdem sein Bruder, der Graf Johann, durch seine Gemahlin Margaretha Tirol verloren hatte, also erst nachdem die Ursache der bisherigen Weigerung gewichen war, unterzeichnete er den 15. Dec. 1341 den Friedensschluss zu Enns, während der König von Ungarn zu Pressburg schon am 10. Sept. 1337 dasselbe that, sich mit den Herzogen Albrecht und Otto aussöhnte, und die alten Verträge vom 21. Sept. 1328 und vom 2. Sept. 1331 bestätigte. Am 18. Sept. 1337 unterzeichnete er auch die Ennser Bundesurkunde.[2]) Noch am 11. Dec. 1336 ist Markgraf Karl in Trient anwesend, als das dortige Kapitel dem Herzoge von Kärnten, Johann, die Verwaltung des Bisthums Trient bis zur Bestätigung des neulich zum Bischofe gewählten Nikolaus von Brünn überträgt.[3]) Da die Confirmation erst 1338 erfolgte,[4]) so hatte Graf Johann das ganze Jahr 1337 für die Sicherheit des Bisthums Trient zu sorgen, was keine leichte Aufgabe war. Denn das Hochstift

[1]) Siehe S. 91 d. W.
[2]) Cod. Dipl. Mor. VII. 118, 120, 264. Letzteres Citat wegen 15. Dec. 1341.
[3]) A. Huber, Kaiserregest. Karl's IV. 5. Ungeachtet des Vertrages von Enns behielt der Graf von Tirol bis zu seiner legitimen Trennung mit Margaretha den Herzogstitel von Kärnten.
[4]) Damberger, Geschichte XIV. Kritikheft pag. 134.

litt seit Jahren unter dem Drucke der Vasallenherrschaft. Ganz besonders die trotzigen Dynasten von Castelbarco, namentlich der damals lebende Wilhelm, wuchsen dem Trienter Bischofe weit über den Kopf, und waren z. B. in dem Lägerthale, dem sogenannten Val di Ledro, unter dem Titel der Vogtei ebensogut Gewaltherren, wie die Grafen von Tirol es früher hier, im Nonnthale, vor Allem aber in Judicarien waren.[1]) Dieser Wilhelm, aus der Linie der von Avia, lebte mit seinen Brüdern und Vettern in beständiger Fehde, und um hier zu siegen, rief er den gewaltigen Mastino della Scala, dessen Herrschaft sich vom Gardasee, bis zu den Lagunen Venedigs ausdehnte, zu Hilfe. Im Hochsommer 1336 schickte dieser eine Schar, die jedoch, weil er in einen weit aussehenden Kampf mit Venedig gerieth, keinen bedeutenden Erfolg erzielen konnte.

Sich stützend auf das Kriegstalent des Burggrafen von Tirol, welcher im Bisthume Trient stand, und vertrauend der Treue und diplomatischen Geschicklichkeit der beiden Bischöfe, Nikolaus von Trient und Matthäus von Brixen, verliess Markgraf Karl noch zu Ende des Jahres 1336 Tirol und seinen Bruder und eilte zuerst nach Baiern, wo er in Schärding, wahrscheinlich mit seinem Vater, sicher mit seinem Schwager Heinrich, zusammenkam. Hier sollte der Burggraf von Tirol, Volkmar, für seine guten Dienste belohnt werden.[2]) Ob Markgraf Karl den Vater nach Passau begleitete, ist nicht sicher, gewiss jedoch, dass sie sich zu

---

[1]) Krones, Umrisse des Geschichtslebens etc. S. 119.
[2]) Werunsky l. c. I. 172.

Ende December 1336 in Prag begegneten,[1]) um theilzunehmen an dem Plane seines Vaters, zu Gunsten des deutschen Ordens einen Kreuzzug nach Litthauen zu unternehmen. Die Chronik von Königsaal erzählt,[2]) dass am Feste der unschuldigen Kinder, also am 28. Dec. 1336, K. Johann und Markgraf Karl von Prag aus über Breslau den Kreuzzug zur Bekämpfung der damals noch grossentheils heidnischen Litthauer antraten. Der Titel „Kreuzzug" war ein Hauptanziehungsmittel, um einem solchen Kriegszuge einen starken Anhang zu verschaffen; denn die für einen Kreuzzug ausgegebenen Bullen waren für jeden giltig, der sich an demselben betheiligt, und hieher gehört jene Bulle, welche den ganzen Besitz eines sich dabei Betheiligten unter den besonderen Schutz der römischen Kirche stellte, und jeden, der einen solchen Besitz angriff, mit der Excommunication

[1]) König Johann bestätigt zu Passau 23. December 1336 die Eide und die Vereinigung seiner Söhne Karl und Johann und Johann's Gemahlin, Margaretha, und der tirolischen Landschaft (siehe S. 88 d. W.), dass die Herrschaft von Tirol nimmermehr solle von des Königs Sohn und Schnur Handen verwechselt, vertauscht noch verkauft werden, und verspricht es, sein Lebenlang zu halten. Huber, Gesch. der Vereinigung etc. S. 143 d. W.

[2]) Chron. Aul. Reg. l. c. 528. „Anno D. 1337 in die Innocentum Iohannes rex Boemiæ, mitigata cum ducibus Austriæ damnosa discordia, de Praga cum Karolo suo primogenito exiens, Wratislaviam veniens, ubi pecunia non modica a populo graviter extorta, et copiosa principum ac nobilium multitudine, de diversis partibus congregata, cum directione fratrum Cruciferorum de domo Teutonica in Prussiam processit contra Lithuanos viriliter pugnaturus."

und überhaupt mit den grössten Kirchenstrafen bedrohte.¹) Wer von Regenten oder von Begüterten das Kreuz nahm, konnte sicher sein, dass Niemand wagen werde, ihn während seiner Abwesenheit feindlich anzugreifen; es konnte demnach der Markgraf Karl als Verweser von Tirol ruhig das Land verlassen; dasselbe konnte auch K. Johann thun, weil er sicher war, dass kein Nachbar Böhmen, solange er im Kreuzzug stehe, anfallen werde. Nun, durch diese Bulle geschützt, ist es erklärlich, wie so viele einheimische und fremde Dynasten sich gleich in Prag dem Zuge anschlossen. In Prag schlossen sich dem Könige an: der Bischof von Olmütz Johann, der Probst von Vyšegrad Berthold von Lipa, Johann, sein Bruder, der Prager Oberstburggraf Hinek Berka von Duba, Wilhelm von Landstein, Thimo von Kolditz, Hinek von Duba auf Náchod, Otto von Bergau, Johann von Michelsberg, Heinrich von Lichtenburg, Ulrich Pflug von Rabstein, Waněk von Wartemberg, Smil von Vöttau, Johann von Klingenberg, ferner die rheinländischen und luxemburgischen Herren und Ritter: Arnold von Blankenheim, Konrad von Sleiden, Friedrich von Duna und Johann von Reiferscheid.²) Dies war also der eine Vortheil, ein anderer, besonders für die regierenden Häupter, war die Concession, dass diese die sonst immunen Kirchengüter zum Zwecke eines Kreuzzuges besteuern durften, und dieser Concession

¹) Cod. Dipl. Mor. I. 241.
²) Werunsky, Geschichte Karl's IV. I. 176 mit Belegen. Schötter, Johann Graf von Luxemburg I. 21, nennt noch den Herzog Heinrich von Nieder-Baiern, Herzog Ludwig von Burgund, Otto den Erlauchten, Pfalzgrafen am Rhein, einen Grafen von Piemont und einen von Hennegau.

scheint sich König Johann im hohen Masse bedient zu
haben, weil sich der Chronist von Königsaal zu der Bemerkung veranlasst sah, es sei das vom Könige erpresste Geld
nicht unbedeutend gewesen, und endlich als dritte Ursache,
die den König zum Kreuzzuge bewog, war sein ritterlicher
Sinn, gegenüber des deutschen Ritterordens treu seinem
gegebenen Worte zu erscheinen. Wir müssen hier zurückgehen auf den Fürstencongress zu Vyšehrad vom 26. Nov.
1335, auf welchem König Johann als Schiedsrichter zwischen
dem deutschen Ritterorden und dem Königreiche Polen auftrat. Wie dieser Schiedsspruch lautet, hat König Johann
schon am 3. Dec. 1335 dem damaligen Hochmeister desselben
Ordens, Dietrich, Burggrafen von Altenburg, gewählt am
3. Mai d. J., bekanntgegeben. Seit jener Zeit haben die
Polen der damaligen getroffenen Vereinbarung zuwider
gehandelt. Es wurde unter Königs Johann Vermittlung
beschlossen, dass dem Orden die grossen Provinzen Pommern,
Kulm und Michelau verblieben, dagegen die jüngst eroberten,
Kujavien und Dobrin, an Polen abgetreten werden sollen,
bei der steten Voraussetzung, dass zwischen dem Orden und
Polen ein aufrichtiger Friede herrsche und wechselseitige
Einfälle aufhören. Doch dem war nicht so.

Leider müssen wir gestehen, dass durch den päpstl.
Nuntius, Galhard von Chartres, und Collector der päpstl.
Einkünfte in Polen und Schlesien (in lateinischen Urkunden
„Galhardus de Carceribus" genannt), der ausgesprochene
Friede des deutschen Ordens nicht zustande kam, König
Kazimir, welcher am Trinitätstage offen erklärte, am Vyšegrader Vertrage festzuhalten, sich bewegen liess, denselben
aufzugeben und einen niemals rechtskräftig gewordenen

Richterspruch ddo. Inowraclav 10. Febr. 1321, welcher den Orden zur Auslieferung Pommerns und einer Ersatzzahlung von 30.000 Mark verurtheilte, als Basis seiner Stellung zu Polen zu nehmen, und warum? Galhard bewóg den poln. König zu diesem Treubruche aus Geldgier. In Polen und in dem ehemals dazu gehörigen Schlesien war die Kopfsteuer eingeführt,[1]) welche jährlich eine bedeutende Summe, von der Galhardus seine Percente bezog, für die päpstliche Kammer abwarf.

Wie sehr diesem Collector das Geld am Herzen lag, dafür spricht der Antrag, den er dem Könige Kazimir machte und den der Papst Benedict XII. annahm, er wolle nämlich im Namen der päpstlichen Kammer die Streitsache mit dem

[1]) König Kazimir sträubte sich gegen eine Kopfsteuer, sondern erklärte den Peterspfennig auf eine andere Weise zu entrichten, weshalb der Papst Benedict XII. ddo. Avinione II. Id. Dec. Anno secundo (12. Dec. 1336) folgende Erklärung gibt: „Preterea super eo, quod dicebatur, habitatores et incolas regni (Poloniae) teneri ad solutionem census annui, ecclesie Romane debiti, qui denarius beati Petri vulgariter nuncupatur in illis partibus, non per capita personarum, sed pro singulis domiciliis habitatorum et incolarum ipsorum; adiicebaturque, illos habitatores et incolas, qui commorantur in civitatibus et oppidis clausis et muratis esse, a solutione census esse liberos et immunes: Nos, qui sic iura predicte ecclesie Romane illaesa servari volumus... omnes eiusdem Regni personas, non exclusis nec exceptis illis, qui degunt in eisdem clausis seu muratis civitatibus et oppidis, ad solutionem dicti census non per domicilia, sed per capita personarum ipsarum teneri, decenter aliud .. immutare non possumus vel etiam innovare." Theiner, Monumenta historica Hungariæ, I. 610.

deutschen Ritterorden übernehmen, wenn Kazimir seinerseits die Hälfte der Entschädigungssumme, also 15.000 Mark, dem päpstlichen Schatze zukommen lasse.¹) Diese Habsucht findet ihre Deutung in dem Umstande, dass nur in den polnischen Ländern der Peterspfennig völlig gezahlt wurde, während ihn die Deutschen überall verweigerten. Der deutsche Orden war schon als eine religiöse Institution davon befreit und erklärte somit auch alle seine Unterthanen von jeglicher päpstlichen Steuer frei. Da müssen wir es ganz begreiflich finden, wenn der päpstliche Collector, Galhard, in seinem Deutschenhasse, eigentlich in seiner Geldsucht, an Benedict XII. schreibt: „Wenn Eure Heiligkeit die Treue, Ergebenheit und Ergiebigkeit Polens für die Kirche gegen die Treue und den Nutzen der Deutschen oder Böhmen abwägen wollten, so gäbe dies einen Unterschied wie zwischen Licht und Finsternis, jene erkennen freudig die Herrschaft der römischen Mutterkirche an, diese aber wollen sie zu einer Magd und zur Zinsbarkeit herunterwürdigen." ²)

¹) „Nos regis prefati (Kazimiri Poloniæ) sinceram devotionem super hiis (scilicet de debito triginta millium marcharum,... quindecim millia marcharum argenti nobis et camere nostre, sua gratuita, libera et spontanea voluntate obtulit se daturum et censurum) in dominio commendantes, discretioni tue per apostolica scripta mandamus, quatenus predictam donationem et cessionem nostro et camere nomine memorate acceptans, tam super ea, quam predicto debito monimenta sufficientia nobis mittere, quantotius commode poteris, non omittas." Datum apud Pontem sorgie Avinionesis diocesis XII. Kalend. Octobris anno secundo (20. Sept. 1336). Theiner, Monumenta Polonica I. 383.

²) „Si placeat Sanctitati vestre in dignitatibus istarum parcium conferendis ponderare fidelitatem, devotionem et utilitatem,

Wir sehen bestätigt, welche Schwierigkeiten König Johann zu überwinden hatte, als er den Kreuzzug wider die Litthauer zu Gunsten des deutschen Ritterordens unternahm; besonders mochte den ritterlichen Sinn desselben beleidigt haben, als man von Seite Polens den Schenkungsbrief, den auch seine Gattin Elisabeth guthiess, über Pommern an den deutschen Orden, den er zu Thorn bereits den 12. März 1329 ausgestellt hatte, in Zweifel zog,[1]) und Pommern dem Orden entreissen wollte, und dass man überhaupt die Vyšegrader Beredung durch den Inowraclaver Richterspruch ersetzen wollte, Grund genug dem Orden, zu welchem König Johann seit seinem Regierungsantritte in Freundschaft stand, denn der Orden sollte ihm das Bollwerk für Schlesien gegen Polen liefern, ausgiebig zu helfen, weshalb er schon von Prag mit tapferen Streitern auszog, die jetzt in Breslau bedeutend vermehrt werden sollten. Um den 4. Jan. 1337 langte das Kreuzheer in Breslau an. Denn an diesem Tage liess sich K. Johann zu Breslau von seinem Schwager, Herzog Heinrich von Jauer und Fürstenberg[2]) dem er für den völligen Verzicht auf Görlitz die Stadt und das Territorium von Glogau zum Nutzgenusse übergeben,

quam vestra Camera habet a Polonise et devotionem et utilitatem, quam habet a Theutonicis vel Bohemis; nam tanta est differencia, sicut lucis ad tenebras, nam isti dicunt et recognoscunt, sanctam Romanam matrem ecclesiam sic debere dominari, illi autem noscunt eisdem debere ancillari et esse sub tributo." Theiner, Mon. Polon. I. 395 und 396 ad anno 1337. Übersetzung nach Werunsky, Gesch. Karl's IV. I. 174.

[1]) Cod. Dipl. Mor. VII. 855.
[2]) Cod. Dipl. Mor. VII. 65.

den Heimfall aller seiner Besitzungen nach seinem Tode an die Krone Böhmen zusichern. Dieser Herzog von Jauer verspricht an demselben 4. Jan. 1337, dass er seine Unterthanen der ihm einst bis zu seiner Vermählung mit Agnes verpfändeten Stadt Zittau und der Schlösser Oybin und Ronov dahin verhalten wolle, dass sie dem K. Johann, seinem Schwiegervater, und dessen Erben und Nachfolgern, oder in dem Namen der Edlen Heinrich Berka von Duba, Burggrafen von Prag, Hensel von Lipa, Tuna (sic) von Kolditz und Ulrich Pflug den Eid der Treue leisten,[1]) und zwei Tage darauf, also am 6. Jan., schloss er mit K. Johann und mit dem Markgrafen von Mähren einen Bund zum wechselseitigen Schutze und verkauft mit Einwilligung seines Sohnes Karl die Stadt Neustadt mit dem Gebiete, welche er von Albert von Křenovic eingelöst, für 200 Mark dem Herzoge Boleslav von Falkenberg, sowie die Herren von Rosenberg sie besessen haben, und incorporirt sie dem Lande Falkenberg, nach polnischem Herzogenrechte als Lehen des Königs von Böhmen zu besitzen.[2]) Endlich berichtet K. Johann am 14. Jan. 1337 über den Streit des Herzogs Nikolaus von Troppau mit den Oppler Herzogen wegen ihrer Erbansprüche auf das Herzogthum Ratibor, und die Entscheidung des Königs, wornach Nikolaus Kosel und Gleivitz

[1]) Bereits am 30. Sept. 1323 bestätigte K. Johann zu Prag das dem Heinrich von Lipa den 3. Sept. 1319 verliehene Privilegium bezüglich des Tausches der Stadt und des Bezirkes von Zittau für den Markt Hosterlitz und das Dorf Nispitz. Cod. Dipl. Mor. VII. 819. Wegen Zittau sind noch die Urkunden Prag 30. Sept. 1323 und Prag 1. Oct. desselben Jahres l. c. 820 und 821.

[2]) Cod. Dipl. Siles. VI. 3 und 180.

abtritt.¹) Unter den Zeugen dieser Urkunde: Heinrich von Baiern, Boleslav von Liegnitz, Berthold von Lipa, Vyšegrader Probst und Oberstkanzler von Böhmen, Wilhelm von Landstein, Hauptmann von Böhmen, Hinko Berka von Duba, Burggraf von Prag, Hinko von Duba, genannt von Náchod, Otto von Bergau, Thimo von Choltiz, Ješko von Michelsberg, Heinrich von Lichtenburg und Stephan, Notar des Landes Böhmen, an zweiter Stelle erscheint Johann, Bischof von Olmütz.

Man sollte voraussetzen, dass, wenn der Diöcesanbischof seinen Kirchensprengel auf längere Zeit verlässt, er sicher sei, dass während seiner Abwesenheit sich keine Wölfe in seinen Schafstall einschleichen, dass somit seine Diöcese, also hier die Olmützer, folglich ganz Mähren, kirchlich gesichert sei. Und dies war sie, als Bischof Johann im Beginne des J. 1337 mit K. Johann das Land verliess. Am päpstlichen Throne in Avignon sass damals Benedict XII., der Nachfolger und Erbe der Politik Johann's XXII. Er regierte vom 8. Jan. 1335 bis 25. April 1342. Es ist wohl wahr, dass die Häresien, von denen wir sprachen,²) noch in Mähren hie und da spukten, weshalb der Papst, nament-

¹) Die Urkunde ist ddo. Wratislavie feria tertia proxima post Octavam Epiphanie. Cod. Silesiac. VI. 180—182. Auch noch an einer anderen Urkunde des Königs von demselben Datum: „König Johann schlichtet einen Streit zwischen Herzog Niklas von Troppau und den übrigen Herzogen von Ober-Schlesien," erscheint Bischof Johann von Olmütz als Zeuge, l. c. 182—184. Über diesen Streit, sowie aber die Geschichte des Königs Johann mit den schlesischen Herzogen in Breslau, Werunsky l. c. I. 177 und 178.

²) Siehe Bd. I. S. 8 d. W.

lich für die Stadt Olmütz, den Minoriten-Ordenspriester, Peter von Načerád, durch ein Breve vom 22. August 1335 zum Inquisitor bestellte und ihn dem Diöcesanbischofe und dem Könige Johann anempfohlen hat,¹) aber eine wirkliche Gefahr war nicht zu befürchten, weshalb sich der Bischof entfernen und der Papst seine Thätigkeit im Lande beginnen konnte. So bestätigte er gleich im ersten Jahre seiner Regierung zu Avignon am 27. Nov. dem Zderaser-Kloster das Patronatsrecht über die Pfarre zu Morbes (Moravan) und verleiht einem gewissen Jenec von Aujezd die vom regierenden Olmützer Bischofe Johann ehedem innegehabte Prager Canonicats-Präbende.²) Im nächsten Jahre 1336 sehen wir, wie Benedict XII. die Bischöfe von Posen, Olmütz und den Dechant von Bautzen beauftragt, das Kloster Leubus in der Breslauer Diöcese gegen dessen Feinde zu schützen,³) und da es eine althergebrachte Sitte war, dass die Klöster von jedem neuen Papste sich ihren Besitz und überhaupt ihre Privilegien bestätigen liessen und sich in den Schutz des neuen Papstes begaben, so sehen wir, dass dies auch die mährischen Klöster Oslavan und Maria-Saal in Alt-Brünn thaten. Die päpstlichen Bullen vom 5. und 22. Juni 1336 gaben davon das Zeugnis.⁴)

¹) Cod. Dipl. Mor. VII. 52—56. Über die Herkunft der Ketzer sagt der Papst in der Zuschrift an den Bischof von Olmütz, das sind die „hostes crucis de remotis tam Alamanie, quam circumpositis regionibus, qui frequenter et latenter simplices et catholicos dicti regni inficere... moliuntur." Ob es nicht Anhänger der Bogumila oder die Secte vom freien Geiste waren?
²) Cod. Dipl. Mor. VII. 74 und 75.
³) Cod. Dipl. Mor. VII. 81.
⁴) Cod. Dipl. Mor. VII. 86 und 87.

Nicht nur diese hier genannten Klöster, sondern auch überhaupt die mähr. Klöster scheinen damals in ganz guten Verhältnissen gestanden zu haben, weil sie auf rechtlichem Wege ihren Besitz vermehrt haben. So kaufte das Kloster Hradisch am 28. Jan. 1336, zwei Lahne in Senic, das Jahr früher Tišnovitz, den Markgrafenzius zu Pernstein, und das Klarakloster in Znaim, in demselben Jahre am 9. August das Dorf Pravitz mit der Verpflichtung, ihrer Mitschwester Margaretha, die eine von Lichtenburg war, jährlich 6 Mark auszufolgen. Die Brüder der oberwähnten Margaretha, Smil und Čeněk von Lichtenburg, haben zu diesem Zwecke dem Kloster 60 Mark verabfolgt, und das Herburgerkloster in Brünn erwarb um diese Zeit mehrere Äcker vor dem Rennerthore.[1]) Und die Olmützer Domkirche erhielt anderthalb Lahne in Gross-Wisternitz für ein Anniversar laut Testament des Domvicars Johann von Dolan ddo. Olmütz 1. December 1336.[2]) Das alles wäre unmöglich, wenn die kirchlichen Verhältnisse in Mähren nicht geregelt gewesen wären, so dass sie die Abwesenheit des Diöcesanbischofs ermöglichten.

Aber nicht bloss der Secularclerus, auch der Regularclerus ermöglichte die Abreise des Bischofs Johann. Damals stand der Regularclerus noch in einem engeren Verbande mit dem Diöcesanbischofe, als später. Die sogenannten Immunitäten waren noch seltener, und da die Klöster, namentlich die Benedictiner, sich neben der Wissenschaft viel mit der Seelsorge beschäftigten, die Oberaufsicht derselben

[1]) Cod. Dipl. Mor. VII. 76, 78, 81 und 88. „Ante portam cursorum Brune prope novam plantationem et Ponaviam sitos (agros)."
[2]) Cod. Dipl. Mor. VII. 100.

aber noch ganz dem Bischofe unterstand, war der Bischof auch für die Klöster seiner Diöcese verantwortlich. In dieser Zeit richtete Papst Benedict XII. sein Augenmerk besonders auf die Benedictiner, oder wie man sie nach ihrem Ordenskleide nannte, auf die schwarzen Mönche. Auf Anrathen seiner Cardinäle und der Benedictiner-Äbte, Peter von Clugny, Gilbert von Marseille und vier anderen, liess er zu Avignon am 20. Juni 1336 eine Bulle ergehen, die den Zweck hatte, dem gesammten Benedictinerorden als Grundlage zu dienen.[1]) Sie legt ihr Hauptgewicht auf General- und Provinzial-Capitel als auf das beste Mittel, die Klosterdisciplin in ihrer vollen Kraft zu erhalten. Zu diesem Ende theilte der Papst die Benedictinerklöster in Europa in 35 Provinzen mit der Weisung, dass die in einer solchen Provinz gelegenen Benedictinerklöster jedes dritte Jahr durch ihre Äbte, Prioren oder deren Stellvertreter ein Provinzial-Kapitel zur Besprechung ihrer gemeinschaftlichen Angelegenheiten abhalten sollten.[2]) Um diese Bulle vom 20. Juni 1336, die

[1]) Bullarium Tauric. 330, 345. Nr. 348 et sqq.
[2]) Der Zweck solcher Besprechungen soll sein: „Ut eadem Religio (Benedictina) in divini cultus obsequio floreat, honestatis candore fulgeat, disciplina regulari preomineat, sapientiæ ac scientiæ divinæ pariter et humanæ (sine quibus mortalium vita non regitur) fulgoribus iubilet, nec decrescat in profectu substantiæ temporalis, sed potius augeatur vigeatque inter cœnobitas suos charitatis soliditas et persistat sanctimoniæ fortitudo .. et ita ut sicut ipsa Religio a mari usque ad mare per incrementa temporum suos palmites dilatavit, sic per universa orbis climata virtutum radiis luminosis iugiter illustretur." Worte der obcitirten Bulle pag. l. c. 348.

man die Bulla Benedictina nannte, so schnell als möglich durchzuführen, schickte der Papst noch im Verlaufe des Jahres 1336 seine Legaten in die 35 Provinzen, in welche die Benedictinerklöster eingetheilt waren. In die Provinz Böhmen, wozu Mähren gehörte, kamen als päpstliche Legaten Bernard Senebreda de Longavilla aus der Diöcese Clugny, und Johann von Fisa aus der Diöcese Ruen, beide Klosterprioren, und übergaben die Bulla Benedictina dem Abte von Břevnov und dem von Trebič. Zu ihrer Legitimation brachten sie die Bulle vom 13. Dec. 1336, die sich noch in Dubrav's Zeiten im Originale im Břevnover Archive befand.[1]) In diesem Schreiben notificirt der Papst die oberwähnte Bulle und fordert die Adressaten dringendst auf, allsogleich in der böhmisch-mährischen Provinz die Einleitung zu dem ersten allgemeinen Provinzial-Capitel zu treffen, den Ort und den Tag hiezu anzusagen, und die Durchführung der Statuten, welche in 39 Capitel-Absätze eingetheilt waren, in Allem und Jedem sich angelegen sein zu lassen. Zugleich wünscht der Papst, jene Äbte und Prioren, welche zu diesem ersten Capitel vorgeladen worden, mögen die Statuten ihrer Klöster mitbringen und sie hier der allgemeinen Besprechung unterwerfen; ob sie aber beizubehalten oder zu verwerfen seien, solle bei dem nächsten, nach drei Jahren abzuhaltenden Provinzial-Capitel entschieden werden. Ferner mögen die genannten Äbte, der von Břevnov und der von Trebič, sich genau über den Zustand der in Böhmen und Mähren bestehenden Benedictinerklöster erkundigen, und hierüber, sowie auch über die Anordnungen, die sie in Bezug der Studien und ihrer Scholaren nach der Bulle vom 13. Dec. werden

¹) Cod. Dipl. Mor. VII. 100.

getroffen haben,¹) dem Papste berichten. Als Vergütung der Auslagen, welche den beiden Äbten bei dieser Angelegenheit sich herausstellen, sollen die Gesammtklöster der Provinz 80 Turonn in Silber beisteuern. Schliesslich befiehlt er, sich in allen Anordnungen seiner zwei obgenannten Legaten zu fügen und die übersandte Bulle, somit die Capitelbeschlüsse, sorgfältig aufzubewahren. Der Břevnover Abt, Předbor, folgte pünktlich diesem Auftrage und hielt schon das nächste Jahr 1337 ein Provinzial-Capitel und eine General-Visitation der Klöster in der böhmisch-mährischen Provinz. In Mähren gehörten zu dieser Provinz die Probstei Raigern, welche dem Mutterkloster Břevnov incorporirt war, und die Abtei Třebič mit dem incorporirten Priorate Luh oder Kumrowitz bei Brünn. Für den Cistercienser-Orden hat Benedict XII. schon im vorigen Jahre am 12. Juli 1335 eine ähnliche Ordination und Reformationsbulle, angepasst an die Cistercienserregel

¹) Das VII. Capitel der Bulle (l. c. 358). „De studentibus ad generalia studia mittendis." Nach beendigten Vorbereitungsstudien soll aus je 20 Mönchen einer zum Studium der Theologie und des Kirchenrechtes beordert und hiezu mit den nöthigen Erhaltungsmitteln versorgt werden. (80 Pfund Turones, von denen damals 57 eine Mark Silber bildeten.) Communitäten, welche diese Zahl nicht nachweisen, traten, falls der Convent wenigstens acht Individuen zählt, zusammen, und beschicken dann das höhere Studium. Diejenigen, welchen Paris angewiesen wird, gehen dahin ab circa festum exaltationis s. Crucis, die nach anderen Orten Bestimmten erst circa festum s. Luciæ. Sollte ein Vorsteher sich weigern, taugliche Individuen auf das höhere Studium zu schicken, so fällt er den Kirchenstrafen anheim. Dudík, Geschichte des Benedictinerstiftes Raigern I. 303.

und Statute, erlassen. Beide diese Bullen galten nur für die Mönchsklöster, nicht aber für die der Frauen.¹) So sah es in kirchlicher Hinsicht aus, als Bischof Johann, der VI. dieses Namens, in der zweiten Hälfte Jan. 1337 mit seinem natürlichen Verwandten Karl und mit dem K. Johann den Kreuzzug nach Litthauen antraten. In Breslau war, wie wir wissen, der Versammlungsort. Aus Nieder-Lothringen und aus den Rheinlanden hatten sich mehrere vornehme Krieger eingefunden. Unter der Leitung der Deutschordensritter geht der Zug gegen die spätere Hauptstadt des Ordenslandes, gegen Königsberg, in Preussen. ²) Das erste Unternehmen war, auf dem Werder, wo im vorigen Jahre unter dem Schutze der fremden Waffen der Bau der Marienburg begonnen, aber von den Litthauern gehindert und das bereits Aufgebaute zerstört wurde. Der Schwiegersohn des böhm. Königs, Heinrich von Baiern, wollte ein bleibendes Andenken dieses Zuges hinterlassen, und baute an der Grenze der Samaiten am linken Ufer des Memelstromes eine Burg, die er Baierburg nannte und gut

¹) Dudik, Gesch. von Raigern I. 310. Bullarium Taurin. IV. 330—345.
²) Chron. Aul. Reg. l. c. 528. „Cum directione fratrum Cruciferorum de domo Theutonica in Prussiam processit contra Lithuanos viriliter pugnaturus." Vita Karoli, Böhmer Fontes I. 252 nennt als Begleiter die Grafen Wilhelm „iuvenis de Holandia, de Montibus, iuvenis de Lo. et quam plures." Was daher von der Nachricht des Wigand von Marburg zu halten: Karolus propter ulnera, quae habuit, nequivit intrare Prussiam nec in terram paganorum, sicut optabat," ist leicht zu sehen. Damberger, Synchr. Geschichte XIV. 397.

bemannte. Noch wurden von Seite des Ordens einige Blockhäuser und Wehrwälle als Stützpunkte späterer Angriffe auf die Litthauer und Samaiter aufgeführt, und da sich der Feind nirgends zum Angriffe zeigte, man auch in dem morastigen und wasserreichen Boden, den man im Februar noch gefroren hoffte, nicht vorwärts kommen konnte, hob man den Feldzug auf und richtete sich zur Heimfahrt. Dem K. Johann scheint es mehr um eine Demonstration für den Orden wider Polen, als um irgend einen positiven materiellen Erfolg zu thun gewesen zu sein, weshalb er, nachdem er zu Thorn an der Weichsel mit dem damaligen Hochmeister, Dietrich von Altenburg, zusammenkam und daselbst am 28. Febr. 1337 demselben für ausgeliehene 6000 Florentiner Goldgulden, die er zwischen jetzt und Michaelistag unter Garantie seines Sohnes Karl zurückzahlen will, einen Schuldbrief ausgestellt hatte,[1]) und in Wloclavek, oder wie die Deutschen den Ort nennen, in Leslau. Bischofssitz in Kujavien, also im Ordenslande, eine Zusammenkunft mit K. Kazimir veranstaltete. Denn die polnischen Magnaten haben mit Zustimmung ihres Königs nicht nur die Beschlüsse von Vyšegrad annullirt, sondern auch jetzt verlangt, dass der Orden Pommern, Michelau, ja selbst das Culmerland an Polen abtrete.

In dieser Bedrängnis erscheint der Luxemburger abermals als der bewährte Freund des Ordens, eigentlich als vorsichtiger Schützer und Ritter des bereits böhmisch gewordenen Lehensherzogthums Schlesien. Nicht nur stellt zu Leslau am 2. März 1337 Markgraf Karl von Mähren zu Gunsten des deutschen Ordens eine Verzichtleistung auf

[1]) Cod. Dipl. Mor. VII. 104.

Pommern aus und genehmigt als Erbe alle von seinem Vater wegen dessen Übertragung an den Orden gegebenen Briefe,[1]) sondern tritt auch mit seinem Vater, dem Könige Johann, mit Heinrich von Baiern und mit andern anwesenden rheinischen Fürsten mit dem deutschen Orden in ein förmliches Schutz- und Trutzbündnis. In einer Urkunde ddo. Leslau 5. März 1337 geloben K. Johann, Markgraf Karl, Heinrich von Baiern und die Herren Grafen Adolf von Berg, Gottfried von Witgenstein, Eberhard von Zweibrücken, Heinrich und Gunther von Schwarzburg, Wilhelm von Arnsberg, dann Arnold von Blankenheim, Konrad von Layden, Johann von der Lipa, Johann von Klingenberg, Otto von Bergau, Johann von Reifenscheid, Friedrich von Duna und Waněk von Wartemberg dem Hochmeister und dem deutschen Orden Schutz und Schirm, und nach dem Beispiele der früheren Böhmenkönige nicht nur alle Privilegien der Ordensritter über die benachbarten Länder der Heiden aufrecht zu erhalten, sondern überdies den Orden im Besitz von Culmerland, Pommern und Preussen und angrenzender, rechtlich erworbener Lande zu beschützen und, wenn's Noth thut, sogar zu vertheidigen, wann und so oft sie darum ersuchen würden.[2]) Endlich versprachen Johann und Karl, die vermöge ihrer Freundschaft mit dem französischen Königshause stets auch am päpstlichen Hofe über einen nicht geringen Einfluss verfügten, dem Orden in seinem damals keineswegs

---

[1]) Cod. Dipl. Mor. VII. 104.
[2]) Cod. Dipl. Mor. VII. 106.

günstigen Verhältnisse zur Curie auf alle Weise förderlich zu sein.[1]) Wir haben erwähnt, dass vorzüglich die Leidenschaftlichkeit des päpstlichen Nuntius, Galhard von Charter, Ursache war der beständigen Aufhetzung der Polen wider den deutschen Orden und zwar, wie wir sagten,[2]) aus dem Grunde einer niedrigen Habsucht. Da halfen weder Zusammenkünfte, noch Verträge zwischen König Johann und dem polnischen Könige Kazimir, — so schlossen die Beiden zu Posen am 12. März 1337 auf zehn Jahre einen Friedens- und Freundschaftsvertrag.[3]) — der deutsche Orden musste den kürzeren ziehen, und das Resultat des ganzen Kreuzzuges war, dass die bereits im Vyšegrader Vertrage an Polen abgetretenen, aber noch ein ganzes Jahr in der Verwaltung des Ordens gebliebenen Provinzen Kujavien und Dobrin jetzt an das Königreich Polen fielen, und K. Johann, abgerechnet der grossen Auslagen, die ihn zu Schulden zwangen, noch in einen langjährigen Streit mit dem Bischofe Nanker von Breslau verwickelt wurde,[4]) dessen wir noch später erwähnen werden; für jetzt machen wir die Bemerkung, dass das feuchte und nasse Klima, dem sich der König auf diesem Zuge aussetzte, seiner ohnehin schwachen Sehkraft

---

[1]) Cod. Dipl. Mor. VII. 106. Werunský, Gesch. Karl's IV. I. 183. Statt Siffried von Witgenstein ist nach ihm zu lesen: Gottfried.
[2]) Siehe S. 106.
[3]) Böhmer, Kaiserregesten Johann's. S. 204.
[4]) Grünhagen, König Johann von Böhmen und Bischof Nauker von Breslau. Sitzungsberichte der kais. Akad. Wien 1864. Band 47, S. 71 und flg.

vom grössten Nachtheil wurde. Eine schwere Augenentzündung nöthigte den König, sich in Breslau nach ärztlicher Hilfe umzusehen; der gerufene Arzt — es soll ein Franzose gewesen sein — soll so ungeschickt gewesen sein, dass ihn der König zur Strafe seiner Ungeschicklichkeit in Breslau in der Oder, in einen Sack eingenäht, ertränken liess. In Prag, wohin K. Johann am 4. April 1337 zurückkam, suchte er Hilfe bei einem arabischen Arzte, der ihn jedoch gänzlich um das Licht des rechten Auges brachte. Nur grosse und rechtskräftige Zusicherungen retteten diesem Arzte das Leben.[1]

Markgraf Karl begleitete seinen Vater nach Böhmen, vielleicht, wie der Chronist sagt,[2] bis nach Prag, ohne sich jedoch daselbst aufzuhalten, weil er schon am 3. April 1337 zu Brünn für seinen Kammerdiener Kolin urkundet; er schenkt ihm nämlich die Güter zweier hingerichteten Brüder, Oneš von Malenovic und Ondřejovic,[3] ohne sich weiter in Mähren oder Böhmen, wo doch seine Gemahlin Blanca lebte, aufzuhalten; er eilte durch Österreich nach Ofen, und von da im Geleite des Königs von Ungarn durch Ungarn, Kroatien, Dalmatien bis zur Stadt Zengg, wo er sich in Grado einschiffte, denn seine Absicht war, Tirol, wo er vor einigen Monaten seinen Bruder Johann verliess, zu erreichen, da verschiedene Familienangelegenheiten im Hause

---

[1] „Iohannes... de Panonia rediens in die beati Ambrosii Episc. Pragam venit"... Chron. Aul. Reg. 1. c. I. 528 und 529. „Se sentiens in suis oculis, quos nunquam acutos habuerat, plerumque deficere, medicorum cœpit auxilium advocare."
[2] Chron. Aul. Reg. 1. c. 528. „His peractis Iohannes, rex Boemiæ, cum Carolo, suo primogenito, rediit."
[3] Cod. Dipl. Mor. VII. 107.

seines Vaters ihm doch Veranlassung boten, im Lande zu bleiben und daran theilzunehmen. Die Geburt seines Stiefbruders und die Krönung seiner Stiefmutter gaben gewiss dem Sohne Veranlassung, den Festen in Prag beizuwohnen. Am 25. Febr. 1337 gebar Johann's zweite Gemahlin, Beatrix, einen Sohn, welcher in der Taufe den Namen Wenzel erhielt. Die Taufe fand am 13. Tage nach der Geburt durch den Bischof von Prag statt, hatte aber nicht viele Freude erzeugt, weil man den Prinzen als nicht dem böhmischen Stamme entsprossen ansah, wogegen der König über ihn entzückt war. Über die Krönung berichtet der Chronist: „Sonntag den 18. Mai 1337 erfolgte in der St. Veitskirche durch den Bischof Johann die Krönung der zweiten Gemahlin des Königs Johann, Beatrix, doch nicht mit jenem Pompe, den wir bei früheren Krönungen wahrnahmen. Johann assistirte dieser Feierlichkeit ohne königlicher Abzeichen. Das übliche Krönungsbanquett fand im Kloster der Minoriten statt und war sehr bescheiden. Vierzehn Tage nach der Krönung verliess Beatrix mit dem Titel einer gekrönten böhmischen Königin mit einem kleinen Gefolge Prag, und begab sich geradewegs in die Grafschaft Luxemburg, den neugebornen Wenzel unter der Aufsicht einer Amme in Prag zurücklassend. Bei der Abfahrt der Königin zeigte das Volk viel mehr Freude als bei ihrer Ankunft. Ganz Böhmen wünschte viel mehr Glück der Markgräfin Blanca als der Königin. Dies nahm der König übel und gab den Befehl, die genannte Markgräfin nach Mähren zu verbannen und sie in Brünn zu interniren. Es mochte dies im Monate Juni d. J. vor sich gegangen sein, während der Markgraf, die Verstimmung des

Vaters merkend und aller seiner Einkünfte durch ihn beraubt, bloss mit dem Titel eines Markgrafen Anfangs seine verschiedenen Verwandten besuchte, und dann später, um sich und seine Familie zu erhalten, Kriegsdienste gegen Sold bei den Venetianern nahm.[1] Es mag dieser Ausdruck wohl übertrieben sein, um Sold brauchte der Markgraf wohl nicht zu dienen; aber genug daran, wenn der Chronist, welcher an der Aufrichtung des Luxemburger Hauses so Vieles hielt, auch nur denken konnte, dass es mit dem Erben der Krone, mit dem Markgrafen Karl, durch des Vaters Leidenschaftlichkeit bis zum Dienen um Sold bei fremden Mächten kommen sollte. Gewiss haben Schmeichler, welche Johann's Schwäche ausnützen wollten, auf die Liebe, in welcher der Markgraf und seine Gemahlin beim Volke standen, hingedeutet, und wie vor kaum zwei Jahren, so haben sie auch jetzt den König auf die gefährliche Lage, in welcher er stehe, aufmerksam gemacht. Johann musste wohl fühlen, dass ihn das Volk, namentlich die Mehrheit desselben, nicht im Herzen trage, die Familienfestlichkeiten haben ihm dies

---

[1] Chron. Aul. Reg. l. c. pag. 529 und 530. „Praedictis omnibus Karolus (festibilitus) marchio non interfuit, sed videns faciem patris erga se non esse claram, ut heri et nudius tertius, de Praga meuse Iunio recesserat, fratremque suum Iohannem, ducem Karinthiae, aliosque principes, suos consanguineos, ut tempus redimiret, visitabat, et quia nihil penitus de pecunia, prohibente patre, de regno percepit Boemiae, solo sine re titulo fretus marchionatus Moraviae, cogitur a Venetis et aliis civitatibus Lombardiae, stipendia militaria recipere, et sibi suaeque familiae ex hoc de necessitatibus providere."

deutlich gezeigt. Der Chronist bemerkt,[1]) dass der Vater den Sohn als Hindernis seiner Regierung ansah, und dass der Groll wider ihn schon längere Zeit dauerte. Wir sind der Ansicht, dass dieser Ausbruch, von dem eben die Rede ist, nur eine Fortsetzung des früheren ist, und dass der Markgraf von der gespannten Stellung zu seinem Vater ohnehin gut unterrichtet, schon im April den Hof verliess und nach Mähren abreiste, um durch Österreich in die Lombardei und Tirol zu kommen.[2])

Um die böhm. Königin, welche, wie wir wissen, nach Luxemburg abgereist war, zu trösten, weist ihr K. Johann auf die Bergwerke von Kuttenberg wöchentlich 15 Mark Silber ddo. Prag 21. Mai 1337 für ihre täglichen Ausgaben an.[3]) Wie ergiebig mochten noch damals die böhmischen Bergwerke gewesen sein, da der König kein Bedenken trug, nicht nur die Kuttenberger Urbur mit wöchentlichen 15 Marken zu belasten, sondern auch die Goldbergwerke in Wschelap, Sablat, Karrenberg, Sedlćan, Lestnic, Bělice, Ujezd, Zahořan, Zakouti und in den benachbarten Ortschaften dem Herrn Peter von Rosenberg insolange zu verpachten, bis er sich daraus jene Summen bezahlt gemacht haben wird,

[1]) Chron. Aul. Reg. I. 530. (Addit. Francisci): „ipse rex in malitia radicatus, et falsa opinione deceptus, ne primogenitus filius suus ipsum in regno impediret, pluries ipsum misit contra paganos et contra alios principes sibi adversantes pugnaturum, favens sibi de vita sicut quondam rex David Uriae."

[2]) Vita Karoli, Böhmer I. 253 l. c. „Eodem tempore de mense Aprilis ivimus per Moraviam in Austriam, volentes Lombardiam intrare."

[3]) Cod. Dipl. Mor. VII. 107.

die ihm K. Johann wegen Auslösung der Burg Klingenberg und wegen dessen im vorigen Jahre in Österreich und Baiern in jenem Kriegszuge geleisteten Dienste schuldig war.[1]) Und mitten in diese Geldsorgen und Geldverlegenheiten kam die Mahnung seines Verwandten, des K. Philipp VI. von Frankreich, an das gegebene Ehrenwort, in dem bereits ausgebrochenen Kriege mit Eduard III. von England ausgiebige Ritterdienste zu leisten. Philipp VI. traf mit dieser Mahnung die empfindlichste Seite des Königs; ohne sich lange zu besinnen, traf er die allernothwendigsten Anstalten, um Jemanden zu hinterlassen, welcher für die nöthigen, ihm nachzuschickenden Subsidien sorgen sollte, und zu diesem Ende bestimmte er Heinrichs von Lipa jüngsten Sohn, den Reichskanzler und Probst von Vyšegrad, Berthold von Lipa, zum Reichsverweser, und verliess am 8. Juli 1337 ganz in der Stille Prag, bloss von sieben Reitern begleitet. Vom 12. bis 15. Juli hielt er sich in Frankfurt auf, wo er mit Kaiser Ludwig verkehrte, und zieht dann weiter nach Frankreich, während unterdessen sein Sohn, Karl, um dem Grolle des Vaters auszuweichen, wie wir sagten,[2]) sich in Zengg einschiffte, nur durch List venetianischen Kaperschiffen entgieng und somit ihrer Gefahr an das Gestade Friauls und dann zu Fuss nach Udine (Aquileja-Udine war die gewöhnliche Residenz des Patriarchen) entkam, wo er vier Wochen beim Patriarchen verblieb. Im Juni erst stahl er sich auf abgelegenen Wegen in die Thäler Tirols und knüpfte im Geheimen Verhandlungen an mit dem Vogt von Tarvis, dem Grafen von Collalto, und mit einigen

[1]) Cod. Dipl. Mor. VII. 108.
[2]) Siehe S. 121 d. W.

Bürgern von Belluno. Die Scharen der Liga, also die Venetianer, Florentiner, Ferrareser, Mailänder, Mantuaner u. s. w. belagerten damals Padua und Montselico, die an Mastino, und überhaupt an die Scaligner, hielten. Karl beschloss, den Letzteren im Rücken zu überfallen. Gelegenheit hiezu gab ihm ein Gottesurtheil, das zwei Edelleute in der Gegend von Neumark, zwischen Bozen und Trient, auszufechten hatten, den Adel Tirols zahlreich zu versammeln; der Zweikampf geht vor sich, der Sieger tödtet den Besiegten, Karl belohnt den Sieger mit der Ritterwürde, weiss aber auch zugleich die Anwesenden zu bereden, mit ihm einen Zug gegen Belluno zu unternehmen. Am 2. Juli war dieser romantische Zug unternommen; durch öde Thäler und über Höhen, wo die Reiter absitzen mussten, gieng es durch das Thal Fleims, bis man am 4. Juli nach Primezio und Agordo hinabstieg und so flink auf Belluno ritt, dass die Stadt überrascht und getäuscht wurde. Man hielt Karl und das fremde Kriegsvolk für Mastin's Freunde, bis die aufgerollten Fahnen mit dem böhmischen und tirolischen Wappen den Irrthum zeigten.[1] Das wenige Kriegsvolk warf sich in die Citadelle und hielt diese noch einige Tage. Hierauf macht sich Karl an Feltre (Volters deutsch), und indess er sechs Wochen lang vor dem Platze liegt, wird mit Venedig wegen eines Bündnisses unterhandelt; dasselbe kam erst den 28. Juli zum Abschluss und Karl schloss es für sich und seinen Bruder, Graf Johann von Tirol, mit der ganzen Liga gegen die Brüder Albert und Mastino della Scala.

[1] Vita Karoli. Böhmer, Fontes I. 253—256. „Et cum omnes intrassent, aperiri banneria regni Boemiæ et comitatus Tirolis."

Noch während der Belagerung von Volters (Feltre) und nach dem am 28. Juli mit Venedig geschlossenen Präliminar-Vertrage, infolge dessen die Venetianer nebst einer grossen Anzahl von Fussvolk 700 Gepanzerte dem Markgrafen auf eigene Kosten zur Hilfe wider Mastino schicken,[1]) übergab Karl die bewaffneten Mannen dem Oberbefehle seines Bruders, des Grafen von Tirol Johann, und begab sich Anfangs August nach Venedig. Hier am 15. August glänzend empfangen, unterzeichnete er in seinem und dem Namen seines Bruders, Johann, das Bündnis mit den Städten Venedig und Florenz, und mit den von Visconti, Este und Gonzaga gegen Albert und Mastin della Scala, dessen Präliminare durch den Bischof von Trient, Nikolaus von Brünn, schon den 28. Juli zu Venedig entworfen wurden.[2]) Nur wenige Tage hielt sich

[1]) „Cum stetissemus per sex septimanas in obsidione civitatis Feltrensis, concordati sumus cum Venetiis et ligaverunt se nobiscum, ita ut nobis assisterent cum tota potentia in guerra illa adversus illum Mastinum dela Scala. Et miserunt nobis in expensis propriis septingentos galeatos et multos pedites. Nos vero dimittentes fratrem nostrum cum exercitu, ivimus Venecias, ubi cum magno honore suscepti magnaque tractati reverentia ligam mutuam firmavimus. Et inde reversi Feltrensem civitatem fame acquisimus." Vita Karoli. Böhmer, Fontes I. 256.

[2]) Cod. Dipl. Mor. VII. 109. „Karolus intravit ligam, que durare decet usque ad consumptionem et destructionem ipsorum dominorum Alberti et Martini." Da die Liga versprach, 300 Reiter des Markgrafen Karl auf dieselben Bedingungen hin in Sold zu nehmen, unter welchen die übrigen Soldtruppen von der Liga aufgenommen worden waren, die Venezianer das Haupt der Liga bildeten, so konnte der Chronist immerhin sagen: „cogitur Karolus

Markgraf Karl in Venedig auf, weil er schon am 30. Aug.
der Übergabe der ausgehungerten Stadt Feltre, deren Belagerung nicht unterbrochen wurde, beiwohnte. Hier in Feltre
wurden Karl und sein Bruder Johann vor einigen Wochen,
am 13. August 1337, vom Bischofe Gorzia von Feltre und
Belluno mit der Hauptmannschaft dieser Städte, wie sie die
Herren von Camino besessen hatten, belehnt.[1] Noch begab
sich Padua unter Karl's Schutz, d. h. die Stadt verliess
die Partei des Mastino, schloss sich der Liga an, und um
ihre Treue zu beweisen, nahm sie Albert della Scala, den Bruder
Mastino's, gefangen und schickte ihn nach Venedig. So trat
Karl als Sieger aus diesem Kampfe heraus und konnte,
nachdem er für die eroberten Städte der Lombardei Hauptleute bestellt hatte, für Volters den treuen Volkmar von
Burchstall, den er für seine Dienste und den in diesen
Diensten erlittenen Schaden, dann für eine Schuld an Heinrich von Lipa noch am 3. August vor Volters reichlich
belohnt hatte,[2] für Belluno den Herrn Endrigheto da
Bondajo, Bürger und Vicar von Belluno, der viel zur
Eroberung Belluno's beitrug, und zum Feldhauptmann ernannte
er den ihn begleitenden Johann von Lipa. Leider starb dieser
schon nach sieben Tagen und hatte Zbiněk Zajic von Hasenburg zum Nachfolger, einen Sohn des im J. 1319 verstorbenen Wilhelm Zajic von Waldeck.[3] Zbiněk wurde
infolge einer vertragsmässigen Verpflichtung mit einem Con-

a Venetiis et aliis civitatibus Lombardiae stipendia militaria recipere."
[1] Cod. Dipl. Mor. VII. 115.
[2] Cod. Dipl. Mor. VII. 113.
[3] Siehe Bd. I. 242.

tingente von 400 Reitern nach Montselice, südwestlich von Padua, geschickt,[1]) wo die Macht der Scaligeri so in die Enge getrieben wurde, dass ihr Haupt, Mastei, es für das gerathenste erkannte, den Kampf wider die Liga aufzugeben, das Bürgerrecht in Venedig zu nehmen, und dort der Republik den Treueid als Bürger zu schwören, dahin hat sie Karl getrieben. Nachdem er noch Cadore in seinen Schutz nahm und in der gräflichen Burg Zennenberg am 28. Sept. den Burggrafen auf Tirol, Volkmar von Burgstall, mit 10 Mark Bernern auf den Zoll in Lug verwies,[2]) verlässt er Tirol und reist durch das Innthal und dann mit Umgehung von Österreich, wo er noch immer wegen Nichtratificirung des Ennser Vertrags, durch den Grafen Johann von Tirol und überhaupt das Haus Luxemburg den Anspruch auf Kärnten aufgeben sollte, den dortigen Herzogen nicht traute, wahrscheinlich durch Baiern nach Böhmen und speciell nach Mähren, wo er im November 1337 schon urkundlich vorkommt.

Wir wissen, dass der Vertrag von Enns vom 9. Oct. 1336 vom K. Johann, ohne den K. Karl von Ungarn zu fragen, auch in dessen Namen mit den Herzogen von Österreich, Albrecht und Otto, abgeschlossen wurde.[3]) Zwar nahm K. Karl noch in demselben Jahre einen durch den K. Johann mit den österreichischen Herzogen vermittelten Waffenstillstand, welcher vom 15. Dec. 1336 bis Pfingsttag künftigen Jahres dauern sollte, an;[4]) aber dieser Waffenstillstand war

[1]) Werunsky, Geschichte Kais. Karl IV. I. 209.
[2]) Cod. Dipl. Mor. VII. 121.
[3]) Siehe S. 120 d. W.
[4]) Cod. Dipl. Mor. VII. 103.

Österreich mit Ungarn ausgesöhnt. 1337.

eben abgelaufen, und nun hiess es, entweder zu den Waffen zu greifen, oder sich mit Österreich auf Grund der Ennser Verträge förmlich auszusöhnen. K. Karl von Ungarn that dies Letztere, indem er zu Pressburg am 10. September 1337 die früheren mit K. Friedrich dem Schönen von Österreich und mit den Herzogen Albrecht und Otto zu Kloster-Bruck am 21. Sept. 1328 und zu Pressburg am 2. Sept. 1331 abgeschlossenen Bündnisse erneuerte, und an demselben Tage den zu Enns am 9. Oct. 1336 geschlossenen Frieden, in welchen er, wie wir sagten, ohne sein Wissen eingeschlossen wurde, ratificirte,[1]) und indem er ihren wörtlichen Inhalt durch eine eigene Urkunde ddo. Pressburg 11. Sept. 1337 gab, vollinhaltlich annahm.[2]) Österreich und Ungarn waren somit seit Mitte September 1337 vollständig ausgesöhnt, Ungarn somit für die Übergabe des Herzogthums Kärnten an Österreich ganz gewonnen, während der Markgraf Karl im Widerspruche mit seinem Vater noch an dem Rechte seines Bruders festhielt; denn er hatte den Vertrag von Enns noch nicht unterzeichnet, erklärlich, warum er jetzt weder durch Österreich noch durch Ungarn den Rückweg antreten konnte.

Vom April bis November war der Markgraf nicht in seinem Lande, noch am 18. August 1337 urkundete er in Innsbruck;[3]) Böhmen sah er nicht, das sein Vater, wie wir wissen, am 8. Juli 1337 verliess, und den Probst von Vyšegrad, Berthold von Lipa, den jüngsten Sohn des am 26. August 1329 verstorbenen energischen Staatsmannes,

---

[1]) Cod. Dipl. Mor. VII. 119.
[2]) Cod. Dipl. Mor. VII. 120.
[3]) Cod. Dipl. Mor. VII. 115.

Heinrich von Lipa, zum Verweser in seinem Reiche bestellte. Dass der Reichskanzler Berthold während des Königs und des Markgrafen Abwesenheit auch in Mähren seine Macht ausübte, beweisen mehrere Urkunden. Als Heinrich von Eisgrub, genannt Rauscher, und Stephan, genannt der Sebensteiner, zu Brünn am 29. Sept. 1337 allen Rechten entsagten, die sie auf den Kaufschilling für die vom Kloster Bruck in Altbrünn verkauften Güter zu Reinbrechsdorf haben konnten, intervenirte bei diesem, nach dem Gemeinrechte Mährens auszutragenden Geschäfte Berthold von Lipa zugleich mit seinem nahen Verwandten, Johann von Klingenberg,[1]) und als zu Prag den 22. August d. J. das Bunzlauer Kapitel, und namentlich dessen Probst, Bernard, in einem Stritte mit dem Kloster Maria-Saal in Altbrünn bezüglich der Grenzen zwischen Auspitz, das dem Kloster, und Nikoltschitz, das nach Bunzlau gehörte, den Johann von Klingenberg zum Schiedsrichter bestellte, bestätigte Berthold von Lipa an demselben Tage das auf diese Art zustande gekommene Compromiss.[2]) Bei der damaligen, ungemein vereinfachten Regierungsmethode wurden die meisten Streitigkeiten durch Schiedsrichter entschieden; Käufe und Verkäufe, Schenkungen und sonstige Rechtsverhältnisse hingegen mussten durch Zeugen, Siegel und die Landtafel in Evidenz und in Rechtskraft gehalten werden. So gestatten der Probst Nikolaus und der Convent des Klosters Kanitz dem Marsilius, ihrem Dienstmanne, zwei Lahne in Stetendorf mit vollem Erbrechte, ddo. Kanitz 6. Sept. 1337, zu besitzen; das Siegel des Probstes und

---

[1]) Cod. Dipl. Mor. VII. 122. „Secundum commune ius terre Moravie."
[2]) Cod. Dipl. Mor. VII. 116 und 117.

des Conventes reichten hin, um der Urkunde Rechtskraft zu verschaffen, und als den 18. August 1337 der Landcomthur des deutschen Ritterordens durch Böhmen und Mähren, Habert von Machovitz, den Nonnen Margaretha und Elisabeth von Chotěšov das Dorf Chocholitz verkaufte, reichten als Zeugen hin: Ješek von Rypein, Bruder Konrad von Zwichau, Comthur zu Bischkovitz, Bruder Johann von Schauenforst und die übrigen Conventualen zu Bischkovitz.[1]) Als zu Brünn am 28. November 1337 der Statthalter des Königs und Vyšegrader Probst, Berthold von Lipa, und dessen Bruder Čeněk, dann ihre Verwandten, Johann von Klingenberg und Heinrich von Lipa, dem Nonnenkloster Maria-Saal in Altbrünn das Dorf Wazanic für das halbe Dorf Gurdau schenkten, reichten die Siegel der damaligen mährischen Beamten, Landrechtsbeisitzer Gerhard von Kunstadt, Kämmerer der Brünner Zuda, und der Zudenrichter Theodorich von Span, Wznata von Lomnitz, Poto von Wildenberg, Smil von Leichtenburg, Ješek von Fürstenberg und Ješek von Kravař hin, um der Urkunde Geltung zu verschaffen. Ebenso erhielt der Vertrag Rechtskraft, welcher in Znaim am 21. Dec. 1337 zwischen dem Znaimer Stadtrathe und dem Abte Johann von Bruck abgeschlossen wurde, über das dem Letzteren zustehende Recht den Znaimer Stadtrichter ernennen und von demselben einen jährlichen Zins beziehen zu dürfen.[2])

Im November kam Markgraf Karl aus Tirol nach Mähren. Der Groll des Vaters, welcher vor einigen Monaten zum Ausbruche kam, scheint sich gelegt zu haben, wenigstens

[1]) Cod. Dipl. Mor. VII. 115 und 118.
[2]) Cod. Dipl. Mor. VII. 124 und 127.

sieht man den Markgrafen abermals Souveränitätsrechte in Mähren, die ihm der König ganz untersagt hatte, auszuüben. Am 19. Nov. 1337 treffen wir den Markgrafen in Brünn, wo er ein dem Kloster Welehrad vom Könige Johann im Jahre 1315 verliehenes Privilegium, demzufolge das Kloster und dessen Leute von der Jurisdiction der königl. Beamten und Landrichter befreit wurden, bestätigt,[1]) was doch nicht möglich gewesen wäre, wenn der väterliche Bann noch auf ihm gelastet hätte; die Welehrader hätten eine solche Bestätigung gar nicht gewünscht, weil sie ihnen unnütz, ohne Rechtskraft gewesen wäre. Und wenn Karl an demselben Tage gleichfalls zu Brünn auf Bitten der Nonnen von Oslavan ihr Kloster urkundlich in seinen besonderen Schutz nimmt und den Nonnen von Maria-Saal in Altbrünn alle ihre Rechte und Privilegien ddo. Brünn 26. November d. J. bestätiget, musste er schon wieder mit dem Vater ausgesöhnt gewesen sein, was gewiss dem böhmisch-mährischen Reiche nur zum Vortheil diente.

Wir müssen uns erinnern, dass Bolek, Herzog von Münsterberg, Vasall der Krone Böhmens war, und dass überhaupt die schlesischen Fürstenthümer sammt der Stadt Breslau im Lehensverhältnisse zur Krone Böhmens, dass demnach das Dominium directum dem Könige von Böhmen zustand. Da nun Markgraf Karl, wie wir sahen, mit dem Vater im Herbste des Jahres 1337 ausgesöhnt war, und wir irgend eine Thätigkeit des von ihm bestellten Landeshauptmannes, Berthold von Lipa, nicht mehr wahrnehmen; so setzen wir voraus, dass Karl gleich bei Ankunft in Mähren die Zügel der Regierung übernahm, und daher für die Inte-

[1]) Cod. Dipl. Mor. VII. 123 und 126.

grität des Reiches sich verpflichtet erachtet. Es konnte ihm daher nicht gleichgiltig sein, als Papst Benedict XII. durch ein Breve von Avignon 21. December 1337 die Bischöfe von Olmütz und Posen und den Dechant von Bautzen beauftragt hatte, die schlesischen Klöster Kamenz und Heinrichau in Schutz zu nehmen gegen die Bedrückungen des Herzogs Bolek von Münsterberg, welcher nicht nur die genannten Klöster durch seine Jäger, Pferde, Hunde und Dienstleute aller Art aussaugte, sondern auch ihre Güter schädigte, einige Mönche mit eisernen Fesseln belegte und die Klöster dem Untergange nahe brachte. Die erwähnten Bischöfe, oder wenigstens einer derselben, soll selbst mit weltlicher Macht dafür sorgen, dass der Herzog von solcher Unterdrückung ablasse.[1]) Da das Breve für jedes Kloster speciell selbst von weltlicher Macht spricht, diese aber nur der Landesregent zu geben im Stande ist, musste Bischof Johann sich an den Markgrafen wenden, welcher als oberster Schutzherr solche Unzukömmlichkeiten im Lande, um das Ansehen zu verlieren, nicht aufkommen lassen durfte; er wusste ja aus Erfahrung, wie unsicher das schlesische Gut ist, und wie sich sein Vater Mühe gab, die Grenze gegen Polen durch Erwerbung der Burg Militsch zu sichern, wie aber der päpstliche Nuntius, im Einklange mit dem Bischofe von Krakau, durch freche Insulten die Machtfülle des Königs zu untergraben suchte. Durch eine gelungene Methode, die zahl-

---

[1]) Cod. Dipl Mor. VII. 128—130. „Si forsan ipse Abbas et conventus huiusmodi alias exactiones et angarias eidem duci solvere, aut familiares, equos, canes, venatores, seu nonnulla alia animalia sua recipere, nutrire aut tenere recusent."

reichen Gefälle und Einkünfte der römischen Curie in ungewöhnlicher Weise zu heben, hat sich Galhard von Chartres die Wege in Avignon ungemein geebnet. Im Juli 1337 hat er den Neffen des Krakauer Bischofs, den Domherrn Dersky, mit einem Berichte über seine Thätigkeit an den Papst geschickt.¹) Hier hebt er besonders hervor, wie überall da,

¹) Ein äußerst interessanter Bericht des Nuntius Galhard an Benedict XII. „Pontificem de rebus in Polonia gestis docet, et de difficultatibus et impedimentis, quæ cameræ apostolicæ in colligendis decimis et denario B. Petri in diocesi Vratislaviensi et partibus Theutonicis obstant," nach einem Transumt vom 10. Juli 1337, abgedruckt in Theiner Monumenta hist. Polon. I. 391 sqq. Da wird erzählt: „Item sciat, vestra Sanctitas, quod predictus episcopus Vratislavien (Nancerus Oksa † 1341) senex est et quodammodo in decrepiditate constitutus, et videretur mihi, utilitati camere vestre expedire, quod vestra Sanctitas episcopatum cum vacabit, haberet reservare, Polono conferendum; nam si per electionem ibidem episcopus ordinatur, aut per potentiam regis Bohemie (Iohannis) aut quia nimis ibidem incaluerunt theutonici, nullus Polonus in illa ecclesia de cetero in episcopum eligatur, quod si erit, quod Deus avertat, pro certo omnia iura vestre camere deperibunt in totum, sicut et pereunt in aliis locis dicti regni Polonie, in quibus Theutonici spiritualiter et temporaliter dominantur. Item, pater sancte, sciat vestra sanctitas, quod rex Bohemiæ predictus (Iohannes) vult callide submittere quoddam castrum, dictum Miliz, quod est Episcopi et capituli ecclesie predicte Vratislavien, et in regno Polonie predicto, et offert eis pecuniam, asscrens, quod non vult carere, quin Castrum habeat predictum, quod si fiet, in maximum dampnum vestre camere redundabit; nam sicut aliis in locis per suos occupatis, inter regnum Polonie omnia iura camere predicte

wo Polen das Übergewicht habe, das Interesse des Papstes
siege, wo aber Deutsche oder Böhmen regierten, da trete
die schroffste Renitenz gegen die päpstlichen Verordnungen
zu Tage; es zeigte sich dies in den Bisthümern Kamin und
Lebus, wo der Markgraf Ludwig, der Sohn des Kaisers, das
Scepter führe, in dem Bisthum Kulm, wo man die Tribut-
pflicht gegen die Kirche selbst dann, wenn man ihr genüge,
für eine rechtslose Irrung erklärte, und besonders in dem
Bisthum Breslau, wo der Domherr, Nikolaus von Bonz, einen
rebellischen Kampf gegen den Nuntius mit einer Zähigkeit,
Ausdauer und Energie führte, die dem Nuntius einen Schmerz
bereitete, wie es keinen weiter gäbe: der Papst wolle daher
bei Vacanzen dieser Stellen ein Auge darauf haben, dass nur
Polen in dieselben einrückten, und zwar möchte der Papst

> depereunt, ita ibidem similiter deperibunt, et cum illo
> Castro, cum sit fortissimum et quasi clavis regni Polonie
> ab illa parte, omnia castra circum vicinia acquiret in pre-
> indicium ac dampnum camere predicte, et dampuum
> maximum et irrecuperabile devoti filii vestri, Domini regis
> Polonie (Casimiri) supradicti; quare placeat vestre Sancti-
> tati, inhibere Episcopo et Capitulo supradicto, quod nec
> nomine venditionis, nec alio quesito colore ipsum castrum
> ponant in manibus potencie secularis nec regis Bohemie
> supradicti. Si hoc ex causis predictis velit, Sanctitatem
> videbitur expedire, et pure propter Deum placeat vestre
> Sanctitati in dignitatibus istarum parcium conferendis pon-
> derare fidelitatem, devocionem et utilitatem, quam vestra
> Camera habet a Polonis, et devocionem et utilitatem, quam
> habet a Theutonicis vel Bohemis: nam tanta est differencia,
> sicut lucis ad tenebras, nam isti dicunt et recognoscunt
> sanctam Romanam matrem ecclesiam eis debere dominari, illi
> autem asserunt eisdem debere ancillari et esse sub tributo."

die Würdenträger lieber octroyiren, denn aus freier Wahl des Kapitels würden doch nur wieder Deutsche hervorgehen. Ferner solle der Papst aufs dringlichste den Bischof von Breslau mahnen, dass er den Zumuthungen Johanns von Böhmen um Abtretung der Burg Militsch um keinen Preis nachgebe; denn diese Burg sei der Schlüssel Polens und habe Böhmen dieselbe, so nehme der König das ganze umliegende Land, was für die päpstliche Curie ein unwiederbringlicher Schaden wäre.[1])

Da nach dem Frieden von Vyšegrad die Burg Boleslaviec geschleift werden musste, hatte die Burg Militsch durch die Möglichkeit, von dort aus die grosse Handelsstrasse nach Polen hinein beherrschen zu können, einen erhöhten Wert. Johann, dem es ebensosehr darauf ankam, Schlesien in Sicherheit als Polen in Schach zu halten, wünschte diese Burg, welche zwar zu Polen gehörig, aber doch Eigenthum des Breslauer Episcopats war, an sich zu bringen. Er trat daher mit dem Bischofe Nanker in Unterhandlungen und bot ihm eine Summe Geldes für die Abtretung dieser Burg an. Nuntius Galhard gab sich alle erdenkliche Mühe, den Papst und die römische Curie wider den König Johann und wider den deutschen Ritterorden aufzubringen, immer den Nachtheil vorschützend, den die Curie durch den Sieg des freisinnigen deutschen Elementes gegen das polnische erleiden müsse. Die häufigen päpstlichen

---

[1]) Wörtlich aus Karo, Geschichte Polens II. 203, nach der Relation des Nuntius Galhard an den Papst Benedict XII. Siehe S. 134 sqq. d. W.

Schreiben, die in dieser Angelegenheit erlassen wurden,[1]) sind der Beweis, wie sehr die Stimmung in Avignon, welche beim Antritte Benedicts XII. so ungemein wohlwollend für den deutschen Ritterorden, und somit für dessen Hauptbeschützer, den König von Böhmen, gewesen war, immer mehr zu seinen Ungunsten und zu Gunsten der Polen umschlug.

Durch diese Thätigkeit des ehr- und geldgeizigen Nuntius, Galhard von Chartres, war die Politik des Königs von Polen nicht zur Harmonie mit den Anschauungen seiner Magnaten gelangt. Diese giengen mit Galhard, während der König die abgeschlossenen Verträge, wie mit dem deutschen Ritterorden, so mit König Johann und mit dessen Sohne, dem Markgrafen Karl, ernst und aufrichtig halten wollte. Da stand ihm zur Seite sein Schwager, König Karl von Ungarn, nicht so sehr, um ihm, dem Könige Kazimir, zu helfen, wie Polen auf die Bahn der westlichen Civilisation zu bringen, sondern aus reinem Egoismus. Bekanntlich hatte K. Kazimir keinen männlichen Erben. Da trachtete K. Karl seinen Sohn Ludwig durch Heirat auf den polnischen Thron zu bringen, und die Aussichten hiezu waren nicht so uneben. Natürlich trachtete er alles zu entfernen, was diesem seinem Plane störend in den Weg treten konnte, und da stand Böhmen. Eigentlich lag dem böhmischen Könige nur an der Sicherung Schlesiens, dessen Fürsten nun alle im engsten Lehensverhältnisse zur Krone Böhmen standen, und darum König Johanns Trachten nach der Burg Militsch. Wir sehen, dass

---

[1]) Die päpstlichen Schreiben an den König Kazimir und einige Bischöfe sind zu lesen in Theiner, Monumenta I. 397, n. 520, 521, 522 und 523.

die unbedingte Sicherung Schlesiens die wahre Politik König Johanns damals war, in dem Bündnisse, welches am 1. März 1338 zu Vyšegrad zwischen dem Könige Karl von Ungarn und dem Markgrafen Karl von Mähren abgeschlossen wurde. Der König garantirte dem Markgrafen den Besitz von Schlesien, dafür versprach der Markgraf, die Bewerbungen des ungarischen Königssohnes um die Krone Polens durch keinerlei Einspruch hindern zu wollen.

Dass Markgraf Karl am 1. März 1338 zu Vyšegrad mit dem Könige Karl von Ungarn einen so wichtigen Vertrag abschliessen konnte, ist nur unter der Voraussetzung möglich, dass der alte Groll, unter welchem der Markgraf zu leiden hatte, bereits vergessen war. Bei dem flüchtigen Charakter des Königs selbst auch erklärlich; sein unruhiger Geist benöthigte einer immerwährenden aufregenden Beschäftigung. In Frankreich fand er dieselbe im ausgiebigen Masse, und war gewiss froh, als er hörte, dass sein Sohn Karl, nachdem das Haus Luxemburg durch die Ennser Verträge sich mit den Habsburgern ausgesöhnt hatte, die bereits durch ihn angebahnten Wege des Verständnisses zwischen Ungarn und Böhmen fortsetze; denn wie dies bei allen mehr flüchtigen Charakteren der Fall zu sein pflegt, verstand K. Johann mit grosser Leichtigkeit Bündnisse aller Art einzuleiten, Hindernisse ihrer Verwirklichung aus dem Wege zu räumen, aber nicht sie zu pflegen und ihrem Endziele zuzuführen. Dazu gehört Beharrlichkeit und Consequenz, die ihm beide fehlten, wohl aber waren diese zwei Eigenschaften hervorragend im Charakter seines Sohnes Karl, welchem dieselben bei der ihm von der Mutter ererbten Ruhe und Selbstbeherrschung von grossem Nutzen wurden.

Mit diesen Eigenschaften ausgerüstet und unterstützt von seinen Räthen und vertrauten Freunden, den Herren Thimo von Kolditz und Wilhelm von Landstein, verliess Markgraf Karl im Febr. 1338 Prag, um auf dem ungarischen Schlosse Vyšegrad mit dem K. Karl eine Zusammenkunft zu haben.¹) Am 1. März waren die Unterhandlungen zwischen dem Markgrafen Karl und dem Könige von Ungarn so weit gediehen, dass am erwähnten Tage ein Vertrag abgeschlossen werden konnte, demzufolge das Königreich Polen, wenn der König Kazimir ohne männlichen Erben sterben sollte, an den ersteren falle; dagegen verspricht der König von Ungarn, dass er dem Könige Kazimir oder dessen Erben keine Hilfe gegen die Länder und Vasallen des Königs von Böhmen oder des Markgrafen von Mähren leisten werde.²) Durch diesen Vertrag war das Hauptstreben des Königs von Böhmen, Schlesien für die Krone zu erhalten, erreicht. Denn trotz Eide und Urkunden waren die schlesischen Fürsten

¹) Ob auch sein damaliger Schreiber oder Notar, Nicolaus von Luxemburg, Prager Domherr „paternus et noster notarius dilectns" in seinem Gefolge sich befand, ist wahrscheinlich, aber nicht zu erweisen. Wir lernen diesen königlichen und markgräflichen Notar kennen aus einer Urkunde Karl's „domini regis Boemie Primogeniti," kraft welcher er zu Brünn am 27. Nov. 1337 das vom Könige Johann den Bürgern von Eibenschitz ertheilte Privilegium ddo. Wien 18. Oct. 1336. Cod. Dipl. Mor. VII. 98 bezüglich des dortigen Weinzehentes und Zinses bestätigt. Cod. Dipl. Mor. VII 126. Hier ist die zu bestätigende Urkunde citirt. Cod. Dipl. Mor. VI. 299, n. 390, was gefehlt ist, weil K. Johann damals nicht in Wien, sondern in Tirol sich aufhielt.

²) Cod. Dipl. Mor. VII. 134.

140 I. Buch. Mähren unter dem Markgrafen Karl 1333—1341.

noch immer ein unsicheres Gut, welches nach Polen neigte, und wie unsicher die Freundschaft des Polenkönigs Kazimir war, wissen wir aus dem litthauischen Feldzuge. Nachdem der wesentlichste Punkt der Zusammenkunft erreicht war, gieng man zum zweiten; dieser war privater Natur, er bezog sich auf das eheliche Bündnis zwischen Ludwig, erstgebornem Sohne des Königs von Ungarn, und Margarethen, Tochter des Markgrafen Karl von Mähren. Ludwig von Ungarn, aus dem Hause Anjou, war am 5. März 1330 geboren, und Margaretha, Prinzessin von Mähren, den 24. Mai 1335, der Bräutigam war also im 8. und die Braut im 3. Lebensjahre, daher in einem Alter, das weder im natürlichen, noch im canonischen Rechte eine christliche Ehe zuliess.[1]) Aber nichtsdestoweniger sollte die kleine Prinzessin, wenn kein körperliches Gebrechen an ihr haftet, zu Michaelis des künftigen Jahres, d. i. um den 29. Sept. 1339, zu Brünn von dem Markgrafen Karl an eine ungarische Gesandtschaft abgegeben werden, damit ihr eine ungarische Erziehung und Kenntnis der magyarischen Sprache beigebracht werde. Vom Tage der Überführung nach Ungarn übergibt ihr der Vater als Mitgift 10.000 Mark Prager Groschen, die Mark zu 64 Groschen gerechnet, oder falls er das bare Geld nicht gleich erfolge, einige Pfandschaften in Mähren bis zur gänzlichen Ausgleichung der verabredeten Summe. Der König von Ungarn dagegen übergibt als Morgengabe 15.000 Mark, die er bis auf 25.000 Mark erheben will, zu welchem

---

[1]) Thurocz II. 94, 199 und Chron. Aul. Reg. l. c. 525. Leider, dass die vortreffliche Chronik von Königssaal mit dem Jahre 1338 aufhört. Im nächsten Jahre erscheint der Chronist todt.

Zwecke er die Städte Szegedin und Bekes als Pfand hinstellt.¹) Noch wurde das eben abgeschlossene Freundschaftsbündnis erneuert, durch den König, die Königin Elisabeth und durch die königlichen Prinzen Ludwig, Andreas und Stephan besiegelt und im Namen des Königs Johann, des Markgrafen Karl und dessen Bruders Johann, Herzog in Kärnten, auch für den Fall als bindend erklärt, wenn König Kazimir von Polen auch vor Vollzug der Vermählung Ludwigs mit Margaretha sterben würde. Die Hauptsache blieb aufrecht: Böhmen und Mähren unterstützen das Haus Anjou bei der Erwerbung Polens, und dieses werde Schlesien bei der Krone Böhmen für alle Fälle zu erhalten trachten und nicht zugeben, dass die schlesischen Fürsten den Polen oder den Ungarn huldigen. Durch diese Politik half Markgraf Karl seinem Hause

¹) Cod. Dipl. Mor. VII. 135 bis 137. „Nos (Karolus Ungarie rex) e contra assignamus pro parte eiusdem primogeniti nostri (Ludovici) ratione donationis propter nuptias, eidem domine Margarethæ, pecuniam cum augmento tertiæ partis quindecim millia marcarum propter suam prædictam dotem ciusdem rationis et sexaginta, quorum summa hinc inde ad numerum viginti quinque millium marcarum se extendit, pro quibus ex nunc prout ex tunc, castra nostra, videlicet Zegedienum et Hazinis, alio nomine Beche nominatum, cum eorum pertinentiis et cum pleno dominio, a iure eorundem et suarum pertinentiarum, et specialiter cum iuribus patronatus ecclesiarum, promittimus sine dolo et fraude ipsi dominæ Margarethæ dare, tradere et obligare, suo casu occurrente, quod absit iuxta consuetudinem nuptialis iuris regni Bohemiæ redimenda ab eadem." Die nothwendige Deutung findet diese Urkunde in einer ddo. Vyšegrad 3. Aug. 1342 (Cod. Dipl. Mor. VII. 312—314), durch welche König Ludwig von Ungarn die besprochene Heirat zu vollziehen verspricht.

mehr, als durch glänzende Siege; denn während sein Vater, K. Johann, seine Grafschaft Luxemburg zu arrondiren strebte und mit den nachbarlichen Dynasten unterschiedliche Bündnisse schloss, suchte sein Sohn Karl sich mit den beiden östlichen Mächten, Polen und Ungarn, in Freundschaft zu erhalten. Befriedigt mit den Erfolgen seiner Thätigkeit, verliess Markgraf Karl noch im Monate März 1338 den gastlichen ungarischen Hof und kehrte nach Brünn zurück, wo er vom 11. bis 27. März urkundete. Die in dieser Zeit in Brünn von ihm ausgestellten Urkunden zeigen von der Liebe des Markgrafen, die er für sein Land hegte. Wenn er am 11. März 1338 zu Brünn die Rechte und Freiheiten der Stadt Hradisch, wie selbe die Könige Otakar II., Wenzel II. und sein Vater K. Johann der Stadt ertheilt haben, bestätigt, so zeigt dies von der Neigung des Markgrafen zu den Bürgern, oder wenn er am 18. März l. J. gleichfalls zu Brünn nach dem Vorgange seines Vaters dem Cistercienserkloster Saar die Befreiung von der Berna verspricht, und die durch Margaretha, Witwe nach einem gewissen Steglin, gemachte Schenkung im Dorfe Řečkovice bei Brünn bestätigt und dabei sagt, dass er dies aus einem besonderen Antriebe zur Verehrung des h. Bernard und der Mutter Gottes thue, bewies er damit seine Frömmigkeit, die er den Unterthanen zum Muster hinstellt. Am 20. März l. J. gestattet er der Stadt Znaim die Auslösung des an Bernhard von Cimburg verpfändeten Dorfes Schattau und befreit dasselbe von der Abgabe der Berna, von der Jurisdiction der königl. Beamten und Provinzrichter, damit der Stadt einen eigenen Magistrat mit Municipalrechten verleihend. Weiter thut er am 25. März l. J. dem Kloster Saar die Gnade, dass es auf seinen Gütern in Mähren Stock und Galgen, oder das Halsgericht haben möge, um schädliche Leute, wie Diebe, Räuber und Brenner zu richten, wenn sie von geringem Stande oder Bauern sind; sollten jedoch Edle oder Wladiken auf den Klostergütern ein Criminalverbrechen begehen, so müssen sie dem Landesgerichte übergeben werden. An demselben Tage und Jahre, ebenfalls zu Brünn, verleiht Markgraf Karl dem zum Kloster Welehrad gehörigen Dorfe Frischau das Marktrecht, erhebt es zur Stadt, und verspricht dieser Stadt mit selben Ausnahmen, wie dem Kloster Saar und den beiden bei Frischau gelegenen, jetzt eingegangenen Orten Lubic und Wulkvic, die Halsgerichtsbarkeit zu. Das Dominikanerkloster in Ung.-Hradisch wurde durch eine Urkunde von demselben Datum und Orte durch den Markgrafen mit einer Wiese beschenkt, und zwei Tage darnach, also ddo. Brünn 27. März 1338, bestätigt Karl dem Kloster Welehrad das eingerückte Privilegium des Königs Přemysl Otakar ddo. 27. November 1328, die Gründung dieses Klosters betreffend, und erneuert demselben das schon am 25. Mai verliehene Halsgericht auf allen seinen Besitzungen, nur nicht über Wladiken, Ritter und Edle, die, wie bis jetzt, dem Landgerichte unterstehen.[1] Alle die hier in Brünn durch Jakob von Kolditz ausgestellten Urkunden sind der deutlichste Beweis, wie sehr es dem

[1] Cod. Dipl. Mor. VII. 138, 139, 141, 142 und 143. Den Grund, warum Markgraf Karl besonders das Kloster Welehrad patrocinirt, gibt er l. c. 142 also an: „Sane quoque pensantes, qualiter ordo beati Bernhardi Cisterciensis, inter ceteros ordines, a sanctis patribus institutos, vita et conservatione devota esse noscitur speculum et exemplar, signum nostra decrevit benignitas" etc.

Markgrafen daran lag, wie den Clerus, so den Bürgerstand durch seine Gnadenbezeugungen zu befriedigen und für sich zu gewinnen. Leider ward der Markgraf im Punkte der Selbstregierung durch die empfindliche Eifersucht seines Vaters, des Königs Johann, noch überall gebunden, selbst bei Ertheilung der obigen Begabungen, die doch nur das Gute des Landes Mähren und dessen Unterthanen bezweckten, musste er sich auf den Willen und auf den Befehl seines Vaters berufen. Als er zu Brünn am 20. März 1338 der durch eine grosse Feuersbrunst zur Zeit, als König Johann daselbst mit den österreichischen Herzogen weilte, sehr heruntergekommenen Stadt Znaim damit aufhelfen wollte, dass er ihnen das an Bernhard von Cimburg verpfändete Dorf Schattau auslöste und ihnen sammt den benachbarten Dörfern: Cctonice, Kochařovice, Schallersdorf, ein grosses in Waltrowitz bei Znaim gelegenes Feld und eine Mühle in Pumitz schenkte, berief er sich selbst in dieser Urkunde auf den Befehl seines Vaters.[1] Die Erfahrung früherer Jahre hat ihm die Vorsicht gelehrt, in der Ausübung gewisser Souveränitätsrechte stets den Vater vorauszusetzen. Wie gut dies war, zeigt sein Aufenthalt in Prag, wohin er von Brünn aus reiste, um die Ostern in Prag zuzubringen.

Am 9. April 1338, es war der Gründonnerstag, treffen wir den Markgrafen Karl in Prag, wo er dem Johann von Klingenberg wegen der seinem Vater geleisteten Dienste alle Verfügungen bestätigt, die jener bezüglich seiner vielen

---

[1] Cod. Dipl. Mor. VII. 140. „De mandato Domini genitoris nostri damus, conferimus et donamus tenendam et habendam (villam nostram Schataw)."

Güter in Länge der Zeit getroffen hat.¹) Von da an bis zum 1. Mai haben wir von Karl keine Nachricht. Am 1. Mai verschreibt er zu Prag dem Herrn Zawiš von Schweinitz eine ihm schuldige Summe. ²) Er mochte damals bei seinem geregelten Hauswesen Abrechnung gepflogen haben, was ihn der Heereszug und überhaupt die Reise an den ungarischen Hof gekostet hat, weil er am 2. Mai d. J. noch zu Prag erklärt, dass er von dem Richter, Schöppen und der ganzen Gemeinde der Altstadt Prag 500 Schock Prager Groschen zur Bestreitung der damaligen Auslagen entlehnt habe. ³) So wie der Markgraf in seinem Privatleben auf Pünktlichkeit und Ordnung hielt, so auch im öffentlichen Leben. Er betrachtete den Staat als eine grosse Familie, in welcher der Regent die Pflichten des Familienvaters zu erfüllen habe, und so wie in einer geregelten Familie nur der Eine zu befehlen und alle die Familienglieder zu gehorchen haben, so im Staate. Was Karl anbefahl, musste auch geschehen, woran freilich die Feudalherren nicht gewohnt waren. Sich stützend auf ihren grossen Landbesitz, zu dem sie während der schwachen Regierung des Königs Johann grossentheils auf leichte, durch den Leichtsinn des Königs unterstützte Art gelangten, widerstanden sie den Anordnungen des Markgrafen gar oft mit bewaffneter Macht. So unter anderm in der Zeit, in welcher sich der Markgraf in Böhmen aufhielt, es dauerte dies bis in den Juni hinein, der mächtige Dynast, Niklas Žampach von Potenstein, Herr von Potenstein im Königgrätzer Kreise, nicht weit von der mähr. Grenze,

¹) Cod. Dipl. Mor. VII. 145.
²) Huber, Kaiserregesten, Karl IV. S. 7.
³) Cod. Dipl. Mor. VII. 147.

Herr von Choceň, Kosteletz an der Adler, und der Burgen Litic, Wamberg, Seuftenberg u. a. m. Gestützt auf seine Macht, mochte er irgend einer Anordnung des Markgrafen Widerstand geleistet haben, weil dieser sich genöthigt sah, die Burg Choceň mit bewaffneter Hand anzugreifen. Volle acht Tage war dieselbe belagert und so in die Enge getrieben, dass sich die Besatzung am achten Tage ergeben musste. Die reiche Beute, welche Karl in der Burg fand, überliess er seiner Mannschaft, um sie gefügig zu machen; doch Niklas war noch nicht gedemüthigt, er warf sich in eine andere Burg, die von Choceň, das zerstört wurde, etwa eine Stunde entfernt war, und Zdislava genannt wurde. Auch diese, sowie noch andere Burgen fielen in Karl's Hände, so dass sich Niklas zuletzt nur auf die Burg Potenstein beschränkt sah; Potenstein war aber durch Natur und Kunst fast uneinnehmbar gemacht, und demnach musste sich der Wille des unbeugsamen Dynasten, wenigstens für diesesmal, beugen und einen Frieden, dessen nähere Bedingungen wir freilich nicht kennen, mit dem Markgrafen, wie man sagt, durch hervorragende Männer, worunter sich Paul Horzan und Sedlnicky befanden, abschliessen.[1]

Während die Unterhandlungen mit dem Herrn von Potenstein im besten Gange waren, erhielt Markgraf Karl

---

[1] Pešina, Mars Moravicus, I. 416, nach einem Ms. Anon. Chron. Boh., das bis jetzt unbekannt geblieben ist. In der Vita schreibt Karl: „Estate eadem (1338) veniens prope Mutam fregi castrum Choczyn, et alia quam plura castra domini de Potnsteyn, quia habui eodem tempore guerram cum eodem domino. Et postea fuit concordatum." Böhmer, Fontes 1. 257.

durch seinen Vater aus dem Luxemburgischen die Weisung, ohne Verzug sich zu ihm zu begeben. Karl gehorchte der Weisung und reiste mit vielen böhmischen Baronen allsogleich ab. Wir finden ihn am 14. Juni 1338 in Nürnberg, wo er auf Bitten der Bürger dieser Stadt das eingerückte Privilegium seines Vaters ddo. 15. Dec. 1326, sicheres Geleite für Kaufleute, welche durch sein Land ziehen, betreffend, bestätigte, und den vorbehaltenen Aufkündigungstermin von einem auf zwei Monate verlängerte.¹) Es war dies auf dem Wege zum Vater, auf dem er jedoch nur bis Frankfurt kam, und hier umkehrte.²) Auf dem Rückwege im Sommer 1338 beschloss Karl, aus dankbarer Frömmigkeit auf der Prager Burg die dort bestandene Allerheiligen-Kirche in eine Collegiata umzuwandeln und reich zu bestiften. Was wollte der Vater vom Sohne? Da dieser mit vielen böhm. Baronen die Reise antrat, so liegt die Vermuthung nahe, dass es sich um irgend eine kriegerische Unternehmung gehandelt haben mochte. Wir wissen, dass König Johann in grosser Freundschaft zum Könige Philipp VI. von Frankreich stand, und die allgemeine Geschichte erzählt, dass eben damals Frankreich mit England im Kampfe lag, und dass sich Johann von Böhmen am 19. Nov. 1337 dem Könige von Frankreich zur Hilfeleistung verpflichtet hatte, was er umso eifriger that, als ja schon im November 1337 bekannt

¹) Cod. Dipl. Mor. VII. 148.
²) Vita Karoli: „Eadem estate arripui iter cum multis baronibus Boemie, volens transire in comitatum Luczemburgensem ad patrem suum, qui miserat pro me. Et de Frankofurt reversus sum. In eadem reversione creavi collegium ad omnes Sanctos in capella regia in castro Pragensi." Böhmer, Fontes I. 258.

war, dass zwischen Eduard III. von England und dem deutschen Kaiser, Ludwig, welcher sich von Frankreich in seinen Erwartungen einer Aussöhnung mit der römischen Curie hintergangen sah, und daher von Frankreich abfiel und sich an England anschloss, dahin unterhandelt wurde, dass der König von England zum Reichsvicar ernannt und dadurch in den Stand gesetzt werden solle, mit Hilfe aller Reichsfürsten gegen Frankreich Krieg zu führen, ohne jedoch entschieden mit Frankreich zu brechen. „Es war von Seite des Kaisers jene falsche Politik, die, indem sie sich für alle Eventualitäten nach allen Seiten freie Bewegung zu erhalten sucht, nirgends einen festen Halt zu erwerben vermag, eine Politik, der Ludwig leider so oft die besten Aussichten opferte." [1])

Aber auch die deutschen Fürsten und Reichsstädte, überhaupt die massgebenden Factoren, befanden sich in einer falschen Politik. Statt collectiv aufzutreten, wirkten sie den päpstlichen Massregeln gegenüber ihres Kaisers, entweder vereinzelt, als Vermittler des Kaisers, oder liessen ihn allein handeln. Erst auf einer Versammlung zu Speier im März 1338 traten, freilich auf Veranlassung des Kaisers, eine Reihe von Bischöfen der Mainzer Kirchenprovinz auf, um am 27. März eine Collectiv-Note an den Papst nach Avignon wegen Ausgleichung des Zwistes mit dem Kaiser zu senden, eine Note, welche durch an den Papst gerichtete Vorstellungen der Reichsstädte unterstützt wurde. [2]) Auch diese erste Collectiv-Note an den Papst war ein kalter Schlag

[1]) Weech, Kaiser Ludwig der Baier und König Johann von Böhmen, S. 69.
[2]) Böhmer, Kaiserregesten, Ludwig der Baier, S. 118.

ins Wasser. Aus einem Schreiben des Papstes Benedict XII.
ddo. Avignon 1. Juli 1338 an den Erzbischof von Köln
ersieht man die Antwort auf die Collectiv-Note der zu Speier
versammelten Kirchenfürsten. „Der Papst sei nicht schuld,"
heisst es in der Antwort, „dass die Aussöhnung mit Ludwig nicht zustande gekommen, sondern dieser selbst. Wenn
man in Deutschland diese Aussöhnung noch wünsche, so
möchten nur Ludwig und insbesondere die Wahlfürsten ihre
Botschaft an den Sitz des apostolischen Stuhles senden, wo
allein diese Sache ausgemacht werden könne. Ludwig möge,
wenn es ihm Ernst sei, vor allen Dingen nur dem Kriege
gegen Philipp von Frankreich ein Ende geben, indem sich
die Kirche von diesem nicht trennen werde" etc.[1]) Es war
also nur zu deutlich ausgesprochen, dass, so lange der Papst
an Frankreich hänge, nichts zu erreichen sei, weshalb
sämmtliche Churfürsten des Reiches, mit Ausnahme des
Königs von Böhmen, am 15. Juni 1338 zu Lahnstein im
Nassau'schen am Rhein, südlich von Koblenz, zusammentraten und schwuren, die angegriffenen Rechte und Ehre des
Reiches aufrechtzuerhalten, und am Tage darauf zu Rense
sprachen dieselben aus, „es sei Recht und altes Herkommen
des Reiches, dass der von allen oder der Mehrzahl der Churfürsten Gewählte auch ohne Bestätigung des römischen Stuhles
das Recht habe, die Güter und Rechte des Reiches zu verwalten und den Titel eines Königs zu führen."[2]) Und an

[1]) Böhmer, Kaiserregesten, Ludwig der Baier, Päpste, S. 229, n. 148.
[2]) Julius Ficker, Zur Geschichte des Curvereines zu Rense (in pomerio sito iuxta villam Rensensem super alveum Reni). Sitzungsberichte der philos.-histor. Classe der kaiserl.

demselben Tage ward in feierlicher Weise die Erklärung aller dieser Fürsten niedergelegt, dass sie sich verbinden zur Aufrechthaltung der Ehre, Rechte, Freiheiten und des Herkommens des Reiches im Allgemeinen und ihrer fürstlichen Ehre, an der Chur desselben insbesondere. Unterzeichnet haben diesen sogenannten Churverein von Reuse die Erzbischöfe Heinrich von Mainz, Walram von Köln und Balduin von Trier, Gebrüder Rudolf und Ruprecht, Stephan und Ruprecht der Jüngere, Pfalzgrafen bei Rhein und Herzoge von Baiern, Rudolf, Herzog von Sachsen, und Ludwig, Markgraf von Brandenburg.[1]) Von den neun Theilnehmern des Vereines gehörten fünf zum oberbairischen Hause; die Sache war übrigens durch den Kaiser abgekartet, besonders als darin vom Papste nicht einmal eine Erwähnung geschah. Die deutschen Fürsten fiengen an sich auf eigene Füsse zu stellen, und das deutsche Königthum von dem römischen Kaiserthum genau zu sondern; das erstere hieng von den deutschen Wahlfürsten, das letztere von der Gnade des Papstes ab. Von den andern bedeutenden Fürsten des Reiches

Akademie der Wissenschaften in Wien. Bd. XI. S. 673 bis 710 mit Urkunden.

[1]) Böhmer, Kaiserregesten, K. Johann in Böhmen, S. 241, n. 72. Wie wenig ernst es aber den Erzbischöfen von Köln und Trier, sowie dem Herzoge Rudolf von Sachsen, also ausser dem Erzbischofe von Mainz allen nicht zum kaiserl. Hause gehörigen Theilnehmern, mit demjenigen war, was man gewöhnlich als Inhalt und Zweck des Vereines darstellte, das zeigte acht Jahre später ihre Erwählung Karl's IV. Ob nicht die kaiserlichen Theologen, ein Bonagratia, ein Occam u. s. w. die geistigen Urheber des Churvereines sind?

hielten sich ausser dem Könige Johann von Böhmen nur die österreichischen Herzoge und Heinrich von Nieder-Baiern von dem Churvereine ferne. Die Herzoge von Österreich befolgten eben damals eine Politik der strengsten Neutralität, um sich nicht zu compromittiren, und Heinrich von Nieder-Baiern war, wie uns bekannt, des Königs Johann Schwiegersohn und mit ihm eng an Frankreich gebunden.

So stand es mit der Kaiserfrage, als Markgraf Karl, vom Vater nach Luxemburg berufen, bis Frankfurt kam, und hier, wahrscheinlich unterrichtet von den Umtrieben Kaisers Ludwig, wie dieser am 12. Mai 1338 den englischen König Eduard III. zu einer Zusammenkunft an den Rhein ladet[1]) und überhaupt Anstalten zum Kriege wider Frankreich traf, und wie sein Vater sich zu ihm neige, umkehrte und in Nürnberg den dortigen Bürgern urkundete.[2]) Es handelte sich um eine Handelsconcession, von der übrigens auch eine Urkunde des Erzbischofs von Gran vom 24. Dec. 1337 spricht. Der erwähnte Erzbischof erlaubt im Namen des Königs den Kaufleuten aus Böhmen, repräsentirt durch die Kaufherren Meinhard und Niklas aus Prag, aus Schwaben, vom Rhein und aus Flandern, auf bezeichneten Wegen nach Ungarn zu kommen, einen bestimmten Zoll von ihren Waren und ihren Pferden, auch wenn sie bei Gran über die Donau setzen sollten, zu erlegen und in Gran ein Handelsgericht anzuerkennen. Aber bloss drei Monate nach seinem Tode hatten die Concessionen ihre Giltigkeit, dann traten die alten Handelsbestimmungen in Kraft.[3])

[1]) Böhmer, Kaiserregesten, Ludwig der Baier, S. 119, u. 190.
[2]) Siehe S. 147 d. W.
[3]) Cod. Dipl. Mor. VII. 131.

Warum Karl so unerwartet die Reise zum Vater in Frankfurt mit seinen vielen böhmischen Herren unterbrach und nach Hause eilte, da doch K. Johann noch am 10. Juli 1338 in Luxemburg weilte,[1]) lässt sich erschliessen, aber nicht festsetzen. Markgraf Karl mochte die Individualität, in welche sich K. Johann zum Kaiser, damals offenbar wider Frankreich, stellte, als höchst gefährlich für das Luxemburg'sche Haus angesehen und es mit seiner Pflicht als künftiger Regent des Königreiches Böhmen nicht vereinbart gefunden haben,[2]) mit bewaffneter Macht, und darauf deuten die mitgebrachten vielen böhmischen Herren an, den König für den Kaiser zu unterstützen. Oder hatte Markgraf Karl in Frankfurt von dem sich dort aufhaltenden Ludwig dem Baier sich bewegen lassen, ihm Treue zu schwören und ihn als rechtmässigen Kaiser anzuerkennen?[3]) Kurz, Karl eilte in starken Märschen nach Mähren, weil er schon zu Ende des Monats Juli in Znaim urkundete. Am 27. Juli 1338 befiehlt er dem Znaimer Burggrafen, dass er die Besitzer der innerhalb der Grenze der Schattauer Kirche gelegenen Weingärten zur Abstattung des Weinzehentes an das Brucker Kloster verhalte.[4]) Von Znaim begab sich Markgraf Karl nach Pulkau, südwestlich von Znaim, bei Horn in Nieder-

---

[1]) In Luxemburg urkundet der König für Peter von Rosenberg am 10. Juli 1338. Cod. Dipl. Mor. VII. 148.
[2]) Die nächsten Zeiten haben dies bewiesen.
[3]) Nach einer von Höfler „Aus Avignon" p. 30, n. 2, mitgetheilten Nachricht Wilhelms von Occam. Huber, Böhmers Kaiserregesten, Karl IV. 8, u. 64, was jedoch der nächsten Zeit zu widersprechen scheint.
[4]) Cod. Dipl. Mor. VII. 150.

Österreich; denn hier verbietet er am 28. Juli d. J. den Bürgern von Znaim bei strenger Strafe alle Feindseligkeiten und Verschwörungen gegen den Richter und die Geschworenen, oder den Rath der Stadt und die Wahl eines Hauptmannes wider seinen Willen.[1]) Wie kam Karl nach Pulkau? Die nächste Vermuthung wäre ein Besuch der Herzoge von Österreich und namentlich seiner Schwester Anna, welche erst ihr sechszehntes Lebensjahr antrat, und doch schon seit vier Jahren im Ehestande mit dem Herzoge Otto von Österreich lebte und damals kränklich war. Doch die Chroniken, mit Ausnahme des Beneš von Weitmil,[2]) schweigen von diesem Besuche, erzählen aber von einer andern Thatsache, welche dem Markgrafen Veranlassung gegeben haben mochte, nach Pulkau zu reisen. Sie steht so nahe mit dem Wunderglauben, dem der Markgraf, wie wir wissen, sehr ergeben war. Es war um die Osterzeit 1338, also im Monate April. Damals fielen die Ostern der Christen mit jenen der Juden überein, und gerade die Osterzeit bot die beste Gelegenheit, Krawalle wider die Juden anzuzetteln, als sich in Pulkau die Nachricht verbreitet hatte, dass in dem Hause eines Juden daselbst eine mit Blut besprengte geweihte Hostie gefunden wurde, die sich durch Wunderzeichen kundgab und von vielen verehrt wurde. Da man den an der Hostie verübten Frevel den Juden zuschrieb und seit einigen Jahren in Franken und Elsass sich Judenverfolgungen zeigten, die ihre Spur bis nach Österreich brachten, machten sie den Herzog Albrecht bedenklich, und da sich eine Art Manie

---

[1]) Cod. Dipl. Mor. VII. 151.
[2]) Scriptores rerum Bohem. II. 275.

auch in andern Orten, in Neuburg, in Wern, Lantsdorf u. a., mit den blutbesprengten Hostien zeigte, die gefährlich zu werden drohte, wandte er sich an den Papst Benedict XII. nach Avignon, und frägt um Verhaltungsmassregeln. Und in dieser Zeit mochte Karl nach Pulkau gekommen sein, um die wunderthätige Hostie an Ort und Stelle zu sehen. Der Papst überlässt durch ein Breve vom 29. August 1338 die Untersuchungen dem Diöcesanbischofe von Passau und schützt die Juden.[1]) Wir wollen hier erwähnen, dass aus dieser Manie eine förmliche Judenverfolgung entstand und im Herbste d. J. viele Juden in Pulkau, in Retz, Znaim, Horn, Egenburg, Neuburg, Zwettel und Wolfsberg in Kärnten ermordet und verbrannt wurden.[2]) Dass die Plünderung der Judenhäuser die Hauptsache bildete, versteht sich von selbst. Welches Resultat die päpstliche Untersuchung hatte, darüber schweigen die sonst beredten Chronisten. Es scheint übrigens

---

[1]) Dudík, Auszüge zu Mährens allgemeiner Geschichte. Brünn 1885, S. 19.

[2]) Annal. Zwetlenses. „Hoc anno 1338 pasca christianorum convenit cum pasca Iudeorum, propter quod maximum exterminium factum est Iudeorum. Nam post festum pasce reperta est in Pulka in domo cuiusdam Iudei hostia tota cruentata et multis miraculis approbata, et non solum ab indigenis, verum etiam ab omnibus circumquoque populis humiliter visitata et devote venerata. Propter quod factum christiani zelo divino permoti, circa festum sancti Georii (10. October) omnes Iudeos in Pulka, Retz, Znoyma, Horu, Egenburga, Neunburga, Zwetl occiderunt et combusserunt et in pulverem redegerunt." Chron. Zwetleu. Pertz S. S. IX. 683. Daselbst Cont. Novimoutis l. c. 671. Vergl. Iohannes Victorien. Böhmer, Fontes I. 431.

die ganze Sache in leeren Sand verlaufen gewesen zu sein.[1] Nachdem Markgraf Karl in Pulkau seiner Wissbegierde und seiner Frömmigkeit Genüge gethan, begab er sich nach Brünn, wo seine Gattin den bleibenden Wohnsitz aufschlug, blieb aber daselbst nur wenige Tage. Am 10. August l. J. verlieh er daselbst dem Nonnenkloster Oslavan auf dessen Gütern in Mähren die peinliche Gerichtsbarkeit oder, wie die Urkunde sagt, Stock und Galgen wider Diebe, Räuber und Mordbrenner, nur nicht über Edle und Wladiken, welche (wie oben bemerkt wurde) dem Landrechte unterstanden,[2] und reiste über Kolin vermuthlich nach Prag. Von Kolin datirt er drei Urkunden, zwei vom 17. August für die Bürger der Kleinseite Prags,

[1] Contin. Francisci Ed. Loserth, Fontes rerum Austr. Königssaaler Geschichtsquellen S. 559. „Et in civitate Curimensi eodem tempore corpus Christi fuit revelatum a perfidis Iudæis verberibus concussum et cruentatum, unde miseri Iudæi in regno Boemiæ et in aliis terris ferro et igne variisque modis fuerunt interempti, et mirum est, quod de corporibus eorum, dum vulnerarentur aut mutilarentur, sanguis non emanavit. Eodem anno in civitate Pulcka (in der Nähe von Horn) etiam fuit inventum corpus Christi cruciatum; veniens quoque episcopus Pataviensis, in cuius erat diœcesi, propter maiorem cautelam a tergo circa hostiam inventam aliam hostiam consecretam apponi mandavit, timens, ne populus idolatriæ committeret crimen. Multa quoque miracula per salvatoris nostri clementiam ibidem ostensa sunt, et de largissimis oblationibus fidelium ecclesia in honore Corporis Domini ibidem decenter exstitit fabricata."
[2] Cod. Dipl. Mor. VII. 152. „Cyppum et patibulum habere debeant."

welche Stadt, früher dem Markgrafen widerspenstig, sich jetzt in Allem und Jedem den Befehlen desselben unterwarf und nun bat, einige von seinem Vater verliehene Privilegien zu bestätigen, und eine vom 18. August für den Abt und das Kloster zu Königssaal.[1]) Diese letztere Urkunde für Königssaal gibt Zeugnis von Karl's gutem Haushalte. Er ist im Stande, dem erwähnten Kloster, welchem wegen dem Drucke seiner Schulden die Auflösung bevorstand, mit 1000 Schock Prager Groschen aufzuhelfen. Dass diese Summe zu seinem Privatvermögen gehörte, bewies er durch eine Pfandübernahme; das Kloster verpfändete ihm ein goldenes Kreuz, welches König Wenzel, sein Grossvater, dem Kloster geschenkt hatte, und die Burg Landsberg. So lange er im Besitze der Burg sei, verspreche er dem Kloster jährlich 200 Schock Groschen zu zahlen. Ob sich Karl und wie lange in Prag aufhielt, können wir urkundlich nicht nachweisen. Es hat vielmehr alle Wahrscheinlichkeit, dass sich Karl noch im August 1338 zum Herzoge Otto nach Österreich begab, um wegen Kärnten, wegen Nieder-Baiern und dem deutschen Kaiser,[2]) und dann wegen der Stellung der österreichischen Herzoge zum Könige Eduard III. von England und durch diesen zum Kaiser Ludwig[3]) zu unterhandeln. In Kärnten

[1]) Cod. Dipl. Mor. VII. 153. „ludex et iurati minoris civitatis Pragensis, qui hucusque nostris mandatis et beneplacitis se promptualiter conformare ubilibet studuerunt, nostram accesserunt presentiam."

[2]) Böhmer, Kaiserregesten, Ludwig der Baier, ddo. Nürnberg 10. Januar 1339, S. 123, n. 1954.

[3]) Benedict XII. an Herzog Otto „quod a participatione et fautoria Ludovici de Bavaria desistat, ac procuratores pro obtinenda absolutione a sententiis, quas incurrit propterea,

machte sein Bruder Johann Heinrich den unbedachten Schritt, mit einem Heere bis an die Klause vor Lienz vorzurücken, um sich den Weg nach Kärnten zu bahnen. Herzog Albrecht eilte dahin und hintertrieb mit Hilfe des Grafen von Görz den ganzen Plan. Johann Heinrich musste umkehren. Wer weiss, was für Bedingungen der Sieger dem Besiegten stellte, und ob da Karl's Intercession nicht nothwendig war. Und was den K. Eduard anbelangt, musste Karl dafür sorgen, das bereits zwischen England und Österreich in Unterhandlung stehende Bündnis zu hintertreiben oder unschädlich zu machen.[1]) Also an Stoff zur Thätigkeit fehlte es ihm nicht.[2]) Er erzählt in seiner kurzen Selbst-Biographie: „Eines Tages sei er von seinem Schwager zum Tische geladen worden und blieb bei ihm auch über Nacht. Bei Sonnenaufgang sei einer seiner Ritter mit den Worten: „Herr, stehet auf, der jüngste Tag bricht an!" in sein Schlafgemach getreten. Schnell brachte man gesattelte Pferde herbei und ritt gegen Pulkau. Stundenlang ritt man, bis

ad apostolicam sedem mittat nuntios, ddo. Avenion Nonis Oct. an. IV. (7. Oct. 1338)." Dudik, Auszüge l. c. 19.
[1]) Am 16. Febr. 1339 beurkundet König Eduard III. den mit dem Herzoge Albrecht und Otto von Österreich abgeschlossenen Bundesvertrag, wornach sie übereingekommen sind, sich beiderseitig gegen alle ihre Feinde, mit Ausnahme des römischen Reiches, mit 200 Helmen zu Hilfe zu kommen. Für den dermaligen Krieg mit Philipp VI. von Frankreich soll es genügen, wenn die Herzoge mit geeigneter Waffenrüstung den Herzog von Burgund, als Frankreichs Bundesgenossen, angreifen. Böhmer, Kaiserregesten, Eduard III. S. 265, n. 807.
[2]) Karl, Vita. Böhmer, Fontes I. 257.

das Ende der orientalischen Wanderheuschrecken, die eben ankamen, erreicht wurde. Einen solchen Schrecken hat ihre Menge, das durch sie verursachte Geräusch, der Gestank, den sie hinterliessen, verursacht, dass man sie für eine Strafe des Himmels ansah und in Prag deshalb Bitttage hielt. [1]) Dass im Monate August dieser Zug der orientalischen Heuschrecken auch Mähren und Böhmen verheert hatte, sagen böhmische Chronisten. [2]) In Wien, aber auch in Prag, sah Markgraf Karl die Heuschreckenverheerungen. Hier mochte ihn die Trauernachricht von dem Tode seiner Schwester, der Herzogin von Österreich, Anna, ereilt haben. Sie starb den 3. Sept. im 16. Lebensjahre 1338. Abermals, wie schon oft, hat die schlimme und verderbliche Sitte des Mittelalters, nicht etwa Jünglinge, sondern Kinder, aus politischen Rücksichten durch die Ehe miteinander zu verbinden, ihr Opfer gebracht. Nach fünf Monaten, am 17. Febr. 1339, folgte Otto seiner Gemahlin im Tode nach. Der Tod der geliebten Schwester mochte auf Karl's empfängliches Gemüth mächtig gewirkt haben. In seinem Schmerz nahm er Zuflucht zu religiösen Betrachtungen und entwarf, als er gegen Ende des J. 1338 von Alt-Bunzlau nach Tušeň kam, eine Homilie auf das Evangelium „Simile est regnum coelorum thesauro abscondito," in welcher er Trost suchte. [3]) Anna starb kinderlos. Von seiner ersten Gemahlin, einer Tochter des Herzogs Stephan

---

[1]) Alle die gleichzeitigen Chronisten, wie sie in Pertz S. S. IX. abgedruckt sind, wissen von dieser Plage zu erzählen. Umständlich darüber ist Iohannes Victorien. Böhmer, Fontes I. 430.

[2]) Continuat. Francisci l. c. 560. Beneš de Weitmil l. c. 275.

[3]) Die Homilie ist abgedruckt in Beneš l. c. II. 315—325.

von Nieder-Baiern, welche im März 1330 gestorben, hinterliess Herzog Otto einen Sohn, Friedrich, welcher den 10. Febr. 1327 geboren war. Dieser sollte Johanna, Eduard's III. Tochter, heiraten, um das am 15. Nov. 1338 geschlossene Freundschaftsbündnis zu bestärken. Kaiser Ludwig hat sie deshalb nach München gebracht. Aber bei der etwas zweideutigen Politik der Herzoge Albrecht und Otto war sie binnen Jahresfrist wieder nach Hause zurückgerufen.[1])

König Johann befand sich, als seine Tochter in Wien starb und in Neuberg begraben wurde, in Frankreich, sein Sohn Karl im letzten Monate des J. 1338 in Mähren. Am 18. Sept. bestätigt K. Johann in Amiens eine eingerückte Urkunde der Altstadt Prag vom 23. August 1338 wegen Ankauf eines Hauses zum Rathhaus, und am 22. Oct. l. J. zu Mendis in Languedoc gibt er als Reichsfürst auf Bitten des Regensburger Probstes, Friedrich von Aw, und des Konrad von Synsenhowen zu der Verpfändung der Burg Altenburg seine Zustimmung.[2]) Und Markgraf Karl bestätigte zu Znaim am 25. Dec. 1338 dem Kloster Bruck zwei von seinem Vater im J. 1336 ertheilten Privilegien, die eigene Gerichtsbarkeit auf den Klosterbesitzungen einzuführen.[3]) K. Johann wurde bereits 1331 durch K. Philipp VI. zum General-Lieutenant der Provinz Gascogne ernannt, und jetzt bei dem Ausbruche des Krieges mit England gab er ihm am 30. Nov. 1338 den ehren-

[1]) Weech, Kaiser Ludwig der Baier und König Johann von Böhmen S. 73.
[2]) Cod. Dipl. Mor. VII. 154 und 155 lies statt in Mendis in Medumno.
[3]) Cod. Dipl. Mor. VII. 158 und 159.

vollen Auftrag, als Hauptmann und Statthalter die Regierung der Provinz Languedoc zu führen. Er erhielt eine unumschränkte Gewalt, indem er Standeserhöhungen vornahm, Strafen nachliess und Gnadengesuche bewilligte, als wäre er König von Frankreich, ein Beweis, welches unbegrenzte Vertrauen Philipp von Valois in den König von Böhmen setzte.[1]) Es war ihm alles daran gelegen, den König von Eduard III. ab- und sich zuzuwenden, darum diese Concessionen. Aber auch Kaiser Ludwig musste wahrnehmen, dass ihn seine Freundschaft mit dem englischen Könige zum erwünschten Ziele, sich mit dem Papste auszugleichen, nicht führen werde, weshalb sein beständiges Liebäugeln mit Frankreich und sein Streben, sich mit K. Johann förmlich auszusöhnen. Da er wusste, dass dies ohne Annäherung an den Papst nicht möglich werde, erklärte er der römischen Curie, er sei Willens, eine Gesandtschaft nach Avignon zu schicken, weshalb der Papst am 12. Sept. 1338 das deutsche Episcopat ersucht, den Boten durch 6 Monate freies Geleite durch ihre Territorien zu geben.[2])

Also war Ludwig der Baier abermals auf dem Rückwege, und kehrte im März des nächsten Jahres 1339 förmlich um. Er berief Anfangs März einen ordentlichen Reichstag nach Frankfurt, zu welchem unter den Churfürsten auch K. Johann erschien. Am 14. März 1339 gestattet K. Johann

[1]) Wörtlich aus Schötter, Johann Graf von Luxemburg II. 177.
[2]) „Archiepiscopis et episcopis hortatur eis, quod ambassiatores, quos Ludovicus Bavarus ad sedem apostolicam destinavit, libere cum suis eorum terras transire permittant," ddo. Avenion II. Idus Sept. an. IV. (12. Sept. 1338). Dudik, Auszüge zu Mährens allgemeiner Geschichte S. 11.

zu Frankfurt Holub dem Älteren und dessen Brüdern Ulrich, Pešek, Vítek und Přibík, dass sie einander beerben dürfen.¹) Hier am Reichstage sollte der Sühnvertrag zwischen dem Kaiser und dem Könige Johann in aller Form geschlossen werden. Zu diesem Ende wurde ein Schiedsgericht mit einem Obmanne aufgestellt und am 20. März 1339 die Entscheidung getroffen, dass der Kaiser den König Johann belehnen solle mit Böhmen, mit dem Fürstenthum und dem Schenkenamt dieses Königreiches, mit der Markgrafschaft Mähren, mit den Grafschaften Luxemburg und la Roche und mit allen Landen in Schlesien, die Johann inne hatte.²) K. Johann's Sohn, Johann Heinrich, sollte für sich und seine Erben die Grafschaft Tirol und das Innthal, letzteres jedoch ohne der Feste Rattenberg, deren Übergabe an den Kaiser bis St. Johannistag (24. Juni) zu geschehen habe, als Lehen erhalten. Beiden Söhnen des Königs, dem Markgrafen Karl und dem erwähnten Grafen, Johann Heinrich, ward die Gesammtbelehnung mit Feltre, Cividale (Belluno) und Cadors zuerkannt, dem K. Johann falle dagegen der Pfandbesitz von Eger, Floss und Parkstein, sowie von Bacharach am Rhein. Dagegen ward vom K. Johann die Verzichtleistung auf alle jene Rechte in den zehn oberitalienischen Städten, die er

¹) Cod. Dipl. Mor. VII. 165.
²) Seit 9. Febr. 1339 gehörten zur Krone Böhmen die schlesischen Herzogthümer Liegnitz und Brieg, Sagan und Crossen, Öls, Stienau, Opeln, Falkenberg, Strelitz, Teschen, Kosel und Beuthen, Auschwitz, Ratibor, Oswiccim und Masovien-Plock, endlich die Städte Breslau und Glogau sammt Gebieten. Alle diese Herzogthümer erklärt König Kazimir von Polen als zu Böhmen gehörig, auf die er kein Recht habe. Cod. Dipl. Mor. VII. 161.

einst vom Reiche pfandweise besessen, verlangt, nur Brescia sollte für 200.000 Gulden verpfändet bleiben. Schliesslich bestimmte der Schiedsspruch, dass der König dem Kaiser und dem Reiche helfen solle gegen jedermann, auch gegen den Papst, wenn dieser den Kaiser, das Reich und dessen Fürsten in ihren Rechten schädigen wolle. Dasselbe solle der Kaiser dem Könige thun. Die beiderseitigen Helfer und Verwandten des Kaisers und des Königs wurden namentlich ausgenommen, und zwar von Seite des Kaisers der König von England, die Churfürsten, der Herzog von Geldern, die Markgrafen von Meissen und Jüllich, der Graf von Hennegau und seine Schwäger, die schlesischen Herzoge von Sagan, Öls und Steinau. Von des Königs Seite wurden ausgenommen: Der König von Frankreich, dem König Johann um die Behauptung seiner Krone mit 500 Helmen dienen darf, ferner die Könige von Ungarn und Polen, die Churfürsten, die Herzoge Albrecht von Österreich, Heinrich von Baiern und die von Lothringen, Geldern und Jauer, die Markgrafen von Meissen und Jüllich, der Erzbischof von Magdeburg, die Bischöfe von Lüttich und Passau und die Grafen von Savoyen und Holstein. Die Reichshilfe, die K. Johann und seine Erben zu leisten haben, ward für die Zukunft auf 500 Helme, die Dauer derselben vom St. Johannistag bis Allerheiligen, festgesetzt. Die Artikel dieses Schiedsspruches gelobten Kaiser und König unverbrüchlich zu halten, und zu grösserer Sicherheit sollten auch Kaisers Ludwig Söhne, Markgraf Ludwig von Brandenburg und Herzog Stephan von Baiern, sowie K. Johann's Söhne, Markgraf Karl und Graf Johann Heinrich, jene Artikel beschwören und Bestätigungsurkunde darüber ausstellen. Endlich erwählte Kaiser Ludwig aus den Vertrauten des K. Johann zehn adelige Herren, Peter von Rosenberg, Berthold von Lipa, Wilhelm von Landstein, Hynek von Berka, Otto von Bergau, Heinrich von Rotenburg, Engelmar und Degen von Vilanders, Volkmar von Spauer (Burgstall) und Konrad von Schönna. Auch König Johann wählte zehn vornehme adelige Herren aus dem Rathe des Kaisers. Diese zwanzig sollen schwören und sich urkundlich verpflichten, dass sie die Contrahenten, den Kaiser und den K. Johann, zur Beobachtung des Schiedsspruches verhalten werden.[1])

Dies die inhaltsvolle Urkunde, welche uns den gesammten Besitz der böhmischen Krone und ihre Stellung zum deutschen Reiche angibt, wie sich selbe K. Johann dachte. Sie ist nur von seinem Standpunkte aus, und nach den damaligen Ansichten des Völkerrechtes zu erklären. In der Wirklichkeit war dieses Verhältnis ein anderes, ein viel freieres. Die Krone Böhmen war ein unabhängiges, selbständiges Königreich und stand zum deutschen Reiche nicht als solches, sondern nur, insoferne der Regent der Krone Böhmen deutscher Churfürst war und ein Reichsamt, das Mundschenkamt, aus-

[1]) Wörtlich aus Werunsky, Geschichte Kaisers Karl IV. I. 240, nach einer bei A. Huber, Geschichte der Vereinigung Tirols mit Österreich, S. 145 abgedruckten Urkunde ddo. Frankfurt 23. März 1339. Vom K Johann waren aus dem Rathe des Kaisers erwähnt Berchtold, Graf zu Henneberg, Berchtold, Graf zu Grusspach, und Marsteten, genannt von Nyffen, Ulrich, Graf zu Wirtemberg, Bruder Wolfram von Nellenburg, Meister deutschen Ordens in deutschen Landen, Gerlach, Graf zu Nassau, Johann, Burggraf zu Nürnberg, Kraft und Lutz von Hohenlohe, Bruder Heinrich von Ziplingen, Comthur und Diepold der Gussen von Lypheim.

übte, in gewisser Verbindung, als die Besuchung der Wahllandtage, die Ausfolgung der Willenbriefe, wenn selbe die Churfürsten auszustellen hatten, Ausübung des persönlichen Amtes bei der Königswahl, aber nie war die Krone Böhmen zum Kriegsdienste dem deutschen Reiche verpflichtet, oder gar ein Lehen des deutschen Reiches. Wenn daher der deutsche Kaiser den König von Böhmen auch mit der Markgrafschaft Mähren belehnt, so war Markgraf Karl Vasall Ludwig's des Baiern und Mähren gehörte nicht unmittelbar, sondern erst mittelbar zur Krone Böhmen, was dem jungen Markgrafen kaum angenehm war. Auch waren die schlesischen Herzogthümer, mit Ausnahme des Herzogthums Breslau, nie Reichslehen gewesen.[2]) Und was sollte des Königs Johann Verzichtleistung auf alle Rechte an jene zehn oberitalienischen Städte: Mailand, Bergamo, Novara, Pavia, Crema, Parma, Modena u. s. w, die er einst vom Reiche pfandweise zu besetzen hatte, nur Brescia sollte ihm für 200.000 Gulden verpfändet bleiben, eine rein illusorische Bestimmung, indem damals die Mehrzahl der oberwähnten Städte und Brescia bereits im Besitze des Herrn von Mailand, Azzo degli Visconti, sich befanden. Man sieht demnach, dass K. Johann leichtsinnig ein Verhältnis mit dem Kaiser einging, sicher ohne Unkenntnis der Stellung der Krone Böhmen zum deutschen Reiche und ohne die böhmisch-mährischen Stände oder den Kronprinzen Karl zu Rathe zu ziehen oder darum zu fragen. Was aber auffallend bleibt, dass in der Lehensurkunde von den zu Böhmen gehörigen Marken, Budissin

[1]) Ficker, Reichsfürstenstand 46 und 218. Erst Herzog Heinrich IV. nahm durch K. Rudolf das Herzogthum Breslau zu Lehen.

und Görlitz, keine Erwähnung geschieht.¹) Entweder war die Belehnung des Kaisers mit diesen Marken noch im frischen Gedächtnisse, sie geschah am 13. Sept. 1320 zu Haslach bei Speier,²) oder sollte sich K. Johann erst mit der Belehnungsurkunde, die er nicht bei der Hand hatte, ausweisen. Denn, wenn er ihrer nicht benöthigt hätte, wozu hätte er selbe durch den Olmützer Bischof, Johann, und durch seinen Freund, den Herzog Rudolf von Sachsen, zu Prag beglaubigen lassen? Wenn die Urkunde zu Prag am 10. April vidimirt wurde, konnte das Vidimus nachträglich bestätigt werden.³)

Während K. Johann in Frankfurt tagte, besuchte Markgraf Karl den schwer erkrankten König Karl von Ungarn. Wir wissen dies aus seiner Selbstbiographie.⁴) Leider erwähnt er darin nichts von dem, was er mit dem Könige besprach. Wir können vermuthen, dass er über die Stellung seines Hauses zu Polen Erwähnung that, denn wir müssen uns erinnern, dass Karl durch einen Vertrag vom 1. März 1338 dem Könige von Ungarn gelobt hat, keine Einsprache zu erheben, falls der ungarische Kronprinz auf Polen Ansprüche erheben und sie mit Waffengewalt durchzuführen streben sollte, nur soll dafür Ungarn dem Markgrafen Schlesien zu

---

¹) Dass diese Marken zu Böhmen gehörten, siehe Chron. Aul. Reg. Ed. Loserth pag. 409 und 467.
²) Böhmer, Kaiserrcgesten, Ludwig der Baier S. 24 n. 407.
³) Cod. Dipl. Mor. VII. 166.
⁴) Vita Karoli, Böhmer Fontes I. 258. „Antequam in Boemiam reverterer, me tamen ex Ungaria exeunte, venit pater meus ad Ludovicum, qui se gerebat pro imperatore, ad tractandum pro concordia."

erhalten trachten.¹) Dass das ungarische Königshaus diesem Wunsche nachkam, zeigt eine Urkunde des Königs Kazimir ddo. Krakau 9. Febr. 1339, durch welche er mit dem Könige von Böhmen und mit dem Markgrafen Karl einen Freundschaftsbund schliesst und erklärt, dass ihm kein Recht mehr auf Schlesien zustehe. Kazimir nennt ausdrücklich alle die Herzogthümer, welche damals Schlesien bildeten, und auf die er für immer Verzicht leistet.²) In derselben Selbstbiographie lesen wir, dass Karl noch auf dem Rückwege aus Ungarn nach Böhmen die Nachricht erhielt, dass sein Vater in Frankfurt mit dem Kaiser Ludwig unterhandle, da doch Ludwig bei seiner letzten zufälligen Zusammenkunft im Juni mit dem Markgrafen ausdrücklich das Wort gab, ohne seiner Mitwissenschaft mit dem Könige von Böhmen sich in keine Unterhandlungen einzulassen.

Da Ludwig, wie wir wissen,³) im März 1339 wichtige Abmachungen mit dem K. Johann traf, und das ohne Wissen des Markgrafen Karl, kann man sich vorstellen, in welcher Gemüthsstimmung der Kronprinz, und somit einstiger Erbe der Krone Böhmen, die Reise nach Böhmen antrat. Ohne erst abzuwarten, bis K. Johann in sein Königreich komme, eilte ihm Karl entgegen und begegnete ihm um den 20. April 1339 zu Miltenberg, südlich von Aschaffenburg in der Mainzer Diöcese. Hier kam es zu harten Auseinandersetzungen zwischen Vater und Sohn. König Johann in die Enge getrieben, erklärte, er habe nur gehuldigt, weil nach der Aussage des Kaisers

¹) Siehe S. 161 d. W.
²) Cod. Dipl. Mor. VII. 161. Die Namen sind angeführt S. 161 d. W.
³) Siehe S. 163 d. W.

Markgraf Karl schon im Vorhinein zu diesem Act des Vaters Zustimmung ertheilt habe, während Karl diese Aussage als unwahr und erschlichen, was sie auch wirklich war, erklärte, und mit Recht dem Kaiser und seinem Vater zürnte, dass sowohl der eine, wie der andere bei einer so überaus wichtigen Unterhandlung und Entschliessung, wie es die Huldigung des Königs und seine Aussöhnung mit dem Kaiser war, ihn, den Kronerben, gänzlich ignorirten.[1] In früheren Zeiten hätte diese Auseinandersetzung bei dem zur Eifersucht geneigten Charakter des Königs gewiss zu Auftritten geführt, die von schweren Folgen begleitet gewesen wären, wie sie Karl vor nicht langer Zeit tragen musste: jetzt war K. Johann kühler geworden und fügte sich in das Unvermeidliche, als Karl und mit ihm die böhm. Eideshelfer ihre Siegel dem Sühnungsvertrage anzuhängen, und folglich seine Giltigkeit anzuerkennen, verweigerten. Vielmehr sehen wir, wie Vater und Sohn gemeinschaftlich im Frieden die Reise nach Böhmen über Nürnberg und Landshut, wo sie ihren Verwandten, den Herzog Heinrich von Nieder-Baiern, welcher bereits mit dem Kaiser im Frieden lebte, besuchten, machten.[2] Um den 20. Mai 1339

[1] „Ipse vero Ludovicus, immemor fidei ac promissionum suarum, fraudulenter decipiens patrem meum, ad compositionem eum deduxit, asserens, se dudum mecum concordasse. Et sic fecit magnam diffidenciam inter me, et patrem meum." Vita Karoli, Böhmer, Fontes I 258.

[2] In Nürnberg befreit K. Johann die Bürger von Budweis auf zwei Jahre von allen Abgaben und befiehlt dem Markgrafen Karl und den königl. Beamten in Böhmen, sie darin zu schützen, ddo. 28. April 1339. Gleichfalls in Nürnberg bestätigt den Tag darauf Markgraf Karl die dem Kloster

mochten sie in Prag angelangt sein, indem schon am 21. Mai K. Johann in Prag in seinem und des Markgrafen Karl Namen den Bürgern von Laun alle die Vortheile schenkt, welche bisher die königliche Kammer von dem Salzverkaufe in der Stadt hatte. Der Hauptzweck, warum K. Johann nach Prag kam, war, sich mit Hilfe der böhmischen Stände von seinen Schulden zu befreien, was nur durch eine Berna in einem Landtage ermöglicht war. Um daher die versammelten Herren sich günstig zu stimmen, ertheilte er mit seinem Sohne, dem Markgrafen Karl, einem der einflussreichsten Landstände, Heymann von Nachod, welcher aus der Familie der Herren Berka von Lipa stammt und wahrscheinlich ein directer Nachkomme des gewaltigen Dynasten, Heinrich von Lipa, ist, noch am 28. Mai zu Prag die urkundliche Zusicherung, für alle Schulden, welche jener für den König an verschiedenen Orten zusammenzog, gutzustehen und zu übernehmen, damit weder ihm, dem Heymann, noch seinen Nachkommen daraus je ein Schaden entstehen könnte.[1]) Diese Gnadenerzeigung scheint gewirkt zu haben; denn die allgemeine Berna ward nach dem Wunsche, wenn vielleicht

    Königssaal vom K. Johann zur Wiedereinlösung der Dörfer Banis und Bela ertheilte Bewilligung. In Landshut genehmigen Vater und Sohn den 7. Mai den mit Ulrich von Neuhaus geschlossenen Tausch des Gutes Banov für das landesfürstliche Teltsch. Cod. Dipl. Mor. VII. 167 u. 168.
[1]) Cod. Dipl. Mor. VII. 170. „Multa et varia debita in locis pluribus et apud diversas personas... pro nobis et nostro nomine, fideiussionis titulo, hactenus contraxerit et adhuc fortassis contrahet in futurum .. ex integro liberum et solutum facere."

auch nicht aus Liebe zum Könige, doch sicher aus Anhänglichkeit zum Kronprinzen, für den im ganzen Lande nur eine Stimme war, auf dem Landtage vom 1. Juni, und zwar 28 böhmische Groschen vom Lahne, bewilligt. Motivirt ward diese ausserordentliche Steuer durch die vielen Schulden, welche der König in seinen Kriegen mit dem Kaiser und mit den Herzogen von Österreich contrahirte, und durch die vielen Verpfändungen der Krongüter, welche ausgelöst werden müssen, wenn Recht und Ordnung im Lande herrschen sollen.[1]) Dass der leider zur blossen Form gewordene Revers, es sei dies zum letztenmal, dass er abermals um eine Berna ersucht, ausser bei der Krönung eines Königssohnes oder Vermählung einer Prinzessin, und das erst ein Jahr nach der Vermählung, ausgestellt wurde, ist klar. Auch diesen Revers beschwor der Markgraf Karl und hieng demselben sein Siegel an.

Von Prag begab sich Markgraf Karl nach Pressburg.

---

[1]) Cod. Dipl. Mor. VII. 170 sqq. „Ad suffocandum debitorum huiusmodi, que propter guerrarum et discordiarum turbationes multiplices tam contra imperatorem, quam duces Austrie ac alios emulos vivinos nostros, diversimode habitas hucusque sustinuimus, nec non ad recuperandum et redimendum Regalia nostra, que per obligationem et alios modos a Camera regia distracta sunt et alienata, ut, ipsis recuperatis, incolis regni nostri optate quietis et pacis commoda in iusticie certitudine eo salubrius procurare possimus, ipsi barones seu regnicole Collectam generalem seu regiam, que Berna vulgariter nuncupatur, de bonis ipsorum ex mera ipsorum liberalitate et benevolentia, et non ex aequo iure, ad presens nobis dabunt."

Er that dies, wie er in seiner Selbstbiographie sagt,[1]) um
den König von Ungarn mit dem Herzoge Albrecht von Österreich
auszusöhnen. Es handelte sich um Schadenersatz, den
Herzog Albrecht seit dem Kriege 1336 vom Könige von
Ungarn vergebens verlangt hatte. Markgraf Karl hat diesesmal
zwischen den beiden Regenten eine Art Eintracht angebahnt,
aber den Frieden nicht erreicht, weil erst 1342 der Streit
durch Schiedsrichter beigelegt wurde. Ungarn musste Schadenersatz
leisten. Diesen Grund gibt Karl selbst an; wir glauben
jedoch, dass noch ein anderer ihn bewog, den ungarischen
Hof zu besuchen. Wir erinnern uns, dass hauptsächlich der
Markgraf in die Unterhandlungen wegen der polnischen
Thronfolge durch den ungarischen Kronprinzen eingriff. Am
7. Mai 1339 ward zu Krakau ein Reichstag abgehalten, in
welchem K. Kazimir die Successionsfrage anregte und es
dahin brachte, dass sein Vorschlag, den Sohn seiner Schwester
und des ungarischen Königs Karl, den Kronprinzen Ludwig,
auf den polnischen Thron zu berufen, angenommen wurde.[2])
So erreichte K. Karl, was er seit Jahren anstrebte: sein
ältester Sohn Ludwig wurde sammt seinen Nachkommen
König von Polen. Zu Ende des Monates Juni ward der
Erbvertrag von den beiden Königen ratificirt, und folglich
der Markgraf von Mähren in die angenehme Lage versetzt,
dem ungarischen Königshause zu dem erreichten Ziele Glück
zu wünschen, und dass Markgraf Karl gerade damals in
Pressburg sich aufhielt, beweist eine von ihm zu Pressburg

---

[1]) „Ab inde veni Posoniam, que est in metis Ungarie et
Austrie, et concordavi regem Ungarie cum duce Austrie."
Vita Karoli, Böhmer, Fontes I. 258.
[2]) Caro, Geschichte Polens II. 216 u. ffg.

am 23. Juni 1339 ausgestellte Urkunde, durch welche er
dem St. Clarakloster zu Znaim alle von seinen Vorfahren
verliehenen Rechte bestätigte.¹) Von Pressburg begab sich
der Markgraf nach Brünn, wo er mit seinem Vater, dem
K. Johann, zusammentraf. Diesen scheinen abermals Geldgeschäfte hierher gerufen zu haben. Wir wissen, dass die
Familie der Herren Berka von Duba die Geldprocuratoren
für den König waren, und dass er, um weiter Credit zu
haben, durch eine Verbriefung vom 28. Mai 1339 alle für
ihn durch diese Familie contrahirten Schulden auf seinen
Namen übernahm, aber gleich mit der Clausel, dass diese
Verbriefung nicht nur für die bereits angehäuften Schulden,
sondern auch für die in der Zukunft zu machenden Schulden
gelte.²) Diesen Umstand benützt König Johann, und weiset
zugleich mit seinem Sohne, dem Vyšegrader Probste, Berthold,
und dessen Bruder, Čeněk von Lipa, so viele Vasallen in
Böhmen und Mähren an, als dieselben auf den dem Könige abgetretenen Gütern Besitzungen hatten, erweist also derselben
Familie von Lipa abermals grosse Gnade. Hat er durch sie wieder
Geld entlehnt? Berthold und dessen Bruder Čeněk sind entweder Söhne des 1329 verstorbenen Heinrich des Älteren
von Lipa, oder dessen Enkel. Unter den grossen Gütern,
die von dieser Familie an den König zurückkamen, steht
obenan die Stadt und das Gut Zittau. Schon den 2. Sept.
1319 gieng Heinrich der Ältere von Lipa einen Tausch mit
der Stadt und dem Gute Zittau für den Markt Hosterlitz und
das Dorf Nispitz ein. Eine andere Tauschurkunde mit Zittau
ist vom 31. August 1319, weiter vom 1. Oct. 1323. Für

¹) Cod. Dipl. Mor. VII. 172.
²) Siehe S. 168 d. W.

das böhmische Gut Tachau erhielt die Familie von Lipa die in Mähren gelegenen Güter Frain und Gewitsch.¹) Auf allen diesen Gütern besass die Familie der Lipa gewisse Personen, welche ihr zum Reiterdienste verpflichtet waren. Als diese Güter an den König kamen, übergiengen auch diese Individuen an den König; jetzt wurden diese zum Rossdienste Verpflichteten, die auf den ehmals Lipa'schen Gütern sassen, dem Berthold und Čeněk von Lipa ersetzt. Dass dies K. Johann nicht ohne Gegenleistung that, versteht sich von selbst, und worin diese Gegenleistung bestand, dies liess die für Heymann von Nachod zu Prag am 28. Mai 1339 ausgestellte Urkunde vermuthen.

Mittlerweile versammelten sich die mährischen Stände zu Brünn zu einem Landtag und bewilligten auf Vorstellungen ihres Markgrafen eine ähnliche Berna, wie die böhmischen. Da auch hier 28 Prager Groschen von einem Lahne entrichtet wurden, so mag auch in Mähren durch die Berna eine beträchtliche Geldsumme eingegangen sein. Der Landtag mochte um den 3. Juli in Brünn versammelt gewesen sein, weil Markgraf Karl von diesem Tage den Revers datirt, den er fast wörtlich mit dem böhmischen den Ständen übergab. Wie der Markgraf den böhmischen, so besiegelte K. Johann mit den üblichen Cautelen auch den mährischen.²) Geld war also wieder vorhanden und K. Johann das Mittel in die Hand gegeben, wider den Herzog Nikolaus von Troppau und Ratibor zu Felde zu ziehen. Am 14. Jan. 1337 wurde Herzog Nikolaus II. vom K. Johann mit Ratibor und noch einmal mit Troppau belehnt. Nikolaus II. war also

¹) Cod. Dipl. Mor. VII. 103, 818 bis 821 und VI. 391.
²) Cod. Dipl. Mor. VII. 175.

dem böhmischen Könige zum grössten Danke verpflichtet, und da erzählt Markgraf Karl in seiner Selbstbiographie:[1] „Mein Vater zog nach Mähren in der Absicht, den Herzog von Troppau und Ratibor zu vernichten. Ich vermochte ihn," spricht Karl weiter, „kaum mit meinem Vater auszusöhnen; er musste ihm Bürgen und viel Geld übergeben." Schade, dass der Berichterstatter es versäumte, die Ursachen des königlichen Zornes uns mitzutheilen. Gut, dass wir von dem Herzoge Nikolaus II zwei Urkunden ddo. Olmütz 8. Juli 1339 besitzen, aus denen wir wahrnehmen, dass Ungehorsam wider den König Johann als Hauptursache gelte. Es scheint, dass die privilegirten Stände des Herzogthums Troppau ihrem obersten Lehensherrn, also dem Könige von Böhmen, Klagen vorbrachten über die Verletzung ihrer Privilegien, die sich ihr Herzog Nikolaus II. zu Schulden kommen liess, weil dieser den Troppauer Ständen durch eine Urkunde ddo. Olmütz 8. Juli 1339 die alten Privilegien ddo. Brünn 19. Juli und 1. August 1318 bestätigen und versprechen musste, sie hinfort bei ihren Freiheiten, Rechten und Gewohnheiten unverletzt erhalten, und im Falle der Rechtsverweigerung die Appellation an den König gestatten zu wollen.[2] Mark-

[1] Vita Karoli. Böhmer, Fontes I. 258. „Volens destruere Nicolaum, ducem Opavie et Ratmarie."
[2] Cod. Dipl. Mor. VII. 176. „In omnibus illis iuribus et bonis consuetudinibus, que et quas barones et nobiles regni Boemie et marchionatus Moravie habent et obtinent, quibus et eos uti et gaudere volumus, promittimus conservare . quod si nos alicui aut aliquibus terrigenis, nobilibus aut vasallis iustitiam iuxta terre consuetudinem facere recusaremus, extunc licite et sine nostra lesione aut offensa ad dominum regem poterunt appellare."

graf Karl hat die Aussöhnung zustande gebracht, sonst hätte Herzog Nikolaus die Lehen verwirkt, weshalb er ihm auch Zeitlebens in wahrer Freundschaft zugethan blieb. Nichtsdestoweniger musste Nikolaus zur Strafe seines Ungehorsams die Märkte Zuckmantel und Hermannstadt, das Dorf Arnsdorf und die Feste Edelstein mit voller Souveränität an König Johann und dessen Nachkommen abtreten.[1]) Ob Karl sammt seinem Vater in Olmütz anwesend war, als Herzog Nikolaus daselbst die Abbitte leistete, also um den 8. Juli, hat alle Wahrscheinlichkeit für sich; so viel ist aber sicher, dass K. Johann am 1. August 1339 in Brünn für das Kloster Tepl urkundete. Er erklärt nämlich, dass er von dem Abte und Convente dieses Klosters statt der Steuer 81 Schock Prager Groschen erhalten habe, und gestattet ihnen, dass sie diese Steuer, wann es ihnen beliebt, von ihren Unterthanen einheben dürfen.

Während sich Markgraf Karl und sein Vater, König Johann, in Mähren aufhielten, kam die Nachricht, dass Niklas Zampach von Potenstein das im vorigen Jahre gegebene Wort der Treue wieder brach, ja durch unterschiedliche Räuberbanden, die er auf seiner durch Natur und Kunst für unüberwindlich geltenden, etwa drei Meilen von der mährischen Grenze entfernten Burg Potenstein erhalte, den Landfrieden breche. Namentlich litt die Gegend zwischen Mähr. Trübau und Sternberg, weshalb

¹) Cod. Dipl. Mor. VII. 177. „quod nos recognoscentes inobedientiam nostram.. prefato domino regi et heredibus suis u hereditatem perpetuam.. oppidum Znckmantel cum Hermanstad oppido et Arnoldsdorf villa et cum castro Edelstein .. damus, tradimus et assignamus."

es ganz natürlich war, dass der Markgraf die Herren, Johann von Lipa, Herrn von Mähr. Trübau, und Jaroslav von Sternberg, die in dieser Gegend stark begütert waren, mit ihren Mannen gegen Potenstein schickte, und nachdem er dem mährischen Landeshauptmanne, Vznata von Lomnitz, den Befehl gab, mit mährischen Truppen, die noch seit dem letzten österreichischen Kriege im mähr. Solde standen, zu den genannten Herren zu stossen, gieng er selbst dahin, um die in die Länge sich ziehende Belagerung selbst zu leiten. Von der Familie der Lipa waren in seiner Nähe der Vyšegrader Probst, Berchtold, dessen Bruder Čeněk, Geschwisterkind des Johann von Mähr. Trübau, und Wenzel von Wartemberg. So gestärkt ward die Belagerung schon in die neunte Woche geführt. Da versprach Karl seinen Söldnern alles zur Beute, was sie darin finden werden; das wirkte, die Mauern wurden erstiegen und der Hauptthurm, wohin sich der Rest der verzweifelten Feinde mit ihrem Anführer, dem Herrn Nikolaus Žampach, flüchtete, durch Minen zerstört. Was im Thurme sich befand, wurde unter den Trümmern desselben begraben. Ein strenges Gericht hielt Markgraf Karl über die Friedensbrecher. Die Feste wurde geplündert und dem Erdboden gleich gemacht, die zur Burg gehörigen Güter aber confiscirt. Die Nachkommen des erschlagenen Nikolaus von Potenstein, Johann und Čeněk, flüchteten nach Polen, wurden jedoch nach zwei Jahren vom Könige zu Gnaden aufgenommen und mit einem Theile der väterlichen Güter, als Waldenburg, Senftenberg und Kostel an der wilden Adler, von ihm belehnt.[1]) Nur Chotzen, Lutitz und die Feste

[1]) Cod. Dipl. Mor. VII. 231. „Ego Iesco, filius quondam Nicolai de Botenstein, recognosco tenore presentium uni-

Potenstein und was zu diesen Burgen, weil einmal zur böhmischen Krone gehörig, verblieben dem Lande. Sie mussten ein bedeutendes Einkommen entworfen haben, weil die beiden Brüder, Johann und Čeněk, ihrer Mutter, Frau Elisabeth, für das in der Landtafel versicherte Heiratsgut von 1200 Mark Prager Groschen die väterlichen, vor kurzem zurückerhaltenen Güter zum Nutzgenusse überliessen.[1]) Potenstein wurde noch von Karl nach einigen Jahren wieder aufgebaut und erhielt an Johann oder Ješek Wartemberg von Veselí seinen Herrn; er ist ein Bruder desselben, welcher dem Markgrafen Karl in der Besiegung des Friedensbrechers, Nikolaus Žampach von Potenstein, geholfen hatte.[2])

Noch in der zweiten Hälfte des Monates Juli 1339 verliess König Johann Mähren und begab sich mit seinem Sohne Karl nach Breslau. Er urkundet daselbst, wenn nicht schon früher, sicher den 28. Juli.[3])

Was den König nach Breslau brachte, war sein noch nicht ausgetragener Streit wegen der Burg Militsch mit dem Bischofe von Breslau, Nanker. Es lag alles dem Könige an der Besetzung

versis, quod cum dilectus dominus et genitor meus in dicto castro Botenstein huc occubuisset, et singula bona ipsius castri et etiam alia, videlicet in Waldenburg, Senftenberg et Gostel spectantia, ad serenissimum dominum meum... Iohannem regem Boemie... iure et consuetudine terre essent rationabiliter devoluta... ipse dominus meus ex larga ipsius munificencia cedit mihi, fratribus et heredibus meis predicta bona... exceptis etc."

[1]) Cod. Dipl. Mor. VII. 279.
[2]) Schaller, Topographie des Königreiches Böhmen, Königgrätzer Kreis, S. 233. Cod. Dipl. Mor. VII. 279.
[3]) Böhmer, Kaiserregesten, K. Johann, 206.

dieses wichtigen Handelspunktes und strategischen Schlüssels seines Reiches gegenüber Polen. Wir haben bereits an einer andern Stelle über diesen Gegenstand des Näheren auseinandergesetzt, wir haben auch die Ursache entwickelt, welche den apostol. Nuntius, Galhardus von Charter, bewogen habe, den Papst Benedict XII. aufzureizen, dem Bischof Nanker zu befehlen, um keinen Preis sich bewegen zu lassen, an K. Johann die Burg Militsch abzutreten.[1]) Nanker blieb standhaft; doch sein Archidiacon, Heinrich von Wrbna, der damalige Pfandinhaber des Militscher Zolles, der deshalb auf der Burg residirte, liess sich bestechen und übergab die Veste einer böhmischen Besatzung. So kam Johann ohne Kampf und ohne jeglichen Verlust in die Erfüllung seines Lieblingswunsches, Militsch wurde ohne Schwertstreich böhmisch; aber dafür musste K. Johann die ganze Schwere des vom apostol. Stuhle gehaltenen und erzürnten Bischofs Nanker erfahren. K. Johann wurde mit der grossen Excommunication, und da die Breslauer Bürgerschaft und ihr Gebiet mit ihm hielt, ihre Stadt mit dem Interdict belegt. Nach drei Tagen zog Bischof Nanker nach Neisse und mit ihm vom Clerus diejenigen, welche in seine scharfe Tonart wider den König einstimmten. Der König aber setzte sich in den Besitz aller bischöflichen Einkünfte und wies von den Clerikern diejenigen aus dem Lande, welche mit dem Bischofe in dessen

---

[1]) Theiner, Monum. Polon. I. 397, ddo. Avenion II. Idus Sept. an. III. „Ne ad alienationem dicti castri (Militsch) quoquomodo presumatis procedere, nobis et sede apostolica inconsultis."

strengsten Massregeln giengen. Doch, wie die Chronik sagt,[1]) waren diese nicht zahlreich. Der königliche Landeshauptmann von Breslau, Konrad von Falkenhain, handelte im Sinne seines Königs, und somit war es diesem möglich, nach dem 10. August 1339 Breslau mit seinem Sohne Karl zu verlassen.[2])

Wir sahen, dass Markgraf Karl und sein Vater den Sommer 1339 nicht angenehm zugebracht haben. Die Fehde mit Nikolaus von Potenstein und nun die Collision mit dem Bischof Nanker von Breslau mussten unangenehm gewirkt haben, denn sie waren Ausbrüche der Unbotmässigkeit und der geringen Achtung des Königs für ein Kirchengut. Wie anders standen die Sachen in Mähren! Der reiche Dynast, Ulrich von Neuhaus, erklärt zu Neuhaus am 18. Nov. 1338 die auf seinen Gütern bestehende Gewohnheit, nach welcher die Güter verstorbener Seelsorger oder erledigter Pfarreien von seinen Vorfahren und Gutsbeamten in Besitz genommen und genossen wurden, oder das sogenannte ius spolii, als den canonischen Gesetzen zuwider, und hebt dieselbe auf. Nach den Bestimmungen der kirchlichen Gesetzgebung können die Cleriker nur so viel aus dem Kirchenvermögen zum Zwecke ihres Unterhaltes beanspruchen, als sie zu einem anständigen Leben unumgänglich nothwendig haben; was sie daher von ihrem Einkommen erübrigen, gehört nicht ihnen an, sondern fliesst wieder der Kirche zu, um anderwärts zu deren Nutzen verwendet zu werden. Ganz übereinstimmend mit diesen Grundsätzen durften die Geistlichen

---

[1]) Chron principum. Stugat, Script. rer. Siles. I. 132 sqq.
[2]) Chron. Principum l. c. 136.

nicht testiren, sie gewöhnten sich jedoch, das von einem Geistlichen hinterlassene Vermögen als ein erledigtes Lehen anzusehen, welches dem Patrone oder dem Gutsbesitzer zufiel, ja in vielen Gegenden beraubten die Parochianer ihren verstorbenen Seelsorger mit einer Unverschämtheit und einer Brutalität, wie sie nur die ruchloseste Raubgier eingeben konnte. In der Zeit, von welcher wir handeln, war das ius spolii bei Pfarreien und Kirchenbeneficien fast allgemein, und deshalb zeugt es von grossem Gerechtigkeitssinn, wenn Ulrich von Neuhaus auf dieses fast allgemein eingeführte Recht verzichtet und verordnet, dass gleich nach dem Tode eines Beneficiaten auf allen seinen in Böhmen und Mähren liegenden Gütern durch einen bezeichneten Beamten ein Inventar der Verlassenschaft in vier gleichlautenden Exemplaren entworfen werden solle; das eine muss dem Prager, das zweite dem Olmützer Consistorium, hier Sacristei genannt, und die zwei andern dem Patronatsclerus eingehändigt werden. Der dritte Theil der Verlassenschaft muss ausgeschieden, zur Tilgung der dann zurückgebliebenen Schulden, alles aber zur Aufbesserung der Pfründen dienen, welche eben durch den Tod des Pfarrers erledigt wurden.[1])

Wenn eine so wichtige canonische Verordnung von

---

[1]) Cod. Dipl. Mor. VII. 157. „Volumus tamen, quodsi moriens Rector aliqua debita contraxerit pro utilitate ecclesie evidente, vel que legitime possint probari, tertia pars bonorum dictorum cedat in solutionem debitorum ipsorum; alia omnia, prout supra dicta, in augmentum reddituum, seu in aliam utilitatem evidentem cedat ecclesie, cui prefuerat, qui decedit."

einem der reichsten und mächtigsten mährischen Dynasten, wie es Ulrich von Neuhaus war, der in Mähren die Inquisitoren Fr. Gallus und Fr. Peter eingeführt und begünstigt hatte, getroffen wurde, so ist dies ein Beweis, dass die Achtung vor dem Kirchengesetz gewiss auch die Achtung für das weltliche Gesetz nach sich zog und in Mähren seit den wenigen Jahren der Regierung des Markgrafen Karl Zucht und Ordnung herrschte, und mit der Zucht und Ordnung wuchs der allgemeine Wohlstand und mit demselben der Zweck einer jeden guten Regierung, die Gesittung. Wenn einzelne Klostergeistliche, natürlich mit Zustimmung ihrer Vorsteher, Stiftungen machen, wie Bruder Urban, Kapitular des Klosters Hradisch, am 29. Mai 1338 mit zwei Mark jährlichen Zinses in Seloutky, einem Dorfe bei Plumenau, zur Vertheilung am Tage eines Anniversars,[1] oder wenn derselbe, Fr. Urban, an demselben, 29. Mai, von dem St. Jakob-Nonnenkloster, welches damals in einer Vorstadt der Stadt Olmütz lag, einen Zins von einer halben Mark kaufte und selben für seinen Todestag zu einer Pitanz in seinem Kloster zu Hradisch bestimmte,[2] oder wenn die Olmützer Bürgersfrau Agnes, genannt die Troppauerin, um ihr Andenken lebendig zu erhalten, in der Domkirche zu Olmütz einen Altar zur Ehre der Allerheiligsten Dreieinigkeit gestiftet und mit einer Vicarie in dem Dorfe Krönau dotirt hatte;[3] dann muss ein gewisser Wohlstand unter dem Volke geherrscht haben, weil solche und ähnliche Stiftungen nur

---

[1] Cod. Dipl. Mor. VII. 146.
[2] Cod. Dipl. Mor. VII. 146. „De favore et licentia ordinis sui."
[3] Cod. Dipl. Mor. VII. 154, ddo. Olmütz 2. Oct. 1338.

gemacht werden, wenn das Nothwendigste gedeckt ist. Nur die leidigen Zehents- und Patronatsverhältnisse machten Streitigkeiten und mussten öfters geschlichtet werden. Im Hochsommer 1338 wurde die Pfarrkirche in Niklowitz durch den Tod des Pfarrers, Friedrich, erledigt. Es entstand die Frage, wer das Besetzungsrecht habe, ob Hinko von Mikolovitz, oder dessen Verwandte, Boček von Ober-Platsch und dessen Neffe, Zboro, Olmützer Domprobst? Es mussten Urkunden producirt werden, die darthaten, dass Boček und Zboro gemeinschaftlich das Patronat in Mikolovitz besitzen. Als aber der Sohn des Hinko von Mikolovitz, Nikolaus, auf die erledigte Pfarre präsentirt wurde, schloss sein Vater, Hinko, mit den zwei Berechtigten, Boček und Zboro, zu Olmütz am 25. Juli den Vertrag, dass das Patronatsrecht für diesesmal von Boček und Zboro, und nach Niklas Tode für immerwährende Zeiten abwechselnd, einmal von Hinek, und dann von Boček und Zboro gemeinschaftlich ausgeübt werden solle.¹) Das Heiligen-Geist-Spital in Alt-Brünn bezog seit undenklichen Jahren einen Zehent von dem Dorfe Miroschau bei Bobrau, nämlich den üblichen Garbenzehent und jährlich 5 Groschen mährischer Währung. Der Pfarrer von Unter-Bobrau, Busek, unter den Miroschau gehörte, hat diesen Zehent durch längere Zeit nicht mehr gezahlt. Der Comthur des Spitals, Wachsmund klagte, der Doctor der Decrete, Berthold in Schwarzburg, erscheint als Richter. Der angeklagte Busek wird sachfällig, bittet jedoch seiner Armut wegen um Nachsicht. Der Comthur lässt ihm den nicht gezahlten Zehent auf zwei Jahre nach,

¹) Cod. Dipl. Mor. VII. 148 und 149.

dann aber muss derselbe dem Heiligen-Geist-Spitale in Alt-Brünn weiter gezahlt werden. Unterzeichnet haben die Urkunde zu Brünn am 3. November 1338 Peter, Brünner Vice-Archidiacon in Říčan, Nikolaus von Hoschitz, Konrad zu Allerheiligen, Canonici bei St. Peter in Brünn, dann die Pfarrer von Strážka und Ober-Bobrau.¹)

Länger und hartnäckiger dauernd war ein Zehentstreit zwischen dem Pfarrer Wolfram von Grussbach und dem Kloster zu Oslavan. Die Nonnen in Oslavan hatten im Umfange der Grussbacher Pfarre einen gewissen Besitz, von dem sie den Zehent bezogen haben. Der Pfarrer Wolfram nahm den Zehent für sich in Anspruch. Die Nonnen klagten bei der competenten mährischen Behörde. Ein Landesbeamter, Heinrich von Brünn, entschied zu ihren Gunsten, womit sich der Pfarrer nicht begnügte. Die Appellation, welche den Landrichter Heinrich als bestochen und als Klosterschmarotzer schildert, kam an den päpstlichen Hof, und Benedict XII. bestellte zu Avignon 5. März 1339 den Bischof von Passau und den Abt des Klosters Altenburg, sowie den Dechant der Passauer Kirche, Otto, zu Procuratoren und Richtern in dieser Streitfrage. Wie sie entschieden haben, blieb unbekannt, das jedoch erzählen die Urkunden, dass Otto die ganze Angelegenheit einem Subdelegaten, einem Grafen von Magdeburg, den der Dechant seinen Mitbruder nennt und der Pfarrer in Gors (sic!) war, übergab, sich zu Passau 21. Mai 1339 entschuldigend mit der grossen Entfernung von Mähren und mit seinen vielen anderweitigen Geschäften.²) Noch haben wir zu erwähnen, dass Witoslaus

¹) Cod. Dipl. Mor. VII. 156.
²) Cod. Dipl. Mor. VII. 162 und 169.

von Němčic, Pfarrer in Lowčic, den Nonnen in Maria-Saal in Alt-Brünn, in deren Kloster er seine Begräbnisstätte wählte, sein Dorf Hajan mit allem Zubehör nach seinem Tode vermacht habe.[1]) Unter den Zeugen erscheinen: Vznatha von Lomnitz, Landeshauptmann oder mährischer Kämmerer, Gerhard von Kunstadt, Kämmerer der Brünner Čuda, Theodorich von Spran, Čudenrichter derselben Čuda, Ješek von Boskovitz, Hecht von Rossitz, die Brüder Hermann und Busek von Lelekovitz. Da die Urkunde zu Brünn „vor der Cuda" ausgestellt und gegeben wurde am 18. Juni 1339, so schliessen wir, dass damals das kleine Landgericht in Brünn tagte. Es mochte um dieselbe Zeit gewesen sein, in welcher sich der Markgraf Karl und sein Vater, K. Johann, in Brünn befanden und den versammelten Ständen den Revers über die erhaltene Berna am 3. Juli 1339 unterzeichnet haben. Auch Stephan von Sternberg bewies seinen frommen und dankbaren Sinn, dass er am 29. Juni l. J. der Georgskirche zu Sternberg den ganzen Zehent von den Eisenschmelzhütten bei dem Markte Bärn schenkte. Diese Schenkung war gewissermassen eine aufgenöthigte. Die Güter von Bärn und Sternberg gehörten um das Jahr 1330 dem Stephan von Sternberg. Nach der Resignation desselben fielen sie theils durch die Abstammung und theils durch Testament an Diviš, Brudersohn Stephan's von Sternberg. Vielleicht war es testamentarisch festgesetzt, dass der Erbe der St. Georgskirche in Sternberg den vollen Zehent von den Eisenschmelzöfen, welche in der Nähe des Marktes Bärn in

---

[1]) Cod. Dipl. Mor. VII. 172. Datum et actum Brune coram Czuda.

Betrieb sind, ausfolge, indem nur diesen Sinn die von Stephan am 29. Juli 1339 ausgestellte Urkunde haben könne. Als Zeugen erscheinen Benedict und Bohunko von Luža, Georg von Domassliz, Bohunko von Olšan, Fr. Peter, Guardian in Olmütz, Macek, Pfarrer in Hof, und dessen Kaplan Stephan, der Notar Konrad, Pfarrer in Babitz, u. a.¹) Wir glauben daher hinreichend den Beweis erbracht zu haben, dass Mährens Zustände in der Zeit, als in Böhmen der Herr von Potenstein den Landfrieden brach und der Markgraf abwesend war, zu den glücklicheren gerechnet werden können.

Wir wissen, dass Markgraf Karl mit seinem Vater aus Breslau den Weg nach Frankreich antrat, um ihrem Freunde und Bundesgenossen, dem Könige Philipp VI., im Kriege wider Eduard III. Hilfe zu leisten. Im Monate August 1339 waren sie in Budišin. Am 10. August genehmigt daselbst K. Johann als Folge der scharfen Tonart des Bischofs Nanker wider den König das Bündnis der Städte Breslau, Neumarkt, Glogau, Görlitz, Bautzen (Budišin), Kamenz, Löbau, Strehlen und Ohlau. Und am 22. August verkaufen K. Johann und Markgraf Karl dem Herzoge Boleslav von Schlesien und Herrn in Liegnitz die Stadt Lubin mit dem dabei liegenden Schlosse um 4425 Mark Prager Groschen,

---

¹) Cod. Dipl. Mor. VII. 173. „quod ob testamentum... ecclesie nostre capituli (sic!) in Sternberg, in honore S. Georgii constructe et fundate, decimam plenam omnium gazarum nostrarum, aes ferri conflantium in foribus oppidi nostri Bärn... conferimus perpetuo et legamus. Testibus subnotatis Benedicto, domino Bohuncone de Luzza.. Maczkoue plebano de Curiis et Stephano capellano" etc.

und am 24. erklärten Herzog Boleslav und dessen Söhne, Wenzel und Ludwig, dass sie, wie ihnen der Kaufschilling erlegt werde, den Kauf zurückstellen. An demselben 24. Aug. bestimmen K. Johann und der Markgraf Karl die obgenannten Herren, also den Herzog Boleslav von Schlesien und dessen beide Söhne, zu Hauptleuten der Stadt und des Districtes von Glogau und übergeben ihnen die Stadt und das Schloss mit allen Rechten und Einkünften auf so lange, bis den letzteren 2125 Mark Groschen bezahlt sein werden.[1]) Dieser Aufenthalt in Budišin bildet eine Art von Wendepunkt in dem Leben der beiden so merkwürdigen, so geschichtsreichen Männer, des Königs Johann und des Markgrafen Karl. Johann verlor zu Ende des Jahres 1339 sein zweites, ohnehin schon lange krankes Auge, er wurde gänzlich blind, und Karl ward infolge dieses Umstandes Stellvertreter in Böhmen.[2]) Das erstere Unglück, welches schon lange vorauszusehen war, änderte plötzlich seinen Charakter, das aufbrausende, heftige und daher oft unbesonnene Wesen hörte auf, er wurde ernster, gemässigter und andächtiger, die Eifersüchteleien, an denen sein ältester Sohn so oft und so viel zu leiden hatte, wiederholten sich nicht mehr. K. Johann schickte Karl an seiner statt nach Prag zurück, während er weiter nach Frankreich reiste. Leider, dass ihm die Eitelkeit blieb, nicht für einen Blinden gelten zu wollen; er benahm sich in allen seinen Handlungen so, als sähe er selbst alles, wie

---

[1]) Cod. Dipl. Mor. VII. 179—181.
[2]) Vita Karoli. Böhmer, Fontes I. 259. „Et disimit me loco sui in regno."

zuvor, und wollte nicht, dass man sein Übel bemerke.¹) Markgraf Karl hielt sich nur wenige Tage in Prag auf. Er erhielt hier die Kunde, dass sein Schwager, Herzog Heinrich von Nieder-Baiern, am 1. Sept. 1339 in Landshut gestorben und dass sein Vater bereits in Frankreich sei und es dort zu kriegerischen Thaten kommen werde. Diese Nachrichten bewogen ihn, den Markgrafen, Böhmen zu verlassen, und über Baiern zu seinem Vater zu reisen. Zu seinem Statthalter bestimmte er einen der mächtigsten Dynasten des Königreiches Böhmen, den Oberstkämmerer Peter von Rosenberg in Böhmen, in Mähren aber Čeněk von Lipa. Es war dies zum erstenmal, dass Karl in Böhmen einen so wichtigen, wir können sagen, einen souveränen Act, wie dies die Ernennung eines Statthalters ist, durchführte, ohne Furcht, vom Vater desavouirt zu werden, und darum bemerkten wir, dass in Budišin ein Wendepunkt für die beiden Regenten eintrat.

In Baiern besuchte er seine verwitwete Schwester in der Absicht, ihr und ihrem Sohne Johann zu rathen und wegen der vormundschaftlichen Regierung das Nöthige zu

---

¹) Chron. Beneš de Weitmile. Script. rer. Bohem. II. 327. Es hat allen Anschein, dass K. Johann schon aus Budišin mit krankem Auge die Reise nach Frankreich antrat. Erst nachdem das Übel bedeutende Fortschritte machte, besuchte er im December, und zwar aus falscher Scham, im Geheimen die Ärzte in Montpellier, weshalb Karl in seiner Selbstbiographie sagt: „Illis diebus, cum pater meus unum oculum perdidisset, in altero incipiens infirmari, transivit in Montem Pessulanum (Montpellier) secreto ad medicos, si posset curari." Böhmer, Fontes I. 260.

veranstalten, was jedoch schon überflüssig war; denn auf Grund eines Vertrages vom 13. Sept. 1339 versprach der deutsche Kaiser Ludwig Land und Leute in Nieder-Baiern, wie ihm der Schwager und Fürst, Heinrich, Herzog in Baiern, bei Lebzeiten empfohlen hat, getreulich zu schirmen und zu pflegen, besonders verheissend, dass er das Land mit keinem Fremden besetzen und einen jeden bei seinen Rechten behalten solle.[1]) Da nun Kaiser Ludwig die Pflegschaft und Vormundschaft übernommen, und den eigentlichen Erben mit seinem Töchterchen Anna verlobt hatte,[2]) war für Karl in Landshut nichts weiter zu thun, und er zog gegen Trier weiter. Hier besuchte er seinen Grossoheim, den Erzbischof Balduin, und urkundete am 22. Sept. in Trier,[3]) sodann eilte er nach Luxemburg, wo er noch seinen Vater antraf.[4]) Am 11. Oct. 1339 waren sie schon im französischen Lager, das in der grossen Ebene bei St. Quentin aufgeschlagen war. Von hier aus liess K. Johann am 17. Oct. gemeinschaftlich mit dem Herzoge von Lothringen und andern im französischen Heere befindlichen Herren dem Könige Eduard von England schreiben, dass der König von Frankreich nächsten Mittwoch sein Lager so nähern werde,

---

[1]) Böhmer, Kaiserregesten, Ludwig der Baier, S. 126 n. 2020.
[2]) Beneš de Weitmil. Script. rer. Bohem. II. 327 und Vita Karoli. Böhmer, Script. I. 259. „Cuius (Iohannis) tutelam pariter et patrie occupavit Ludovicus, qui se gerebat pro imperatore, racione matrimonii et tractatus, quem idem Ludovicus fecerat cum patre predicti pueri."
[3]) Cod. Dipl. Mor. VII. 183.
[4]) Vita Karoli. Böhmer l. c. 259. „Transiens Bavariam veni ad patrem meum in comitatum Luczemburgensem."

dass am folgenden oder nächstfolgenden Tage, also am 21. oder 22. Oct., eine Schlacht stattfinden könne, wenn König Eduard sie erwarten wolle,[1]) um den vielen Grenzplünderungen in der Unsicherheit der ganzen Streitfrage ein Ende zu machen. Das Anerbieten wurde angenommen und das beiderseitige Heer in Schlachtordnung gestellt; aber keiner der anwesenden Könige griff an. Es vergieng der zur Schlacht bestimmte Freitag, der 22. Oct., es verstrich aber auch der Samstag, und unverrichteter Dinge lösten sich die beiden Heere auf, das französische aus Furcht oder Feigheit, und das englische aus Geldmangel, und weil die deutschen Bundesgenossen ihrer Pflicht Genüge gethan zu haben vorgaben, begab sich K Johann im Oct. nach Montpellier, um die Kunst der dortigen Ärzte an seinem kranken Auge zu versuchen.

Eben ruhten die Waffen zwischen den Franzosen und den Engländern und der Winter machte in den nördlichen Gegenden jeglichem kriegerischen Unternehmen ein Ende, aber nicht in den südlichen. Namentlich in Spanien dauerten die Kämpfe zwischen Christen und Mohamedanern ununterbrochen fort, und man betrachtete die dortigen Kämpfe ebenso für verdienstlich, wie die im gelobten Lande. Was Wunder daher, wenn der zur Frömmigkeit stark geneigte Karl diese Gelegenheit benützte, sich im Kriege wider die Ungläubigen Verdienste zu sammeln? Die Freunde, welche seinen Vater aus Deutschland begleiteten und deren Namen wir aus K. Johann's Testamente vom J. 1340 kennen, als die Gaugrafen Georg und Konrad, Graf Wilhelm von Katzen-

---

[1]) Böhmer, Kaiserregesten, Johann von Böhmen, 207, u. 275.

ellenbogen. Walram von Sponheim und der junge Graf von Veldenz, standen noch gerüstet da, die boten sich dem Markgrafen an, und in Montpellier eröffnete Karl seinem Vater die Absicht, über die Pyrenäen zu ziehen und den König Peter gegen die Saracenen zu unterstützen. Die ihn begleitenden Truppen waren bereits bis Montauban vorgerückt und eben wollte Markgraf Karl in Montpellier von seinem blinden Vater Abschied nehmen, als ihn dieser bewog, vom Feldzuge abzustehen und bei ihm zu bleiben. Karl gab den Worten des unglücklichen Blinden nach, und liess das vorausgegangene Geleite zurückrufen.[1]) Dies mochte im Dec. 1339 vorsichgegangen sein, bevor K. Johann Paris erreicht hatte. Denn nachdem er jegliche Hoffnung auf Erlangung des Augenlichtes in Montpellier aufgeben musste, beschloss er, mit seinem Sohne den Papst in Avignon zu besuchen. Ob aufgefordert oder aus Höflichkeit, ist schwer zu sagen. Aus Karl's Worten könnte man schliessen, dass der Besuch ein lohnender war. Die Klagen wegen der Burg Militsch, überhaupt wegen Breslau, und wegen des wundesten Fleckes der päpstlichen Curie, wegen des verweigerten Peterspfennigs in der Breslauer Diöcese, die durch Galhardus an den Papst kamen,[2]) mochten in diesem den Wunsch rege gemacht haben, die beiden betheiligten Regenten nach Avignon vor-

---

[1]) Vita Karoli. Böhmer, Fontes I. 260. „Ego procedebam ad regem Hispanie in auxilium eidem contra regem Granate, Feragatium, ac gentes et apparatus meos iam premiseram in Montem albanum. Sed pater meus retinuit me in Monte Pessulani secrete, non permittens me transire ulterius."
[2]) Theiner, Polonia Sacr. I. 415 sqq. vom Sept. 1339.

zuladen.¹) K. Johann und Markgraf Karl folgen der Einladung, ohne jedoch die Streitfrage wegen des verweigerten Peterspfennigs in der Breslauer Diöcese entschieden zu haben. Karl erzählte vertraulich dem Papste seine Vision, die ihm über den Dauphin von Frankreich in Italien zu Tarenzo wurde²) und hatte das Vergnügen, hier am päpstlichen Hofe seinen alten Lehrer und Freund, den ehemaligen Abt von Fekamp, nunmehrigen Cardinal Pierre de Rosier, seit 19. Mai 1342 Papst Clemens VI. (1342--1352) zu begegnen.³) Es wird vermuthet, dass irgend ein Dynast aus der Heimat mit dem Markgrafen in Avignon weilte. Man nannte den Herrn Ulrich von Neuhaus, welcher den 6. März 1340 zu Avignon auf seine persönliche Bitte vom Papste Benedict XII., nachdem er ihm auseinandersetzte, wie auf seinen Gütern in Böhmen und Mähren zahlreiche Ketzer hausen, die Zusicherung erhielt, denjenigen, welche sich zur Bekämpfung der Ketzer

---

[1] „Et cum curari non valuisset pater meus, processi una cum ipso versus Avinionem ad papam Benedictum duodecimum, ad concordandum cum eo de denario Sti. Petri, qui datur in dyocesi Wratislaviensi. Vita Karoli, I. 260. In Avenione... ubi manserunt ambo aliquo tempore, (also vor dem Januar 1340) tractantes cum domino papa sua negotia." Beneš de Weitmil, Script. rer. Bohem. II. 328.

[2] Vita Karoli. Böhmer, Fontes I. 244, 245.

[3] „Cum ibidem essemus apud papam, Petrus, quondam abbas Fiscanensis, Lemovicensis diocesis oriundus, promotus in episcopum Altisiodorensem... Is recepit me in domum suam, me marchione Moravie existente," also schrieb diese Selbstbiographie Karl erst als deutscher Kaiser. Böhmer, Fontes I. 260.

aufmachen, jene geistlichen Gnaden zukommen zu lassen, welche den Kreuzfahrern ins gelobte Land zutheil werden.[1]) Wie lange der Aufenthalt in Avignon dauerte, ist nicht aufgezeichnet worden.[2]) Im Januar 1340 war jedoch K. Johann mit seinem Sohne sicher schon in Paris. Am 26. Jan. befreit er durch eine zu Paris ausgestellte Urkunde die Ritter und Vasallen, sowie alle Bürger von Trautenau und Königinhof, die sich von alten Zeiten her des kaiserlichen und deutschen Rechtes, wie seine Vasallen von Glatz und Bautzen, erfreuten, von der Gerichtsbarkeit der Cuda, und am 26. März d. J. 1340 erlässt er dem Kloster Königssaal die Abgabe, welche ihm dasselbe wegen der Wahl eines neuen Abtes zu entrichten hatte.[3]) Dass Markgraf Karl noch im Monate März in Paris weilte, beweist seine Urkunde vom 16. März 1340, durch welche er erklärt, dass er dem Abte und dem Convente des Familienklosters Königssaal verboten habe, den zur Rouchowaner Kirche, welche seine Mutter mit noch andern testamentarisch dem oberwähnten Kloster vermacht hat, gehörigen Zehent zu

---

[1]) Cod. Dipl. Mor. VII. 190. „Dilecto filio, nobili viro, Ulrico de Novadomo, Pragen dioces, baroni de regno Boemie. Quare tu, in nostra presentia constitutus, humiliter supplicasti" etc.
[2]) Über die auf den Traum zu Tarenzo, südöstlich von Parma, im August 1333 bezüglichen Berichte der Vita Karoli (Böhmer, Fontes I. 245, 260 und 261) und die angebliche Charakterwandlung Karl's während des Aufenthaltes zu Avignon im J. 1340, siehe Werunsky, Karl IV. I. 449—451.
[3]) Cod. Dipl. Mor. VII. 189 und 193.

verkaufen oder zu verpfänden.¹) Während K. Johann in Paris blieb, um den König, seinen Freund, für den neuen Krieg, der im Frühjahre 1340 wieder mit Eduard III. eröffnet werden sollte, wenn nicht seiner Blindheit wegen mit That, so doch mit Rath zu fördern, bestimmte er seinen Sohn, nach Baiern zu reisen, um der verwitweten Margaretha und ihrem zehnjährigen Sohne wider unterschiedliche Anmassungen des deutschen Kaisers Ludwig beizustehen.²) Da er jedoch die Spannung beglichen fand, beschloss er, seinen Bruder, Johann Heinrich, in Tirol zu besuchen.

Sehen wir, was während der Abwesenheit des Markgrafen Karl bis zu seiner Reise nach Tirol, also vom Juli 1339, oder von seiner Fehde mit dem Herrn Niklas von Potenstein bis März 1340, in Mähren vorsichgieng. Was wir zu erzählen haben, sind nur Thaten des Friedens, die hauptsächlich am kirchlichen Boden stattfanden und daher grossentheils dem Bischofe von Olmütz, Johann Wolek, zuzuschreiben sind. K. Johann hätte seine Thätigkeit nicht so in Paris durchführen können, wenn sein Markgraf das Land nicht in Ruhe und Ordnung hinterlassen hätte. Nur, wo Recht und Ordnung herrscht, gedeiht der Wohlstand. Am

---

¹) Cod. Dipl. Mor. VII. 193. Vergl. Archiv der kaiserl. Akademie der Wissenschaften in Wien. Bd. 41, S. 472. Dieselbe Urkunde ist wiederholt ddo. Prag 21. März 1347. Cod. l. c. 519.
²) Vita Karoli. Böhmer l. c. 261. „Ab inde (Francia) misit me pater meus ad sororem meam, olim relictam Henrici, ducis Bavarie, que opprimebatur per Ludovicum, qui se gerebat pro imperatore, pro auxilio et consilio eidem faciendis. Et cum pervenissem ad eam, inveni eam cum eo concordatam."

5. Febr. 1339 verdingen Abt Předbor und der Convent des Klosters Břevnov den in Urhau gelegenen, nun zum Kloster Raigern gehörigen Hof auf 6 Jahre um $3^1/_2$ Mark an Waněk und Stephan von Raigern, die die Pachtsumme in zwei jährlichen Raten zu entrichten hatten.¹) Wie geregelt Karl die Städte, die Zierde und Stütze eines jeden Landes, hinterliess, ersicht man aus einer Urkunde ddo. Znaim 11. April 1339. Der Stadtrath von Znaim, bestehend aus dem Stadtrichter, dem Bürgermeister und 10 Magistratsräthen, befreit nämlich das in der Stadt liegende, dem Kloster Welehrad gehörige Haus von allen Stadtabgaben und Stadtlasten, als da sind: der Patrouillen- und Wachdienst und die Zahlungen für die von der Stadt geworbenen Soldaten. Zugleich erhielt dieses auf die Kaufhalle anstossende Stiftshaus das Recht, zur Zeit der Gefahr die armen Unterthanen des Klosters mit Hab und Gut aufnehmen zu dürfen.²) Also für innere Sicherheit und für die Armut wurde vorgesorgt. Der Bischof Johann vermehrte die Bisthumsgüter, indem er während seines Aufenthaltes auf der Burg Meilitz bei Pustoměr, deren Spuren kaum noch sichtbar, von der Frau Gertrud und von ihrem Sohne Benedict, genannt Hus, ihre Güter in Kurovitz und Třebětic für das Bisthum erkauft habe.³) Die Kaufsurkunde

¹) Cod. Dipl. Mor. VII. 160.
²) Cod. Dipl. Mor. VII. 166. „Ab omnibus vigiliis ac custodiis uec non stipendiis Civitatis penitus sit exempta... Pauperes etiam dicti monasterii tempore disturbii cum suis rebus ad eandem domum confugientibus . . omni nostra protectione ac plena gaudeant libertate."
³) Cod. Dipl. Mor. VII. 178.

ist vom 17. Juli, während er zu Olmütz am 30. September erklärt, dass der oberwähnte Benedict Hus von Kurovitz seiner Schwester Agnes 5 Mark Zinses in Aujezd, und Hinek von Bystřitz, ihr Gatte, 10 Mark in Haňovitz als Leibgeding angewiesen haben. Da Aujezd und Haňovitz bischöfliche Lehen waren, musste man die neue Belastung dieser Lehen dem Olmützer Generalcapitel am Hieronymi (30. Sept.) vorbringen. Als Zeugen erscheinen die Lehensträger Franco von Chorýn, Albert und Henslin von Mödritz, Albert von Wysternitz und Nikolaus von Šlapanitz. Ein gewisser Magister Heinrich war damals bischöflicher Official.[1]) Gewiss hat Bischof Johann dem Generalcapitel auch die in jüngster Zeit den verschiedenen Klöstern gemachten Stiftungen, wie dies Sitte war, bekannt gemacht. Schon am 13. Febr. 1338 gestattete K. Johann von Böhmen der Katharina von Lomnitz die Hälfte der Dörfer Sivitz und Blažovitz bei Brünn dem Kloster St. Auna zu Brünn testiren zu dürfen.[2]) Bei Tišnovitz liegt ein Markt, Deblin, von welchem sich ein Rittergeschlecht nannte. Um das J. 1338 waren von diesem Geschlechte zwei Schwestern, Gerussa und Katharina. Die letztere hatte Tasso von Lomnitz zum Gatten. Beide Schwestern hatten die zwei kleinen Güter bei Brünn, Sivitz und Blažovitz, zur Hälfte. Als sich Walter von Hradek (Erdberg) Landeshauptmann von Mähren nannte, zwischen 1310 und 1315, verpfändete dieser aus unbekannten Ursachen dem damaligen Stadtrichter von Brünn, Wenzel, die Hälfte dieser Güter. Aus irgend einer nicht weiter angegebenen Ursache verwirkte Wenzel diese Güter, die nach

---

[1]) Cod. Dipl. Mor. VII. 183.
[2]) Cod. Dipl. Mor. VII. 133.

Recht und Gewohnheit an den König fielen, gerade damals, als Katharina von Lomnitz im Begriffe war, das Dominikanerkloster St. Anna in Alt-Brünn in dem vom Könige geschenkten Garten zu stiften. Da sich der König an dieser Stiftung betheiligen wollte, gibt er der Frau Katharina die Erlaubnis, die Hälfte der oberwähnten Dörfer dem St. Annakloster zu testiren.¹) Dasselbe Kloster erhielt testamentarisch ddo. Brünn 13. Sept. 1339 durch Vznata von Lomnitz mit Zustimmung seiner drei Söhne, Ješek, Jenčo und Boček, das Gut Mauthnitz, dessen Einkünfte jedoch auf Lebzeiten seiner Tochter Elisabeth, welche Priorin des Klosters war, zufallen. Zur Aufbesserung bekam sie ihr Heiratsgut, bestehend aus 5 Mark auf Gross-Urhau und aus einem grossen Garten, was alles nach ihrem Tode dem Familienkloster gehören solle. Als Zeugen erscheinen die drei oberwähnten Söhne, die Herren von Lomnitz, dann Gerhard von Kunstadt, Kämmerer der Brünner und Znaimer Cuda, Poto von Wildenberg und Vznata's angeheirateter Schwiegersohn, Ješek von Boskovitz. ²)

---

¹) Cod. Dipl. Mor. VII. 133. „Strenuus vir quondam Waltherus de Castello, tunc Marchionatus nostri Moravie capitaneus." Da keine weitere Nachricht über diesen Landeshauptmann vorliegt, so ist es zweifelhaft, ob dieser Walter von Hradek wirklich Landeshauptmann war, oder bloss ein Camerarius.

²) Cod. Dipl. Mor. VII. 182. Wznata von Lomnitz erscheint auf einer Urkunde vom 18. Juni 1339 als Capitaneus seu Camerarius Moraviæ (Cod. l. c. 172). In demselben J. 1339 erscheint Čenko von Lipa als „Capitaneus Moraviæ" vom Karl hiezu ernannt, gleichzeitig mit Peter von Rosenberg in Böhmen. Pelzl, Kaiser Karl IV. Th. I. 90.

Welches Vertrauen der Olmützer Bischof Johann am Hofe zu Avignon hatte, zeigt folgende Begebenheit. Der Abt des Prämonstratenserklosters Strahov in Prag, Peter, gerieth in den Ruf eines Verschwenders. Um sich Sicherheit darüber zu verschaffen, bestellte Papst Benedict XII. die Äbte von Opatovitz und Königssaal, dann den Domherrn von Olmütz, Johann Paduanus, strenge zu untersuchen, ob sich der Ruf des Abtes wegen der schlechten Gebarung mit dem Stiftsvermögen bestätigte. Das hierüber erlassene Breve ist ddo. Avignon 1. Oct. 1339.[1]) Kurz zuvor wurde im Kloster Strahov der Abt Theodorich als Dilapidator der Klostergüter vom Generalcapitel mit Zustimmung der päpstlichen Curie abgesetzt. Man wählte zu seinem Nachfolger vom Convente den damaligen Pfarrer von Weisskirchen in Mähren, einen gewissen Peter von Baurovitz, vergass jedoch auf den Umstand, dass sich Papst Johann XXII. die Ernennung des Abtes vorbehalten hatte. Diesen Umstand benützte ein gewisser Hildgerius, um gegen die Rechtsgiltigkeit der Wahl des Peter aufzutreten und ihn als Verschwender der Klostergüter zu bezeichnen, woraus ein Process entstand, den die Äbte von Opatovitz und Königssaal und der Olmützer Domherr, Johannes Paduanus, an Ort und Stelle gründlich untersuchen, und den Untersuchungsact nach Avignon zur Entscheidung einschicken sollten.[2]) Eine ähnliche Untersuchung wurde von demselben Papste den beiden oberwähnten Äbten und dem Olmützer Domherrn, Johannes Paduanus, durch ein Breve vom 25. Oct. 1339 übertragen.

[1]) Cod. Dipl. Mor. VII. 184.
[2]) Cod. Dipl. Mor. VII. 184.

Ein gewisser Heinrich, genannt Czalta, Prämonstratenser von Milevsko (Mühlhausen, Tabor. Kr.) in Böhmen, wurde Abt im Prämonstratenserkloster zu Leitomyšl. Auch er wurde bei der Curie der Verschleuderung und des Missbrauches der Klostergüter angeklagt. Da sich der unruhige Prämonstratenser von Strahov, Hildgerus, in den Streit mischte, wollte der apostol. Stuhl die Wahrheit erfahren und beauftragte die Untersuchung.[1]) Unstreitig war die Seele der Commission Johann Paduanus, er war Decretorum Doctor, unter dem Bischofe Hinek von Duba, Generalvicar der Olmützer Diöcese, bischöflicher Protonotar und Domherr in Prag, auf dem Vyšegrad und in Olmütz. Seiner Verdienste und seiner Gelehrsamkeit wegen wurde er nach der Erhebung des Prager Bisthums zum Erzbisthum zum Official der erzbischöflichen Curie ernannt.[2]) Damals wurde Paduanus zum päpstlichen Commissarius ernannt und gehörte zur Olmützer Domkirche, bei welcher eben damals eine neue Domherrenpräbende errichtet wurde. Ein gewisser Adam von Konitz bestimmte mit Zustimmung seines Sohnes Johann sein Erbe, das Dorf Bělovitz und drei Hofstätten in Luthotein, nebst einer Mühle mit dem Markte Kosteletz im Werthe von 12 Mark jährlichen Zinses, als Stiftung zu einer Domherrnpräbende für sein und seiner Vorfahren Seelenheil. Die Urkunde hierüber ist zu Olmütz ausgestellt am 21. Febr. 1340 und unterzeichnet von Potho von Wildenberg, Zbyněk von Stralec, Luček von Wissemberg, Beneš von Kravař, von

[1]) Cod. Dipl. Mor. VII. 187.
[2]) Cod. Dipl. Mor. VII. 440. „Officialis curie archiepiscopalis Pragensis."

einem zweiten Potho von Wildenberg und den zwei Brüdern Ješek und Albert von Cimburg.[1]) Damals wurde auch der Grund gelegt zu dem Präbendgute Gross- und Klein-Senitz.[2]) Bischof Johann hatte somit die Freude, zu sehen, wie das Kapitelvermögen wachse, aber er hatte als Kirchenfürst auch den Schmerz, zu sehen, wie Häresien in seiner weiten Diöcese auftauchen und Ursachen zu Klagen geben. Es war dies die Ketzerei der sogenannten Apostelbrüder. Der Stifter dieser Secte war ein gewisser Gerhard Segarelli, ein schwärmerischer Jüngling aus Parma, dem die Franciscaner die Aufnahme in ihren Orden verweigert haben und dessen Eitelkeit sich nun berufen glaubte, über die Kirche hinauszugehen, und durch einen eigenen Orden ohne Clausur sie reformiren zu können. Zu dem Ende stiftete er 1261 eine Gesellschaft, welche, auf alle Art die Apostel nachäffend, ihre Lehrer mit diesem Namen benannte, unter Gebet, Gesang und Ankündigung der Nähe des Reiches Gottes umherzog. Da nach dem Vorbilde der Apostel auch Frauen mit diesen Brüdern zogen, geriethen sie alsbald in den Ruf der Unsittlichkeit, und da sie den Meineid für erlaubt hielten und dem Communismus huldigten, wurden sie zugleich von der weltlichen Behörde verfolgt. Unterschiedliche Synoden, z. B. 1287 die von Würzburg, 1310 von Trier u. s. w., haben die Apostelbrüder verdammt und ihre Aufnahme in der Diöcese verweigert. Nichtsdestoweniger verbreiteten sie sich auch in Mähren und Böhmen, so dass sie ihrer Gefährlichkeit wegen — sie waren häufig Mordbrenner —

---

[1]) Cod. Dipl. Mor. VII. 189.
[2]) Cod. Dipl. Mor. VII. 168, 192, 194 und 196.

mit Feuer und Schwert verfolgt werden mussten, und wenn
päpstliche Inquisitoren wider sie auftraten, wussten sie sich
zu verstecken und sich an den Angebern zu rächen.[1])
Eben war der Dominikaner und päpstliche Inquisitor
in Böhmen, P. Gallus, in Rom anwesend. Er konnte erzählen,
wie durch seine Bemühungen gar viele zum wahren Glauben
zurückgekehrt und wie unter den Häretikern meistens
Deutsche und Ausländer sind; aber es war auch damals in
Avignon, wahrscheinlich im Gefolge des Königs Johann und
des Markgrafen von Mähren, Karl, der mächtige, in Mähren
und in Böhmen begüterte Dynast, Ulrich von Neuhaus,
welcher eben der Ketzer wegen an den Papst eine Bittschrift
einreichte, allen denjenigen, welche auf seinen Gütern zur
Bekämpfung dieser gefährlichen Sectirer, die nach der Abreise
des P. Gallus gleich wieder abfielen und ihre Conventikel,
wie früher unter dem Vorsitze ihrer Meister, die sie Apostel
nennen, sich thätig betheiligen, dieselben geistlichen Gnaden

[1]) Cod. Dipl. Mor. VII. 190. „Sane petitio tua, nobis exhibita,
continebat, quod in terris, tuo dominio temporali subiectis,
in Pragensi et Olomucensi dioecesibus consistentibus, et
etiam in toto regno Boemie, infiniti haeretici, communiter
Theutonici et advene, non absque infectione cultorum fidei
orthodoxe, periculose proh dolor! in magna multitudine
pullularunt, et quod dicti haeretici cum inquisitores haere-
tice pravitatis, auctoritate apostolica in illis partibus constituti, volunt procedere contra eos, fugient et latitant, ac
catholicos capiunt, mutilant, expoliunt et aliter prodicio-
naliter offendunt, eosdem corumque bona incendio ignis
supponunt" etc.

zu ertheilen, welche den Kreuzfahrern im heiligen Lande zutheil worden sind.[1] Der Papst erhörte die Bitte durch ein Breve ddo. Avignon 6. März 1340. Welche Wirkung dieses Breve hatte, steht nicht verzeichnet; da aber Inquisitoren der Häresie weiter in Böhmen und Mähren ernannt wurden, wucherte die Häresie in diesen Ländern auch noch weiter, und Markgraf Karl hatte mit ihr, wie wir sehen werden, wenn auch unter einem andern Namen, noch viel zu thun. Für diesesmal traf er seine Markgrafschaft in ziemlich geordneten Verhältnissen an, da sogar Private in der Lage waren, Stiftungen zu machen. So erklärte zu Raigern am 12. März 1340 Martin, Müller zu Strumau, dass er eine Mark Zinses der Jungfrau Lucia von Brünn, Tochter des Nikolaus von Tišnovitz, verkauft hat, welche Mark nach ihrem Tode dem Raigerer Kloster zufallen soll,[2] und am 19. März d. J. vermacht der Pfarrer von Mödritz, Johann, dem Kloster zu Raigern den Zehent von seinem in Schöllschitz gelegenen Hofe, unter der Bedingung, dass das Kloster zu Raigern dem jedesmaligen Pfarrer in Mödritz für

[1] Cod. Dipl. Mor. VII. 190. „Tamen post eius (Galli) absentiam in errores pristinos sunt relapsi, conventiculas illicitas cum magistris eorum, quos vocant apostolos faciendo, qui in tantum numerum excreverunt, quod te tuosque subditos catholicos ausi sunt temere diffidare. Quare tu, in nostra presentia constitutus, nobis humiliter supplicasti" etc.

[2] Cod. Dipl. Mor. VII. 191. Unter den Zeugen erscheinen Witek, Probst von Raigern, Gallus, Pfarrer, und Martin, Kaplan des Probstes, dann Ješek, Richter des Marktes Raigern, Heuslin, ehedem Richter, Wolek Thomas und Holek, Geschworene von Raigern, und Vluch, Müller von Rebešovitz.

den Naturalzehent jährlich 8 Metzen Korn und 6 Metzen Hafer zu entrichten habe. Der Vyšegrader Probst Peter, damals des Olmützer Bischofs Johann Generalvicar in temporalibus et spiritualibus, wird ersucht, das Testament des Pfarrers von Mödritz anzuerkennen und zu bestätigen.¹)

In diesem erfreulichen Zustande befand sich die Markgrafschaft Mähren, als der Markgraf Karl, nachdem er seine Schwester Margaretha mit dem Kaiser Ludwig ausgesöhnt fand, im März 1340 seinen Bruder in Tirol zu besuchen beschloss. Aus Landshut, wo er seine Schwester sprach, ist der geradeste Weg nach Tirol, der damaligen Residenz seines Bruders, Johann Heinrich, über Kufstein und Innsbruck. Da er aber dieser Strasse, welche der Kaiser besetzt hielt wegen der Verweigerung des Frankfurter Vertrags, nicht traute,²) wählte er den Weg über das Erzstift Salzburg, das Gerlos- und Zillerthal, Pinzgau und untere Innthal nach Innsbruck. Als er so den ganzen Tag durch das majestätische Gerlosthal, ein Seitenthal des Zillerthales, nach dem Pinzgau ritt, erinnerte er sich der Vision, die er am 15. August 1333 zu Tarenzo in der Diöcese Parma hatte, und übermannt von religiösem Gefühle, beschloss er seinerzeit in der Prager Domkirche zur Ehre der Himmelskönigin ein Collegium unter

---

¹) Cod. Dipl. Mor. VII. 193. „Deprecans honorabilem virum, dominum Petrum, decanum Wišegradensem, reverendi domini nostri, domini Iohannis, Olomucensis episcopi, in temporalibus et spiritualibus vicarium generalem, quatenus omnia et singula premissa dignetur ex commisso sibi officio approbare, seu etiam confirmare."
²) Siehe S. 147 d. W.

dem Namen der Mansionaren zu stiften, deren Zweck sein sollte, täglich das Lob der Himmelskönigin nach einem eigenen Breviere zu verkündigen.¹) Sowie die Collegiatkirche zu Allerheiligen, so ward das Collegium der Mansionaren später nach drei Jahren wirklich ausgeführt. In Innsbruck traf er seinen Bruder und besprach mit ihm eine Reise nach Böhmen, nach Polen und Ungarn; denn er wollte den Bruder persönlich mit den mächtigen Regenten der östlichen Reiche in Berührung bringen und ihm die Erlebnisse der jüngsten Zeit mittheilen.

Nachdem Graf Johann den Bischof Nikolaus von Trient zu seinem Stellvertreter in der Grafschaft Tirol bestellte, traten im Monate April die beiden Brüder die projectirte Reise an.²) Auf der gewöhnlichen Strasse über Hall und Kufstein gieng es ins böhmische Reich³) und in grosser Schnelle nach Mähren, weil sie Anfangs Mai schon in Brünn rasten konnten.⁴) Sie blieben bis zum 1. Juni in Brünn.

¹) Vita Karoli. Böhmer, Fontes I. 261. „Ad honorem gloriose virginis horas cottidie decantandas in Pragensi ecclesia ordinare concepi, ita ut de ipsius vitæ festis et miraculis cottidie hora legenda legeretur."
²) Vita l. c. 261.
³) Vita Karoli l. c. „processit (Iohannes) mecum in Boemiam, deinde ad regem Cracovie, deinde ad Karolum regem Ungarie."
⁴) Alfons Huber, Kaiserregesten, Karl IV., 10, ddo. Brünn 7. Mai. Markgraf Karl bestätigt dem Ritter Strzyezek Holub dem Älteren ein die gegenseitige Beerbung Holub's und seiner Brüder erlaubendes Privilegium seines Vaters ddo. Frankfurt 14. März 1339. Mit dem Datum Brune 1340 in die beati Stephani prothomartyris (also 26. Dec. 1340).

Am 19. Mai 1340 befiehlt der Markgraf von hier aus den Schöppen der Altstadt Prag, dass sie für die an der Moldau liegenden Mühlen ein bestimmtes Mass für die Höhen der Wasserwehren festsetzen, damit reiche und arme, oben und unten am Flusse liegende Müller ohne Nachtheil ihr Handwerk ausüben können.[1]) Von Brünn gieng die Reise über Kremsier nach Krakau. Am 1. Juni urkundet Karl in Kremsier für die Brüder Berthold und Čeněk und für ihren Neffen Heinrich von Lipa. Er verleiht dieselben Bergrechte für ihre Güter in Schönberg und Goldenstein in Mähren und für Schampach in Böhmen, welche sie für Deutsch-Brod vom Könige Johann erhalten haben.[2]) Denselben Tag befreit er daselbst die Güter und die Leute des Nonnenklosters bei St. Jakob zu Olmütz von allen Steuern und Abgaben; er habe nur erneuert, was er bereits während seines Aufenthaltes in Olmütz am 8. Oct. 1339 durch den Olmützer Burggrafen Robert von Onšov den Nonnen zu thun anbefohlen hat.[3]) Nachdem noch Karl in der Stadt Kremsier alle von seinen Vorfahrern ertheilten Rechte und Privilegien an diesem 1. Juni, damals die Octave der Himmelfahrt Christi, 1340

> Da Markgraf Karl am 26. Dec. weder 1340, noch 1339 in Brünn sein kann, so muthmasst Huber, die Datirung soll heissen: Brune in die translationis beati Stephani prothomartyris, demnach 7. Mai 1340. Die Translatio erscheint nur im Calend. Passaviense, war sonst ungebräuchlich. Wie? wenn man statt 1340 datirt 1341. In diesem Jahre konnte Karl ganz gut in Brünn gewesen sein.

[1]) Cod. Dipl. Mor. VII. 196.
[2]) Cod. Dipl. Mor. VII. 197.
[3]) Cod. Dipl. Mor. VII. 185 und 198.

bestätigt hatte, reiste er mit seinem Bruder nach Krakau ab.[1]) Wann sie dort ankamen, ist nicht angemerkt, ebensowenig, womit der Besuch auf dem Wawel zu Krakau motivirt werden könnte. Nimmt man jedoch auf das Nachfolgende Rücksicht, so scheint es fast gewiss zu sein, dass Markgraf Karl eine Verheiratung seiner Schwester, der Witwe Margaretha, mit dem seit vorigen Jahre verwitweten K. Kazimir anzubahnen beabsichtigte, wobei die Vorführung seines Bruders, Johann Heinrich, nur als Vorwand dienen sollte. Wie wir im nächsten Jahre sehen werden, war Karl's Brautwerbung von gutem Erfolge begleitet. Es ward verabredet, dass der König Kazimir und die Witwe Margaretha nach Prag kommen und daselbst am Margarethen-Tage, also am 13. Juli 1341, das Beilager feiern sollen. So mit den schönsten Wünschen erfüllt, reisten die beiden Brüder an den ungarischen Hof, auf den Vyšegrad.

Vielleicht noch in einem höheren Grade, als bei Kazimir, lag dem Markgrafen Karl für die Zukunft an der Freundschaft des Königs Karl von Ungarn; denn waren einmal die beiden Kronen, wie vorbereitet war, am Haupte Ludwig's von Ungarn, wer bürgte dafür, dass die Polen nicht nach Schlesien wieder strebten, abgerechnet der Länder des deutschen Ordens, wie z. B. Pommern, für das sich Markgraf Karl als ein Deutschordnisches Land verbürgt hatte. Es wurden deshalb die alten Verträge mit Ungarn erneuert, und damit sie auch für den Grafen Johann Heinrich Giltigkeit haben, zwischen ihm und dem Könige von Ungarn und

---

[1]) Cod. Dipl. Mor. VII. 198.

dessen Kronprinzen, Ludwig, ein besonderes Freundschaftsbündnis abgeschlossen.¹) Während Karl mit seinem Bruder Johann noch auf dem Vyšegrad weilten, kamen Boten aus Tirol mit der Nachricht, dass daselbst eine Revolution ausgebrochen sei, um den Grafen Johann zu vertreiben, und dass Margaretha, seine Gemahlin, an ihrer Spitze stehe. Dass die Ehe zwischen Margaretha und dem nunmehrigen 18jährigen Grafen Johann keine glückliche war, ist uns bekannt. Margaretha warf ihrem Gemahl die Impotenz vor, und da in den zehn Jahren ihrer Ehe dieselbe kinderlos blieb, konnte Margaretha mit vollem Grund den Tiroler Landständen erklären, dass von diesem Manne das Land nie einen Erben zu hoffen habe, und da es der sehnlichste Wunsch des Landes nach einem Erben war, lag in dieser Anklage der Hauptgrund der Bewegung. Was jedoch die Landherren besonders gegen die luxemburgische Herrschaft aufbringen mochte, war die nach den schönen Tagen König Heinrich's doppelt empfindliche Sparsamkeit, die Karl von Mähren als Regent einführte, die strenge Aufsicht, welche über die Verwaltung der Einkünfte geübt wurde, die nachträgliche Bestrafung von Unterschleifen, welche unter der Regierung Heinrich's vorgekommen waren. Da über das Ziel, die Vertreibung des Grafen Johann, der Adel mit Margaretha vollkommen einig war, so schritt man

---

¹) Vita Karoli. Böhmer, Fontes I. 261. „Deinde," sagt Karl, „processit (Iobannes) mecum ad Karolum, regem Ungarie, cum quo et filio suo Ludovico, genere meo, se colligavit federibus et ligis firmissimis."

zur Ausführung des Planes.¹) Die Abwesenheit des Grafen in Ungarn bot hiezu die beste Gelegenheit, und man hoffte um so sicherer auf einen glücklichen Erfolg, als man auch schon einig war, wer als Margaretha's neuer Gemahl zugleich Herr des Landes werden solle, und das war kein anderer, als der älteste Sohn des Kaisers Ludwig des Baiern. der schon lange nach dem Besitze von Tirol, und folglich nach der Strasse ins Lombardische strebte, es war ein stattlicher Mann von etwa 25 Jahren, der Markgraf Ludwig von Brandenburg, dessen Gemahlin, eine dänische Prinzessin, im Anfange des Jahres 1340 gestorben war. Margaretha von Tirol zählte damals das 22. Lebensjahr.

So gestützt auf den deutschen Kaiser traten die Landstände öffentlich mit der Anklage auf, Graf Johann habe den Eid gebrochen, als er einen Fremdling, den Bischof Nikolaus von Trient, zu seinem Stellvertreter ernannt habe, sie seien daher im vollen Rechte, sich wider ihn aufzulehnen. Ein natürlicher Sohn des ehemaligen Königs von Böhmen, Heinrich, mit Namen Albert, und der Landeshofmeister Heinrich von Rottenburg erscheinen an der Spitze der Aufständischen, deren Zweck die Vertreibung des Grafen Johann und mit ihm der ganzen Luxemburger Herrschaft in Tirol war. Und das war die Nachricht, welche die beiden königl. Brüder auf dem Vyšegrad traf. Graf Johann eilte infolge dessen durch Böhmen und Nieder-Baiern nach Tirol zurück, während Markgraf Karl allein gegen Ende Juni 1340 Vyšegrad bei Gran verliess und bis gegen Mitte Juli sich in Mähren aufhielt.

¹) Wörtlich aus Alfons Huber, Geschichte der Vereinigung Tirols mit Österreich. S. 82.

Gerade am Feste der Apostelfürsten, Petri und Pauli,
also den 29. Juni 1340, hielt sich Markgraf Karl in Olmütz
auf. Hier stellte er eine Urkunde aus, welche deutlich zeigt,
dass K. Johann dem Markgrafen in Mähren die Administration, aber nicht die volle uneingeschränkte Souveränität überlassen hatte. Zum Souveränitätsrechte gehörte das selbständige Bauen von Burgen; Markgraf Karl beschloss nach seiner Rückkehr aus Ungarn während seines Aufenthaltes in Mähren auf dem Berge Tepenetz bei Bělkovitz, welcher seinem Verwandten, dem Olmützer Bischofe Johann, und überhaupt dem Bisthume gehörte, eine Burg, die er Twingenberg zu nennen befahl, unter genau vorgeschriebenen Bedingungen zu erbauen, die er und seine auf dieser Burg sitzenden Burggrafen im Namen seines Vaters, des Königs von Böhmen, Johann, zu beschwören haben,[1]) also nicht aus eigener Machtvollkommenheit, sondern nur im Namen des Königs. Zu diesen Bedingungen gehörte einmal, dass nur der Berg, der, einen Kegel bildend, allein, ohne der benachbarten Thäler, welche Olmützer Kirchengut sind, in Karl's Eigenthum übergehe, ohne dass die Leute und Güter des angrenzenden Olmützer Bischofscapitels dadurch zu Schaden kamen, die vollständig von der den Burgen anhängenden Belastung, Beherbergung und Verpflegung der Burgbeamten u. s. w. befreit blieben. Auch dürfe der Markgraf die neue Burg nie in fremde Hände, weder durch Verkauf,

[1]) Cod. Dipl. Mor. VII. 203. „Premissa igitur omnia et singula, fide prestita nomine iuramenti pro domino genitore nostro nobis, heredibus et successoribus nostris, semper inviolata tenere et integra promittimus ac adimplere, nunquam ipsorum aliquod in perpetuum infringendo."

noch durch Verpachtung, übergehen lassen. Verletzt der Markgraf oder die in seinem Namen auf der Burg sitzenden Beamten, die übrigens bei ihrem Antritte dem Bischofe und dem Olmützer Capitel einen Eid, die Bedingungen halten zu wollen, leisten müssen, diesen Eid, dann fällt die Burg dem Bischofe und seinem Bisthume ohne Entschädigung zu. Wahrscheinlich mit der Anordnung des Baues des Twingenberges beschäftigt, hielt sich der Markgraf Karl in Olmütz bis Mitte Juli auf, seinen Aufenthalt durch Gnadenbezeugungen im Andenken erhaltend. Am 2. Juli 1340 stellte er dem Vicare bei der Olmützer Kirche, Nikolaus, zwei durch den königl. Hofmeier gewaltsam entrissene Gärten, vor dem Allerheiligenthore in Olmütz liegend, zurück, zugleich dem Olmützer Burggrafen, Rupert, den Befehl ertheilend, den beschädigten Vicar, Nikolaus, allsogleich in den realen Besitz dieser zwei Gärten zu setzen.[1]) Über Brünn, wo er seine und die Residenz seiner Gemahlin, Blanca, auf dem Spielberge eingerichtet hat, — denn zum erstenmal datirt er daselbst den 12. Juli 1340 eine Bestätigung der Privilegien der Stadt Brünn[2]) — reiste Karl nach Böhmen. Am 16. Juli urkundet er im Kloster Sedletz, unweit Kuttenberg, wo er dem Jamnitzer Richter, Heinrich, und dessen Erben erlaubt, ihr Erbgericht Jamnitz zu verkaufen, zu verpfänden oder zu vermachen,[3]) und war am 1. August in Prag, wohl in der

---

[1]) Cod. Dipl. Mor. VII. 203 und 204.
[2]) Cod. Dipl. Mor. VII. 204. „Omnia privilegia usque ad carissimum dominum et genitorem nostrum, dominum Iohannem, regem Boemorum modernum."
[3]) Cod. Dipl. Mor. VII. 205. „iudicium Iamnicense hereditarium."

Überzeugung, dass er von nun an längere Zeit von seiner Markgrafschaft werde abwesend sein müssen, weil er daselbst den Olmützer Bischof Johann zum Landeshauptmann bestellt hat. Johann konnte diese Aufgabe übernehmen, weil ihm die ihm als Bischof obliegenden Pflichten sein Generalvicar in spiritualibus et temporalibus, Peter, Domdechant auf dem Vyšegrad, besorgte. Gleich am 17. Juli genehmigte Peter im Namen des Bischofs Johann zu Mödritz die Commutirung der Pfarrer von Oslau und Zbráslav,[1]) während Bischof Johann zu Prag am 1. August 1340 anerkennt, dass Markgraf Karl dem Hinek von Duba, Herrn auf Náchod, die von ihm entlehnten 200 Schock Prager Groschen binnen zwei Monaten rückstellen werde. Sollte dies nicht der Fall sein, dann möge Hinek, wie er kann, bei Juden oder Christen auf des Markgrafen Kosten sich schadlos halten.[2]) So tritt also die Familie der von Duba abermals mit ihrem Reichthume in den Vordergrund. Schon unter Johann spielte sie in Finanzangelegenheiten eine Hauptrolle und scheint unter dem Markgrafen Karl in gleicher Angelegenheit in selbe einzutreten, weshalb Hinek von Náchod in der vorliegenden Urkunde „unseres Vaters und unserer Treuer" genannt wird. Gewiss hat Karl dieses Geldes benöthigt, um seine Reise

---

[1]) Cod. Dipl. Mor. VII. 205.
[2]) Cod. Dipl. Mor. VII. 206. „Nos Karolus.. et Iohannes, marchio Moravie, gracia Olomucen· episcopus, capitaneus Moravie, recognoscimus, quod fideli paterno et nostro, dilecto nobis Hinconi de Duba, domino in Nachod, promisimus 200 sexagenas Grossorum denariorum Pragensium. infra duos menses dare."

nach Tirol nicht mit leeren Händen anzutreten; denn es mochte die Nachricht aus Tirol zur Eile angeeifert haben. Im Monate August ward diese Reise angetreten. Die alten Verschwörer, denen der deutsche Kaiser nicht fremd stand,[1]) der unechte Bruder der Fürstin Margaretha Maultasch, Albert, und der Landeshofmeister Heinrich von Rottenburg, leiteten die Verschwörung mit aller Energie, von welcher der Markgraf, wie wir bemerkten, schon in Ungarn Kunde erhielt und deren Zweck in der Vertreibung der Luxemburger, folglich auch des Regenten Johann Heinrich aus Tirol spitzte. Nachdem Karl die Freunde der Verschwörung durch seine Kundschafter, worunter Bischof Nicolaus in erster Reihe stand, und seine raschen Massregeln, wie die Gefangennehmung der Rädelsführer, in seinen Händen hatte, gelang ihm für diesesmal die Verschwörung zu unterdrücken. Mit Hilfe des Herrn Bušek von Wilhartice (es ist derselbe, welcher im April 1337 mit noch andern böhmischen Herren den damaligen jungen Kronprinzen über Ungarn nach Italien begleitete) bekam er Albert durch einen Hinterhalt in seine Gewalt, setzte ihn auf das Schloss Sonnenburg, südlich von Innsbruck, ins Gefängnis und brachte ihn hier durch die Folter zum Geständnis. Das zweite Haupt der Verschwörer, Heinrich von Rottenburg, bekam er gleichfalls in seine Gewalt, eroberte sein Schloss Laimburg bei Kaltern und zerstörte es gänzlich.

---

[1]) „Sic pervenerunt nuntii, qui referebant, quia Ludvicus Bavarus procuravit et effecit, ut uxor Iohannis, Comitis Tirolis, conspirationem fecit contra proprium virum, volens illum repudiare." Script. rer. Bohem. Beneš de Weitmil pag. 329.

So erfuhr er, dass Margaretha und das Schloss Tirol, wo sie sich aufzuhalten pflegte, den Herd der Verschwörung bilden, weshalb er eine böhmische Besatzung dahinlegte und die Fürstin streng zu bewachen befahl.¹) Und was that der eigentliche Landesfürst Johann Heinrich? Der lebte seinem Vergnügen, namentlich der Jagd, weiter, und liess den Bruder, dem er wohl dankte,²) für sich handeln, welcher, nachdem er Tirol hinreichend gesichert wähnte, im Herbste desselben J. 1340 den Bruder verliess, und nach Nieder-Baiern zu seiner Schwester eilte, wahrscheinlich um ihr mit Rath und That wider den deutschen Kaiser, Ludwig den Baier, beizustehen. Denn, dass Ludwig bei jeder sich darbietenden Gelegenheit der Luxemburger Machtstellung zu schaden suchte, wissen wir.

Ob Karl während seiner Anwesenheit den Heiratsplan, welchen er mit Kazimir von Polen verabredete, mit der Schwester besprach, und ihr die Vortheile desselben für ihr Haus auseinandersetzte, ist höchst wahrscheinlich, wenn auch urkundlich nicht erhärtet. Lange hielt sich der Markgraf in Nieder-Baiern nicht auf; im September kehrte er durch das Salzburgische nach Tirol zurück; denn nicht unbekannt blieb ihm, dass trotz der strengen Bewachung die Fürstin dennoch Gelegenheit fand, mit dem deutschen Kaiser und mit dessen Sohne Ludwig von Brandenburg eine lebhafte Correspondenz zu unterhalten,³) welcher zwar Anfangs eine Abneigung

---
¹) Beneš von Weitmil l. c. 329.
²) Vita Karoli. Böhmer l. c. 262. „Qui mihi grates agens, acquievit meo consilio, et posuimus custodiam castro Tirolis et uxori sue."
³) Huber, Geschichte der Vereinigung Tirols mit Österreich, pag. 35 n. 1.

zeigt, sich mit einer Frau zu vermählen, deren rechtmässiger Mann noch am Leben sei, aber durch seinen Vater überredet, endlich seine Zustimmung gab. Aber auch noch eine andere Intrigue scheint der Kaiser angezettelt zu haben, um nur in den Besitz von Tirol durch das Herausdrängen der Luxemburger zu gelangen. Vor drei Jahren hatte Markgraf Karl zur Sicherung Tirols die Grenzgebiete von Belluno und Feltre organisirt. Hier legte der deutsche Kaiser seine Hebel an, und bewog den Markgrafen, durch das Thal von Cadore das Grenzgebiet von Belluno und Feltre zu besetzen, weil sich das Gerücht verbreitete, dass die dortigen Statthalter unter Kaiser und Reich kommen werden, was bei der gänzlichen Machtlosigkeit des Kaisers in Italien so viel hiess, als gänzlich unabhängig zu sein. Dies wollte Karl verhindern und gerieth dadurch in viele Collisionen mit den nach Unabhängigkeit strebenden Signori, deren Folgen unterschiedliche Fehden waren, die bis in den December des Jahres 1340 dauerten.[1])

Noch im Dec. d. J. erhielt Karl ein Bittschreiben des Patriarchen von Aquileja, Bertrand, ihm bewaffnet zu Hilfe zu kommen, weil er mit dem Herzoge Albrecht von Österreich und dem Grafen von Görz in einen ernsten Conflict gerathen ist. Beide, Albrecht von Österreich und der Graf von Görz, waren Vasallen des Patriarchen von Aquileja; Albrecht ganz besonders seit jener Zeit, als er Herr von Krain und Kärnten wurde, der Graf von Görz seit uralter Zeit. Bertrand belehnte den Herzog von Österreich mit den

---

[1]) Über diese Südtiroler Fehden siehe Werunsky, Karl IV., I. 268—273.

Besitzungen des Patriarchats jenseits der Alpen in Steiermark, Kärnten und Krain, aber nicht mit der Stadt und dem Gebiete Venzone. Selbst als der Patriarch 1338 den Grafen Johann Heinrich von Tirol zum Vasallen seines Patriarchats machte, musste dieser auf Venzone Verzicht leisten. Es war aber auch verständig, sich dieses Gebiet, durch welches die Handelsstrasse von Ponteva durch das Friaulische zum adriatischen Meere führte und daher einen grossen Zoll ablieferte, vorzubehalten. Aber gerade diese Einnahmen wollte der Herzog nicht fallen lassen, und um dieselben zu erzwingen, verband er sich mit dem Grafen von Görz, welcher, wie begreiflich, als Ziel seiner Hilfe die Selbständigkeit ansah. Gegen diesen doppelten Feind sollte Markgraf Karl und sein Bruder Johann Heinrich helfen, und wirklich thaten sie es. Im Dec. 1340 zog Karl mit 200 Helmen und 1000 Fusssoldaten durch das unwegsame Bergland von Belluno nach Serravalle und von da nach Friaul. Auch sein Bruder kam mit 500 Helmen, und sie zogen vereinigt gegen den Feind, welcher wahrscheinlich bei Cormons lagerte, aber beim Anblick der 700 schmucken Reiter und der 1000 Knechte die Flucht ergriffen habe. „Ein Theil, wahrscheinlich die Leute des Grafen von Görz, warfen sich in die Burg gleichen Namens, die anderen, also wohl die Österreicher, flohen gegen Laibach zu, bis wohin sie Markgraf Karl verfolgte." [1]) Bertrands Truppen aber belagerten seit 24. Dec. die Stadt Görz, wozu Karl mit seinen zurückgekehrten Truppen stiess und hier die Weihnacht feierte. Die Chronisten bemerken als eine

---

[1]) Wörtlich nach der Vita Karoli, Werunsky l. c. 273.

Besonderheit, dass der 80jährige Patriarch hier im Lager die erste Messe an Christi Geburt unter Assistenz eines Benedictiner-Abtes im vollen Harnisch las.[1]) Die Belagerung zog sich etwas in die Länge und scheint erst im Beginn des neuen Jahres, also im Jan. 1341, ihr Ende erreicht zu haben. Die allgemeine Erschöpfung nöthigte zum Waffenstillstande; am 22. Jan. war Bertrand in Udine und die beiden Luxemburger kehrten nach Tirol zurück.

Sehen wir nun, was in der Zeit der Abwesenheit des Markgrafen Karl in Mähren und am Hofe Königs Johann vorfiel. Dieser hielt sich theils in Frankreich, theils in Luxemburg auf. Wir wissen, dass der König von Frankreich, Philipp VI., mit dem Könige von England, Eduard, um Tod und Leben stritt. Obwohl blind, blieb K. Johann bei seinem Freunde und Verwandten in Frankreich, um ihm mit Rath und That beizustehen. Sobald das Frühjahr 1340 gekommen, verlegte K. Eduard, um den Ereignissen näher zu sein, von Antwerpen nach Gent das Hauptquartier und nahm Titel und Wappen von Frankreich an. Philipp sah, dass es sich um einen Hauptschlag handle, weshalb er eine der herrlichsten Flotten, die Frankreich je aufgebracht hatte, abschickte; am 24. Juni fiel die denkwürdige Seeschlacht bei Sluys, in

---

[1]) Beneš de Weitmil, Script. rer. Bohem. II. 331. „Ubi in obsidione (civitatis Goritiæ) superveniente festivitate Natalis Domini, Patriarcha Aquilegensis indutus omnibus armis bellicis, sola galea super altari stante, cantavit Missam primam illius diei." Dasselbe erzählt Johann Victorien. Böhmer, Fontes I. 440, nur mit dem Zusatze: „subministrante sibi Sviberto, abbate Monacensi O. S. B. vestito similiter armis utriusque generis."

welcher an 30.000 Franzosen das Leben, und das Reich fast die ganze Flotte an die Engländer verloren hatte. Das noch immer stattliche Landheer führte K. Philipp zur Belagerung von Tournay, Frankreichs Vorposten gegen Flandern und Hennegau, wagte aber keine Feldschlacht.

In der Erwartung einer solchen und in der Furcht vor seinem Tode daselbst entwarf K. Johann am 9. Sept. 1340 im Lager bei der Brücke de Bouvignes sein Testament, in welchem er zu dessen Executoren für seine böhmisch-mährischen Reiche und Besitzungen ernannte: den Bischof Johann von Olmütz, die Äbte von Sedletz und Königssaal, den Herzog Rudolf von Sachsen, die Herren Peter von Rosenberg, Johann von Klingenberg, Waněk von Wartemberg und seinen Geheimschreiber, Nicolaus von Luxemburg,[1] Canonicus der Prager Domkirche.

Was uns aus dem Testamente besonders angeht, ist: K. Johann bezeichnet die Cistercienserabtei Clairfontaine bei

---

[1] Cod. Dipl. Mor. VII. 207. Im Codex steht: Schreiber Nycot von Lutzaburg. Schötter liest in Johann, Graf von Luxemburg, II. 195 n. 1, ganz richtig „Nicolaus Notarius," und bemerkt, dass Königs Johann natürlicher Sohn, Nicolaus, im Jahre 1351 zum Patriarchen von Aquileja erwählt wurde, und fügt hinzu, ob es denn nicht möglich, dass der in Rede stehende Nicolaus von Luxemburg derselbe sei, der später den Patriarchenstuhl von Aquileja bestiegen hat? Dieser Nicolaus ist derselbe, den Karoli Vita ad ann. 1345 seines Vaters Johann „dominum Nicolaum de Lucemburg, suum intimum Consiliarium" nennt. Böhmer, Script. rer. Germ. I. 266.

Arlon zu seiner letzten Ruhestätte.¹) Die ungerecht erworbenen Güter sollen den rechtmässigen Besitzern zurückgegeben oder entschädigt werden. Seine Schulden sollen, unbeschadet der Schuldverschreibungen, die er dem Herzoge Rudolf von Sachsen, dem Herrn Peter von Rosenberg und Berthold von Lipa gegeben habe, in zehn Jahren aus den Einkünften seiner böhmischen Gold- und Silberbergwerke bezahlt werden. Die Schuldverschreibungen sollen bis zur Tilgung dieser Schuld fortbestehen. Seine reichen Zolleinkünfte in Bacharach und am Rhein fallen der Grafschaft Luxemburg anheim. Als Erben seiner beweglichen und unbeweglichen Güter setzte er seine drei Söhne ein. Dem Erstgeborenen, Karl, vermachte er Böhmen, Schlesien und die Districte Budišin und Görlitz; dem zweiten Sohne, Johann Heinrich, gab er die Markgrafschaft Mähren, und dem Letztgeborenen, Wenzel, geboren den 25. Febr. 1337 von seiner zweiten Gemahlin Beatrix, Tochter des Herzogs Ludwig von Bourbon, bestimmte er die ganze Grafschaft Luxemburg mit allen Besitzungen und Einkünften in Frankreich. Seiner Gemahlin Beatrix bestätigte er testamentarisch die ihr zugesagte Mitgift.²) Sowie für die böhmischen Bestimmungen eigene Testamentsexecutoren ernannt wurden, so für Luxemburg,

---

¹) Diese Bestimmung änderte K. Johann später dahin, dass er die Benedictinerabtei Münster in Luxemburg zu seiner Begräbnisstätte wählte. Hiezu bemerkt Schötter l. c. 193 n. 2. „Es ergibt sich aus manchen Urkunden, dass König Johann durch ein neues, uns unbekanntes Testament mehrere Änderungen in das erste einführte."
²) Schötter, Johann, Graf von Luxemburg II. 192 u. ff.

wo der greise Erzbischof Balduin von Trier an der Spitze derselben stand.

Die Befürchtungen, welche das Abfassen des Testaments hervorriefen, eine entscheidende Schlacht in Tournay durch Johanns Tod, erfüllten sich nicht. Philipp VI. von Frankreich schloss mit Eduard III. von England am 25. Sept. 1340 einen Waffenstillstand, bei welchem K. Johann intervenirte, welcher bis zu Johannestag des nächsten Jahres 1341 dauern sollte. Bald nach Abschluss des Waffenstillstandes, nachdem K. Johann noch von Tournay am 7. Sept. 1340 einen gewissen Hermann von Ess und dessen Erben den bei Breslau gelegenen Hof Voischitz geschenkt hatte,[1]) kehrte er nach Luxemburg, und zu Ende Decembers 1340 nach Böhmen zurück. Vom 23. December haben wir schon von ihm eine zu Prag ausgestellte Urkunde, worin er einen über seinen und des Markgrafen Befehl vom 19. Mai d. J. von den Prager Schöppen ausgefertigten Brief bestätigt, wodurch die Festsetzung eines bestimmten Wassermasses an den Wehren für alle Mühlen um Prag angeordnet wird.[2])

Dies waren die Veränderungen, welche, während der Markgraf in Südtirol weilte, am Hofe seines Vaters, Königs Johann, vor sich giengen. Wie sah es in dieser Zeit in Mähren aus?

Hier in Mähren herrschte während der Abwesenheit des Markgrafen Karl die vollste Ruhe, weshalb wir nur Handlungen des Friedens zu verzeichnen haben. Am 18. Juni

---

[1]) Cod. Dipl. Mor. VII. 206.
[2]) Cod. Dipl. Mor. VII. 215. Markgraf Karl befiehlt die Festsetzung des Wassermasses ddo. Brünn 19. Mai 1340.

1340 übergibt der Convent des Klosters Hradisch einem gewissen Fabian von Opatovitz für den Wiederaufbau des zum Stifte gehörigen, aber seit Menschengedächtnis verödeten Dorfes Stephanau bei Kněnitz das dortige Gericht, das da ausgestattet war mit zwei Freilahnen, einem Schankhause, einer Mühle, einem Bäcker, einem Schmiede, Schneider und mit dem dritten Gerichtsdenare.[1]) Am 24. Juni d. J. stellt zu Kromau das Haupt der reichen Familie Berka von Duba, der Vyšehrader Probst, Kanzler in Böhmen und oberster Marschall, Berthold von Lipa, mit Zustimmung seines Bruders Zdeněk dem Cistercienser-Ordenskloster Kamenz in der Breslauer Diöcese gewisse bei Goldenstein gelegene, vom Johann, genannt Wustehube, dem Kloster geschenkte, von der Familie des Probstes entzogene Güter zurück, als Niklasdorf, Stubendorf, Kunzendorf, Wynrebe (?), Spieglitz, Krafstdorf (?), Seiberdorf, Waltherdorf und Ober- und Unter-Wojtěchsdorf sammt den grossen dabei liegenden Waldungen und Bergwerken. Unter den Zeugen erscheinen als Landesbarone Ješek von Kravař, Heynemann (Hinek) von Náchod, Ješek von Boskovitz, Albert von Rissenburg, Heinrich von Haugwitz, Konrad Bavar und Heinrich von Kaufungen, dann die Ritter Svatibor, Předbor, Hinek von Bludov, Epigon von Hrádek (Erdberg?) und die Notare Peter und Franco.[2]) Am 13. Sept. 1340 gibt der Convent des Oslavaner Klosters der Olmützer Domkirche eine Mark Zinses in Klein-Senitz für eine andere in Říčan. Die eine Mark jährlichen Zinses ist

---

[1]) Cod. Dipl. Mor. VII. 200. „ac tercium denarium de Culpis provenientem."
[2]) Cod. Dipl. Mor. VII. 201.

eine Stiftung des Olmützer Vicars Richard und die nun eingetauschte des Olmützer Canonicus und Custos, Magister Heinrich, von seinem Patrimonium in Řičan.[1]) Am 30. Sept. d. J. vertauschten Johann von Klingenberg und dessen Sohn Heinrich ihren bei dem Dorfe Kozojed gelegenen, einstens dem Kloster Oslavan gehörigen Wald mit einem andern sich dort befindenden und dem Kloster Oslavan gehörigen Wäldchen.[2]) Am 4. Oct. 1340 schenkte zu Welehrad Bohuň zu Dražowitz, weil er in Welehrad begraben sein will, seinen im heutigen Troppau'schen gelegenen Besitz, Schönhof genannt, mit 4 dabei gelegenen Lahnen.[3]) Die Erben des ehemaligen Ung.-Broder Richters, Wynant, erklären am 13. Oct. l. J., dass sie dem Welehrader Kloster 16 Talente Wachs von der zehnten Mautwoche zu geben schuldig sind.[4]) Damals brannte die der Familie Lipa gehörige Stadt Deutsch-Brod gänzlich ab; um ihr so schnell als nur möglich aufzuhelfen, befreite der Vyšegrader Probst, Reichskanzler und oberster Marschall, Haupt der Familie Lipa, Berthold von Lipa, mit Einverständnis seines Bruders Čeněk und der Erben seiner verstorbenen Brüder die Bewohner der Stadt vom nächst kommenden Weihnachtsfeste auf die nächstfolgenden 10 Jahre von allen Abgaben, Steuern und Schenkungen.[5])

[1]) Cod. Dipl. Mor. VII. 207.
[2]) Cod. Dipl. Mor. VII. 208. Da die Waldgrenzen durchgängig deutsche Namen haben, so beweisen sie, dass die Gegend um Kozojed deutsch gewesen sein musste.
[3]) Cod. Dipl. Mor. VII. 211.
[4]) Cod. Dipl. Mor. VII. 211.
[5]) Cod. Dipl. Mor. VII. 212. „De consensu fratris nostri Tschenkonis et heredum fratrum nostrorum felicis memorie,

Am 13. Nov. l. J. erfolgte zu Olmütz die Beilegung des Streites zwischen den Pfarrern von Morbes und Knĕžic bezüglich des Patronatsrechtes über die Kirche in Morbes.¹) Am 30. Nov. 1340 widmet der Priester Hanczmann von Tischnovitz letztwillig das ihm gehörige und an den St. Jakober Gottesacker zu Brünn anstossende Haus zu einer Kapelle, und überweist das Patronat über dieselbe dem Pfarrer von St. Jakob und dem Brünner Stadtrathe, die jedoch in ihrer Wahl an die bei St. Jakob augestellten Vicare gebunden sind. Der Beneficiat hat für den Fundator 4 Anniversarien zu persolviren.²)

Wenn auch die angeführten Urkunden unsere Behauptung, dass während des Markgrafen Abwesenheit in Mähren eine tiefe Ruhe herrschte, nicht darthun möchten, so können wir eine Thatsache anführen, die dieselbe zur Evidenz beweist. Es ist dies die Stiftung einer Nonnenabtei durch den Olmützer Bischof Johann, zugenannt Wolek. Wir dürfen nicht vergessen, dass der Bischof ein Sohn Königs Wenzel II. war, also ein Přemyslide, und dass es in der Familie der Přemysliden Haustradition ist, Klöster zu stiften. Obwohl nicht legitim, so fühlte doch Bischof Johann das Přemyslidenblut in seinen Adern und beschloss 1340 in seiner Patronatskirche zu Pustoměř eine Nonnenabtei Benedictiner Ordens aus eigenen Mitteln zu begründen, wobei er sich das uralte

a festo nativitatis Christi venturo proxime ad decem annos continue numerandos."
¹) Cod. Dipl. Mor. VII. 212.
²) Cod. Dipl. Mor. VII. 214.

St. Georgsstift am Hradschin zu Prag zum Muster nahm.[1]) Die reich dotirte und ausgedehnte Pfarre in Pustoměř gab das Stiftungsvermögen her, sie konnte die Nonnen mit der Äbtissin beherbergen, und der Bischof hat nur die Pfarrkirche zu einer Klosterkirche kraft seiner bischöflichen Macht umzuwandeln, und die Abtei, welche den Namen „zur Kindheit Christi" annahm und der Mutter Gottes geweiht war, stand da. Höchst wahrscheinlich kamen die ersten Nonnen aus dem Benedictinerkloster zum h. Georg auf dem Hradschin zu Prag zugleich mit ihrer Äbtissin, Elisabeth, einer Schwester des Olmützer Bischofs Johann, also schon als Convent an. Der Stiftungsbrief wurde auf dem zu Olmütz am St. Hieronymustage abgehaltenen General-Capitel des Olmützer Domstiftes den 30. Sept. 1340 vom Bischofe Johann ausgestellt und von dem anwesenden Domcapitel, an dessen Spitze der Dechant Nicolaus, der Probst Bartholomäus, sein Vorgänger Zboro und der Archidiacon Witek standen, bestätigt, worin es heisst, dass er die bisherige bischöfliche Patronats- und Pfarrkirche zu Pustoměř sammt allem Zubehör zu einem Nonnenkloster nach der Regel des h. Benedict zur Ehre der Geburt Christi und der Mutter Gottes erhebe, ihr den Titel „zur Kindheit Christi" ertheile, und das bis dahin den Olmützer Bischöfen auf jene Pfarre in Pustoměř zustehende Patronatsrecht an das Kloster und dessen eingesetzte Äbtissin und an ihre Nachfolger übertrage, welche dem Bischofe einen tauglichen Weltgeistlichen zum Pfarrer vorschlagen und diesem die Congrua zu seinem Unterhalte und zur Leistung seiner

---

[1]) Die Gleichheit der Einrichtungen dieser zwei Klöster lassen unsere Ansicht vermuthen.

Schuldigkeiten an den Erzbischof, Bischof und Archidiacon, sowie zur Erfüllung seiner Seelsorgepflichten anweisen sollen.[1]) So fand Karl seine Markgrafschaft, als er im Frühjahre 1341 dahin zurückkehrte, gewiss für ihn erfreulich, wenn er nur seinen Bruder in Tirol in ruhigeren und glücklicheren Verhältnissen zurückgelassen hätte. Die Revolution wider ihn hat er zwar niedergedrückt, auch seinen Namen in den Grenzprovinzen Feltre und Belluno zu Ehren gebracht und gefürchtet gemacht; aber die Quelle des Aufstandes, die Sucht der Fürstin Margaretha, ihres unthätigen

[1]) Cod. Dipl. Mor. VII. 209. „Ecclesiam in Pustmyr, nostre dyocesis, que parochialis hactenus extitit, cum omnibus iuribus et universis pertinenciis suis post plures deliberationes et tractatus, habitos cum .. capitulo eccl. nostr. Olomucen, ac de ipsorum consilio et assensu, in monasterium sanctimonialium religionis et ordinis sancti P. Benedicti ereximus ac erigimus, constituimus et presentibus sublimamus... et in honore et titulo salutifere Nativitatis Domini nostri Iesu Christi et gloriose matris eius Marie semper virginis duximus appellandum . Preterea de predicti capituli nostri conniventia et consensu ius patronatus, quod in eadem ecclesia in Pustmyr predecessoribus nostris et nobis hactenus, dum parochialis existeret, competebat, in monasterium ipsum et abbatissam eius, que nunc est, et que pro tempore fuerit de certa sciencia'nostra transferimus et transfundimus in his scriptis." Die damalige Äbtissin, welche die erste von Pustoměr war, ernannte Markgraf Karl in der Urkunde, durch welche er das Kloster „als Mitstifter" durch liegende Gründe fundirte, „venerabilem dominam Elisabetham, primaevam eius abbatissam, consanquineam nostram dilectam, dicti domini episcopi germanam." Cod. Dipl. Mor. VII. 248.

und groben Gemahls los zu werden, und des Kaisers Sohn, Ludwig, zu heiraten, konnte er nicht verstopfen. Die Correspondenz zwischen dem Kaiser und den Aufständischen gieng fort, und kaum beruhigt, verliess der Markgraf seinen Bruder, welcher sein gleichgiltiges Leben fortführte; Karl aber erschien erst im April in Böhmen, während sein Vater, der König, schon im März in Prag urkundet. Am 26. März 1341 befreit er zu Prag die Unterthanen des Klosters Selau von dem Landgerichte und ertheilt denselben die Patrimonial-Gerichtsbarkeit.[1]) Am 29. März d. J. gestattet gleichfalls zu Prag König Johann dem Abte und dem Convente des Klosters Břevnov ihre vom Kloster zu entfernt liegenden Güter veräussern, und dagegen durch Kauf oder Tausch näher liegende erwerben, auch die bisher auf böhmische Weise verpachteten, nunmehr emphyteutisch oder auf deutsche Weise verpachten zu dürfen. Auch noch den 18. April erlaubt K. Johann zu Prag der Stadt Budweis wegen der Unbequemlichkeit, die sich aus den Schuldverhältnissen ihrer Bürger zu Auswärtigen ergibt, zwei Juden unter näheren Bestimmungen bei sich aufzunehmen, und bestätigt am 26. April gleichfalls zu Prag den Breslauer Bürgern, Konrad und Heinrich von Wazenrode, den Besitz des Holzzolles auf der Oder bei Breslau.[2]) In den weiteren Monaten bis Nov. urkundet K. Johann in Prag, wo er seinem zu Montpellier gemachten Gelübde gemäss vor den Thoren Prags auf dem Oujezd ein Karthäuserkloster stiftete[3]) und Wichtiges mit

[1]) Böhmer, Kaiserreg. 208 n. 284.
[2]) Böhmer, Kaiserreg., Johann, S. 208 n. 286—287.
[3]) Loserth, Die Königssaaler Geschichtsquellen pag. 567. Umständlicher Beneš de Weitmil pag. 278.

224 I. Buch. Mähren unter dem Markgrafen Karl 1333—1341.

seinem Sohne durchzuführen hatte, welcher am 4., 13. und 23. April in Prag urkundlich, besonders für Znaim, thätig war. So gestattete er am 4. April zu Prag der Stadt Znaim zur Ausbesserung der theilweise verfallenen Stadtmauer die Erhebung eines Hellers von jedem Pferde eines beladenen Wagens an allen Zollstätten von Lundenburg bis Jamnitz, und befreit an demselben Tage die Bürger von Znaim von jeder Mautabgabe in Iglau, und am 13. April nach einem Privilegium seines Vaters von allen Mautabgaben in Böhmen und Mähren. Am 23. April ernennt er Berthold von Lipa und Johann von Klingenberg zu obersten Jägermeistern in Mähren.[1]) Es war dies eine Art Ergänzung seines Hofstaates, welche bald erfolgen sollte.

König Johann hat bereits in seinem Testamente vom 9. Sept. des vorigen Jahres seinem Erstgeborenen, dem Markgrafen Karl, Böhmen, Schlesien, Budišin und Görlitz, seinem zweiten Sohne Johann Heinrich die Markgrafschaft Mähren, und seinem dritten Sohne Wenzel Luxemburg vermacht.[2]) Jetzt war nur noch die Zustimmung der böhmisch-mährischen Stände nöthig, damit das Testament in Böhmen und Mähren seine Giltigkeit, seinen Erfolg habe. Zwar war diese Zustimmung rechtlich nicht nothwendig; das Königreich und die dazu als Lehen gehörige Markgrafschaft waren erblich im Hause Luxemburg; aber damit nicht irgendein muthwilliger Widerspruch sich von Seite der feudalen Herren rege, beschloss König Johann gegen Anfang Juni (um den

---

[1]) Cod. Dipl. Mor. VII. 226, 227, 228 und 229.
[2]) Siehe S. 216 d. W.

11. Juni) einen Landtag nach Prag einzuberufen, auf welchem ausser dem hohen Clerus, dem Adel und den Vertretern der freien königl. Städte Böhmens auch zum erstenmal Vertreter der Stadt Breslau erschienen.[1]) Hier wurde dem Markgrafen Karl als künftigem Thronerben von den versammelten Ständen gehuldigt und ihm bereitwilligst die Erbfolge zugesichert, wobei auch die Successionsordnung in Karl's Hause genau festgesetzt wurde.[2]) Es war auch die Absicht des Königs, bei diesem Landtage seinen Sohn und dessen Gemahlin Blanca krönen zu lassen. Wie bekannt, gehörte das Krönungsrecht dem Metropoliten von Mainz. Da aber der Metropolit Heinrich wegen seiner Unthaten und wegen seines Anhanges an Kaiser Ludwig den Baier im Kirchenbanne stand, wurde Benedict XII. ersucht, diesesmal ein solches Vorrecht dem Prager Bischofe Johann zu gewähren, was auch wirklich durch ein

---

[1]) Ersichtlich aus einer Urkunde der Altstadt Prag vom 11. Juni 1341. Cod. Dipl. Mor. VII. 235 und 236. Der Richter, die Schöppen und die ganze Gemeinde der Altstadt Prag erklären: „Nos itaque ipsius domini nostri Iohannis regis mandatis, ex qua decet reverentia, obedire humiliter cupientes, pro nobis, heredibus et successoribus nostris promittimus bona et sincera fide firmiter et spondemus, quod quandocunque sepe dictum dominum regem (Iohannem) Boemie decedere contigerit ab hac vita: ex tunc ad dominum ipsum marchionem Moravie Karolum heredesque suos, et ad nullum alium, volumus habere respectum" etc.

[2]) Der Inhalt der königl. Ordination vom 11. Juni 1341 ist in Hinsicht der Succession genauer angegeben in der Huldigungsurkunde der Stadt Leitmeritz für Kaiser Karl's ältesten Sohn Wenzel ddo. Leitmeritz 31. Juli 1350, worin

Breve vom 15. Oct. erfolgte.[1] Es kam jedoch nicht zu
dieser kirchlichen Feierlichkeit. Warum? Irgend ein Chronist
spricht von diesem Umstande nicht. Man hat daher hier
das Feld der Combination offen. Lag die Ursache im Charakter
des königl. Vaters, oder lag sie in den damaligen Umständen?
Wir würden uns für die letzteren entscheiden. Zwar war
damals die Hof-Etiquette noch nicht so ausgebildet, dass sie
in der Trauerzeit jegliche Lustbarkeiten verbieten würde,
und dass solche mit einer Krönung verbunden zu sein
pflegten, zeigt die Geschichte; aber gewisse politische Ereignisse
machten es rathsam, die Krönungsfeierlichkeit auf
spätere Zeiten zu verschieben, und hierher gehört der grosse
Krieg zwischen den Russen, oder, wie die fremden Völker
sie nannten, Tartaren, und den Polen, die Stellung des
Königs Johann zum deutschen Kaiser, der Tod von Johann's
Tochter, Margaretha, und die Zustände in Tirol.

es heisst: „promittentes... eadem iuramenta corporalia de
fide, legalitate et obedientia servandis, non extante prefato
Domino nostro Wenzeslao, suo primogenito, vel illo non
existente seniori suorum heredum, vel ipso absque heredibus
decedente, fratri suo seniori, si quem habuerit, ant
illo decedente, seniori eiusdem fratris heredi et sic demum
in antea senioribus fratribus ac seniorum fratrum senioribus
heredibus in linea semper masculini procedendo
continue prestare et corporaliter facere perpetuis temporibus
affuturis." Pelzl, Karl IV. Urkundenbuch pag. 74. Im
Auszuge Cod. Dipl. Mor. VIII. 21 n. 36.
[1] Böhmer, Kaiserreg. des Benedict XII. pag. 231.

II. Buch.

Von Karl's Anerkennung als Erbe der böhmischen Krone
(1341)
bis zum Tode des Königs Johann
(1346).

Der grosse Krieg zwischen den Russen und Polen 1341. — Vereinigung von Ober- und Nieder-Bauern 1341. — Herzogin Margaretha kam am 20. Mai 1341, leider kränklich, in Prag an. — König Kazimir kam als Brautwerber in Prag an. — Margaretha starb in Prag den 11. Juli 1341. Bündnisse mit Kazimir. — Kazimir auf der Brautschau. — Deutschordensverhältnisse. — Zustände in Tirol 1341. — Margaretha Maultasch verjagt den Fürsten Johann, ihren Gemahl, 1341. — Albrecht von Österreich im Bunde mit K. Johann wider den Kaiser Dec. 1341. — Vermählung Ludwigs von Brandenburg mit Margaretha Maultasch 10. Febr 1342. — Regierungsantritt des Papstes Clemens VI. im November 1342. — Auftreten wider die Ketzer vom freien Geiste in Mähren 1342. — Wohlstand der Klöster in Mähren. — Krönung Clemens' VI. 1342. — Markgraf Karl General-Gubernator von Böhmen 1342. — Zustände in Tirol. — Karl Bevollmächtigter K. Johann's wegen Militsch. — Karl's Thätigkeit in Breslau 1342. — Tod des Königs Karl von Ungarn 1342. — Erhebung des Prager Bisthums zum Erzbisthum 1342. — Gründung des Allerheiligenstiftes in Prag. — Bischof Johann von Dražic starb am 5. Jan. 1343, sein Nachfolger Arnost von Pardubitz. — Gnaden des Papstes Clemens VI. für Mähren 1343. — Karl hielt einen allgemeinen Landtag in Prag

Febr. 1343. — Fürst Johann Heinrich kommt als Verjagter im Mai 1343 nach Prag. — Karl's Verwaltungsthätigkeit in seinen Erbländern. — Anlauf, seine Schulden zu ordnen. — Karl stiftet beim Prager Dome Mansionare. — Karl's finanzielle Nothlage 1343. — Schlesische Städte huldigen Karl. — K. Johann unterhandelt ohne Wissen des Markgrafen Karl mit Kaiser Ludwig 1343. — Waffenstillstand in Cham und Taus zwischen Karl und dem Kaiser Anfangs 1344. — Karl in Avignon. — Verlegung der Collegiatkirche in Sacka nach Pray 1344. — Errichtung der Metropolie Prag 1344. — Johann Heinrich vertrat damals Karl in der Regierung 1343 und 1344. — Fehden an Österreichs Grenzen 1344. — Verwandtschaftsbande zwischen Friedrich von Österreich und der Tochter des Markgrafen Karl, Katharina. — Kaiser Ludwig legt das wider ihn gefällte Urtheil des Papstes den Churfürsten zur Begutachtung vor zu Köln September 1344. — Unterhandlungen zwischen K. Johann und dem Kaiser. — Defensivbündnis zwischen Friedrich von Meissen und Thüringen 1344. und von Seite K. Johann's und Karl's projectirte Heirat zwischen einem Sohne Friedrich's von Meissen, und einer Tochter des Markgrafen. — Grundsteinlegung der St. Veitskirche in Prag 1344. — Dritter Kreuzzug wider die Litthauer 1344. — Spannung mit Polen wegen unbezahlter Schulden. — Karl in der Gefahr, in Polen gefangen zu werden 1345. — Spannung deshalb mit Polen und mit Herzog Bolek. — Johann Heinrich abermaliger Reichsvertreter für Karl 1345. — Leitomyšl zur Stadt erhoben und Organisirung dessen Bisthums. — Zustand der mährischen Kirche 1343—1345. — Prager Synode 1343. — Grubenheimer in Böhmen und Mähren. — Über die Secte der Brüder vom freien Geiste. — Das Inquisitoren-Institut. — Vereitelte Stiftung der Augustiner in Schüttenhofen. — Kaiser Ludwig in Coalition wider die Luxemburger 1345. — Johann's Deputationen in Krakau gefangen 1345. —

Des Markgrafen Administrationsgegenstände in Böhmen und Mähren 1345. — Der apostol. Stuhl nahm die Vermittlung zwischen dem Luxemburger und Ludwig dem Baier in eigene Hand 1345. — Allianz zwischen Ungarn und dem Kaiser wider den Papst. — Theilung der von Berk'schen Güter Januar 1346. — Unterhandlungen der Luxemburger mit dem Kaiser März 1346. — Kaiser Ludwig vom Papste abgesetzt am 13. April 1346. — Punkte der Wahlcapitulation für den neuen deutschen König. — Die Wahl Karl's ausgeschrieben 22. Mai 1346. — Notificirung der Absetzung Kaisers Ludwig an Frankreich 3. Juni 1346. — Mönche mit slav. Ritus eingeführt in Prag 1347. — Wahl Karl's zum deutschen Könige 11. Juli 1346 bei Rense. — Krieg zwischen England und Frankreich. — Schlacht bei Crecy 26. August 1346. — Tod Königs Johann. — Seine Beurtheilung.

Was den grossen Krieg der Russen und Polen anbelangt, hiezu gaben zwei Ursachen die Veranlassung: der Tod des Fürsten von Litthauen, Gedimin, dessen Schwiegersohn König Kazimir von Polen war. Als so naher Verwandte suchte sich Kazimir des erledigten Thrones zu bemächtigen. Da die Russen ein näheres Anrecht auf Litthauen, schon der Religion wegen, zu haben vorgaben (denn wie die Russen, so bekannten sich auch die Litthauer zur orthodoxen Kirche), brachen sie in ungeheurer Anzahl auf und zogen wider die Polen, dem Volke vormachend, dass es sich hier um ihren Glauben handle, weshalb die Gleichzeit von einem Religionskriege spricht, welcher 1341 zwischen den Russen und den Polen

ausbruch.[1]) Die Russen stürzten mit einer solchen Übermacht
über die Polen her, dass diese die benachbarten Fürsten
um Hilfe ersuchten, weil sie sonst nicht im Stande wären,
der Russen Vorrücken durch Polen zu hindern, weshalb auch
der römische Papst zum Kreuzzuge wider sie aufforderte
und den Theilnehmern grosse Indulgenzen versprach.
Dies half; aus allen christlichen Staaten kamen zahlreiche
Haufen von Kriegern den Polen zu Hilfe. Doch nicht die
Hilfe, sondern der strenge Winter, welcher von 1341 auf
1342 folgte, und die dadurch entstandene grosse Hungers-

[1]) Iohann Victorien. Böhmer, Fontes I. 438. Umständlich
darüber Caro, Geschichte Polens II. 227 und ffg. Chron.
Aul. Regiæ, Loserth pag. 565, seqq. „Rex Poloniæ Casimirus, in adventu eorum (Ruthenorum) magna cura et
pavore perplexus, instantissime a regibus Ungariæ et Boemiæ, ab aliisque vicinis principibus auxilium postulavit,
asserens, se fortitudini et multitudini eorum resistere non
posse, nec per regnum suum ipsis transitum prohibere ad
alias terras christianorum." Bei jeder Gelegenheit tritt das
Streben der Luxemburger, Schlesien mit der Krone Böhmen
für immer zu vereinigen, hervor, die Früchte ihrer seit
1335 angestrebten Politik einmal einzuheimsen. Die definitive Entsagung aller Anrechte Kazimir's auf die schles.
Herzogthümer, welche im Trenčiner Vertrage beschlossen
und im Vyšegrader später bestätigt worden war, hatte
wegen der schwebenden Schuld noch immer nicht die
urkundliche Verbriefung gefunden. Jetzt aber, da König
Johann im Begriffe stand, trotz dem Sträuben der Geistlichkeit, durch Einnahme der Burg Militsch die Sicherheit
des schlesischen Besitzthums festzustellen, forderte er von
Kazimir ein ausdrückliches Bekenntnis seiner Entsagung.

noch nöthigte die Feinde das Feld zu räumen und zurückzukehren.¹)

Gewiss war das böhmisch-mährische Reich, gewiss war Schlesien durch diesen Krieg in erster Linie bedroht, und da hatte König Johann und sein Sohn, Markgraf Karl, wenn auch das päpstliche Schreiben rechtzeitig angelangt wäre, nicht die Zeit gefunden, an eine Krönung und an die damit verbundenen Auslagen und Festlichkeiten zu denken. Das Breve wurde am 15. October ausgefertigt, also gerade in der gefährlichsten Zeit, in welcher K. Johann auch mit dem deutschen Kaiser in Collision stand. Die leidliche Ländersucht,

> Es ist daran zu erinnern, dass K. Karl von Ungarn für dieselbe sich verbürgt hatte, wofern Böhmen keine Einwendungen gegen die Thronfolge Ludwig's, des Neffen Kazimir's, erhebe, und da Karl die Feststellung der Erbfolge in eben diesem Jahre 1339 beabsichtigte, so mag er seinen Schwager wohl gleichfalls gedrängt haben. Kazimir sprach es daher in einer Urkunde am 9. Febr. 1339 aus, dass er die Herzoge Boleslav von Liegnitz und Brieg, Heinrich von Sagan und Krossen, Konrad von Öls, Johann von Steinau, Bolek von Oppeln, Albert von Strehlin, Wladislav von Teschen, Wladislav von Kosel und Beuthen, Boleslav von Masovien und Plock, Leszek von Ratibor und endlich Johann von Auschwitz aller Verpflichtungen gegen die Krone Polens ledig erkläre und ihre Länder sammt allen daran haftenden Rechten und Gerechtsamen als Lehen der böhm. Könige anerkenne. So war denn auch formell die Ablösung Schlesiens von Polen vollzogen, der Sache nach war sie schon viel früher erfolgt. Wörtlich aus Caro, Gesch. Polens II. 214 und 215.

¹) Loserth, Chron. Aul. Reg. 565. „Christianos ferro, igne aqua, aliis modis variis exceperunt."

welche wie das kaiserlich-bairische, so das königlich-luxemburgische Haus beherrschte, war ihre Ursache. Am 1. Sept. 1339 segnete das Zeitliche Herzog Heinrich von Nieder-Baiern, Eidam des Königs Johann, mit Hinterlassung eines einzigen Sohnes, Johann, welcher zum grossen Leidwesen des königl. Onkels Karl in seinem elften Lebensjahre, den 20. Nov 1340, starb. Er war der letzte des seit 1255 in Nieder-Baiern regierenden Stammes der Wittelsbacher. Da kam für den Kaiser Ludwig die erwünschte Gelegenheit, das erledigte Land ohne Rücksicht der verbrieften Rechte der Witwe Margaretha, die einfach ihres Gutes beraubt wurde, mit seinem Ober-Baiern, trotz der Ansprüche seiner Agnaten oder seiner Brüder, der Pfalzgrafen Rudolf und Ruprecht, und der Söhne des verstorbenen Herzogs, Otto von Österreich, Friedrich und Leopold, deren Mutter eine Schwester des verstorbenen Herzogs Heinrich von Nieder-Baiern war, zu vereinigen. Schon am 2. Januar 1341 brachte es Kaiser Ludwig dahin, dass ihm die Stände Nieder-Baierns huldigten, und dass somit Ober- und Nieder-Baiern in einer Hand vereinigt wurden.[1] Dadurch ward das Haus Luxemburg von Tirol gänzlich abgeschnitten, was dem Repräsentanten desselben, dem Könige Johann, nicht gleichgiltig sein konnte; es entstand ein neuer Kummer, welcher den Gedanken an die beabsichtigte Krönung nicht aufkommen liess und dies um so weniger, als sich dieser Kummer durch die verwitwete Herzogin Margaretha, die Tochter des böhm. Königs, im hohen Masse vergrösserte.

[1] Umständlich darüber nach Buchner, Geschichte Baierns, Werunsky I. 276 l. c.

Da der deutsche Kaiser die oberwähnte Witwe um alle ihre Länder und sogar um ihr Witthum brachte, sie daher in Baiern nichts mehr zu suchen hatte, ward ihre Rückkehr in das Land ihrer Geburt Böhmen beschlossen. Am 20. Mai 1341 kam sie in Prag, vom Vater, Bruder und vom Volke liebreich, ja festlich empfangen, an; leider aber durch das grosse Herzensleid — Tod des Gatten und einzigen Sohnes — an der Gesundheit sehr zerrüttet. Und mit dieser zwar schönen, jungen und tugendhaften, aber kranken Prinzessin wollte man Politik treiben! Sie sollte den Kitt bilden zwischen der böhmischen und der polnischen Krone, weshalb auch alles veranstaltet wurde — Turniere und eine überschwengliche slavische Gastfreundschaft, die Kazimir zur Schau trug und durch drei Monate walten liess,[1]) — um den Witwer, König Kazimir, den versprochenen Gemahl der Kranken, glänzend zu empfangen und sich beliebt zu machen. Es sollte, was in Krakau verabredet wurde,[2]) zustande kommen. K. Kazimir kam mit einem glänzenden Gefolge und mit vielen Geschenken nach Prag, wo die Vermählung gefeiert werden sollte. Durch vieles Zureden von Seite des Vaters und des Bruders gab Margaretha schon vor einem Monate ihrem Bräutigam, den sie seiner wüsten Sitten wegen nicht lieben konnte, das Jawort. Doch dieser moralische Zwang vermehrte derart ihre Krankheit, dass sie derselben am 11. Juli 1341 in Prag

---

[1]) „Quicunque Pragensis civitatis incola, sive advena, quotienscunque voluit, suam mensam accessit et hoc convivium ultra spatium trium mensium duravit." Chron. Aul. Reg. Loserth l. c. 567.
[2]) Siehe S. 166 d. W.

erlag. Man muss zugeben, dass sich der Vater alle Mühe gab, die geliebte Tochter zu retten; nachdem die Kunst der Ärzte nichts half, wurden durch vierzehn Tage feierliche Processionen und öffentliche Gebete, an denen sich die beiden Könige betheiligten, veranstaltet; doch vergebens! Der Chronist bemerkt, „dass die Sünden der Väter das Opfer verlangten." Begraben wurde diese Perle des ehelichen Lebens in Königssaal an ihrem Namensfeste, dem 13. Juli, zur Seite ihrer Mutter.

König Johann und sein Sohn Karl haben durch die beabsichtigte, aber durch den Tod vereitelte Heirat nicht erlangt, was sie anstrebten, die innige Freundschaft des polnischen Königs; aber sie erlangten dieselbe durch eine am Begräbnistage der Prinzessin, also am 13. Juli 1341, von Seite des Königs Kazimir zu Prag ausgestellte und von den beim Leichenbegängnis Anwesenden besiegelte Urkunde. In dieser merkwürdigen Urkunde, die in zwei hie und da voneinander abweichenden Exemplaren von demselben Datum vorliegt, erklärt König Kazimir, dass er den König Johann von Böhmen, wie er es schon vor längerer Zeit in Krakau mündlich gethan,[1]) nun auch schriftlich als seinen leiblichen Vater, und den Markgrafen Karl als seinen wirklichen Bruder betrachten wolle, mit denen er ein ewiges Schutz- und Trutzbündnis gegen Jedermann, mit Ausnahme gegen seinen Neffen, den Herzog Bolek von Schlesien und Herrn in Schweidnitz, und wider seinen Schwager, den König Karl von Ungarn, wenn er der Angegriffene ist, abschliesse. Auch gieng Kazimir in dem ersten Schmerze über den Verlust seiner wirklich von ihm geliebten Braut noch weiter, und

---

[1]) Siehe S. 166 d. W.

versprach in einer zwar undatirten, aber sicher in derselben Zeit ausgestellten Urkunde dem Markgrafen Karl, dass er in allen Angelegenheiten sich seines Rathes erholen, weder ohne dessen Wissen und Willen selbst eine neue Ehe zu schliessen, noch seine Kinder verheiraten wolle.[1])
Mit diesen Urkunden hat das Haus Luxemburg erreicht, was es nur wünschen konnte, und da dies alles noch vor dem 15. October, also vor der Ankunft des päpstlichen Breves wegen der Krönung des Markgrafen und seiner Gemahlin Blanca, ankam, so konnte an die Durchführung des feierlichen Actes nicht gedacht werden, wenn auch die ansehnlichsten Gäste der beiden Könige anwesend waren.
Wir lernen sie kennen als Zeugen auf der Urkunde

---

[1]) Cod. Dipl. Mor. VII. 238; ein zweites Exemplar l. c. 240. „Promiserimus, ipsos (Iohannem et Karolum) semper et in omnibus tanquam patrem carnalem et fratrem uterinum tenere et contra omnem hominem... nullo penitus excluso, præter... Bolkonem, ducem Silesie et dominum in Svidnitz. . iuvare." Und in der zweiten Urkunde vom selben Datum heisst es vom Könige von Ungarn: „Si vero idem dominus rex Hungarie terras ipsius domini Marchionis similiter devastaturus intraret; ex tunc pro defensione eiusdem Marchionis et terrarum suarum, cum ipso, tanquam fratre uterino, stare et eum adiuvare tenebimur." In der undatirten, und des Inhaltes nach sicher hierher einschlagenden Urkunde, Cod. Dipl. Mor. VII. 268, liest man: „Promittimus bona fide tanquam fratri uterino, in omnibus consiliis, auxiliis, placitationibus, tractatibus adherere, et maxime in contrahendis amiciciis matrimonialibus, quas Deus nobis concedet faciendis de nostra propria persona, ac puerorum nostrorum, ipsum prosequi "

vom 13. Juli 1341. Sie waren: Johann, Bischof von Olmütz, Boleslaus, Herzog von Liegnitz, Bolek von Schweidnitz, Niklas von Troppau und Ratibor, und die böhm. Dynasten Heymann von Duba, Herr in Nachod, Hinek, genannt der Hase, und Hinek, genannt Hlavač, also Herrn aus der berühmten und mächtigen Familie der Berka von Duba. Von Seite des polnischen Königs waren anwesend: Ješek, genannt Jura, Vicekämmerer von Krakau, Ješek, Krakauer Jägermeister, Macek Berkvicz, Kastellan von Landen (sic!), und Žigo (Segneus), Probst bei St. Michael in der Krakauer Burg, königl. Vicekanzler, welche auch zu den zwei oberwähnten Urkunden ihre Siegel anhiengen. Diese erlauchte Gesellschaft sollte der Trauung beiwohnen, bildete jedoch das Trauergeleite in Königssaal und gab Zeugnis von dem innigen Freundschaftsbunde, welcher zwischen K. Johann, dem Kronprinzen Karl und dem K. Kazimir am Todestage der Prinzessin besiegelt wurde. Ob die beabsichtigte Krönung des Kronprinzen und seiner Gemahlin zur Sprache kam? Gelegenheit war hiezu mehr als genug, da König Kazimir bis September in Prag im innigen Verkehre mit dem Markgrafen verblieb. Und doch kam die Krönung nicht zur That, wohl aber, da der polnische König schon einmal auf der Brautschau begriffen war, wollte er in seine Heimat ohne einer neuen Gemahlin nicht zurückkehren, und da war die Gelegenheit da, die Folgen des königlichen Versprechens, selbst bei einer Brautfahrt sich nach dem Willen des Markgrafen zu richten, zu erproben.

Ganz richtig bemerkt ein neuerer Geschichtsschreiber, [1])

---

[1]) Werunsky, Geschichte Karl's IV. Bd. I. S. 282.

dass die Wahl einer Gattin von Seite des polnischen Königs für die Luxemburger eine hohe politische Bedeutung hatte. Wir dürfen nicht vergessen, dass seitdem Markgraf Karl Einfluss übte auf die politischen Entschlüsse seines Vaters, des Königs Johann, seine ganze staatsmännische Klugheit dahin gieng, demselben die Nothwendigkeit eines innigen und aufrichtigen Anschlusses der böhmischen Krone an die beiden Ostmächte, Ungarn und Polen, recht nahe zu legen und ihn von derselben zu überzeugen, daher das Streben, eine eheliche Verbindung der Wittelsbacher mit dem polnischen Könige zu hintertreiben,[1]) daher die fast fieberhaften Bemühungen, den deutschen Kaiser von einer näheren Berührung mit dem Könige Kazimir fernzuhalten, und hiezu war das königliche Versprechen, ohne Karl's Rath keine Gattin zu wählen, das geeignetste Mittel. Der Markgraf Karl machte bei den Gesprächen über die zukünftige Gemahlin auf Adelheid, die Tochter des Landgrafen Heinrich von Hessen, aufmerksam. Geht Kazimir diesen Rath ein, so dachte er, dann hat das Haus Luxemburg sein Ziel erreicht. Ohne jeden politischen Einfluss war Heinrich von Hessen gut päpstlich,

---

[1]) Siehe S. 135 d. W. Im J. 1338 war eine solche Verbindung der Erfüllung nahe. Nach früheren Verabredungen hätte die Hochzeit der polnischen Prinzessin Elisabeth mit dem Sohne des Kaisers Ludwig von Brandenburg zu Michaelis 1338 stattfinden sollen. Hatte denn der Kaiser vergessen oder absichtlich ignorirt, was zwischen Kazimir und den Luxemburgern verabredet wurde? Bedenkt man den Inhalt des kaiserlichen Briefes ddo. Frankfurt 15. Sept. 1338 an König Kazimir, sollte man wohl das Letztere annehmen. Böhmer, Kaiserreg., Ludwig der Baier, S. 121 n. 1930.

und wenn nicht feindlich, so doch indifferent gegen den deutschen Kaiser, und dabei ziemlich arm, da er seiner Tochter nur 2000 Mark Prager Groschen, die erst nach einem Jahre gezahlt werden sollten, als Mitgift auswerfe, und mehr verlangt der Rathgeber Karl nicht, und als die Brautwerber am hessischen Hofe die Zusage des Landgrafen erhielten, gieng ihr Streben dahin, nur bald die Heirat abzuschliessen.

Welche Eile damit der Markgraf hatte, ersieht man daraus, dass er noch in der zweiten Hälfte des September sich mit Kazimir auf den Weg machte, um in Posen der Trauung beizuwohnen. Der Weg geht von Prag über Olmütz und Breslau nach Posen, wohin die Braut gebracht wurde. Wie freundschaftlich gerade damals der Markgraf Karl zum Könige Kazimir stand, bewies er noch am 30. August 1341, als er an diesem Tage zu Prag auf Bitten des Königs von Polen dem Familienkloster Königssaal einen Theil seiner Besitzungen, nämlich die Burg Landsberg und die Stadt Landskron, mit unterschiedlichen Freiheiten ertheilte, und die von seinem Vater bewirkte Veräusserung der Stiftsdörfer Bancs und Běla widerrief.[1]) Gerade nach einem Monate, also den 20. Sept., urkundet Karl in Olmütz. Ein Gnadenact ist es, den er hier verzeichnet. Es hatte ihm nämlich ein gewisser Ješek von Klobuk bei der Location der neuen Dörfer im Hradischer Kreise, Klobuk und Poteč, mit Geld und Arbeit geholfen, wofür er ihm und dessen Erben die Erbrichterei in den beiden Dörfern mit allen üblichen Vor-

---

[1]) Cod. Dipl. Mor. VII. 251.

rechten verleiht.¹) In vier Tagen war die Reisegesellschaft schon in Breslau. Am 24. September bestätigt hier Karl der Stadt alle von den früheren Fürsten, und namentlich von seinem Vater, erhaltenen Schenkungen, Immunitäten, Freiheiten, Rechte und Privilegien, worunter das Vorrecht, dass die Stadt Breslau und ihr Territorium nie von der Krone Böhmen abgerissen werden solle. ²) In dieser Urkunde erwähnt der Markgraf ausdrücklich seiner Krönung: „als gekröntem, legitimem und erblichem Könige sollen die Breslauer gehorchen," heisst es in der Breslauer Urkunde vom 24. September.³) Die beabsichtigte Krönung war jedoch bis jetzt nicht geschehen, und Markgraf Karl wird kaum an ihre baldige Möglichkeit, auch wenn er die positive Nachricht aus Avignon erhalten hätte, dass der Papst für den Consecrator vorgesorgt hat, gedacht haben, weil er sonst nicht eine so grosse Reise nach Posen unternommen haben würde. Da der Landgraf Heinrich von Hessen, welcher seine Tochter nach Posen begleitete, am 3. October 1341 den Schuldschein über die Mitgift ausstellte, so hat es alle Wahrscheinlichkeit für sich,

---

¹) Cod. Dipl. Mor. VII. 254. „Servitia, que nobis fidelis noster, Jesko de Clobuk, suis laboribus et impensis exhibet in plantatione et edificatione novarum villarum nostrarum, videlicet Clobuk et Potecz, in ampliorum honorum nostrorum marchionatus Moravie meliorationem."

²) Cod. Dipl. Mor. VII. 255. „Quod a corona regni Boemie totaliter indivisibiles et irremotabiles in perpetuum esse deberent."

³) Cod. Dipl. Mor. VII. 255. „Tamquam regi Boemie et domino eorum legitimo et naturali et hereditario .. obedire (debeant)."

dass die Trauung Anfangs October in Posen stattfand, und zwar in Gegenwart des Markgrafen Karl, dem, wie wir wissen, es immer und überall um den ungetheilten Besitz Schlesiens gieng,[1] weshalb er auch hier in Posen die Anwesenheit des Herzogs Boleslav von Masovien und Herrn von Plock benützte, um ihn, den böhm. Vasallen, zu der Erklärung zu vermögen, dass er ihn, den Markgrafen, nach dem Tode des Königs Johann als seinen rechtmässigen Nachfolger anerkennen werde.[2] Dieselbe Versicherung gaben auch am 1. und 2. October die bei der Hochzeit anwesenden schles. Herzoge, die Herren von Liegnitz und von Stinau.[3] Es war dies nur eine Nachahmung dessen, wozu ihm sein Vater bereits den 12. Juli 1341 in Hinsicht der Stadt Breslau den Fingerzeig gab, und Nicolaus, Herzog in Schlesien und

---

[1] Der Herzog Bolek von Liegnitz hat wiederholt unter Pfandlegung von Burgen und Ländereien Geld vom Könige Kazimir und dem Herzoge von Schweidnitz entlehnt. Trotz des am 1. März 1338 zu Vyšegrad an der Donau abgeschlossenen Vertrags, in welchem K. Kazimir dem Markgrafen Karl den Besitz von ganz Schlesien garantirte (siehe S. 166 d. W.), fürchteten die Luxemburger, dass diese Verpfändung zu neuen Ansprüchen der Polen auf schlesische Landesantheile Veranlassung geben könnte, weshalb sie den Lieguitzer Herzog am 17. Sept. 1341 in Prag die Versicherung niederlegen liessen, dass die Verpfändungen nur mit dem Vorbehalt geschehen wären, dass keinem andern als dem Könige von Böhmen oder dessen Nachfolger das Recht der Einlösung zustehen sollte. Caro l. c. II. 235.
[2] Cod. Dipl. Mor. VII. 256.
[3] Cod. Dipl. Mor. VII. 257.

Herr in Münsterberg, bereits zu Prag am 24. August 1341 wirklich gethan hatte. Auch der Herr von Münsterberg erklärt, wie die oberwähnten schlesischen Herzoge, nach K. Johann's Tode niemanden andern, nur den Markgrafen Karl, als ihren Landesherrn anzuerkennen.[1]) So benützte Markgraf Karl seinen Aufenthalt in Posen zur Sicherung Schlesiens, und damit er, gewiss im Sinne seines Vaters, der ja der erklärte Anwalt des deutschen Ritterordens war, auch diesem seine besondere Zuneigung offenbarte, beschloss Markgraf Karl, trotz des grossen Processes, den der deutsche Ritterorden 1339 mit dem Nachbarstaate Polen nur der Form nach gewann, weil er gegen die Entscheidung, die sich auf Abtretung von Ländereien, und was den Gegnern das Wichtigste war, auf grosse Geldentschädigungen bezog, einen Protest und eine Appellation einlegte, welche die päpstliche Curie nicht bestätigte,[2]) und es der Meutereien und offenen

---

[1]) Cod. Dipl. Mor. VII. 247.
[2]) Caro, Geschichte von Polen II. 233. Am 25. Sept. 1339 kam zu Warschau in der Johanniskirche folgendes Urtheil des 26 Tage gedauerten Processes zur öffentlichen Verlesung. Der Orden wurde dessen, weshalb er angeklagt, für schuldig befunden und in den Bann gethan; eine Lösung wurde nur für den Fall vorbehalten, wenn er sich zum Schadenersatze verstände; dies die Strafe für seine Vergewaltigungen am geistlichen Gute; für seine Verletzung der Besitzungen der polnischen Krone wurde der Orden zur Herausgabe der Länder Kulm, Pommern, Michelau, Kujavien und Dobrzin, zu einer Entschädigung von 194.500 Mark Silber und zur Tragung der Processkosten im Betrage von 1600 Mark verurtheilt.

Angriffe zwischen den Nachbarstaaten mehr als genug gab, da er in der Nähe sei, selbst nach Thorn zu gehen, und zwischen Kazimir und dem damaligen Hochmeister, Dietrich von Altenburg, auf Grund eines päpstlichen Schreibens, nach welchem nur Kujavien und Dobrzyn und 10.000 Goldgulden als Ersatz an Polen fallen sollen,[1]) unterstützt von einer Gesandtschaft des ungarischen Königs, den Frieden einzuleiten. Zu diesem Zwecke kam in Thorn in der Mitte Octobers ein förmlicher Congress zusammen; doch der unerwartete Tod des greisen Hochmeisters — er starb am 6. October 1341 — zerschlug die beabsichtigte Friedensverhandlung.[2])

Da jetzt des Markgrafen Karl Anwesenheit in Thorn überflüssig wurde, machte er sich, wie eine Urkunde zeigt, über Glogau auf den Rückweg in die Heimat. Die Stadt Glogau hat ihn als ihren künftigen Regenten festlich empfangen, weshalb er ihr am 28. Oct. 1341 beurkundet, dass ihm der Rath zu Glogau im Namen der Gemeinde, auf Befehl seines Vaters, als er daselbst angekommen, dergestalt gehuldigt, dass sie nach seines Vaters Tode bloss ihm, und keinem andern Erben unterworfen sein wolle. So wie sein Vater es längst verordnet, dass sie von der Krone Böhmen nicht abgesondert werden solle, so habe er dieses, wie auch ihre sämmtlichen Privilegien, eidlich bestätigt.[3])

Mittlerweile mochte aus Avignon das Breve Benedict's XII. nach Prag an den Bischof Johann gekommen sein, in

---

[1]) Caro, Gesch. von Polen II. 237.
[2]) Scriptores rer. Pruss. I. 721.
[3]) Cod. Dipl. Mor. VII. 258.

welchem er ihn ermächtigt, den Markgrafen Karl und dessen Gemahlin Blanca auf Verlangen seines Vaters zum Erbkönige von Böhmen zu krönen, da Erzbischof Heinrich von Mainz, dem ein solches Geschäft als Metropoliten zukomme, wegen seinem Anschluss an Kaiser Ludwig von der Kirche in seinem Amte dermalen suspendirt sei.[1]) Das Breve ist, wie wir sagten, vom 15. Oct. 1341. Nehmen wir an, dass die Reise desselben von Avignon nach Prag 14 Tage dauerte, so konnte der Markgraf zur Kenntnis desselben in den ersten Tagen Novembers gelangt sein. Doch damals haben Ereignisse stattgefunden, die selbst den Gedanken an eine Krönung, geschweige die Sache selbst, nicht aufkommen liessen — Ereignisse, welche Tirol und Karl's Lieblingsbruder, Johann Heinrich, betrafen.

Wir müssen uns erinnern,[2]) dass im August des vorigen Jahres Markgraf Karl durch sein kluges und kräftiges Auftreten in Tirol die Verschwörung seiner Schwägerin, Margaretha, und der mit ihr einverstandenen Tiroler Landherren glücklich niedergeschlagen hatte, so dass er beruhigt das Land verlassen konnte. Die Ruhe war jedoch nur äusserlich, im Innern gährte die Verschwörung weiter, weil sie an Kaiser Ludwig die kräftigste Unterstützung fand. Was konnte diesem Erzfeinde der Luxemburger erwünschter kommen, als die Aussicht auf Tirol, diesen Schlüssel Italiens? Denn dass er von demselben, und zwar recht bald, werde Gebrauch machen müssen, das wusste er. Es war ihm daher die träge Gleichgiltigkeit des Herzogs Johann Heinrich von

---

[1]) Böhmer, Kaiserreg. S. 231 n. 165.
[2]) Siehe S. 211 d. W.

Kärnten und Herrn in Tirol höchst erwünscht, der gar nicht zu ahnen schien, dass es sich durch die Verschwörer um seine Vertreibung aus dem Lande, und um den Verlust seiner ganzen Herrschaft, also nicht bloss um Kärnten, Krain und die windische Mark, sondern um ganz Tirol handle. Es waren diese Länder allerdings durch den Frieden von Enns vom 9. Oct. 1336 dem Herzoge von Österreich, Albrecht, abgetreten unter der Verpflichtung, dafür an König Johann die Summe von 10.000 Mark Prager Groschen zu zahlen, oder ihm die Städte Laa und Waidhofen zu verpfänden, was jedoch nicht geschah, weil weder Herzog Johann Heinrich, noch seine Gemahlin Margaretha den Ennser Frieden anerkannt, und eine Verzichtsurkunde auf Kärnten ausgestellt haben; denn Johann Heinrich nennt sich ununterbrochen noch Herzog in Kärnten und Herr in Tirol. Da vernahm König Johann, welcher vom März 1341 in Prag weilte,[1]) dass der deutsche Kaiser Ludwig am 3. October 1341 sich in Kufstein aufhalte.[2])

Ob Ludwig hier mit einigen Landherren verkehrte, ist zwar nicht urkundlich nachzuweisen; aber, da er seit

---

[1]) In dieser Zeit verbietet K. Johann der Stadt Görlitz den Strassenzug nach Zittau über Friedland, und befiehlt seinem Sohne Karl die Stadt Görlitz in diesem Rechte zu schützen. Cod. Dipl. Mor. VII. 232 ddo. Prag 28. Mai 1341, und am 10. Juni d. J. bestätigt er der Stadt Eger alle Privilegien und vereinigt für immer das Egerland mit der Krone Böhmen. Böhmer, Kaiserreg. pag. 208.
[2]) Böhmer, Kaiserreg., K. Ludwig der Baier S. 138 n. 2204. Urkunde für das Kloster Frauenau bei Fladnitz.

einem Jahre mit Margaretha im Briefwechsel stand,[1]) und Margaretha nur im Interesse der Landstände handelte, ist vorauszusetzen, ebenso, dass K. Johann und sein Sohn Karl von der Verschwörung und von allem, was seit October in Tirol geschehen, unterrichtet waren. Der gleichzeitige Verfasser der „Vita Ludovici quarti Imper." macht kein Hehl daraus, dass die Tiroler Landstände die Ursache der Verschwörung, deren Zweck die Vertreibung des Herzogs Johann Heinrich und eine neue Vermählung ihrer Fürstin, Margaretha, waren, ganz öffentlich dem Kaiser mittheilten, ja sogar einen päpstlichen Scheidebrief vorzeigten, damit der Kaiser in den längst besprochenen Plan, seinen Sohn Ludwig, Markgrafen von Brandenburg, mit Margaretha zu verheiraten, nur schnell eingehe;[2]) denn man hatte bereits das Äusserste gewagt. Am 2. Nov. 1341 erklärte Margaretha von Tirol, als der Herzog Johann Heinrich von einem Spazierritt heimkehrte, ihn nicht mehr als ihren Gemahl anzuerkennen, und verweigerte ihm den Eintritt in das Schloss Tirol, deren böhm. Besatzung und Dienerschaft sie unschädlich gemacht hat.

---

[1]) Siehe S. 211 d. W.
[2]) „Quod cum et omnes domini terre ipsius (Tirolis) domino suo Ludovico imperatori voce publica protulissent, et etiam literas domini pape divortiandi et separandi obtulissent; ipse cognita veritate uxorem illius cum tota terra et dominio et provincia abstulit, et suo filio Ludovico dedit et donavit, quod multis non videbatur rectum." Böhmer, Fontes I. 158. Was der Biograph von dem Scheidebrief bemerkt, ist einfach unwahr. Irgend ein Falsum mochte man dem Kaiser vorgezeigt haben.

Der Verstossene suchte bei den Nachbarn Einlass, nur Hartegen von Villanders gewährte ihm durch einige Tage Gastfreundschaft; es ist dies jener Hartegen, welchem Markgraf Karl zu Belluno am 1. Oct. 1340 um die Dienste, die er ihm und seinem Bruder Johann geleistet, die Feste Peutenstein im Patriarchate von Aquileja mit den Zugehörungen im Thale Cadore und einige Zölle verliehen hatte.[1]) Herzog Johann Heinrich rechnete auf die Dankbarkeit dieses Landstandes, hatte sich aber verrechnet; nach einigen Tagen musste er auch diese Zufluchtsstätte verlassen und sich zum Patriarchen von Aquileja, Bertrand, einem Freunde des Markgrafen Karl, begeben, wo er auf einen Umschwung der Dinge in Tirol wartete. Als aber nach einigen Monaten nicht nur nichts zu seinen Gunsten geschah, ja vielmehr Kaiser Ludwig offen die Vermählung seines Sohnes mit der Erbin von Tirol, Margaretha, betrieb, sah Johann ein, dass alles verloren sei, und suchte mit Hilfe des Patriarchen Böhmen zu erreichen, was noch zu Ende des Jahres 1341 erfolgte.[2])

[1]) Cod. Dipl. Mor. VII. 210. Hartegen's Vorgänger in Vilanders, dem Tägen von Vilanders, hat Karl von Mähren und dessen Bruder Johann, Herzog von Kärnten, für deren Dienste als Schadenersatz das Gut Gossensass ersetzt ddo. Volters 3. August 1337. Cod. Dipl. Mor. VII. 113.

[2]) Da Markgraf Karl in seiner Selbstbiographie von dieser Verschwörung und von der Vertreibung seines Bruders mit keiner Silbe erwähnt, müssen wir uns an seinen gut unterrichteten Zeitgenossen, den Chronisten Beneš von Weitmil, halten, welcher alles dieses in seinem dritten Buche recht ausführlich erzählt, dabei aber auch bemerkt: „Sed res ista Iohannem regem et filium eius Karolum non latuit,

Kaiser Ludwig, die politische Wichtigkeit des Besitzes Tirol's erkennend, suchte seinen Sohn zur Heirat mit Margaretha zu bewegen, vorgebend, dass zwischen der Fürstin und dem Luxemburger Prinzen Johann Heinrich nie eine Ehe bestand, weil Letzterer, wie erwiesen, nicht einmal tauglich war, eine Ehe materiell einzugehen. Zuerst widerstrebte der Sohn, dessen erste Gemahlin, eine dänische Prinzessin, Anfangs 1340 gestorben war; als aber der Bischof von Freising, welcher übrigens vom Papste nicht anerkannt war, vielleicht auch die Bischöfe von Augsburg und Regensburg[1]) erklärten, dass wegen des canonischen Hindernisses, des „Impedimentum coëundi," die Ehe der Fürstin von Tirol keine Ehe war, sie daher frei und ledig ist, entschloss sich Ludwig von Brandenburg, öffentlich als Bräutigam der Margaretha aufzutreten. Da erst regte sich der gerechte Zorn der Luxemburger und überhaupt aller rechtlich denkenden Männer, wie z. B. des Patriarchen Bertrand von Aquileja, und die nach Avignon gesandten Klagen bewogen den Papst Benedict XII., bereits am 28. Nov. den oberwähnten Patriarchen zu beauftragen, falls er in Erfahrung bringe, dass sich die

> unde ipsi saepissime visitarunt dictum Iohannem, comitem Tirolis, sibi consulentes, ut caute et circumspecte de suis ageret factis, quia Ludovicus praedictus (Imperator) omne malum cogitabat." Beneš, Script. rer. Boh. II. 276.

[1]) Wir führen diese Bischöfe schon im Nov. 1341 als Förderer der sacrilegischen Handlung auf, weil sie im Gefolge des Kaisers Ludwig und seines gleichnamigen Sohnes erscheinen, als sie im Febr. 1342 zur Vermählung nach Tirol ritten. Joh. Victor. Böhmer, Fontes I. 442. Während des Druckes dieses Bandes überreichte Prof. Dr. A. Huber dem Archive der kaiserl. Akademie der Wissenschaften für österr.

Herzogin von Kärnten von ihrem Manne, dem Grafen von Tirol, Johann Heinrich, ohne kirchliches Schiedsgericht trennen, und Ludwig, den Sohn Ludwig's des Baiern, heiraten wolle, der Patriarch sie ermahne, davon abzustehen und bei ihrem rechtmässigen Manne zu verbleiben; thue sie jedoch dies nicht und nimmt sie den oberwähnten Ludwig, oder wen immer, zum Manne, dann soll er über sie und über alle, welche zu dieser unkirchlichen Ehe beitrugen, mit canonischen Strafen vorgehen.[1])

Damit begann der Ehescheidungsprocess und zwar mit der Vorladung der Margaretha. Dass sie derselben nicht gehorchte, ist leicht begreiflich. Sie kannte den Patriarchen

Geschichtsquellen eine Abhandlung, das kirchliche Strafverfahren gegen Margaretha von Tirol wegen der Verjagung ihres ersten Gemahls und ihrer Verheiratung mit Ludwig dem Brandenburger.

[1]) Die Bulle ist ausgestellt ddo. Avenion III. Kalend. Dec. anni VII. (29. Nov. 1341) und zu lesen in Lit. secr. Nr. 213, Fol. 87. „Litera patens Bertrando patriarchæ Aquilegensi, quod si informatione recepta repererit Elisabetham (sic! pro Margaretha), ducissam Karinthiæ, auctoritate propria velle sine iudicio ecclesiæ a Iohanne de Bohemia, comite Tyrolis, viro suo recedere ac cum Ludovico, filio Ludovici de Bavaria, matrimonialiter contrahere: ipsam moneat et inducat, ut ab his se divertat et abstineat viroque suo legitimo adhæreat sicut decet. Si vero prælibata ducissa, viro suo prædicto dimisso memoratum Ludovicum, vel alium, tanquam maritum de facto accipere præsumat; tam contra eos, quam quovis eorum fautores per censuram ecclesiasticam procedere non postponat." Dudík. Abgedr. im Auszuge für Mährens allgem. Geschichte aus päpstlichen Regesten.

als entschiedenen Freund der Luxemburger und konnte ihn daher als Richter nicht anerkennen. Wie konnte aber der Papst in Avignon so schnell ein Urtheil fällen? Am 2. Nov. war Johann Heinrich vertrieben und am 28. Nov. war Margaretha schon vorgeladen. Gewichtige Schriftsteller nehmen an,[1]) dass Margaretha schon früher bei der Curie Schritte zur Trennung der alten und zur Eingehung einer neuen Ehe gethan hatte, was grosse Wahrscheinlichkeit für sich hat, weil sich nur so die Schnelligkeit des päpstlichen Urtheils erklären lässt. Es war die Impotenz von Seite des Fürsten Johann Heinrich als Grund der Eheungiltigkeit angegeben. Das Unvermögen oder die Impotenz des einen oder des andern contrahirenden Theiles ist allerdings ein trennendes Ehehindernis; doch muss dieses Unvermögen bereits vor der Ehe vorhanden, dem andern Theile aber nicht bekannt gewesen und ein unheilbares sein. Das canonische Recht verordnet, bevor das Ehehindernis des Unvermögens als vorhanden anerkannt wird, eine strenge Untersuchung, und misst den Angaben der Eheleute selbst in dieser Beziehung keinen Glauben bei. Wenn daher beide Theile des Hindernisses geständig sind, so mögen sie wenigstens ihre Aussagen eidlich bekräftigen; wenn aber ein Theil widerspricht, so muss zum Beweise geschritten werden. Unter den Beweismitteln ist nur ärztliche Untersuchung eines der vorzüglichsten. Im Zweifel, ob die Unfähigkeit eine beständige, oder bloss eine temporäre sei, sollen die Gatten die eheliche Gemeinschaft drei Jahre lang zur Probe fortsetzen. Ist nach Verlauf dieser Zeit keine Änderung eingetreten, so ist die Ehe gelöst.

[1]) Kindl, Geschichte von Tirol S. 363.

Erweist sich später die Nichtigkeit der Ehe als durch Irrthum oder Betrug veranlasst, so wird die getrennte Ehe revalidirt und der vielleicht inzwischen anderweitig verheiratete Theil muss zu seinem früheren, nun fähig erfundenen Gatten zurückkehren.[1]) Dies war und ist bis auf den heutigen Tag die Ansicht des canonischen Rechtes über das Ehehindernis der Impotenz. Margaretha stand damals im 23., und ihr Gemahl, Johann Heinrich, im 19. Lebensjahre, seit 1327 waren sie beisammen, seit 1330 sind sie verheiratet; mehr als 10 Jahre standen sie in kinderloser Ehe. Daraus nahm Margaretha den Grund zur Scheidung und dies mochte auch der Grund gewesen sein, den sie in ihrer Klagschrift an den Papst angab. Es war aber auch noch ein zweiter Grund, den sie vorbringen konnte, das Ehehindernis der Verwandtschaft; Margaretha war nämlich mit ihrem Ehemann, Johann Heinrich, im dritten Grade verwandt,[2]) folglich unfähig, ohne päpstlicher Dispens eine Ehe einzugehen. Da eine solche Dispens nicht nachgewiesen werden konnte, war der Nichtigkeitsbeweis des 1330 geschlossenen Ehecontractes nachgewiesen, und auf diesen Beweis stützten sich des Kaisers Hofcanonisten,

---

[1]) Walter, Lehrbuch des Kirchenrechtes, IV. Kapitel. Von der Ehe S. 631 u. ffg.

[2]) Aber auch mit dem Bräutigam, Ludwig von Brandenburg, stand Margaretha in demselben Grade verwandt, denn Margarethas Grossmutter, Elisabeth, die Gemahlin Herzogs Meinhard II., war eine Schwester Ludwig's des Strengen, des Grossvaters des Markgrafen Ludwig. Häutler, Genealogie des Stammhauses Wittelsbach S. 415. Rebdorf, Böhmer, Fontes IV. S. 523.

die ihm anhängenden Minoriten, als sie erklärten, dass nach göttlichem und menschlichem Rechte der oben anhängige Ehescheidungsprocess zwischen der Fürstin Margaretha und ihrem Gemahle Johann Heinrich vor des Kaisers Richterstuhl gehöre, und dass er, wie einst Kaiser Friedrich I., Friedrich der Streitbare von Österreich und König Otakar von Böhmen ohne Einwirkung des Papstes von ihren Gemahlinnen schieden, er, der Kaiser, dasselbe Recht habe, da es sich hier nicht um die Auflösung der Ehe, sondern nur um den Nichtigkeitsbeweis des Ehecontractes zur Ehe handle. Kaiser Ludwig liess sich durch diese Gründe bewegen und trennte eigenmächtig diese Ehe. Nachdem sich noch Zeugen fanden, die die Impotenz des Gatten bezeugten, Margaretha sich aber als Jungfrau hinstellte, stand der Hochzeit mit Ludwig von Brandenburg nichts entgegen.[1]) Diese Ehescheidung durch den Kaiser Ludwig mag zu Innsbruck oder in einer andern Stadt Tirols in der ersten Hälfte des Monats Dec. 1341 geschehen sein. Das vorhandene Ehescheidungsinstrument hat keine Orts- und Zeitangabe.[2]) Und dies alles geschah

[1]) „Anno D. 1341 oritur discordia inter secundum filium regis Iohannis Bohemiæ, Iohannem nomine, ducem Karinthiæ, ex parte una, et uxorem suam, filiam quondam ducis Karinthiæ ac nobiles eiusdem ex altera. Unde ipsa accusat eum, quod sit frigidus et impotens ad carnalem copulam, et asserit se virginem, licet cohabitaverit ei per decem annos vel circa." Henrici Rebdorfensis Annales. Böhmer, Fontes IV. 522.

[2]) Freher in additamentis. Annal. Rebdorf. Olenschlaer. Nr. 81. Übrigens wird die erste Ehe der Margaretha und Johann Heinrich's von Luxemburg auf des Letzteren Ansuchen im Jahre 1349 allerdings kirchlich geschieden.

in einer Zeit, in welcher K. Johann bestimmt hat, seinen Erstgeborenen, den Markgrafen Karl, und dessen Gemahlin Blanca nach der eben eingetroffenen Bulle des Papstes Benedict XII. ddo. Avignon 15. Oct. 1341 durch den Bischof von Prag krönen zu lassen.[1]) Unter solchen Verhältnissen war an die Krönung nicht zu denken. Jetzt handelte es sich darum, die dem Hause der Luxemburger durch den Kaiser angethane Schmach zu rächen.

Bei dem so sichtlichen Anwachsen der Territorialmacht des Hauses Wittelsbach, einmal durch Nieder-Baiern und Brandenburg, jetzt durch die Grafschaft Tirol und durch die Anwartschaft der Kaiserin Margaretha, Tochter des Grafen Wilhelm III. von Holland etc., auf die Provinzen Holland, Seeland, Friesland und Hennegau, war es kein geringes Unternehmen, sich mit den Waffen in der Hand zu rächen. Hier konnten nur Bündnisse helfen, und zwar solche, die,

---

Böhmer, Kaiserreg. Ludwig des Baier und seiner Zeit. S. 139 n. 2225. Cod. Dipl. Mor. VII. 269—271, sowie die Ehedispens durch Kaiser Ludwig l. c. 271-273 werden als falsch angesehen, da doch beide Acte ein Jurisdictionseingriff des Kaisers in die päpstliche Machtsphäre waren, daher eine scharfe Rüge verdienten, und auch von den Päpsten, die doch Gelegenheit hatten, von der erwähnten Ehescheidung zu sprechen, wie Clemens VI. in einer Bulle vom 12. April 1343, noch Innocenz VI. bei der Lossprechung Ludwig's und Margaretha's im J. 1359 tadelnd nicht erwähnt werden. Die Quellen zu der Ehescheidung sind angeführt in Huber, Regesta Karl IV. S. 12.

1) Siehe S. 243 d. W. Böhmer, Kaiserreg., König Johann, S. 231 n. 165.

weil mitbetheiligt, auch die sichersten und verlässlichsten waren, und hierher gehörte in erster Linie das Herzogthum Österreich. Albrecht der Lahme war damals der alleinige Regent dieses schönen Landes, welches ja in jüngster Zeit das Herzogthum Kärnten erwarb, das in Gefahr stand, vom Kaiser besetzt zu werden. Auf dieses war Königs Johann Aufmerksamkeit zuerst gerichtet, und der noch nicht perfect gewordene Ennser Friede vom 9. Oct. 1336 bot die beste Veranlassung, mit Albrecht anzuknüpfen. In diesem Frieden verzichteten, wie wir uns erinnern,[1]) die Herzoge von Österreich auf Tirol, wogegen K. Johann für sich und seinen Sohn Johann und dessen Gemahlin Margaretha Maultasch und deren kranke Schwester Adelheid zu Gunsten der Herzoge von Österreich allen Ansprüchen auf Kärnten, einige Bezirke an der Drau ausgenommen, entsagte und denselben bis nächsten Dreifaltigkeitssonntag auch die verbriefte Zustimmung seines Sohnes Johann von Tirol, Margarethas und ihrer Schwester beizubringen versprach; als Entschädigung hiefür sollten die Herzoge von Kärnten an Böhmen eine Summe von 10.000 Mark Prager Groschen zahlen,[2]) als Pfand für dieselbe die Städte Laa und Waidhofen und die Feste daselbst abtreten, und ausserdem noch die Stadt Znaim an Mähren zurückgeben, welche dem Herzog Otto für die Mitgift seiner Gemahlin Anna, einer Tochter Königs Johann, um 10.000 Mark Silber verpfändet war.[3])

---

[1]) Siehe S. 93 d. W.
[2]) Huber sagt 1 c. 28 beiläufig 32.000 Ducaten.
[3]) Lichnovsky, Geschichte des Hauses Habsburg. 113. Urk. n. 1006 und 1008. Siehe S. 30 d. W.

Auf Grund dieser Ennser Friedensbedingungen erklärte K. Johann zu Znaim am 26. November 1341 dem Herzoge Albrecht dem Lahmen von Österreich, wozu er sich im Ennser Frieden, dessen Bedingungen er anführt, verpflichtete, und was dagegen die Herzoge von Österreich versprochen haben. Da die Bedingungen von Seite des Grafen Johann von Tirol und seiner Gemahlin Margaretha und von Seite des Markgrafen Karl bis jetzt nicht erfüllt wurden, verspricht K. Johann zu Znaim, dass er die im Ennser Frieden versprochene Zahlung oder die dafür verpfändeten Städte so lange nicht fordern wolle, bis es ihm gelinge, die Besiegelung der Urkunden des erwähnten Friedens von seinem Sohne, seiner Schwiegertochter und deren Schwester zu erlangen.[1]) Johann spricht hier nur von seinem Sohne Johann und von dessen Gemahlin und deren Schwester Adelheid; denn seines Erstgeborenen, des Markgrafen Karl, war er bereits sicher. Denn von Glogau aus, wo wir am 28. Oct. 1341 den Markgrafen verliessen, richtete er seinen Weg direct nach Wien, und zwar, um mit dem Herzoge Albrecht wegen seines Bruders Johann und der durch ihn seinem Hause zugefügten Schmach und Schande zu unterhandeln, was nur möglich sein konnte, wenn Albrecht in ein Bündnis mit K. Johann wider den Kaiser eingienge.

[1]) Cod. Dipl. Mor. VII. 259. „Cum autem dicte litere, ut predicitur, sigillate, et ipsis domino duci et fratruelibus suis (Friedrich und Leopold) vel heredibus eorum per nos et heredes nostros tradite fuerint et assignate, ex tunc prefati dux, fratrueles sui et heredes ipsorum, nobis predictam pecuniam decem millium marcarum, vel pignora superius expressa solvere protinus tenebuntur."

Wie Karl in Allem und Jedem klug und besonnen handelte, so auch hier. Er wusste, dass dem Herzoge Albrecht noch erinnerlich sein muss, wie der Kaiser 1335 ihn und die Herzoge von Österreich mit Kärnten belehnt hatte, wie darauf der Friede von Enns diese Belehnung auch von Seite des Königs Johann unter gewissen Bedingungen, die auch Karl angiengen, anerkannte, und darum brachte der kluge Markgraf zuerst diesen Punkt zur Sprache. Am 15. Dec. 1341 bestätigte er, kaum in Wien angelangt, die ihm vom Herzoge offerirte Friedensurkunde von Enns ddo. 9. Oct. 1336, die Verzichtleistung nämlich auf Kärnten, Krain und die windische Mark zu Gunsten der Herzoge von Österreich betreffend, vollinhaltlich.[1] Dieser Schritt wirkte; der Herzog schloss noch an demselben Tage mit dem Markgrafen ein Schutz- und Vertheidigungsbündnis ab, vermied aber sorgfältig, was eigentlich der böhmische König wünschte, jede Verpflichtung zu einem sofortigen Kriege wider den Kaiser. Der wesentliche Inhalt des Bündnisses war: Würde es Kaiser Ludwig wagen, die Länder des Markgrafen von Mähren, Karl, oder seines Vaters, des Königs Johann von Böhmen, feindlich anzufallen, und diese riefen den Herzog von Österreich oder dessen Brüdersöhne, Friedrich und Leopold, um Beistand an, so soll er verpflichtet sein, ohne allen Verzug mit seiner ganzen Macht ihnen Hilfe zu leisten. Wein und Brot werden die österreichischen Hilfs-

---

[1] Cod. Dipl. Mor. VII. 264. „Nobis pridie... venientibus affinis noster (dux Albertus) exhibuit nobis quasdam literas domini Genitoris nostri super renunciacione ducatus.Karinthie nec non terre Carniole et Marchie."

truppen unentgeltlich erhalten, allen übrigen Verlust, den sie erleiden könnten, trägt der Herzog selbst. Das Land und die Festungen oder Schlösser, welche im Kriege erobert werden, gehören demjenigen Theile, welcher den Bundesgenossen zum Beistande herbeigerufen hat; alles bewegliche Gut aber, das erbeutet wird, und die Kriegsgefangenen gehören demjenigen, der sich ihrer bemächtigt.[1]) Es versteht sich von selbst, dass sich der Markgraf Karl und sein Vater Johann zu einem ähnlichen Beistande gegen Herzog Albrecht verpflichtet haben, wenn seine Provinzen, also Österreich, Kärnten, Krain, die windische Mark, Portenau und die Habsburgischen und Elsassischen Länder, vom Kaiser sollten angegriffen werden.

Wenn auch nicht alles, so war doch durch diese Urkunde Vieles erreicht, die Krone Böhmen stand, wenn der Rachekrieg eröffnet werden sollte, nicht mehr isolirt da. Was jetzt nachfolgt, ist nur eine Folge des geschlossenen Bündnisses vom 15. Dec. 1341. So beurkundet Karl an demselben 15. Dec. des Jahres 1341 in Wien, dass weder er, noch seine Erben die von den Herzogen von Österreich für die Verzichtleistung auf Kärnten zu zahlenden 10.000 Mark Prager Groschen, oder die dafür als Pfand bestimmten Städte Laa und Waidhofen sammt dessen Schlosse anzusprechen haben, bevor von seinem Bruder Johann, dessen Gemahlin Margaretha und von deren älteren Schwester Adelheid die Verzichtsbriefe auf Kärnten besiegelt sein werden.

---

[1]) Cod. Dipl. Mor. VII. 261. „Sub expensis panis et vini eorum, sed dispendiis rerum nostrarum atque propriis."

In ähnlichem Sinne stellte an demselben Tage und Orte Herzog Albrecht einen gleichen Brief dem Markgrafen Karl aus,[1]) und den nächsten Tag, also den 16. Dec., versprach Markgraf Karl zu mehrerer Befestigung des eben mit Herzog Albrecht und den Söhnen seines Bruders Otto, Friedrich und Leopold, eingegangenen Freundschaftsbündnisses, keinem österreichischen Flüchtling, der sich eines Verbrechens schuldig gemacht hat, ohne Unterschied des Standes oder der Würde einen Zufluchtsort auf seinem Gebiete zu gestatten, oder ihn gar, wie es damals eine ganz gewöhnliche Sitte war, in seine Dienste aufzunehmen und dadurch der verdienten Strafe zu entziehen. Vielmehr sicherte der Markgraf dem Herzoge Albrecht seinen Beistand gegen solche Verbrecher zu, damit sie gestraft werden könnten. Herzog Albrecht verpflichtete sich dem Markgrafen Karl zu ganz gleichen nachbarlichen Diensten und verhiess ihm, gegen dieselben straffälligen Unterthanen auf eben dieselbe Weise zu verfahren.[2]) Endlich machte Karl dem Herzoge Albrecht die vertrauliche Mittheilung, dass sein Vater auf das Königreich Böhmen, unter Vorbehalt der Einkünfte aus den Bergwerken von Kuttenberg und einer jährlichen Rente von 32.000 Mark Silber resigniren wolle; da aber diese Summe zu enorm war, und das Kroneinkommen fast gänzlich verschlungen haben würde, so bat Karl den Herzog, sich bei seinem Vater freundlich dafür zu verwenden, dass dieser von den allzuhohen Forderungen ablasse und ihm günstigere Bedingungen stelle.[3])

[1]) Cod. Dipl. Mor. VII. 262 und 263.
[2]) Cod. Dipl. Mor. VII. 264 und 265.
[3]) Wörtlich aus Werunsky, Geschichte Kaisers Karl IV. I. 291. Nach Concept des Joh. Vict. bei Fournier 11 N. 3.

Mit dieser Urkunde enden die Unterhandlungen, welche zwischen dem Markgrafen Karl und dem Herzoge Albrecht infolge der durch den Kaiser dem Hause Luxemburg angethanen Schmach geführt wurden, welcher durch eine wirkliche Vermählung des kaiserlichen Sohnes, Ludwig von Brandenburg, mit der Herzogin von Kärnthen, Margaretha, der ganzen unedlen Handlung die Krone aufgesetzt hat. Denn bald nach der Vertreibung des Herzogs Johann Heinrich begab sich eine Gesandtschaft, gebildet aus den vornehmsten Landesherren von Tirol, Volkmar von Burgstall, Engelmar und Hartegen von Villanders, Eckehard von Trostburg und Konrad von Schenna, zum Kaiser nach München, um den Tag der Heirat und der Übergabe des Landes an den neuen Gemahl festzusetzen.[1]) Wo war die Treue der Familie der Villanders? Nach Lichtmess des Jahres 1342 trat der Kaiser mit dem Markgrafen Ludwig die Reise nach Tirol an, um die Vermählung mit Margaretha Maultasch zu feiern. Ludwig's jüngerer Bruder Stephan, die, jedoch vom Papste nicht anerkannten, Bischöfe von Freising, Regensburg und Augsburg, zwei Herzoge von Teck, mehrere Grafen und viele Herren waren in ihrem Gefolge. Der Bischof von Freising, Ludwig von Chamstein, hatte sich herbeigelassen, die Scheidung zwischen Margaretha und ihrem früheren Gemahle vorzunehmen. Allein beim Übergange über den Jaufen, zwischen Sterzing und Passeier, am 8. Febr. 1342 strauchelte sein Pferd und der Bischof verlor durch einen unglücklichen Sturz das Leben. Dieser Unfall, der von vielen als

---

[1]) Huber, Geschichte der Vereinigung Tirols mit Österreich mit Angabe der Quelle. S. 37.

ein Gottesgericht angesehen wurde, erschreckte die beiden andern Bischöfe so sehr, dass sie trotz aller Bitten des Kaisers sich entschieden weigerten, die Ehe zwischen der Herzogin Margaretha und Johann von Luxemburg zu trennen. Da entschloss sich endlich der Kaiser, dem die Erwerbung eines Landes, wie Tirol, um keinen Preis zu theuer erkauft schien, die Vermählung vor sich gehen zu lassen, indem man sich darauf stützte, dass die erste Ehe gar nicht vollzogen worden, und somit als ungiltig zu betrachten sei. Ohne dass die erste Ehe Margaretha's von jemanden kirchlich gelöst worden wäre, wurde zum grossen Ärgernis des ganzen Landes am Faschingssonntag, 10. Febr. 1342, auf dem Schlosse Tirol die Vermählung des Markgrafen Ludwig mit der verheirateten Herzogin, Margaretha, vollzogen,[1] nachdem bereits am 28. Jan. 1342 der Kaiser dem Lande Tirol einen Freiheitsbrief, wie er damals fast in allen Ländern üblich war, unterzeichnete. Es wurden nicht nur alle Freiheiten des Landes bestätigt und erneuert, es wurde besonders durch den Markgrafen Ludwig vorgebracht, keine Fremde ins Land als Beamte zu setzen und nur mit dem Beirathe der Stände zu regieren, doch nicht zuzugeben, dass Margaretha aus dem Lande gehe.[2]

Was Ludwig der Baier so lange auf verschiedenen Wegen zu erlangen strebte, hat er durch diese Heirat erreicht; Tirol, und somit der günstigste Weg nach Italien, war in seinen Händen, aber mit Tirol auch die Ursache

[1] Huber, Geschichte der Vereinigung etc. wörtlich S. 38 und 39.
[2] Huber l. c. Urkunde S. 155 n. 83.

seines Sturzes. Was der Kaiser als sein Glück betrachtete, war sein Unglück, besonders als in dem Jahre, in welchem die Vermählung stattfand, Papst Benedict XII. starb und Klemens VI. im Mai desselben Jahres erwählt wurde. Obwohl dessen Vorgänger eine neue Bannbulle wider Kaiser Ludwig nicht erliess, hat er selbe auch nicht erneuert, und da das Glück dem deutschen Kaiser hold war, gewöhnte sich die Welt, den Gebannten und Abgesetzten dennoch als rechtmässigen Regenten zu betrachten. Nicht so Klemens VI. Der ehemalige Erzieher und jetzige Freund des Markgrafen von Mähren, Karl, und was das zu bedeuten hat, einen Papst in damaliger Zeit, welche den Schwerpunkt der Politik im Papstthum sah, zum Freunde zu haben, wird Karl's Geschichte zeigen.

Jetzt werfen wir noch einen Blick auf die Thätigkeit Benedicts XII. in den letzten Jahren seiner Regierung in Mähren. Erinnern wir uns, wie Papst Benedict XII. durch den für Mähren bestellten Inquisitor, Peter von Načerad, im Aug. 1335 für die Reinheit der katholischen Lehre in Mähren gesorgt -- noch gegen den Schluss seiner Regierung schrieb er am 13. Sept. 1341 dem Prager Bischofe Johann, den Inquisitor Gallus zu unterstützen und die von ihm bezeichneten Häretiker gut zu bewachen. An demselben 13. Sept. d. J. erliess der Papst von Avignon aus einen geschlossenen Brief an den Markgrafen Karl mit dem Ansuchen, dem Inquisitor Gallus in Aufsuchung und Verfolgung der Ketzer behilflich zu sein, dem Adel seines Reiches einen ähnlichen Entschluss beizubringen und für Gefängnisse für Ketzer zu sorgen. Einen ähnlichen Brief schickte der Papst an Ulrich von Neuhaus, dessen Güter besonders durch die Ketzer stark zu leiden hatten.¹) Weiter erinnern wir uns, dass Papst Benedict XII. am 20. Juni 1336 die sogenannte Bulla Benedictina als Basis der Reform des Benedictinerordens veröffentlicht hatte.²) Am 13. Dec. 1336 ward diese Bulle zu ihrer Durchführung an die Benedictineräbte von Břevnov in Böhmen und von Trebič in Mähren mit der Weisung zugeschickt, jedes dritte Jahr ein Provinzial-Kapitel der Benedictinerklöster in Böhmen und Mähren abzuhalten und hierüber dem Papste Bericht abzustatten. Die in Böhmen und Mähren liegenden Klöster dieses Ordens bildeten eine, die sogenannte böhmische Provinz. Besonders drang der Papst in der oberwähnten Bulle auf ein geregeltes und gründliches Studium in der richtigen Voraussetzung, dass, wenn in einem Kloster fleissig und systematisch die Studien gepflegt werden, dort auch eine der Ordensregel sich anschmiegende Klosterdisciplin zu Hause sei.³) Obwohl die Bulla Benedictina in Mähren bloss für Trebič und Raigern bestimmt war, scheint sie doch für alle in Mähren bestehenden, sogenannte besitzende Klöster, Cistercienser und Prämonstratenser, gut gewirkt zu haben; wir glauben dies in dem geregelten materiellen Wohlstande der damaligen Klöster zu erkennen. Wenn Klöster Güter kaufen, so beweisen sie dadurch, dass sie ihre Dotation nicht verbrauchen, sondern Kapitalien erübrigen. Wenn zu Znaim am 5. März 1337 das Kloster Bruck einen Lahn zu Schakwitz um 22 Mark Silber von den Brüdern Wok und Erhard von

---

¹) Dudík, Auszüge l. c. S. 23. Die Güter litten besonders durch Brand von den Ketzern. Vergl. S. 190 d. W.
²) Siehe S. 113 d. W.
³) Cod. Dipl. Mor. VII. 100—103.

Trench gekauft hatte gegen einen jährlichen Zins von 4 Mark Prager Groschen, so ist damit erwiesen, dass das Kloster gut gespart hat,[1]) oder wenn am 21. Juli d. J. der Stadtrath von Znaim erklärt, dass die Richter von Znaim, Konrad Hasmund und Ulrich von Těstitz, vom Kloster Bruck einen Hof zu Těstitz auf 10 Jahre gepachtet haben,[2]) so ist damit erwiesen, dass die Verpachtung einen grösseren Nutzen dem Kloster zubrachte, als wenn derselbe in eigener Bearbeitung geblieben wäre. Die Nonnen von Maria-Saal in Altbrünn verkauften am 29. September 1337 an Heinrich von Eisgrub, genannt Rauscher, und dessen Sohn Stephan, und an Stephan, genannt Sebensteiner, um 70 Mark Prager Groschen ihren Besitz in Reinbrechtsdorf. Heinrich von Eisgrub entsagt allen Rechten, die er auf den Kaufschilling haben könnte.[3]) Am 21. Nov. 1337 wurde zu Znaim ein Vertrag abgeschlossen zwischen dem Znaimer Stadtrathe und dem Brucker Abte Johann über das dem Letzteren zustehende, vom Könige Johann und vom Markgrafen Karl ertheilte Recht, den Znaimer Stadtrichter ernennen und von demselben einen jährlichen Zins beziehen zu können,[4]) abermals ein Privilegium, welches nur möglich war, weil der Papst sowohl den König Johann als den Markgrafen Karl in hoher Freundschaft hielt. Nur dieser Freundschaft ist zu verdanken, dass Benedict XII. den Bischof Johann von Olmütz beauftragt, den Priester-Candidaten Hermann, Sohn des Herrn

---

[1]) Cod. Dipl. Mor. VII. 105.
[2]) Cod. Dipl. Mor. VII. 108.
[3]) Cod. Dipl. Mor. VII. 122.
[4]) Cod. Dipl. Mor. VII. 124.

Johann von Začan, von dem Hindernisse der unehelichen Geburt zu dispensiren,¹) und dass derselbe Bischof Johann erklärt, dass die Güter in Zdenitz bei Prachatitz dem Vyšegrader Kapitel gehören ddo. Mödritz 10. Nov. 1339. Der Burggraf von Blansko, Nicolaus, Bruno's Sohn, entsagt zu Mödritz 8. April 1340 allen ihm auf die obangeführten Güter zustehenden Rechte, und Karl von Auerschitz bekennt zu Brünn 29. April 1340, dass er von dem Willimover Abte für seine Dienste drei freie Lahne in Auerschitz (Uherčice) erhalten habe,²) Anfang des Verfalls des in Böhmen liegenden Willimover Klosters und seiner Probstei Uherčic in Mähren Benedictinerordens! Ja nur dieser grossen Freundschaft des Papstes und des Markgrafen sind Fälle möglich, wie der nachfolgende: Bekanntlich dürfen Religiosen nach dem canonischen Rechte in keine Geldgeschäfte sich einlassen, und doch sehen wir, dass am 25. Jan. 1341 zu Raigern zwei Bewohner des nahen Sobotovice, Hans Malspitzer und Berthold, vom Raigerer Klosterbruder Sezema dritthalb Mark Prager Groschen gegen einen jährlichen Zins einer halben Marke ausgeliehen haben, mit der Strafe eines Vierdings, wenn am bestimmten Tage der Zins nicht gezahlt werden sollte. Der damalige Probst Witek hat den Schuldschein unterzeichnet.³) Derselbe Benedict XII. überträgt ddo. Avignon

---

¹) Cod. Dipl. Mor. VII. 146.
²) Cod. Dipl. Mor. VII. 186 und 195.
³) Cod. Dipl. Mor. VII. 221. „Quod si predictam marcam non dederimus in termino pretaxato (in festo sancti Michaelis archangeli proxime nunc venturo), mox in uno fertone grossorum nomine pene erimus obligati."

11. Jan. 1341 dem Kloster-Hradischer Abte bei Olmütz die Untersuchung und Beilegung des zwischen dem Abte von Břevnov und dem Prager Bischofe Johann bestandenen Strittes, und befiehlt vom selben Datum dem oberwähnten Abte, dass er die dem Abte von Břevnov durch den Prager Bischof entzogenen Güter und beweglichen Sachen für dasselbe wieder erwerbe.[1]) Er verleiht am 10. Febr. 1341 dem Olmützer Domherrn Nicolaus, dem Sohne Luček's von Brünn, demselben, welchem er am 5. Dec. 1338 die durch Ernennung des Nicolaus zum Bischofe von Trient leer gewordene Domherrnstelle in Olmütz verliehen, die Domdechantei in Olmütz. Benedict XII. hatte sich damals die Besetzung aller Würden bei der Olmützer Domkirche vorbehalten, selbst die des Dechants, welche damals 50 Mark Silber, also etwa 2000 fl., eintrug und vom Kapitel besetzt wurde.[2])

Ganz besonders sah man den wohlthätigen Einfluss des Papstes an den Klöstern in Mähren, die, weil sie in der Bevölkerung wurzelten, auch zahlreiche Wohlthäter fanden. So erhielt das Kloster Welehrad durch Vojslava, Witwe nach Bruno von Dražovitz, zu Hradisch am 12. Febr. 1341 für die Erlaubnis, im Kloster begraben zu werden, vier Lahne bei dem Klosterbesitze Schönhof im Troppau'schen. Das

---

[1]) Cod. Dipl. Mor. VII. 220.
[2]) Cod. Dipl. Mor. VII. 221. „quod nos dudum... omnes dignitates, personatus et officia ceteraque beneficia ecclesiastica tunc apud dictam sedem quocumque modo vacantia et in antea vacatura, collationi et dispositioni nostre specialiter reservantes" etc. Dudík, Auszüge für Mährens allg. Geschichte, S. 23.

Oslavaner Nonnenkloster überlässt zu Brünn am 24. Febr. d. J. vier Mark Zinses von Klein-Senitz dem Olmützer Kapitel für einen ähnlichen Zins in Řičan, [1]) und der Probst von Kremsier, Friedrich Sulz, schenkt zu Brünn am 21. März 1341 dem Smilheimer Kloster zu Vyzovitz alle seine Bücher gegen die Verpflichtung, dass der Abt seinem Convente den Bezug jährlicher drei Mark für ein Anniversar von dem Dorfe Chropin sicherstelle. [2]) Am 8. Mai 1341 befreit der Znaimer Stadtrath drei zu dem dortigen St. Klarakloster gehörige Häuser von allen Stadtabgaben und Stadtlasten u. s. w. Diese Häuser lagen in der Nähe der Judensynagoge. [3]) Der Unter-Bobrauer Pfarrer Ulrich erklärt zu Brünn am 1. Juni l. J., dass er von seiner Kirche und deren Einkommen jährlich fünf Vierdinge Prager Groschen dem Comthur des Johanniter-Spitals daselbst zu zahlen habe. [4]) Markgraf Karl gestattet zu Prag den 5. Juni 1341 dem Abte und Convente

---

[1]) Cod. Dipl. Mor. VII. 224 und 225. Am 25. Juli 1341 erklärt Hynek von Nachalen, genannt von Bluda, dass er von dem Welehrader Kloster Schönhof und 8 Lahne auf 8 Jahre zur Verwaltung erhalten habe. Cod. Dipl. Mor. VII. 244.

[2]) Cod. Dipl. Mor. VII. 225. „Quod abbas eiusdem loci, qui nunc est, ipsis libris seu retentis penes monasterium sive venditis vel vendendis ex nunc assignet ipsi conventui, predicto trium marcarum redditus singulis annis percipiendos in perpetuum de villa Chropin, que est monasterii predicti, pro pytancia, id est pro speciali refectione conventus, quam pytanciam singulis mensibus uno fertone per pytanciarium, quem fratres elegerint, fieri procurabunt."

[3]) Cod. Dipl. Mor. VII. 230.

[4]) Cod. Dipl. Mor. VII. 232.

des Klosters Tepl ihre Güter emphyteutisch zu verdingen und für die Dingsumme bis 1000 Schock Prager Groschen andere Güter in Böhmen erkaufen zu können.¹) Am 15. Juni 1341 befreit K. Johann und sein Sohn Karl das Kloster Ossek zuerst auf 7, dann auf 10 Jahre von der Berna und überhaupt von allen Abgaben.²) Wichtiger als dies war das vom Markgrafen Karl zu Prag an demselben Tage d. J. dem Kloster Welehrad ertheilte Privilegium, dass die von den Gütern des erwähnten Stiftes abziehenden Unterthanen auf anderen Gütern aufgenommen werden können, wenn es sicher ist, dass sie dem erwähnten Kloster hinsichtlich der Steuer Genüge geleistet haben. Ein ähnliches Privilegium ertheilte der Markgraf auch den Klöstern in Saar und Oslavan.³) Solche Privilegien, d. i. die zeitweilige Befreiung von Steuern und Abgaben, waren damals häufig, weil sich gerade in dieser Zeit K. Johann von mehreren Klöstern die Steuer auf fünf Jahre in Vorhinein entrichten liess, z. B. das Kloster in Leitomyšl und in Hradisch bei Olmütz.⁴)

¹) Cod. Dipl. Mor. VII. 233. Die Tepler haben dieses Privilegium schon vom Könige Johann erhalten; Markgraf Karl bestätigt es nur.
²) Cod. Dipl. Mor. VII. 236 und 237. Diese Gnade hatte bloss darin den Wert, dass das Kloster, welches alle Abgaben dem Könige auf 6 Jahre in Vorhinein entrichtete, jetzt auf 7 Jahre steuerfrei erklärt wurde.
³) Cod. Dipl. Mor. VII. 241 und 242. Anfang der Freizügigkeit der Unterthanen.
⁴) Cod. Dipl. Mor. VII. 244 und 245. „Cum itaque pridem immunitas a nobis data monasterio vestro, nobis invitis et ignaris de huiusmodi concessione libertatis ad certos annos non

Treu der Tradition, welche im Přemyslidenhause herrschte, durch die Regenten ein Kloster zu stiften, schloss sich, wie König Johann, Markgraf Karl der Stiftung seines natürlichen Verwandten, des Bischofs Johann von Olmütz, mit dem Beinamen Wolek, an, als dieser am 30. Sept. 1340 im General-Kapitel zu Olmütz die Stiftungsurkunde des Nonnenklosters in Pustoměř vom versammelten Domcapitel annehmen und bestätigen liess. Um nicht bloss mit Worten, sondern durch die That sich als Mitstifter zu erweisen,[1]) schenkte Markgraf Karl zu Prag in Gegenwart vornehmer Zeugen, des Bischofs Ulrich von Chur und der schlesischen Herzoge Boleslav von Liegnitz und Nicolaus von Troppau, dann in Gegenwart seines mährischen Kaplans Heinrich, Probstes in Melnik, und mehrerer Barone aus dem Hause der Duba und von Drahotusch, dem erwähnten Nonnenstifte

foret damnabiliter observata. Nos quoque condignam recompensam vobis (Abbati) et prefato vestro monasterio pure propter Deum facere cupientes, vobis et vestro monasterio gratiam facimus specialem. Damus namque vobis et predicto monasterio ac hominibus ipsius plenissimam libertatem hinc a festo beati Georgii proxime transacto ad quinque annos continue subsequentes duraturam ab omnibus et singulis donacionibus, impositionibus et contribucionibus pecuniariis etc. . . . sic tamen, quod centum sexaginta marcas infra dictum quinquenium nobis, in certis terminis vobis prefixis, persolvere debeatis."

[1]) Cod. Dipl. Mor. VII. 247. „Nos una secum et ipse nobiscum eiusdem monasterii sumus et perpetuo esse atque censeri volumus fundatores." Vergleich über K. Johann l. c. 285.

die an ihn durch den kinderlosen Tod des Herrn Bruno von Dražovitz gefallenen Güter, nämlich die Burg Dražovitz mit den Dörfern Nenkovitz bei Steinitz, Schönhof bei Wischau, Přestavlk, Zwikow und Luhačovitz und die Hälfte des Dorfes Lovčitz mit einer Patronatskirche. Diese Schenkung, welche die Schwester des Bischofs Johann, Elisabeth, als erste Äbtissin im Namen ihres Bruders übernommen hat,[1]) machte die neue und einzige Nonnenabtei des Benedictinerordens in Mähren lebensfähig, besonders als das Jahr darauf Markgraf Karl durch eine Urkunde ddo. Prag 13. Jan. 1342 dieses Kloster, dessen Güter und Leute von der weltlichen Jurisdiction, dieser Wunde der damaligen Klöster, befreite,[2]) und ertheilt alle Privilegien und Immunitäten, deren sich die Klöster in Böhmen und Mähren zu erfreuen pflegen, und damit der Nonnen materielle Existenz sich verbessere, unirt er dem Kloster seine Patronatskirche in Gdossau und in Lundenburg derart, dass, wenn die eine oder die andere dieser Kirchen vacant sein wird, die Nonnen das Recht haben, von den Einkünften derselben je einen Vicar anständig zu dotiren und das übrige zu ihrem Nutzen zu verwenden. Und alle die hier angeführten Schenkungen und Privilegien bestätigte König Johann zu Prag am 6. Febr.

---

[1]) „Bona eadem... damus per ipsum monasterium, sive per venerabilem dominam Elizabeth, primevam ejus abbatissam, consanquineam nostram dilectam, dicti domini episcopi germanam... perpetuis temporibus possidenda." l. c. 248. Die angeführten Zeugen stellten darüber eine eigene Urkunde, Prag 24. August 1341, aus, l. c. 249.
[2]) Cod. Dipl. Mor. VII. 274 sqq.

1342.¹) Leider, dass Benedict XII. für Pustoměř nichts thun konnte, denn er starb zu Avignon unerwartet am 25. April 1342. Er war zwar kein Gelehrter, auch nicht ein Mann der That,²) er war ein eifriger Cisterciensermönch, in den Künsten der Politik völlig unerfahren, aber voll Eifer, manche Missbräuche, besonders die Anhäufung der kirchlichen Beneficien in einer Person und die Absenz der Kirchenfürsten von dem Sitze ihrer Kirchen abzuschaffen, nur gegen den Kaiser Ludwig war er vielleicht nachsichtiger, als er hätte sein sollen.

Vierzehn Tage nach dem Tode Benedict's XII. wurde zu Avignon am 7. Mai 1342, schon am zweiten Tage des Conclave, unter französischem Einflusse Klemens VI. einstimmig zum Papste erwählt. Klemens VI. ist der bekannte Lehrer und jetziger Freund des Markgrafen Karl. In ihm culminirt das Exil von Avignon, er befestigte es durch den

---

¹) Cod. Dipl. Mor. VII. 284 et 285. „Fructus atque proventus earum (ecclesiarum in Kdossou et Lundenburg) vobis et eidem monasterio vestro pro consolatione et ampliori vestra refectione, auctoritate dicti domini episcopi vel successoris eius, ad hoc accedente, applicari possint perpetuis ipsarum vicariis, qui de tempore esse debent, congruis porcionibus de eisdem fructibus assignatis, damus et conferimus liberaliter ac donamus."

²) Zu dieser Zeit (1338) richtete Petrarca, der die Tonsur erhielt, um kirchliche Beneficien erlangen zu können, seinen berühmt gewordenen Brief nach Avignon, worin die altehrwürdige Roma ihren treu geliebten Gatten, den Papst, in schönen lateinischen Versen um Mitleid anfleht, und seine Füsse umfassend, um Rückkehr bittet.

Ankauf der genannten Stadt, in welcher sein Vorgänger einen festungsartigen Palast zur Residenz der Päpste aufgebaut hatte. Seine Krönung fand daselbst am 19. Mai statt und von diesem Tage an datirt Klemens VI. seine Pontificatjahre. Er starb am 6. Dec. 1352. Klemens VI. gehörte nicht zu den Reformpäpsten, wie Benedict XII., wohl aber zu jenen Männern, welche festen, wohl überdachten Willen mit Consequenz in seiner Form zu verpaaren wissen. Die Luxemburger konnten auf ihn rechnen, denn namentlich Markgraf Karl kennt ihn als einen verlässlichen Freund, und ein solcher war ihnen in ihrer jetzigen Stellung gegen Kaiser Ludwig höchst nöthig.

Wie der neue Papst gegen Kaiser Ludwig gesinnt war, zeigt sein erstes öffentliches Auftreten. Als er nämlich zwei Tage nach seiner Krönung die üblichen Notificationsschreiben an alle christlichen Regenten in Europa und Asien aussandte, fehlte bloss Kaiser Ludwig, damit anzeigend, dass er ihn weder als römischen Kaiser, noch als deutschen König anerkenne.[1] Was konnte dem Hause der Luxemburger erwünschter als dieses sein! K. Johann und sein Sohn Karl, die da sahen, dass ihre Politik auch die des Papstes ist, konnten jetzt mit Sicherheit auf eine ausgiebige Hilfe rechnen, falls es dazu kommt, an Kaiser Ludwig die ihnen angethane Schmach zu rächen. Nicht durch ein Dankschreiben sollte

---

[1] Raynald Annal. eccles. ad an. 1324 pag. 168. (Der in Raynald l. c. nur im Auszuge mitgetheilte Auftrag des Papstes Benedict XII., den Markgrafen Karl durch den Prager Bischof krönen zu lassen, ist per extensum abgedruckt in Publications 1864, S. 38.)

die dem K. Johann geschickte Notification beantwortet werden, sondern durch einen persönlichen Besuch in Avignon wollte König Johann seine Gratulation und sein Dankschreiben darbringen, er konnte dies thun, weil er seinem Sohne Karl die Regierung Böhmens förmlich mit Zustimmung der Stände gegen dem übertrug, für eine Aversalsumme von 5000 Mark durch zwei Jahre nicht nach Böhmen zu kommen und während dieser Zeit seinem Sohne Karl unter dem Titel: Rector generalis oder Capitaneus regni Boemiæ die Verwaltung Böhmens zu übergeben und nachdem er 5000 Mark baar übernommen, nach Frankreich abzureisen.[1]

Mittlerweile hat Kaiser Ludwig gleich nach der Ver-

---

[1] „Post aliquantulum temporis Iohannes rex et Karolus in Boemiam fuerunt reversi. Et rex Iohannes tocius regni administrationem tradidit in manus Karoli, hac tamen conditione interposita, quod ipse Karolus deberet regi Iohanni quinque millia de parata pecunia ordinare, et quod ipse rex Iohannes non deberet infra duos annos ad manendum in Boemiam venire, nec infra dictum terminum aliquam pecuniam a regno postulare. Hanc quidem pecuniam sibi per Karolum celeriter conquisitam accepit et in Franciam secessit. Post cuius recessum Karolus feliciter et satis industriose regni gessit gubernacula et queque dissipata et distracta revocando in statum debitum disposuit ac reduxit." Vita Karoli. Böhmer, Fontes 1. 264. Hier enden Karl's eigene Aufzeichnungen; alles andere sind blosse Auszüge, die Beneš von Weitmil benützte. Da Karl in Eile die 5000 Mark aufbrachte, musste er, wie die Urkunden darthun, namentlich von Klöstern, Gelder im Vorhinein aufnehmen, weshalb dann seine Befreiungsbriefe, die wir oben anführten.

mählung seines Sohnes Ludwig mit Margaretha von Tirol, also nach dem 10. Febr. 1342, den Eheleuten alle die Lehen verliehen, welche dem Reiche gehören.[1]) Der Lehensbrief ist ausgestellt zu Innsbruck den 26. Febr. 1342. Obwohl in demselben von Kärnten keine Rede geschieht, so musste man doch darin eine Demonstration wider Österreich wahrnehmen, weil man doch nicht voraussetzen konnte, dass, was Kaiser Ludwig zu Linz am 2. Mai 1335 that — er belehnte damals die Brüder Albrecht und Otto, Herzoge von Österreich, mit dem durch den Tod des Exkönigs von Böhmen, des Grafen von Tirol und Herzogs von Kärnten, dem Reiche heimgefallenen Kärnten[2]) — er am 26. Febr. 1342 vergessen hatte. Der damalige Regent von Österreich, Albrecht, musste dieses ihm zugefügte Unrecht tief empfinden, liess sich aber dennoch zu keinem voreiligen Schritte bewegen; aber K. Johann ersah diesen Augenblick als den ersehnten, zu ergänzen, was vor einigen Monaten sein Sohn Karl in Wien nicht nach seinem Wunsche durchgeführt hatte. Karl schloss daselbst ein Defensiv-Bündnis, konnte aber den Herzog Albrecht zu keinem Offensiv-Vertrage bringen.[3]) Da dem Könige Johann gerade an diesem alles gelegen war, unternahm er gleich nach der zeitweiligen Übergabe des Reiches an seinen Sohn Karl, also nach dem Monate Februar, eine Reise an den Wiener Hof.[4]) Noch vor

[1]) Urkunde in Weech, Kaiser Ludwig der Baier und K. Johann von Böhmen, S. 125 n. 8.
[2]) Böhmer, Kaiserreg., Ludwig der Baier, S. 140 n. 2227.
[3]) Siehe S. 255 d. W.
[4]) „Porro Iohannes rex Bohemie Albertum ducem affatur, querulans filii sui causam." Ioh. Victorien. Böhmer, Fontes

dieser Reise ernennt er seinen Sohn Karl zum Bevollmächtigten bei der Verhandlung mit dem Breslauer Bischofe und Kapitel wegen der Burg Militsch.¹) Es ist dies eine der letzten Urkunden, welche K. Johann noch zu Prag am 3. Febr. 1342 ausgestellt hatte.²) Die nächste uns bekannte datirt er schon aus dem Auslande. In Wien angekommen, erlangte K. Johann trotz seiner diplomatischen Gewandtheit seinen Plan nicht. Es blieb bei dem Offensiv-Bündnisse, und Herzog Albrecht vergass nicht, durch persönliche Anwesenheit Kärnten zu schützen. Zu Anfang Juli 1342 langte K. Johann in Avignon an. Am 3. Juli erlässt er zu Pont St. Esprit nahe bei Avignon der abgebrannten Stadt Breslau, um deren Wiederaufbauung zu unterstützen, bleibend die Abgabe von 160 Mark, welche die Bürger jährlich dem Könige zu leisten hatten.³) Lange konnte sich K. Johann in Avignon nicht aufgehalten haben, lang aber genug, um die ihm und seinem Hause durch Kaiser Ludwig zugefügte Schande dem Papste auseinanderzusetzen, und ihn, der ohnehin wusste, was er von dem Erzketzer, wie er Ludwig nannte, zu erwarten habe,

---

I. 443. Es mag richtig sein, dass K. Johann gleich am Schlusse des Februar 1342 nach Wien gieng, weil vom 8. Febr. an keine Urkunde sich vom Könige Johann vorfindet, die im Lande ausgestellt worden wäre. Bei dieser Gelegenheit wird erzählt, dass, als der König wegen seiner Blindheit bei Albrecht die Thüre nicht finden und der lahme Herzog ihm nicht helfen konnte, beide in ein Gelächter ausbrachen.

¹) Cod. Dipl. Mor. VII. 283. Ddo. Prag VII. Non.
²) Ioh. Vict. Böhmer, Fontes I. 444.
³) Böhmer, Kaiserreg., Johann von Luxemburg, S. 210 u. 307.

für seine Pläne zu gewinnen und ihn in selben zu bestärken. Er wusste ja sehr genau, dass die Signori von Oberitalien nur auf eine Gelegenheit warten, sich förmlich souverain zu machen, und dem musste vorgebeugt werden. Vor allem mussten die Zwistigkeiten der Signori in der Lombardie beseitigt werden, damit der Kaiser, dessen Einbruch man aus Tirol nach Italien täglich erwartete, keine Partei fände, an die er sich anschliessen könne.[1]) Zu diesem Ende sollte der Kardinal-Priester, Wilhelm Curty, als Legat a latere nach der Lombardei abreisen und dort die zweifelhaften Signori überwachen, während K. Johann über Paris sein Luxemburger Land aufsuchte. In Paris bestätigte K. Johann noch am 4. Oct. 1342 dem neuen Bischofe Brzeczlavo von Pogorel (Břetislav von Pohořelitz), denn Bischof Nanker starb am 10. April 1341 in Neisse, alle Privilegien, welche Johann's Vorfahren, die sechs Heinriche als Herzoge von Schlesien und Herren von Breslau, und Konrad und Bolek, Herzoge von Glogau, dem Clerus und der Diöcese Breslau verliehen haben.[2])

Es ist uns erinnerlich, wie der Breslauer Bischof Nanker in roher Weise den K. Johann excommunicirt, und über Breslau und dessen Stadtrath im Juli 1339 das Interdict ausgesprochen und nach Neisse mit den ihm anhängenden Domherren auswanderte.[3]) Hier starb er am

---

[1]) Ioh. Victorien. Böhmer, Fontes I. 444.
[2]) Böhmer, Kaiserreg., K. Johann, S. 210 n. 308. Chronica Princip. Stenzel, Script. rer. Siles. I. 185.
[3]) Siehe S. 177 d. W. Chron. Principum. Stenzel, Script. rer. Siles. pag. 183.

10. April 1341, ein sehr frommer, aber auch sehr simpler Mann, welcher seinen kirchlichen Charakter in unbesonnene Formen kleidete und daher unangenehm war.¹) Ein Glück, dass nach seinem Tode die übliche Administration des Bisthums nur kurz dauerte, denn schon nach einigen Wochen traten die in Neisse versammelten Domherren zusammen und wählten, beeinflusst von Avignon aus am 5. Mai 1341, eine dem K. Johann sehr beliebte Persönlichkeit, den jungen Canonicus Brzeczlav von Pogorel, einen schlesischen Edelmann, der gerade damals als Diacon in Bologna studirte, zum Bischofe von Breslau.²) Man sieht, wie gering man die Wirkung der Excommunication achtete; man wählte einen Bischof und gehorchte dem excommunicirten Könige Johann, als dieser den Streit der Breslauer mit den Inquisitoren vor sein Forum zog. Einige Canonici und der Inquisitor, Fr. Johann von Schwenkinfeld, giengen mit dem königl. Landeshauptmann, Konrad von Falkenhayn, und einigen Consulen unter freiem Geleite nach Prag. Da unterbrach ein unerwarteter Zwischenfall den Ausgang des Zwistes, indem am 28. Sept. 1341 der Inquisitor, Johann von Schwenkinfeld, in dem Klemenskloster zu Prag, wo er seinen

---

¹) „Devotus quidam homo fuit et simplex, multum ieiunavit et missas, quotquot legi poterint, per capellanos suos audivit et oblationem fecit ad missam quamlibet specialem." Chron. princ. Poloniæ. Stenzel, Script. rer. Siles. 1. 163.
²) Die päpstliche Bestätigungsurkunde ist bei Theiner, Mon. Pol. I. 437, wo es heisst, dass die Wahl „per viam compromissi, quamvis de facto concorditer" erfolgte ddo. Avenion 28. Ian. 1342.

Aufenthalt genommen hat, von unbekannter Hand ermordet ward.[1]) Merkwürdig, dass alle diejenigen, welche die sogenannten Breslauer Händel hervorriefen, vom Schauplatze abtraten, ehe sie zum Austrag kamen. Bischof Nanker, Inquisitor Schwenkinfeld, Papst Benedict XII. waren todt; der hierin betheiligte Landeshauptmann, Konrad von Falkenhayn, hatte 1341 sein Amt niedergelegt, der alte Rath war erneuert, und auch K. Johann überliess die Weiterführung dieser Verhandlungen vollständig seinem Sohne, dem Markgrafen Karl, und übergab ihm die zu diesem Ende in Prag am 3. Febr. 1342 bezügliche Vollmacht.[2]) Nur der uns bekannte Nuntius, Galhard von Chartre (de carceribus) war übrig geblieben, welcher in seinem Hasse wider das Deutschthum in Schlesien sehr viel zu der Heftigkeit des Streites beitrug; er suchte den König von Polen, Kazimir, zum Zorne gegen König Johann aufzureizen, und brachte es wirklich dahin, dass der bisherige Metropolit von Breslau, der Erzbischof von Gnesen, sich weigerte, den neuerwählten Bischof, Brzeczlav, zu consecriren.[3]) Dieser gieng, nachdem er noch in Bologna seine Wahl zum Bischofe von Breslau vernommen, nach Avignon, setzte sich mit dem Papste wegen des leid-

---

[1]) Chron. principum Poloniae. Stenzel, Script. rer. Siles. pag. 136 sqq.
[2]) Cod. Dipl. Mor. VII. 283.
[3]) Chron. princip. Poloniae. l. c. 163. „Quamvis se postulaverit confirmari per Gneznensem archiepiscopum, tamen rex Kazimirus impedivit eius confirmationem, desiderans, promoveri aliquem de suis natis de Cracovia, quoniam plures fuerant tunc Wratislavienses canonici Cracoviae."

lichen Peterspfennigs auseinander, erhielt am 28. Juni 1342 die päpstliche Bestätigung, darauf durch Bischof von Præneste die Bischofsweihe, und kehrte als wirklicher Bischof von Breslau nach Schlesien zurück. In Neisse kam er mit dem Markgrafen von Mähren, Karl, als königlichen Bevollmächtigten zusammen.¹)

Unmittelbar vor dieser Zusammenkunft in Neisse hielt sich Markgraf Karl in Mähren auf. Nachdem er noch den 24. Febr. und 6. März in Prag urkundet, befreit er am 26. März 1342 zu Brünn dem Brünner Bürger Dytlin das Dorf Wostitz von der Župa und Cuda der Znaimer Provinz, und gestattet, dass daselbst ein eigenes Halsgericht errichtet und der dortige Hof befestigt werde.²) Nur wenige Tage blieb für diesesmal der Markgraf in Brünn, weil er schon am 1. April zu Olmütz dem dortigen Bischofe, seinem natürlichen Oheim, Johann, und dessen Kirche alle Privilegien seiner Vorfahren und namentlich das eingerückte Privilegium Přemysl Otakar's ddo. Troppau 16. Juli 1256 bestätigte.³) Er brachte die Osterfeiertage in Olmütz zu, denn Karl's

¹) Chron. princ. Polon. l. c. 163. „Reversus de curia cum... Karolo, tunc marchione Moravie, super controversiæ pretextu castri Melitz habitis... concordavit, et in Wratislavia per omnes in summa reverentia est susceptus." Umständlich und gründlich ist dieser Gegenstand behandelt vom Archivar, Professor Grünhagen, im 47. Bande der Sitzungsberichte der kaiserl. Akademie in Wien Jahr 1863 unter dem Titel: König Johann von Böhmen und Bischof Nanker von Breslau. Ein Beitrag zur Geschichte des Kampfes mit dem Slaventhum im deutschen Osten von S. 4 bis 102.
²) Cod. Dipl. Mor. VII. 289.
³) Cod. Dipl. Mor. VII. 290.

Frömmigkeit wollte in der Hauptkirche des Landes, die zur Ehre der Landespatrone, der Märtyrer Wenzel und Christinus, geweiht ist, seine Andacht verrichten. Die damaligen Würdenträger beim Kapitel waren: Nicolaus Domdechant, Bartholomäus Domprobst, der Markgrafschaft Mähren Kanzler, Witek Archidiacon und Heinrich Custos. Den Tag darauf, also den 2. April, erneuert er dem Olmützer Domprobsten und dessen Nachfolger neuerdings die vom Könige Premysl 1207 eingeführte Würde eines Kanzlers der Markgrafschaft Mähren, und meldet an demselben Tage allen Landrichtern und königlichen Beamten die Erneuerung und Vereinigung der Kanzlerwürde in Mähren mit der Domprobstei in Olmütz.[1]) Darauf reist Karl über Brünn, wo er am 5. und 6. April für Glogau und Kl.-Bruck urkundet, nach der königlichen Burg Brumov, wo wir ihn den 19. April antreffen. Jetzt war es Zeit, sich nach Schlesien zu begeben, um dem Auftrage seines Vaters vom 3. Febr. nachzukommen. Nachdem Karl noch in der Burg Brumov von den Schwestern Gilka und Anka von Žeranowitz das Schloss und das Dorf Žeranowitz am 19. April 1342 gekauft hatte,[2]) nahm er den Weg nach Schlesien über Kremsier, wo er mittelst einer Urkunde vom 23. April 1342 die Stadt Hradisch auf 5 Jahre von allen Abgaben unter der Bedingung befreit, dass sie jährlich ein gewisses Stück der Stadtmauer gegen die March hin aufbauen.[3])

---

[1]) Cod. Dipl. Mor. VII. 291—292.
[2]) Cod. Dipl. Mor. VII. 292—295.
[3]) Cod. Dipl. Mor. VII. 296. „tres funes, quorum quilibet 52 ulnas in longitudine comprehendat, de muro lapidis et

Anordnung wegen der Feste Militsch 1342.

Den weiteren Weg, den Karl einschlug, um nach Neisse zu kommen, können wir nicht angeben. In Neisse fand er schon den aus Avignon angelangten neuen Breslauer Bischof, Brzeczlav, mit dem er nach dem Auftrage seines Vaters verhandeln sollte. Bei dem guten Willen, der von Karl's Seite vorhanden war, gieng die Verständigung sehr schnell vonstatten. Nachdem nach einer kurzen und leicht durchzuführenden Demüthigung der Rathsherren und Geschworenen der Stadt Breslau der neue Bischof, wahrscheinlich schon zu Avignon hiezu bevollmächtigt, den Bann und das Interdict, das auf Breslau und dem Fürstenthume lastete, aufgehoben hatte, scheint man sich über die Feste Militsch schnell geeinigt zu haben. Markgraf Karl ergriff den kürzesten und einfachsten Weg; er schenkte die Feste Militsch der Breslauer Kirche einfach zurück, was er leicht thun konnte, da der Bischof schon den 1. Juli 1342 urkundlich erklärt hatte, dass alle Festungen der Breslauer Kirche und des Neisser Gebietes zum Zwecke der Landesvertheidigung dem Könige Johann offen stehen sollten,[1])

cimenti, circum civitatem predictam versus fluvium Moravam murari et fieri ordinent et procurent, pensantes, qualiter per civitatum nostrarum munitionem honor noster et utilitas, atque nostrorum pauperum commodum adaugeatur."

[1]) Stenzel, Urkunden zur Geschichte des Bisthums Breslau im Mittelalter, S. 849—851. Vor dem Streite erscheint Militsch als ausschliessliches Eigenthum des Kapitels, nach dem Streite wird es urkundlich als gemeinschaftlich dem Bischof und dem Kapitel gehörig bezeichnet. Sommersberg I. 785.

und da diese Zusicherung mit Zustimmung der zur Breslauer Diöcese gehörigen schlesischen Fürsten, des von Brieg, Falkenberg, Oppeln, Kosel, Teschen, Troppau, Ratibor und Gleiwitz, geschah, konnte Markgraf Karl um so leichter die Burg Militsch an die Breslauer Kirche abtreten. Markgraf Karl stand von dieser Zeit an in dem freundschaftlichsten Verhältnisse zu dem Breslauer Bischof Brzeczlav und zu der Stadt, wie die Urkunden darthun, die er während seines dortigen Aufenthaltes in den Monaten Juni und Juli ausgestellt hatte. Wir wollen einige anführen. Als bevollmächtigter Statthalter des Königs von Böhmen verlieh er am 2. Juni 1342 den Bürgern von Breslau aus Mitleid mit ihrem erlittenen Brandschaden die Gnade, dass sie durch 14 Jahre den gewöhnlichen Zoll erheben mögen, welchen die Stadt früher dem Könige um eine gewisse Summe abgekauft, damit er von Niemanden gefordert würde, und gestattet ihnen auf ebensolange Zeit den Genuss aller Nutzungen und Einkünfte. Am 3. Juni entsagt Karl der ihm auf den Allodialgütern des Breslauer Bürgers, Konrad von Waczenrode, zu Krolkwitz zustehenden Rechte.[1]) Am 24. Juni verspricht er die Bürger von Prag bei den Statuten zu handhaben, die sie mit seines Vaters und seiner Einwilligung gegen die Nürnberger und andere Kaufleute im Gebiete dessen, „der sich Kaiser nennt," gemacht haben und noch machen werden, um die Strasse durch Baiern zu vermeiden. Am 1. Juli bestätigt er den Geistlichen aller Orden in der Stadt Breslau und derem Gebiete ihre Freiheiten und Privilegien,[2])

---

[1]) Alfons Huber, Regest. Karl's, S. 14 und 15.
[2]) Cod. Dipl. Mor. 306. Huber l. c. n. 144.

während an demselben Tage der Bischof Brzeczlav den K. Johann als den rechtmässigen Nachfolger Herzog Heinrich's VI. für seinen Hauptpatron im Herzogthume Breslau erklärt, und über Aufforderung in Gegenwart des Markgrafen Karl bezeuget, dass die Herzoge von Schlesien und der Breslauer Diöcese dem K. Johann von Böhmen die Länder geschenkt, und die geschenkten gleich wieder zu Lehen genommen haben. Ferner verpflichtete sich der Bischof, keinem Angreifer des Königs oder dessen Nachfolger Rath oder Hilfe zu gewähren, ja er machte sich sogar anheischig, die schlesischen Vasallen Böhmens, deren Eide er bekräftigt, erforderlichen Falls durch Kirchenstrafen zur Erfüllung ihrer Eide anzuhalten,[1]) wogegen dann Karl an demselben Tage die Privilegien des Bisthums bestätigte und den Besitz, sowie die Rechte des Bisthums überall zu schützen versprach, mit Ausnahme der Herzogthümer Schweidnitz und Jauer, deren Fürsten noch nicht böhmische Vasallen waren, und bei denen er sich auf eine Abwehr directer Angriffe über ihre Grenzen hinaus beschränken müsse.[2]) Und dies ist das Privilegium, von dem wir sagten, dass es K. Johann am 4. Oct. 1342 zu Paris bestätigt, dabei die Breslauer Kirche und deren geistliche und weltliche Unterthanen von jeglichen Abgaben

---

[1]) Cod. Dipl. Mor. VII. 306 und 307. „Cecisse sponte (ducatum Wratislavien et iurisdictionem) et libere non dividendo ea a regno Boemie seu Corona regni ciusdem perpetuo possidenda... ipsos ad observationem huius iuramenti compellere per censuram ecclesiasticam... sibi tamquam patroni principali in ducatu Wratislaviensi."
[2]) Cod. Dipl. Mor. VII. 308 und 309.

und Steuern, die seinen Säckel betrafen, frei erklärt hatte mit der bedeutungsvollen Auslassung des Wortes „Hauptpatron" bei Erwähnung der schlesischen Vasallenherzoge, indem der König augenscheinlich für den alleinigen Patron des Bisthums Breslau gelten wollte.[1])
Nachdem Markgraf Karl noch durch Herzog Wenzel, den Bevollmächtigten des Herzogs von Schlesien und Herrn von Liegnitz, für diesen die Huldigung empfangen sollte,[2]) während seines Aufenthaltes in Breslau vom Herzoge in Schlesien und Herrn von Stinau, Johann, 8000 poln. Mark geliehen hat, liess er sich von diesem Herzoge Johann am 3. Juni 1342 urkundlich erklären, dass er dem Markgrafen Karl die Burg und Stadt Gorau mit dem Lande und Districte um 8000 polnische Mark in der Art verpfändet hat, dass demselben die Burg gleich jetzt, die Stadt und der District aber erst nach seinem (Herzog Johann's) Tode übergeben werde, und nachdem bei dieser Gelegenheit Herzog Johann einwilligte, dass der Markgraf den Markt Bolkovitz vom Heinrich, Herzog von Jauer, einlösen könne,[3]) nachdem somit der Markgraf seine ihm vom K. Johann am 3. Febr. gestellte Aufgabe glücklich vollbracht habe, dachte er gegen den Schluss des Monats Juli an die Abreise von Breslau. Es hat den Anschein, dass er noch hier die Anstalten zur Abreise traf; denn wozu hätte er von einem Breslauer Bürger

---

[1]) Böhmer, Reg. 210 n. 308. Umständlich Stenzel, Urkunde zur Geschichte des Bisthums Breslau, S. 291. Cod. Dipl. Mor. VII. 319.
[2]) Cod. Dipl. Mor. VII. 310.
[3]) Cod. Dipl. Mor. VII. 300 und 301.

Tod des Königs von Ungarn Karl 1342.

205 Mark ausgelichen und am 8. Juli versprochen, sie binnen vier Wochen zurückzuzahlen;[1]) Karl benöthigte die Summe, um nach Ungarn abzureisen. Entweder hat Markgraf Karl noch in Breslau von der gefährlichen Erkrankung seines Bundesgenossen, des Königs Karl, gehört, oder, was wahrscheinlicher ist, schon von dessen am 16. Juli 1342 in Vyšegrad an der Donau erfolgtem Tode, weil der ungarische Chronist, Thurocz, sagt, Karl wäre nach Vyšegrad, wo sich bereits der König Kazimir von Polen befand, um den Tod des mächtigsten Königs zu beklagen,[2]) gekommen, um wahrscheinlich den dreissigsten Todestag des Königs mit der Königin Elisabeth und mit ihrem damals schon gekrönten Sohne Ludwig, und Schwiegersohne des Markgrafen, in

[1]) Cod. Dipl. Mor. VII. 309. Wie sehr die Finanzen des Markgrafen zerrüttet waren, zeigt eine Urkunde des Königs Kazimir von Polen ddo. Krakau 11. Mai 1342, in welcher Kazimir versprach, gegen die Rückzahlung von 3000 poln. Mark auf Trinitatis die Städte Namslau, Kreuzburg, Bičin und Kunzenstadt in Schlesien an Karl auszuliefern. Cod. Dipl. Mor. VII. 297.

[2]) Nachdem der Chronist das grossartige Begräbnis und die Übertragung der Leiche am dritten Tage von Vyšegrad nach Stuhlweissenburg sehr umständlich erzählt und bemerkt hat, dass gerade der Tag nach Mariä Himmelfahrt, also der 16. August, der dreissigste Tag des Todes des Königs Karl bei seiner Leiche in Stuhlweissenburg feierlich begangen wurde, erzählt er: „Deinde vero potentissimi regis obitum famosissimus rex Kazimirus Poloniæ, proximus eiusdem (sein Schwager) et marchio Moraviæ in Wyssegrad venientes, condolenti animo celebraverunt. Demumque triginta diebus completis, quarta feria proxima ante assum-

Vyšegrad zu feiern. Gewiss sprach Karl bei dieser seiner Anwesenheit am königlichen Hofe wegen der bevorstehenden Heirat seiner vor vier Jahren mit dem nun gekrönten Könige verlobten Tochter Margaretha. Sie zählte damals das 7. Lebensjahr, denn geboren war sie den 24. Mai 1335. Die Folge dieser Unterredung zeigte sich erst nach einigen Wochen. König Ludwig, welcher durch die Wahl der polnischen Stände zu Krakau am 28. Juni 1339 auch die Krone von Polen erhielt, versprach zu Vyšegrad am 3. August 1342, den zwischen seinem Vater, K. Karl, und dem Markgrafen von Mähren, Karl, am 1. März 1338 geschlossenen Bund festzuhalten, und die zugesagte Heirat nach Verlauf von vier Jahren, vom künftigen Michaelitage an gerechnet, zu vollziehen und alle Bestimmungen des Ehevertrags vom 1. März 1338 vollinhaltlich zu erfüllen.[1]

Bevor jedoch die sehr erwünschte Vermählung der Prinzessin Margaretha stattfand, ereigneten sich gar wichtige Dinge, welche auf die ganze politische und sociale Stellung der Krone Böhmen, zu welcher Böhmen, Mähren, Schlesien und Budisin und fast die meisten schlesischen Fürstenthümer gehörten, den bleibendsten Einfluss übten. Es ist dies die Errichtung des Erzbisthums Prag und somit die Lostrennung

---

tionem Virginis gloriosæ, tricesimam diem ipsius regis Karoli... solemniter celebrarunt." Die Krönung des neuen Königs von Ungarn, Ludwig, welcher den Namen des Grossen führte, geschah den 21. Juli 1342 durch den Graner Erzbischof, Stephan Csanady. Thwrcz, Chron. Schwandtner Script. rer. Ungar. I. 211.

[1] Cod. Dipl. Mor. VII. 312 und 135. Siehe S. 140 d. W.

der Krone Böhmen vom deutschen Einflusse, von der Metropolie Mainz. Markgraf Karl hielt sich nach seiner Rückkehr aus Ungarn abwechselnd in Brünn und Prag auf, ohne sein Augenmerk auf Kaiser Ludwig aufzugeben. Als ein kluger Politiker liess er die Zeit wirken, und sogar durchscheinen, als ob er mit dem deutschen Kaiser sich ausgleichen wolle. So z. B. schwieg er, als sein Vater zu Münster den 24. Febr. 1341 die Zustimmung ertheilte zu der vom K. Ludwig gemachten Verpfändung des Schlosses Altenburg an Friedrich von Aw und Konrad Sinzenhow, ja er ernennt zu Prag am 6. Juni d. J. gemeinschaftlich mit seinem Vater den Herzog Rudolf von Sachsen und andere zu Bevollmächtigten, um zwischen ihnen einerseits und dem Kaiser Ludwig andererseits des Friedens wegen zu verhandeln und abzuschliessen.[1] In seinem Herzen jedoch dachte er an die Vergeltung der seinem Hause angethanen Schmach. Dies mit Waffengewalt durchführen zu wollen, wäre thöricht; er hatte hiezu sammt seinem Vater die materiellen Mittel nicht; er hatte aber einen mächtigen Freund, der mehr wog, als alle möglichen Bundesgenossen, auf die er etwa zählen konnte, es ist dies der Papst Klemens VI., welcher an der Durchführung der in Avignon gemachten Propositionen mithelfen, welcher die Schande vom Hause Luxemburg wegwischen sollte.[2] Nur Zeit abwarten! Markgraf Karl benützte

---

[1] Cod. Dipl. Mor. VII. 224 und 234.
[2] Als sich Markgraf Karl 1340 mit seinem Vater, K. Johann, in Avignon beim Papste Benedict XII. aufhielt (siehe S. 190)

dieselbe, um, wie er selbst sagt, die verschleuderten und verschuldeten Krongüter, woran Königs Johann Vertrag die Schuld trug, einzulösen und der königlichen Kammer wieder zuzuführen.[1]) Am 7. Juni 1341 befreit Karl zu Prag die Bürger der Altstadt Prags wegen der seinem Vater Johann zu zahlenden 3000 Schock Prager Groschen bis zum J. 1344 von allen Lasten und Steuern, und nachdem sie, die Gemeinde der Altstadt Prag, am 11. Juni 1341 die Erklärung abgab, dass sie nach dem Tode des Königs Johann niemandem andern, als dem Markgrafen Karl und dessen Erben gehorchen wollen, erweitern Vater und Sohn am 15. Juni d. J. diese Gnade auf 7 Jahre.[2])

Ein Hauptgläubiger des Königs Johann war Herzog Rudolf von Sachsen und oberster Marschall des heiligen römischen Reiches. Als er zu Prag den 8. Juni 1341 mit dem Könige und mit Karl, seinem Sohne, die

---

d. W.), wohnte Karl im Hause seines ehemaligen Lehrers, Petrus, ehemaligen Abt von Fescant, damals Kardinal. „Dixitque una hora," erzählt Markgraf Karl, „mecum existens in domo sua. Tu adhuc eris rex Romanorum, cui respondit. Tu eris ante Papa." Vita Karoli. Böhmer, Fontes I. 261.

[1]) Heinricus Rebdorfen. Böhmer, Fontes rer. Germ. IV. 522 ad an. 1340. „Predictus rex Bohemie filio suo, marchioni Moravie, regnum committit, iurans se non intraturum regnum infra quinque annos, volens per hoc thesaurizare, quia magnis debitis erat obligatus." „Quæque dissipata et distracta revocando in statum debitum disposuit ac reduxit." Vita Karoli. Böhmer l. c. 264.

[2]) Cod. Dipl. Mor. VII. 234, 236.

Abrechnung pflog, wies sich nach, dass ihm die Beiden 5900 Schock und 5000 Schock Prager Pfennige schulden, wofür ihm die königlichen Burgen Burglins, Meysenburch und Königstein versetzt wurden.¹) Im Ausleihen und Verpfänden lag damals die ganze Kunst der Staatsfinanzen. Wer dies gut durchzuführen verstand, galt als begabter und glücklicher Regent, nur musste die Hauptsorge eines solchen Regenten sein, dass ihm nie der Anbot ausgieng und er reiche Herren fand, die einen solchen Anbot nicht zurückwiesen. Wer Grosses im Sinne führte und durchführen wollte, musste, wie heutzutage, so auch damals, über reiche Geldmittel verfügen, und diese, da es keine Banken gab, konnte er sich am leichtesten auf dem Wege der Verpfändung verschaffen. Und Markgraf Karl führte Grosses im Sinne. Er wollte, wie wir oben sagten, die Kirche der Krone Böhmen selbständig machen, wozu er in erster Linie die Sympathie des Clerus benöthigte, die er durch kirchliche Stiftungen am leichtesten sich erwerben konnte, und mit diesen begann er — es ist dies das Collegiatkapitel bei der königlichen Kapelle zu Allerheiligen in der Prager Burg, wozu einst sein mütterlicher Grossvater, König Wenzel II., durch die Übertragung des Melniker Collegiatkapitels 1295 den Grund gelegt hatte. Als letzteres wieder nach Melnik 1300 zurückversetzt wurde, gieng es so ein, dass 1342 Markgraf Karl, nachdem er hiezu sowohl des Papstes Benedict XII., als des Prager Domkapitels Zustimmung erhalten hatte, als Wiederhersteller desselben genannt werden

---

¹) Cod. Dipl. Mor. VII. 285.

könne. Karl bestiftete dasselbe für zwei Dignitäre, Probst und Dechant, und eilf Kapitulare, vorzüglich mit markgräflichen Gütern, die in Mähren lagen. Übrigens sollten noch 10 Ministri (Priester, Diacone und Subdiacone) dem Kapitel beigeordnet sein. Den Probst, also die erste Dignität, wählte der jedesmalige König, den Domdechant das Kapitel. Karl versorgte noch die neue Collegiata mit kostbaren Kirchenutensilien und mit reich gefassten Reliquiarien. Im J. 1348 incorporirte der Stifter Karl das neue Kapitel für immer der Prager Universität.[1]) Diese Stiftung war noch von dem Prager Bischofe, Johann von Dražic, anerkannt. Johann starb zu Prag am 5. Jan. 1343 nach einer längeren Krankheit, ein Mann, der weder durch Gelehrsamkeit, noch durch politische Begabung, wohl aber durch einen damals noch seltenen Kunstsinn sich ausgezeichnet hat. Die Herstellung seiner Prager Residenz, der Aufbau der Augustinerkirche und der Elbebrücke in Raudnitz geben hiefür den Beweis.[2]) Dass er auch seine Schafe tüchtig schor, besonders als er auf seiner Reise an den päpstlichen Hof und während seines eilfjährigen Aufenthaltes in Avignon viel Wolle gelassen hatte, wird uns mit eben diesen Worten in der Chronik des Königsaaler Abtes erzählt.[3]) Er war Augenzeuge der

---

[1]) Am 30. Juli 1366 wurde das Allerheiligenstift dem eben damals gestifteten Karl's-Collegium einverleibt. Frind, Kirchengeschichte Böhmens, II. 176.
[2]) Grueber, Kunstentwickelung in Böhmen 215.
[3]) „Iohannes episcopus omni suarum pecuniarum excoriatus vellere, iterum reversus, incipit aliam lanam quærere." Chron. Aul. Reg. Loserth 468.

grossen Überschwemmung in Prag, durch welche die durch Jutha, Gemahlin Wladislav's II., um 1167 über die Moldau erbaute steinerne Brücke in der Nacht des 3. Febr. 1342 zerstört wurde, so dass sie neu gebaut werden musste. Die Schrecknisse dieser Überschwemmung haben böhmische Chronisten mit zündenden Worten als etwas Unerhörtes und nie Dagewesenes geschildert. Man fühlte den Verlust, als wenn die Krone des Königreiches gefallen wäre.[1] Anspielung an die Wichtigkeit dieser Brücke für die beiden Prager Städte. Bischof Johann sah noch den Ruin derselben, hatte aber eine grosse Freude, als er erfuhr, dass die durch französische Baumeister über die Elbe, wo eine ähnliche Überschwemmung stattfand, erst kürzlich bei Raudnitz auf seine Kosten aufgeführte Brücke unversehrt stehen blieb.[2] Die so unbrauchbar gewordene Brücke musste als ein allgemein gefühltes Bedürfnis sobald als möglich hergestellt werden. Der erste und ergiebigste Impuls zu ihrer Herstellung kam aus dem Auslande vom Könige Johann. Wir besitzen eine Urkunde, in welcher es heisst, dass K. Johann unter andern seinem Sohne Karl auftrug, für die gründliche Herstellung der zerstörten Moldaubrücke die wärmste Sorge zu tragen, und dafür ganz besonders die Kreuzherren mit dem rothen Sterne, welche an dieser zerstörten Brücke liegen, durch sein gewöhnliches Wohlwollen und grosse Gnaden zu gewinnen.

[1] Chron. Aul. Reg. l. c. 569. „Quasi corona regni occidit, cum ille pons famosus corruit."

[2] Chron. Aul. Reg. Loserth 569. „Inviolatus permansit, licet maior ibi concursus exstitit aquarum et grandior de glacie massarum impulsus."

Gewohnt, dem Vater zu gehorchen, verordnete Karl nach gepflogener Berathung, die Kreuzherren, denen seit altersher die Sorge um die Moldaubrücke zustand, sollen in erster Linie alle Zölle, Mauten und Einkünfte der zur Erhaltung der Brücke ihnen geschenkten oder vermachten Güter ohne jeglichen Abzug bis zur Fahrbarmachung derselben verwenden. Alles, was während der Bauzeit ins Kloster geführt wird, soll jedoch zoll- und mautfrei sein; auch dürfe das Kloster während dieser ganzen Zeit zu keinerlei welchen Namen immer habenden Beisteuer zugezogen werden. Die Gelder, welche zur Herstellung der Brücke von der Bevölkerung in einem eigenen Kasten gesammelt wurden, sollen unter einem und demselben Verschluss stehen, zwei Schlüssel soll die Stadt und einen das Kloster in Händen haben. Endlich soll ohne Rath und Mitwissen der Kreuzherren beim Baue nichts unternommen werden.[1] Wie erspriesslich diese Weisungen waren, zeigte die Folge. Die Brücke wurde in kurzer Zeit fertig dem öffentlichen Verkehre, wie es scheint, nur aus Holz, übergeben. Erst nach 9 Jahren, 1351, wurde der Grund zu der bis zum heutigen Tage benützten Steinbrücke gelegt.[2]

Bischof Johann, welcher besonders in Böhmens Kunstgeschichte im gesegneten Andenken lebt,[3] starb, wie oben erwähnt, am 5. Jan. 1343. Schon am dritten Tage nach

---

[1] Die undatirte Urkunde ist abgedruckt in Pelzel, Kaiser Karl IV. Theil II. S. 187.
[2] Tomek, Dějepis Prahy II. 130.
[3] Grueber, Kunstentwickelung in Böhmen an vielen Stellen.

seinem Tode, am 7. Jan., setzten älterer Gewohnheit gemäss die Domherren zu St. Veit in Prag den Wahltag fest, und erwählten mit überwiegender Majorität ihren Domdechant, Arnost von Pardubitz, zum Bischofe von Prag. An der Spitze der Minorität stand der damalige Domprobst, Heinrich, welcher die Wahl dadurch zu vereiteln suchte, dass er vorgab, die Canonici hätten kein Recht zur Wahl, weil sich Papst Klemens VI. die Ertheilung des Bisthums, also die Reservatio bei demselben, vorbehalten hatte.¹) Dieser Einwendung gab jedoch die Mehrzahl der Wähler kein Gehör, und proclamirte Arnost von Pardubitz, der als Domdechant schon Priester war, als den vom Kapitel erwählten Bischof von Prag. Arnost scheint sich in seiner Wahl nicht ganz sicher gefühlt zu haben, weil er allsogleich nach derselben den Weg nach Avignon antrat, und hier auf Befehl des Papstes und auf Bitten des Markgrafen Karl durch den Kardinal von Porto die Bischofsweihe per provisionem, also nicht durch Wahl, erhielt.²) Das über die Consecration aus-

¹) Es scheint an dieser Sache etwas Wahres gewesen zu sein, weil in dem gediegenen Werke: L'art de verifier les dates I. 414, es ausdrücklich heisst: „Clement publier au commencement de son pontificat une bulle, par laquelle il pomettait des grâces a tous les pauvres clercs, qui se préssenteraient dans l'espace de deux mois." Es sollen in der Zeit nahe an 100.000 Cleriker nach Avignon gekommen sein. „Clement ne trouva d'autre moyent de les satisfaire, que de se reserver les nominations des grandes prelatures, comptant pour nulles la denominations des chapitres et des communautés."
²) Balbin, Vita venerabilis Arnesti primi archiepiscopi Pragen. p. 83. Balbin copirte für den Biographen des Erzbischofs

gestellte Breve trägt das Datum bei Villa nova Avenion 3. März 1343. Von demselben Datum ist die Notification dieser Bischofsweihe dem Prager Kapitel und dem Prager Clerus, sowie auch dem Könige Johann, dem der Papst den Neugewählten besonders anempfiehlt.[1]) So als consecrirter und anerkannter Bischof von Prag kehrte Arnost vielleicht im Monate Mai nach Prag zurück, wo er mit seltenem Jubel empfangen wurde.

Wir wollen einige Urkunden anführen, aus denen sich

Wilhelmus de Lestkov, decanus Wissegradensis, vita Arnesti archiepiscopi Pragen. Abgedruckt in Dr. Höfler, Geschichtsschreiber der Husitischen Bewegung in Böhmen. Fontes rer. Austr. VI. Band 1865, pag. 711.

[1]) Apud villam novam Avenion. diocesis V. Non. Martii anni I. Da Klemens VI. vom 19. Mai 1342 seine Pontificatjahre zählt, so fiel der 3. März in das Jahr 1343. Das Breve ist voll seines Lobes, trägt aber Correcturen an sich. Dudik, Auszüge für Mährens allg. Geschichte, S. 25, wo n. 89, 152 und 380 statt 1342 zu lesen ist 1343. Vollständig abgedruckt in Werunsky, Excerpta ex Registris Clementis VI. p. 15. Arnost stammt aus dem alten böhmischen Geschlechte der Ritter von Weissenburg. Sein Vater hiess Arnost de Hostine, einer Burg in der Nähe von Böhm.-Brod, er schrieb sich später auch de Stain, und nachdem er sein väterliches Erbe Weissenburg für Pardubitz um 1321 eingetauscht hatte, auch von Pardubitz. Auf Hostine scheint unser Arnost 1310 geboren zu sein. Über sein Geschlecht: J. Jireček, Památky archeolog. Prag 1878. Ročník X., str. 711, 718. Verarbeitet in Tadra, Cancellaria Arnesti in Band 61, 2. Hälfte. Archiv der kaiserl. Akad. Wien 1880, S. 276—289.

die Vorliebe des Papstes für die Krone Böhmen darthun lässt. Abgesehen von der Verleihung der reservirten Kapitelstelle von Prag und Olmütz an Johann, des Prager Bandinus Sohn, zum Olmützer Domherrn den 19. Juni 1342, ermächtigte Klemens VI. zu Avignon 23. Juni d. J. den Olmützer Bischof zur Ertheilung der Dispens von dem Hindernisse der unehelichen Geburt für den Olmützer Accoliten, Hermann, Sohn des Priesters Philipp von Olmütz, zur Erlangung der Priesterweihe und geistlichen Pfründe.[1]) Es ist dieser Hermann wohl zu unterscheiden von dem markgräflichen Leibarzte gleichen Namens, welcher Olmützer Scholasticus und Canonicus bei St. Peter in Brünn war. Kurz zuvor starb hier der Probst Sebastian. Da dem Tišnovitzer Kloster das Präsentationsrecht gebührte, präsentirt die damalige Äbtissin Adelheid dem Olmützer Bischofe Johann den Arzt Magister Hermann, und bittet um dessen Bestätigung. Der Bischof erfüllte diese Bitte und stellte zu Mödritz an demselben Tage die Präsentationsurkunde aus.[2]) An weiteren, der mährischen Kirche erwiesenen Gnaden verzeichnen wir die Urkunde vom 25. August 1342, durch welche ein Document des Olmützer Bischofs, Konrad, vom 5. März 1326 bestätigt wird, dass das Sedlecer Kloster die Hälfte des Zehents und der Einkünfte der Pfarrkirchen in Mähren Jamnitz und Jarmeritz beziehen dürfe.[3]) Und welches Vertrauen Klemens VI. zu dem Olmützer Bischofe Johann hegte, beweist der ihm, dem Bischofe von Erlau

---

[1]) Cod. Dipl. Mor. VII. 303.
[2]) Cod. Dipl. Mor. VII. 311 und 312.
[3]) Cod. Dipl. Mor. VII. 316.

und dem Abte von Martinsberg in der Raaber Diöcese ertheilte Auftrag, die dem Kardinal-Diacon Wilhelm widerrechtlich entzogenen Güter, Pfründen etc. zurückstellen zu lassen,[1]) und so wären noch andere Urkunden anzuführen, aus denen erhellet, dass der Chronist Beneš von Weitmil vollkommen berechtigt war zu sagen, dass Klemens VI. der grösste Freund des Königs von Böhmen, Johann, und seines Sohnes Karl war, und dass er alle Bitten, welche von diesen beiden Regenten an ihn kamen, gnädigst erhört habe.[2]) Hauptsächlich erwies er sich gnädig, als es sich um Dispens des natürlichen Sohnes des Königs Johann, welcher Niklas hiess, handelte. Er hatte allerdings die Dispens für die niedere Kirchenstelle, jetzt aber ertheilt er ihm die Dispens, ohne Rücksicht auf das Alter, — Niklas zählte damals 21 Jahre — alle, selbst bischöfliche und weltliche Würden annehmen zu dürfen.[3]) Dieser Nicolaus, den der Papst des Königs Johann Privat-Secretär nennt, war schon im August Probst von Sacka.[4])

Während Bischof Arnost noch in Avignon und König Johann nach der Beredung vom Februar 1342 im Auslande

---

[1]) Cod. Dipl. Mor. VII. 320.
[2]) Beneš de Weitmil. Script. rer. Bohem. II. 280. „Clemens VI. amicus regis Boemie et filii sui Karoli, et omnium de terra eorundem Principum existentium clemens exauditor."
[3]) Dr. Emil Werunsky, Excerpta ex Registris Clementis VI. et Innocentii VI. p. 6. „Ut quoslibet status et honores ecclesiasticos et mundanos eligi valeas, auctoritate apostolica de speciali gratia dispensamus"
[4]) Werunsky, Excerpta l. c. apud Villam novam IV. Non. Aug. anni I. pag. 6.

weilte -- am 6. Febr. 1342 datirt er noch in Prag,
die Bestätigung der dem Nonnenkloster iu Pustoměř gemachten Schenkungen,[1] — brachte Markgraf Karl von seiner
Rückkehr aus Breslau und Ungarn fast das ganze Jahr
1342 bis Anfangs Febr. 1343 in Prag und Brünn zu. Die
Weihnacht und das Neujahr feiert er in Brünn, wie dies
die Urkunden darthun. Wir lernen aus einer dieser Urkunden,
dass Hermann, Probst bei der Peterskirche in Brünn, des
Markgrafen Leibarzt war, und aus einer Urkunde ddo. Brünn
20. August 1342, dass der Markgraf dem Brünner Bürger
Mathias gestattete, an der Schwarzawa bei Brünn den
sogenannten Kuttelhof errichten zu dürfen.[2] Karl gab die
Bewilligung zur Errichtung eines Schlachthauses in Brünn,
wie er dies in einer Urkunde ddo. Brünn 18. Jan. 1343
ausdrücklich sagt. Er gestattet nämlich demselben Bürger,
Mathias, den Kuttelhof zum Schlachten des Viches bei seiner
Mühle an der Schwarzawa innerhalb der Stadtgrenzen aufzubauen. Bei dieser Gelegenheit schärft er nun die alte Sitte
ein, dass die jüdischen Fleischhauer, deren jedoch in Brünn
nur 4, eine Fleischbank halten dürfen, nur das Vordere der
geschlachteten Thiere ihren Glaubensgenossen, das Hintere
hingegen nur viertelweis an die Christen verkaufen sollen.[3]

[1] Cod. Dipl. Mor. VII. 284.
[2] „Unum farcorium, sive curiam farcorum, que vulgariter
Khutelhof dicitur, circa fluvium Schwarzava.. construere
valeat." Cod. Dipl. Mor. VII. 315.
[3] Cod. Dipl. Mor. VII. 332. „Curiam farcorum pro mactandis
pecoribus et pecudibus in limitibus communitatis prope
suum molendinum."

Dass damals noch die Chodones, unmittelbar unter der böhmischen Kammer stehende Freibauern, in der Nähe von Taus (Domažlitz) bestanden, zeigt eine Urkunde ddo. Prag 4. Oct. 1342, durch welche der Markgraf erklärt, dass er die Chodonen in Domažlitz, welche von jeher nach dem Rechte und der Gewohnheit nur 20 schwere Mark Prager Groschen für die königl. Kammer und 4 für die königl. Landsteuer gezahlt haben, in ihren Rechten beschützen wolle, und befiehlt den Einnehmern der königl. Steuer, dass sie von ihnen nicht mehr als die genannten 24 Mark erheben sollen, wenngleich einige, welche in Domažlitz (Taus) Güter vom Könige Johann in Pfand hielten, sie (die Chodonen) zu einer grösseren Zahlung gezwungen hatten.[1]) Als Landeshauptmann des Königreiches Böhmen lässt Markgraf Karl ddo. Prag 6. Febr. 1343 das vom Könige Wenzel I. den 12. Febr. 1235 den Kreuzherren mit dem rothen Sterne an der Prager Brücke verliehene Privilegium durch den Prager Burggrafen, Hinek Berka von Duba, in die Landtafel eintragen.[2]) Dieses Privilegium spricht das Kloster von allen

---

[1]) Cod. Dipl. Mor. VII. 320. Chodoué (sing. chod von choditi, begeben), die Grenzwächter, um das Herannahen des Feindes anzukündigen und Verhaue anzulegen, um das Vordringen derselben zu verhindern. Dafür waren diese Grenzwächter anfänglich von allen Abgaben frei; nach und nach wurden sie um ihre Privilegien gebracht. Noch im J. 1569 geschieht ihrer Privilegien Erwähnung, bis sie endlich der Stadt Taus untergeordnet wurden. Brandl, Glossar, und Huber, Regest. Kaisers Karl IV. 15.

[2]) Cod. Dipl. Mor. VII. 333.

Geldlasten frei, ein Privilegium, obgleich es in die Landtafel
einbezogen wurde, dasselbe von der Herstellung der bei dem
Klostergebäude bestandenen Brücke über die Moldau nicht
losspricht; denn kurz zuvor überträgt Markgraf Karl auf
Befehl seines Vaters Johann dem Kreuzherrenordens-Spitale
die baldige Herstellung der zerstörten Brücke aus den Einkünften der zu diesem Zwecke bestimmten Güter, und befreit
dasselbe während der Bauzeit von allen Abgaben und
Zöllen.[1])
Obwohl K. Johann im Vertrage vom Febr. 1342 ausdrücklich versprach, sich durch zwei Jahre in Böhmen nicht
zu zeigen und von dort kein Geld zu verlangen,[2]) was
wohl nichts anderes zu bedeuten hat, als sich durch zwei
Jahre in die Regierungsgeschäfte nicht einzumengen, sehen
wir doch, dass er in letzterer Beziehung nicht das Wort
hielt. Wir wissen, dass er schon am 4. October 1342 für
Breslau einen Act der Souveränität ausgeübt hatte. Am
31. März 1343 erlässt er zu Paris eine merkwürdige Verordnung, wegen Errichtung eines Gerichtes für das Land
in Breslau, welches aus 12 Schöffen bestehen solle, insbesondere über deren Ernennung und die von denselben an
die Breslauer Rathsherren gehende Berufung.[3]) Am 4. Nov.

---

[1]) Pelzel, Kaiser Karl IV. S. 187. Siehe S. 289—290 d. W.
[2]) Siehe S. 271 d. W.
[3]) Böhmer, Kaiserreg. 210 n. 312. Cod. Dipl. Mor. VII. 335.
Johann verordnet nämlich, dass für die Zukunft bei dem
Landrechte des Breslauer Districtes zwölf Beisitzer bestehen
sollen; sechs davon müssen durch die dortigen Lehensbesitzer, die übrigen sechs aber durch die Breslauer

1343 erweist K. Johann irgendwo an der Rhone, in Arce, dem Johanniterorden in Böhmen die Gnade, dass deren auf ihren Besitzungen in Böhmen wohnenden Leute ferner nicht vor die Cuda oder das Landgericht vorgeladen werden, weil dies nur zu ihrem Verderben führt; sondern dass dieselben vielmehr vor den gedachten Ordensbrüdern selbst nach deutschem Rechte und dem Rechte der ihnen zunächst gelegenen Stadt Rede zu stehen verbunden sein sollen. Für die Durchführung dieser Gnade solle Markgraf Karl und der Oberstkämmerer, Peter von Rosenberg, Sorge tragen.[1]) Als sich König Johann zu Luxemburg aufhielt, ertheilte er von da aus am 24. Juni 1343 den Silberbrennern von Kuttenberg eine Knappschafts- und Bruderladen-Ordnung.[2]) Dass solche Einmischungen des Königs in die Regierungsgewalt häufig stattgefunden haben, bekennt Markgraf Karl in der Urkunde, durch welche die Kreuzherren zur Herstellung der zerstörten Moldaubrücke angewiesen wurden. Hier liest man: Unter andern Aufträgen, die uns durch unsern liebsten Vater, den König von Böhmen, wurden, hat uns eben dieser unser Vater auf das Bestimmteste befohlen und aufgetragen, dass wir mit allem Fleisse über die Herstellung der Prager

Bürgermeister aus den Bürgern, welche Lehen und andere Erbgüter besitzen, erwählt werden.

[1]) Pelzel, Kaiser Karl IV. 191. „Nos ad eorum Monasteriorum relevacionem... et ob devoti nostri fratris Galli de Lemberch, Prioris generalis per Boemiam precum instantiam .. hanc gratiam donamus et mandantes Karolo, Petro de Rosenberg, summo Camerario" etc.

[2]) Cod. Dipl. Mor. VII. 352.

Brücke wachen sollen.¹) Dass eine solche Einmischung des Königs dem Kronprinzen und bevollmächtigten Regenten nicht allzu genehm war, ist leicht zu erfassen. Es ist hier der Anfang der Missstimmung zu suchen, welche bald zwischen dem Vater und dem Sohne ausbrach, der wenigstens in seiner Familie glücklich sich fühlen musste, als ihm die Nachricht zukam, dass im vorigen Jahre, also 1342, seine Gemahlin ihm eine Tochter brachte, welche in der noch vom Bischofe Johann ertheilten Taufe den Namen Katharina erhielt.²)

Während Bischof Arnost noch in Avignon weilte, eröffnete Markgraf Karl zu Prag Anfangs Februar 1343 einen feierlichen Landtag.³) Bei einem solchen Landtage oder Gerichtstage erschienen die obersten Landesbeamten, diese waren: Peter von Rosenberg, oberster Kämmerer, Andreas von Duba, Landrichter, Heinrich, Probst bei St. Veit und Landschreiber, Berthold von Lipa, Probst auf dem Wišegrad und Kanzler des Königreichs Böhmen, Hinek Berka von Duba, Burggraf zu Prag, dann die Herren Wilhelm von

---

¹) „Quod inter legationes alias per dominum genitorem nostrum karissimum regem Bohemie nobis factas, idem genitor noster nobis specialiter mandavit districtius, ut super constructione et reformacione pontis Pragensis sollicite intendere .. debeamus." Cod. Dipl. Mor. VII. 331. Pelzel, Kaiser Karl IV. p. 187. Siehe S. 289 d. W.
²) Beneš de Weitmil. Script. rer. Bohem. II. 281.
³) Beneš de Weitmil. Script. rer. Bohem. II. 331. „Karolus, qui in civitate Pragensi in carnis privio celebravit solemnem curiam, cui interfuerunt Ludovicus, rex Ungariæ, et Fridericus dux Austriæ, et multi alii principes."

Landstein, Zdislav von Sternberg, Zbiněk von Hasenburg, Mundschenk, Wilhelm von Strakonitz, Wilhelm von Skala, Jenčo von Grumberg, königl. Richter u. a. m. Bei dieser Versammlung klagte der Altstädter Rath, dass die Unterthanen, die Kreuzherren mit dem rothen Sterne, bei der Prager Brücke auf geschehene Vorladung vor ihrem Gerichte nicht erscheinen wollen. Die beim Landrechte am Prager Schlosse am 6. Febr. 1343 unter dem Vorsitze des Markgrafen von Mähren, Karl, als Rector generalis regni Boemie anwesenden oberwähnten Landesbeamten und Landesbarone erkennen in dem Stritte der Prager Bürger mit dem Spitale der Kreuzherren mit dem rothen Sterne zurecht, dass die Unterthanen der Letzteren nach Inhalt der Privilegien und der Landtafel ihnen, den Kreuzherren, stets zu gehorchen haben, und frei seien von der städtischen Gerichtsbarkeit.[1] Ob K. Johann's Weisung wegen des Brückenbaues über die Moldau an den Markgrafen Karl bei diesem Landrechte zur Sprache kam,[2] ist zu vermuthen, aber nicht aus der Geschichte zu erweisen, wohl aber, dass neben andern Fürsten damals der König von Ungarn, Ludwig, und der Sohn des am 17. Febr. 1339 verstorbenen Herzogs von Österreich Otto, Namens Friedrich, in Prag anwesend waren. Was mochte die Ursache ihrer Ankunft gewesen sein?

[1] Cod. Dipl. Mor. VII. 346. Das Datum lautet Anno domini 1343 sexta feria Quatuor temporum Pentecostes, also den 6. Juni. Wenn es übrigens heisst, dass diese Urkunde 6. Febr. 1343 in die Landtafel eingetragen worden sei, so scheint hier im Datiren ein Irrthum zu sein.

[2] Siehe S. 289 d. W.

Wie bekannt, starb König Robert von Neapel im hohen Alter am 16. Januar 1343. Vermöge des mit König Karl von Ungarn, welcher bei seinem Tode 1342 von seiner dritten Gemahlin, Elisabeth, Tochter Wladislav's Lokětek, Königs von Polen, fünf Kinder hinterliess: den Kronprinzen Ludwig, dann Andreas, Stephan, Katharina und Elisabeth, im J. 1333 abgeschlossenen und vom Papste Johann XXII. als Oberlehensherrn gutgeheissenen Vertrags, hätten ihm seine Enkelin Johanna und der ihr angetraute Sohn des ungarischen Königs Karl, Herzog von Kalabrien, Andreas, auf dem Throne nachfolgen sollen; aber er hinterliess ein Testament, in welchem er ohne Rücksicht auf den Vertrag Johanna für alleinige Erbin seines Reiches erklärte. Die Ehe war jedoch nicht glücklich; Johanna, leichtsinnig wie sie war, vernachlässigte auffallend ihren ungarischen Gemahl und machte kein Hehl daraus, dass sie zum Fürsten Ludwig von Tarant, einem Brudersohne Königs Robert, in unerlaubten Verhältnissen stehe, und doch wollte König Ludwig, der Papst Klemens VI. möge als Oberlehensherr seinen Bruder Andreas krönen, und da er wusste, dass Markgraf Karl von Mähren einen grossen Einfluss auf Klemens VI. habe, kam er im Frühjahre 1343 nach Prag, um sich von ihm den Empfehlungsbrief nach Avignon auszubitten, damit die Krönung des Herzogs von Kalabrien recht bald vor sich gehe. König Ludwig hoffte, es werde dies ebenso schnell und leicht gehen, wie im vorigen Jahre die Ehedispens für die Prinzessin Margaretha, Tochter des Markgrafen Karl, als es sich um die Vermählung mit ihm dem Könige Ludwig handelte.[1])

[1]) Wernnsky, Excerpta I. c. 4. „ut impedimentis huiusmodi

Diese Dispens vom vierten Verwandtschaftsgrade ist datirt
8. Juli 1342. Markgraf Karl liess sich bewegen und schickte
das gewünschte Empfehlungsschreiben durch den Bischof
Brzeslav von Breslau nach Avignon. Da es aber im Interesse
des Papstes lag, den Herzog von Kalabrien Andreas nicht
zu krönen, ward diesesmal der Wunsch des Markgrafen und
Hauptmannes von Böhmen, Karl, und seines Schwiegersohnes, K. Ludwig, nicht erfüllt.[1]) Also die Angelegenheit
des eigenen Hauses bewog den König von Ungarn im Frühjahre 1343 nach Prag zu gehen, wo er, wie der Chronist
sagt, grosse Freude an den ihm zur Ehre abgehaltenen

(in quarto consanguinitatis gradibus) non obstantibus matrimonium licite contrahere possint."
[1]) Cod. Dipl. Mor. VII. 386. „Sanctitatem vestram... exoro, quatenus ipsum dominum ducem Calabrie gratiis et favoribus apostolicis taliter dignemini prevenire, ut circa regnum et terras sibi per predictum dominum regem Robertam. . dispositas, vestri favoris, auxilii et consilii presidia non contemplacione sibi sentiat effectualiter preclara... Et super premissis, reverendo in Christo patri, domino Wratislaviensis ecclesie Episcopo, Domino meo carissimo, dignetur vestra sanctitas fidem creditivam adhibere." Datum Prage, leider ohne Datum. Beneš de Weitmil sagt, dass Karl das Recommendationsschreiben durch den Besitzer und Herrn Hermann von Nachod geschickt habe. „Cuius peticionibus Karolus annuens misit nuntios Hermannum de Nachod, baronem regni Boemie. Sed non obtinuit intentum ex eo, quia inter Iohannam eandem et principes regni illius erat tunc magna dissensio. Ibidem invenit iste nuncius Iohannem, regem Boemie, qui laborabat apud papam pro reconciliacione Ludovici Bavari nescientibus hoc filiis suis."

Festen zeigte.¹) Um diese Feste, und namentlich die dabei aufgeführten Turniere zu sehen, nahm K. Ludwig, selbst noch jung, — er stand im 16. Lebensjahre — den ebenfalls jungen Herzog von Österreich, Friedrich, mit. Geboren war Friedrich den 10. Febr. 1327, er stand demnach im gleichen Alter. Sein strenger Oheim und Vormund, Herzog Albrecht II. der Lahme, sah diese Fahrt zwar nicht gerne; aber als er sich überzeugte, dass die in Prag aufgeführten kriegerischen Spiele den Muth des Jünglings heben, willigte er vollkommen ein und spendete reichlich die Mittel, damit der junge Herzog glänzend auftreten könne.²)

Welche andere Fürsten während des Landtages in Prag noch anwesend waren, ist aus Urkunden nicht nachzuweisen. Wir vermuthen, dass neben schlesischen Fürsten, die sich ja gerne am böhm. Hofe aufzuhalten pflegten, besonders wenn es sich um König Kazimir oder ihre Abgeordnete handelte, auch Karl's Bruder, Fürst Johann Heinrich, welcher trotz

---

¹) Umständlich hierüber in Werunsky, Geschichte Kaiser Karl's IV. und seiner Zeit, I. 316—319.
²) Iohannes Victorien, Böhmer, Font. germ. I. 447. „Ludovicus Ungarorum rex cum Karolo marchione, socero suo, solatium militaris exercitii in Bohemiam conduxit, in Teutonicorum et Bohemorum militia delectatus. Cui facto Fridericum, ducem Austrie, iuvenem contigit interesse, Alberto patruo parumper gravate hoc ferente. Sed cum videret, iuvenis animum ad opus virtutis et gloriam incitari, omnia impendia cum affluentia designavit. Et dum cunctos in omni illo apparatu dux præcelleret, ut sibi singulare decus liberalis magnificentie acclamaretur. Albertus, quod gestum fuerat, collaudavit."

der uns bekannten Verluste¹) sich noch immer Herzog von Kärnten, Graf von Tirol und Görz nannte, anwesend war. Wir müssen uns erinnern, dass Fürst Johann Heinrich nach seiner Vertreibung aus der Burg Tirol im Nov. 1341 beim Patriarchen Bertrand in dessen gewöhnlicher Residenzstadt Udine Gastfreundschaft fand. Hier erfuhr er von der Verheiratung seiner ungetreuen Gattin mit Ludwig von Brandenburg, welche am 10. Febr. 1342 stattfand und von den vergeblichen Schritten des Papstes Benedict XII., die er zu seinen Gunsten vorbrachte; da sah er ein, dass ihm nichts übrig bleibe, als zu seinem Vater und Bruder nach Böhmen zurückzukehren.²) Über die österreichischen Länder, über Kärnten und Österreich, nahm Johann Heinrich etwa im Monate Mai den Weg nach Prag. Wann er dort ankam, steht nirgends verzeichnet; wohl aber, dass ihn nach seiner Ankunft sein königlicher Vater Johann durch einige Güter, welche im heutigen Rakonitzer Kreise liegen, anständig versorgt hatte.³) Für die Zukunft sollte Johann Heinrich nach des Vaters Testamente vom 9. Sept. 1340 die Markgraf-

¹) Siehe S 246 d. W.
²) Beneš de Weitmil. Script. rer. Boh. II. 277. Ad D : „Bertrandum, Patriarcham Aquiliensem, peruenit, qui eundem Ducem expulsum fere per menses quinque secum retinuit, et honeste pertractauit, et captata oportunitate Boemiam remisit."
³) Es scheint das Schloss Nysenberg (heute Nizemburg) und Křivoklad die Centra der Apanagegüter gewesen zu sein, weil von hier einige Urkunden Fürst Johann datirt. Der Chronist Beneš l. c. 278 sagt: „Iohannes autem dux expulsus, his temporibus in Boemia permansit, cui pater suus de statu competenti providit."

schaft Mähren erhalten, während dem Erstgeborenen, Karl, als König in Böhmen auch Schlesien und die Districte Budišin und Görlitz, und dem jüngsten, Wenzel, die Grafschaft Luxemburg und die Besitzungen und Einkünfte in Frankreich zufallen sollen.¹) Seit dem nächsten Frühjahre 1343 finden wir den Fürsten Johann Heinrich in Prag, wo Markgraf Karl, wie es scheint, sich nach dem Landtage nicht lange aufhielt. Wenigstens kennen wir eine Urkunde, welche Karl am 13. April 1343 zu Brünn für das Kloster Obrowitz ausstellte. Es ist dies eine Bestätigung der Generalurkunde, welche Markgraf Přemysl zu Brünn am 28. März 1235 dem Kloster ausstellte.²) Markgraf Karl befand sich damals auf einer Reise, wie es scheint, nach Krakau, wo er gewisse Schulden, die er während seines Aufenthaltes in Breslau,³) bei dem Könige Kazimir von Polen contrahirt

¹) Siehe S. 215 d. W. Cod. Dipl. Mor. VII. 207.
²) Cod. Dipl. Mor. VII. 387.
³) Siehe S. 283 d. W. Damals beschliessen zu Olmütz am 8. Febr. 1343 der damalige Vogt von Olmütz und die Stadtschöffen mit Vergünstigung des Markgrafen Karl nach eingeholtem Rathe der Bürgergemeinde die Anlegung eines Stadtbuches, welches zur Aufzeichnung alles dessen dienen sollte, was von der Stadtbehörde zum Wohle des Ganzen einzutragen befohlen werden wird. Also 1343 kam dieses Buch unter dem Namen „liber actuum notabilium civitatis" zum Beschluss; zur Ausführung kam jedoch dieser Beschluss erst im Jahre 1350 den 30. August, in das strafrechtliche und nicht strafrechtliche Vorkommnisse eingetragen wurden — eine Einrichtung, die für die Rechtsentwickelung in Mähren in hervorragender Bedeutung war. Siehe: Bischoff, Über das älteste Olmützer Stadtbuch

hatte. Karl versprach in der Urkunde nicht nur die an König Kazimir schuldigen 4000 Schock Prager Groschen und 3000 Mark polnischen Gewichts in Pfändern, sondern auch die an zwei Krakauer Bürger schuldenden Gelder in drei Wochen zu begleichen, und stellte, falls er sein Wort nicht hielte, den König von Ungarn als Bürgen. Karl hielt Wort; denn am 1. Juni 1343 stellt König Kazimir für sich und die zwei Krakauer Bürger die Quittung aus, in welcher er den Markgrafen der Schuld frei und ledig erklärt.[1]) Da der Markgraf schon am 16. Mai 1343 abermals in Prag urkundet, und bis zum Schlusse des Monats September daselbst verbleibt, so vermuthen wir, dass er sich während dieser ganzen Zeit, wie die Urkunden darthun, mit Verwaltungsgeschäften beschäftigte.

Die grosse Politik, welche ihm gewissermassen Kaiser Ludwig förmlich nöthigte und aufdrang, liess er ruhen, weil er wusste, dass dies sein Freund, Papst Klemens VI., statt seiner schon thun werde. Auch war Karl, nachdem der Kaiser durch seine Länderhast und durch Verletzung menschlicher und göttlicher Gesetze sich die Anhänglichkeit der deutschen Fürsten entfremdet hat,[2]) überzeugt, dass dieselben

Sitzungsberichte der kaiserl. Akademie in Wien, Bd. 85, S. 281. Vergleiche von demselben Verfasser: Deutsches Recht in Olmütz. Ein rechtsgeschichtliches Fragment. Olmütz 1855, S. 25, und Österreichische Stadtrechte und Privilegien. Wien 1857, S. 108, überall mit der falschen Datirung 1348 statt 1343.
[1]) Cod. Dipl. Mor. VII. 348.
[2]) „Imperatoris fama odorifera pro re gesta in Iohanne filio regis Boemie cepit in naribus principum fetere, qui dixe-

nicht, wie vor fünf Jahren bei Rense, zu seinen Gunsten sich entscheiden werden. Er vertraute seinem Gönner Klemens VI., welcher nicht aufhörte, dem Lande Mähren jede an ihn gerichtete Bitte gnädigst zu erfüllen. Am 17. April 1343 ernennt er den rechtskundigen Priester, Theodorich, Sohn des Diviš von Neuhaus, zum Domherrn von Olmütz, reservirt ihm daselbst eine Präbende, und gestattet, dass er zugleich die Pfarre in Böhmisch-Rudoletz behalten könne. Am 29. April erhielt derselbe Theodorich zu den beiden Beneficien noch ein Canonicat bei der Peterskirche in Brünn. Am 22. April d. J. ernennt er Folklin, Sohn Folkmars von Prag, zum Domherrn von Olmütz und reservirt ihm eine Präbende.[1]) Über Verwendung des Königs Johann von Böhmen ernennt Klemens VI. am 29. April l. J. den Sohn des Peter von Rosenberg, Peter genannt, zum Domherrn von Olmütz und erlaubt ihm, die Canonicate in Prag und Passau behalten zu dürfen[2]) u. s. w.

Während Papst Klemens VI. in Mähren Gnaden erweist, beschäftigt sich Markgraf Karl mit unterschiedlichen Verwaltungsgeschäften. Sie mussten umfangreich gewesen sein, weil die deshalb ausgestellten Urkunden sehr zahlreich sind. Wir wollen für die Zeit seines Aufenthaltes in Prag einige anführen. Uns ist bekannt, dass Markgraf Karl am 18. Aug. 1338 Stadt und Burg Landsberg dem Kloster Königssaal durch vorgestreckte Gelder gerettet habe; er behielt das

runt, cum ab imperio ob enormes excessus exfuscatum." Iohannes Victorien. Böhmer, Font. I. 445.
[1]) Cod. Dipl. Mor. VII. 340 und 342.
[2]) Cod. Dipl. Mor. VII. 342.

Gut gegen eine jährliche Rente für sich, denn es war dem Verkaufe nahe. Auf Bitten des Königs Kazimir von Polen gab Karl am 30. August 1341 diese Stadt und die genannte Burg ohne Entschädigung dem Kloster zurück. Da jedoch die Herrschaft Landsberg wegen der grossen Entfernung vom Kloster demselben wenig Nutzen brachte und sich dasselbe wegen der vielen Schulden nicht herausreissen konnte, beschloss der Olmützer Bischof Johann, den der Markgraf seinen Onkel nennt, 200 Schock Prager Denare dem Kloster zur Tilgung der dringendsten Schulden gleich, und jährlich 300 Schock derselben Münze zu entrichten, und den ganzen Tausch auf seine Kosten in die Landtafel eintragen zu lassen. Markgraf Karl hat dieses Geschäft zu Prag 15. August 1343 vollinhaltlich anerkannt und bestätigt.[1] Besonders kümmerte sich damals Markgraf Karl um die Berichtigung der in seiner Geldverlegenheit häufig contrahirten Schulden. Pünktliche Zahler finden immer Geldleiher, so dachte Karl, als er zu Prag verspricht, dem Heinlin Eilauer und Thomlin Wolflin, seinen Urburern zu Kuttenberg, nachdem dieselben um Beträge, welche ihr Vermögen übersteigen, für ihn Selbstschuldner geworden sind, sie bis Weihnachten um keine Zahlung anzugehen, vielmehr von allen seinetwegen eingegangenen Verpflichtungen zu erledigen, auch ihr Amt vor solcher Erledigung nicht durch andere zu besetzen. Als Bürgen dieser Zusage erscheinen sein leiblicher Bruder Johann, Herzog von Kärnten und Graf von Tirol, dann Bischof Johann von Olmütz und die böhmischen

---

[1] Cod. Dipl. Mor. VII. 350 und 365.

Herren Wilhelm von Landstein und Hinek von Nachod. Sollte Karl seinem Worte nicht einstehen, wollen diese genannten Herren nach dem Willen den Urburern das Einstandrecht einhalten.[1]) Zwei Tage darnach, also den 5. Juli, verpfändet Markgraf Karl seinem Urburer zu Kuttenberg, Heinrich Eilower, wegen einer Schuld von 2766 Schock und 40 Prager Groschen die Burg und Herrschaft Bürglitz, und weist ihm für die Dauer dieser Pfandschaft, die er näher bestimmt, nämlich 4 Mark, von der Kuttenberger Münze an. Auch hier erscheinen Karl's Bruder, der Herzog Johann und der Bischof von Olmütz, mit dem Versprechen, sich beim Könige Johann wegen der Ratificirung der Schuldverschreibung zu verwenden, und nöthigenfalls sich dem Einstandsrechte zu unterziehen.[2]) Am 6. Juni verleiht Karl den Brüdern Jaroslav und Albert von Sternberg die ihnen vom Könige Johann für ihre Dienste und Verluste um 2000 Schock Prager Groschen verpfändete Burg Aussee in Mähren mit ihrem bedeutenden Zugehör gegen eine Zahlung von weiteren 550 Schock als Lehen. Zeugen waren: Berthold von Lipa, Probst am Wišegrad, böhm. Kanzler, Johann von Klingenberg, Smil und Čeněk von Vöttau, Chonrad von Bilowitz, Otto von Milin und der Prager Domherr Welkon als markgräfliche Notare.[3]) Die Vigil vor Pfingsten, damals der 31. Mai, erlaubt der Markgraf den Brüdern Smil und Čeněk und ihrem Brudersohne, Johann von Lichtenburg, die Theilung

---

[1]) Cod. Dipl. Mor. VII. 354. Huber, Kaiserreg. Karl's IV. zum J. 1343 zu den verschiedenen Werken.
[2]) Cod. Dipl. Mor. VII. 355.
[3]) Cod. Dipl. Mor. VII. 349.

der lehenbaren Burgen Vöttau und Zornstein mit Zugehör in drei Theile und erkennt die gegenseitige Beerbung derselben.¹) Im vorigen Jahre hatten die Brüder Heinrich, Johann und Georg bekannt, dass die Burgen Vöttau und Zornstein königliche Lehen seien.²)
Mit solchen und ähnlichen Verwaltungsgegenständen beschäftigte sich der Markgraf, als ihm das Gelübde in die Erinnerung kam, das er auf seiner Reise aus Baiern nach Tirol durch das Erzbisthum Salzburg im Jahre 1340 gefasst hatte.³) Er beschloss nämlich damals seiner innigen Andacht zur Himmelskönigin durch ein sichtbares Zeichen Ausdruck zu geben, und die Prager Domkirche, als das Haupt der Kirchen im Königreiche Böhmen, durch eine neue Stiftung zu verherrlichen. Dies geschah durch die Stiftung der Mansionäre. Es war dies ein Collegium weltlicher Cleriker, bestehend aus 12 Priestern, 6 Diaconen und 6 Subdiaconen, welche unter dem aus der Zahl der Priester genommenen Vorsänger, Präcentor, standen, der die Stellen der Diaconen und Subdiaconen, die man Mansionarii minores nannte, besetzte, während die der Priester, Mansionarii maiores geheissen, königliches Patronat blieben. Ihre Aufgabe war täglich im Chore der seligsten Jungfrau das Officium Marianum abzusingen. Das Richteramt unter ihnen und ihre Installation lag dem jedesmaligen Prager Domdechante ob. Die innere

---

¹) Cod. Dipl. Mor. VII. 347. „Castra, que iure homagiali tenent et possident, a nobis in feudum .. in tres partes dividant iuxta ipsorum numerum personarum."
²) Cod. Dipl. Mor. VII. 332.
³) Siehe S. 201 d. W.

Einrichtung dieses Collegiums war die eines Klosters, daher der gemeinschaftliche Tisch und die sämmtliche Verpflegung unter einem Dache, wo nur der Präcentor zwei Zimmer zur Verfügung und einen Stall haben durfte, während sich der Einzelne je mit einem Zimmer begnügen musste. Die Dotirung bestand aus Liegenschaften und Geldzinsungen. Incorporirt war dem Präcentor in Prag, dem die Verwaltung der Einnahmen oblag und der überhaupt das Collegium nach Aussen vertrat, die St. Laurenz-Kapelle in Prerau, dann eine Kapelle in Nürnberg und eine in Tarento in der Nähe von Parma,[1]) wo Karl den merkwürdigen Traum über den Dauphin von Frankreich hatte. Diese reich dotirte Stiftung verlor sich in der Hussitenzeit, welche des Guten und Schönen gar so viel zerstörte.

Auch diese zweite grössere Stiftung bei St. Veit in Prag vollbrachte Karl in einer Zeit, in welcher er sich in einer grossen finanziellen Nothlage befand. Am 24. Oct. 1343 bekennt der Markgraf zu Frankenstein, nordöstlich von Glatz, wo er kurz vor der Stiftung der Mansionaren, welche am 5. Oct. geschah, sich aufhielt, dem Herzoge von Schlesien, Boleslaus von Brieg, 1200 Schock Prager Groschen schuldig zu sein.[2])

---

[1]) Beneš de Weitmil, Script. rer. Boh. II. 282. Dobner, Monum. hist. Boh. III. 291—467, wo die Statuten und Documente abgedruckt sind. Emler, Reg. IV. 532—536. „Eosdem clericos a maneo, manes, sive a mansione mansionarios nuncupari, eo quod apud prefatam ecclesiam manere et residere personaliter, et non per alium continue et horis infra scriptis interesse, ut ex re nomen habeant, eos optamus astringi."

[2]) Cod. Dipl. Mor. VII. 378.

Die durch König Johann's Verschulden bewirkte Erschöpfung des böhmischen Kronvermögens hat den Markgrafen schon um 1342 bewogen, vom Könige Kazimir bedeutende Geldsummen auszuleihen.[1]) Und trotz dieser vielen Schulden und grosser geistlichen Stiftungen vergisst er nie, dass des Regenten Pflicht es ist, den Verunglückten und Unterdrückten zu helfen. Als die Stadt Nimburg an der Elbe gänzlich abbrannte, weil sie von Holz errichtet war, schenkte er derselben zu Prag den 3. Nov. 1343, um deren Wiederherstellung zu erleichtern, einen Wald, und am 24. d. M. thut er der niederen Stadt Prag (Kleinseite) die Gnade, dass deren Bürger hinfort nur vom Boden und den Hofstätten ihrer Häuser, nicht aber von diesen selbst, Steuern zahlen sollen.[2]) Ja der Stadt Brünn weiss Karl sogar mit einem Siechenhause aufzuhelfen. Im Sommer 1343 befanden sich mehrere Erzbischöfe und Bischöfe am päpstlichen Hofe zu Avignon. Diese haben dem Hospitale armer Kranken, welches in einer Vorstadt von Brünn zur Ehre des Protomärtyrers Stephan errichtet ist, allen denjenigen, welche zum Aufbau des Hauses und zur Ausstattung der Kirche testamentarisch oder geschenksweise beitrugen, an gewissen Feiertagen und Namen der Heiligen einen vierzigtägigen Ablass zugesagt.[3]) Damit diese Indulgenzen in der Olmützer Diöcese Giltigkeit haben, bestätigt sie der damalige Generalvicar in spiritualibus des Bischofs, welcher Probst der St. Peterskirche in Brünn und Olmützer

---

[1]) Siehe S. 305 d. W.
[2]) Cod. Dipl. Mor. VII. 380 und 383
[3]) Cod. Dipl. Mor. VII. 361.

Domherr war, mit Namen Hermann, und vermehrte sie zu
Brünn am 24. April 1344. Bis zum J. 1340 war Peter,
Dechant am Vyšegrad, in Prag Generalvicar in spiritualibus et temporalibus des Bischofs Johann; seit 1343
erscheint Hermann, Probst am Petersberg in Brünn und
Olmützer Domherr,[1]) als Vicarius generalis in spiritualibus,
weshalb von ihm Urkunden, welche die Administration der
Diöcese betreffen, ausgehen. Am 8. März 1344 bestätigte er
zu Brünn dem Nonnenkloster zu Doubravník das von Pota
von Anjezd geschenkte Patronat der Kirche zu Anjezd,[2])
und am 22. Dec. 1343 entscheidet er gleichfalls zu Brünn
einen Streit bezüglich der Getreidelieferung des Dambořitzer
Pfarrers an den Pfarrer zu Žarošic.[3])

Nachdem sich Markgraf Karl bis in die zweite Hälfte
des Monates September 1343 in Prag aufhielt, riefen ihn
einige Geschäfte nach Schlesien. Was eigentlich den Markgrafen nach Schlesien, und namentlich nach Breslau, führte,
wissen wir nicht; aber gewiss waren es wichtige Dinge,
wenn wir bedenken, dass er vor seiner Abreise, noch am
13. Sept. 1343, zu Prag versprach, Frieden zu halten mit
Kaiser Ludwig, mit seinem Sohne, dem Markgrafen zu
Brandenburg, allen ihren Helfern, Landen und Leuten, und
nimmt auch in diesen Frieden auf den Bischof von Regensburg, Friedrich, sowie auch diese Stadt mit dem Versprechen,
dass er den Frieden, im Falle er ihn nicht halten wollte,
aufsagen und ihn von dem Tage der Aufkündigung noch

---

[1]) Cod. Dipl. Mor. VII. 390.
[2]) Cod. Dipl. Mor. VII. 389.
[3]) Cod. Dipl. Mor. VII. 383.

sechs Wochen halten wolle. Wir werden auf die Wichtigkeit dieses Schreibens noch zurückkommen. Ein so wichtiger Entschluss musste wohl überdacht und besprochen werden, weshalb wir der Ansicht sind, dass der Markgraf seinem Freunde, dem Könige Kazimir, im October d. J. in Breslau begegnete.¹) Ob er wieder Geld benöthigte? Gewiss besprach er mit ihm die Absicht, sich mit dem Kaiser und jenen, die ihn und sein Haus beschimpften, auszugleichen. Karl nahm den Weg über Glatz, und hier hat er am 29. Sept. 1343 der Stadt das Privilegium bestätigt, demzufolge die Richter der Dörfer des Glatzischen Kreises nur bei dem Glatzer Stadtgerichte geklagt werden und vor demselben antworten sollen.²) Die nächsten Urkunden des Markgrafen haben wir aus Münsterberg. Hier scheint er sich zwei Tage, den 14. und 15. Oct., aufgehalten zu haben. Am 14. Oct. erhielt er die Huldigung; denn der Stadtrath, die Gemeinde, der gesammte Adel und alle Vasallen des Districtes von Münsterberg erklären, dass sie dem Könige Johann und dem Markgrafen Karl den Eid der Treue für den Fall geleistet haben, wenn ihr Herzog Nikolaus ohne gesetzliche Erben

---

¹) Wir schliessen dies aus den Rechnungen der Stadt Breslau (1294—1352), welche Grünhagen unter dem Titel „Henricus Pauper" in Breslau 1860 veröffentlicht hatte. Seite 69 liest man zum J. 1344, recte 1343, unter den Auslagen des Stadtmagistrats: „Item pro honoribus dominis, regi Polonie, episcopis Pragensi et Vratislaviensi, principibus illi de Selant et Hollant, militibus et aliis 145 marc. Item episcopo Pragensi pro expensis 165 marc. Item domino Marchioni 400 marc."

²) Cod. Dipl. Mor. VII. 368.

sterben würde. Dafür gestattet der Markgraf dem Herzoge
Niklas seine Länder und Städte, doch mit Vorbehalt des
Lehensverhältnisses, zu verkaufen. Am nächsten Tage, also
den 15. Oct., huldigten noch die wichtigeren Städte Frankenstein, Münsterberg und Strelin.[1]) Auch der Abt von Heinrichau leistet die Huldigung, und nachdem der Herzog Niklas
urkundlich versprach, bevor er an irgend einen Verkauf
geht, denselben dem Könige oder seinem Sohne anzuzeigen,
reiste Karl nach Breslau ab. Das Erste, was er hier that,
war, dem Breslauer Consulen zu versprechen, von seinen
Schulden 275 Mark auf Weihnachten, und desgleichen
126 Mark wieder zu zahlen, sobald er nach Prag käme.[2])
Noch stellte Markgraf Karl dem St. Vincenzkloster in Breslau
einige Urkunden, aus, unterstellt sie dem Schutze seines
königl. Hauptmannes, Konrad von Falkenhain, ertheilt am
22. Oct. 1343 eben hier in Breslau dem Johanniter-Spitale
ausserhalb der Mauern von Breslau das Recht, Güter und
Renten zu kaufen, und kehrte dann über Frankenstein, wo
er, wie schon oben gesagt, dem Herzoge Boleslav von Brieg
einen Schuldschein auf 1200 Prager Groschen ausstellte,
nach Prag. Am 3. Nov. 1343 schenkte Markgraf Karl der
abgebrannten Stadt Nimburg an der Elbe, um deren Wiederherstellung zu erleichtern, ein Stück Wald.[3])

Bischof Arnost war um diese Zeit ebenfalls in Breslau;
denn dass er mit dem Markgrafen Karl dort war, wissen

[1]) Cod. Dipl. Mor. VII. 373—374—376.
[2]) Cod. Dipl. Mor. VII. 377. Wir wissen, dass er 400 Mark
erhielt.
[3]) Huber, Reg. K. Karl's IV. 17 und 18. Siehe S. 312 d. W.

wir. Der Beweggrund zu dieser Reise lag in einem an ihn vom Papste Klemens VI. geschickten Schreiben vom 17. August 1343 wegen des Peterspfennigs in Breslau.[1]) In Ländern mit polnischer Bevölkerung ward in der Zeit, von welcher wir handeln, der Peterspfennig noch ziemlich regelmässig entrichtet, nicht so in Ländern mit deutschen Einwohnern. Als im Jahre 1320 Wladislav, Herzog von Sandomir, die königliche Würde durch den apostol. Stuhl in Polen erhielt und sich krönen liess, fieng er den in Vergessenheit gerathenen Peterspfennig in den polnischen Ländern, zu denen Schlesien zählte, abermals, aber als eine Kopfsteuer, indem jeder Unterthan in Polen und in Schlesien jährlich einen Denar zu zahlen hatte, zu entrichten. Als 1327 das Fürstenthum Breslau böhmisches Lehen wurde, hörte die Zahlung unter dem Vorwande, das Herzogthum sei jetzt ein deutsches Lehen, auf. Mit dem Könige Johann war jedoch der Papst übereingekommen, dass in Schlesien, soweit es dem Könige unterworfen wäre, jährlich zur Fastenzeit von jedem Kopfe ein Denar landesüblicher Münze entrichtet werden sollte. Die Breslauer verweigerten dies jedoch, seitdem sie unter Böhmen kamen und wurden deshalb mit dem Interdict belegt, ohne jedoch auf dasselbe zu achten. Der päpstliche Collector,

[1]) Theiner, Monum. Polon. I. 465. Abgekürzt mitgetheilt in Emler, Reg. IV. 529. „Super solvendo dicto censu annis singulis in quadragesima perpetuis futuris temporibus ecclesie Romane predicte, videlicet uno denario currentis et cursualis monete illius patrie, pro quolibet humano capite... confici facias publicum instrumentum... quod nobis e vestigio studeas destinare."

Galhardus von Chartre, Nuntius in Ungarn und Polen, unterhandelte deshalb, und da Markgraf Karl dem Papste einen Gefallen erweisen wollte, bestimmte er den Stadtmagistrat, eine Gesandtschaft nach Avignon zu schicken mit der Bitte, statt der Kopfsteuer eine jährlich zu bestimmende Summe zahlen zu dürfen; die rückständigen Summen möge der Papst für immer nachlassen. Klemens VI. schlug die letztere Bitte ab, erklärte aber, wenn die Breslauer den Peterspfennig künftig regelmässig entrichten wollten, billige Termine zur Bezahlung des Rückstandes setzen zu wollen. Um nun diese Steuer des Papstes in Breslau durchzuführen, dazu war Arnost, Bischof von Prag, durch das oberwähnte päpstliche Schreiben aufgefordert und bevollmächtigt. Der Bischof vermittelte darauf, was ihm aufgetragen wurde, und hob das Interdict auf; der päpstlichen Kammer führte er als Peterspfennig von den Breslauern 70 Mark 3 Mark und ein Viertel für das laufende Jahr zu.[1]) Welchen Tag Bischof Arnost in Breslau war, ist nicht angegeben. Vom 17. August ist die Aufforderung des Papstes an den Bischof, wegen des Peterspfennigs nach Breslau zu reisen. Im Sept. mochte das Breve aus Avignon nach Prag gekommen sein, und am 18. Oct. 1343 datirt der Bischof einige Synodal-Statuten.

Wie es die kirchlichen Satzungen vorschreiben, hielt Bischof Arnost gleich nach seiner Consecrirung und Ankunft in Prag eine Kirchensynode, von welcher sich einige Beschlüsse mit dem Datum Prag 1343 am St. Lukastage, also 18. Oct., erhalten haben.[2]) Arnost zeigt in diesen Statuten seinen

[1]) Henricus Pauper, Stadt Breslauer Rechnungen. Bd. III. 70.
[2]) Emler, Reg. IV. 539—543. „Quoad sacramentorum admini-

reformatorischen und streng kirchlichen Geist. Nachdem er einen Pfarrer, weil er sich in eine Pfründe unrechtmässig eingedrängt und alle diejenigen excommunicirt, welche Häretikern einen Vorschub leisten oder in der Diöcese als Wucherer gebrandmarkt sind, verbietet er den Seelsorgern für die Verabreichung der Sacramentalien irgend eine Entlohnung zu fordern; freiwillige Gaben dürfen sie allerdings, doch nicht für die Sacramente, sondern um Gotteswillen, annehmen, untersagt strengstens den Archidiaconen- und Landdechanten die heiligen Öhle um Geld hinzugeben, das glühende Eisen und das siedende Wasser als Gottesurtheile zu segnen,[1]) mehr als eine Messe täglich zu lesen, keine Waffe zu tragen, die Concubinen zu entfernen, mit der Excommunication vorsichtig umzugehen, dafür aber alles anzuwenden, damit der über Ludwig den Baier, der sich Kaiser nennt, verhängte Bannfluch die grösstmöglichste Verbreitung erhalte.[2])

Wie verhält sich dieser Synodalbeschluss vom 18. Oct. zu der Urkunde des Markgrafen Karl ddo. Prag 13. Sept. 1343, in welchem er verspricht, Frieden und Waffenstillstand

strationem... nihil penitus exigatur, voluntarie tamen oblata circa exhibitionem talium, nec pro ipsis sacramentis, nec pro labore, qui etiam in spiritualibus existit, sed simpliciter recipiant propter Deum."

[1]) „Ferrum ignitum vel aquam, in qua purgandi merguntur... ne benedicant nec benedicendo interesse presumant, firmiter inhibemus." Emler l. c. S. 542.

[2]) „Mandantes universis et singulis, ut proxime, cum ad vestras ecclesias vos redire contigerit, quilibet vestrum die dominico vel festivo processum predictum contra Ludovicum, qui pro imperatore se gerit, solemniter debeat publicare." Emler l. c. S. 540.

zu halten mit Ludwig, der sich Kaiser nennt, mit dessen Sohne, dem Markgrafen Ludwig von Brandenburg, und ihren Helfern, in welche er auch den Bischof Friedrich von Regensburg und die Stadt in diesen Frieden mit vorbehaltener sechsmonatlicher Aufkündigung nimmt.[1]) Wir müssen, um diesen scheinbaren Widerspruch zu verstehen, zurückgreifen auf den Besuch des Königs von Ungarn, Ludwig, in Prag im Fasching des Jahres 1343. König Ludwig wünscht des damaligen Regenten von Böhmen, Karl, Fürbitte für seinen Bruder Andreas in Avignon beim Papste, um für ihn den erledigten neapolitanischen Thron zu erlangen, weshalb er auch die Stände des erledigten Königreiches Apulien ersucht, seinen Bruder Andreas zu erwählen, wobei er sich der Freundschaft des Königs Johann von Böhmen und des Markgrafen Karl von Mähren, um seinen Worten grösseren Ausdruck zu geben, rühmt.[2])

K. Ludwig hatte vollen Grund, auf Karl's Freundschaft zu pochen, denn eben hat Karl nach Avignon eine Gesandtschaft geschickt, um hier die Bitte des Königs mit seinen gewichtigen Worten zu unterstützen. Die Gesandtschaft traf dort den K. Johann, der neuerlich für Kaiser Ludwig am päpstlichen Hofe thätig war. Leider trat hier als hemmend das unstete Gemüth auf, das zu den Charaktereigenthümlichkeiten des deutschen Kaisers gehörte, welches seine Handlungsweise in solchem Grade beeinflusste, dass er oft von einem Extrem zum andern übersprang, und selbst die grössten Vortheile

---

[1]) Emler, Reg. IV. 529. Siehe S. 313 d. W.
[2]) Cod. Dipl. Mor. VII. 385.

naiv wie ein Kind opferte, um nur die Stimme seines zagenden Herzens zu beruhigen und den Frieden mit der Kirche zu erkaufen. Daher kommt es, dass die Phasen seines politischen Handelns so unvermittelt scheinen, dass er die selbstbewussteste und hoheitsvollste, bald darauf aber wieder die demüthigste und kriecherischeste Sprache führen konnte.[1]) Ein solcher Charakter, gehalten zu dem leichtsinnigen Wesen K. Johann's von Böhmen und dem aalglatten, politisch ausgebildeteren Markgrafen Karl, musste Inconsequenzen zu Tage fördern, welche endlich demjenigen zu Gute kamen, welcher auszuharren verstand und nie vergass, dass nur rechtliche Mittel zum endlichen Ziele führen müssen. Die besten Beweise von dem unsteten Gemüthe des Kaisers gab sein Bundesbruch mit England, die Widerrufung des an Englands König verliehenen Reichsvicariats und die Abschliessung eines Bündnisses mit Frankreich, und dies alles, um die Absolution zu erhalten, welche jedoch die Könige aus richtiger Erkenntnis ihres weltlichen Vortheiles, — man denke nur an das weltliche Vicariat in Italien, solange das Kaiserthum vacant ist — stets verweigerten. Das war alles noch im Jahre 1341, und jetzt kommt im Februar 1342 jene Versuchung mit Tirol, welcher der Kaiser gänzlich erlag. Weg waren alle die Unterwerfungsanträge und an ihre Stelle traten Handlungen, welche den Kaiser, weil er aus Ländersucht menschliche und göttliche Gesetze mit Füssen trat, um jegliches Ansehen und um die namentlich dem Regenten so nothwendige Autorität brachten. „Während der eilf Jahre,

---

[1]) Wörtlich aus Werunsky, Karl IV., Bd. I. 321.

seit Ludwig der Baier die Versöhnungsversuche mit der Curie betrieb, waren bereits achtmal Gesandtschaften in seinem Namen nach Avignon gegangen. Wie beschämend musste es für den Kaiser sein, wenn es immer wieder hiess, seine Boten seien hochmüthig abgewiesen worden." ¹) Es kam bereits so weit, dass man am Schlusse des Jahres 1342 sich nicht mehr scheute, Anfangs im geheimen, dann aber schon öffentlich, davon zu sprechen, wie es zweckmässig wäre, Kaiser Ludwig abzusetzen und einen neuen König zu wählen. ²) Nichtsdestoweniger schickte der Kaiser im Nov. 1342 an den neuen Papst seine erste Gesandtschaft ab, um der Absolution wegen zu bitten. Die Gesandtschaft geht über Paris. ³) Kaiser Ludwig täuschte abermals den vermeintlichen Freund, um ihn nur fern von England zu halten. Der Papst soll eine Frist zum Nachdenken festgesetzt und sich bereit erklärt haben, den Kaiser zu absolviren, aber unter der Bedingung, wenn er seinen Fehler anerkenne, Tirol herausgebe und auf das Kaiserreich verzichte. Diese Antwort brachte den wankelmüthigen Kaiser zu der Äusserung, sich lieber der Gnade des Himmels zu überlassen, als jene Bedingungen anzunehmen. ⁴) Jetzt hielt es Klemens VI. angezeigt, rücksichts-

---

¹) Wörtlich aus Werunsky, Karl, Bd. I. 326.
²) „Imperatoris" etc. siehe S. 306 d. W. Ioh. Vict. Böhmer, Font. I. 445.
³) Henr. de Diessenhowen ad 1342. Böhmer, Font. IV. 38.
⁴) „Fertur nihilominus summus pontifex terminum statuisse, ut errorem recognosceret, terram Tyrolensem redderet, imperium resignaret, et hac via, et non alia, se gratiam inventurum. Qui respondit: divine providentie ad omnem

los auf sein Ziel, den Kaiser abzusetzen und ihn zur Auslieferung Tirols an die Luxemburge zu nöthigen, loszusteuern.

Um in dieser seiner Lebensaufgabe durch auswärtige Unternehmungen nicht gehindert zu sein, wusste der Papst zwischen den Königen von Frankreich und England am 19. Januar 1343 einen dreijährigen Waffenstillstand bis Michaeli 1346 zu vermitteln. Diese Zeit hielt er für ausreichend, um seine Prophezeiung, Karl, den Markgrafen, auf den deutschen Thron zu bringen, zu erfüllen. Zu diesem Ende nahm er die bereits unter seinem Vorgänger begonnenen Processe wegen der sacrilegischen Heirat und dem unrechtmässigen Länderraube in Tirol wieder auf, und überliess ihre Durchführung dem Patriarchen von Aquileja, Bertrand; zu gleicher Zeit hielt er am Gründonnerstag, den 10. April 1343, beim Festgottesdienste mit seiner ihm inwohnenden Beredsamkeit eine zündende Predigt über die greulichen Verbrechen Ludwig's, der sich Kaiser nennt, über den Häretiker und Schismatiker und über die neuesten Sünden, deren sich Ludwig in Tirol schuldig machte, gegen den, falls er sich der Kirche innerhalb dreier Monate nicht unterwirft, der Kreuzzug gepredigt wird.[1] Eine eigene Bulle wird an die Metro-

---

eventum se potius submissurum." Ioh. Victor. ad an. 1343. Böhmer, Font. I. 446.

[1] „Anno domini 1343 mense Aprilis in cœna domini (10. Apr.) in missa publica Clemens papa VI. omnes processus, factos per papam Iohannem XXII. contra Ludovicum, qui se pro imperatore gessit, publicavit, protestans, quod crucem contra ipsum predicaret, nisi obediret mandatis ecclesie assignando

politen und ihre Suffragane in Frankreich, England, Italien und Deutschland geschickt, durch welche anbefohlen ist, die seit Johann XXII wider Kaiser Ludwig „den treulosen Menschen, den Feind Gottes und der katholischen Kirche, den Rebellen und offenbaren Widersacher eingeleiteten Processe zu veröffentlichen." Die neue Excommunication war am 12. April 1343 auf dem Thore der Hauptkirche in Avignon aufgeschlagen. [1]) Der französischen Hierarchie ertheilte er den 31. Juli 1343 den stricten Befehl, in den Hauptkirchen während des Festgottesdienstes zu veröffentlichen, dass Ludwig der Baier excommunicirt und des Reiches für verlustig erklärt sei.[2]) Vorzüglich war es auf die religiösen Orden abgesehen, um durch diese den Sturz des Kaisers zu bewerkstelligen. Am 9. August 1343 bekam der Generalabt des Cistercienserordens den Auftrag, den wider Kaiser Ludwig

sibi adhuc tres menses." Henric. de Dissenhowen ad an. 1343. Böhmer, Font. IV. 39.

[1]) Matthias Nuewengensis ad an. 1343. April 12. Böhmer, Font. IV. 228.

[2]) Werunsky, Excerpta ex Registris etc. 20. Archiepiscopo Turonensi eiusque suffraganeis... districte precipimus, quatenus... prefatum Ludovicum et aderentes eidem excommunicatos, ac dictum Ludovicum iure, si quid sibi ad regnum et imperium Romanum competere poterat, privatum, nec non de fautoria hereticorum et de heresi et scismate condempnatum et hereticum manifestum fore singulis diebus dominicis et festivis pulsatis campanis, candelis accensis, publice nuntietis et a vestris subditis faciatis in eorum ecclesiis et alibi, ubi expediens fuerit, modo simili nunciari."

verhängten Process in dem nächsten General-Capitel zu publiciren,¹) welcher Process, wie uns bekannt ist, am 18. October 1343 durch ein Prager Diöcesanstatut im böhmisch-mährischen Reiche bekannt wurde.²)

„Das war die erste Massregel, welche direct darauf loszielte, den Kaiser in der öffentlichen Meinung neuerdings herabzuwürdigen und seine Entthronung vorzubereiten; denn dass derselbe der Citation Folge leisten und persönlich in Avignon erscheinen werde, stand denn doch nicht zu erwarten. Blieben aber die päpstlichen Drohungen erfolglos, dann konnte Klemens VI. den Kaiser Ludwig als einen Säumigen contumaciren, ihn mit allen von Papst Johann XXII. verhängten Strafen von Neuem belegen, ja dieselben bis zum Äussersten verschärfen, ihn jedes Rechtes berauben. Nach solchen Antecedentien konnte dann die factische Thronentsagung und die Neuwahl eines römischen Königs von Rechtswegen vorgenommen werden."³)

Was in Avignon vorgieng, blieb dem deutschen Kaiser nicht unbekannt, und da er, wie wir wissen, nach nichts so sehr strebte, als nach der Lossprechung, müssen wir es begreiflich finden, wenn er sich nach Freunden umsieht, die ihm in dieser kritischen Lage helfen könnten. Er kannte genau den Hebel, welcher an seine Stellung angesetzt werden solle, um ihn aus dem Sattel zu heben. Wird die Widerlage dieses

---

¹) Dudík, Auszüge, S. 25.
²) Siehe S. 318 d. W.
³) Wörtlich aus Werunsky, Kaiser Karl I. 333.

Hebels beseitigt, so rechnete er, wird jegliche Gefahr verschwinden, und darum begann er mit dem Könige Johann zu unterhandeln. Er wählte in guter Berechnung zuerst den Vater, obwohl er wusste, dass der Sohn am Hofe zu Avignon viel mehr vermöge; aber des Vaters Herz war weniger verwundet als jenes des Sohnes, und daher auch leichter zugänglich; zudem war dem Kaiser der wundeste Fleck des Königs, dessen grosse Geldnoth, hinreichend bekannt; musste ja K. Johann des Schuldenmachens wegen auf zwei Jahre sein Königreich verlassen und die Regierung dem Sohne auf diese Zeit übergeben! Auch hat er gewiss von dem grossen Geschenke, das der Papst dem Könige gemacht, gehört. Ohne zwingender Veranlassung überliess er ihm ddo. Avignon 11. Juli 1343 den Zehent des gesammten geistlichen Einkommens in der Prager, Olmützer und Breslauer Diöcese und in der Grafschaft Luxemburg derart, dass dieser Zehent auf Christi Geburt und auf Johannis Bapt. in den zwei nächstfolgenden Jahren entrichtet werden solle.[1]) Vom selben Datum ist die Notification dieser grossen Concession des Papstes an den Prinz-Bischof von Olmütz.[2]) Kaiser Ludwig

---

[1]) Werunsky, Excerpta ex Registris 18.
[2]) Cod. Dipl. Mor. VII. 356. Solche Concessionen erlaubt der päpstliche Stuhl, wenn irgend ein befreundetes Reich durch Ketzer und sonstige politische Feinde sich in grosser Gefahr befindet. Damals war aber nichts desgleichen vorhanden, der Papst ertheilte dieselbe, um den K. Johann aus grosser Geldnoth zu retten. Am Schlusse des Jahres (Kal. Dec. anno secundo) ertheilt Klemens VI. die gleiche Concessio dem K. Kazimir von Polen für die gesammten Bisthüme

entnahm aus diesem Gnadenacte die grosse Zuneigung des Papstes zum Könige Johann und setzte seine letzte Hoffnung auf dessen Vermittlung. Es wurden zu diesem Zwecke schon nach Ostern des Jahres 1343 Verhandlungen angeknüpft. Der Chronist Beneš von Weitmil gibt zu verstehen,[1]) dass Kaiser Ludwig dem Könige, ohne dass dieser dem Markgrafen von den angefangenen Unterhandlungen eine Erwähnung that,[2]) eine seiner Töchter zur Gattin für seinen jüngsten Sohn, Wenzel, welchen König Johann's zweite Gemahlin, Beatrix, am 28. Febr. 1337 geboren hatte, mit einer Mitgift von 240.000 Mark Prager Groschen angetragen, und dem verjagten Johann Heinrich für Tirol die Lausitz als Entschädigung angeboten habe. K. Johann mochte mit diesem Antrage zufrieden gewesen sein, namentlich mochte die Aussicht auf die enorme Summe den verschuldeten König förmlich geblendet haben, weil er auf die durch den Kaiser seinem Hause verursachte Schmach so schnell habe vergessen können. Nicht so sein Erstgeborener, der Markgraf Karl. Wie er diese ohne sein Wissen gepflogenen Unterhandlungen

Polens und für alle Abteien, mögen sie exemt oder nicht exemt sein. Theiner, Mon. Polon. I. 468.

[1]) „Quod Ludovicus ipse debebat filiam suam tradere Wenceslao, filio regis Boemie, ultimo genito, et duocenta quadraginta millia marcarum. pro dotalitio... Iohanni vero expulso promiserat dare in recompensam terram Lusatic." Beneš de Weitmil. Script. II. 332.

[2]) „Pater noster inivit tractatus cum Ludovico nobis nescientibus, et filium iuniorem, qui nullam passus est iniuriam, prætulit nobis, qui passi sumus iniuriam." Beneš de Weitmil. Script. II. 333.

vernahm, dachte er im gerechten Zorne über die durch
seinen Vater dem Bruder Johann Heinrich angethane Ungerechtigkeit, auch auf eigene Faust mit dem Kaiser in Unterhandlung zu treten, und damals geschah es, dass Karl am
13. September 1343 zu Prag mit Kaiser Ludwig und dessen
Sohne, dem Markgrafen von Brandenburg, einen Waffenstillstand mit vorbehaltener sechsmonatlichen Aufkündigung
schloss.[1]) Und nun können wir uns schon ganz gut das
Verhältnis dieses Waffenstillstandes zu dem Synodalbeschlusse
vom 18. October erklären; denn Karl schloss einen Waffenstillstand, um dem Vater gleich zu kommen, und Bischof
Arnost publicirte die Excommunication des Kaisers, weil er
hiezu aus Avignon den Auftrag erhielt.

Der ersten Annäherung des Kaisers Ludwig und des Markgrafen Karl folgte die zweite im Anfange des nächsten J. 1344.
Die beiden Betheiligten kamen zwar nicht zusammen, wählten
aber zwei so nahe liegende Orte, Chamb und Taus, dass die
Unterhandlungen ungemein erleichtert wurden. Markgraf Karl
feierte das neue Jahr 1344 in Prag, während sein Vater,
König Johann, dasselbe, wenn nicht in Luxemburg, so gewiss
im Auslande zubrachte. Am 27. October 1343 befiehlt König
Johann zu Luxemburg dem Bürgermeister von Breslau, die
Ruhestörer daselbst zu strafen, und am 1. November d. J.
befreit er zu Arce die Leute der Johanniter im Königreiche
Böhmen von der Jurisdiction der Cuden.[2]) Es sind dies Acte,
durch welche sein Sohn, der interimistische, aber bevollmächtigte Regent in Böhmen, gewiss nicht sehr zufrieden

[1]) Siehe S. 813 d. W.
[2]) Cod. Dipl. Mor. VII. 378 und 379.

war, weil sie gegen den 1342 abgeschlossenen Vertrag
giengen. Wir wissen, dass solche Souveränitätsacte König
Johann im Verlaufe der letzten zwei Jahre öfter ausgeübt
hatte.¹) Haben schon diese das Gemüth des Markgrafen
erbittert, so musste ihn die Nachricht über die Verhandlung des Königs mit Kaiser Ludwig umsomehr aufbringen,
besonders als sich Karl und sein Bruder Johann Heinrich,
gegen ihren jüngsten Bruder Wenzel, bevortheilt glaubten.²)
Noch am 7. Januar 1344 schenkte Karl zu Prag dem
Bürger von Breslau, Helmbold von Lukendorf, das Dorf
Ransern bei Breslau sammt Gericht mit Vorbehalt des Rückkaufsrechtes um 100 Schock Prager Groschen unter der
Bedingung, dass dafür ihm und seinem Vater, wenn sie nach
Breslau kämen, 500 Fuhren Heu und Holz geliefert werden.³)
Von Prag nach Taus zwischen Pilsen und Chamb waren
nur wenige Tagreisen. Karl hörte, dass sich Kaiser Ludwig
am 21. Jan. in Chamb aufhalte.⁴) Dorthin begab er sich,
und da es sich hauptsächlich um seinen Bruder Johann
Heinrich handelte, wie es scheint, in seiner Gesellschaft.
Kaiser Ludwig wiederholt sein dem Könige Johann gemachtes

---

¹) Siehe S. 297 d. W.
²) „Scripsit (Karolus) patri, quod cum Iohannes passus
esset a Ludovico Bavaro iniuriam, quare filium alium,
videlicet Wenceslaum, preferret illi in satisfactione fienda,
cui nulla facta fuit iniuria." Beneš de Weitmil. Script.
II. 332.
³) Cod. Dipl. Mor. VII. 387.
⁴) Am 21. und 22. Jan. 1344 urkundet Kaiser Ludwig daselbst.
Böhmer, Kaiserreg. S. 149 n. 2370—2373.

Anerbieten, eine seiner Töchter dem Prinzen Wenzel mit jener enormen Mitgift, dem Prinzen Johann Heinrich für Tirol die Lausitz, und nach seinem Tode einen Sohnesantheil, zu geben.[1]) Auf Grund dieses Antrages sollten die Unterhandlungen weiter geführt werden, als Boten vom Vater ankamen und Karl bewogen, dieselben mit dem Kaiser abzubrechen, was ihnen, wie der Chronist bemerkt, doch erst nach grosser Mühe gelang.

In leichterer Stimmung begab sich der Markgraf noch im Februar von Prag aus zu seinem Vater nach Luxemburg, mit dem er dann im März nach Avignon abreiste. Ohnehin war er schon vor einigen Monaten vom Papste auf den päpstlichen Hof geladen. „Da es sich," heisst es in dem Einladungsschreiben ddo. Avignon 24. Nov. 1343, „um die Angelegenheit Ludwig's des Baiers handle, dessen Gesandte mit nächstem ankommen sollen, wobei die Sache König Johann's und dessen Sohnes Johann Heinrich, des Grafen von Tirol, wegen dessen Ehetrennung zur Entscheidung kommen werde, möge Markgraf Karl trachten, um Lichtmess des nächsten Jahres, also den 2. Febr. 1344, an den päpstlichen Hof zu kommen und sich für einen längeren Aufenthalt vorbereiten; König Johann hingegen, welcher sich schon längere Zeit in Avignon aufhielt, möge, wenn er auf dem päpstlichen Hofe bleiben wolle, seine Wohnung in irgend einem Orte wählen, welcher der päpstlichen Residenz nahe

---

[1]) „Nos enim absque scitu patris nostri nullam incepimus tractare concordiam. Sed postquam ipse .. obliviscebatur eius, qui iniuriam passus est, necessarium erat nobis utrobique, ut nosmet ipsi tractaremus." Beneš l. c. 333.

liegt, und dort warten, bis die Gesandtschaft des Kaisers Ludwig ankomme." [1]) Also war die Ankunft des Markgrafen Karl, als er zu Anfang März mit seinem Vater in Avignon zusammentraf, bereits erwartet und vorbereitet. Bevor jedoch Karl Prag verliess, übergab er persönlich am 5. Jan. 1344 dem unter Vorsitz des Prager Bischofs Arnost versammelten Domcapitel die Stiftungsurkunde über das Institut der Mansionaren.[2]) Darauf reiste er über Luxemburg nach Avignon ab. Auf einer Stunde Weges holten auf Befehl des Papstes die damals in Avignon lebenden Cardinäle und die zum Hofe gehörenden Prälaten den vornehmen Gast mit allem Pomp, den die Curie bis zur Gegenwart, wie sonst kein Hof, zu entfalten versteht, ein, und ostentativ war die Freude des Papstes, als er den Markgrafen als seinen Gast begrüsste. Es war nicht mehr nothwendig zu verhehlen, wer an die Stelle des abgesetzten Kaisers Ludwig gewählt werden solle. Dass der Papst an Balduin von Trier am 1. August 1343 schrieb,[3]) er möge sich nach einem tauglichen, frommen, der Kirche ergebenen Candidaten umsehen, damit war bezeichnet, wer gewählt werden solle. Vom Papste gieng die erste Anregung aus, Karl, den Markgrafen von Mähren, an Ludwig's Stelle zu setzen, weshalb er auch den grösstmöglichsten Pomp entwickelte, um öffentlich zu zeigen, wer sein Candidat sei. Da jedoch nicht er, sondern die Churfürsten das Wahlrecht hatten, so musste er diese für seine Idee gewinnen, und da König Johann selbst ein Wahl-

---

[1]) Dudík, Auszüge, S. 27 n. 513.
[2]) Emler, Reg. pag. 554.
[3]) Raynald, Annal. Eccles. ad. an. 1343. Edit. Colon. XV. 191.

fürst war, so durfte in der Luxemburgischen Familie keine
Verstimmung, kein Zwiespalt zu Tage treten, und doch
merkte Klemens VI. einen solchen. Der Chronist Beneš, welcher
von dieser Spannung zwischen dem Markgrafen und dem
Könige Kenntnis hat, glaubt die Ursache zu finden in dem
Schuldenmachen des Königs, was Karl nicht dulden wollte,[1]
besonders als sich das Ende der anberaumten Dauer seiner
Regentschaft herannahte. Es mag sein, dass diese Ursache
mitwirkte; aber dass dem böhmischen Regenten des Königs
häufige Einmischung in die Regierungsangelegenheiten zuwider
war, haben wir schon oben erwähnt.[2] Doch es gelang dem
Papste, die Spannung zwischen Vater und Sohn alsbald zu
beseitigen, und die Zeit ihrer Anwesenheit, die bis zum
23. April 1344 dauerte, zur Durchführung folgenreicher
Bestimmungen zu verwerten. Seinem Bruder Johann Heinrich
scheint Karl die Regierung Böhmens übertragen zu haben.

Vor allem brachte Markgraf Karl hier in Avignon seine
neueste Stiftung, die der Mansionaren bei der Prager Domkirche vom 5. Oct. 1343, vor, und bat um ihre Bestätigung.
Diese erfolgte zu Avignon 30. April 1344.[3] Wir vermuthen,
dass damals Karl sein gewichtiges Wort auch einlegte für
das Collegiatstift Sacka, welches durch den Bischof um die
Verlegung nach Prag ersuchte. Wir stützen diese Ver-

[1] Beneš de Weitmil. Script. II. 334. „Quia propter dilapi-
dationem regni Boemie, quam ipse rex propter diversas
guerras fecerat, non erant (Iohannes et Karolus) de se
mutuo contenti."
[2] Siehe S. 328 d. W.
[3] Emler, Reg. 569.

muthung auf die Thatsache, dass der damalige Probst von Sacka, Nikolaus, König Johann's natürlicher Sohn und Geheim-Secretär war,[1]) und Markgraf Karl diesen seinen Verwandten, sowie seinen unechten Oheim, den Prinz-Bischof von Olmütz, nach Kräften fördern werde. Sacka liegt etwa 5 Meilen von Prag am Schwarzbache, ehedem in einer verlassenen und waldreichen Gegend, den feindlichen Einfällen sehr ausgesetzt, daher häufig geplündert. Das Capitel nahm dies als Grund, um die Versetzung dieser Kirche an einen gesicherten Ort in Prag oder in einer Prager Vorstadt zu bitten. Der Papst gibt am 3. Mai 1344 durch den Bischof Arnost dem Capitel die Bewilligung, Kirche und Capitel übertragen zu dürfen.[2]) Auch seiner ersten grösseren Stiftung der Canonici des Allerheiligen-Capitels erwirkte Karl die Gnade, dass die einzelnen Capitularen, wenn sie in Prag Residenz hatten, dabei durch 10 Jahre auch noch irgend ein anderes kirchliches Beneficium erwerben und behalten dürfen,[3]) und jetzt gieng man auf die wichtigste Bitte des Markgrafen, auf die Erhöhung des Prager Bisthums zum Erzbisthum und folglich zur Begründung einer eigenen Metropolie für das Reich der böhmischen Krone, zu welcher damals auch

---

[1]) Werunsky, Excerpta ex Registris etc. pag. 6. S. S. 294 d. W.
[2]) „Cum eadem ecclesia in Saczca .. in solitudine et nemoribus constituta existat, et tempore guerrarum bonis et rebus suis omnibus quodammodo totaliter spolietur... fraternitati tue mandamus, quod eisdem capitulo edificandi et transferendi in civitate Pragensi, vel in eius preurbiis, licentiam largiaris." Werunsky, Excerpta l. c. pag. 29.
[3]) Emler, Reg. pag. 569.

Schlesien mit dem Bisthume Breslau gehörte. Was dem Herzoge Břetislav I. und den beiden Otakaren nicht gelang, geschah jetzt unter der Regentschaft Karl's mit aller Leichtigkeit, weil es der Hauptactor, Papst Klemens VI., wollte, und das Hindernis, welches bis jetzt stets im Wege stand, der bisherige Metropolit von Mainz, nicht in Anschlag kam. Der Erzbischof von Mainz, Heinrich, Graf von Virneburg, also der Metropolit, welcher die gewichtigste Einsprache gegen die Losreissung der böhmischen Kirche hätte erheben können, lag als einflussreichster Anhänger und Bundesgenosse des Kaisers im Banne. Noch am 17. Oct. 1343 hatte ihm Papst Klemens VI. einen peremptorischen Termin von 3 Monaten gesetzt, nach dessen Ablaufe die Strafen der Excommunication und Deposition über ihn verhängt werden sollten.[1] Die drei Monate waren um, und obwohl der Papst die Frist verlängert hat, der Erzbischof aber dennoch nicht erschien, konnte Klemens VI. mit der Deposition ganz canonisch vorgehen. Als daher Markgraf Karl, um allen Förmlichkeiten Genüge zu thun, an den Papst die Bitte stellte, den bischöflichen Sitz von Prag zum erzbischöflichen zu erhöhen und ihn von dem bisherigen Gehorsam gegen den Mainzer Metropoliten loszuzählen, ergriff Klemens VI. diese Gelegenheit mit Freude und bestimmte eine Commission, bestehend aus drei Cardinälen, welche mit dem Markgrafen Karl die Gründe festsetzen sollen, die die Trennung von Mainz, folglich die Erhöhung Prags zu einer Metropolie, rathsam, ja erwünscht

---

[1] Böhmer. Kaiserr. Ludwig der Baier, S. 232 n. 173, nach Raynald l. c. pag. 192 n. 62.

machen. Es sind die alten Gründe, welche schon zur Zeit der Otakare geltend gemacht wurden: Prag sei zehn, und Olmütz gar zwölf Tagreisen von der bisherigen Metropolie entfernt, dazu die hohen Gebirge und die dichten Waldungen an Böhmens Grenzen und die vielen Wegelagerer auf dem weiten Wege nach Mainz machen die Appellationen und die anderweitigen Geschäfte beim Metropolitangerichte ebenso beschwerlich als gefahrvoll, während sie andererseits auch die öfteren Visitationen des Metropoliten verhindern; die Reise nach Mainz gehe überdies durch mehrerer Herren Länder, zudem sei die böhmische Sprache so völlig von der deutschen verschieden, dass ein inniger Verkehr mit Mainz gar nicht denkbar sei; endlich seien die Länder der böhmischen Krone derart ausgedehnt, dass daselbst recht wohl ein eigenes Erzbisthum bestehen könne. Alles dieses musste wirklich anerkannt und insbesondere die Verschiedenheit der böhmischen und deutschen Sprache auf die eidliche Aussage des Markgrafen Karl zugestanden werden.[1]) Dann einigte man sich noch, das Bisthum Olmütz der neuen Metropolie zu unterordnen und das Prämonstratenserstift Leitomyšl in ein zweites Suffragan-Bisthum mit Zuweisung einiger Theile von Böhmen und Mähren zu verwandeln. Weiterhin sollte durch die Bemühung des apostolischen Stuhles das Bisthum Breslau von dem Erzbisthume Gnesen losgetrennt und der Prager Metropolie zugewiesen werden. Der erst vor einigen Monaten zum Bischofe von Prag erwählte Arnost von Pardubitz wurde auf diese Weise der erste Erzbischof von Prag und erster Metropolit von Mähren.

[1]) Frind, Kirchengeschichte Böhmens, II. 88.

Mit der Erhebung Prags zur Metropolie und daher durch die Losreissung des Bisthums Olmütz von Mainz beginnt in Mährens Kirchengeschichte eine neue Epoche. So lange Olmütz mit dem deutschen Erzbisthume im Metropolitan-Verbande stand, kamen unwillkürlich manche deutsche Anschauungen ins Land, und da die Statuten der Mainzer Metropolie in der mährischen Diöcese Rechtskraft hatten, diese aber nur auf römischen Anschauungen fusste, mussten jegliche Erinnerungen, die sich noch aus den Zeiten der Slavenapostel erhielten, schwinden. Es ist noch zu wundern und spricht von dem ungemein conservativen Sinne der slavischen Bewohner Mährens, dass sich überhaupt im Ritus Anklänge an Kyrill und Method noch bis zur Gegenwart erhielten. Gewiss wurde auch in der Zeit, von der wir handeln, von alten Kirchengebräuchen nichts weiter erhalten, als heutzutage, weil, wenn es sich erhalten hätte, der Papst Klemens VI. auf dessen Abschaffung nicht gedrungen hätte. Liebte er ja mit grosser Ostentation den Markgrafen Karl und das ihm gehörige Land! Wir haben bereits erwähnt,[1]) wie gnädig er sich bei jeder Gelegenheit dem Lande in kirchlicher Hinsicht erwies, und wie vorzüglich die Klöster in einem Lande, sozusagen, die Centra bilden der päpstlichen Gnade und als solche gar manche Humanitätsanstalten im tiefen Mittelalter vertraten, für die sonst der Staat oder die Gemeinde zu sorgen hatten, und daher von Regenten und unterschiedlichen Dynasten und Privaten in der Hoffnung des ewigen Lohnes gestiftet wurden; so wollen wir zum

---

[1]) Siehe S. 293 d. W.

Beweise unserer Ansicht einige Facta hinstellen. Am 24. Aug. 1342 bestätigte Klemens VI. die dem Cistercienserorden verliehenen Privilegien,[1]) verleiht am 11. Nov. 1342 eine Domherrenstelle in Olmütz dem Friedrich von Bor; dasselbe thut der Papst am 12. und 13. Dec. I. J. dem Peter von Lima und Ojff von Landstein. Im J. 1343 ernennt der Papst am 29. April einen Theodorich von Neuhaus zum Canonicus der St. Peterskirche zu Brünn, und über Verwendung des Königs Johann von Böhmen einen Peter von Rosenberg, welcher bereits Canonicate in Prag und Passau hatte, zum Domherrn von Olmütz,[2]) und reservirt durch ein Breve ddo. Avignon 23. Jan. 1344 für den Vyšegrader Domherrn, Peter, Sohn Ulrich's, Plasser, eine der Verleihung des Olmützer Bischofs und des dortigen Capitels zuständige Pfründe, und gestattet, dass derselbe das Vyšegrader Canonicat und die Präbende zu Kost, sowie auch die in derselben Kirche bestehende St. Johannkapelle behalten dürfe;[3]) und so geht die Besetzung der Olmützer Domherrenstellen weiter meistens mit vornehmen Namen mährischer Dynasten, die aber auch schon andere Beneficien hatten.

Aber auch der hart von den Dynasten gedrückten Klöster nahm sich Klemens VI. an. Am 9. October 1343 befiehlt er dem Schottenabte in Wien, dass er die den Oslavaner Nonnen unrechtmässig entrissenen Güter wieder zu erwerben und dem Kloster zurückzustellen trachte,[4]) und am 22. Nov.

[1]) Cod. Dipl. Mor. VII. 316.
[2]) Cod. Dipl. Mor. VII. 323, 328, 329, 342.
[3]) Cod. Dipl. Mor. VII. 388.
[4]) Cod. Dipl. Mor. VII. 371.

d. J. beauftragte Klemens VI. den Olmützer Dompropst und die Domdechante von Prag und Passau, das Prämonstratenserkloster am Strahov gegen dessen Feinde zu schützen und dahin zu wirken, dass die demselben entrissenen Besitzungen und geistliche und weltliche Rechte zurückgestellt werden.[1]) So zeigte sich der Papst gnädig und besorgt für Mährens geistliches Wohl, war aber auch stets demselben geneigt, wenn dasselbe von Seite der Laien, namentlich durch Schenkungen an Kirchen und Klöster, gefördert wurde. König Johann stellt dem Kloster Tepl die Goldbergwerke in dem Walde „Haj" mit allem und jedem Einkommen zurück, und verspricht in seinem, seines Sohnes Karl und aller übrigen Erben Namen, dass dieses Goldbergwerk von dem genannten Kloster stets geschützt werden solle. Dem Kloster Ossek bestätigt Markgraf Karl zu Prag am 24. Febr. 1342 die demselben von seinem Vater ertheilten Privilegien über das Patronat und die Mauth in Pyrn. Ctibor, Abt von Selau, Peter, Abt von Chotěšau, bestätigen als die vom Prämonstratenserabte und General-Capitel bestellten Visitatoren der Prämonstratenser-Provinz Böhmen, Mähren und Österreich bei der Visitation des Tepler Klosters das von dem dortigen Abte Beneda errichtete Testament.[2]) Markgraf Karl bestätigt zu Prag am 13. November 1342 dem Kloster Ossek die vom Könige Johann ertheilte Befreiung von der königlichen Steuer auf zehn Jahre. Am 15. December 1342 bestätigte er zu Brünn die Urkunde des Markgrafen Přemysl vom J. 1234,

[1]) Cod. Dipl. Mor. VII. 381.
[2]) Cod. Dipl. Mor. VII. 288 u. 298.

womit das Kloster Bruck von allen Abgaben und von der weltlichen Jurisdiction befreit wurde. Am 17. December 1342 gleichfalls zu Brünn bestätigt Markgraf Karl dem Nonnenkloster „Schwester Herburg" zu Brünn alle von den früheren Regenten verliehenen Rechte und Privilegien. Die Brüder Wznata und Buzo von Mostišt verkaufen vier Zinslahne in Zbraslav dem Nonnenkloster Maria-Saal am 17. April 1343 in Brünn. Sezema und Mrakeš von Chýlitz und Wiček (Wičo, Vincenz) von Wlachovic erklären zu Welehrad 13. Mai 1343, dass sie dem Convente zu Welehrad für die erblichen Herren Stephan und Ulrich von Kunovic, welche im genannten Kloster für ihren Vater und Bruder ein Anniversar gestiftet haben, 17 Mark Prager Groschen schulden, und dass sie, falls sie den Zahlungstermin nicht halten, in Hradisch nach dem Willen des Klosters das Obstagium halten wollen. Markgraf Karl entscheidet zu Prag 14. Juli 1343, dass das Gut Kopitz an Böhmens Nordgrenzen dem Kloster Sedletz gehöre, dass dagegen das Kloster den vorigen Besitzern 14 Schock Jahrgeld und einen Winterrock geben solle. Niklas von Gaya in Österreich verkauft durch eine Urkunde von Cheyov (Kyjov) 12. Sept. 1343 das Dorf Kaidling mit allem Zubehör dem Kloster Bruck, was zwischen dem 29. Sept. und 6. Oct. d. J. sieben Landherren von Mähren bezeugen. Diese sind: Bernhard von Gnaspitz, Budivoj von Urbau, Blud von Kralic, Nebhlas von Polic, Stibor Hnojik, Ješek von Plenkovic und Herbord von Biskupic. Budiša, Witwe nach Haiman von Lichtenburg, genannt Krušina, und seine beiden Söhne, Ješek und Haimann, genehmigen den von ihrem Vater dem Kloster Saar geschenkten Zehent in Guttis (Dobrá voda?) am 28. Dec. 1343, und am 29. Dec. d. J. schenkt Markgraf Karl zu

Brünn der Stadt Hradisch den von den dort lebenden Juden zu zahlenden Jahreszins zur Herstellung der Stadtmauer. Haimann, genannt Krušina von Lichtenburg, deren Mutter Budiša hiess, und dessen Gemahlin Agnes schenken zu Saar am 22. Febr. 1344 dem Kloster Saar den vollen Zehent von dem Schachte „Claritzbut," und am 24. April 1344 bestätigt Berchtold von Lipa als Majoratsherr der Familie der Herren von Obřan, damaliger Oberstmarschall von Böhmen, die dem Kloster Saar von Erhard, Smil und andern Herren von Obřan gemachten Schenkungen.[1]) Damals gehörte der alte Besitz der Herren von Obřan, welche Stifter des Klosters Saar waren, zur Familie der Lichtenburge. Und so könnten wir noch andere Urkunden anführen, aus denen sich die Güte und Gnade der apostolischen Curie und die grosse Zuneigung des Königs Johann und des Markgrafen Karl für die zahlreichen Klöster im Lande beweisen lässt, wenn es uns darum zu thun wäre, bloss die Liberalität der oberwähnten Regenten darzustellen; wir haben ihre Geschichte zu schildern, und darum müssen wir, da König Johann und der Markgraf Karl, der Erstere seit 1342, der Letztere seit März 1344, im Auslande weilten, fragen, wer sie vertrat, für sie die Zügel der Regierung führte?

Erwägt man eine Urkunde, welche des Markgrafen Karl's Bruder, Johann Heinrich, der, um seinen Rechten nichts zu vergeben, sich noch immer Herzog von Kärnten, Graf von Tirol und Görz nennt, einigen Prager Juden zu Prag

---

[1]) Cod. Dipl. Mor. VII. 324, 329, 330, 338, 344, 361, 366, 370, 384, 388, 391.

am 29. März 1344 ausstellte, um sie trotz der ihnen von seinem Vater, dem Könige Johann, ertheilten Immunitäten gegen die Verletzung dieser Freiheiten zu schützen, und dabei bemerkt, dass er für den ihnen gewährten Schutz nur bis zur „persönlichen Ankunft seines Bruders" hafte,[1]) so können wir mit vollem Rechte schliessen, dass der Herzog von Kärnten, Johann Heinrich, ihn, den Bruder, während dessen Abwesenheit ämtlich vertrat. Noch deutlicher erscheint dieses aus einer Bitte des Klosters Tepl an Herzog Johann Heinrich, „als den Einzigen, der diesmal zu helfen vermag," er möge das Kloster vor den Schäden, die der Burggraf von Eylau demselben verursacht hatte, und die sich bereits auf 60 Mark belaufen, bis zur Ankunft des Markgrafen zu schützen trachten.[2]) Da Johann Heinrich den damaligen

---

[1]) „Iudeis Pragensibus (qui nominatim indicantur), Camere paterne ac nostre servis, libertatem plenariam et omnimodam ab omnibus contributionibus... a data presentium, quousque ad illustris domini Karoli Moravie marchionis, fratris nostri karissimi, personalem adventum, contulimus." Cod. Dipl. Mor. VII. 390.

[2]) „Intimamus, quod Burchravius... Eyloweri de dicti domini sui, ut fatetur, iussu et mandato nos et nostrum monasterium (Teplense) bene pro sexaginta marcis evidenter tampnificavit, nec adhuc dampnare non desistit; quare vestram Excellentiam, ad quam nunc et nusquam alias pro remedio divertere possumus, deprecamur humiliter et devote, ut pie propter Deum hec intercipiatis et in suspenso servari iubeatis usque ad adventum domini nostri Marchionis, fratris vestri, cui de ipsa causa nostri gravaminis in omni parte constat." Cod. Dipl. Mor. VII. 423.

Landeshauptmann von Mähren, Wilhelm von Landstein, ersucht um die Verwendung, dass der Olmützer Stadtrath den dort in Haft habenden Verbrecher nach Verdienst richte,[1] so scheint er auch in Mähren den Markgrafen, wie in Böhmen, vertreten zu haben. Ja auch noch in kriegerischer Hinsicht vertrat Herzog Johann Heinrich im Sommer 1344 seinen Bruder. Es haben sich zwei Urkunden erhalten, welche davon Zeugnis geben. In der einen fordert der Herzog einen ungenannten Baron auf, dieser möge mit zehn Bewaffneten an einem bestimmten Tage in Prag erscheinen, um wider die Feinde des Königs zu Felde zu ziehen, und in der zweiten Urkunde ersucht er einen reichen Dynasten aus der Familie der Berka von Duba, Haimann von Náchod, dieser möge in Prag mit zwanzig Behelmten zu ihm stossen, um mit ihm gegen die Feinde des Königs zu ziehen, und zwar soll der Aufbruch um den 25. Juli stattfinden.[2] Dieses Zusammenziehen der Krieger scheint ein Nachhall von den Grenzunruhen gewesen zu sein, welche im vorigen Jahre, also 1343, an der böhmisch-österreichischen Grenze als eine heftige Fehde der von Walsee mit den böhmischen Rosenbergen beinahe

---

[1] Cod. Dipl. Mor. VII. 421. Dass im J. 1344 als die höchsten Beamten in Mähren fungirten: Wilhelm von Landstein als Landeshauptmann und Gerhard von Kunstadt als Landeskämmerer, sieht man aus den Urkunden ddo. Brünn 13. Dec. 1344 und Oct. 1343.
[2] Cod. Dipl. Mor. VII. 421. Leider alle diese Briefe undatirt. Genommen sind diese Briefe aus Jacobi Codex epistolaris Iohannis regis Bohemie, wo noch mehrere vorhanden sind, welche wahrscheinlich in das Jahr 1344 passen. So z. B. pag. 14.

den Frieden gefährdet hätten, wenn nicht Herzogs Albrecht
kluge Vorsicht noch frühzeitig genug, und zwar durch eine
Zusammenkunft des Markgrafen Karl und des Herzogs
Albrecht, dem Übel Einhalt gethan hätte.[1]) Solche Fehden,
welche der Gegend, in welcher sie wütheten, zum grössten
Verderben waren, indem die dabei Betheiligten mordeten und
brandschatzten, fanden Nahrung, wenn Heere aufgelöst wurden,
wie z. B. im J. 1342 in der Lombardie. Die ohne Sold
Entlassenen bildeten, bevor sie wieder von irgend einem
Dynasten gemietet wurden, der Selbsterhaltung wegen bewaffnete Banden; meistens waren es deutsche Söldner, hatten
ihre Lagerplätze, von wo sie in der Runde auf Beute giengen
und so den Schaden verursachten. Im J. 1342 sollen in der
Lombardie ihrer mehr als 4000 gewesen sein, die den
Namen „societas coronata" annahmen. Sie wählten einen
Führer, dem sie unbedingt gehorchten. Sie wurden zwar
im nächsten Jahre durch den päpstlichen Legaten Wilhelm
mit Waffengewalt zerstreut, aber oft ohne Anführer streiften
sie durch alle Länder und boten jedem, der sie zahlte,
ihre Waffe und ihr Leben. In Italien nannte man sie Condottiere, in Deutschland Söldner.[2]) Für den Herzog Johann
Heinrich war es keine Leichtigkeit, die hie und da mit
Hilfe solcher Söldner aufgetauchten Fehden niederzuhalten,
damit nicht irgend ein Kriegsbrand dauernd entstehe. Er
musste daher, wie wir oben sahen, die Kronvasallen nach

---

[1]) Chron. Ioh. Victorien. Böhmer, Fontes I. 449. „Albertus,
alloquens Karolum marchionem, breviter ad foedera pacis
negotium traxit."
[2]) Chron. Ioh. Victorien. Böhmer, Fontes I. 445—448.

Prag aufbieten, um in Frieden und in Ruhe seinem Bruder
das Land überlassen zu können. Johann's Bruder, Markgraf Karl, hielt sich mit seinem
Vater noch in Avignon auf. Sein sehnlichster Wunsch sollte
in Erfüllung gehen; Prag sollte, wie wir sagten, ein Erzbisthum, und Arnost Erzbischof und Metropolit werden.
Durch die Suspension des excommunicirten Erzbischofs von
Mainz, Heinrich, schien diesem Plane nichts mehr im Wege
zu sein. Die zur Begutachtung der vorgebrachten Gründe
niedergesetzte Commission, bestehend aus den Cardinälen
Bernard, Bischof von Ostia, Bernard von St. Cyriak und
dem Cardinal-Diacon von St. Maria, entschied sich für den
Vorschlag, und so wurde am 30. April 1344 das Prager
Bisthum zum Erzbisthum und zur Metropolie erhoben, von
diesem Tage Arnost Erzbischof, [1]) und erhielt auf Ansuchen des
Königs Johann durch eine zweite Bulle vom 5. Mai l. J.
für sich und seine Nachfolger das Recht, den zur Thronfolge
berufenen König zu krönen und zu salben.[2]) So hat Markgraf Karl erlangt, was Herzog Břetislav und was die beiden
Premysliden nicht erlangen konnten — die böhmische Krone
wurde unabhängig von dem letzten und zähesten Bande,
mit welchem es an das heilige Reich deutscher Nation
gefestet war — Böhmen und Mähren bildeten die Metropolie
Böhmen. Noch zwei Jahre dauerte die förmliche Organisation.
An dem Suffragan-Bisthume Mähren war zwar nichts zu

---

[1]) Emler Reg. IV. 568. Von demselben Datum ist die Notification dieser Erhöhung dem Prager Domcapitel, dem
Diöcesanclerus und dem Volke.
[2]) Cod. Dipl. Mor. VII. 395.

ändern, aber das zweite Bisthum Leitomyšl musste erst hergestellt werden. Diese Trennung der böhmischen Kirche von dem Mainzer Erzbisthum wurde von den deutschen Fürsten sehr ungern gesehen, weil sie diesen Act als einen Eingriff des Papstes in die deutsche Kirchenordnung ansahen. Vorzüglich hielten sie diese Bestimmung dem Könige Johann als einem Churfürsten, welcher verpflichtet sei, die Rechte des deutschen Reiches zu schützen und zu wahren, für übel, und setzten ihm derart zu, dass er endlich durch einen körperlichen Eid bekräftigte, er habe bei dieser Trennung keinen Antheil gehabt.[1]) Dadurch blieb das Verdienst seinem Sohne, dem Markgrafen, und dass es ein Verdienst war, zeigt die nachfolgende Geschichte, in welche Karl von Jahr zu Jahr tiefer und erfolgreicher eingriff. So gleich im Verlaufe des Jahres 1344, in welchem zwei hoffnungsvolle Prinzen dem Hause Österreich entrissen wurden. Es sind dies die Söhne des Herzogs Otto, des Bruders des Herzogs Albrecht; der jüngere, Leopold, starb am 10. August und am 11. December der ältere, Friedrich.[2]) Wir müssen uns erinnern, dass man zu der Zeit, als König Johann von Böhmen mit Eduard III. von England zum Vortheile des deutschen Kaisers Annäherungen suchte, Unterhandlungen angeknüpft hatte wegen der Verheiratung der Prinzessin Johanna, Tochter des Königs Eduard III. mit Herzog Friedrich; doch der Tod desselben machte diesen

---

[1]) Matthäus Nuewenburg. Böhmer, Font. IV. 233. „De quo postea argutus rex Bohemie, pater eius (Caroli), a principibus, quod sine scitu eius factum fuisset, iuravit."
[2]) Henr. de Diessenhoven. Böhmer, Fontes IV. 45.

Unterhandlungen ein Ende, und damit auch der Hoffnung, dass Herzog Albrecht in die Wirren des Kaisers und Englands eingreifen werde. Seine Gedanken beschäftigten sich damals mit ganz friedlichen Plänen. Verlobungen von jungen Leuten, ja von Kindern, meist durch bedeutende Vortheile veranlasst, waren an der Tagesordnung. Herzog Albrecht hatte nach dem Tode der beiden Prinzen, Leopold und Friedrich, die österreichischen Lande abermals ungetheilt in seinen Händen. Seine Familie bestand aus 4 Söhnen und zwei Töchtern. Die Söhne, namentlich der erstgeborene, Rudolf, wurden nach der Sitte der Zeit der Erziehung zweier berühmten Ritter, dem Grafen von Schaumberg und dem von Pfannenberg, anvertraut. Diplomatische Gewandtheit und kriegerischer Ruhm waren bei der Wahl entscheidend. Rudolf war geboren am 1. Nov. 1339. Entweder noch während des Aufenthaltes des Markgrafen Karl in Avignon, oder kurz darnach zu Ende Mai oder Anfangs Juni, nachdem er einige Zeit in Basel weilte,[1]) schickte Herzog Albrecht seinen Rath, den edlen Herrn Albrecht von Puchheim, an den Markgrafen mit der Botschaft, dass er ihn als Brautwerber für seinen erstgeborenen Sohn, Herzog Rudolf, sende: Markgraf Karl möge seine 1342 geborene Tochter Katharina ihm zusprechen.

---

[1]) „Karolus post festum Georgii (23. April) a curia recedit, et venit Basileam, ibique moratur usque ad mensem Augusti." Heinricus Diessenhoven. Böhmer, Font. IV. 45. Beneš de Weitmil. Script. II. 334 erwähnt, dass Karl in Basel mit Kaiser Ludwig zusammenkam, was wohl nicht richtig sein wird. Siehe Weech, Kaiser Ludwig der Baier S. 93.

Das Creditiv ist in Wien ausgestellt.¹) Im oberlothringischen Schlosse zu Chermes an der Mosel südlich von Nancy traf der Bote den Markgrafen zugleich mit seinem Vater an. Nach gepflogener Berathung war die Antwort der Luxemburge eine bejahende und für Herzog Albrecht eine wohlwollende. Am 14. Juli 1344 leistete der Markgraf Karl im Schlosse Chermes in Gegenwart König Johann's und der herzoglichen Abgeordneten einen Eid auf das Evangelium, seine kaum zweijährige Tochter Katharina dem etwa 5 Jahre alten Herzoge Rudolf von Österreich, Steiermark und Kärnten zur Gattin zu geben, falls er die päpstliche Dispens erlangen könne.²) Das Gegenversprechen gab am selben Tage der österreichische Abgeordnete Albrecht von Puchheim im Namen des Herzogs Albrecht,³) welcher sein Versprechen und Zusage in Wien 9. December 1344 gegeben hatte.⁴) „Durch diese Verbindung vermeinte der Herzog im Falle seines baldigen Ablebens die Sorge der Vormundschaft seiner Gemahlin, der Herzogin Johanna, zu erleichtern und vor der Vergrösserungsgier des Hauses Luxemburg durch eine Blutsverwandtschaft seinen Nachfolger zu sichern."⁵) Von Chermes begab sich der Markgraf Karl mit seinem Vater über Metz ins Luxem-

---

¹) Emler, Reg. l. c. pag. 371. Cod. Dipl. Mor. VII. 420.
²) Cod. Dipl. Mor. VII. 396.
³) Cod. Dipl. Mor. VII. 397.
⁴) Cod. Dipl. Mor. VII. 415.
⁵) Lichnovsky, Geschichte des Hauses Habsburg, III. 258. Zugeführt wurde die Prinzessin dem Herzoge Rudolf im Mai 1348 in Brünn durch die Mutter Blanka, wobei grosse Festlichkeiten stattfanden.

burgische. Im Monate August urkunden sie daselbst, während Papst Klemens damals noch den letzten Act durchführte, um die Erhebung des Prager Bisthums zum Erzbisthum perfect zu machen. Auf Bitten des Erzbischofs Arnost schickte er das sichtbare Zeichen des Metropoliten, das Pallium, durch einen eigenen Boten, den ehemaligen Probst von Sacka und jetzigen Prager Domherrn und des Königs Privatsecretär, Nikolaus von Luxemburg, an die Bischöfe Brzeczlav von Breslau und den von Narathon (Macarsin? in Partibus), damit sie dasselbe dem Prager Metropoliten mit der beiliegenden Bulle ddo. Villa nuova bei Avignon 25. August 1344 übergeben. Hier waren die Tage verzeichnet, an denen er sich des Palliums zu bedienen habe.[1]

Die kaiserlichen Gesandten hatten um dieselbe Zeit, als die beiden luxemburgischen Fürsten aus Avignon abreisten, gleichfalls den Papst verlassen.[2] Ihre Mühe, um jeden Preis ihren Gebieter mit dem Papste auszusöhnen, war eine vergebene. Die Antwort, die sie erhielten, musste die Entscheidung der Angelegenheit neuerdings in unabsehbare Ferne hinausrücken. Die vom Papste geforderten Bedingungen für den Kaiser, falls er der Kirchenstrafen los werden wollte,

---

[1] Emler, Reg. IV. 581. „Palleum, insigne videlicet plenitudinis pontificalis officii, a nobis ex parte sua humiliter postulatum, duximus concedendum."

[2] „Eodem anno 1344 in festo penthecostes (15. Mai) nuncii Ludovici, qui se imperatorem appellabat, iterum recesserunt a papa, desperati de omni concordia, de qua antea multum sperabatur." Heinricus de Diessenhoven. Böhmer, Fontes IV. 46.

waren unannehmbar, den Reichsgrundsätzen von Rense¹)
waren sie geradezu widersprechend. Die Forderungen, welche
Klemens VI. stellte, waren von solcher Tragweite, dass
Kaiser Ludwig sie, bevor über selbe verhandelt werden konnte,
nothwendig den Churfürsten vorlegen musste. Doch wie
sollte es möglich werden, dass die Churfürsten in die
Ansichten des Kaisers eingehen? Sollte er ja dem Throne
entsagen und ohne Erlaubnis des heil. Stuhles keine Gesetze
im Reiche erlassen, die von ihm eingesetzten Bischöfe und
Äbte aus ihren Pfründen jagen, und die vom Papste ernannten
an ihre Stelle setzen und aller ihm geschworenen Eide als
ledig sein? „Es ist nicht anzunehmen, dass der Büsser,
dem es um die Lossprechung und um Aussöhnung mit der
röm. Curie aufrichtig zu thun war, die verschiedenen Zusagen
und Entsagungen im buchstäblichen Sinne nahm; es scheint,
dass er die Renunciationen, die Niederlegung seiner Würde
nur als Förmlichkeit betrachtet wissen wollte, der nach
erlangter Absolution gleich wieder sein Eintritt in die vollen
Rechte und Ehren des Königs und Kaisers folgen sollte."²)
Doch da täuschte sich der Kaiser in seinem Optimismus;
dem Papste war es leider bitterer Ernst; das deutsche Reich
sollte gedemüthigt und Kaiser Ludwig durch Absetzung
unschädlich gemacht werden. Ihm blieb nichts anderes übrig,
als die Antwort der Curie den Fürsten zur Begutachtung
vorzulegen. Dies geschah zu Köln im September 1344.
Einmüthig missbilligte man hier die Annahme der vom

¹) Siehe S. 149 d. W.
²) Weech, Kaiser Ludwig der Baier, S. 91.

Papste vorgeschriebenen Artikel¹) und hielt fest an den vor 6 Jahren zu Rense beschlossenen Churfürstenverträgen. Die Fürstenrechte sollten gewahrt werden, und der Kaiser durch die deutschen Fürsten und die Reichsstädte wider den Papst nur insoferne geschützt werden, als seine Stellung und nicht seine Person zur Sprache kommt. Dies war die herrschende Stimmung in Deutschland, als acht Tage nach der Vorberathung zu Köln, um Maria Geburt, ein Reichstag zu Frankfurt zusammentrat. ²) „Die päpstlichen Forderungen wurden darin für das Reich schädlich erklärt, ihre Annahme dem Kaiser entschieden abgerathen, und eine Gesandtschaft an den Papst, die im Namen des Reiches um Zurücknahme seiner Artikel bitten sollte, in Aussicht gestellt." ³) Als besonders die Reichsstädte um ihre Wohlmeinung gefragt wurden, gaben sie die hochbedeutende Antwort: dass sie in allem und jedem in der Folge mit den Reichsfürsten gehen werden, indem die Städte der Fürsten, und die Fürsten der Städte nöthig haben. ⁴) Hierauf that der Kaiser den Sendboten

---

¹) „Tandem papa cum consilio collegii illis (ambassviatoribus, abire volentibus Januar 1344) articulos, quos principem facere voluit, qui non tangebant personam eius, sed statum imperii, assignavit." Matthias Neuwenburg. Böhmer, Font. IV. 229.

²) Matthias Neuwenburgen. Böhmer, Font. IV. 229.

³) Werunsky, Geschichte Kaiser Karl's IV., I. 361.

⁴) „Cum civitates non possint stare nisi cum imperio, et imperii laesio earum sit destructio, si dominus papa in talibus persistere vellet, nos inopes omnibus viis... ad manutenendum iura, honorem et integritatem imperii, erimus obedire et manutenere parati." Matthias Neuwenburg. Böhmer, IV. 230.

zu wissen, dass er noch acht Tage mit den Fürsten die
Berathungen fortsetzen und dazu namentlich den Markgrafen
von Mähren, Karl, beiziehen werde. Es war ja allbekannt,
dass Markgraf Karl des Papstes Vertrauensperson sei, von
welcher die weitere Stellung des Kaisers zum Papste abhängen
werde. Der Gegenstand der Berathung soll sein, was zu thun
sei, falls sich die Curie ablehnend verhielte. Das Resultat
dieser Berathung versprach der Kaiser den Städten mitzutheilen.

Nach acht Tagen folgte nun wirklich eine Berathung
der Fürsten, wahrscheinlich in Bacharach am Rhein,[1]) wo,
wie wir sagten, auf Einladung des Kaisers, Markgraf Karl,
aber nicht allein, sondern mit seinem Vater, König Johann,
erschien. Nachdem Johann sich, wie uns bekannt, die erste
Hälfte des Jahres theils in Avignon, theils im Luxemburgischen und in den Niederlanden aufgehalten hatte, war
er im Juli mit seinem Sohne in Chermes zusammengekommen; von da an reiste Vater und Sohn nach Bacharach.[2])
Hier ist es zu scharfen Auseinandersetzungen zwischen den
Luxemburgern und dem Kaiser gekommen. Die Tiroler

---

[1]) Henricus Rebdorf. Böhmer, Font. IV. 525. „Anno domini
1344 de mense Septembri Ludovicus suprascriptus sollemne
colloquium habuit cum principibus electoribus regni iuxta
Rhenum in oppido Bacheracho."
[2]) Die Chronisten Heinrich Rebdorf und Beneš, die doch voneinander unabhängig sind, nennen den Ort des Fürstencongresses Bacharach am Rhein, während der einzige
Matthias Neuwenburg ihn Rense nennt. Böhmer, Fontes
IV. 525 und 230. Beneš de Weitmil, Script. II. 334.

Angelegenheiten kamen in den Vordergrund, und da trat oft die Mehrzahl der hier anwesenden Fürsten an die Seite der Luxemburger, denn die Handlungsweise des Kaisers in Tirol war doch empörend. Ein endgiltiger Beschluss in Sachen des Kaisers gegen den apostolischen Stuhl scheint jedoch hier nicht gefasst worden zu sein;[1]) aber der Renser Standpunkt wurde aufrecht erhalten, die schärfste Kritik auf die vom Papste aufgestellten Bedingungen angelegt und der Charakter der Fürsten und des Reichsrechtes ganz deutlich betont. Die Person des Kaisers war schon genau geschieden von der durch sie vertretenen Würde. Diese Sonderung gieng unter den Anwesenden bereits so weit, dass am Congresse Stimmen laut wurden, welche an den Kaiser das Ansinnen stellten, er möge gestatten, dass ihm Markgraf Karl als „römischer König" beigegeben werde, damit er sich des Rathes dieses Mitregenten in der Reichsverwaltung bediene. „Vielleicht dachte man, sich auf diese Weise am leichtesten mit dem Papste verständigen zu können. Der Kaiser aber sah hierin mit Recht eine Verdrängung seines Geschlechtes vom Throne, und um diese zu verhüten, schlug er seinen ältesten Sohn, den Markgrafen von Brandenburg, zum römischen Könige vor, wobei er sich auf das seit Jahrhunderten geltende Herkommen berufen konnte, demzufolge in Fällen,

---

[1]) Henricus Rebdorfen. Böhmer, Font. IV. 525. „In oppido Bacharaco, in quo Iohannes rex Boemie conquestus est graviter predictis principibus contra predictum Ludovicum et Ludovicum filium suum, marchionem Brandenburgen supra eo quod filio suo uxorem suam et comitatum Tirolis in Alpibus abstulerat violenter."

wo man bei Lebzeiten des Reichsoberhauptes einen Mitregenten als römischen König bestellte, immer nur Söhne der Kaiser dazu genommen wurden. Diesem Vorschlag ward heftig opponirt, seit nahezu hundert Jahren war kein Sohn dem Vater auf dem Throne gefolgt, das churfürstliche Wahlrecht hatte sich zu einem absolut freien gestaltet; diese Errungenschaft strebten die Wahlfürsten zu behaupten, weil das Ansehen ihres Collegiums zum grossen Theile eben dadurch bedingt war" [1]) — die Grundlage eben der Gleichgiltigkeit der Fürsten wider den Kaiser. Diese Gleichgiltigkeit der anwesenden Fürsten wider die Person des Kaisers bemerkten nur zu deutlich die Luxemburger und wussten sie zu ihren Zwecken auszubeuten. Der Chronist Heinrich aus Rebdorf berichtet, dass dort auf Anregung der Luxemburger und des Pfalzgrafen Ruprecht ein Bündnis, selbst gegen den Kaiser, geschlossen wurde. [2]) Der gründliche Kenner dieser Zeit, Dr. Friedrich von Weech, zweifelt in seinem Werke „Kaiser Ludwig der Baier und König Johann von Böhmen" daran und muthmasst, dass es sich bei Ruprecht, dem Neffen des Kaisers, bloss um eine neutrale Stellung handelte, wozu er sich den Luxemburgern gegenüber verpflichtet haben solle, gerade so, wie

---

[1]) Wörtlich aus Werunsky, Kaiser Karl IV., I. 364.
[2]) Henricus Rebdorf. l. c. 525 n. 526. „In eodem etiam colloquio multi ex principibus prescriptis et aliis non electoribus regni confederaverunt se et iuraverunt insimul assistere in vicem contra omnem hominem, etiam contra Ludovicum predictum. Cuius confederationis auctor fuit predictus rex Bohemie et filius suus Karolus... et Rupertus dux Bavarie et palatinus Rheni."

es Herzog Albrecht, der nie die Excommunicationsbulle wider den Kaiser in seinen Ländern publicirt hatte, in seinem Vertrage mit dem Markgrafen Karl that,[1]) während die Luxemburge sogar ein Defensivbündnis gegen den Kaiser zustande brachten, und zwar mit dem Eidam des Kaisers, dem Landgrafen Friedrich von Meissen und Thüringen. Dieser Friedrich, zugenannt der Hagere, vermählte sich Anfangs Mai 1323 mit Mechtilde, der ältesten Tochter des Kaisers Ludwig und der Beatrix, Tochter Herzogs Heinrich III. von Schlesien und Glogau ; Beatrix starb zu München am 24. August 1322. Die an Friedrich verheiratete Tochter, Mechtilde, starb zu Meissen am 3. Juli 1346, der Landgraf aber auf der Wartburg am 18. November 1349.[2])

Während der Kaiser über Etville und Wiesbaden nach Frankfurt zurückkehrte, schlossen K. Johann und Markgraf Karl am 20. Sept. 1344 zu Siegen im Nassau'schen, nicht weit von Arnsberg, ein Bündnis mit dem Schwiegersohne des Kaisers, dem Landgrafen Friedrich von Thüringen und Markgrafen von Meissen, lebenslänglich einander zu helfen mit hundert Helmen und nach Umständen mit mehr, ausgenommen ist nur das römische Reich; doch soll der andere neutral bleiben, wenn dieses den einen angreift. Feinden wollen sie keinen Durchzug gestatten, Räubern aus einem in das andere Land wehren. Es wurden zwei gleichlautende Urkunden, die eine vom Karl und die andere vom Friedrich, ausgestellt, während König Johann in einer speciellen Urkunde von

---

[1]) Siehe S. 257 d. W.
[2]) Häutle, Genealogie des erlauchten Stammes Wittelsbach. S. 8 und 10.

demselben Tage dem Landgrafen Friedrich gelobte, diejenigen, welche gegen ihn oder dessen Leute aus seinem Lande, um Schaden zuzufügen, ziehen wollten, daran zu hindern, und ihm gegen solche, die es doch thäten, Hilfe zu leisten. Am folgenden Tage wurde eben da festgesetzt, ein Sohn Friedrich's von Meissen solle eine Tochter Karl's, die er jetzt hat oder noch bekommt, heiraten, wozu König Johann seine Zustimmung gab, und Abmachungen wegen der Mitgift, 10.000 Mark Prager Groschen, und die Widerlage der Städte Dresden, Tarant und Radeberg, festsetzte.[1)]

Nach diesem so geschlossenen Defensivbündnisse zog König Johann, wie Urkunden darthun,[2)] noch nach Luxemburg, wo er den October zugebracht zu haben scheint. Sicher ordnete er daselbst am 15. October einige Geldangelegenheiten nach dem Tode eines seiner Verwandten, Friedrich von Blankenheim, und am 17. October verhandelte er mit einem Herrn von Larochette, am 23. und 29. October mit einer Gräfin von Artoise,[3)] während Markgraf Karl den Weg nach Böhmen, und zwar, wie es scheint, allein über Glatz einschlug. Jedenfalls war König Johann durch einige Tage früher in Prag, wie sein Sohn Karl; wenigstens kennen wir vom Könige Johann schon vom 12. November eine Urkunde, durch welche er dem Burggrafen von Golsyn, Hermann, im Bautznischen ein Lehengut übergibt,[4)] während Markgraf Karl, sein Bruder Johann Heinrich und deren Vater

---

[1)] Cod. Dipl. Mor. VII. 401–407. Emler, Regest. IV. pag. 586.
[2)] Emler, Regest. IV. pag. 588.
[3)] Emler, Reg. IV. 588 und 590.
[4)] Emler, Reg. IV. 593.

zu Prag am 20. November urkundlich die Erklärung abgeben, dass sie die Burg, die Stadt und den District von Glatz nie mehr, wie sie es in ihrer Geldnoth zum Nachtheile dieser Stadt und ihres Districtes öfter gethan haben, von Böhmen trennen werden.[1]) Es war ganz natürlich, dass zu dieser Handlung auch der Herzog von Kärnten und Graf von Tirol Johann Heinrich beigezogen wurde, weil er ja während des Markgrafen Karl Abwesenheit dessen Stellvertreter war, und regelmässig bis zum Schlusse des Jahres zu allen Regierungsacten beigezogen wurde, sogleich zu dem feierlichen Hoftage, welcher am Sonntage vor dem Advente, am 21. November, in Prag stattfand.

Das von Avignon an den Erzbischof Arnost geschickte Pallium ddo. Villeneuve bei Avignon 25. August war mittlerweile durch die Boten, Nikolaus von Luxemburg und Hostislav von Horavic, an die Bischöfe von Breslau, Břetislav, und den von Narad (heute vielleicht Nacarsca genannt) übergeben. Diese waren beauftragt, das Pallium dem neuen Erzbischofe zu übergeben, und ihm im Namen des Papstes den üblichen Eid abzunehmen. Diese Handlung sollte feierlich vor sich gehen, und durch die Erbauung einer neuen Metropolitankirche verewigt werden, weshalb Markgraf Karl schon aus Avignon einen Baumeister, Matthias von Arras, mitbrachte, welcher auch bereits die Zeichnungen angefertigt, den Grundriss ausgesteckt und zum Theile die Erde ausgehoben hatte. Zur Abhaltung dieser Feierlichkeit wurde der letzte Sonntag nach Pfingsten, damals der 21. Nov.,

---

[1]) Cod. Dipl. Mor. VII. 408.

bestimmt. Was an diesem Tage Prag an Gästen und Erlauchten in sich barg, wurde zu dieser Feierlichkeit geladen. Also die obersten Landesbeamten, die Bischöfe von Meissen, Breslau und von Narad, die schlesischen Herzoge Bolek von Oppeln und Heinrich zu Sagan und Glogau und eine Auswahl der böhmischen Dynasten. Auffallend, dass der Prinz-Bischof von Olmütz nicht genannt wird, da er doch als Suffragan anwesend angenommen werden kann, während der zweite, der von Leitomyšl, wohl erwählt, aber kaum als gegenwärtig vorausgesetzt wird.

Den Kern des neuen Leitomyšler Bisthums bildete die im Jahre 1098 vom Herzoge Břetislav II. errichtete Abtei Leitomyšl, welche 1145 dem Orden der Prämonstratenser übergeben wurde und an dem Abte von Strahov ihren Pater Abbas anerkannt hatte. Zum ersten Bischofe ernannte auf Vorschlag des Markgrafen Karl der Papst Klemens VI. den damaligen hochverdienten Abt von Klosterbruck, Johann, während er an seine Stelle den Abt von Leitomyšl, Heinrich, setzte. Aus den Prämonstratensern wurde das erste Domcapitel zusammengesetzt; doch es dauerte noch einige Jahre, bis die Ausmittlung der Diöcesangrenzen und überhaupt die hierarchische Festsetzung des neuen Bisthums zustande kam. Für jetzt, also für den Sonntag des 21. November, reichte es hin, dem neuen Erzbischofe das Pallium förmlich zu übergeben, und dabei die dasselbe begleitende Bulle vorzulesen und die zwei Suffragane, falls sie anwesend waren, vorzustellen. Nach dem feierlichen Gottesdienste begab sich der Erzbischof im Pallium, und begleitet von den fremden Bischöfen und dem Könige, an dessen Seite seine beiden Söhne Karl und Johann Heinrich giengen, zu jener Stelle, wo Meister Matthias den Grundstein gelegt wissen wollte. Der Erzbischof und seine Begleitung stiegen in die Grube und legten mit dem vorgeschriebenen Ritus den Grundstein zu der neuen Kathedrale,[1]) wie sie bis zur Gegenwart steht, und hoffentlich nach dem alten Plane ausgebaut werden wird. Darauf begab sich der König und alle die Gäste zu den Minoriten bei St. Jakob, wo die nächsten Tage darauf unter Vorsitz des Königs der Hoftag gehalten wurde.

Wir kennen diesen Hoftag aus den hier ausgestellten Urkunden. Am 22. November 1344 setzte König Johann im Kloster zu St. Jakob in eigener Person die Schöffen der Altstadt Prag ein.[2]) Als oberster Fürst von Schlesien und Herr von Breslau überlässt er am 23. Nov. der Kirche zu Breslau die Stadt Grotkau zu Lehen. An demselben Tage belehnt er den Herzog Heinrich von Schlesien, Herrn zu Glogau und Sagan, mit allen seinen Landen und halb Glogau, und gibt ihm die Anwartschaft auf die Lande der Herzoge Konrad von Öls und Johann von Steinau. An demselben Tage bekennt der Herzog Heinrich, Herr von Glogau und Sagan, dass er seine Lande vom Könige Johann zu Lehen trage und die Anwartschaft auf Öls und Steinau übernehme.[3]) Anwesend sind die Festgäste: Arnost, Erzbischof von Prag, Břeczlav, Bischof von Breslau, und Johann, Bischof

---

[1]) Beneš de Weitmil. Script. II. 286.
[2]) Emler, Reg. IV. 594. „Anno 1344 in die St. Ceciliae virg. ad St. Iacobum hora vesperarum per D. Regem constituti sunt seu creati noui iurati."
[3]) Emler, Reg. IV. 595 sqq. Genommen aus Grünhagen und Markgraf, Lehens- und Besitzurkunden Schlesiens II. 209.

von Meissen. Markgraf Karl, welcher an diesem Tage dem
Znaimer Bürger Stanislav den Besitz des von Sezema von
Jaispitz gekauften Dorfes Pratsch bestätigte,[1]) dann dessen
Bruder Johann Heinrich, Herzog von Kärnten, Herzog Bolek
von Oppeln, Reuss, Vogt von Plawen, Hinek Berka von
Duba, Burggraf von Prag, Heinrich von Lichtenburg, die
Herren Čenĕk, Ješek und Beneš von Wartemberg, Haymann
von Duba, genannt von Náchod, Herr Hermann von Schön-
burg, genannt von Krumzow, Herr Ješek von Michelsberg,
Herr Russo von Lutitz, Kämmerer in Böhmen, Herr Fried-
rich von Lieberstein und andere Herren, Ritter, Laien und
Geistliche.[2]) Eine Urkunde ähnlichen Inhalts ist für Karl,
im Falle König Johann stirbt, aber ohne Zeugen. Břetislaus,
Bischof von Breslau, und das Breslauer Capitel bekennen,
dass sie die Stadt und das Territorium von Grothkow, wie
sie es vom Herzoge von Schlesien, Boleslav, Herrn von Brieg,
gekauft haben, vom Könige Johann zu Lehen nahmen. Als
Zeugen erscheinen dieselben Herren, wie in der vorigen
Urkunde, nur Heinrich von Sagan und der Archidiacon und
ein Domherr von Breslau erscheinen als neu. Am 24. Nov.
stellte der Bischof und das Capitel noch den Revers über
diese Lehenannahme aus und besiegelte es mit dem Capitel-
siegel.[3]) Dadurch trat der mächtige Breslauer Bischof in
ein noch engeres staatsrechtliches Verhältnis zur böhmischen
Krone als bis dahin. Denn bisher hatte das Breslauer Bisthum
in dem Böhmenkönige nur seinen ersten und Hauptpatron

[1]) Cod. Dipl. Mor. VII. 409.
[2]) Emler, Reg. IV. 596 erscheinen alle als Zeugen.
[3]) Emler, Reg. IV. 597.

verehrt,[1]) jetzt anerkannte es ihn mit Rücksicht auf den neuerworbenen Gütercomplex auch als seinen Lehensherrn und erklärte sich zur Erfüllung der vasallitischen Pflichten bereit. Der Bischof von Breslau ward von nun an dem staatsrechtlichen Organismus des Königreiches Böhmen als „Fürst" eingefügt.[2])

Schlesien war trotz der vielen Verträge mit Polen noch immer der wunde Fleck der böhmischen Krone, und darum das eifrige Streben, alle die Fürstenthümer, aus denen Schlesien zusammengesetzt war, in ein festes Lehensverhältnis zu Böhmen zu bringen; das Bisthum Breslau war somit gewonnen, was dem Könige von Polen und namentlich dem polnischen Clerus nicht ganz angenehm war, besonders als sich die Kunde verbreitete, dass Klemens VI. die Absicht hege, das Bisthum von Breslau von der Metropolie Gnesen zu trennen, und als Suffraganbisthum mit der Metropolie Prag zu vereinigen. Nicht nur, dass durch diesen Schritt das Ansehen und die Ehre der polnischen Kirche leiden, sondern auch die verschiedenen Collectoren der päpstlichen Einkünfte würden dadurch an ihren Einnahmen verlieren. Hier in der Breslauer Diöcese war der Peterspfennig als Kopfsteuer, wie uns bekannt, eingeführt, eine Steuer, von der die übrigen Länder der Krone Böhmens befreit waren, ja dieselbe gar nie kannten. Die römischen Collectoren waren demnach nie Freunde der böhm. Herrschaft in Schlesien, weil es sich bei ihnen um den Peterspfennig handelte, und was das bedeute, den Clerus zum Gegner

---

[1]) Siehe S. 281 d. W.
[2]) Werunsky, wörtlich l. c. I. B. 369.

zu haben, zeigt die Erfahrung. Und wie erst der König Kazimir? Die überschwenglichen Freundschaftsbezeugungen dieses romantisch angelegten Königs waren seit jener Zeit erkaltet, als „sein Bruder," Markgraf Karl, sich als schlechter Schuldenzahler erwies. Geld borgen ist aber in der Regel sehr gefährlich für Freundschaften, welche so vieler Versicherungen, wie die Urkunden vom 13. Juli 1341 nachweisen,[1]) bedürfen. Überhaupt hatte der polnische König für diese böhm. Freundschaft mehr gegeben als empfangen, da bis am 24. April 1343 neue Schulden contrahirt wurden.[2]) Allein die Form des neuen Schuldbekenntnisses, das Karl innerhalb dreier Wochen einzulösen versprach, liess einen Ton des Misstrauens bereits durchklingen. Karl sagt, dass er, wenn er in drei Wochen nicht zahle, als Wortbrüchiger erscheinen solle, was sicherlich vermieden worden wäre, hätten die alten Empfindungen noch vorgeherrscht. Karl bestätigte seine früheren und neu eingegangenen Verbindlichkeiten und erklärte, der König von Polen dürfe den Beistand des Königs von Ungarn anrufen und beide sollten ihn wie

---

[1]) Siehe S. 234 d. W.
[2]) Cod. Dipl. Mor. VII. 341. „Tunc sub honoris nostri et fidei puritate assumimus et volumus expresse, ut excellentissimus princeps dominus Ludovicus, rex Hungarie, frater noster carissimus, sepe dicto regi Polonie tanquam iusto assistat et eum contra nos, tamquam iniustum et promissa non tenentem, adiuvet, ut super premissis iusticiam a nobis assequatur." Es handelt sich um die Rückzahlung von mehr als 4100 Schock Prager Groschen.

einen wortbrüchigen Verbrecher behandeln, wenn er sein Wort nicht hielte.¹) Allein König Kazimir, welcher wegen seiner Schuldforderungen an Böhmen besser gesichert sein wollte, als durch papierene Schuldverschreibungen, fiel in das Weichbild von Frankstadt ein, eroberte es, und griff Steinau mit Gewalt an. Nachdem aber am 23. November 1344 zu Prag Herzog Heinrich, Herr zu Glogau und zu Sagan, erklärt habe, dass er die Anwartschaft der Herzoge Konrad von Öls und Johann von Steinau erhalten und seine Herrschaften und die Anwartschaft vom Könige Johann zu Lehen genommen habe, ward er verpflichtet, diese Lehen zu schützen.²)

Zu dieser Verstimmung des Königs Kazimir gesellte sich noch die Eifersucht und die Furcht vor dem Markgrafen von Mähren. Denn seit das Gerücht, der Markgraf Karl werde deutscher König werden, an Intensität gewann, steigerte sich die Furcht des Polenkönigs vor den Plänen dieses klugen und besonnenen Markgrafen, und die seit einiger Zeit liegen gelassenen Werbungen mit den Wittelsbachern wurden von Seite Polens wieder aufgenommen. „Am Neujahrstage von 1345 traten diese Werbungen offen zu Tage. Es wurde eine verwandtschaftliche Verbindung des deutschen Kaiserhauses mit der polnischen Königsfamilie durch einen förmlichen Vertrag in Aussicht gestellt. Kazimir versprach

---

¹) Wörtlich aus Caro, Geschichte Polens II. 242. In dieser Urkunde ist eine Quittung des Königs Kazimir über die bezahlte Summe eingeschlossen ddo. Neymburg 1. Juni 1343, die jedoch erst in das Jahr 1346 gehören soll.
²) Cod. Dipl. Mor. VII. 409.

seine zweitgeborene Tochter aus erster Ehe, Kunigunde, dem Sohne des Kaisers, Ludwig dem Römer, mit einer Mitgift von 8000 Schock Prager Groschen zur Ehe zu geben. Der Kaiser war verpflichtet, der Braut seines Sohnes eine Morgengabe in der Höhe von 12.000 Schock Groschen auszusetzen, und ihr dafür Städte und Schlösser in Baiern oder der Mark Brandenburg als Erbgut anzuweisen. Der Polenkönig gab überdies die Zusage, dem Kaiser und dessen Sohne mit 400 Helmen und ebensoviel Lanzen gegen Jedermann Kriegsdienste zu leisten, mit Ausnahme seiner beiden Neffen, des Königs Ludwig von Ungarn und des Herzogs Bolek von Schweidnitz. Mit offenbarer Beziehung auf die Luxemburge versprach Kazimir ferner, denjenigen Feind, der einen Einfall in die Länder des Kaisers verüben würde, mit ganzer Macht an der ihm zunächst gelegenen Grenze — er meinte die polnisch-schlesische — anzugreifen, sowie endlich mit dem Böhmenkönige und dem Markgrafen Karl keinen Vertrag zu schliessen, ohne den Kaiser und dessen Söhne miteinzubeziehen." [1]) Es waren dies ganz deutliche Andeutungen, wohin K. Kazimir ziele. Natürlich hatte K. Johann von Böhmen, nachdem er von diesem Vertrage Nachricht erhielt, nichts Eiligeres zu thun, als den König von Polen sofort beim Papste zu verklagen, weil Kazimir mit einem Gebannten in Verbindung trat, was Klemens VI. sehr bedauert.[2]) Und damit König Kazimir vor

---

[1]) Wörtlich aus Werunsky, Karl IV., I. 371, nach Wittelsbacher Urkundenbuch II. 384.

[2]) Theiner, Mon. Polon. I. 478 n. 619. „De his autem, que Casimirum, regem Polonie illustrem, commisisse percepimus, dolemus admodum providere super illis, quantum cum Deo et honestate iusticie poterimus intendentes."

Dritter Kreuzzug wider die Litthauer.

dem Erbfeinde seines Reiches, vor dem nachbarlichen Deutschordens-Staate, sicher sei, schloss er auf Grundlage der schiedsgerichtlichen Entscheidung von Vyšegrad[1]) aus dem Jahre 1335, im Monate Juni 1343 zu Kalisz einen Frieden, welcher am 23. Juli feierlichst unterzeichnet wurde. In diesem Frieden entsagte Kazimir allen Ansprüchen auf das Kulmerland, Michelau und Pommern für sich und alle seine Nachkommen, und erhielt dafür vom Orden Kujavien und Dobrzyn ausgeliefert. Die traditionellen Widersacher des polnischen Reiches waren durch diesen Frieden befriedigt, und König Kazimir konnte in Verbindung mit dem Kaiser mit entschlossenem Muthe die Gelegenheit abwarten, um als offener Feind gegen die Luxemburge auftreten zu können.

So standen die Sachen, als König Johann gegen Ende des Jahres 1344 einen abermaligen Kreuzzug, es ist dies der dritte, gegen das heidnische Litthauen zu unternehmen beschloss. Der deutsche Orden, welcher ja seit König Johann's Auftreten unter seiner werkthätigen Protection stand, bat um schleunige Hilfe, weil sich die Litthauer mit ihrer gesammten Macht auf das Ordensland, das heutige Kurland und Liefland, warfen. Breslau wurde zum Vereinigungspunkte des sich bildenden Kreuzheeres bestimmt. Wenn der Vater aufbrach, konnte der Sohn nicht zurückbleiben, besonders als es sich um ein Gott gefälliges Werk, um einen Kreuzzug, handelte, und er wusste, dass eine solche That den deutschen Fürsten, derer Gunst er benöthige, nur genehm sein werde. Sowie sich sein Vater von Prag aus zum Zuge rüstete, so

---

[1]) Siehe S. 59 d. W.

der Markgraf von Mähren von Brünn aus; den ganzen Monat December 1344 brachte er daselbst, wie es den Anschein hat, mit seinem Vater zu. Wenigstens verordnete König Johann zu Brünn am 3. December, dass künftig niemand im Fürstenthume Breslau bewegliche oder unbewegliche Besitzungen von ihm oder seinen Erben erlangen könne, welche nicht wirklich vacant sind.[1]) Was Karl in Brünn that, that er, um Breslau gefällig zu sein. Am 3. December 1344 bestätigte er mit seinem Bruder Johann Heinrich alle der Stadt Breslau vom Könige Johann ertheilten Privilegien, namentlich jenes ddo. Paris 31. März 1343 bezüglich der Wahl der 12 Landesschöppen.[2]) An demselben Tage bestätigte er derselben Stadt das Privilegium seines Vaters ddo. Lutzemburg 27. Oct. 1343, die Bestrafung der dortigen Ruhestörer betreffend.[3]) Und um der alten Sitte getreu zu bleiben, nach welcher die alten Regenten und Markgrafen von Böhmen und Mähren, bevor sie einen wichtigen Feldzug antraten, ein christliches Werk, ein Werk der Barmherzigkeit, um sich den Segen des Himmels zu einem solchen Unternehmen zu erbitten, verrichteten, befreit er am 5. December zu Brünn das Nonnenkloster St. Jakob in Olmütz von allen Steuern, die den andern Klöstern durch ihn aufgelegt werden könnten,[4]) während König Johann von Brünn noch nach Prag zurückkehrte und daselbst die zweite Hälfte des Decembers 1344 zubrachte. Am 19. December 1344 genehmigte er daselbst

[1]) Böhmer, Kaiserreg. Johann's, 211 n. 324.
[2]) Cod. Dipl. Mor. VII. 413. Siehe S. 297 d. W.
[3]) Cod. Dipl. Mor. VII. 414.
[4]) Cod' Dipl. Mor. VII 415.

den Kauf der an Böhmens nördlicher Grenze liegenden Stadt Kopitz durch das in der Meissner Diöcese liegende Benodictiner- kloster Chemnitz, und den nächsten Tag befiehlt er eben daselbst den Beamten der dem genannten Kloster am nächsten liegenden königlichen Burg Brüx, das Kloster im Besitze von Kopitz zu schützen und den Mönchen das nöthige Holz in den benachbarten königlichen Forsten fällen zu lassen.[1]) Von Brünn zog der Markgraf nach Teschen, wahrscheinlich um sich hier mit dem Zuzuge des Königs Ludwig von Ungarn zu vereinigen, belehnt hier am 28. December 1344 die Brüder Jaroslaus und Albert von Sternberg von Neuem mit der ihnen um 2300 Mark Groschen verkauften Burg Aussee sammt Zugehör unter der Bedingung, dass sie ihm darin mit einem Streitpferde, Helm, Waffen und anderen zugehörigen Pferden nach Sitte der Vasallen dienen sollen,[2]) und richtete dann längs der Oder seinen Marsch nach Breslau, das man um den 5. Jan. 1345 erreicht hatte. König Johann hat bereits am 7. Jan. 1345 in Breslau geurkundet, indem er an diesem Tage für die Bürger der Stadt Strehlau den Fidelitätsbrief, den sie schon dem Markgrafen Karl ausstellten, bestätigt hatte. Einen ähnlichen Brief erhielten auch die Bürger von Frankenstein und am 5. Jan. der Bischof von Breslau eine Gnade.[3])

Der Stadtmagistrat hat nach alter Gewohnheit die angekommenen hohen Gäste, die sich nach und nach zum

---

[1]) Emler, Reg. IV. 602.
[2]) Cod. Dipl. Mor. VII. 418. S. 809 d. W.
[3]) Emler, Regest. IV. 604.

Kreuzzuge in Breslau anhäuften, auf Stadtkosten feierlichst bewirtet und dafür, wie die Stadtrechnung von 1345 nachweist, 182 Mark und 3 Skot verausgabt. Anwesend waren: die beiden Luxemburge Johann und Karl, der König von Ungarn, Ludwig, die Bischöfe von Breslau und Meissen, Albrecht der Schöne von Nürnberg, Graf Günther von Schwarzburg, Peter von Bourbon und Graf Wilhelm IV. von Holland und Hennegau, ein viel gereister Mann und leidenschaftlicher Würfelspieler, von welchem Karl in seiner Selbstbiographie erzählt, dass er im Spiele von dem Könige Ludwig von Ungarn damals in Breslau 600 Gulden gewann; als Graf Wilhelm, der übrigens 400 Reiter zum Preussenkriege mitführte, den Ärger des Königs Ludwig an dem Verluste wahrnahm, warf er das gewonnene Geld unter die umstehende Menge, um dieser zu zeigen, dass er vom Spielgelde nicht lebe, und er wunderte sich über den Ärger, eine so unbedeutende Summe verloren zu haben, er, von dem es heisst, dass sein Land an Gold Überfluss habe.[1]) Um den 2. Februar 1345, oder um 10 Tage früher, scheint der Aufbruch des Kreuzheeres stattgefunden zu haben,[2]) welches, wie es scheint, gegen Wilno die Richtung genommen habe Als aber der Hochmeister die falsche Nachricht erhielt, dass die Litthauer seine Riegaer Lande plündern, und bei Mitau

---

[1]) Vita Karoli. Böhmer, Fontes I. 265. „quod pecunias, taliter acquisitas, non amplector, nec in usus meos transire, sed liberaliter a me transire debeant."
[2]) Chron. Hungarie. Schwandtner, Script. pag. 220. „circa festum B. M. V. transierunt." Emler, Reg. IV. 614. „in carnis privio nuper elapso."

stehen, änderte er seine Richtung und somit den ganzen Plan des Kreuzheeres, das zwar bis auf den Memelstrom kam, aber bei dem eingetretenen Thauwetter ohnehin auf jeden Erfolg verzichtete und den Rückzug antrat. Markgraf Karl, K. Johann und K. Ludwig von Ungarn nahmen den Rückweg um die Mitte der Fastenzeit¹) über Thorn, missmuthig über den verunglückten Kriegszug, den man dem Hochmeister Ludolf König (1342 bis 14. Sept. 1375), mehr noch als dem Unbilde des Wetters zur Schuld legte. Die Vorwürfe und vielleicht auch Gewissensbisse haben des Hochmeisters Geist umnachtet, so dass es nöthig wurde, ihn noch im Verlaufe des Jahres am 13. December von seiner Würde durch Heinrich Dusemer von Arfberg zu ersetzen.²)

Vom Könige Kazimir mit Geleitsbriefen versehen,³) beschlossen Johann und Karl in Thorn den Rückweg anzutreten, K. Johann mit den deutschen Herren über Brandenburg und Breslau nach Luxemburg, und Markgraf Karl, vertrauend

---

¹) Von Thorn erklärt K. Johann am 22. März dem Grafen Günther von Schwarzburg, Herrn in Arenstete, dass er den Markgrafen Friedrich von Meissen, seinen Verwandten und Verbündeten, mit Waffengewalt unterstützen werde, falls ihn Günther feindlich angreift. Emler, Reg. IV. 613.
²) Ältere Chronik von Oliva. Script. rer. Prussicarum I. 722. „Post hunc inopinatum eventum in Christianitate, Domino permittente, factum, et propter regum et principum cassum laborem, magister in immensam cecidit tristitiam et cordis dolorem; nec mirum, quia imponebatur sibi, quod ex industria ipsius et voluntate frustrati essent spe sua, quam habebant cum paganis congrediendi."
³) Beneš von Weitmil. Script. rer. Bohem. II. 335.

auf die alte Freundschaft des Königs Kazimir, über dessen Land und Schlesien nach Prag. Der ganze Feldzug hat kaum einen Monat gedauert, dem Markgrafen Karl hat er dennoch das Gloriole, einen Kriegszug für die Sache Christi und der Kirche unternommen zu haben, zugebracht. Obwohl der König Kazimir den beiden Luxemburgern sicheres Geleite durch seine Staaten, wie erwähnt, zusagte, erzählt Karl in seiner Selbstbiographie, so beschloss er dennoch mit seinem Neffen, Bolek von Schweidnitz und Münsterberg, die aus dem Ordenslande Heimkehrenden gefangen zu nehmen, und sie für die Freilassung bis auf den letzten Heller auszuziehen.[1] Karl's Klugheit wusste diesem Anschlage glücklich vorzubeugen. König Johann entkam durch Brandenburg und die Lausitz nach Luxemburg; Karl aber musste den nächsten Weg einschlagen, und nahm ihn durch Kalisch nach Breslau. Die Bürger jener Stadt, welche zum K. Kazimir in einer Quasi-Unterthänigkeit standen, nahmen den Markgrafen freundlich auf, aber Karl merkte bald, dass er zwar nicht als Staatsgefangener, aber doch als ein Internirter von Seite der Königlichen behandelt werde. K. Kazimir erkannte in Karl den gefährlichsten Gegner seines Freundes, des Kaiser's Ludwig, und es hat allen Anschein, dass man in seinem Einverständnisse den so leicht in die

---

[1] Vita Karoli. Böhmer, Script. I. 265. „Rex autem Cracovie et Bolco dux malignum fraudulenter conflaverunt consilium, qualiter Iohannem regem et Karolum in eorum reditu de Prussia possent capere et post multas calumnias usque ad extremum denarium depactare." Wollte sich eben vielleicht K. Kazimir bei dem unsicheren Zahler schadlos halten?

Markgraf Karl in Kalisch mit der Gefangenschaft bedroht 1345.

Falle gelockten Rivalen festhalten wollte. K. Johann, welcher Anfangs auch die Absicht gehabt zu haben scheint, dem Sohne nachzureisen, war fünf Tagreisen von ihm entfernt,[1]) als ihm die Kunde zukam, dass seinem Sohne die Gefahr, gefangen zu werden, drohe. Er änderte daher seinen Weg und gieng über das Brandenburgische an den Rhein nach Trier.[2]) Karl aber entzog sich durch eine glückliche List der Gefahr, welche ihm bevorstand. Im Einverständnisse mit seinem Landeshauptmanne von Breslau, Konrad von Falkenheim, wurde ihm ein guter Renner zum Stadtthor gestellt und eine beträchtliche Anzahl Kriegswägen mit Bewaffneten bis in die Nähe von Kalisch so vorsichtig geschickt, dass die Thorwache nichts merkte, als Karl, der ausstreuen liess, dass er in Kalisch von den Mühen der Heidenfahrt einige Tage ausruhen wolle, wie zufällig zum Thore kam, daselbst das bestellte Pferd vorfand, sich auf dasselbe schwang und so den verblüfften Wächtern glücklich entkam. Als er in einem benachbarten Walde die Seinen vorfand, war er gerettet. Nur wenige Tage sich in Breslau aufhaltend, eilte er nach Prag, wo er

---

[1]) Relatio Iohannis de Vicario domino de Gonzaga. Emler, Reg. IV. 614. „Rex Boemus remansit in Turono, et dominus Karolus, eius filius, precepit gressus suos versus Poloniam et pater eius .. sequebatur ipsum, tamen longinquum a dicto filio suo per quinque dietas. Interim dominus Karolus venit ad quandam civitatem, que vocatur Calix, que aliqualiter obedit regi Krakovie." Am umständlichsten über diese Episode ist Beneš de Weitmil. Script. II. 335.

[2]) K. Johann unterhandelte hier am 18. März 1345 mit seinem alten Oheim, dem Erzbischofe Balduin von Trier. Böhmer, Kaiserreg. K. Johann S. 211 n. 325.

am 1. Februar 1345 schon urkundet. Er überträgt an diesem Tage an den Domherrn von Breslau, Nikolaus von Panvitz, das lebenslängliche Besitzrecht einiger Güter bei Lomnitz und Ober-Walteŕic, und am 14. Februar d. J. meldet er dem gebannten Erzbischofe von Mainz, dass er mit dem Markgrafen Friedrich von Meissen ein Bündnis geschlossen habe, und will sich daher gegen ihn verwahrt haben.[1]) Dass ein solcher Streich, wie der von Kalisch, nicht ungeahndet gelassen werden würde, ist begreiflich. Auf eigene Faust konnte ihn Karl nicht durchführen, und bestimmte daher seinen Vater Johann, nach Breslau zu kommen. In der ersten Hälfte des Monates April sollte er ihn daselbst treffen, weshalb er auch in den ersten Tagen des Aprils von Prag dahin abreiste, wo er um die Mitte dieses Monates seinen Vater antraf. K. Johann erneuert hier am 12. April 1345 die Bestätigung der Lehensgüter Heinrich's von Kitlicz in den Budissin'schen und Görlitz'schen Landen, und am 13., 14. und 21. April bekennt er mit seinem Sohne, dem Markgrafen Karl, dass er von gewissen schlesischen und breslauer Juden den königlichen Zins, welchen sie als Kammerknechte vom nächsten Walburgisfeste durch vier Jahre zu zahlen hatten, im Vorhinein erhalten habe.[2]) Bis zum 23. April 1345[3]) mochten sich Vater und Sohn in Breslau

---

[1]) Cod. Dipl. Mor. VII. 429 und 430.
[2]) Cod. Dipl. Mor. VII. 433—436.
[3]) Emler, Reg. IV. 618. Urkundet K. Johann noch am 23. April 1345 in Breslau und gibt an diesem Tage unter Zeugenschaft des Landeshauptmanns Konrad von Falkenheim einem gewissen Hanko, genannt Jesir, die Bewilligung, einiges Gut auf deutsche Art anszusetzen.

aufgehalten haben, während K. Kazimir, nachdem er sein Spiel aufgedeckt sah, mit offenem Visier als Feind der Luxemburge auftrat, die Stadt Steinau im Breslauer Gebiete, das dem böhmischen Vasallen, Konrad von Öls, gehörte, angriff und eroberte, und sich zu verschiedenen Grausamkeiten in der eroberten Stadt hinreissen liess.[1]) Es wäre ganz begreiflich gewesen, wenn wir nach dieser Schandthat die Luxemburge zum Rachezuge wider den Urheber derselben aufbrechen sehen möchten. Doch Markgraf Karl war zu besonnen, um sich zu einer übereilten That verleiten zu lassen. Ein Unternehmen wider den König von Polen benöthigte der Überlegung und der Vorbereitung. Aber K. Johann bei seinem heissen Blute beschloss, den Neffen des Königs, vielleicht den moralischen Anstifter des missratheuen Complottes, Vater und Sohn, gefangen zu nehmen, den Herrn von Schweidnitz und Münsterberg, Bolek, welche mit Heinrich von Jauer überhaupt die einzigen schlesischen Fürsten damals waren, die noch immer eine gewisse Unabhängigkeit von Böhmen bewahrt haben, und es scheint damals unter ihnen ein Bündnis zusammengekommen zu sein.[2])

[1]) Vita Karoli. Böhmer, Font. I. 266. „Post hec (nach der Flucht des Markgrafen Karl, also im Januar 1345) rex dictus Kazimirus civitatem Stenaviam, ad territorium Wratislaviense spectantem, obsedit et expugnavit, ubi multa enormia, deflorando virgines et civium uxores deturpando, commisit."

[2]) Henricus pauper. Cod. Dipl. Siles. III. 70. In Patschkau, welches damals dem Bolek, später dem Bisthum gehörte, fanden 1345 Coloquia statt, zwischen Bolek, Heinrich von Jauer, Ludwig und Wenzel von Brieg und Konrad von Öls, welchem, wie wir sagten, Steinau gehörte.

Von Breslau nahm Vater und Sohn den Weg nach Böhmen.¹) Hier sammelte er schnell einige Hunderte von Helmen und eilte in seiner gewohnten Schnelle gegen Schweidnitz, um an Bolek, dem selbst der Markgraf Karl die Ursache der Gefahr, in welcher er in Kalisch schwebte, zuschrieb, die verdiente Strafe zu nehmen. Am Wege mochten sich noch einige Gleven ihm angeschlossen haben, weil es so die Gewohnheit mitbrachte. An eine Versorgung oder Organisirung eines solchen Kriegshaufens dachte wohl Niemand. Am 27. April standen der König und Markgraf Karl und mit ihm dessen Bruder, Johann Heinrich, und der Erzbischof Arnost,²) schon im Lager vor Schweidnitz, weil wir von ihnen von diesem Datum aus dem Lager vor Schweidnitz eine Urkunde besitzen, in welcher sie der Stadt Budišin gestatten, für das dortige Hospital acht Mark oder Schock Prager Groschen auszusetzen.³) Wie lange Johann und Karl vor Schweidnitz lagen, ist nicht verzeichnet, wohl aber bemerkt, dass die Vorstädte verbrannt und das Gebiet von Budišin verheert wurde, worauf die Luxemburge nach der zweiten Hauptstadt des Herzogs Bolek, nach Lands-

---

¹) Vita Karoli. Böhmer, Fontes I. 266. „Quod (Eroberung von Steinau) cum Iohanni regi Boemie, qui tunc super alveum Rheni moram traxit, insinuatum fuisset, statim in Bocmiam venit, et congregando exercitum civitatem Svidnitz obsedit, et, suburbio eius depopulato et territorio eius in magna parte destructo civitatem Landeshute expugnavit et devicit." Wir sehen, dass hier Karl auf Breslau vergass, wo sein Vater bis zum 23. April weilte.
²) Beneš de Weitmil, Script. II. 287.
³) Cod. Dipl. Mor. VII. 437.

hut, zogen, die Stadt eroberten und der Umgebung dasselbe Schicksal wie der von Schweidnitz bereiteten. Nach fünfwöchentlicher Verwüstung des Landes war die Strafe vollzogen, welche K. Johann auch noch für eine unritterliche That dem Herzoge Bolek schuldig war. Der Chronist Beneš erzählt, dass Bolek einen böhmischen Ritter und des Königs Vasallen gefangen nahm, ihn in einen Thurm warf und dort verhungern liess.[1]) Nach vollzogener Strafe, die nur unmittelbar den Thäter, mittelbar aber dessen Unterthanen traf, ward mit Bolek einstweilen ein Waffenstillstand abgeschlossen, und die Strafexecutoren zogen, wahrscheinlich zu Ende Mai, in die Heimat.

Hier war unterdessen die Regierung in den Händen des Herzogs von Kärnten, Johann Heinrich, niedergelegt. Wir sehen ihn den Burggrafen von Bürglitz auffordern, dass er die von Nikolaus, Pfarrer in Zbečna, dem Plasser Kloster geschenkte, und von den Leuten des ersteren entrissene Mühle zurückstelle. Johann Heinrich übte also einen Jurisdictionsact aus, was doch nicht möglich, wenn er hiezu nicht bevollmächtigt gewesen wäre.[2]) Leider ist diese Urkunde ohne Orts- und Zeitangabe; aber wenn man erwägt, dass der Abt und der Convent des Klosters Tepl ihn, den Herzog Johann Heinrich, ersucht, sie vor den Schäden der Eylauer Burggrafen

---

[1]) Beneš de Weitmil. Script. II. 287.
[2]) Cod. Dipl. Mor. VII. 422. „Molendinum olim Nicolai, plebani in Sbetzna, quod idem pro remedio animarum olim domine Elisabeth regine Boemie. . ac sue proprie monasterio Placensi contulit et legavit... per tuos homines est ablatum indebite."

zu bewahren, mit der Bemerkung, dass er jetzt bis zur Ankunft des Markgrafen Karl der Einzige sei, an den man sich bei Ungerechtigkeiten um Abhilfe wenden könne; so muss auch diese Urkunde, die ebenfalls weder den Ort, noch die Zeit der Ausstellung an sich trägt,[1]) in jener Zeit ausgestellt gewesen sein, in welcher Karl zu Ende des Jahres 1344 oder Anfangs 1345 aus dem böhmischen Reiche entfernt war. Herzog von Kärnten, Johann Heinrich, scheint als Stellvertreter für den Markgrafen oder, wie dieser in Böhmen genannt wurde, für den General-Director des Königreichs Böhmen[2]) bis zur Rückkehr desselben nach der Strafexecution wider Bolek von Schweidnitz fungirt zu haben, weil wir ihn am 20. Juni 1345 in Königingrätz urkunden sehen. Er erklärt an diesem Tage, dass er dem Ulrich von Neuhaus 900 Schock Prager Groschen schulde, und dass er sich zugleich mit dessen Bruder, Ulrich Pflug, verpflichte, am nächsten Michaelitage 300 Schock und auf St. Georg den Rest von 600 Schock abzuzahlen.[3]) Das Schuldenmachen war, wie wir sehen, bei den Luxemburgern epidemisch, der Vater und die beiden Söhne hatten mit dieser Calamität stets zu kämpfen; was

---

[1]) Cod. Dipl. Mor. VII. 423. „quare vestram Excellentiam (so wird Herzog Johann Heinrich titulirt), ad quam nunc et nusquam alias pro remedio divertere possumus, deprecamur .. et in suspenso servari iubeatis usque ad adventum domini nostri Marchionis, fratris vestri."

[2]) Cod. Dipl. Mor. VII. 461. „coram domino Karolo, marchione Moravie, tunc rectore generali regni Bohemie." Urkunde vom 23. December 1345.

[3]) Cod. Dipl. Mor. VII. 445.

Wunder daher, wenn unter solchen Umständen auch die
Markgräfin Blanka genöthigt war, diejenigen, welche angewiesen waren, für ihren Unterhalt zu sorgen, zu mahnen,
dies pünktlich und regelmässig zu thun. Wir sehen, dass
die Stadt Glatz dies zu thun verpflichtet war, weshalb sie
ihren Kaplan Michael dahin schickt.[1]) Als K. Johann und
seine beiden Söhne am 21. November 1344 in Prag mit
vielen vornehmen fremden Herren einen feierlichen Hoftag
hielten, und die Markgräfin, welche in Brünn Hof hielt, einen
Besuch dieser Herrschaften erwartete, ersuchte sie die Bürger
der Stadt Prag, damit sie ihre Hofhaltung würdig dieses
Besuches herstellen könne, ihr den schuldigen Unterhalt und
vielleicht für diesesmal noch etwas mehr, leisten. In welcher
Geldnoth die Markgräfin Blanka gerade damals, als sie die
vornehmen Gäste erwartete, sich befand, die sie doch im
vollen Staate empfangen wollte, zeigt ihr Ansuchen an die
Äbte der böhm. Klöster, sie mögen ihr Geld vorstrecken,
um ihre verpfändeten Kleinodien auslösen zu können, weil
sie sonst verfallen möchten.[2]) Die Prager Bürger mögen für
diesesmal die ihr zu zahlende Summe erhöhen, weil es nur
in ihrem Vortheile wäre. Wäre sie in Prag, würden die

---

[1]) Jacobi Codex epistol. pag. 19. „Quod iudex et iurati civitatis Glacen nobis propinam ex parte sue civitatis ad presens impendant congruam, prout eis scribimus ac decentem."

[2]) Summa Gerhardi. Formelbuch aus der Zeit König Johanns von Böhmen. Von Tarda. Archiv für österr. Geschichte, Bd. 62, 367.

Auslagen der Stadt für sie wohl auf das Vierfache steigen,[1]) denn nach der damaligen Sitte mussten die Städte den vornehmen fremden Gästen ein Stadtgeschenk verabreichen,[2]) welches entfiel, weil die Markgräfin nicht in Prag war. Hier gab es der Gäste genug, die nicht nur wegen des Hoftages, sondern in erster Linie der kirchlichen Feste wegen ankamen. Wurde ja die Bulle vom 30. April 1344 verkündigt, welche das Bisthum Prag zum Erzbisthume und den bisherigen Bischof zum Erzbischofe proclamirte, und dadurch die böhmische Kirche von der deutschen, der Mainzer, loslöste. Um der neuen Metropolie den gebührenden Glanz zu geben, erhielt sie zwei Suffraganbischöfe in Olmütz und in Leitomyšl. In Olmütz bestand seit 1063 ein geregeltes Bisthum und festgesetzte Diöcesangrenzen. Wie wir wissen, war damals Bischof von Olmütz, der Prinz

---

[1]) Iacobi Cod. epistol. pag. 21 und daraus Cod. Dipl. Mor. VII. 422. „Nobis hac vice, qua pro receptione festiva Domini et soceri nostri, domini regis, in regnum suum et plurium virorum sollemnium secum et ad eum venientium de longinquo, nos contingit statum nostre Curie decentius adornare, (ut) impendatis propinam ex parte civitatis vestre congruam ac decentem." Warum wir glauben, dass sich damals die Markgräfin nicht in Prag, sondern in ihrem gewöhnlichen Sitze, in Brünn, aufhielt, dazu bringt uns der Schluss des Briefes: „Et quidquid in hac parte feceritis nobis amplius, est acceptum et vobis tolerabilius, quam si nobis ad civitatem vestram venientibus, ministraretis quadruplum in expensis."

[2]) Man sehe in den Breslauer Rechnungsbüchern nach bei Henricus pauper zu verschiedenen Jahren.

Johann, des Namens nach der VI. (er regierte bis 1351) und der Reihe nach der 23. Aber Leitomyšl musste als Bisthum, wie uns bekannt, erst gegründet werden. Zum ersten Bischofe von Leitomyšl ernannte Papst Klemens VI. den damaligen Prämonstratenser-Abt vom Kloster Bruck bei Znaim, Johann, und gab an dessen Stelle den Abt von Leitomyšl, Heinrich. Um jedoch die Diöcesangrenzen, oder die Umschreibung der neuen Diöcese festzusetzen, ernannte der Papst mittelst einer eigenen Bulle ddo. Avignon 8. Januar 1345 den Abt von Břevnov, Benedictiner-Ordens, und den Abt von Saar, Cistercienser-Ordens, ihnen anbefehlend, zu diesem Geschäfte den Erzbischof von Prag, den Bischof Johann von Olmütz mit sammt seinem Domdechante und dem gleich neu ernannten Bischof von Leitomyšl vorzuladen, und wenn das Geschäft glücklich beendet sein werde, das Elaborat an den Papst zu schicken.[1]) Wir kennen dieses Elaborat nicht, müssen aber aus der Bulle vom 8. Januar 1345 schliessen, dass der grössere Theil der neuen Diöcese aus den Decanaten und Pfarreien des Prager Erzbisthums, und der kleinere aus dem Olmützer Bisthum excindirt wurde. Aus der Olmützer Diöcese kamen an Leitomyšl 32 mährische Pfarreien, nämlich das ehemalige Schönberger nebst einem Theile des Ausseer Decanats.[2]) Da jedoch das Leitomyšler Capitel noch immer, bestehend aus den Prämonstratensern des alten Klosters, mit der Grenzbeschreibung der Diöcese nicht zufrieden war, und mit dem Prager Erzbisthums-Capitel

---

[1]) Cod. Dipl. Mor. VII. 423. Die Bulle vom 30. April 1345 ist vollinhaltlich eingeschaltet. Vergl. S. 343 d. W..
[2]) Wolny, kirchl. Topographie. Olm. Diöc. I. 89.

in immerwährenden Streitigkeiten lag, entschied endlich Karl als König von Böhmen. Durch ihn unterstützt, bittet das Leitomyšler Domcapitel den Papst Klemens VI. ddo. Leitomyšl 4. November 1350 um Zuweisung von 4 Decanaten des Königgrätzer Archidiaconats zur Leitomyšler Diöcese, so dass erst 1350 die Diöcesangrenzen geregelt waren.[1]) Es wurden daher von der bisherigen Prager Erzdiöcese die alten Decanate Chrudim, Hohenmauth, Polička und Landskron förmlich abgelöst und bildeten sammt den in ihnen liegenden Klöstern, mit Hinzufügung des Mähr. Schönberger Decanats und eines Theiles des Ausseer, die neue Diöcese Leitomyšl. In ihr lagen die Klöster: das Benedictinerstift Podlažic mit 20 Conventualen, das Frauenstift Sezemitz mit Schwestern des Cistercienser-Ordens, das Cyriakerkloster in Pardubitz, das Dominikanerkloster in Chrudim und der Minoritenconvent in Hohenmauth, und in Mähren das von Trebič abhängige Klösterle bei Schönberg.[2]) Und jetzt war es an der Zeit, den Ort Leitomyšl, dessen Kloster der Sitz des neuen Bisthums wurde, und sich durch Wohlhabenheit seiner zahlreichen Bewohner unter den Städten der Prager Diöcese vortheilhaft hervorthat, aus päpstlicher Machtvollkommenheit, um das Ansehen dieser bischöflichen Residenz zu fördern, zur Stadt zu erheben, den denominirten ersten Bischof von Leitomyšl, früheren Abt von Klosterbruck, Johann, wegen seiner Gelehrsamkeit, Sittenreinheit und Geschäftsthätigkeit zum wirklichen Bischofe zu confirmiren und seine Stelle in Kloster-

---

[1]) Cod. Dipl. Mor. VIII. 26.
[2]) Frind, Kirchengeschichte Böhmens, II. 110. Cod. Dipl. Mor. VII. 676.

bruck mit dem bisherigen Abte in Leitomyšl, Heinrich, kraft der beim Antritt der Regierung sich vorbehaltenen Reservation aller Prälaturen[1]) zu besetzen. Dies alles geschah durch Bulle vom 30. April 1345. Dass Klemens VI. durch eine Bulle vom selben Datum den neuen Abt den Conventualen in Bruck und dem Markgrafen Karl anempfahl, versteht sich von selbst.[2]) Und somit blieb nur noch die Vermögensfrage des neuen Bischofs und des Domcapitels zu regeln übrig. Vorerst führten, wie wir oben bemerkten, der neue Bischof und der Stiftsconvent, das gemeinsame Leben wie bis jetzt, bevor sie Bisthum und Domcapitel wurden, fort. Bald aber stellten sich allerlei Reibungen zwischen dem Bischofe und den einzelnen Conventualen ein, was eine natürliche Folge des gestörten Verhältnisses wurde, Reibungen, welche dem Papste Klemens VI. zur Entscheidung vorgelegt wurden. Dieser beauftragte unterm 4. Mai 1346 den Breslauer Bischof Brzetislav, persönlich in Leitomyšl die Ausscheidung einer Anzahl eigentlicher Domherren aus den Stiftscapitularen vorzunehmen, und alle Einkünfte in zwei Theile, einen für den Bischof und den andern fürs Capitel und den Convent, zu theilen.[3]) Bischof Břetislav hat das Geschäft nicht beendigt, die Reibungen hörten zwar auf, aber die förmliche Ausscheidung

---

[1]) Siehe S. 291 d. W.
[2]) Cod. Dipl. Mor. VII. 437—440. „Omnia monasteria per provisiones per nos tunc factas et in posterum faciendas de prelatis eorum ubilibet constitutis, quibusvis cathedralibus ecclesiis et monasteriis tunc vacantia et in antea vacatura, dispositioni nostre specialiter reservantes."
[3]) Cod. Dipl. Mor. VII. 482.

geschah erst im Jahre 1347, also erst nach der Krönung Karl's, bei welcher auch Bischof Johann fungirte.
Sehen wir, wie der Zustand der mähr. und böhm. Kirche in der Zeit, in welcher sie durch Abtretung von 32 Pfarreien an das neue Bisthum Leitomyšl einen Abbruch erlitt, beschaffen war, was sich am einfachsten und richtigsten an der Hand der Urkunden und der am 18. October 1343 zu Prag durch den Bischof Arnost abgehaltenen Diöcesan-Synode bewerkstelligen lässt. In demselben Jahre, in welchem Prag zum Erzbisthum erhoben wurde, reiste der Cardinal Guido (vom Titel des hl. Laurentius in Lucina), wie das mit dem päpstlichen Boten oder apostolischen Legaten so häufig geschah, im Sommer 1344 durch Mähren. Im Juni hielt er sich in Wischau auf, und hier ertheilte er am 15. Juni 1344 allen, welche in den vier Hauptfesten der Mutter Gottes, am Feste des hl. Peter und an der Kirchweihe die Klosterkirche in Raigern besuchen, einen 40tägigen Ablass.[1]) So erhielt Raigern ein geistliches Gut, die Stiftung aber des Olmützer Bischofs, Pustoměř, ein weltliches Gut. Der Stifter, Bischof Johann, nahm wahr, wie das Kloster an hinreichendem Wasser Mangel leide. Um diesem abzuhelfen, traf er die Verfügung, dass ein durch Pruss vom sogenannten Mannsberge laufender Bach mit noch andern Quellen in zwei Teiche geleitet werde. Hier liess er ebensoviele Wehren und Mühlen errichten und schenkte zu Olmütz am 10. August 1344 das Ganze mit Zustimmung seines Capitels dem Kloster,[2]) und um dessen Nutzen zu heben, übergab er das

[1]) Cod. Dipl. Mor. VII. 396.
[2]) Cod. Dipl. Mor. VII. 398.

öde, zum Kloster gehörige Dorf Schönhof ddo. Pustomir
25. Januar 1345 dem Kurovicer Richter Jaklin zum Wiederaufbaue, und um dasselbe gegen ungerechte Angriffe zu
schützen, nimmt Klemens VI. das genannte Nonnenstift am
5. April 1345 in seinen besonderen Schutz.[1]) Auch das
Stift Raigern scheint damals in guten Verhältnissen gestanden zu sein, weil es ihm möglich wurde, von Swatoslav
von Mödritz und dessen Frau einen Hof und anderthalb
Lahne sammt Zugehör, die sie in Raigern besassen, um
32 Mark Groschen zu erkaufen, worüber der damalige
Probst Veit und der Convent zu Raigern am 6. März 1345
eine Urkunde ausstellten.

Welchen Wert Raigern auf die freie Besetzung der
dem Stifte incorporirten Pfarreien legte, welche Besetzung
sich auf einen zwischen dem Olmützer Bischofe Bruno und
dem Abte des Mutterstiftes von Břevnov 1256 geschlossenen
und von Alexander IV. bestätigten Vergleich stützt, beweist
der Abt von Břevnov, Předbor, welcher sich mit der Urkunde
nach Prag zum Erzbischof Arnost begab und selbe, weil
Gefahr vorhanden war, dass sie, weil morsch, oder sonst
durch Zufall zu Grunde gehen könnte, ämtlich transscribiren
und vidimiren liess,[2]) während Klemens VI. fleissig Gebrauch
macht von seiner Vollmacht, die erledigten Canonicatsstellen
zu besetzen oder von der Präsenz zu dispensiren. Am
3. December 1344 gestattet er dem Probste der Teyner
Kirche in Prag, sich durch zwei Jahre von dieser Probstei
und seinen andern Pfründen bei der Bamberger und Brünner

[1]) Cod. Dipl. Mor. VII. 426 und 433.
[2]) Cod. Dipl. Mor. VII. 442.

Kirche entfernen zu dürfen, aber, bloss um den Studien in Rom oder anderswo obzuliegen.[1]

Wie willkürlich damals der Papst mit der Besetzung mährischer Beneficien verfuhr, hier ein Beispiel. Die Pfarre Weisskirchen, mährisch Hranice, war dem Prämonstratenserstifte Hradisch bei Olmütz einverleibt und mit Hradischer Prämonstratensern besetzt. Im Jahre 1344 war daselbst Pfarrer Ulrich, Sohn Peters, genannt Bradavice. Durch den Abt von Strahov, Peter, welcher sich damals am päpstlichen Hofe aufhielt, gewonnen, ernannte Klemens VI. durch das Breve vom 14. December 1344 den Professen von Strahov, Ägidius, zum Pfarrer von Weisskirchen, übersetzte ihn in das Kloster Hradisch und verständigte hievon die Äbte von Hradisch, Bruck und Břevnov mit dem Auftrage, den bisherigen Pfarrer Ulrich von seiner Stelle zu entfernen und darauf den Ägidius zu setzen.[2] An demselben Tage ernannte er einen gewissen Jaroslav, Sohn Wojslavs, zum Domherrn von Olmütz, reservirte für ihn eine Präbende und die Pfarre in Těšnovitz und den nächsten Tag beauftragte er den Bischof von Meissen, den Abt von Strahov und den Olmützer Domprobst Bartoš, das Benedictinerkloster Postelberg in Böhmen gegen dessen Feinde zu schützen und diejenigen, welche dessen Güter eigenmächtig in Besitz nahmen, daraus zu vertreiben.[3]

---

[1] Cod. Dipl. Mor. VII. 412.
[2] Cod. Dipl. Mor. VII. 416. Man vergleiche Cod. Dipl. Mor. VII. l. c. pag. 677 wegen Besetzung der Abtstelle in Obrovitz bei Brünn.
[3] Cod. Dipl. Mor. VII. 418.

Die kirchliche Verordnung, dass die mit Klöstern, namentlich mit Nonnenklöstern unirten Pfarreien den Vicaren oder Pfarrrectoren ein anständiges Auskommen anweisen müssen, erzeugte wegen der Zehentzutheilung manchen Process, welcher in der Regel durch Schiedsrichter geschlichtet wurde. Anfangs des Jahres 1345 entstand ein solcher Zehentstreit zwischen dem Kloster Tišnovitz und dem Pfarrer Oneš von Saitz, welcher verpflichtet war, den Nonnen in Tišnovitz jährlich 7 Metzen Korn und 7 Metzen Weizen als Zehent zu entrichten, diesen aber seit zwei Jahren nicht mehr zahlte. Geklagt von dem Syndicus oder Procurator des Klosters, wurden der Probst Hermann und der Canonicus der St. Peterskirche in Brünn, Theodorich von Neuhaus, zu Schiedsrichtern ernannt, die den Streit am 27. Jan. 1345 dahin entschieden, dass der Pfarrer den restlichen Zehent bis zur Mitte der Fastenzeit entrichte, für die Folgezeit aber nur die Hälfte der bisherigen Giebigkeit zu entrichten habe.[1]) Eine ähnliche Zehentangelegenheit entspann sich zwischen dem Kloster Maria Saal in Altbrünn und dem Kloster Welehrad. Als nämlich die Königin-Witwe Elisabeth das Cistercienserkloster Maria Saal in Altbrünn begründete, benöthigte sie einige Gründe, welche das Kloster zu Welehrad seit seiner Stiftung um Brünn herum besass. Für diese Gründe und die an ihnen haftenden Rechte verlangten die Welehrader einige Entschädigung, welche dahin ausgemittelt wurde, dass mit Zustimmung des Pater Abbas von Sedletz Maria Saal an Welehrad jährlich 11 Mark, 10 Groschen und 2 Metzen Korn und ebensoviel Gerste zu zinsen sich

---

[1]) Cod. Dipl. Mor. VII. 427.

verpflichtete und hierüber am Prokopifeste, 27. Februar 1345, die Urkunde ausstellte. Welehrad erklärte sich damit einverstanden.¹) Auch eine Gefälligkeit verlangte Papst Klemens VI. vom Olmützer Prinz-Bischofe Johann. Im Jahre 1341 providirte um den 21. März Papst Benedict XII. einem gewissen Baron Friedrich das Erzbisthum Riga, welches ein guter Wurf zu sein scheint, denn nicht nur händigte er seinem Neffen Dŕislaus, welcher Probst der Wišegrader Kirche war, 1600 Mark Silber ein, sondern er erkauft auch vom ersparten Gelde in Böhmen eine Burg, Dörfer und unterschiedliche Renten.²) Friedrich starb 1340 am päpstlichen Hofe zu Avignon. Das Jahr darauf meldete sich der Papst durch ein Schreiben vom 22. März 1341 an den Prager Bischof Johann um die deponirte Summe. Probst Dŕislaus war aber schon todt. Wir wissen nicht, wie die Sache beglichen wurde; aber als Riga an dem Despoten Bischof Engelbert von Polen 8. Sept. 1341 einen neuen Erzbischof erhielt, nahm dieser die Sache wieder auf und schickte einen eigenen Gesandten ab, damit dieser persöulich den Gegenstand erledige. Und diesem Gesandten gab der Papst an den Olmützer Bischof Johann einen Empfehlungsbrief vom 6. Februar 1345. Die weiteren Details dieses Besitzes des Erzbisthums Riga in Böhmen sind uns unbekannt.³) Noch wollen wir einige Urkunden anführen, welche die Sorgfalt des Olmützer Capitels über die Diöcese darthun. Am 1. März 1345 bestätigte das Capitel zu Olmütz

¹) Cod. Dipl. Mor. VII. 431.
²) Dudík, Auszüge S. 22.
³) Cod. Dipl. Mor. VII. 430.

den durch den Domherrn Herbord von Füllstein mit dem Pfarrer Johann von Braunsberg geschehenen Umtausch eines in Fritzendorf gelegenen Lahnes. Am 22. April d. J. erklärte zu Oslavan der Pfarrer von Treskovitz, Zdislav, dass er von dem Oslavaner Kloster eine Wiese gegen eine jährliche Ablieferung an das Kloster von 3 Urnen Wein zu Ostern auf die Zeit seiner Lebensdauer besass und dieselbe an seinen Kaplan, Johann von Pralitz, unter derselben Bedingung überliess.¹) Der Prager bischöfliche Official Johann Paduanus befiehlt in einer Urkunde ddo. Wyšegrad 3. Mai 1345 dem Tassauer Dechant und den Pfarrern von Kralic und Náměst, dass sie den Cleriker Swatoslav in den Besitz der Bfezniker Kirche einführen. Und schliesslich geben wir noch das Testament eines mährischen Dynasten, Herrn Čeněk von Vöttau, vom 20. Mai 1345. Er entwarf dasselbe in Gegenwart seiner Gattin Agnes, seines Sohnes Smil und des Herrn Jaroslav von Sternberg und seines Brudersohnes Heinrich. In diesem Testamente bestimmt er das Kloster Saar zu seiner Begräbnisstätte, wofür er demselben 60 Mark mährisch anwies, damit auch für sein Anniversar gesorgt werden solle. Zu Testaments-Executoren bestimmte er seinen Burggrafen, Nikolaus von Sywic, und Philipp von Gössling, südlich von Jamnitz gelegen. Diese sollen die vielen Schulden, wie selbe die hinterlassene Gattin Agnes und die Herren Jaroslav und Heinrich und die Wittwe nach dem Herzoge Albrecht II., die Herzogin Johanna, sonst auch Anna von Pfirt genannt, dem Sohne Smil von Vöttau bezeichnen, ordnen und tilgen. Philipp, Burggraf von

¹) Cod. Dipl. Mor. VII. 432, 436,

Gössling, soll das Dorf Deschen, nördlich von Vöttau, und dazu 100 Mark mähr. erhalten, um Kriegsdienste leisten zu können. Der weiblichen Dienerschaft (Domicellæ) seiner Gattin, aus zwei Personen, einer jüngeren und einer älteren, bestehend, vermachte er je 20 Mark; der männlichen Dienerschaft, die aus 9 Personen bestand, nach Gutdünken seines Sohnes Smil. Bei Juden schuldete Čeněk 61 Mark, bei Christen 6 Schock und vermachte seinem Beichtvater und dem Kaplan von Vöttau und einem Geistlichen Matthias je 3 Schock, und dem Guardian von Znaim für 2 Fass Wein $3^1/_2$ Mark. Die Herzogin von Österreich, Johanna, sowie die beiden Herren Jaroslav und Heinrich legten dem Testamente ihre Siegel bei.[1]) Und jetzt wollen wir noch, bevor wir zu unserer politischen Geschichte zurückkehren, von der Synode sprechen, welche Bischof Arnost im October 1343 in Prag hielt. Sind Synodal-Beschlüsse die Gradmesser für culturhistorische Zustände, so wird man uns verzeihen, wenn wir diese Beschlüsse, welche im Jahre 1343 gefasst wurden, erst zum Jahre 1345 besprechen. Als Entschuldigung möge uns der erste Synodal-Beschluss dienen, welcher Ludwig den Baier erwähnt, dessen Drama eben 1345 seinem Schlusse nahet und ihn auch findet.

Als Bischof Arnost aus Avignon zurückkehrte, hielt er es, wie es die Canonen vorschrieben, für seine Pflicht, bevor er seine Diöcese visitirt, eine Diöcesan-Synode einzuberufen. Er wählte hiezu den October 1343. Der erste Fall, den die Synode schlichten sollte, betraf den canonischen Gehorsam, welcher die Basis jeder Diöcesan-Ordnung bildet

[1]) Cod. Dipl. Mor. VII. 441.

und daher streng gehandhabt werden muss. Die grosse Herrschaft Netolice mit der gleichnamigen Stadt im Prachiner Kreise Böhmens gehörte damals dem Prager Bisthume. Ein gewisser Priester Peter, Sohn nach Diviš von Dobronitz, bemächtigte sich der dortigen Pfarrkirche. Ermahnt vom Diöcesan-Bischofe, wollte er selbe nicht aufgeben; da sprach dieser über den Ungehorsamen nach dem in Böhmen geltenden canonischen Rechte den grossen Bann aus, und verkündigte ihn in der Synode, damit Jedermann den Umgang mit dem Gebannten meide. Ein weiterer Punkt betraf die damals in Böhmen verbreiteten Häretiker. Seitdem Petrus Waldus in Lyon im Jahre 1170 den Zustand der apostolischen Zeit als das Ideal erklärt habe, zu welchem nicht bloss der einzelne Christ in seinem eigenen Leben, sondern auch die Kirche selbst, sowohl in ihrer äusseren Erscheinung, als auch in ihrer Lehre zurückkehren müsse, erhoben sich bald in allen Ländern überspannte Eiferer in Menge, welche ihre unberufene Hand an das vorgebliche Reformationswerk legen zu müssen glaubten.[1]) Man begnügte sich nicht nur, von der Armut und der Sitteneinfachheit der Apostelzeit zu sprechen, sondern man griff auch die infolge der Zeiten festbegründeten Dogmen und die gesammte Hierarchie an, und bildete so häretische Secten, die unter verschiedenen Namen im Anfange des 14. Jahrhunderts als Waldenser, Apostelbrüder, Fratricellen, Begharden, Beghinen, Brüder vom freien Geist u. s. w. auftraten. Vor 1315 kamen sie aus Österreich in das südliche Böhmen und nach Mähren. Über die Secte der „Brüder vom freien Geiste"

---

[1]) Frind, Kirchengeschichte Böhmens, II. 80.

bieten Aufklärungen die Bekenntnisse der Brüder Johann und Albert von Brünn in einer Handschrift, welche in der Kirchenbibliothek zu St. Nicolai in Greifswalde erliegt. Sie ist bezeichnet als „Practica inquisitionis," ist auf Papier im ausgehenden 14. Jahrhunderte geschrieben und von sehr mannigfaltigem Inhalte. Unter andern sind hier die Aussagen, welche Johann von Brünn über die Secte der „Brüder vom freien Geiste" machte. Dieser Johann von Brünn, so berichtete er selbst, lebte als verheirateter Mann in Brünn und fragte einen seiner Freunde, Namens Nikolaus, wie er zum vollkommenen Leben gelangen könne? Nikolaus gibt ihm den Rath, zu den „willigen Armen" zu gehen und alle seine Habe an dieselben zu schenken. Er verkauft also, was er hat, gibt die Hälfte seiner Frau, welche gar nicht mit seinem Entschlusse einverstanden war, und geht zu den willigen Armen nach Köln bei St. Stephan in der Neustadt. Hier lebte er volle 20 Jahre. Was er über die Lehren dieser Secte meldet, so zeigt seine Schilderung nur ein im höchsten Grade ascetisches, dabei völlig orthodoxes und der bestehenden Kirche ergebenes Leben. Nur leise berührt wird, dass die Älteren mehr Freiheit haben, doch ohne auf einen Missbrauch dieser Freiheit hinzudeuten. Es war die Prüfungszeit. Dass sie nicht leicht war, ist begreiflich; 20 Jahre hat sie Johann von Brünn ausgehalten. Erst nach dieser Zeit tritt er in den Zustand der Geistesfreiheit ein, in welchem er weitere 8 Jahre zubrachte, und erhielt die Lehren, nach welchen ihm nun alles erlaubt war. Er war Eins mit dem göttlichen Wesen geworden, konnte nicht sündigen und hatte nur seinen Trieben zu folgen. Die ihm gegebenen Lehren sind von der äussersten Ruchlosigkeit, und ob sie der Wahrheit entsprechen, kann bezweifelt werden. Ähnliche Aussagen macht auch Johanns Bruder, Albert, von dem er sagt, dass er 30 Jahre mit ihm in diesen Irrthümern und in festem Glauben an dieselben gelebt habe. Das Verhör dieser beiden Sectirer, dieser „Brüder vom freien Geiste," leitete der Dominikaner Fr. Gallus von Neuhaus, welcher 1335 von Benedict XII. zum Inquisitor für die Prager Diöcese ernannt war.[1]) Seine Thätigkeit wird vom Erzbischofe Arnost sehr gerühmt, als er nach Gallus' Tode seinen Nachfolger ernennt, und deshalb an den Prior von St. Clemens in Prag, Fr. Leo, und den Lector in Iglau, Svatibor, beide Dominikaner, dieser Angelegenheit wegen schreibt. Johann von Brünn wurde durch Fr. Gallus bekehrt und in den Dominikaner-Orden aufgenommen. Es scheint, dass ihm für das Versprechen, bei der Inquisition zu helfen, trotz seiner enormen Sünden Verzeihung gewährt war und allerdings musste sein Beistand wertvoll sein. Markgraf Karl bestimmte damals, dass die zur Unterbringung des Inquisitionsgerichtes angekauften Häuser in Prag aus dem den Ketzern confis-

---

[1]) Siehe S. 180 u. 199 d.W. „Quam strenue, diligenter et sollicite felicis memorie quondam frater Gallus, frater ordinis vestri, nostrarum civitatum et diecesis pravitatis heretice inquisitor, qui pridem diem clausit extremum, officium inquisicionis huiusmodi pravitatis sibi creditum et commissum agitaverit et prosecutus fuerit, explicare non nostrum, cum sollicitudo et diligencia ipsius plerumque sit pateus et aperta." Tadra, Cancellaria Arnesti. Archiv für österr. Geschichte. Bd. 61, S. 338.

cirten Vermögen bezahlt werden sollen.¹) Das Bekenntnis, wie wir aus den vorliegenden Acten gesehen, scheint er nachträglich aufgesetzt zu haben; auch über die Aussagen Alberts berichtet er und er scheint ein aufgenommenes Protokoll benützt zu haben.²) Ihre verkehrten Lehren, die sie bei ihrer Untersuchung zu Krems bekannten,³) zeigten sich schon im genannten Jahre in ihrer verderblichen Tendenz, indem sie Güter- und Weibergemeinschaft als erlaubt hinstellten und den Satz aufstellten, dass der Meineid kein Verbrechen sei, da doch gerade auf dem Eide das damalige ganze sociale Leben in jeglicher Rechtssphäre beruhte, und dass alle Handlungen, die von ihnen unter der Oberfläche der Erde begangen werden, erlaubt seien, weil das, was unter der Erde geschieht, Gott ignorirt,⁴) weshalb sie sich so gerne in unterirdischen Verstecken aufhielten. Von diesen ihren Verstecken nannte sie das Volk „Jamnici, Grubenheimer." In der Zeit von 1335 bis 1340 war das Unwesen dieser böhmischen Grubenheimer aufs Höchste gestiegen. Nicht zufrieden mit ihrem geheimen

---

¹) Summa Gerhardi. Formelbuch aus den Zeiten Königs Johann (1336—1345). Von Tadra im Archiv für österr. Geschichte. Bd. 63, S. 369.
²) Wattenbach, „Über die Secte der Brüder vom freien Geiste." Mit Nachträgen über die Waldenser in der Mark und in Pommern. Aus den Sitzungsberichten der königl. preussischen Akademie der Wissenschaften zu Berlin. Bd. 29, Jahr 1887. S. S. 517—544.
³) Siehe Bd. I. 161 u. ffg. d. W.
⁴) „Quidquid sub terra fit, hoc Deus nescit." Siehe Bd. I. 163.

Gebahren, schritten sie bereits zum offenen Kampfe, namentlich gegen die Reichen, die Wohlhabenden und gegen ihre Grundherren. Wie es ihre späteren Nachfolger thaten, brannten sie auch damals die herrschaftlichen Meierhöfe und Schlösser aus¹) und traten aus ihren Höhlen mit ihren Schändlichkeiten ans Tageslicht. Besonders zu der Zeit, als unter Papst Johann XXII. und Kaiser Ludwig dem Baier die Minoriten mit ihren Ansichten von der Armut Christi und von dem Zustande der Seelen gleich nach dem Tode Verwirrung in die Gemüther brachten, errichtete der Papst eigene und beständige Inquisitions-Tribunale gegen diese Ketzer in den verschiedenen Ländern der Christenheit. Dem Tribunale sollte ein vom päpstlichen Stuhle bestellter Inquisitor häreticæ pravitatis vorstehen, welcher nie unter 40 Jahre alt sein durfte. Diesem wurden nach Bedarf eine Anzahl Notarii und Officiales officii zur Amtirung beigeordnet. Die Pflicht, Ketzer zu erforschen und zu bekehren, war eine gemeinschaftliche, des Inquisitors sowohl als des Diöcesanbischofs. Jedem für sich stand es zu, Ketzer vorzuladen, gefangen zu nehmen, Hand- und Fusseisen ihnen anzulegen und im Kerker sie zu bewahren; jedoch war zum grossen Unterschiede von den Straf- und Untersuchungsgefängnissen weltlicher Gerichte jener Zeit ein härterer und engerer Kerker, als eben die Sicherheit der Person ihn erheischte, ausdrücklich verboten. Härterer Kerker oder gar die Folter, sowie auch das Urtheil konnten nur unter Zustimmung des Bischofs und des Inquisitors zur Anwendung kommen; die Execution

¹) Siehe S. 198 d. W.

jedoch des Urtheils musste stets dem weltlichen Gerichte anheimgegeben werden.¹) Im Jahre 1315 ward durch König Johann zu Prag ein Inquisitions-Tribunal dieser Art im Kloster bei St. Clemens mit den nothwendigen Gefängnissen errichtet. Nach 3 Jahren sah man in Prag 14 waldensische Ketzer auf dem Scheiterhaufen; auch der Arzt Richard, welcher ketzerische Bücher verbreitete, war unter den Verurtheilten. Entweder hat der Inquisitor das gemeinsame Urtheil oder das Ansehen des Bischofs wenig beachtet, Johann von Dražic liess den Gefangenen durch seine Beamten aus dem Kerker mit Gewalt befreien und den Inquisitor seines Amtes entsetzen. ²) Die geschichtlich bekannten Inquisitoren sind der Minorit Peter von Načerad und der Dominikaner Gallus von Neuhaus.³) Seit dem Jahre 1318 wurde für Polen der Dominikaner Peregrin von Oppeln und der Minorit Nikolaus Hospodinet, für die Prager und Olmützer Diöcese der Dominikaner Fr. Kolda und der Minorit P. Hartmann, beide in Pilsen, ernannt. Über die Art der Häresien spricht die Diöcesan-Versammlung nicht; aber da die Synodal-Bestimmung von Irrthümern erwähnt, deren sich die Gläubigen im „Vater Unser" und im „Apostolischen Glaubensbekenntnisse" schuldig machten, so scheint es, als ob darin sich abweichende Meinungen gebildet haben, die der Bischof damit zu beseitigen wähnt, dass er die Formel dieser beiden Gebete in böhmischer und deutscher Sprache

---

¹) Frind, Kirchengeschichte, II. 84, nach Clementina lib. V. 3.
²) Siehe Bd. I. 217 und 221 d. W.
³) Siehe S. 389 d. W.

entwerfen und dem Curat-Clerus zur alleinigen Benützung und Verbreitung anbefehlen liess.¹)

Ein zweiter Punkt, welcher in der October-Synode zur Sprache kam, war das Wucherwesen, welches damals in Böhmen grosse Dimensionen angenommen hatte, weil es sonst überflüssig wäre, die scharfen Strafen der Mainzer Provinzial-Synode, wie sie der Mainzer Metropolit, Peter von Aspelt, am 11., 12. und 13. Mai 1310 wider den Wucher aufgestellt hatte, zu erneuern.²) Auch ungebührliche und übertriebene Forderungen mochten die Seelsorger bei Taufen, Trauungen, Begräbnissen, Beichten, kurz bei kirchlichen Dienstleistungen, an ihre Pfarrkinder gestellt haben, weil Bischof Arnost befiehlt, für diese und ähnliche geistliche Verrichtungen kein Entgelt zu nehmen, sondern sich mit freiwilligen Gaben zu begnügen. Selbst die heiligen Öle sollten von den Archidiaconen und Dechanten unentgeltlich an die einzelnen Pfarrer verabfolgt werden. Ebenso scharf tritt der Bischof gegen die häufigen Excommunicationen auf, welche die Pfarrer oft wegen geringfügiger Vergehungen zu verhängen pflegten; will aber dagegen die Immunität des Clerus um jeden Preis gewahrt wissen. Und weil er beschlossen hat, in der nächsten Zeit die Diöcese zu visitiren, soll der Clerus bis zu seiner Ankunft Residenz halten. Und um dem noch immer nicht ausgerotteten Gebrauche der Gottesurtheile zu begegnen, verbietet der Bischof seinem Clerus,

---

¹) Dudík, Synodal-Statuten des Bischofs Arnost von Pardubitz für die Prager Diöcese vom 18. October 1343. Siehe pag. 10. „De oratione dominica et Symbolo apostolico."
²) Hartzheim, Concilia Germanica. IV. 214 sqq.

dabei zu interveniren, und warnt denselben vor dem Geize, der sich sogar darin kundgibt, dass manche Priester, um nur Manual-Stipendien zu erhalten, von einer Kirche zur andern rannten und sich nicht scheuten, selbst mehrere Messen an einem und demselben Tage zu celebriren. Namentlich sollen damals besonders in Prag viele solche Gyrovagi gewesen sein. Was aber dieser Synode eine besondere Bedeutung gibt, das ist der in ihr ausgesprochene Bannfluch wider den vermeintlichen römischen Kaiser Ludwig den Baier und der Befehl, die wider ihn ausgesprochene grosse Excommunication und die wider ihn anhängigen Processe jeden Sonn- und Feiertag durch die Seelsorger von der Kanzel zu wiederholen.[1]) Diese hier in der Synode vom 18. October 1343 geschilderten Zustände mochten auch noch im Frühjahre und im Sommer 1344 dieselben gewesen sein, nur mit dem Unterschiede, dass seit der Publication des Bannfluches über den Kaiser Ludwig in dem böhmischen Reiche der Hass wider ihn bedeutend gestiegen ist, was, wie dem Könige Johann, so dem Markgrafen Karl nur erwünscht werden konnte, denn Karls klarer und in die Ferne schender Geist hat bei allen seinen Handlungen stets

---

[1]) „Nos Arnestus, Dei et apostol. sedis gratia Pragensis episcopus, excommunicamus et anathematizamus et excommunicatum et anathematizatum in his scriptis pronuntiamus Ludovicum de Bavaria hæreticum et scismaticum infandissimum... qui pro imperatore se gerit, tradentes eum sathanæ in interitu carnis, ut spiritus eius in die iudicii salvus fiat, monentes omnes et singulos .. ne sibi adiuvarent consilio, auxilio vel favore publicarent occulte." Über die Verkündigung der Excommunication siehe S. 318 d. W.

unterschieden zwischen dem, was einen bleibenden, definitiven Charakter hat, und dem, was nur als vorübergehende Phase angesehen werden kann. Die Abschätzung der Ereignisse nach ihrer Wichtigkeit und der Nachhaltigkeit ihrer Wirkung, sonst die schwierigste Aufgabe der Politik, war dem Markgrafen besonders geläufig. Von diesem Gesichtspunkte aus betrachtete er die Demüthigung des Herzogs Bolek um die Mitte Mai's 1345, nicht so die Niederwerfung des Wittelsbachers.

Gleich nach der glücklich vollbrachten Fehde gegen Schweidnitz und Landshut mochte Karl eine Streifung in das Gebiet des Markgrafen von Brandenburg unternommen haben.[1]) Nach derselben finden wir ihn in Brünn, wo ihn neben Johann Heinrich, seinen Bruder, Wilhelm von Landstein als Landeshauptmann vertrat. Als solcher erklärt er wahrscheinlich in Brünn, wo die Landesregierung war, am 6. Juni 1345, dass Markgraf Karl der Stadt Jamnitz ein in dem Orte Gezičky aufgedecktes Goldbergwerk geschenkt und auch urkundlich bestätigt habe. Der Landeshauptmann verspricht, die Stadt in dieser Schenkung zu schützen. Um die Stadt Jamnitz in ihrem Wohlstande zu heben, verleiht Karl während seines Aufenthaltes in Brünn am 6. Juni 1345 ihren Bürgern bezüglich der Goldbergwerke bei dem Dorfe Schicken dieselben Rechte und Vortheile, wie selbe die Iglauer Bürger bei ihren Bergwerken, die in der Nähe der Stadt liegen, besitzen, und um die markgräflichen Einkünfte zu heben, gestattet Karl, gleichfalls in Brünn am 6. Juni d. J., dem Brünner Stadtrathe und dem dortigen Zuden-

[1]) Werunsky, Karl IV., I. 381.

richter die Aufnahme der Juden zum stabilen Wohnen, sie mögen kommen, von wo sie immer wollen.¹) Von Brünn begab sich der Markgraf Karl nach Prag, wo sein Vater weilte. Hier bestätigte er am 11. Juni 1345 die Urkunde seines Vaters vom 4. Juni l. J., durch welche Johann die Errichtung des Augustinerklosters in der königl. Stadt Sušice verboten hatte.

Mit dem Kloster hat es folgendes Bewandtnis. Die Augustiner-Eremiten bei St. Thomas in Prag befanden sich um 1330 bereits in der Lage, die Errichtung eines neuen Filialklosters in Angriff nehmen zu können. Sie lenkten ihr Augenmerk auf den südlichen Theil Böhmens, und hier auf die königl. Stadt Schüttenhofen, böhm. Sušice, in jener Zeit Sicka genannt. Das Wyšegrader Capitel in Prag war Kirchenpatron dieser Stadt und im Interesse des Capitels lag es, dass hier neben der Stadtpfarrkirche kein Kloster entstehe. Damaliger Zeit war Canonicus der Wyšegrader Kirche König Johanns natürlicher Sohn, Nikolaus von Luxemburg, zugleich sein Geheim-Secretär und Prager Domherr.²) Die böhmische Königin Elisabeth erwirkte dem Augustiner-Orden die Erlaubnis, sich in Schüttenhofen anzusiedeln. Aber bald wurde diese Erlaubnis zurückgenommen, als das Wyšegrader Capitel gegen die Ansiedlung mit der ihnen incorporirten Pfarrkirche seine Einsprache erhob. König Johann hob die

---

¹) Cod. Dipl. Mor. VII. 443. „pro facienda residentia personali ibidem."

²) Emler, Reg. IV. 625. „præpositus ecclesiæ Oxiliensis, Pragen et Wyšegrad canonicus." Oxilia ist die Insel Oesel in der Ostsee im rigaischen Meerbusen. Dort war ein Bisthum.

gegebene Erlaubnis auf, und Markgraf Karl bestätigte über Ansuchen des Wyšehrader Probsten und Capitels den vom König Johann zu Prag den 13. Sept. 1331 gemachten Widerruf wegen Nichterrichtung des Augustinerklosters in Sušice.[1]) Nach einigen Jahren erwirkten die Augustiner abermals die Erlaubnis zur Ansiedlung. Am Sterbebette bat die Königin Elisabeth, König Johann möge dem Prior des Convents zu St. Thomas in Prag die Erlaubnis ertheilen, dass sie in Schüttenhofen ein Kloster ihres Ordens aufführen dürfen, wozu der König am 4. Juni 1339 die Zustimmung gab.[2]) Da trat Probst Nikolaus auf und was König Johann am 4. Juni 1339 bewilligte, das widerrief er zu Prag am 4. Juni 1345.[3]) Diesen Widerruf bestätigte zu Prag am 11. Juni 1345 Markgraf Karl.[4])

Während der Markgraf Karl in Brünn und Prag und der König Johann bis zum 15. Juni in Prag weilten,[5]) gelang es nach langer Bemühung dem Kaiser Ludwig, eine

---

[1]) Cod. Dipl. Mor. VII. 46.
[2]) Emler, Reg. IV. 274. „ad quam locationem nostrum consensum damus."
[3]) Emler, Reg. IV. 625. „inhibentes omnino, quod ibidem (in civitate nostra Sicca) nullum monasterium sive oratorium cuiuscunque ordinis existat, nec de cetero construatur, sed sola parochia."
[4]) Cod. Dipl. Mor. VII. 445. In dieser Urkunde nennt Karl den Probst und Canonicus Nikolaus ausdrücklich seinen Bruder.
[5]) Am 15. Juni 1345 bestätigt K. Johann die neu gestiftete Annakapelle im Spitale zu Königingrätz. Emler, Reg. IV. 627.

ausgiebige Coalition wider die Luxemburge zustande zu bringen. In einer Woche kamen an König Johann Fehdebriefe vom Kaiser, vom Könige von Polen, vom Könige von Ungarn, vom Markgrafen Friedrich von Meissen und von dem Herzoge von Schweidnitz.[1]) Obwohl alle die hier genannten mit den Luxemburgern durch Tractate und Verträge in Freundschaft standen, erklärten sie gegen das schriftliche Wort den Luxemburgern den Krieg, ein Beweis, dass nicht Worte und Buchstaben, sondern, wie noch heutzutage, die gegenseitigen Interessen das festeste Fundament der Politik bildeten; die Bundesgenossen halten sich nur dann berufen, in volle Kraft zu treten, wenn es sich um vollkommen solidarisches, gemeinsames Interesse handelt, und das war im Sommer 1345 der Fall. König Johann, der sonst nicht so leicht den Muth verlor, wenn Feinde an

---

[1]) Vita Karoli. Böhmer, Font. I. 266. Karl führt in seiner Selbstbiographie als Bundesgenossen des Kaisers auch den Herzog Albrecht von Österreich an. Schon Kurz bemerkte in „Österreich unter Herzog Albrecht dem Lahmen" S. 222. „So ehrwürdig uns mit vollem Rechte das Zeugnis des Markgrafen Karl sein muss, so geräth man doch in die Versuchung, glauben zu wollen, es müsse da beim Schreiben ein Versehen vorgefallen sein; denn keine einzige ältere böhmische, keine österreichische Chronik machte von diesem Bündnisse, oder von irgend einer kriegerischen Bewegung gegen Böhmen oder gegen Österreich Meldung. Diese Ansicht adoptirt auch Werunsky, Karl, I. 382. Ich habe keine Ursache davon abzuweichen, besonders als der Herzog erst unlängst eine Verlobung mit Karl's Tochter eingieng. Siehe S. 345 d. W.

ihn anstürmten, scheint nach dem Zeugnisse seines Sohnes [1]) über die Anzahl der vielen Feinde derart in Schrecken gerathen zu sein, dass er seinen natürlichen Sohn Nikolaus von Luxemburg und seinen Thesaurarius Heinrich von Neuenburg zum Kaiser zu schicken beschloss, um, wenn nicht einen Frieden, so doch einen Waffenstillstand zu erbitten. Die negative Antwort, die ihm der Kaiser zuschickte, hat seinen alten Muth wieder belebt und er soll ausgerufen haben: „Je mehr Feinde, desto mehr Beute, und wer mich zuerst angreift, soll für die andern zur Warnung niedergeschmettert· werden." Und dieser war Kazimir von Polen. Nachdem K. Kazimir Steinau und Freustadt als böhmisches Lehengut erobert hat, rückte er, von ungarischen und lithauischen Truppen unterstützt, im Juni 1345 über Sohrau, das er belagerte, in das Herzogthum Troppau und Ratibor. Herzog Nikolaus II. wendet sich bittend an seinen Oberherrn in Prag. König Johann verspricht schnelle Hilfe; wie mochte er erstaunt gewesen sein, als er bei den böhmisch-mährischen Dynasten Widerstand fand, die sich darauf beriefen, dass sie nie verpflichtet seien, ausserhalb des böhmisch-mährischen Reiches Kriegsdienste zu leisten. Nachdem der König darauf erwiderte, dass das Herzogthum Troppau, sowie alle andern polnischen Herzogthümer zur Krone Böhmens gehören, und er möchte denjenigen sehen, der ihm nicht folgen werde, [2])

---

[1]) Vita Karoli. Böhmer, Font. I. 266.
[2]) Vita Karoli l. c. 267. „Ducatus Oppavie, sicut alii Polonie ducatus, ad regem Bohemie et coronam regni respectum habere dignoscitur. Unde ergo accinctus ad iter, iam vado districte, et omnino visurus, quis vestrum tali captus teme-

brach er noch dieselbe Nacht von Kuttenberg auf, wo er
die Dynasten zum Zuge aufmunterte, unterstützt von einem
starken bewaffneten Haufen des Erzbischofs Arnost und
begleitet von den beiden königlichen Prinzen Karl und
Johann Heinrich, so dass er bald 500 Helme bei sich hatte.
Der Zug gieng über Oderberg gegen Freustadt und Loslau,
weil hier Markgraf Karl am 29. Juni 1345 urkundete. Im
Lager zwischen diesen beiden Orten, wo bereits 2000
Geharnischte und viele Bogenschützen und andere gut Aus-
gerüstete standen, denn die Dynasten, die in Kuttenberg
Einwendungen machten, beeilten sich zum Könige zu
stossen,[1] verspricht Karl dem Burggrafen von Magdeburg,
Burkhard, dem Poto von Častalovic und dem Beneš von
Mezeřič[2] und deren Freunden, die in seinem Dienste mit
ihm gegen den König von Krakau ziehen, ihnen alle Schaden
und Auslagen ersetzen zu wollen.[3] Einer der Ersten und
Tapfersten, welche zum Könige stiessen, war Zdeněk von

ritate et audacia presumtioaeque temeraria ut retro me
manere presumat."
[1] Vita Karoli l. c. 268.
[2] Es sind dies keine fremden, sondern einheimische Familien.
Burkhard gehört zur Linie Maidburg—Hradek, und hatte
Anna, Tochter Niklas II., zur Gemahlin. Častalovic und
Mezeřič sind mährische Familien.
[3] Cod. Dipl. Mor. VII. 446. „Promittimus fidelibus nostris...
nec non omnibus amicis et eorum sociis quibuscunque ad
nostra servitia contra regem Krakovie procedentibus cum
iisdem, omnia et singula dampna, que percipient, pariter
et expensas, quas facient, solvere et integraliter resarcire,
dum primum ad id nobis obtulerit se facultas."

Lipa, unter dessen Befehle 300 Streiter standen. Hier bei Sohrau hatte er viele Scharmützel mit den ungarischen Hilfstruppen, und zwar glücklich, zu bestehen, denn er jagte sie in die Flucht, wodurch die Stadt befreit wurde, und verfolgte die Fliehenden gegen Krakau, wo sie Zuflucht suchten. In der Hitze der Verfolgung trennte sich Zděnek mit seinem Haufen unvorsichtig vom Hauptheere, kam mit den Fliehenden nach Krakau und gerieth in Gefangenschaft, nachdem 300 Ungarn bei der Verfolgung umkamen und 60 vornehme Krieger gefangen wurden. So erzählt Karl.[1]) Einen eigenen Umstand erwähnt der Chronist Beneš.[2]) Er spricht von Zděnek von Lipa wie von einem Freibeuter, welcher nicht aufgefordert, sondern gegen den Willen des Königs sich dem Unternehmen anschloss, und auf eigene Faust die Stadt Beuthen besetzte. Hier sollen sich die Seinen einer unmässigen Freude hingegeben und in der Nacht ohne Waffen und ohne jegliche Vorsicht, meist betrunken, ausserhalb der Stadt den Schlaf gesucht haben. Da seien sie von einer Besatzung der polnischen Burg Bendzyn überfallen, die meisten niedergemacht oder, die sich nicht retten konnten, gefangen worden, darunter auch Zděnek von Lipa, der als Gefangener nach Krakau kam.[3])

[1]) Vita Karoli l. c. 268.
[2]) Beneš de Weitmil. Script. II. 288.
[3]) „Medio tempore, dum hec sic agerentur (nachdem die Böhmen um den 23. Juni vor Krakau lagen) et principibus nostris ad vota omnia succederent, quidam nobiles Boemie, inter quos Czenko de Lipa erat primus, cum suis gentibus

Die Chronik Beneš datirt von der Zeit seiner Gefangenschaft in Krakau das leichtsinnige Wesen dieses einst mächtigen Dynasten und somit den Verfall des Hauses Lipa, in dem der Titel „Böhmischer Marschall" erblich war, und das dem Lande Böhmen Landeshauptleute und Mähren den ausgezeichneten Heinrich von Lipa gab. Wir werden den Verfall des Hauses durch die Gütertheilungen später nachweisen können. Jetzt müssen wir noch bemerken, dass die Böhmen bei Krakau allerdings tapfer fochten, der Herzog von Kärnthen, Johann Heinrich, wurde hier mit vielen Anderen zum Ritter geschlagen; aber als die Lebensmittel ausgiengen, und weil die Umgebung auf mehrere Meilen im Umkreise ausgeplündert war, dachte K. Johann und Markgraf Karl

veniebant regi Boemie in subsidium non rogati immo prohibiti, et castra metati sunt ante civitatem Bytom, et intrantes eandem tota die chorearum solatiis et ebrietatibus vacaverunt. Ad noctem vero excuntes de civitate lassi et suffusi, incauti et sine armis absque quavis custodia, membra dederunt requiei, et ecce gentes regis Polonie de castro Bandyn ibi de prope irruerunt super istos, qui incaute dormiebant. Aliis fugam capientibus, Czenkonem de Lipa cum suis captivaverunt, propter quam captivitatem et inordinatam vitam dicti Czenkonis, quam in captivitate Cracovie ducere didicerat, domus et dominium dominorum de Lypa, que ultra alios dominos barones regni Boemie et Moravie nimium excreverat, periit, et facti sunt aliis aequales vel minores." Beneš de Weitmil, Script. II. 288. Dass Čeněk von Lipa in Beuthen besiegt und gefangen wurde, bezeugt eine Urkunde ddo. Lipnic 15. Jan. 1346. Cod. Dipl. Mor. VII. 464.

nach einigen Tagen¹) an die Rückkehr und K. Kazimir an den Frieden, den eigentlich Papst Klemens VI. zustande brachte, weil er, um den Hauptstreich wider den vermeintlichen Kaiser Ludwig mit Erfolg zu führen, Böhmen und Polen in Frieden haben musste. Markgraf Karl brachte den Rest des Jahres 1345 als „rector generalis regni Boemie" in Prag mit Administrationsgegenständen zu, und hatte die Freude, dass ihm die Herzoge Wenzel und Ludwig von Liegnitz auf der Prager Burg 30. Juli 1345 versprachen, ihm nach König Johanns Tode den Huldigungseid zu leisten. Sein dankbares Gemüth, besonders gegen diejenigen, die bei Schweidnitz und im letzten polnischen Kriege bei Krakau ihm gute Dienste leisteten, bewies Karl durch verschiedene Concessionen, so unter andern dem Johann von Klingenberg und dessen einzigem Sohne Johann, welche beide in letzter Zeit tapfer für den Markgrafen kämpften. Er ertheilt am 5. August d. J. die Gnade, dessen väterliche Güter, mögen dieselben Allode oder Lehen sein, vererben, verschenken oder abtreten zu können.²) Eine ganz besondere Gnade, die freilich auch seiner Kammer zugute kam, verlieh Karl der Bergstadt Iglau am 22. August. Er belehnt die Bürger mit

---

¹) Die Annales Sti. Crucis Polonici. Pertz S. S. XIX. 684 sagen, dass die Umschliessung der Stadt Krakau acht Tage dauerte. Beneš l. c. spricht nur von drei Tagen. In diese Zeit fällt die Aufforderung zum Duell, das Kazimir dem Könige Johann antrug, und von welchem Karl in seiner Vita l. c. 268 spricht.
²) Cod. Dipl. Mor. VII. 447 und 448.

allen Bergwerken im Umkreise von vier Meilen, erhebt das Iglauer Bergrecht zum Oberhofe, und gestattet am 25. August die Aufnahme der Juden in die Stadt, welche sodann von der Verbindung mit den übrigen Juden in Mähren, namentlich mit den Juden von Brünn, befreit sein sollen,¹) während sein Vater nach dem Rückzuge von Krakau sich in Breslau aufhielt und dort einige Tage verweilte; vom 4. bis 14. August sind daselbst ältere von ihm ausgestellte Urkunden datirt.²) Im September ist K. Johann, wie aus den vorhandenen Urkunden erhellt, mit seinem Sohne in Prag. So z. B. verspricht Markgraf Karl in einer Urkunde vom 27. September 1345, in einem von seinem Vater von demselben Datum ausgestellten Briefe die von diesem den Bürgern von Prag zur Ersetzung früherer Erpressungen auf fünf Jahre gewährte Abgabenfreiheit nicht verletzen zu wollen.³) Am 9. October verspricht er gemeinschaftlich mit seinem Vater seinem getreuen Peter von Rosenberg 800 Schock Groschen, um die sie das Gut Břesovitz gekauft, bis Weihnachten zu bezahlen, indem sie ihm zugleich für 200 Schock Groschen, die er ihnen bei ihrer grossen Geldverlegenheit im vorjährigen Feldzuge gegen Preussen geliehen, das Schloss und Gut Patzov mit Zugehör unter den von angegebenen Adeligen festgestellten

¹) Cod. Dipl. Mor. VII. 451.
²) Emler, Regest. IV. 633—638.
³) „Propter exactiones ac diversas pecuniarum dationes, quas retroactis temporibus propter magnas et evidentes necessitates nostras nos eis tam frequenter imponere et ab eis recipere oportebat." Cod. Dipl. Mor. VII. 454.

Bedingungen überlassen.¹) Es scheint, dass sich damals die Finanzlage des Königs Johann gebessert habe, weil er im Stande war, zu Breslau am 12. August von dem Herzoge Konrad von Schlesien und Herrn von Oels um 5000 Mark polnischer Währung einige Städte und Märkte zu kaufen.²) Herzog Konrad war aus Noth genöthigt, diesen Verkauf abzuschliessen, weil er als Johanns Bundesgenosse in dem letzten polnischen Kriege einen grossen Schaden erlitten hatte. Für seine und seiner Leute Loslassung aus der feindlichen Gefangenschaft und für die Anschaffung des verloren gegangenen Kriegszeuges und der Waffen musste er grosse Summen entrichten. Die Städte Gor sammt Gebiet, Steinau, Coeben (sic!) und Freinstadt kaufte Johann entweder ganz oder zum Theile. Jedenfalls mochte er Geld gehabt haben, weil er die verwendete Summe allsogleich entrichtet hatte. Der Herzog Nikolaus II. von Troppau und Ratibor erscheint als Zeuge. Überhaupt erscheint Herzog Nikolaus als treuer Vasall in Johanns Reiche.

Während Papst Klemens diese Zeit benützt, um vom 18. Juli an bis zum Schlusse des Jahres 1345 alle erledigten Domherrenstellen in Prag und Olmütz meistens mit Ausländern zu besetzen, ein kleines Entgelt für die vielen Mühen, die man sich bei der päpstlichen Curie gab, um den Markgrafen Karl auf den deutschen Thron zu bringen, wozu, wie wir schon sagten,³) vor allem der Friede mit Polen abgeschlossen werden musste.

¹) Huber, Karl IV. Reg. 20 n. 221.
²) Cod. Dipl. Mor. VII. 448.
³) Siehe S. 403 d. W.

Schon am 9. August 1345 ernannte zu Krakau König Kazimir eine fünfgliedrige Commission, worunter der Probst von Krakau, Zbinek, sich befand, um den Frieden mit dem böhmisch-mährischen Reiche zu vermitteln.¹) Unterrichtet von allem, was vorfiel, war der Papst durch Petrus von Walen, den K. Johann als seinen Gesandten nach Avignon schickte. Wir wissen dies durch ein Breve des Papstes vom 9. März 1345, in welchem er den König benachrichtigt, dass er (der Papst) seinen Kaplan, Magister Gerald von Magnaco, als Boten abgeschickt habe, welcher ihm (dem Könige) umständlich berichten wird, wie der Kaiser Ludwig eine Gesandtschaft, bestehend aus dem Grafen von Oettingen und dem Magister Ulrich, ernannt habe, welche auf die nächsten Ostern an den päpstlichen Hof kommen werde; sollte diese Gesandtschaft nicht mit den nothwendigen Vollmachten versehen sein, werde der Papst den Process wider den Kaiser wieder aufnehmen und auf Christi Himmelfahrt das Resultat desselben publiciren. Was aber den König von Polen, Kazimir, anbelangt, so bedauere er sehr seine Stellung wider den König Johann, und werde sich alle Mühe geben, selbe wieder gut zu machen.²) Das that er, als er am 18. October seinen Nuntius in Ungarn, Wilhelm von Pusterla, Probst zu Pressburg, beauftragte, sich zu den Königen von Böhmen und Polen zu begeben, und wenn es nicht anders geht, ihnen kraft päpstlicher Autorität einen Waffenstillstand zu gebieten und den Luxemburgern aufzutragen, dieser Angelegenheit wegen Gesandte nach Avignon zu schicken und

¹) Emler, Reg. IV. 635.
²) Theiner Mon. Pol. I. 478.

die Geschäfte der Friedensvermittlung dem apostolischen Stuhle anheim zu stellen.¹) Ein ähnliches Schreiben vom 18. October ist von Avignon aus auch an den König von Ungarn ergangen.²) Leider war dieser wegen der Intriguen, die der päpstliche Stuhl übte, um nur die Krönung des königlichen Bruders Andreas zu verhindern, so erbost, dass er, als ihm die Kunde von der Ermordung Andreas' zu Aversa am 18. October 1345 wurde, sich sofort an den Kaiser Ludwig anschloss und einen Rachezug ins Neapolitanische anzutreten beschloss, gerade zu der Zeit, in welcher auch der Kaiser einen abermaligen Zug über die Alpen anzutreten Miene machte, um die Rechte des Reiches in Lombardien und in Toscana wiederherzustellen und so hier den päpstlichen Einfluss zu bekämpfen.

Diese Allianz des ungarischen Königs Ludwig und des deutschen Kaisers gleichen Namens musste bei Klemens VI. nicht nur eine grosse Angst, sondern auch einen ebenso grossen Zorn erzeugen, und in dieser Gemüthsstimmung schickte er seinen Nuntius, Wilhelm von Pusterla, an den König Ludwig von Ungarn, um ihn an die Folgen, sich mit einem Ketzer und Schismatiker in Verbindung zu setzen, aufmerksam zu machen.³) Doch der König von Ungarn achtete dieser Vorstellung nicht und blieb, wie früher, in enger Verbindung mit dem gebannten Kaiser, weshalb sich der Papst am 29. October abermals bewogen fand, an die Könige von Böhmen, Polen und Ungarn und an den Markgrafen

¹) Theiner Mon. Pol. I. 483 und 484.
²) Theiner Mon. Hungar. I. 694.
³) Theiner Mon. Hungar. I. 694.

Karl dringendst zu schreiben, Frieden untereinander zu schliessen und den Kaiser zu meiden.¹) War das Ansehen des gebannten Kaisers durch das mit ihm geschlossene Bündnis des polnischen und des ungarischen Königs, welche kurz zuvor noch in Allianz mit den Luxemburgern standen, stark gehoben, so gewann dasselbe durch die reiche Erbschaft, welche dem Hause des Kaisers infolge des kinderlosen Todes seines Schwagers, des Grafen Wilhelm IV. von Holland, Seeland, Friesland und Hennegau anheimfiel.²)

Obwohl nach altem Herkommen dieses Erbe unter die drei hinterlassenen Schwestern, Margaretha, Gemahlin des deutschen Kaisers, Philippa, Gemahlin des K. Eduard III. von England, und die dritte mit dem Markgrafen Wilhelm von Jülich vermählt, getheilt werden sollte, erklärte der Kaiser wider jegliches Recht dieses Erbe für ein erledigtes Reichslehen, mit welchem er am 15. Januar 1346 seine zweite Gemahlin Margaretha belehnte. Sein Ansehen war zwar durch diese Erbschaft stark vermehrt, aber dadurch, dass er die Gemahlin Eduards III. nicht berücksichtigt hatte, verscherzte er die Allianz mit England in einer Zeit, wo ihm diese ungemein wichtig gewesen wäre; denn die so hoch gestiegene Hausmacht des Kaisers erregte den Neid der Kurfürsten, die ganz gleichgiltig sich verhielten, als um

---

¹) Theiner Mon. Pol. I. 486, 487 und Mon. Hungar. I. 694.
²) Werunsky, Karl IV. I. 390. Der letzte männliche Sprosse des Hauses d'Avesnes, Wilhelm IV., dessen Schwester Margaretha Kaisers Ludwig Gemahlin war, fiel in der Schlacht bei Staveren zu Ende September 1345 mit der Blüte seiner Ritterschaft.

Pfingsten 1345 des Kaisers Abgeordnete, Graf Ludwig von
Öttingen und Meister Ulrich Hofmaier von Augsburg, unverrichteter
Dinge nach Deutschland zurückkehrten, und der
Papst die alten Processe wider den Kaiser vom Neuen
publicirte.¹) Ein Schreiben des Papstes Klemens VI. vom
11. Mai 1345 an Philipp, König von Frankreich, in welchem
jener sich beschwert, dass Ludwig der Kaiser alle seine
früheren Gelöbnisse gebrochen und den apostolischen Stuhl
zum Besten zu halten scheine, bezeichnet das Ende aller
Aussöhnungsversuche zwischen der Curie und dem gebannten
Kaiser.²) Dieser, die grosse Gefahr, in welcher er, seit
seine Abgesandten aus Avignon unverrichteter Sache zurückkehrten,
schwebte, wahrnehmend, beschloss, sich mit seinem
Todfeinde, mit dem K. Johann, auszusöhnen.

    Als K. Johann zu Anfang November aus Prag nach
Luxemburg reiste, hielt er sich zu Kirchberg am Hundsrücken
auf, wo ihm der Kaiser Vorschläge zur Aussöhnung
machte, ihm, der nicht erwarten konnte, bis jener abgesetzt
und sein Sohn Karl zum deutschen Könige gewählt würde.
Doch ohne schroff abzusagen, aber auch nichts zuzusagen,
wandte sich K. Johann im November 1345 durch seine
Gesandten am päpstlichen Hofe mit der directen Anfrage,
ob die Kirche seinen Sohn, wenn dieser als Candidat für
den deutschen Thron auftrete, unterstützen wolle. Übrigens
erklärte er, entweder allein oder mit seinem Sohne Karl zu
Weihnachten nach Avignon zu kommen, um die Intention

---

¹) Siehe S. 406 d. W.
²) Werunsky, Kaiser Karl IV. I. 393.

des Papstes persönlich auszuforschen.¹) Bis zu jener Zeit hoffte er mit Kazimir von Polen vollständig ausgeglichen zu sein, was auch durch den päpstlichen Nuntius, Wilhelm von Pusterla, wirklich erfolgt war, so dass der Papst den Muth fasste, durch ein Breve vom 2. Januar 1346 den Bischöfen in Deutschland, Frankreich und Italien vom Neuen anzubefehlen, die gegen den vermeintlichen Kaiser ausgesprochenen und erneuerten Kirchenstrafen jeden Sonn- und Feiertag in allen Kirchen von der Kanzel zu promulgiren.²) Nun sah K. Johann ganz deutlich, dass es dem Papste Ernst sei, den Kaiser abzusetzen, besonders als er am 9. Januar 1346 in einem Briefe an den König Philipp von Frankreich und an den Herzog Albrecht von Österreich, welcher erst zu Wien am 14. December 1345 die alten Verträge mit König Ludwig von Ungarn erneuert hatte, seinen Bund mit dem Markgrafen von Mähren, Karl, ausgenommen, der in voller Kraft verbleiben soll, alle Vermittlungsvorschläge, welche von dieser Seite ausgiengen, entschieden verwarf.³) Nach dieser Wahrnehmung entschlossen sich Vater und Sohn, die in der letzten Zeit sich in Prag in Verwaltungsgeschäften aufhielten, den alten Grossoheim, den Erzbischof Balduin von Trier, aufzusuchen, um sich bei ihm Raths zu erholen. Am 28. Januar 1346 bestätigte Karl zu Prag das Bündnis, welches die Städte Olmütz, Mähr. Neustadt und Littau untereinander gegen Räuber und alle ungerechten Angreifer schlossen, so dass das Unrecht, welches der einen Stadt

---

¹) Werunsky, Kaiser Karl IV. I. 395.
²) Raynald, Annal. eccl. ad an. 1346. Tom. XVI. 228.
³) Raynald, Annal. eccl. l. c.

widerfährt, von den beiden andern gehindert werden müsse.¹) Man sollte nach diesem Städtebündnisse schliessen, dass in Mähren damals der politische und rechtliche Zustand unsicher war, weil sich die Städte schützen mussten; dem ist jedoch nicht so. Der mährische Landeshauptmann, Wilhelm von Landstein, sorgte schon für die Autorität der Gesetze und unterstützte die Tendenz derjenigen, welche eben, um Frieden und das Recht im Lande zu erhalten, ihr Hab und Gut dem böhmischen Könige zu Lehen nach deutschem Rechte gaben und es dann aus seiner Hand als Vasallen nahmen. Das Vasallenthum sorgte für die Ruhe im Lande. Am 1. September 1345 erklärte Hynek von Sleven in Gegenwart des genannten mährischen Landeshauptmannes und anderer Herren dieses Landes, dass er seine Erbburg Poděbrad mit der dazu gehörigen, aus 22 Ortschaften bestehenden Herrschaft in Böhmen mit Zustimmung seiner Verwandten und Freunde nach deutschem Rechte dem Könige Johann zu Lehen gab und wieder annahm mit dem Versprechen, stets ein treuer Vasall zu sein. Besiegelt haben diesen Lehensbrief der Landeshauptmann, Wilhelm von Landstein, Berthold von Lipa und Fritz von Leuchtenberg, genannt von Vöttau.²)

---

¹) Cod. Dipl. Mor. VII. 464. „Quod quidque adversitatis seu iniurie unam predictarum civitatum pati contigerit, has iniurias alie due civitates proprias reputantes, sese invicem ad obviandum et resistendum huiusmodi iniuriis et molestiis teneantur mutua vicissitudine adiuvare."

²) Cod. Dipl. Mor. VII. 452. „Meam, nec non heredum meorum conditionem per hoc fieri prospiciens meliorem."

Der hier genannte Berthold von Lipa war das ehemalige Haupt der berühmten Familie der Herren von Lipa, weshalb er auch den Titel „Marschall des Königreiches Böhmen," welcher in der Familie erblich war, führt. Heinrich von Lipa erklärt zu Lipnic am 15. Januar 1346, dass die vom Čeněk von Lipa während seiner Gefangenschaft, in welche er zu Beuthen zur Zeit des polnischen Krieges gerieth, aufgehäuften Schulden durch dessen Onkel Heinrich, Wyšegrader Probst und Kanzler von Böhmen, und durch seinen Bruder Berthold gezahlt werden sollen, und zwar nach dem Ausmasse, den seine Freunde Ješek von Boskovitz, Waněk, königl. Mundschenk, Ješek von Wesel, genannt von Wartemberg, und Heinrich von Klingenberg festsetzen werden.[1]) Diese reiche Familie hat zwei Tage früher, gleichfalls zu Lipnic am 13. Januar, den grossen Familienbesitz, welcher im Namen aller Familienglieder von Berthold, dem Marschall, verwaltet wurde, unter sich getheilt,[2]) wodurch vier Linien entstanden, dadurch aber, wie der Chronist Beneš von Weitmil bemerkt, von ihrem Ansehen und ihrer Macht herunterkamen.[3])

[1]) Cod. Dipl. Mor. VII. 464.
[2]) Cod. Dipl. Mor. VII. 461. „Nos Henricus, dei gratia Wissegradensis eccles. prepositus, cancellarius regni Boemie, Bertoldus eiusdem regni summus marschalcus, Tschenko et Henricus, quondam domini Heinrici iunioris filius, dicti de Lipa, promittimus... si aliqua debita occasione expensarum, vel aliis quibusque modis durante captivitate nostra contraheremus, vel dampna quomodolibet subiremus, que dampna et debita ipsis patruis nostris forsitan displicerent."
[3]) Siehe S. 402 d. W.

Die Ahnherren dieser vier Familien waren: Heinrich von Lipa, Wyšegrader Probst und Kanzler von Böhmen, dessen Neffen, der böhmische Marschall Berthold und Čenko, der in der Gefangenschaft sich aufhielt, und sein Grossneffe Heinrich, Sohn des jüngeren Heinrich von Lipa. Um die Theilung unparteiisch vorzunehmen, ersuchten die Familienglieder der Lipa ihre Freunde, die Herren Ješek von Boskovitz, Waněk und Ješek von Wesel, genannt von Wartemberg, Beneš von Wartemberg, genannt von Sobodka, und Heinrich von Klingenberg, sich dieser Theilung zu unterziehen, was sie auch mit der Bedingung thaten, dass die Betheiligten, zufrieden mit dieser Theilung, nie deshalb einen Process anfangen werden. Der älteste, Berthold, bildete die Kromauer Linie mit den Burgen Kromau, Lebnov, Schaikwitz und den Städten Goldenstein, Hostraditz, Heinrichs (Biteš) und Neustadt. Die Trübauer Linie hatte zum Ahnherrn den jüngeren Heinrich mit den Burgen Leuchtenburg, Cimburg, Trübau und Sommerburg und den Städten Ronov, Chotěbor und Stadt Trübau. Die Lipnicer Linie, Ahnherr Čenko von Lipa, Bertholds Bruder, mit den Städten Žampach, Polna mit einem grossen Thiergarten, Deutsch-Brod und der Feste Joslovitz mit den dabei liegenden Orten, und die vierte Linie — die von Ratej — in Böhmen mit dem Ahnherrn Heinrich von Lipa, Sohn Heinrichs des Jüngeren, mit der Stadt Bludov, Schönberg, Gewitsch, Dorf Kornitz, südlich von Trübau, Burg Schratiz (?), Humpoletz und Burg Olomučan mit Waldungen und mit allem, was ein gewisser Nikolaus Gorvitz damals in Pacht hielt. Die Güter des Wyšegrader Probstes Heinrich und der Brüder Berthold und Čenko blieben noch einstweilen vereinigt. Der Weinzehent bei

Gurdau, nördlich von Auspitz, soll unter die Ahnherren dieser vier Linien zu gleichen Theilen getheilt werden.[1]

Damals, als die Theilung der grossen Berk'schen und von Duba Güter, also im Januar 1346, vor sich gieng, entschlossen sich Heinrich, Probst von Vyšegrad, und Čeněk von der Lipnicer Linie, den König Johann und den Markgrafen von Mähren, Karl, in den polnischen Krieg zu begleiten. Vor Schweidnitz und Landshut hat Čeněk erspriessliche Dienste geleistet, Probst Heinrich erheblichen Schaden erlitten, und als Čeněk auf dem Wege nach Krakau, namentlich in Beuthen, besiegt und gefangen wurde, erklärte sein Neffe, Stifter der Linie Rataj, den vierten Theil des Lösegeldes und den Schaden, falls ihn K. Johann und Markgraf Karl nicht gut machen, zum vierten Theile aus seinen Gütern zu ersetzen.[2]

---

[1] Cod. Dipl. Mor. VII. 461, 462 und 463. „qualiter et quomodo dominium nostrum atque bona nostra in suo vigore conservare possemus... nil melius, nil utilius, nil comodosius ad predicta removenda pericula estimare et cogitare potuimus, nisi quod dominium et bona nostra in quatuor partes divideremus iuxta nostrarum numerum personarum." Als Zeugen erscheinen neben den guten Freunden Albert von Riesenburg, Konrad, genannt Bavar, und Hinek von Bludov.

[2] Cod. Dipl. Mor. VII. 464. „Persolvere debemus et volumus... de omnibus dampnis per predictum patruum nostrum, dominum Czenkonem, in expeditionibus in servitio dominorum nostrorum regis Boemie et marchionis Moravie, primo videlicet in Polonia ante Svidnitz et Lanczhut, deinde versus Cracoviam transeundo, et expresse in Beuthom, ubi devictus et captivatus extitit quocumque modo perceptis."

Lange scheint Čeněk von Lipa nicht in polnischer Gefangenschaft gewesen zu sein, weil er schon im Monate Februar d. J. einen Rechtsact vollzog, der seine Freiheit voraussetzt. Er vertauschte nämlich mit seinem Bruder Berthold von der Kromauer Linie das Dorf Joslowitz bei Znaim, welches zur Burg Kromau gehörte, für die Burg Goldenstein, was ein Appertinenz der Burg Lipnitz war. Die Urkunde hierüber ist ddo. Prag den 5. Februar 1346. Zugleich erklärt Čeněk, dass er für seine Mutter Scholastica und für seine Schwestern mit der Theilung und den an ihn gefallenen Antheilen vollkommen einverstanden sei, was auch die beiden Herren, der Probst Heinrich und Berthold, durch eine eigene, gleichfalls vom 5. Februar 1346 zu Prag ausgestellte Urkunde thaten. Die bei dieser Haupttheilung noch verpfändeten Güter erklärt Enderlin von Nostitz ddo. Prag am 10. Februar 1346 binnen drei Jahren auszulösen. Besiegelt haben diese Urkunde Hinek von Bludov, Hinek von Plessings und Epiko von Hradek.[1]) Also getheilt und verpfändet war im Beginn des Jahres 1346 das reiche Erbe der Familie Berka und Duba, deren ein Glied, Heinrich von Lipa, sogar mit einer Anverwandten des böhmischen Königs, Agnes von Plankenheim, verheiratet war. Er musste um diese Zeit gestorben sein, weil K. Johann das Heiratsgut der Witwe Agnes auf den ganzen Zins der Stadt Hohenmauth zu Prag 18. Februar 1346 angewiesen hat, eine Verpflichtung, die Markgraf Karl vollinhaltlich bestätigte.[2])

---

[1]) Cod. Dipl. Mor. VII. 465, 466 und 470.
[2]) Cod. Dipl. Mor. VII. 472. „Nobili domine Agnethe de Flankenheim (sic! s. Blankenheim), relicte quondam nobilis

Es mochte dem Markgrafen nicht angenehm gewesen sein, an den königlichen Einnahmen abermals eine neue Belastung zu sehen, da er selbst dem Burggrafen von Maidburg und Grafen zu Hardek, Burghard, die Bezahlung einer Schuld von 900 Schock Prager Groschen, die er bei dessen Schwiegervater, dem Herzoge Nikolaus von Troppau—Ratibor, gemacht hatte, auf Kuttenberg anweist, und verspricht ihm diese Summe bis Michaelis zu zahlen oder ihm dafür Satzung zu setzen, wie es Landrecht in Böhmen ist, für je 100 Schock 15 Schock Goldes.[1]) Bis Ende Februar mochte sich der Markgraf Karl und dessen Vater Johann in Prag aufgehalten haben,[2]) als durch lange Hand alles vorbereitet war, um den Grossoheim Balduin in Trier zu besuchen. Gegen Ende Februar 1346 begaben sie sich wirklich nach Trier, wo sich zugleich viele angesehene Herren, wohl aus Luxemburg und den Rheinlanden, einfanden, und jedenfalls noch vor Mitte März die Verhandlungen mit Bevollmächtigten des zu Frankfurt weilenden Kaisers gepflogen wurden.

> viri, Heinrici de Lipa, affini et consanquinee nostre dilecte, in quinquaginta marcis reddituum annui census gr. Pragmoravici ponderis occasione dotalicii ex certa nostra scientia rationabiliter obligamur."

[1]) Cod. Dipl. Mor. VII. 471.
[2]) Am 20. Febr. 1346 befreit König Johann zu Prag seine durch einen Brand verarmten Bürger von Königinhof von allen Abgaben, ausser 25 Schock Prager Groschen, die jährlich an ihn zu entrichten sind, und am 22. Febr. d. J. genehmigt König Johann gleichfalls zu Prag die Schenkung einiger Dörfer, welche Markgraf Karl den Prager Mansionaren geschenkt hat. Cod. Dipl. Mor. VII. 473.

„Zunächst war die Frage aufgeworfen worden, ob sich die Rückgabe der Grafschaft Tirol an den Prinzen Johann Heinrich, den Sohn des Böhmenkönigs, zieme, oder ob es wünschenswert sei, dass die Entschädigung auf andere Weise geschähe. Man entschied sich für die Forderung eines mit dem entrissenen Lande gleichwertigen Compensations-Objectes, nicht für die Rückgabe Tirols selbst; es war nämlich geltend gemacht, dass sich die Fürstenehre dagegen auflehnen müsste, ein Land wieder zu betreten, aus dem Johann Heinrich durch boshafte und nichtswürdige Intriguen der Unterthanen schmählich vertrieben worden war. Ebenso war auch von Zurückforderung der früheren Gemahlin des Prinzen, der Gräfin Margaretha, Umgang genommen, weil es widernatürlich sei, mit einer Ehebrecherin weiter zu leben. Als es sich nun um eine anderweitige Entschädigung handelte, liess der Kaiser, wie vor drei Jahren,[1]) zu diesem Zwecke neuerdings die Niederlausitz anbieten, die für immer der Krone Böhmens einverleibt werden sollte, und überdies 20.000 Mark Silber, für welche Summe der Markgraf Ludwig von Brandenburg dem Könige Johann, oder dessen Sohne Johann Heinrich, den Pfandbesitz der Städte Berlin, Brandenburg und Stendal sammt allem Zubehör auf so lange einräumen wollte, bis das Geld zu Prag bar bezahlt sein werde. König Johann war schon seiner beständigen Geldnoth wegen geneigt, dieses Übereinkommen anzunehmen; aber Markgraf Karl, den die Annahme der Vorschläge des Kaisers um die verlockende Aussicht auf die deutsche Königskrone gebracht haben würde, und ebenso sein von

[1]) Siehe S. 326 d. W.

ihm gänzlich abhängiger Bruder, der Prinz Johann Heinrich, widersetzten sich entschieden der Annahme jenes Vertrages; sie besorgten übrigens mit Recht, dass ihr leichtsinniger Vater die vertragsmässig zu zahlende Geldsumme sich selbst aneignen, sie an seine ausländischen Günstlinge verschleudern, seine Söhne aber leer ausgehen lassen werde."[1)]

„Erzbischof Balduin liess sich von Karl völlig für dieses Project gewinnen. Es kann kein Zweifel sein, dass der weise Erzbischof an dem Charakter seines Grossneffen, der vielmehr dem seinen, als dem Könige Johann verwandt war, überhaupt Gefallen gefunden hat. Den strengen Ordnungssinn, die haushälterische Sparsamkeit, die ruhige, staatsmännische Überlegung, die Vorliebe für Kunst und Wissenschaft, alle diese Eigenschaften, die ihn selbst auszeichneten, fand Balduin in Karl wieder. Auch darin glichen sie einander, dass in beiden der berechnende Verstand fast allein herrschend war. Deshalb war Ersterer auch durchaus darauf bedacht, aus der Förderung der Pläne seines Grossneffen möglichst grossen Nutzen zu ziehen."[2)] Und dies war der zweite Punkt, der in Trier, um die nöthigen Zusicherungen für die Wahl zu erhalten, besprochen werden musste. Das gewonnene Resultat dieser Besprechung wurde am 16. März

---

[1)] Wörtlich aus Werunsky, Kaiser Karl IV. Bd. I. 398 und 399 nach Vita Karoli, Böhmer, Font. I. 268—270. Vergl. Weech, Kaiser Ludwig und König Johann 98—104, und dann Werunsky l. c. 395 und 396. Dass die erwähnten Unterhandlungen nicht zum J. 1343, sondern zum J. 1346 gehören, hat Worthmann, Wahl Karl's IV., S. 59 erwiesen.

[2)] Wörtlich aus Werunsky, Karl IV., I. 399.

Verhandlungen in Trier mit Erzbischof Balduin 1346.

1346 also formulirt: Karl verpflichtet sich, dem Erzbischofe die Kosten, welche Balduin für seine Wahl zum deutschen Könige haben werde, zu erstatten bis zur Höhe von 6000 Mark und ihm eventuell Schadenersatz für alle ihm aus dieser Sache etwa erwachsenden Nachtheile zu leisten. Zur Sicherstellung dafür verpflichtet er sich, ihm Schlösser und Güter zu übergeben, entweder eigene oder solche seines Vaters; nach seiner Wahl aber wolle er dieselben gegen Reichsgüter austauschen. Alsdann verspricht Karl, auch als römischer König alle Privilegien des Erzstiftes Trier mit goldener Bulle zu bestätigen und etwaige Streitigkeiten, die zwischen Brüdern entständen, durch Schiedsrichter beilegen zu lassen.[1]) An demselben Tage besiegelt K. Johann diese von seinem Sohne gemachten Versprechungen.[2])

Während Karl und sein Vater Johann in Trier im Monate März unterhandelten, schenkte zu Brünn am 3. März 1346 Beneš von Butsch das Patronatsrecht über die Pfarrkirche in Butsch dem Benedictiner-Nonnenkloster zu Pustoměř, und zwar in Gegenwart des Olmützer Bischofs Johann und der mährischen Beamten Gerhard von Kunstadt, Kämmerer der Brünner Provinz, Ješek von Kravař, Kämmerer der Olmützer Provinz, dann Wok von Holenstein und der Herren Hecht von Rossitz, Michael und Wenzuš von

---

[1]) Worthmann, Die Wahl Karl's IV. zum römischen Könige nach Publications de la société historiquet de l'institut de Luxembourg XXI. p. 61, wo die Regesten viel specieller und detaillirter sind, als bei Böhmer, Reg. imp. addit. II. p. 348. Cod. Dipl. Mor. VII. 475.
[2]) Emler, Regest. Heft IV. 666.

Borov und der Archidiacone Witek von Olmütz, Bořuta von Znaim, Nikolaus von Lundenburg und des Priesters Cuskrai in Starč, während der Papst Klemens VI. am 16. und 18. März eine dem Olmützer Capitel zuständige Pfarre, dann eine bei der St. Peterskirche in Brünn vacante Präbende für gewisse Petenten vorbehielt, und am 29. März dem Prager Domherrn Hugo, Sohn des Ritters Smil von Vöttau, ein der Verleihung des Olmützer Bischofs und Capitels zuständiges Beneficium, obwohl Hugo erst 13 Jahre zählte und daher die Dispens erhielt, reservirte.[1] Diese Vollmacht des Papstes, Prälaturen, Beneficien und Domherrenstellen zu vergeben und dadurch seine Günstlinge in der ganzen christlichen Welt als ebensoviel Agenten der päpstlichen Macht zu bestellen. erstreckte sich, wie wir wissen, bis zu den höchsten Stellen. So schritt er am 7. April 1346 zur Absetzung des ungehorsamen Erzbischofs von Mainz, Heinrich von Virneburg, welcher, wie uns bekannt,[2] eine der stärksten Stützen des gebannten Kaisers Ludwig des Baier war, und ernannte in feierlicher Sitzung den Grafen Gerlach den Jüngern von Nassau, welcher nicht einmal das canonische Alter hatte, daher dispensirt werden musste, zum Erzbischofe von Mainz und folglich zum Erzkanzler in Deutschland. Somit war der letzte Stein des Anstosses beseitigt, und Papst Klemens VI.

---

[1] Cod. Dipl. Mor. VII. 474—475.

[2] Siehe S. 333 d. W. „Papa Clemens VI. insolitas et inauditas reservationes beneficiorum quorumlibet per universalem ecclesiam fecit, quarum etiam reliquas, timens scandalum, revocavit." Heinr. Rebdorfer. Böhmer, Font. IV. 558.

schritt jetzt direct zur Absetzung Ludwig des Baier, was im feierlichen Consistorium den 13. April 1346 stattfand. Hier drängt sich unwillkürlich die Frage auf: war zu einem solchen Schritte Papst Klemens VI. berechtigt? Von unserem modernen Standpunkte muss man diese Frage absolut verneinen; wenn man sich aber in die Ansichten des tiefen Mittelalters versenkt, was man bei Beurtheilung der Thatsachen jener Zeit ja thun muss, erscheint die Sache ganz anders. Man denke nur an die Theorie der beiden Schwerter. Zwei Schwerter, heisst es, sind auf Erden, die Christenheit zu beschirmen; das eine, das weltliche, ist dem Kaiser, das andere, das geistliche, ist dem Papste in die Hand gegeben; das weltliche soll das geistliche unterstützen. Das äussere Zeichen hiefür war das Officium strepæ et stratoris, d. h. das Halten des Steigbügels von Seite des römischen Kaisers, wenn der Papst den Zelter besteigt, und das Führen des letzteren einen Steinwurf weit. Diese, eigentlich durch den heil. Augustin († 439) in seinem Buche „De civitate Dei" vom Gottesstaate, worunter die Kirche zu verstehen ist, aufgestellte Theorie, beherrschte das ganze Mittelalter, nur suchte man gerade in der Zeit, von welcher wir handeln, dieselbe von Seite der Päpste dahin zu modificiren, dass man die weltliche Macht als von der geistlichen abgeleitet hinstellte, die geistliche also als ursprüngliche, als allein von Gott eingesetzte, bezeichnet hat. Dies ist die modificirte Theorie, welche im Gegensatze von der im Sachsenspiegel (1235) und im Spiegel aller deutschen Leute (Deutscher Spiegel 1269) vertretenen, als Theorie vom kaiserlichen Land- und Lehens-Rechtsbuche (1275) verfochten wird.[1]) Nach dieser Theorie war alle Gewalt dem Papste verliehen, von dem erst die kaiserliche ausgeht. Der Kaiser erscheint, wie sich das Mittelalter aussprach, im Verhältnisse zum Papste gleich dem Monde, der von der Sonne sein Licht empfängt. Und da diese Ansicht tief im Volksbewusstsein jener Zeit eingewurzelt war, und Kaiser Ludwig durch die scandalöse Vermählung seines Sohnes gleichen Namens mit der angetrauten Gattin eines andern auch die Achtung und Zuneigung der meisten Fürsten und vollends des Volkes verloren hat, konnte es gar nicht auffallend erscheinen, dass Klemens VI. den Kaiser, wie

---

[1]) Umständlich darüber: Rudolf Ritter von Schauer, Handbuch des Kirchenrechtes. Graz 1886. I. 36 und ffg. In concreter Weise stellte sich das Mittelalter die Gewalt als Schwert vor, und berief sich hiefür auf Petrus' Rede: Domine ecce duo gladii hic! und Christi Antwort: Satis est (Luc. 22. 38.). Die modificirte Theorie kam mit dem Ausbruche des Schisma 1378 vollständig ins Stocken. Im Anfange des XV. Jahrhunderts ist sie verschwunden, während die Solidarität zwischen Kirche und Reich auch noch weiter bestand und sich praktisch in dem Rechtssatze der Glaubenseinheit bewährte. Die Folge dieses Rechtssatzes der Glaubenseinheit war, dass, wer an dem einigen katholischen Glauben zweifelte, auch vom weltlichen Arme bestraft wurde. Erst das Auftreten Luthers hat eine Änderung in dem bisherigen Rechtssatze bewirkt. Bis es jedoch zur definitiven Abänderung dieses Rechtssatzes der Glaubenseinheit kam, vergieng noch mehr als ein Jahrhundert. Erst der 30jährige Krieg musste unter harten Kämpfen der Entwickelung der heutigen Rechtsanschauung in Hinsicht des Glaubens die Bahn brechen.

oberwähnt, im Consistorium vom 13. April 1346 abgesetzt hatte. Nachdem in der Absetzungsbulle der Papst den Verlauf der Verhandlungen recapitulirt und jeden, der dem Abgesetzten gehorcht, mit Bann und Interdict belegt, ermahnt er die Kurfürsten, einen neuen König zu wählen, weil er sonst selbst dafür sorgen müsste. Mit der Veröffentlichung dieser Bulle, die an die Kirchenthüre zu Avignon angeschlagen wurde, war der Erzbischof von Trier beauftragt, die Einleitung zur neuen Königswahl zu treffen. Wie selbst der Kaiser diese gegen ihn gerichtete geistliche Macht anerkannt hatte, und wie sehr er überzeugt war, dass der Papst die Macht habe, über das römische Königthum auf dem Wege der Provision wie über ein Bisthum zu verfügen, bewies er durch die vielen Deputationen, die er in dieser Sache an den Papst geschickt hatte, bis um die Mitte März auch die Schlussverhandlungen mit den Gesandten des Kaisers gescheitert waren, und Herzog Albrechts von Österreich Intercession für den Kaiser nach damaliger fruchtloser Bemühung mit einem päpstlichen Schreiben vom 9. Januar 1346 damit abgefertigt wurde, dass der Herzog dringend aufgefordert wird, mit dem gebannten Ludwig alle Gemeinschaft und Verbindung zu meiden. Von allem dem waren die Luxemburge vollkommen unterrichtet, welche sich um den 18. März 1346 von Trier nach Arlon, der Hauptstadt der ihnen gehörigen gleichnamigen Markgrafschaft, begaben[1]) und traten jedenfalls noch vor Mitte April die Reise nach Avignon an, wo sie nach ihrer Disposition

[1]) Emler, Reg. IV. 668.

schon um Weihnachten hätten eintreffen sollen.¹) Sie kamen dahin nach der Osterwoche, jedenfalls nach dem Gründonnerstage, welcher 1346 auf den 13. April fiel. Es war Sitte, die sich bis heutigen Tag erhielt, an diesem Tage die Edicte gegen Schismatiker, Häretiker und Ungläubige und gegen Räuber des kirchlichen Gutes zu verkündigen, weshalb auch an diesem Tage die Absetzungsbulle wider Kaiser Ludwig publicirt wurde,²) bei welchem Acte die Luxemburge nicht zugegen waren; erst wenige Tage darauf langten sie in Avignon an, und nun beginnen zwischen dem Markgrafen Karl und dem Papste Unterhandlungen, wie die bereits gethanen Abmachungen zu formuliren, Abmachungen, welche ihrer Natur nach eine längere Arbeit und folglich auch eine längere Zeit voraussetzen. Im Grunde waren es Abmachungen, welche Kaiser Ludwig so oft 1336 und 1343 versprochen, aber niemals gehalten hat. Sie wurden endlich am 22. April 1346 zu Avignon in Gegenwart des Papstes, vieler Cardinäle und König Johanns formulirt und eidlich bestätigt. Wir wollen sie punktweise anführen.

Markgraf Karl verspricht: 1. alles zu thun, was einst der

---

¹) Böhmer, Acta imperii selecta. 748 n. 1052 bei Werunsky l. c. 401.
²) Matth. Nuewenburgen. Böhmer, Font. IV. 231. „A. D. 1346 in cœna Domini (13. April) papa contra Ludovicum principem crudelissimum faciens sermonem... in quo etiam monuit principes electores, ut regem eligerent idoneum... ne ecclesia diu advocato careat; alioquin circa hec sedes apostolica cogitaret." Dann Heinrich von Diessenhov. l. c. 49 und Heinrich Rebdorf. l. c. 558.

letzte Kaiser, sein Grossvater Heinrich VII., und andere Kaiser und Könige der Kirche eingeräumt haben. Man hat also die Regierung des Kaisers Ludwig IV. aus der Reihenfolge der deutschen Regenten einfach weggestrichen. 2. Alle Urtheile und Handlungen Ludwig des Baier für ungiltig zu erklären und rückgängig zu machen — wichtig, aber nicht neu; — man denke an Kaiser Friedrich II. seit dessen Absetzung durch den Papst 1245. Die Tragweite dieser Zusicherung war gross, vor allem wegen des präjudicirenden Einflusses, welchen sie auf die Entscheidung künftiger analoger Fälle üben konnte. 3. Rom, Ferrara und alle anderen Gebiete und Lehen der Kirche in und ausser Italien, wie die Grafschaft Venaissin, namentlich auch die von der Kirche lehnbaren Königreiche Sicilien, Sardinien und Corsica nicht zu besetzen, keine Rechte in denselben anzusprechen, denjenigen, welche dieselben widerrechtlich an sich bringen wollten, nicht beizustehen, sondern die Kirche bei Vertheidigung derselben nach Kräften zu unterstützen.[1]) 4. Markgraf Karl gelobt, vor dem für die Kaiserkrönung bestimmten Tage die Stadt Rom nicht zu betreten, auch am Tage der Krönung mit allen seinen Leuten die Stadt zu verlassen, sich möglichst schnell aus den päpstlichen Gebieten auf das

---

[1]) Bestätigung Kaisers Heinrich VII. mit detaillirter Aufzählung der einzelnen Bestandtheile. Theiner, Cod. Dipl. dom. temp. I. 433 n. 607. Archiep. Trevirensi. Auch Ludwig IV. hat sich angeboten, in den Procuratorien von 1336 und 1343 den Länderbesitz der Kirche, wie Heinrich VII., anzuerkennen.

Reichsgebiet zurückzuziehen, und ohne ausdrückliche Erlaubnis des apostolischen Stuhles nicht wieder nach Rom oder in die Provinzen der Kirche zurückzukehren.¹) Ferner verpflichtet sich 5. Markgraf Karl, falls er römischer König werde, alle Verordnungen seines Grossvaters und der andern Vorfahren im Reiche, die diesen Versprechungen entgegen seien, zu annulliren. 6. Er schwört, erst nach der Bestätigung seiner Wahl durch den Papst Italien zu betreten, und die Verwaltung dieses Landes zu übernehmen, die nach der Lombardei oder Tuscien zu schickenden Statthalter schwören zu lassen, dem Papste zur Vertheidigung seines Gebietes

---

¹) „Ad evitandam quoque occasionem veniendi contra predicta vel aliquod predictorum, promitto ut supra, quod ante diem, mihi pro coronatione mea imperiali prefigendam, non ingrediar urbem Romanam, quodque eadem die, vero et legitimo impedimento cessante, imperialem recipiam coronam ipsa die, qua coronam huiusmodi recepero, dictam urbem, vero ac legitimo impedimento cessante, exibo cum tota etiam, quantum in me fuerit, gente mea, et cessante etiam impedimento legitimo continuatis moderatis dictis, extra totam terram Romane ecclesie me recto gressu transferam versus terras imperio subiectas; numquam postmodum ad urbem, regna predicta Sicilie, Sardinie et Corsice, provincias, civitates vel alias terras Romane ecclesie, nisi de speciali licentia sedis apostolice, accessurus." Cod. Dipl. Mor. VII. 479. Eine zwar demüthigende Forderung, aber eine Folge der dem Papste garantirten ausschliessenden Hoheitsrechte in Rom und den Kirchenprovinzen. Siehe Theiner l. c. 1. 457 n. 628. Dasselbe sollte auch Ludwig IV. versprechen.

und der Kirche beizustehen;[1] 7. gelobt endlich, acht Tage nach seiner Wahl und acht Tage nach seiner Kaiserkrönung alle diese Versprechungen zu erneuern und alle innerhalb des Reiches in Bisthümer, Prälaturen und überhaupt in Kirchen Eingedrungenen auf Verlangen des Papstes zu vertreiben und die durch päpstliche Provision Ernannten zu unterstützen.[2] Unter den Zeugen erscheint Karls Stiefbruder, Niklas von Luxemburg, Probst zu Sacka und König Johanns Geheimsecretär, und dann der Domdechant von Olmütz, Niklas, Lucko's Sohn, gewöhnlich von Brünn genannt, Karls Geheimschreiber, dem Klemens VI. durch ein Breve vom 22. Juli 1346 die Einkünfte aller seiner geistlichen Ämter und Pfründen durch sieben Jahre zu beziehen erlaubt hat, auch wenn er vom Sitze dieser Ämter und Pfründen abwesend sei,[3] und dass Niklas auch wirklich noch das nächste Jahr von Olmütz abwesend war, beweist eine Urkunde seines Bischofs Johann vom 1. Juni 1347, durch welche er die dem Nonnenstifte zu Pustoměř geschenkten Patronatsrechte über die Kirchen in Lundenburg,

---

[1] Zum Verständnis dieses Gelöbnisses vergleiche man Pertz, Legg. II. 485.
[2] Cod. Dipl. Mor. VII. 476—482. Theiner, Cod. Dipl. dominii temporalis s. sedis. II. 155—159, 167 und 169. Wir geben die einzelnen Punkte fast wörtlich aus Werunsky, Geschichte Kaisers Karl IV. Bd. I. S. 409 und ffg., und aus Huber, Regest. Karoli IV., pag. 21. Nach Theiner l. c. ist dieses Instrument abgedruckt in Emler, Regest. IV. 670—676. Höfler, Karl's Erhebung zum König- und Kaiserthum. Mittheilungen des Vereins der Deutschen, VIII. 11.
[3] Cod. Dipl. Mor. VII. 493.

Gdossau und Butsch bestätigt.[1]) Beide diese Zeugen, Niklas von Brünn und Niklas von Luxemburg, werden in einer Urkunde ddo. Avignon 5. November 1345 zugleich mit dem päpstlichen Kaplan Gerald von Magnaco Räthe des Königs Johann genannt. Sie waren in Avignon und sollten, namentlich der Olmützer Domdechant, persönlich dem Könige referiren, was sie damals in Avignon durchsetzten.[2])

Dies sind die berühmten Wahlcapitulationen, von denen K. Johann, nachdem er sie anerkannt und so gut wie sein Sohn Karl beschworen hat, sagt, dass sie nützlich, erlaubt und ehrbar seien, und sich verpflichtete, seinen Sohn Karl zur vollkommenen Erfüllung obiger Gelöbnisse anzuhalten.[3])

Doch damit war die Capitulation Karls noch nicht zu Ende. Hatten seinen bisherigen Gelöbnissen durchaus ähnliche Verpflichtungen früherer Könige, und namentlich die von Benedict XII. und Klemens VI. Ludwig dem Baier gestellten Absolutionsbedingungen zugrunde gelegen, so wurden nun von ihm noch andere Eide verlangt, welche zumeist auf specielle Verhältnisse berechnet, daher grösstentheils, wie der Papst selbst sagt, neu und ungewöhnlich

[1]) Cod. Dipl. Mor. VII. 523. Cod. Dipl. Mor. VII. 481.
„Nicolao decano, tunc in remotis agente."
[2]) Dudik, Auszüge S. 29 n. 588.
[3]) Theiner, Cod. Dipl. dominii temporal. s. Sedis II. 158.
„Iohannes... promissa omnia et singula in presentibus literis contenta per dictum Karolum... promissa et iurata ipsis per me plenius intellectis, reputo et credo utilia, licita et honesta, et ob hoc per ipsum Karolum, si in Romanorum regem assumptus fuerit, desidero compleri et irrefragibiliter observari."

waren.¹) So verspricht Karl an demselben 22. April dem Papste, falls er zum römischen Könige gewählt würde, alle Processe seines Grossvaters, Kaisers Heinrich, gegen den König Robert von Sicilien, dessen Bruder Herzog Johann von Durazzo, Florenz und dessen andere Feinde in Italien zu widerrufen, und dem Papste auf ein Jahr Vollmacht zu geben, allen Städten und Personen in Italien die Strafen ihrer Vergehungen gegen das Reich nachzulassen, und dieselben in den verlorenen Rechtszustand wieder einzusetzen, so dass sie von Seite des Reiches in keiner Weise mehr beunruhigt, und namentlich die Erben König Roberts weder in Sicilien noch in ihren zum arelatischen Reiche gehörigen Grafschaften Provence, Forcalquier und Piemont angegriffen werden dürfen.²) Verspricht weiter dem Papste gemeinschaftlich mit seinem Vater, mit Ludwig dem Baier, als einem Ketzer und Schismatiker, in keiner Weise sich verbinden, auch in keine Verwandtschaftsbeziehungen treten,

---

¹) Werunsky, K. Karl IV., I. 415. Worthmann, Wahl Karl's IV. zum römischen Könige S. 57. „non solum solita, sed etiam alia (iuramenta) prestitit." Nach Höfler, Aus Avignon, Prag 1868. S. 9.

²) Theiner, Cod. Dipl. dominii temporal. s. Sedis II. 159. Emler, Reg. IV. 676. Huber, Reg. Karl IV. 21. Übrigens hat schon Klemens V. die Präpotenz Kaisers Heinrich VII. gegen K. Robert für nichtig erklärt. Da aber die Befugnis des Papstes, kaiserliche Urtheile zu cassiren, von Seite des Reiches bezweifelt werden konnte, liess sich Klemens VI. die Ertheilung der Vollmacht zur Lösung der italienischen Hochverräther von beständigem Reichsbanne ausdrücklich angeloben. Werunsky, l. c. 416.

sondern denselben auf jede Weise bekämpfen zu wollen und weder einen Vertrag noch ein Bündnis mit ihm zu schliessen, so lange er im Banne sei.¹) Auch übernahmen Beide, Vater und Sohn, die Verpflichtung, wegen der Kosten des Krieges gegen Ludwig keinen Anspruch an den Papst zu erheben. Ferner gelobte Karl, dem Papste Klemens VI. und dessen Nachfolgern das Schiedsrichteramt in allen Streitigkeiten römischer Kaiser und Könige mit französischen Königen zu überlassen.²) Dieses Zugeständnis gieng bedeutend über ähnliche Anerbietungen Kaiser Ludwigs hinaus, weil es sich auch auf alle aus der Vergangenheit herrührenden und künftig sich ergebenden Streitigkeiten bezog; es involvirte nicht nur eine Schmälerung der Befugnis, dem nachbarlichen Erbfeinde, der beständig auf Annexion deutscher Reichsgebiete sann, nach freiem Ermessen Krieg zu erklären, sondern überdies eine Preisgebung der Interessen der deutschen Nation, da es durch die Erfahrung erwiesen war, dass die avignonischen Päpste, als offenkundige Freunde der Könige von Frankreich, Förderer aller französischen Prätensionen, dagegen geheime Feinde Deutschlands, seines Ansehens, seiner Macht und Grösse waren.³) Der Schluss der Capitulation als Bedingung zur deutschen Königswahl Karls war der Schwur und gemeinschaftlich mit seinem Vater das Versprechen, die Zwistigkeiten mit K. Kazimir von Polen dem Schiedsspruche des Papstes unbedingt zu

¹) Emler, Reg. IV. 677. Cod. Dipl. Mor. VII. 482.
²) Cod. Dipl. Mor. VII. 482. Emler, Reg. IV. 676 nach Theiner,
* Cod. Dipl. dominii tempor. s. Sedis II. 161.
³) Wörtlich aus Werunsky, Karl IV., I. 416.

unterwerfen und im Falle des Zuwiderhandelns eine Conventionsstrafe von 10.000 Mark Goldes zu erlegen,[1]) und dann auf seinen Schwiegersohn, König Ludwig von Ungarn, mit allen Mitteln einzuwirken, dass derselbe seinen Plan, nach Italien zu ziehen, um seinen vom Papste verlassenen und durch Zuthun seiner Gemahlin, der Königin Johanna, die der Papst noch immer als rechtmässige Königin betrachte, erdrosselten Bruder Andreas zu rächen, aufgebe.[2])

Diesen Punkt berührte der Papst, weil eben damals sich die Kunde verbreitete, dass Kaiser Ludwig über Tirol nach Italien ziehen wolle, um dort das kaiserliche Ansehen herzustellen. Die Angst, dass dies geschehen könnte, nöthigte den Papst, die beiden Luxemburge auch diesen Punkt beschwören zu lassen. Somit waren 9, vom Kaiserthum gar nicht zu reden, nämlich Deutschland, Italien, das arelatische Königreich, Sardinien, Corsica, Sicilien, Frankreich, Polen und Ungarn in die eidlichen Stipulationen, die Markgraf Karl am 22. April 1346 in Avignon leistete, verwickelt, und solche Stipulationen sollen nicht neu und ausserordentlich sein? Ja, sie waren im Vergleiche zu den Eiden früherer von den Päpsten anerkannten römischen Könige zum grossen Theile neu und ungewöhnlich, nicht aber im Vergleiche zu den von Ludwigs Gesandten am 16. Januar 1344 beschworenen Absolutionsbedingungen. Fast wörtlich wurden sie in die Capitulationen aufgenommen, die Karl so feierlich beschworen hat. Der Unterschied liegt eigentlich darin: Karl machte diese Concessionen zu seinem Ausgangspunkte und präjudicirte dadurch

---

[1]) Theiner, Monum. Polon. I. 493.
[2]) Theiner, Monum. ungar. I. 726.

dem Reiche in ganz unglaublicher Weise, während Kaiser
Ludwig es eher auf die Wahl Karls ankommen liess, als
dass er die Capitulationspunkte wirklich eingegangen wäre.[1])
Wir würden dieses glühende Verlangen nach dem königl.

[1]) Über die Capitulationspunkte Karl's vergleiche vom Höfler,
„Aus Avignon," sowie „Karl's Erhebung zum König-
und Kaiserthume" in den Mittheilungen des deutsch-
historischen Vereines. VIII. Auf einem Feste, das man zu
Avignon zur Ehre der fremden Gäste gab, soll Karl (so
sagen einige Schriftsteller) die Freundin Petrarca's, die
durch ihre Schönheit und glänzenden Witz ihrer Zeit weit
und breit gepriesene Laura von Sade, kennen gelernt
haben, was den berühmten italienischen Dichter veranlasste,
auf den Markgrafen ein Sonett zu verfertigen, worin er
Karl einen Prinzen vom königlichen Adel, englischen Verstande (angelico intelletto), heiterer Seele, schnellem Gesichte
(Luchsauge), geschwinder Vorsicht (pronta vista occhio
cervero, providenzia veloce) und von hohem, einer solchen
Brust würdigen Gedanken (alto pensero e vera mente degno
di quel petto) nennt. Ein vortreffliches Bild von einem so
scharfsinnigen Augenzeugen entworfen! Rime di Francesco
Petrarca col comento del Tassoni, del Muratori e di altri
Tom. I. 701. Sonetti 182. Padova 1826, 4°. Über die hübschen
Rime, die schon Pelzel in seiner Geschichte „Kaiser
Karl IV., Prag 1780," I. 150, auf den Markgrafen Karl
bezogen werden will, sagt Petrarca's Commentator Muratori: „Tuti questi sostantivi si riferiscono al re Roberto,
ossia al conte d'Angio, o a chi sia colui, del quale parla
qui il Petrarca, discordando in ciò di troppo gli espo-
sitori" l. c. 702. Irgendein gleichzeitiger Chronist oder gar
eine Urkunde wissen nichts von diesem Begegnen Karl's
mit Laura, folglich auch nichts, ob Petrarca's oberwähntes
Sonett auf Karl, oder auf jemanden andern passe.

Diadem nicht begreifen, wenn wir es nicht als die Folge
der allgemeinen, von den Fürsten, ungekümmert um das
Wohl des Reiches, verfolgten Politik der Erweiterung und
Vergrösserung ihrer Hausmacht, also als Folge einer allgemeinen
Krankheit der Zeit erkännten.¹) Die Luxemburge,
angesteckt von dieser Krankheit, verfolgten eben eine
rein dynastische Politik, und das Reich war bloss Mittel
zum Zweck, weshalb auch dem Markgrafen nicht viel daran
gelegen war, sich dem Papste als Werkzeug für dessen
Pläne bereitwillig zu unterstellen, weshalb ihm als deutschen
König die Gleichzeit den Beinamen „Pfaffen-König" gab in
dem Sinne, wie es anfänglich Friedrich II., Heinrich und
Wilhelm gewesen waren, nicht bloss, weil die geistliche
Partei ihn erhoben, sondern auch, weil er sich ihr zum
Werkzeug hingegeben hatte.

Für die grosse Willfährigkeit, die Markgraf Karl durch
die Annahme der Capitulation an den Tag legte, zeigte sich
der Papst allsogleich dankbar, indem er schon am 28. April
die Kurfürsten Walram von Köln, Balduin von Trier und
Rudolf von Sachsen aufforderte, dass sie bei dem vom
Mainzer Kurfürsten Gerlach von Nassau anzusagenden Wahltage
Karl, des Königs Johann erstgebornen Sohn und Markgrafen
von Mähren, den vom apostolischen Stuhle für tauglich
befundenen Wahlcandidaten zum römischen deutschen
Könige erwählen möchten.²) An demselben 28. April erlässt
der Papst an die Kurfürsten die Aufforderung, der Einladung

---

¹) Adolf Gottlob, Karl's IV. private und politische Beziehungen
zu Frankreich, S. 51.
²) Cod. Dipl. Mor. VII. 482.

des Erzkanzlers von Deutschland, des Erzbischofs von Mainz, Folge zu leisten und mit Ausschluss des gebannten und nie als Kurfürsten anerkannten Markgrafen von Brandenburg, Zeit und Ort, wann und wo die Wahl vor sich gehen solle, zu bestimmen. Zugleich fordert er in einer Encyklika die deutschen Bischöfe auf, die Wahlfürsten in ihrem Geschäfte kräftigst zu unterstützen.[1]) Mittlerweile empfieng Gerlach von Nassau in Avignon vom Papste die Bischofsweihe und scheint den präsumtiven römischen König Karl nach Trier begleitet zu haben,[2]) während sich König Johann auf einem andern Wege dahin allein begab. In Metz, also auf deutschem Boden, habe Gerlach am 20. Mai die Einladung an die Kurfürsten erlassen, sich am 11. Juli in Rense, einen kleinen Ort zwischen Koblenz und Bopard, einzufinden. Am 22. Mai war in Trier die Berathung, wie sich der Stimmen der einzelnen Kurfürsten zu versichern. Balduin von Trier hatte sich mit den im März gemachten Zusicherungen noch keineswegs befriedigt gefühlt. Hatte Karl damals dem Erzbischofe verheissen, ihm seine Unkosten für die Wahl bis zu 6000 Mark zu ersetzen, so übernahm er sie jetzt vollständig und versprach, auch die Kosten etwaiger Kriege, die Balduin wegen dieser Angelegenheit zu führen hätte, zu tragen,[3]) und erst jetzt schickte Balduin am 24. Mai an

---

[1]) Emler, Reg. IV. 680.
[2]) „Gerlacus, provisus et consecratus in archiepiscopum Maguntinum per papam Clementem VI., ivit cum rege Bohemie et Karolo filio suo Treverim." Heinricus de Diessenhoven ad an. 1346. Böhmer, Font. IV. 50.
[3]) Cod. Dipl. Mor. VII. 487. Siehe S. 419 d. W.

Ludwig einen Absagebrief, nachdem er einige Tage früher durch einen an ihn vom Papste geschickten Bischof wegen seiner Verbindung mit Kaiser Ludwig von der kirchlichen Censur losgesprochen wurde.[1]) Jetzt war Balduin in seinem Gewissen beruhigt und vollkommen frei, weshalb er am 28. Mai mit den anwesenden Kurfürsten den 11. Juli als Wahltag und Rense am Rhein als Wahlort annahm. Von den Kurfürsten waren anwesend: Gerlach von Nassau, seit dem 7. April dieses Jahres zunächst zu diesem Zwecke durch päpstliche Provision Erzbischof von Mainz an der Stelle des abgesetzten Heinrich von Virneburg, der aber dessenungeachtet bis an seinen Tod (21. December 1353) im Besitze des unterdessen von Kuno von Falkenstein verwalteten Erzstiftes blieb; Balduin von Luxemburg, Karls Grossoheim, Walram von Jülich, Erzbischof von Köln, Johann, König von Böhmen, Karls Vater, und Rudolf, Herzog von Sachsen. Es fehlten also, abgesehen vom gegnerischen Heinrich von Mainz, Ruprecht, Rheinpfalzgraf, Kaiser Ludwigs Vetter, welcher, wie uns bekannt ist,[2]) auf dem Fürsten-Congresse zu Frankfurt 1344 sich mit den Luxemburgern vereinigt hatte, und sogar ein Bündnis mit ihnen wider den Kaiser schloss,[3]) und Ludwig, Markgraf von Brandenburg, des Kaisers Erstgeborner.

---

[1]) Werunsky, Karl IV., I. 423 und 426.
[2]) Siehe S. 352 d. W.
[3]) „In eodem etiam colloquio multi ex principibus prescriptis et aliis non electoribus regni confederaverunt se et iuraverunt insimul, assistere invicem contra omnem hominem, etiam contra Ludovicum predictum. Cuius confederationis

Und jetzt erst finden wir, dass Papst Klemens VI. den bereits fertigen Plan am 3. Juni dem Könige von Frankreich angezeigt hatte. „Er entschuldigt sein bisheriges Schweigen mit dem Bündnis, welches Philipp mit Ludwig geschlossen; ausserdem seien die Kurfürsten ja bereits öfter von seinen Vorgängern ermahnt worden, einen neuen König zu wählen. Dem Markgrafen Karl von Mähren habe der Papst seine Unterstützung zugesagt für den Fall, dass derselbe gewählt würde, eine Zusicherung, die er ihm und seinem Vater nicht habe versagen können. Er habe sie ihnen gegeben, ohne dieses an Philipp zu schreiben, weil die Luxemburge es mit ihrer Abreise gar so eilig gehabt haben." [1]) Es war, um nur etwas zu sagen, dem Papste, der ja ein Günstling des französischen Königs war, in der gegenwärtigen Zeit, wo er an Karl ein williges Werkzeug fand, gewiss nichts daran gelegen, Philipp VI. auf den deutschen Thron zu erheben; was er an Karl hatte, wusste er, und was er an Philipp VI. als römischem Könige fände, lag in der Ferne. Diesem lag ja im Gegentheile daran, seinen Einfluss in Deutschland zu stärken, und durch den

auctor fuit predictus rex Bohemie et filius suus Karolus... propter iniuriam, quam sibi intulerat idem Ludovicus, et Rupertus... dux Bavarie et comes palatinus Rheni, qui tunc discordiam habuit cum Henrico, archiepiscopo Maguntino. Que confederatio multum displicuit Ludovico." Henricus Rebdorfen ad an. 1344. Böhmer, Font. IV. 525.
[1]) Worthmann, Wahl Karl's IV. 62. Dr. Adolf Gottlob, Karl's IV. private und politische Beziehungen zu Frankreich. Innsbruck 1883, S. 46. Über die Stellung Frankreichs zur Erhebungsfrage Karl's auf den deutschen Thron.

Papst bei der Erledigung der westlichen Bischofssitze des Reiches nur solche Leute durch päpstliche Provision zu erhalten, welche dem Interesse Frankreichs nicht entgegen waren, und jedenfalls dessen Vordringen auf das Reichsgebiet nicht hinderten; denn nur so war es dem französischen Einflusse zu danken, dass nach dem Tode des franzosenfreundlichen unwürdigen Bischofs Adolf von Lüttich im Jahre 1344 dessen ebenfalls in Frankreichs Interesse stehender Neffe, Graf Engelbert von der Mark, auf den Stuhl jenes wichtigen Grenzbisthums erhoben wurde. Wir werden sehen, dass auch die Luxemburge, und namentlich der Markgraf Karl, an der Befestigung dieser französischen Creatur auf dem Lütticher Bischofssitze Theil hatten und so den Wünschen Frankreichs dienten.¹)

Bevor sich jedoch Karl in diese Lüttich'schen Angelegenheiten zu Gunsten Frankreichs mischte, vergiengen einige Monate, in denen sich der Papst gegen den präsumirten römischen König und künftigen Kaiser besonders gnädig erwies. Um zuerst dem Markgrafen Karl gefällig zu sein, ertheilte der Papst auf dessen Ansuchen vom 4. Mai 1346 dem Bischofe von Breslau den Auftrag, um den Reibungen zwischen dem Bischofe und dem Capitel des neuerrichteten Bisthums Leitomyšl zu begegnen, eine Theilung der Güter zwischen dem Bischofe und dem Capitel vorzunehmen.²) Um dem Könige Johann eine Auszeichnung zu gewähren, gestattet er am 6. Mai d. J., dass ein jeder Bischof oder Abt, wenn diesem der Gebrauch der Pontifi-

---

¹) Adolf Gottlob l. c. S. 48.
²) Cod. Dipl. Mor. VII. 482. Siehe S. 379 d. W.

calien zusteht,[1]) in Gegenwart des Königs eine Pontifical-
messe celebriren könne. Um sich der Prager Bevölkerung
gefällig zu machen, ertheilt er am 6. Mai allen, welche
am Feste der Heiligen Vitus, Wenceslaus, Georgius, Adal-
bertus, Egidius, Ludmilla und Stanislaus, deren Körper
in St. Veit liegen sollen,[2]) die oberwähnte Kirche besuchen,
einen Ablass von einem Jahre und einer Quadragene, gibt
zu, dass die Prager Mansionarii in gewissen Fällen das
Sigillum ad causas benützen dürfen und beschenkt alle,
welche bei den Mansionaren die Altäre der Mutter Gottes
besuchen, mit einem Ablasse, und incorporirt zur besseren
Erhaltung ihrer Institute die ihnen von Karl geschenkte
St. Laurentius-Kapelle.[3]) Dies waren Connivenzen, die
Klemens VI. kraft seiner geistlichen Vollmacht ertheilte.
Jetzt kommt er mit etwas Praktischem. Als nämlich vor
einigen Jahren König Johann mit der Verpfändung und
Verschleuderung der Krongüter arg hauste, wandte sich
Markgraf Karl an seinen Freund, den Papst Klemens VI.,
wie dem vorzubeugen. Der Papst liess beide schwören,
nichts vom Krongute oder von den Einkünften der böhmischen
Könige zu verkaufen oder sonst zu verschleudern. Da aber
jetzt der Markgraf im Begriffe stehe, die römisch-deutsche
Krone zu erwerben, was grosse Auslagen verursache, so
dispensire der Papst für diesen Fall durch ein Breve vom
9. Mai 1346 von dem geleisteten Eide und erlaube, dass

[1]) Cod. Dipl. Mor. VII. 483.
[2]) Der Leichnam des h. Stanislaus liegt in der Krakauer Domkirche.
[3]) Emler, Reg. IV. 683. Siehe S. 311 d. W.

Bestimmung der St. Wenzelskrone 1346.

zu dem Zwecke der Wahl von den böhmisch-mährischen Krongütern und den königlichen Einkünften nach Bedürfnis verkauft, verpfändet oder vertauscht werden dürfe,[1]) und trägt Sorge für die Sicherheit der eben aus Verehrung für den heil. Wenzel vom Markgrafen Karl angefertigten neuen Krone, welche, um sie ehrwürdiger zu machen, auf dem Haupte des heil. Wenzel stets ruhen und nur dann gebraucht werden solle, wenn mit ihr der König gekrönt, oder sonst zur Erhöhung irgend einer Feierlichkeit benützt werden sollte, die noch denselben Tag nach gemachtem Gebrauche auf das Haupt des Heiligen gesetzt werden müsse. Sonst belegt er auf Bitten des Markgrafen Karl mit strengen Censuren alle diejenigen, welche, durch die Kostbarkeit derselben verblendet, sie vom Haupte des Heiligen nehmen oder veruntreuen möchten,[2]) und schliesslich intercedirte Karl noch während seines Aufenthaltes in Avignon bei dem

---

[1]) Emler, Reg. IV. 683. „Quia Marchio ad culmen imperii aspirat, et propterea se subire existimat varia profluvia expensarum, supplicarunt (Vater und Sohn), ut pro tanto casu sedes apostolica dispensare cum ipsis super iuramento huiusmodi dignaretur, quod et revera fit."

[2]) Emler, Reg. IV. 682. Da die Krone in erster Linie für das Cranium des h. Wenzel vom Markgrafen Karl aus sehr kostbarem Materiale angefertigt, und erst in zweiter Linie als Krönungskrone der böhmischen Regenten benützt wurde, kann man von dieser Krone mit vollem Rechte als von der „Sanct Wenzelskrone" sprechen, mit welcher die Könige von Böhmen gekrönt werden, wenn auch die ursprüngliche Krone durch eine neuere aus der Zeit Rudolf's II. ersetzt wurde.

Papste für katholische Mönche slavischen Ritus, welche durch die häufigen Unruhen und Verbreitung der griechischen Kirche in den Donauländern und in Dalmatien durch ein Breve vom 6. Mai ihren Aufenthalt verlassen mussten, und weil sie ausserhalb Serbien und Kroatien Klöster ihres Ritus nicht fanden, unstet und ohne Ziel wanderten, und doch wegen ihres Ritus und ihrer Sprachenkenntnis eine Brücke zwischen der griechischen und lateinischen Kirche, deren Vereinigung die Päpste seit ihrer Trennung unaufhörlich anstrebten, leicht herstellen könnten, was auch Karl in seiner Auseinandersetzung gewiss berührte.

Dieser zerstreuten Mönche des heil. Benedict, die in ihrem Gottesdienste die slavische Sprache und die glagolitische Schrift gebrauchten, nahm sich Markgraf Karl an, und wünschte sie in seinem Reiche, an dessen Grenzen Schismatiker lebten, die sich desselben Ritus und derselben Sprache bedienten, einzuführen und sesshaft zu machen. Da Rom in der Sprachenfrage beim Gottesdienste ungemein vorsichtig vorgeht, diese ganze Frage aber dem Papste fremd war, wendet er sich durch ein Breve vom 9. Mai 1346 an den Prager Erzbischof, ihm die Vollmacht ertheilend, einen Ort im böhmischen Reiche zu bestimmen, wo die Fremdlinge eine neue Heimat, aber nur an einer Stelle, begründen können.[1] So war ein Zweig der griechischen Kirche,

---

[1] Cod. Dipl. Mor. VII. 484. Emler, Reg. IV. 684. „Nos igitur de predictis notitiam non habentes, fraternitati tue, de qua plenam in domino fiduciam gerimus, eisdem monachis seu fratribus dicti sancti Benedicti vel alterius ordinis per eandem sedem approbati, recipiendi unum locum dumtaxat

freilich nur, was die äussere Form, den Ritus anbelangt, der lateinischen katholischen Kirche eingeimpft, ohne jedoch die gewünschten Früchte zu tragen. Am 21. November 1347 hatte Karl die Gründung eines Benedictinerklosters in der Neustadt Prag für den slavisch-katholischen Ritus und glagolitische Schrift eingeleitet. So entstand ein Kloster in Prag, später zu Öls in Schlesien eine Filiale; doch ehe dies möglich geworden, wurde vorerst der Markgraf von Mähren, Johanns erstgeborner Sohn Karl, römischer König.

Wir müssen uns erinnern, dass am 28. Mai die Wahlfürsten in Trier noch eine Berathung hatten, wo sie den 11. Juli als Wahltag festsetzten,[1]) während mittlerweile Karl seinem Schwager, dem französischen Thronerben, Johann, auf dessen Freundschaft und Selbstlosigkeit er vertrauen durfte, über seine bevorstehende Erhebung Eröffnungen machte und ihn um die Bewahrung seiner Freundschaft auch für den Fall gebeten, falls sich Philipp VI. wider seine Wahl erklären sollte. Unter dem 30. Mai stellte Johann daher im Lager vor Angwillon in der Gascogne, wohin ihn gerade der englische Krieg, welcher nach Ablauf des am 19. Januar 1343 abgeschlossenen Waffenstillstandes mit

in dicto regno vel eius confinibus, in quo servare valeant dictum ritum, alias tamen per sedem approbatum eandem auctoritate nostra concedas plenam et liberam facultatem, iure tamen parochialis ecclesie ipsius loci salvo." Die Einführung der slavischen Liturgie im Kloster Emaus in Prag. Siehe Fredejung, Kaiser Karl der IV. und sein Antheil am geistigen Leben seiner Zeit Wien, 1876. S. 119—124.

[1]) Siehe S. 435 d. W.

aller Heftigkeit wieder begann, verschlagen hatte, eine
Urkunde aus, in welcher er schwört und verspricht, in
jeder Lage des Lebens für ihn (Karl) und für dessen Kinder
ein aufrichtiger Freund seines geliebten Bruders Karl von
Böhmen, des römischen Königs, und dessen Nachkommen
zu sein, die Ehre und Erhöhung derselben auf jede ihm
mögliche Art zu fördern und sie vor feindlichen Anschlägen
zu wahren.[1]

Als der französische Kronprinz diesen Brief ausfertigte,
befand sich noch Markgraf Karl in Trier, wo er dem alten
Grossoheim Balduin am 22. Mai verspricht, mit ihm und
seinem Stifte Trier lebenslänglich in Freundschaft zu leben,
etwaige Streitigkeiten durch Schiedsrichter entscheiden zu
lassen und mit dessen Unterthanen keine Bündnisse wider
das Stift einzugehen; gelobt, falls er zum römischen Reiche
käme, dem Erzbischofe alle Kosten der Wahl, der Krönung
und der etwa daraus entstandenen Kriege zu ersetzen und
ihn dafür mit wohl gelegenen Schlössern und Landen zu
versichern, und alle Herrschaften und Freiheiten des Stiftes
zu bestätigen und mit neuen zu vermehren,[2] zu einer
Zeit, in welcher Papst Klemens VI. den polnischen König
Kazimir auffordert, mit dem Könige Johann von Böhmen
und dessen Sohne, Markgrafen Karl von Mähren, den
zwischen diesen Beiden abgeschlossenen Waffenstillstand in
einen förmlichen Frieden zu verwandeln und zu diesem
Ende Bevollmächtigte nach Avignon zu senden. Der König
von Ungarn, dem dieser Brief notificirt wurde, solle für die

[1] Emler, Reg. IV. 687. Cod. Dipl. Mor. VII. 490.
[2] Cod. Dipl. Mor. VII. 487. Huber, Reg. Karl IV. 22. X. 223.

Proposition des Papstes bei dem Könige von Polen wirken, wobei die beiden Obgenannten versprachen, unter einer Conventionsstrafe von 10.000 Mark sich den Anordnungen des Papstes in Hinsicht der Friedensbedingungen zu fügen.[1]) Während auf diese Weise der Papst den neuen deutschen König vor einem sehr gefährlichen Feinde, der ohnehin nur zu sehr dem Kaiser Ludwig anhieng und den ebenso gefährlichen König Ludwig von Ungarn im Schlepptau hatte, schützen wollte, befand sich König Johann bei seinem Oheim in Trier, bei dem er am 3. Juni einen Schuldschein über 30.000 Florentiner Gulden, wir würden sagen Ducaten, mit Zustimmung seiner Gemahlin Beatrix wegen seines Sohnes Karl ausstellte. Um dieses Geld vom Grossoheim zu erhalten, hatte sie ihm ihre Städte und Schlösser Echternach, Bittburg, Remich und Grevenmachen verkauft.[2]) Den Tag darauf befiehlt K. Johann den Bewohnern dieser an den Erzbischof Balduin verkauften Städte und Schlösser, dem letzteren zu huldigen und ihn als ihren Herrn anzunehmen.[3]) Und am 9. d. M. bekennt K. Johann, noch in Trier vom Erzbischofe Balduin ein Anlehen von 6383 Gulden erhalten zu haben, rückzahlbar bis nächsten Martini, und stellt dafür Bürgen, welche im Falle der Nichtzahlung am Tage nach Martini in Saarburg bei Freudenberg einfahren und bis zur Zahlung strenges Einlager halten sollen, es sei denn, dass sie dem Erzbischofe die Feste Freudenberg kauf-

---

[1]) Emler, Reg. IV. 686. Cod. Dipl. Mor. VII. 481 im Auszuge. Siehe S. 431 d. W.
[2]) Cod. Dipl. Mor. VII. 490.
[3]) Emler, Reg. 688.

weise übergeben und den Wildgrafen Friedrich von Kyrburg bewegen, genannte Trierer Lehen, welche sie vom König Johann als Afterlehen haben, unmittelbar vom Erzbischofe zu empfangen.[1]) Gewiss war der Papst von allem dem, was die Luxemburge thaten, in Kenntnis erhalten, sowie er auch nicht anstand, die nöthigen Winke anzugeben, wie der eine oder der andere Wahlfürst zu bearbeiten und wie zu gewinnen wäre. Als Boten benützt er den Dechant der St. Salvatorkirche in Utrecht und päpstlichen Kaplan, Johann von Pistorius, welcher mit einem vom 22. Juni datirten Creditive an König Johann und an den Markgrafen Karl abgeschickt wurde. Der Papst wunderte sich, dass Karl nicht schreibe, wie er mit dem Kurfürsten von Sachsen stehe?[2]) Karl hat schon die rechten Mittel ergriffen, um ihn mit seiner Stimme für sich zu gewinnen. Es geschah dies, wie der Chronist von Nuewenburg sagt, auf dieselbe Weise, wie bei dem Kurfürsten von Köln, mit vielem Gelde.[3])

Walram von Köln war der am meisten Geldbedürftige, seine finanziellen Verhältnisse waren damals die traurigsten. Gegen seinen Willen war er in mannigfache Fehden verwickelt worden, die ihm Auslagen über seine Mittel erzeugten, weshalb viele Verpfändungen über die Gebühr nöthig wurden. Einer seiner Hauptgläubiger war Ritter Reinhard

[1]) Emler, Reg. IV. 688.
[2]) Emler, Reg. IV. 691.
[3]) Matthäus Nuewenburgen. ad an. 1346. Böhmer, Fontes IV. 293. „Pro quo (Karolo) predicti Coloniensis et dux Saxonie magna pecunia sunt corrupti."

von Schönau. Die Schulden dieses verpflichteten sich die
Luxemburge unter der Bedingung zu übernehmen und zu
zahlen, wenn Walram dem Markgrafen Karl bei der Wahl
die Stimme gebe. Den Brief, worin er sich dazu am
22. Juni verpflichtete, übergab K. Johann an den Probst
von Soest, Wilhelm von Genep, dem Canonicus von Köln,
Wilhelm von Schleiden, und dem Herrn von Reiferscheit,
damit sie diesen Brief an Reinhard ausliefern, sobald Walram seine Stimme für Karl abzugeben sich gleichfalls
schriftlich verpflichtet haben werde.[1]) Nach diesem Briefe
sollte Reinhard 64.000 Riolen und 15.500 Schildgulden
erhalten.[2]) Dafür, dass Walram sich verbindlich machte,
nach der Wahl zu Karls Krönung, wie dies sein Recht war,
an die deutschen Fürsten zu schreiben, wurde ihm von
den Luxemburgern verheissen, dass dieselben an Reinhard
noch weitere 60.000 Riolen zahlen würden, sowie 1200,
3300 und 11.000 Schildgulden an andere Gläubiger und
4000 Riolen an die Räthe des Erzbischofs. Würde Johann
dem Ritter Reinhard die ersten 40.000 Riolen nicht an den
richtigen Terminen zahlen, so sollte Walram nicht gehalten
sein, zur Wahl mitzuwirken. Endlich verpflichtet sich Johann
im Namen Karls, dass dieser acht Tage nach seiner Wahl

---

[1]) Worthmann, Wahl Karl's IV., 62, nach Urkunden, welche
in Emler Reg. IV. S. 691 und 692 sich vorfinden.

[2]) Riolen, verdorben von Realen, regales aurei, eine Goldmünze, die nach einer Kölner Münzverordnung von 1347
24 Schilling und 4 Denare, oder 1 Thaler, 22 Silbergroschen und 9 Pfennig wert war. Ein Schildgulden gilt
26 Schillinge, 8 Denare. Werunsky, Karl IV., Bd. I. 429.

sich nach Bonn oder Köln begeben solle, um daselbst zu bleiben und zwar so lange, bis er dem Erzbischofe Walram verschiedene Privilegien und Schenkungen zugesichert haben würde.¹) Wir haben daher hinreichenden Grund, anzunehmen, dass der Chronist Matthias von Nuewenburg volle Wahrheit sagt, wenn er behauptet, dass der Kurfürst von Köln mit vielem Golde bestochen wurde, und hat sich dieser Ausspruch urkundlich erhärtet, so haben wir wohl keine Ursache, denselben Ausspruch von Rudolf von Sachsen zu verneinen.

So kam der Dienstag der 11. Juli, als sich die Wahlfürsten unter den Nussbäumen bei Rense am Rhein, wo der uralte Königsstuhl stand, mit ihrem Candidaten versammelt fanden. Es waren fünf berechtigte Fürsten, die hier ihre Stimmen abgegeben haben und den Markgrafen von Mähren, Karl, bei der Voraussetzung, dass Ludwig von Baiern nie deutscher König und römischer Kaiser war, zum deutschen Könige wählten. Aber von den Wahlfürsten war einer — der von Böhmen — Karls eigener Vater, der zweite, Balduin, — der von Trier — war sein Grossoheim, der dritte, Gerlach von Nassau, — der von Mainz — noch immer Erzbischof ohne Land und Stift, der vierte, Walram von Jülich, — der von Köln — und der fünfte, Rudolf, — der von Sachsen -- Johanns Verwandte und Freund,²)

---

¹) Worthmann l. c.
²) Cod. Dipl. Mor. VII. 207. König Johann von Böhmen macht 1340 sein Testament und ernennt neben mehreren andern den Herzog Rudolf von Sachsen zum Executor (siehe S. 215 d. W.); 1341 ernennt er ihn zum Bevollmächtigten, mit

von dem, wie vom Kölner, der Chronist sagt: „magna pecunia corrupti." Zwei fehlten: Rupert von der Pfalz und Ludwig von Brandenburg, weil sie, als in der grossen Excommunication, unfähig waren, ihres Amtes zu walten. Ein stattliches Gefolge hatten die Kurfürsten mitgebracht, die sich sonst in den üblichen Formen bewegten, haben aber vergessen, dass die Voraussetzung ihrer Wahl eine imaginäre war, dass sie insgesammt, mit Ausnahme des neuernannten Gerlach, alle den Kaiser Ludwig durch ihre Handlungsweise anerkannt hatten. Kaiser Ludwig that aber in seiner Saumseligkeit und Schlaffheit gar nichts, um seine Feinde bei Rense zu stören. Als die Wahl stattfand, hielt er sich wahrscheinlich in Nürnberg auf, weil er daselbst den 14. Juli urkundet und den 16. den wetterauischen Reichsstädten für ihre Treue dankt und sie benachrichtigt, dass er nächstens an den Rhein kommen und dann mit ihnen und anderen seinen Freunden über das gegen ihn erdachte grosse Unrecht berathen wolle.¹) Doch, es blieb bei Worten. Karl war einmüthig um die Mittagszeit des 11. Juli von den fünf Kurfürsten zum deutschen Könige und künftigen Kaiser erwählt und dem anwesenden Volke und Clerus als solcher feierlich verkündet.²) Noch am

dem Kaiser wegen Frieden zu unterhandeln; war sein Schuldner. 1342 nennt ihn K. Johann seinen sororius et avunculus l. c. 282, und verhandelt mit ihm über einen auf Kuttenberg angewiesenen Wochensold, salarium septimanale.
¹) Böhmer, Kaiserreg. Ludwig d. B. S. 157 n. 2505.
²) Michael Herbipolensis ad an. 1346. Böhmer, Font. I. 470. „Anno D. 1346 quinto Idus Julii super alveo Reni sub

Wahltage selbst zeigte Karl den Fürsten und Städten seine Erhebung¹) an, und reiste mit hundert grossen und kleinen Schiffen, die bewaffnet waren, bei Lahnstein gegen Koblenz ab, wo er den Tag darauf von Koblenz aus dem Erzbischofe Gerlach von Mainz eidlich versprach, ihm zur Erlangung des Erzstiftes alsbald zu verhelfen.²) Doch hiezu fand er für jetzt keine Zeit. Der Bischof Engelbert von Lüttich bat ihn um Hilfe gegen seine aufrührerischen Unterthanen. Mit seinem blinden Vater zog er zum erstenmale als erwählter deutscher König im französischen Interesse³) dem Freunde zu Hilfe. Da er aber einen Fehdebrief nicht ansagte, blieb er einfacher Zuschauer, als der Bischof geschlagen wurde, und kehrte nach Trier, wo er den 29. Juli urkundet, und hier mochte ihn Papst Klemens VI. durch ein Breve vom

---

nucibus seu arboribus nucum prope villam Rens Karolus, marchio Moravie .. ad mandatum Clementis pape sexti sollemniter est electus in regem promovendum in imperatorem Romanorum."

¹) In einem Umlaufsschreiben verkündet Karl der Stadt Strassburg seine Wahl und ermahnt sie, ihm als König zu gehorchen. In gleicher Weise schrieb er den Grafen von Zollern und ihrer Sippe. Beide diese Umlaufsschreiben sind unter dem markgräflichen Siegel, also ein Beweis, dass sich Karl vor der Wahl kein königliches Reichssiegel anfertigen liess. Huber, Reg. Karl IV. 22. N. 234 und 235.
²) Huber, Reg. l. c. n. 236.
³) Siehe S. 437 d. W. Heinricus de Diessenhowen. Böhmer, Font. IV. 52. Am umständlichsten Matth. Nuewenburg. Böhmer, Font. IV. 234 sqq.

30. Juli zur geschehenen Königswahl beglückwünscht haben.¹)

Bevor wir in der Geschichte Karls weiter gehen, wollen wir fragen, was man in der Gleichzeit von dieser Wahl in rechtlicher Hinsicht gehalten habe? Ohne uns in lange Untersuchungen einzulassen, wollen wir zusammenfassen, was darüber der gelehrte Hofminorit Wilhelm von Okam in seiner Schrift „De Electione Karoli IV." im Jahre 1348 oder 1349 sagt: „Diese Handlung der Kurfürsten," sind seine Worte, „verdient keinen andern Namen, als den eines mit der Maske scheinbaren Rechtes nur schlecht verhüllten Treubruches,"²) während vom päpstlichen Standpunkte die Wahl, was Form und Wesen anbelangt, rechtlich erschien.³) Die greuliche Bestechung war an der Tagesordnung und Niemandem auffallend. Die Wahl war ein Geschäft, welches ausgenützt werden musste. „Diese hochgradige Corruption war nur die nothwendige Folge jener unheilvollen Verfassungsänderung, welche sich im deutschen Reiche vor nahezu 100 Jahren durch die Einschränkung der bevorrechteten Wähler auf einen engen Kreis vollzogen hatte"⁴) — die schwache Seite

---

¹) Cod. Dipl. Mor. VII. 494.
²) Diesen Vorwurf erhebt Wilhelm von Okam, der bruchstückweise durch Höfler „aus Avignon" bekannt ist.
³) „Anno predicto (1346) sexto die Novembris huiusmodi Karoli electio regis, in sui materia et forma debite examinata, ab ipso domino Clemente papa sexto predicto in Avegnione canonice et solemniter extitit approbata." Michael Herbipolen. Böhmer, Font. I. 472.
⁴) Wörtlich aus Werunsky, Karl IV., Bd. I. 438.

des Kurfürsten-Collegiums. Was nun die Form der Wahl anbelangt, so war die Wahl Karls keine blosse Majoritätswahl, sie hatte vielmehr den Charakter einer einmüthigen Wahl, welche vom Gewohnheitsrecht als Bedingung voller rechtlicher Giltigkeit erfordert war.[1]) Dass die Wahl nicht am herkömmlichen Orte, nämlich zu Frankfurt am Main, stattfand, darüber konnten sich die Wahlfürsten schon leichter hinwegsetzen; der alte Königsstuhl in Rense, wo sich schon die Kurfürsten bei ihren Berathungen zu versammeln pflegten, hatte, wenn nicht ein höheres, doch wenigstens ein gleiches Ansehen, wie Frankfurt.

Karl hatte erreicht, was er und sein Haus angestrebt haben; aber wie weit war er noch vom Ziele entfernt! Er hatte durch die Wahl den leeren Titel, die Macht jedoch blieb beim Kaiser Ludwig; denn, wie ein gut unterrichteter Chronist bemerkt: „ganz Deutschland gehorchte ihm."[2]) Man sollte erwarten, dass die ganze Aufmerksamkeit des gewählten Königs auf Ludwigs Bewegungen gerichtet sein werde, um am Rhein wenigstens festen Fuss zu fassen; indes, dies geschah nicht, Frankreichs Interesse waltete vor — war ja Karls Gemahlin, Blanca, des K. Philipp VI. Stiefschwester — und noch während seines Aufenthaltes in

[1]) Henr. de Hervordia. Werunsky l. c. 489. Heinricus de Diessenhowen. Böhmer, Font. IV. 51.
[2]) „Attamen Ludovicus per totam Germaniam dominabatur." Ulricus Onsorg. Oefele, Script. I. 366 und Beneš von Weitmil sagt, als Karl in Bonn 26. Nov. 1347 gekrönt wurde: „Ludovico Bavar. adhuc vivente et totum imperium occupante." Script. Boh. II. 342.

Trier kamen Philipps VI. Boten mit der dringenden Bitte
an Vater und Sohn, sich gleich aufzumachen und den Franzosen
mit Gewaffneten zu Hilfe zu eilen.[1]) Die Landung
der Engländer unter Eduard III. erfolgte am 12. Juli 1346.
Die Normandie ward bald besetzt, und da damals in Paris
ein Volksaufstand entstand, beschlossen die Engländer, sich
dieser Stadt, schon damals der Hauptstadt des nördlichen
Frankreichs, zu bemächtigen. In dieser Noth schickte
Philipp VI. die Boten nach Trier, und weit entfernt, dem
Rathe derjenigen zu folgen, die dem K. Johann anriethen,
in Deutschland zu bleiben, um seinem Sohne die gewonnene
Stellung zu befestigen, beschloss K. Johann, mit seinem
Sohne und 500 Helmen, die aus luxemburgischer und böhmischer
Ritterschaft gewählt wurden, nach Paris zu ziehen.
Als die Freundeshilfe ankam, brannte und plünderte Eduard
schon in der Nähe Paris', liess am 16. August die Brücke
bei Poissy herstellen, und mit seinem gut vorbereiteten
Heere über die Seine setzen. Der weitere Marsch gieng gegen
die Somme, wo er sich mit den aus dem Norden kommenden
Flammländern vereinigen wollte. K. Johann und seine
Schar hatte die Aufgabe, diese Vereinigung zu hintertreiben.
Er sollte mit seinen tapferen Luxemburgern und Böhmen
das rechte Ufer der Somme besetzen, während Philipp mit
seinen überwiegenden Streitkräften den Engländern nach-

---

[1]) „Venientibus autem rege Bohemie et filio Treverim, statim
venerunt nova de transitu regis Anglie in terram Franci,
Francusque Bohemos pro adiutorio deprecatur, qui illico
Franciam sunt profecti." Matth. Nuewenburgen ad an. 1346.
Böhmer, Font. IV. 234.

folgte, um sie zwischen der Somme und dem Canal einzuholen und zu vernichten. Mit der ihm eigenthümlichen Unerschrockenheit stellte sich K. Johann dem Feinde entgegen. Der erste Zusammenstoss fand bei Grandvillier statt, wo nach einem hartnäckigen Kampfe die Luxemburger sich jenseits der Somme zurückzogen und alle Brücken, die über diesen Fluss führten, zerstörten oder besetzten. Am 22. Aug. versuchte K. Eduard den Übergang bei Ponte Remy, aber die Völker des Königs von Böhmen und seines Sohnes und des Herrn Johann von Byaumont leisteten den Engländern einen so tapferen Widerstand, dass sich Eduard schon für verloren hielt, als ihm ein Verräther eine Furt zeigte, die man zur Zeit der Ebbe durchwaten konnte. Am 23. Aug. erreichte man diese Furt. Schon zeigten sich die Vortruppen des französischen Heeres; doch bevor das Gros des Heeres ankam, war das englische Heer schon glücklich über die Furt hinüber. Es war den 24. August, als K. Philipp in Abbeville einrückte. Den nächsten Tag, den 25. August, feierten die Franzosen das Fest Ludwigs des Heiligen und blieben unthätig, während sich die Engländer zur Hauptschlacht vorbereiteten, die sie auf einer Anhöhe bei dem Städtchen Crecy erwarteten. Samstag den 26. Aug. stärkten sich viele durch den Empfang der heiligen Sacramente, was denselben Tag früher auch die Franzosen thaten, welche, ohne dem Rathe, selbst des K. Johann, zu folgen, im vollen Kriegermuthe gegen Mittag die Engländer in ihrer gutgewählten Stellung vor Abbeville angegriffen haben.

Die Engländer, über 30.000 Mann stark, bildeten drei Haufen; der erste stand unter der Leitung des 16jährigen, von seiner Rüstung so genannten schwarzen Prinzen, der

zweite unter dem Grafen Arundel und der dritte unter dem
Befehle des Königs selbst. Auch die Franzosen, etwa 12.000
Ritter und 60.000 Gewaffnete an der Zahl, wurden gleichfalls in drei Schlachtreihen aufgestellt. Das erste Treffen
bestand aus 6000 genuesischen Bogenschützen und 300
Rittern unter den Admirälen Grimaldi und Doria und unter
dem Oberbefehle des Königs von Böhmen, das zweite unter
dem Grafen von Alençon mit 4000 Geharnischten und im
dritten Treffen stand der König selbst, umgeben von den
Königen von Navarra und Majorka und der Blüte des französischen Adels. Man liess die feindliche Stellung durch vier
Ritter recognosciren. Der Leiter dieser Recognoscirung war
ein Ritter aus dem Gefolge des Königs von Böhmen, zugenannt „Heiurich, Mönch von Basel." Sie warnten bei ihrer
Rückkehr vor einem Angriffe, und als sich Nachmittags ein
heftiges Gewitter entlud und die Bogenschützen unmuthig
machte, da ja die Sehnen ihrer Waffen unbrauchbar wurden,
wäre es angezeigt gewesen, mit dem Angriffe auszusetzen;
doch des französischen Königs Bruder, der Graf von Alençon,
und der kampflustige Adel drängten auf die Schlacht, sie
begann; aber da die Bogenschützen mit ihrer verdorbenen
Waffe gegen die englischen Schleuderer und Bogenschützen,
die ihre Waffen trocken hatten, nicht Stand hielten, drängten
sie nach rückwärts und brachten eine solche Verwirrung
in die Nachstürmenden, dass man auf Verrath dachte, und
die Franzosen in die eigenen Flüchtigen einhieben. Jetzt
hörte in den französischen Reihen jegliche Ordnung auf,
und jedermann kämpfte ohne Plan und Ziel. Das verminderte Waffengeklirr und Waffengetöse gab dem blinden Könige
die Veranlassung, nach der Ursache dieser Wahrnehmung

zu fragen. „Wie steht es mit der Schlacht?" soll der blinde König nach dieser Wahrnehmung den in seiner Nähe stehenden Ritter Heinrich, Mönch von Basel, gefragt haben. „Die untergehende Sonne," soll die Antwort gewesen sein, „scheint uns in die Augen, die Unsrigen sind den Wurfspiessen der feindlichen Bogenschützen blossgestellt und ohne Rettung verloren. Die Schlacht hat einmal begonnen, es ist keine Hilfe mehr." Darauf soll der König geantwortet haben: „Schöner Herr, ich bitte Euch bei der Treue, die Ihr mir schuldig seid, führet mich so weit in die Schlacht, dass auch ich einen Schwertschlag thun könne." [1] Den luxemburgischen und böhmischen Edelleuten, die ihn inständig baten, sich doch nicht dieser augenscheinlichen Todesgefahr auszusetzen, soll er geantwortet haben: „Das wird, will's Gott, nicht geschehen, dass Böhmens König aus der Schlacht fliehe. Wisset und glaubet, ich will heute entweder heldenhaft und ritterlich siegen, oder vom rühmlichen Tode gefällt, wie ein König fallen und sterben. Führt mich denn dahin, wo der grösste Kampf gekämpft wird; aber meinen Sohn Karl schützet mit Fleiss." [2] So Beneš von Weitmil und Dalimil.

[1] „Biau seigneur, je vous pri chièrement et par la foi, que vous me devés, que vous me menés si avant en la bataille, que je puisse férir un coup d'espée." Froissart cap. 225 p. 251. Herausgegeben durch Baron de Kaskyn Lettonhove. Bruxelles 1863.
[2] Beneš von Weitmil. Script. Bohem. II. 341. „Cumque fuisset regi Iohanni, quia Francigenæ fugissent, relatum et ipse præsidio fugæ suam et suorum vitam conservaret, exhortatus, respondit: Absit, ut rex Boemiæ fugeret, sed illuc me ducite, ubi maior strepitus certaminis vigeret, Dominus

Nach englischen Berichten bestand das Heer K. Eduards III. vorzugsweise aus Flammändern und Deutschen, und diese haben den Sieg entschieden. Diese Angaben sind aber umso wichtiger, weil sie mit einer andern Nachricht sich verknüpfen, die wir dem Polyhistor Leibnitz verdanken. Dieser Nachricht zufolge nahm Graf Heinrich von Holstein, dessen Nachfolger, wie Lappenberg bewies, noch Ende des XIV. Jahrhunderts auf ein englisches Jahrgeld Ansprüche erhoben

sit nobiscum, nil timeamus, tantum filium meum diligenter custodite." „Cumque fuisset ductus in locum pugnæ, ecce rex Iohannes, pluribus telis sagittatus, mortem subiit." Das sind die zwei umständlichsten Berichte, Froissart und Beneš, die uns über dieses Factum Nachricht geben. Doch weder der eine, noch der andere konnte als Augenzeuge etwas Genaues mittheilen. Froissart's Mittheilungen beruhen auf der Aussage zweier Ritter, Lambequins du Pé und Pierre d'Amulirs, die sich aus dem Handgemenge zwar retteten, aber bei dem Tode des Königs nicht zugegen waren. Là fu la bataille forte et dure et bien poursievoite, et ot li rois de Boesme son désirier acompli; car on le mist tout devant, et se il cuist esté congneus que ce cuist esté li rois de Boesme, on ne l'euist pas tretyet jusques à mort. Mais li vaillans homs fu là ocis, et tout chil qui avœcques le gentil roi estoient, réservé deus esquiers, Lambequins dou Pé et Pierres d'Amulers. Froissart bei Schötter, Johann, I. 281. In neuester Zeit wird die Glaubwürdigkeit Froissart's sehr in Zweifel gezogen; sowohl Engländer, wie Franzosen sagen, dass seine Chronik von falschen Daten, die er sich hat aufbürden lassen, wimmle und höchst unzuverlässig sei. Siehe Mittheilungen des Vereines für Geschichte der Deutschen in Böhmen. VIII. Jahrg. S. 68.

haben, den König von Böhmen lebend gefangen, der nachfolgende Tross aber erschlug den Gefangenen.¹) Alle andern

¹) „Comes Henricus regem Bohemie, catenatum duabus aureis catenis duobus suis militibus, cepit, sed a sequentibus in bello fuit propter invidiam, ne dictus Henricus nimiam gloriam consecutus fuisset, interfectus. Et hoc glorioso opere, quod Deus comiti Henrico hoc die concesserat, dictus fuit et cognominatus ferreus. Rex autem Anglie ultra omnes suos principes sui regni comitem Henricum exaltavit et capitaneum exercitus sui voluit esse." Chronicon Holsatiæ bestätigt durch Hermann Corner. Apud Eccard I. p. 1070. Ioannis Staindeli Chronicon. Oeffele, Rerum Boic. Script. I. 519. „Cernentes igitur milites custodiæ regis Ioannis exercitum Francigenarum bellum contra Anglicos sustinere non posse, ipsum regem Iohannem viriliter preliantem cum cautela a bello deducunt, qui sentiens, se in rumore belli non esse, dixit militibus: ubi sumus, quia clangorem armorum cum percussione non sentimus? qui dixerunt: Domine, bellum pro nostris iam quasi penitus est amissum, quare volumus vos de manu inimicorum eripere. Tunc rex furiose in talia verba prorupit: In mea iuventute nunquam inimicorum facies evitavi, modo cum sum senex et orbatus (oculis), nolo virile nomen in senectute delere. Melius est cum virilitatis honore mori, quam cum opprobrio et vilitate in vita marcescere. Obsecro itaque vos, ut ad proelium me conducatis, et ibi cum ense in manu meam faciam sepulturam. Quod et factum est, nam iterum bellum conseritur, et Iohannes rex, licet fere Francorum recuperasset exercitum, in fine tamen cum suis militibus letaliter prostratur." Das Chronicon Francisci Cap. X. de obitu regis Boemie (Loserth, die Königssaaler Geschichtsquellen mit den Zusätzen und der Fortsetzung des Domherrn Franz von Prag). Fontes rer. Aust. VIII. Wien 1875, pag. 587, sagt: „Cum

gleichzeitigen Quellen wissen von dieser Gefangennehmung nichts zu erzählen; fast einstimmig sagen sie, Johann sei im Kampfe erschlagen worden, und Beneš bemerkt, er sei im Pfeilregen umgekommen.¹) Zwei seiner Begleiter, die ihn

> autem nobiles regni Boemie conspicerent periculum vitæ affuturum, suaserunt regi, quod cum ipsis de bello decederet, qui respondit: quod nollet hoc crimen gloriæ suæ inferre, nec famam suam ex hac causa denigrare, sed mandavit eis, ut ducerent cum, ubi maior impetus et vigor belli existeret fragorque armatorum. Cui unus ex nobilibus regni Boemie respondit: Nos illuc vos ducemus, unde amplius vobiscum non redibimus. Cumque hoc effectui mancipasset, rex Boemie heu! cum pluribus principibus, baronibus et militibus de diversis mundi partibus cecidit et exstitit interemptus."

¹) Heinricus de Diessenhoven ad an. 1346. „cum maximo honore interemptus est cum fratre regis Franciæ." Böhmer, Font. IV. 53. Matthias Nuewenburgen: „Diu autem in certamine remanserant Alamanni, ita quod multa millia sunt occisa. Et ceciderunt inter alios Iohannes rex Bohemie cecus... Heinricus Monachus de Basilia, Heinricus de Klingenberg milites." Böhmer, Font. l. c. 235. Heinricus Rebdorfens. ad an. 1346. „tertia die, que fuit dies mercurii (statt in sabatho), aggressum est bellum, in quo Ioannes, rex Bohemie, licet cecus, est occisus." Böhmer l. c. 529. Michael Herbipolen ad an. 1346. „Sabatho post diem beati Bartholomei apost. circa horam vespertinam (26. August). In cuius acie interfecti fuerunt prebellicosus Iohannes rex Boemie cum multis bellicosis militibus et militaribus tam Gallicis quam Germanis." Böhmer, Font. I. 471. Nur Beneš de Weitmil sagt: „Cumque fuisset ductus in locum pugne, ecce rex Iohannes pluribus telis sagittatus, mortem subiit

in ihre Mitte nahmen, Heinrich, Mönch von Basel, und Heinrich von Klingenberg, sind gleichfalls umgekommen.[1]) Mit ihnen fielen böhmische Herren heldenmüthig, Heinrich von Rosenberg, des Oberstlandkämmerers Peter ältester Sohn, Johann von Lichtenburg und der Luxemburger Herr Graf von Salm, ein Herr von Meysenburg und an 50 andere Herren und Ritter.

Über die Dauer des Kampfes, oder besser, der Schlacht, sagt ein Augenzeuge, Johannes, genannt Schönfelder, aus dem englischen Heere: Die Schlacht zwischen den Engländern und Franzosen habe gedauert von der Vesperzeit des Samstag

et multi nobiles regni Boemie cum eodem." Script. rer. Boh. II. 341.

[1]) Dieser hier genannte Heinrich von Klingenberg gehörte einer vom Rhein eingewanderten Familie, die nicht mit der altböhmischen von Zwinkov (Klingenberg) zu verwechseln ist. Matthias Nuewenburgen. Böhmer, Font. IV. 235. Dass König Johann von Böhmen schon lange den Gedanken nährte, vielleicht seitdem er die Erfahrung machte, dass er gänzlich blind geworden ist, am Felde der Ehre zu sterben, bezeugt der gleichzeitige Zeuge, Heinrich von Diessenhoven: „Qui (Iohannes) licet casu visum, apertis tamen et claris oculis, amiserit, diu ante conflictum, in quo obiit, nihilominus tamen sic cecus bello interesse voluit, mortem talem diu ante optatus, dicens: se pro re publica affectare, ut in bello publico cum fide et honore debito moreretur. Hec sibi optata pariter evenerunt. Nam cum fide et favore ecclesie catholice certamen ingressus est, et cum maximo honore interemptus est cum fratre regis Francie comite de Alençon et ceteris." Böhmer, Fontes IV. 53.

nach St. Bartholomäus bis zum nächsten Tage 9 Uhr, als
der englische König den Sieg und den Triumph erhielt.¹)
Und wie gieng es dem erwählten römischen Könige Karl?
Glaubwürdige Quellen bekennen, dass Karl schon vor dem
Vater im Kampfe war, also nicht mit ihm kämpfte, obwohl
man voraussetzen sollte, dass er zum Schutze des blinden
Vaters in seiner unmittelbarsten Nähe sich befand. Als er
wieder mit ihm zusammentraf, fand er ihn schon todt.²)
Er soll unter dem deutschen Banner gefochten und aus
zwei Wunden blutend, den Kampf verlassen haben,³) nachdem er seinen Vater und dessen Begleitung getödtet und
die Franzosen in voller Flucht sah. Nur mit Gewalt brachte
man ihn aus dem Gefechte,⁴) das eigentlich die Bogen-

¹) „Et duravit proelium ab hora vesperarum sabbathi post
Bartholomaei usque ad diem proximam sequentem ad horam
nonam, in quo idem dominus rex Angliae illustris victoriam
Dei gratia obtinuit et triumphum." Petz, Script. rer. Anstr.
I. 967. Heinr. Rebdorfen. Böhmer, Font. IV. 529. Schönfelder: „Karolus fuit in dicto proelio maxime vulneratus,
quod vix evasit." Petz, Script. rer. Austr. I. 968.
²) Franz von Prag: „filio suo glorioso, principe Karolo,
difficulter cum vita transeunte, et pauca militia secum
remanente, qui, ut docet relatio fide dignorum, fuit in
bello ante patrem, et non fuga vel alia specialis causa, sed
divina gratia ipsum a periculis protexit et clementer preservavit." Loserth, Königssaaler Geschichtsquellen 588.
³) „Karolus autem cum armis imperialibus fugiens de conflictu cum aliis." Matthias Nueweuburg. Böhmer, Fontes
IV. 236.
⁴ „Per quosdam suos milites invitus quasi et renitens de
turma eductus (duobus vulneribus sauciatus), recedens ab

schützen, deren die Engländer in grosser Anzahl hatten, nach der Angabe der Gleichzeit, wie allgemein angenommen wird, entschieden haben.[1])

inde salvatus est, vadens in Lützelburg." Heinr. de Diessenhoven, Böhmer l. c. 53.
[1]) Heinr. Rebdorfens. „Vicit autem (Anglus) maxime per sagittarios, quorum copiam magnam habuit." Böhmer. Font. IV. 530.

III. Buch.

Vom Tode Königs Johann
(1346)
bis zur Übergabe Mährens an Johann Heinrich
(1350).

Begebenheiten nach der Schlacht von Crecy bis zum Ende des Jahres 1346. — Papst Klemens VI. erkennt die Wahl Königs Karl IV. an. — Karl IV. gekrönt in Bonn 26. Nov. 1346. — Karl's Belehnungen nach seiner deutschen Krönung. — Er ernannte seinen Grossoheim zum Verwalter im deutschen Reiche 1346. — Karl reiste verkleidet nach Böhmen. — Karl nach Dreikönigstag 1347 in Prag. — Karl in Tirol. — Kaiser Ludwig verliert in Tirol an Ansehen 1347. — König Karl eilt incognito durch Ungarn und Oberitalien nach Tirol, wo er Mitte März 1347 vor Trient anlangt. — Schmähschrift des Kaisers an den König Karl vom 7. Jan. 1347. — Verhältnis Herzogs Albrecht von Österreich zu den beiden Gegnern. — Karl eröffnet zu Ostern den Feldzug in Tirol. — Karl intercedirt in Avignon für Smil von Lichtenburg, welcher seinen Patronatspfarrer Wojslav ertränken liess. — Karl's Erfolge in Südtirol im Sommer 1347. — Bischof Ulrich von Chur, Karl's Bundesgenosse, geschlagen und gefangen bei Tramin 24. Juni 1347. — Karl's Geschick auf der Rückreise nach Böhmen im Juli 1347. — Karl um die Mitte August in der Heimat. — Kaiser Ludwig für seinen Sohn Stephan in Schwaben. — Unruhen an der Grenze Böhmens im Juli 1347. — Krieg Karl's als König von Böhmen 2. September

1347. — *Mährens Zustände vom Juni 1345 an bis November 1347.* — *Krönungsceremoniell des böhmischen Königs.* — *Karl stiftet gleich nach seiner Krönung in Prag ein Carmelitenkloster 18. Sept. 1347.* — *Urkundenbestätigung für die Erbländer und für Breslau.* — *Karl's Augenmerk auf das Finanzwesen 1347.* — *Rüstung zum Kriege wider den Kaiser.* — *Karl bricht am 13. October 1347 gegen Kaiser Ludwig nach Regensburg auf.* — *In Taus auf dem Wege erfährt Karl, dass Kaiser Ludwig am 11. October 1347 plötzlich verschieden sei.* — *Karl in Regensburg bis 31. October.* — *Noch in Nürnberg empfängt er den Act der Huldigung.* — *Stiftung des slavischen Klosters Emaus in Prag 21. November 1347.* — *Huldigungsreise nach Nürnberg und Strassburg.* — *Der Papst ermahnt den König, grösseren Anstand zu beachten, 24. Febr. 1348.* — *Karl in Basel am Schlusse des Jahres 1347.* — *Von Basel nach Speier, wo die Städte Worms und Erfurt huldigten Januar 1348.* — *Der schwäbische Städtebund huldigt Karl.* — *Karl in Mainz unter gewissen Bedingungen eingelassen Januar 1348.* — *Gegenkönig Eduard III. von England seit 10. Jan. 1348.* — *Nimmt die Wahl nicht an.* — *Karl beschliesst über Worms und Nürnberg nach Mähren zu gehen.* — *Karl's Ankunft in Prag 1. Mai 1348.* — *Anlegung der Neustadt und ihre Stiftungsurkunde 8. März 1348.* — *Karlstein gebaut.* — *Karl sorgt für Mährens Grenzen.* — *General-Landtag in Prag 1348.* — *Bestätigung der wichtigsten Staatsurkunden durch den Landtag zu Prag 7. April 1348.* — *Wie dachte sich K. Karl seine Stellung zum deutschen Reiche als König von Böhmen?* — *Des Bisthums Olmütz und des Herzogthums Troppau staatsrechtliches Verhältnis zu Böhmen 7. April 1348.* — *Karl tritt das Markgrafthum Mähren an seinen Bruder Johann Heinrich ab am 7. April 1348.* — *Landfrieden promulgirt.* — *Stiftung der Prager Universität 9. April 1348.* — *Karl's Unterhandlungen mit Albrecht von Österreich, Brünn.* — *Ein*

neuer Throncandidat Friedrich von Meissen und Thüringen
Juni 1348. — Karl mit Herzog Albrecht in Seefeld. —
Nimmt in Znaim die Huldigung von dem Herzoge Barnim
von Stettin am 12. Juni 1348 an. — Karl in Prag seit 17. Juni
1348. — Erhebung Mecklenburgs zum Herzogthume zu Prag
8. Juli 1348. — Mährens glückliche und ruhige Zustände.
— Nürnberg empört sich wider Karl im Juni 1348. —
Die Unterhandlungen in Passau zerschlugen sich. — Tod
der Königin Blanka 1. August 1348 in Prag. — Der Papst
rathet dem verwitweten deutschen Könige Karl eine französische Prinzessin zur Gattin an, die jedoch Karl ausschlägt. — Begründung des Nonnenstiftes des hl. Geistes in
der Neustadt Prags 1346. — Vollendung desselben 1348. —
Der Gegenkönig Friedrich von Meissen erkennt Karl als
König an Sept. 1348. — Neuer Krieg mit den Wittelsbachern.
— Die Tiroler werden aufgehetzt, die Waffen wider ihren
Herrn zu ergreifen. — Auftreten des falschen Waldemar
im September 1348. — Karl schreibt nach dem September
eine Heerfahrt in die Mark aus. — Der Papst sieht in
dem falschen Waldemar einen Fingerzeig Gottes 22. Juli
1348. — Commission zur Verificirung des falschen Waldemar 2. Oct. 1348. — Der falsche Waldemar vom Karl mit
Brandenburg belehnt am 2. Oct. 1348. — Karl belagert
Frankfurt a. O. — Karl in Breslau 7. Nov. 1348. — Karl
geht einen Frieden ein mit Kazimir von Polen und mit
Bolek von Schweidnitz im November 1348. — Tag zu
Wittenberg Anfangs December 1348. — Karl in Dresden.
— Auftreten des Gegenkönigs Günther von Schwarzburg.
— Der Papst bestellt Untersuchungsrichter wegen der Ehescheidung zwischen Johann und Margaretha von Tirol. —
Fürst Johann, Karl's Bruder, Stellvertreter in der Regierung seiner Erbländer 1349. — Günther von Schwarzburg zum Gegenkönige gewählt Januar 1349. — König
Karl in Bonn Januar 1349. — Karl nimmt Anna von der
Pfalz zur Gemahlin 4. März 1349. — Karl rückt gegen

*Günther mit gutem Erfolge vor Mai 1349. — Günther
krank. — Friedensschluss 26. Mai 1349. — Günther ver-
zichtet auf den Thron 1349. — Tod Günthers Mai 1349.
— Karl fast allgemein in Deutschland als König anerkannt.
— Karl stark verschuldet. — Krönung des Königspaares
in Aachen 25. Juli 1349. — Karl schützt die Juden. —
K. Karl eilt nach Böhmen um den 29. September. — Karl
und seine Gemahlin Anna in Prag im October 1349. —
Ordnung der Landtafel 1349. — Maiestas Carolina 1348. —
Schreckenszeit unter Karl. — Judenverfolgung. — Schwarzer
Tod. — Flagellanten. — Karl anerkennt Waldemar als
Markgrafen von Brandenburg am 15. August 1349. — Karls
Krönungsreise vom September bis October 1349. — Karl nach
15monatlicher Abwesenheit in Prag. — Krönung der Königin
Anna in Prag 1. November 1349. — Provincial-Synode in
Prag vom 11. und 12. Nov. 1349. — Veränderungen in der
königlichen Familie. — Johann Heinrich mit dem Mark-
grafthum Mähren belehnt 26. December 1349. — Karls
Charakter als Markgraf von Mähren.*

Das Morden bei Crecy dauerte bis tief in die Nacht
hinein. Ausser dem Grafen Ludwig von Alençon, dem Bruder
des Königs, dem man die Ursache des unzeitigen Angriffes zuschrieb, dem Herzoge von Lothringen, dem Erzbischofe von
Sens und dem Grafen von Flandern, Blois, Harcourt und
Aumale waren noch andere unter den Todten. In den Kampf
zogen der Grossprior der französischen Johanniter mit 2000
Rittern, der Abt von Corbei an der Spitze von 500 Rittern

u. s. w.¹) Die Zahl der Todten wird von beiden Seiten unterschiedlich angegeben. Soviel ist richtig, dass die Schlacht bei Crecy, in welcher, wie bekannt, zum erstenmale Kanonen benützt wurden,²) zu den bedeutendsten des ganzen Jahrhunderts gezählt wird. König Eduard umarmte seinen Sohn, den sogenannten schwarzen Prinzen, vor dem ganzen Heere, und gab ihm die Ehre des Tages. Als er am andern Tage über die Wahlstatt ritt und die Leichen der Erschlagenen sah, worunter auch die des Königs Johann, soll er gesagt haben: „Heute fiel die Blüte der Ritterschaft, nie war jemand diesem Könige ähnlich. Ein anderes Bett hatte dem Könige von Böhmen geziemt, als hier auf der Erde zu liegen."³) Herolde nahmen die Wappen und Titel der gefal-

---

¹) Heinr. Rebdorf. Böhmer, Fontes IV. 529.

²) Vilani's Angaben über den Gebrauch des groben Geschützes durch die Engländer in der Schlacht bei Crecy sind sehr bestimmt und klar; er verdankt sie ohne Zweifel einigen Italienern, die an der Schlacht theilnahmen. Pauli, Geschichte von England, berichtet, dass schon 1324 König Johann sich des Geschützes in seinem Kriege gegen die Stadt Metz bedient habe.

³) Beneš de Weitmil. „Hodie cecidit corona militiae, nunquam fuit similis huic regi Boemiae." Script. rer. Boh. II. 342. Matthias Nuewenburg. „Anglus autem post recessum inimicorum, videns Bohemum occisum, dolens super eum, dixit: Alter lectus Bohemiae regem deceret!" Böhmer, Fontes IV. 236.

leuen Herren auf, die Eduard feierlich bestatten, und die noch athmeten, sorgsam verpflegen liess.¹) Nach der Schlacht soll sich der römische König Karl IV. in die Abtei di Riscampo begeben und seine Wunden gepflegt haben. Auch soll er hier den Leichnam seines Vaters von Eduard III. erhalten, und ihn bald darauf mit grossem militärischen Pompe nach Luxemburg gebracht haben,²) wo er in der Familiengruft der Münsterabtei beigesetzt wurde. Die feierliche Beisetzung geschah am 7. Sept. im Beisein des römischen Königs, welcher in der Abtei Ourschampe Zeit und Musse fand, über den Undank der Franzosen nachzudenken;³) denn der Chronist Matthias von Nuewenburg berichtet, dass sich Karl Hoffnung machte, der französische König werde wenigstens den Deutschen für ihre Verluste eine Entschädigung verabreichen. Aber da täuschte er sich. Es gieng nämlich die Sage herum, dass der Franzose dem Könige Johann von Böhmen eine bedeutende Soldsumme für die deutschen Söldner ausbezahlt habe, welche

---

¹) „Rex vero Anglie potita victoria per biduum post conflictum in campo moratus est, magnam misericordiam impendens suis occisis eos honorifice sepeliendo, vulneratos vero refovens medicando." Heinr. de Diessenhoven. Böhmer, Font. IV. 53.
²) Huber, Kaiserregest. Karl IV. 23 nach Vilani. Nach Palacký, Geschichte Böhmens II. 2. S. 266 soll es die Cistercienserabtei Ourschampe, nicht weit von Noyon, gewesen sein. Beneš. Script. II. 342.
³) Umständlich darüber Schötter, Joh. von Luxemburg, II. 284 u. ffg.

aber dieser, statt sie der angegebenen Bestimmung zuzuführen, für die Wahlagitation und spätere Krönung seines Sohnes dem Kurfürsten von Köln gezahlt habe.[1]) Ist dem so, dann konnte Karl während der Zeit der Heilung seiner Wunden weiter darüber nachdenken, wie sich die Wunden mit der Würde eines erwählten römischen Königs im Interesse der Franzosen vertragen, der Franzosen, welche doch nie Freunde der Deutschen waren. Jedenfalls bei einem deutschen Könige ein merkwürdiger Regierungsanfang!

Wie lange sich König Karl in Ourschampe aufhielt, ist nicht angegeben, doch sicher, dass er den Leichenzug nach Luxemburg begleitet und der Beisetzung in der Kirche der Münsterabtei beigewohnt habe.[2]) In Luxemburg blieb König Karl fast den ganzen Monat September. Geldgeschäfte, in die er nach Johanns Tode als dessen Nachfolger mit seinem Grossoheim, dem Kurfürsten von Trier, verwickelt war, hielten ihn daselbst,[3]) aber auch unterschiedliche Mühen, Frankreich von dem Kriege mit England zu befreien, weil

---

[1]) Matthias Nuewenburg. Böhmer, Fontes IV. 236. „Karolus autem cum armis imperialibus fugiens de conflictu cum aliis, cum a Franco aliquid peteret, saltem pro Alamannorum expensis, nil dedit eidem. Dicebatur autem, quod Francus magnam pecuniam dederit Ioanni Boemo, patri pro, stipendio Alamannorum, quam ille eis non assignans, Coloniensi archiepiscopo pro coronatione filii destinarit."

[2]) Über die Schicksale der Gebeine des böhmischen Königs bis zur Gegenwart, Schötter, Johann, Graf von Luxemburg und König von Böhmen, II. 291—320.

[3]) Huber, Kaiserregest. Karl IV. 23 und 24.

er nur so hoffen konnte, französische Kriegshilfe gegen Ludwig den Baier zu erwerben, weshalb er, wahrscheinlich im Einverständnisse mit Philipp VI., alsbald mit Eduard III. Verhandlungen betreffs eines englisch-französischen Waffenstillstandes anknüpfte. Dass dies wirklich der Fall war, sehen wir aus einer Antwort Eduards III. an König Karl ddo. in unserer Residenz zu Westmünster 12. October 1346 auf die durch seine eigenen rückkehrenden Machtboten und noch besonders durch dessen Secretär erhaltenen Mittheilungen, dass er auf den von ihm, Karl, gewünschten Stillstand mit seinem Gegner in Frankreich sich sofort nicht einlassen könne, weil er nach dem Rathe seiner Grossen bereits seinen Erstgebornen, den sogenannten schwarzen Prinzen, nach der Gascogne und andere Edle nach der Bretagne mit zahlreicher Mannschaft abgesendet habe, dass er jedoch auf dem am Tage nach Martini (12. November) abzuhaltenden General-Parlamente auch diesen Gegenstand mit seinen Prälaten und Grossen in Erwägung ziehen wolle.[1] Für sich selbst aber erreichte Karl schon jetzt die vollständige Aussöhnung und eine gewisse Freundschaft mit England, so dass er dem englisch-französischen Kriege, welcher unterdessen fortdauerte, nunmehr neutral gegenüberstand, während dadurch seine freundlichen Beziehungen zu Frankreich nicht geschwächt wurden, und er somit ruhig an seine ererbten Länder und an seine verschiedenen Verpflichtungen denken konnte.[2] Zu den letzteren

---

[1] Huber, Kaiserregest. Karl IV. Reichssache. S. 525.
[2] Gottlob, Karl's IV. private und politische Beziehungen zu Frankreich, S. 59.

gehören die Auslagen, welche die Überführung der Leiche des Königs Johann und dessen Leichenbegängnis, und dann Karls Aufenthalt in Luxemburg, verursacht haben. Die hiezu nothwendigen Gelder streckte der Leibbanquier des Luxemburgers, Arnold von Erlon, vor. Karl überliess ihm am 3. October für 2500 schuldige Gulden die Grafschaft Dorbuix, südlich von Lüttich, mit Zubehör, und bekennt an demselben Tage, diesem Geldmanne für die Kosten seines Aufenthaltes in Luxemburg, und für das Leichenbegängnis seines Vaters 677 Gulden schuldig zu sein.[1]) Noch hatte er auf die Einkünfte der Grafschaft Luxemburg einige Schulden gewiesen, als er Gelder aus Böhmen erhielt, die ihm höchst erwünscht kamen. Denn gleich am 10. August 1346 beauftragte Papst Klemens VI. den Erzbischof von Prag und die Bischöfe von Olmütz, Leitomyšl und Breslau, die in ihren Diöcesen bis zum verflossenen Osterfeste eingegangenen Gelder des dreijährigen Zehents von allen kirchlichen Beneficien im genannten Reiche der böhmischen Krone für die apostolische Kammer vorzubehalten, von diesem Feste aber bis zum Ablaufe des erwähnten Trienniums die eingehenden Gelder an den erwählten römischen König Karl abzuführen;[2]) zugleich beauftragte der Papst durch eine Bulle vom 31. August 1346 die Äbte von Břevnov und Wyzovic und den Domdechanten der Allerheiligenkirche zu Prag, die letzteren zwei statt der früher bestimmten, aber verhinderten Prälaten von Saar und des Olmützer Domdechanten, die Grenzen der Leitomyšler Diöcese

---

[1]) Huber, Kaiserregest. Karl IV. S. 25.
[2]) Cod. Dipl. Mor. VII. 494.

festzusetzen.¹) Was aber dem erwählten römischen Könige das Erwünschteste war, lag im päpstlichen Schreiben vom 6. November d. J., in welchem Klemens VI. dem erwählten römischen Könige Karl IV. über das von ihm durch eine besondere Gesandtschaft, in welcher sich auch Heinrich Graf von Salm befand, gestellte Ansuchen, dass er die einstimmige Königswahl bestätige, und verspricht, die Krönung und Salbung an ihm am geeigneten Orte und zur gelegenen Zeit zu vollziehen. Die besondere Gesandtschaft, zu der auch der Erzbischof von Prag, Arnost, gerufen wurde, ward schon am 30. September zu Verdun ernannt und bevollmächtigt, im Namen Karls dem Papste den Treueid, das Juramentum fidelitatis, zu leisten und um die Salbung und Krönung zu bitten.²)

---

¹) Cod. Dipl. Mor. VII. 496. Siehe S. 377 d. W.
²) Huber l. c. 24 und 25. Beneš de Weitmil, Script. rer. Boh. II. 339 und 340 sagt, dass die Wahlfürsten den Prager Erzbischof und den Herzog Nikolaus von Troppau mit dem Wahlacte nach Avignon an den Papst geschickt haben. Eine urkundliche Nachricht über diese Sendung ist nicht vorhanden. Weder in der Gesandtschaftsliste vom 30. Sept., noch im päpstlichen Approbationsacte vom 6. Nov. kommt der Name des Herzogs von Troppau vor, während Arnost von Prag in beiden erscheint, so dass, wie Werunsky bemerkt l. c. II. 73, es ungewiss bleibt, wer die Wahldecrete der Kurfürsten dem Papste überreichte. Die Rede des Erzbischofs Arnost im Consistorium, deren der Chronist Beneš l. c. erwähnt, und von welcher der Papst tadelt, dass das A. T. nicht genau citirt sei, findet sich in der Wiener Hofbibliothek vor. Werunsky, Gesch. Kaisers Karl IV., II. 74.

Nach geschehener Approbation erneuerten die Procuratoren Karls, worunter sich, wie wir wissen, auch der Erzbischof von Prag, Karls Verwandte, der Probst von Sadska, Nikolaus von Luxemburg u. a. befanden,[1]) in seinem Namen die Eide vom 22. April[2]) und kehrten sodann zu ihrem Herrn zurück, der sogleich von Luxemburg über Trier, wo er am 22. November seine Apanagengeschäfte mit seiner Schwester, der Herzogin der Normandie, in Ordnung brachte,[3])

---

[1]) Dudík, Auszüge aus den päpstlichen Regesten p. 34 mit Namen der Boten. Karl's Schwester, Bona oder Guta, geboren 30. Mai 1315, war seit 23. März 1333 an Johann, Herzog der Normandie, vermählt, an Johann, welcher seit 1350 König von Frankreich wurde, was jedoch Guta nicht erlebte; denn sie starb den 11. Sept. 1349. Am 30. Sept. 1346 schickt ihr Klemens VI. einen Trostbrief über den Tod ihres Vaters, des Königs Johann. Er tröstet die Tochter, erinnert sie an die Blindheit des Vaters und dass er „in iusto bello, regnum Francie defendendo" mitten unter seinen Kriegern das Leben verlor, der treue Sohn der Kirche „dum sinceritatem ingentis devotionis et fidei, quibus rex ipse, dum in humanis ageret, erga Deum et sanctam romanam ecclesiam prefulgere studuit, diligenter attendimus et speciale dilectionis vinculum, quod inter nos et ipsum regem vigebat et viguit, etiam cum nos haberet status inferior, ad memoriam revocamus." Die Tochter möge des Vaters Seelenheil durch Werke der Frömmigkeit fördern. Der Trostbrief des Papstes an Karl IV. ist vom 20. Sept. 1346. Dudík, Auszüge aus päpstl. Regesten, S. 33.
[2]) Siehe S. 425—432 d. W.
[3]) Huber l. c. 25.

nach Bonn, der gewöhnlichen Residenz des Erzbischofs von Köln, aufbrach, um dort die Königskrönung zu erlangen.[1]) Die eigentliche deutsche Krönungsstadt war Aachen, aber wir wissen von keiner Stadt des weiten deutschen Reiches, die der Sache Kaiser Ludwigs untreu geworden wäre, geschweige denn die Krönungsstadt Aachen. Auf einem Städtetage zu Speier im Sommer 1346 hat dieses Verhältnis seinen feierlichen Ausdruck gefunden.[2]) Nicht so einmüthig wie die Städte hielt sich der Adel zu dem alten Kaiser Ludwig; wir finden manche seiner Mitglieder, selbst aus dem so begünstigten Schwaben, die sich bald an den neuen Herrn Karl anschlossen. Alle Dynasten, welche Lehen vom neuen Könige empfangen wollten, erschienen am Krönungstage, den 26. November 1346, in Bonn, wo der Erzbischof Walram von Köln die feierliche Salbung und Krönung an dem vom Papste anerkannten und bestätigten deutschen Könige, und zwar in Gegenwart der Erzbischöfe Balduin von Trier, Gerlach von Mainz und Ernst von Prag,

[1]) Allgemein war, und mit vollem Rechte, verbreitet, dass Karl die römische Krone nur durch den Papst erhielt: „Eodem anno dominus papa Klemens VI. prefecit imperio Karolum marchionem Moravie et coronari fecit invito domino Ludovico, imperium tunc regente." Cont. Claustroneoburg. Pertz IX. 756.

[2]) Matthias Nuewenburg l. c. 240. „Ludovicus imperator veniens in Sveviam sibi comites et barones attraxit... Convocatis quoque civitatibus Spire (Septembr.) ipsas concorditer reperit in sua devotione ferventes, ita quod nec una earum Reni, Svevie et Franconie electionem Karoli nec pape processus curavit."

sowie der Bischöfe von Münster, Lüttich, Metz und Verdun, vornahm, worauf dann der neue König die Lehen bestätigte.[1]) Nach der Krönung begann Karl, wie sich ganz treffend Werunsky ausdrückt, seine pergamentenen Schätze an seine kurfürstlichen Gönner auszutheilen, denn Geld hatte er keines: an 11.000 Goldgulden musste er gleich am 9. Dec. 1346 von Balduin entlehnen, die er am 11. März 1347 zurückzuzahlen versprach.[2])

Zunächst erledigte er sich der umfangreichen Verpflichtungen, die sein verewigter Vater vor der Königswahl am 22. Juni dem Kölner Erzbischofe Walram gemacht hatte, indem er ihm die gewünschten Privilegien über die finanziellen Hoheitsrechte und die Reichspfandschaften des Kölner Erzbisthums, sowie über eine ganze Reihe persönlicher Vergünstigungen ertheilte.[3]) Und was er dem Kurfürsten von Köln that, vollführte er an den beiden andern Kurfürsten,[4])

---

[1] Matthias Nuewenburg. Böhmer, Fontes IV. 239. „Cum Aquenses et Colonienses (Karolum) non receperint, in Bunna ab archiepiscopo Coloniense dominica ante Andree (26. Nov.) extitit coronatus. A quo Coloniensis, Treverensis, Gerlacus de Nassowa, provisus Maguntinus archiepiscopus, item Monasteriensis, Metensis, Leodiensis et Virdunensis episcopi de suis sunt regalibus investiti."
[2] Huber, Kaiserregest. S. 29. Noch am 14. Dec., also auf der Reise, bekennt er, sciuem Rathe, Arnold von Erlou, 800 Schildgulden schuldig zu sein. Huber, Kaiserregest. S. 29. Heinricus Rebdorfen. Böhmer, Font. IV. n. 530. „Quia civitas Aquensis eum intromittere noluit."
[3] Werunsky, Gesch. Karl's IV. Bd. II. 76. .
[4] Huber, Kaiserregest. S. 26—29.

und reiste, von Balduin begleitet, von Bonn nach Trier, wo er nach einigen Tagen seine Reise nach Böhmen antrat. In Diedenhofen machte er einen längeren Halt, ernannte daselbst seinen Grossoheim für die Dauer seiner Abwesenheit zu seinem Stellvertreter in der Verwaltung des deutschen und des arelatischen Reiches und für den minderjährigen Stiefbruder Wenzel, dem Luxemburg testamentarisch zufiel, als Pfleger seiner Grafschaft Luxemburg mit allen Vollmachten, und erliess noch am 7. December 1346 zu Diedenhofen an die Vasallen und Unterthanen der Grafschaft Luxemburg den Befehl, dem Erzbischofe von Trier gegen Kaiser Ludwig mit aller Macht beizustehen.[1]) und schlug den weiteren Weg über Lothringen, Elsass, Schwaben und Franken ein, also über Länder, die überwiegend dem Kaiser Ludwig anhiengen.[2]) Aus Furcht, erkannt und gefangen zu werden, reiste der gekrönte deutsche König dort, wo er Feinde witterte, als Knappe verkleidet mit einem Pferde an der Hand, überschritt glücklich die böhmische Grenze und langte nach Dreikönig 1347 in Prag an,[3]) wo er aber

---

[1]) Huber, Kaiserregest. l. c. 28.
[2]) Matthias Nuewenburg. Böhmer, Font. IV. 241. „Karolus autem electus latenter per Alsatiam et Sveviam in terram Bohemie properavit, ubi honorifice est receptus."
[3]) Henricus de Diessenhoven. Böhmer, Font. IV. 54. „Sic Karolus coronatus inde (Bonna) recedens, clam in habitu scutiferi intravit Bohemiam, regnum illud iure hereditario possessurus .. At tamen propter potentiam sui adversarii per regnum Alamanie publice progredi non audebat propter insidias sibi positas, et ideo tamquam privatus dextrarium in manu ducens callide sic regnum suum Bohemie ingressus

diesesmal nur bis zum 22. Januar 1347 verblieb; denn Briefe seiner treuen alten Freunde Nikolaus von Trient und Ulrich von Chur und vieler Landherren kamen an ihn, in welchen sie versprachen, ihm zur Wiedereroberung des Landes behilflich zu sein.

Karl erkannte gerade diese Zeit als höchst gelegen, an Ludwig von Brandenburg wegen der den Luxemburgern angethanen Schmach Rache zu nehmen, und dadurch dem deutschen Kaiser zu schaden. Dieser scheint die Kunde von der Wahl Karls zu Nürnberg, wo er am 14. Juli urkundete,[1]) erhalten zu haben. Von diesem Momente an warb er um bedeutende Summen Waffengenossen an. Die Städte waren ja ohnehin ohne Ausnahme für ihn, den grossen Freund der Bürger. Selbst Basel, das man durch die Politik des dortigen Bischofs und des daselbst sehr einflussreichen Rittergeschlechtes der Mönche für Karl gewonnen glaubte, liess sich durch die Einmüthigkeit der Städte umstimmen, und für Kaiser Ludwig gewinnen.[2]) Von Nürnberg gieng der Kaiser in gleicher Absicht, um Bundesgenossen zu werben,

---

est mense Decembris in fine anni 1346." Henricus Rebdorfen. l. c. 530. „Anno 1347 de mense ianuario associatis sibi quam pluribus nobilibus, Karolus transit Franconiam et reversus est in Bohemiam."
[1]) Werunsky l. c. 79.
[2]) Matthias Nuewenburg. Böhmer, Font. IV. 241. „Basilienses enim, licet ratione episcopi sui et progeniei Monachorum inibi prevalentium Karolo favencium, ipsum receptare crederentur, videntes tamen tantam aliarum civitatum concordiam, se adhesuros principi (Ludovico Bavaro), firmius aliis decreverunt."

nach Speier und Frankfurt, und im December 1346 mit seiner Gemahlin nach München,[1]) während sich sein Sohn in der Mark Brandenburg, also entfernt aus Tirol, aufhielt, dessen Adel, welcher 1341 den Luxemburger Johann Heinrich aus dem Lande jagte, und ihn um die Gemahlin brachte, an dem Wechsel der Regierung nicht den gehofften Vortheil fand. Ludwigs strenge Verwaltung, die Einkerkerung der Söhne des Burggrafen von Tirol, Volkmar von Burgstall, dessen baldiger, vielleicht gewaltsamer Tod und die Confiscirung seiner Güter, sowie die Besetzung der Landesämter in Tirol wider das verbriefte Wort mit Ausländern erbitterte die Landesbischöfe und die Tiroler Stände, die nun den deutschen König ins Land riefen, um dasselbe mit ihrer Hilfe wieder zu erobern. Karl erkannte allsogleich den ungeheueren Vortheil, der ihm aus der Eroberung und Besetzung Tirols werden könnte, und eilte, ohne sich diesesmal um sein Erbkönigreich viel zu kümmern, nachdem er sich noch der oberitalienischen Städte, der Visconti von Mailand, der della Scala von Verona, Carrara von Padua und Gonzaga von Mantua versichert hatte, als Kaufmann verkleidet, nur mit zwei Begleitern, durch Ungarn nach Oberitalien und gelangte glücklich um die Mitte des März 1347 nach Trient. Bei dieser Gelegenheit hielt sich Karl am 18. Januar 1347 in Kuttenberg auf. Dem eben neu errichteten Bisthume Leitomischel als zweiten Suffragan der Prager Metropolie ertheilte er daselbst dieselben Rechte, welche die bischöflichen Kirchen in Prag und Olmütz hatten, befreit sie von der Jurisdiction der Landrichter und verbietet die Usurpation

---

[1]) Matthias Nuewenburg l. c. 271.

von Vogteirechten über die Güter des neuen Bisthums.¹) Es scheint, dass Karl noch in Böhmen statt einer Bekämpfung oder Widerlegung seiner Wahl am 7. Januar 1347 zu Regensburg einen Schmähbrief vom Kaiser Ludwig erhalten hat. Ludwig nennt darin seinen Gegner einen zwei Ellen hohen Zwerg, der sich gegen einen Riesen erhoben, eine Ameise, die einen Löwen verschlingen wolle, während er, der Kaiser, die Säule ist, welche das Weltall trägt, und ihn, den Thörichten, wie einen Wurm zertreten werde. Er rathe ihm, sich ihm zu unterwerfen, und er werde ihm grossmüthig verzeihen.²) König Karl liess mit der Antwort auf diese nichtssagende, fast läppische Schrift des Kaisers nicht lange warten. Noch in Böhmen, wenn das Datum richtig ist, zu Eger am 10. Februar 1347, antwortet er in einem bald stolzen, bald bittlich-frommen Tone, welcher, wie der kaiserliche Brief, kaum erbittern, aber gewiss nicht schrecken konnte.³) Wichtiger, als dieser unsaubere Brief-

---

¹) Cod. Dipl. Mor. VII. 512.
²) Cod. Dipl. Mor. VII. 511. „Properes confugere in sinum clemencie imperialis, veniam de tantis excessibus positurus, que adhuc de innata benignitate parata est graciam non denegare."
³) Cod. Dipl. Mor. VII. 513. „Confidis in potenciam armatorum et in multitudine iaculorum, que tamen eciam nobis deesse non videmus, sed spem nostram precipue ponentes in Deo uno et fortitudine trium digitorum, qui visi sunt scribere Mane, Thechel, Phares" etc. Ob Karl am 10. Febr. noch in Eger war, bezweifelt Huber, und das mit vollem Rechte, in seinen Kaiserregesten S. 30. Karl war ja auf der Reise

wechsel, welcher höchstens zum Beweise dienen kann, wie tief die Leidenschaft selbst gescheite Männer heruntersetzt, ist die Frage, ob der sonst besonnene und vorsichtige Karl nach Tirol gieng, ohne den Rücken gedeckt zu haben? Karl musste voraussetzen, dass Kaiser Ludwig ihn als Gegenkönig bekriegen werde, dass auch er sich nach Bundesgenossen umsehen werde, und dass der Kaiser dies that, beweisen die gleichzeitigen Quellen.

Der Mann, dessen Bundesgenossenschaft beiden Gegnern von höchster Wichtigkeit schon vermöge der Lage seines Reiches gewesen sein musste, war Albrecht, Herzog von Österreich. Beide strebten nach einer Unterredung mit ihm. Es scheint, dass Kaiser Ludwig dem Könige Karl zuvorkam. Die Chronik von Melk verzeichnet zum Jahre 1347, dass Kaiser Ludwig in der Woche vor Lichtmess zum zweitenmale das Kloster Melk mit seiner Gegenwart beehrte und begabt hatte;[1]) es war dies auf seiner Reise nach Wien, wo er am 24. Januar d. J. dem Herzoge Albrecht und dessen Gemahlin Gnadenbezeugungen ertheilte.[2]) Für Herzog Albrecht war es nicht leicht, sich zu entscheiden; er mochte ja wissen, dass sich der römische König Karl zu ihm auf dem Wege befinde, er stand ja seit langem mit ihm im

---

nach Tirol, und am 18. Jan. in Kuttenberg. Wäre er auch nach Prag zurückgekehrt, was hätte ihn nach Eger geführt?

[1]) „Hoc anno (1347) Ludovicus imperator in hebdomada ante Purificationem B. V. bina vice fuit in monasterio Medlicensi pransus, et contulit monasterio eidem libertatem salium deducendorum." Chron. Melicen. Pertz S. S. IX. 513.

[2]) Böhmer, Kaiserregest. Ludwig der Baier, S. 161 n. 2552.

freundschaftlichen Verkehre; am 9. December 1344 beurkundet Herzog Albrecht sein eidliches Versprechen einer Heirat zwischen seinem Sohne, Herzog Rudolf, und Katharinen, der Tochter des Markgrafen Karl von Mähren, mit Vorbehalt der von dem Papste einzuholenden Dispens,[1]) und dass der Papst eine Annäherung des Herzogs an den Kaiser nur missbillige, musste er ja wissen.[2]) Also, es mochte schwer für Albrecht gewesen sein, sich für Kaiser Ludwig wider König Karl zu entscheiden, und doch musste etwas geschehen; denn Karl, welcher, wie wir wissen, am 22. Januar Prag verlassen hatte, kam im Februar nach Wien. Was er hier wollte, steht zwar nicht verzeichnet, aber es ist leicht zu errathen, war er ja im Kampfe wider Kaiser Ludwig und am Wege nach Tirol. Von Wien gieng Karl nach Pressburg, um auch hier derselben Angelegenheit wegen mit seinem Schwiegersohne, dem Könige Ludwig von Ungarn, zu verhandeln. Ob er hier ein williges Ohr fand, möchten wir im Hinblick auf des Königs gespannte Stellung zum Papste Klemens VI. wegen Neapel bezweifeln. Indes erreichte König Karl wenigstens so viel, dass beide Regenten, der von Österreich und der von Ungarn, neutral zu bleiben, und Albrecht ihm sicheres Geleite zur Weiterreise

---

[1]) Siehe S. 846 d. W.
[2]) „Alberto duci Austrie intimat Klemens VI. dd̃o. Avinione III. Kal. Maii anno V. quod non conceperit suspicionem contrariam ex amicabilibus colloquiis per ipsum his diebus cum Ludovico de Bavaria habitis, et hortatur eum, quatenus regi Romanorum favoribus assistat." Werunsky, Excerpta e Registris Clementis VI. p. 52 n. 148.

über Kärnten zugesagt hatte.¹) Zu Ende Februar gelangte Karl, von wenigen begleitet, alle als Kaufleute verkleidet, durch Ungarn und Kärnten nach Oberitalien und so nach Trient.²) Hierher berief er seine Anhänger, die Söldner der Herren von Mailand, Verona, Padua und Mantua, die vereinigt mit den Kriegern seines ehemaligen Protonotars, des Bischofs Nikolaus von Trient, besonders als er auch auf den Landeshauptmann von Tirol, Engelmar von Villanders, zu rechnen hoffte,³) er für hinreichend hielt, Tirol zu erobern, und dies umso leichter, als er sah, dass von Seite der Gegner zur Vertheidigung nichts vorbereitet sei, und der Landesherr, Ludwig Markgraf von Brandenburg, noch in Brandenburg weilte. Ohne grosse Eile zu äussern, hielt sich König Karl bis in den April in Trient auf. Wir wissen von diesem seinem Aufenthalte, dass er am 18. März in Trient

---

¹) „Karolus electus latenter... in terram Bohemie properavit (1346 Decembr.), ubi honorifice est receptus. Post hec de mense Februarii a. d. 1347 ipse Karolus cum Ludovico, rege Ungarie, genero suo, cum Alberto Australi colloquium habuerunt in Wienna. Quibus simul euntibus in Presburg ciusdem Ungari, Ludovicus princeps statim in Wienna colloquium secretissimum habuit cum Australi (Januar)." Matthias Nuewenburg. Böhmer, Font. IV. 241.

²) Henricus Diessenhoven l. c. 55. „Post cuius recessum rex Karolus cum conductu ducis predicti (Alberti) ivit per Karinthiam, et venit Tridentum cum paucis tamen transiens ut mercator. Et mense Februarii venit ad partes Italie Tridentum."

³) A. Huber, Gesch. der Vereinigung Tirols mit Österreich. Regest. 100 und 101.

dem Brünner Richter, Jakob von Rohr, zwei von den Königen Wenzel II. und Wenzel III. in den Jahren 1304 und 1306 bezüglich des Gerichtes dieser Stadt und bezüglich der Dörfer Wážau und Tvarožna ertheilten Urkunden bestätigte,[1]) und dass er auf Mariä Verkündigung, Sonntag den 25. März, in der Kathedrale zu Trient einem Pontificalamte in den Gewändern eines römischen Königs mit Scepter und Reichsapfel beiwohnte, und nach beendetem Gottesdienste einen feierlichen Ritt durch die Stadt that,[2]) und dass er am 28. März einen Schuldschein auf 100 Goldgulden ausstellte, die er dem Martin von Greifenstein für ein Pferd schuldete.[3]) Noch feierte er am 1. April in Trient die Ostern, wo er dann den Feldzug gegen Tirol eröffnete. Er dringt bis zum Schlosse Tirol bei Meran vor, in welchem Margaretha Maultasch belagert wird, bis ihr Gemahl in Eilmärschen durch Südbaiern nach Tirol zurückkehrt. Am 7. April urkundete Markgraf Ludwig in Sterzing, wo der zweifelhafte Landeshauptmann von Tirol, Engelmar von Villanders, seine Gnade nachsucht und erhält.[4]) Vor dem anrückenden Markgrafen

---

[1]) Cod. Dipl. Mor. VII. 617.
[2]) Huber, Kaiserregest. S. 30 nach Chron. Estense 434.
„Extitit vestibus indutus imperialibus cum virga aurea et pila rotunda in manibus significante mundum."
[3]) Huber, Kaiserregest. l. c. n. 318.
[4]) „Iverat enim marchio Brandenburgensis Prussiam contra gentiles, cuius uxor castrum Tirolis omnibus necessariis munivit ad annum. Engelmarus autem miles potens in comitatu, qui et ipsum tradidit marchioni, tractatus habuit hinc et inde. Marchio autem intelligens hec, illico est reversus Bohemus autem, cum oppidum Merane et alia plura

zieht sich Karl unter grossen Verwüstungen nach Trient zurück. Meran und Bozen wurden damals verbrannt und die ganze Etschgegend, namentlich die Weinberge, furchtbar verwüstet. Der Markgraf beunruhigte den Rückzug, holte ihn endlich ein und schlug seine Truppen in die Flucht, die endlich Trient erreichten.¹)

In Trient hielt sich König Karl bis in den Sommer hinein, leider mit der traurigen Wahrnehmung, dass sich sein Anhang je länger, desto mehr lichte, besonders als sich die Kunde verbreitete, dass er Tirol an den Visconti von Mailand abzutreten beabsichtige. Hier erhielt er durch den päpstlichen Caplan Gerald von Magnaco das päpstliche Anerkennungs- und Bestätigungsschreiben als römischer König vom 6. November 1346 und erneuert dem Papste die Versprechungen, die er wegen der Rechte der

---

vicisset, veniente principe cum magno exercitu, victa per se comburens reversus est Tridentum." Matthias Nuewenburg. Böhmer, Font. IV. 241. Conf. Heinricus de Diessenhofen l. c. 56. „Opida et villas inter predictum castrum (Tirol) et civitatem Tridentinam posita seu sitas, de quibus plenam nequibat habere confidentiam, incendit." Goswin, Chron. montis S. Mariæ. Huber l. c. p. 274. „Hic dux dominum Engelmarum, qui unus erat, qui dominum Karolum de Moravia vocaverat, captivavit et eius caput precidit."

¹) Beneš de Weitmile. Script. rer. Boh. II. 343. „Congregata ibi (in terra Tyrolis) magna gentium multitudine, eandem terram vastavit ignis incendio vineas eorum succidit et destruxit, castra et castella plurima aquisivit. Sed cum plurima mala eis intulisset, non confisus de ipsis, abinde recessit."

Kirche, wegen der Processe seines Grossvaters und wegen der Bekämpfung Ludwig des Baiern vor seiner Krönung gegeben hatte.¹) Als Zeugen des am 27. April im bischöflichen Schlosse bei Trient, Buon Cosiglio, hierüber aufgenommenen Protokolles sind jene Männer, die des Königs nächste Umgebung bilden, und wahrscheinlich ihn aus Böhmen begleitet haben, als Nikolaus, Domdechant von Olmütz, des Königs Kanzler, Ješko, Probst der Allerheiligen-Kapelle in Prag, Peter von Lima, Domherr von Olmütz, Bohuš von Purdobur, Domherr von Prag, Nikolaus, genannt Sortes, Domherr von Laon, und die beiden Tiroler Bischöfe Nikolaus von Trient und Ulrich von Chur. Von weltlicher Seite waren zugegen: Nikolaus, Herzog von Troppau und Ratibor, Smil von Vöttau, Zbynko der Hase, Bušek von Wilhartitz, Karls Protonotar, und Burchard, Mönch von Basel.²)

Unter den Zeugen erscheint Smil von Vöttau. Seit dem Jahre 1331 erscheinen die Brüder Smil und Čenék von

---

¹) Siehe S. 425 u. ff. d. W.
²) Huber, Kaiserregest. Karl IV. 31 u. 319. Peter von Lima ernannt zum Domherrn von Olmütz durch Papst Klemens VI. den 12. Dec. 1342. Nikolaus, Herzog von Troppau und Ratibor, vermählte 1345 seine Tochter Euphemia mit Ziemovit III. von Mazovien. Wir wissen dies aus einem Breve Klemens' VI. vom 4. Jan. 1347, durch welches er den Erzbischof von Gnesen ermächtigt, für die bereits geschlossene Ehe „nobilis mulieris Euphamie, nate dilecti filii nobilis viri Nicolai, ducis Opavie" mit dem Herzog Ziemovit von Mazovien wegen Verwandtschaftsgrade zu dispensiren. Cod. Dipl. Mor. VII. 510.

Lichtenburg im Besitze dieser ehemaligen landesfürstlichen Burg, welche einen ausgedehnten Länderbesitz hatte, der 1342 mit der Burg Zornstein als königl. böhmisches Lehen erklärt wurde.[1]) Im Jahre 1345 kommt Čeněk von Vöttau vor und dessen Sohn Smil ist der hier erwähnte Zeuge, welcher seit einigen Jahren öfter in des Markgrafen Karl Nähe erscheint. Dieser gerieth einmal mit dem Pfarrer Wojslaus von Jaroměřic, das der Familie der von Lichtenburge gehörte, in einen so heftigen Streit, dass von Seite des Pfarrers die beleidigendsten Worte fielen. Ob er die Ursache des erbitterten Streites war und ob Wojslav Säcular- oder Regular-Priester war, ist nicht bekannt. Konrad, Bischof von Olmütz, gestattete allerdings, dass das Kloster Sedletz die Hälfte des Einkommens der Pfarren zu Jamnitz und Jarmeritz, deren Patronat K. Johann dem Kloster geschenkt hat, beziehen dürfe, ddo. Olmütz 5. März 1326, und König Johann versichert ddo. Prag 1. Juni 1329 dem Besitzer von Jarmeritz,[2]) Raimund von Lichtenburg, dass ihm die Abtretung des Patronatsrechtes von Jarmeritz an das Kloster Sedletz zu keinem Nachtheile bei den andern Patronatskirchen gereichen werde, und doch halten wir dafür, dass Wojslaus ein Säcular-Priester war, weil dieses Umstandes der Papst, vor dessen Forum der Streit und dessen Folgen

---

[1]) Smil von Vöttau gehört zur Familie der Lichtenburge. Cod. Dipl. Mor. VII. 453. Smilo de Lichtenburg, dictus de Vetovia, und l. c. p. 441. „nostri filii, domini Smilonis." Vöttau und Zornstein, königl. Lehen 1342. Cod. Dipl. Mor. VII. 332.

[2]) Cod. Dipl. Mor. VII. 834 und 857.

geriethen, nicht erwähnt, und sie ausdrücklich den Wojslav eine Kirchenperson nannten. Durch die beleidigenden Worte im höchsten Grade aufgebracht, liess Smil von Vöttau den Pfarrer durch einige Helfershelfer fangen, in einen Sack stecken und in den benachbarten Bach, Rokican oder Jarmerica genannt, werfen und so ersäufen — eine Strafe, die in Mähren nicht unbekannt war.[1]) Durch diese That fielen Smil und seine Helfershelfer in die grosse Excommunication und ins Gefängnis des Bischofs zu Olmütz. Um von derselben und ihren Folgen los zu werden, wandte sich Smil an den Papst um die Dispens, zugleich aber auch um Intercession an den römischen König Karl. Klemens VI. berücksichtigte die Bitte, und bevollmächtigte durch ein Breve vom 2. April 1347 den Olmützer Bischof, Prinz Johann, die Sache zu untersuchen und Smil und seine Complicen unter gewissen Bedingungen von der Excommunication loszusprechen. Diese Bedingungen waren, namentlich für Ehrgeizige, und es scheint, dass Smil dazu gehörte,[2]) ziemlich harter Art. Vor allem mussten sie eidlich das Versprechen thun, nie etwas Ähnliches an kirchlichen Personen zu begehen, und dann in der bischöflichen Stadt Olmütz vor deren Hauptkirchen blossfüssig, Ruthen in Händen haltend

---

[1]) Cod. Dipl. Mor. VII. 519. „In ipso sacco inclusum in flumine quodam submersit." Das Stadtrecht von Göding kennt zum Jahre 1228 das Ertränken als Strafe für Diebe. Cod. Dipl. Mor. II. 205.

[2]) „Propter quædam iniuriosa verba... in maximam detraxionem honoris et famae militis (Smilonis) prolata, que nobis (sagt der Papst) oretenus sunt expressa l. c. 519.

und Riemen um den Hals, öffentliche Busse leisten. Die vorübergehenden Geistlichen sollen unter Absingung des Busspsalmes sie mit den Ruthen geisseln, und die Büsser offen und laut dem Volke ihre Schuld bekennen. Binnen vier Jahren sollen dann die Büsser vor dem Papst erscheinen, um Abbitte zu leisten, und falls sie Patronatsrechte, wie Smil über Jaroměřitz, ausüben, sich derselben für immer enthalten. Diese Bedingungen schienen doch zu hart zu sein, weil sich Smil und der römische König um ihre Milderung an den Papst wandten, welcher in einem Breve vom 27. August 1347 an den Erzbischof von Prag schreibt, die früheren Bedingungen, die der Papst an den Olmützer Bischof setzte, aufzuheben, und den Pönitenten, welcher Zeichen der Reue bereits ablegte, von allen Folgen der Excommunication loszusprechen, nur solle er ihm als Busse auferlegen, am Orte der That eine beständige Kapellanie mit einem jährlichen Einkommen von 10 Mark Silber zu stiften, durch sieben Jahre jeden Freitag sich Abbruch thun, in den Vigilien B. M. V. bei Brot und Wein zu fasten, oder statt der Faste drei Arme zu bespeisen und irgend einen im Lande bekannten Wallfahrtsort der Mutter Gottes zu besuchen. Thue Smil, den der Papst einen Rath des Königs Karl nennt, dies nicht, falle er in seine frühere Excommunication und ihre Folgen allsogleich zurück.[1]) Was weiter mit Smil von Vöttau geschah, ist nicht verzeichnet; jedenfalls blieb er im Gefolge des römischen Königs, welcher am 27. April zu Trient noch dem Papste versprach, was seine Vorgänger, Rudolf, Heinrich etc., zugesagt haben. Diese Urkunde ist

---

[1]) Cod. Dipl. Mor. VII. 533.

ausgestellt durch seinen Notar, den Passauer Cleriker Gerung von Meldik.¹)

Noch immer an der Spitze eines bedeutenden Heeres, trotz der erlittenen Schlappe, war Karl, besonders als er aus Oberitalien neue Zuzüge erhielt, stark genug, um den Baiern es räthlich erscheinen zu lassen, ihn in Trient anzugreifen. Es gelang ihm sogar in der ersten Hälfte des Monats Mai mit Unterstützung des Patriarchen von Aglai, Bertrand, dem Markgrafen von Brandenburg und Herrn von Tirol, Ludwig, Feltre und Belluno mit Cadore, wo Engelmar von Villanders sich durch seine Strenge unbeliebt machte, zu entreissen.²) Am 10. Mai d. J. begab sich König Karl mit dem Bischofe von Trient, Nikolaus, nach Castelbarco am rechten Etschufer, nördlich von Roveredo, wo er eine Unterredung mit

---

¹) „Attentis · prefati militis incentiva causa furoris suique Nobilitate generis et culpa summersi, nos... Karoli, regis Romanorum illustris pro ipso milite speciali et dilecto Consiliario suo, nobis in hac parte frequenter humiliter supplicantis, cum eodem milite volentes mitius agere, quam litere contineant supradicte, ipsorum regis ac militis supplicantibus inclinati fraternitati tue .. mandamus." Unter dem Instrumente steht: „Ego Gerungus Hartmanni de Meldico, clericus Patavien dioceseos, apost. et imperialis auctoritate notarius... omnia et singula ad requisitionem sepedicti Magistri Gerardi de Magnaco propria manu scripsi et in hanc publicam formam redegi." Dudík, Iter Rom. I. 36 und 37. Cod. Dipl. Mor. VII. 521. Ist dieser Gerung von Meldik nicht derselbe, welcher am 16. Juli 1346 durch Klemens VI. ein Olmützer Canonicat erhielt?

²) Huber, Kaiserregest. S. 31.

Mastino de la Scala und mit Guido de Gonzaga hatte. Diese oberitalienischen Herren versprachen ihm Hilfe, mit welcher er im Juli nach Feltre zog und daselbst den Jakob von Carrara, Herrn von Padua, zum Schutzherrn über Feltre und Belluno ernannte. Den uns schon bekannten Endrighetto da Bongaio ernannte er zum Reichsvicar in Belluno und einen gewissen Zemino di Preto zum Reichsvicar von Feltre. In Belluno hielt Karl einen längeren Aufenthalt, restituirte am 21. Juli dem Bischofe Nikolaus von Trient für die vielen ihm geleisteten Dienste die Gerichtsbarkeit, die Zölle und Einkünfte, welche ihm Markgraf Ludwig entzogen hatte,[1] und trat, da er seinen eigentlichen Zweck, die Eroberung Tirols, für unausführbar hielt, und da sich auch Mangel an Lebensmitteln einstellte, durch Oberitalien und Kärnten seine Rückreise nach Böhmen an.

So unglücklich Karl in Tirol war, so glücklich war Ludwig, aber nicht das Volk. Ludwig wandte seine Waffen durch seinen Landeshauptmann, den hartherzigen Konrad von Teck, gegen die Burgen des abgefallenen Adels, und namentlich gegen die zwei Bischöfe, den von Chur und den von Trient. Als jener mit einer Schar von 8500 Mann aus dem Heere Karls den Versuch machte, ihn, Karl, zu unterstützen, wurde er auf einem Zuge durch das Etschthal unweit Tramin am 24. Juni 1347 bei Nachtzeit mit überlegener Macht verrätherisch überfallen, ein Theil der Seinigen niedergehauen, die Mehrzahl aber mit dem Bischofe Ulrich selbst gefangen. Sechs Monate musste Ulrich in strenger Haft auf dem Schlosse Tirol zubringen, und erhielt erst um

---

[1] Alles belegt in Huber, Kaiserregest. S. 32.

Weihnachten gegen die Übergabe mehrerer Burgen seine Freiheit wieder.[1]) Und wer weiss, wie es dem Bischofe Nikolaus von Trient ergangen wäre: dem Bisthume wurde die Hinneigung seines Bischofs zum Könige Karl, wie die Tiroler Geschichte nachweist, sehr verhängnisvoll. Ein Glück für seine Person, dass er gegen Ende des Jahres 1347 gestorben. Die uns bekannten päpstlichen Boten, Gerard de Magnaco und Johannes de Pistorio, kamen schnell aufeinander auf den bischöflichen Stuhl, und hatten viel zu kämpfen mit dem Landeshauptmanne und treuen Anhänger Ludwigs, mit Herzog Konrad von Teck. Noch trachtete König Karl, bevor er den Boden Tirols gänzlich verliess, den Erzbischof von Salzburg, Ortolf von Weisseneck († 1365), für sich zu gewinnen, weshalb er an ihn seinen Protonotar Welislav und den Ritter Burchard, Mönch von Basel, sandte, ohne jedoch mehr als eine ausweichende Antwort zu erhalten.[2])

Besser ergieng es K. Karl mit den Grafen Meinhard und Heinrich von Görz, mit denen er sich auf seiner Rückreise zu Villach in Verbindung setzte. Er gibt ihnen hier den

---

[1]) Goswin. Huber, Geschichte der Vereinigung, S. 279. „De dicto duce de Tekke dicere oportet, qualis expugnator urbium et castrorum fuerit, nam castrum, dictum Purchstal, obsessum funditus destruxit, castrum Griffenstain dilapidavit et plura alia castra sibi subiugavit. Huius temporibus infinita mala per alienos, tam Alamannos quam Bavaros, quos secum (Ludovicus) induxerat ad terram, fautores suos, terram populabant et devastabant, nec erat, qui verbum contra predictos diceret."

[2]) Cod. Dipl. Mor. VII. 526.

26. Juli die Vollmacht, „mit den edlen Leuten an der Etsch und in der Herrschaft zu Tirol" zu verhandeln, gibt denselben alle Ansprüche auf, die er und sein Bruder Johann Heinrich auf die genannte Herrschaft und auf das Land an der Etsch haben, bewilligt, dass, was die oberwähnten Grafen vom genannten Lande in ihre Gewalt bekommen, ihr Lehen vom Reiche sein soll, und verspricht, alle Edelleute, die sich mit den Grafen berichten würden, gegen ihre Feinde zu schützen.[1]) Am 31. Juli datirt Karl ddo. Grätz eine Urkunde, durch die er den Brüdern Friedrich und Konrad von Auffenstein 4500 Gulden Wart- und Dienstgeld verschreibt, ihm gegen jedermann, mit Ausnahme Österreichs, und zwar vom nächsten Martinstag an durch drei Jahre zu dienen, ihnen zugleich versprechend, dass er ihnen zu ihrem Erbbesitze schon verhelfen werde.[2]) Am 27. August soll Karl dem Papste geschrieben haben, dass er seinen Titel „rex Romanorum" als abhängig vom heil. Stuhle ansehe.[3]) Hierauf eilte Karl in seine Heimat zurück, wo er in der Mitte August ankam.

Der Feldzug in Tirol hat seinen Zweck nicht erreicht, und Karl hatte volle Ursache, zu fürchten, dass er von Tirol und von Baiern aus angegriffen werde, weshalb er mit der nothwendig gewordenen Ausrüstung sich beeilen musste. Ohnehin stand schon sein Grossoheim, der Erzbischof Balduin von Trier, den er ja zu schützen versprach, mit den Freunden des

---

[1]) Huber, Gesch. der Vereinigung Tirols, S. 164 n. 108. Regest.
[2]) Cod. Dipl. Mor. VII. 527.
[3]) Huber, Kaiserregesten Karl's IV. p. 32.

Kaisers Ludwig, Reinhard von Westerburg und Philipp von Isenburg, in blutiger Fehde; ebenso der neu ernannte Erzbischof von Mainz, Gerlach, mit Meissen, Hessen und Henneberg. Ein Waffenstillstand hat im September dieselbe an Ausdehnung verhindert,[1]) aber eine viel bedeutendere Fehde brach in Schwaben los. Hier hätte Kaiser Ludwig gar so gerne für seinen jüngeren Sohn Stephan das Herzogthum Schwaben durch Mediatisirung anderer bis jetzt reichsunmittelbarer Herren begründet. Das erwarteten die Grafen von Zollern, die schwäbischen Herzoge von Teck, die Grafen von Helfenstein, Fürstenberg, Öttingen, Geroldseck, Wartenstein u. a., und daher spornte sie schon der Erhaltungstrieb, sich an König Karl zu halten. Gegen alle und noch viele andere Dynasten eröffnete des Kaisers Sohn Stephan, von sämmtlichen schwäbischen Reichsstädten unterstützt, im September 1347 den Reichskrieg, welcher, weil von den Dynasten, den Anhängern Karls, nicht unterstützt, kläglich endete,[2]) gerade sowie die Einfälle, welche Karls Bruder Johann Heinrich mit 2000 Helmen seit dem Juli 1347 von Böhmen aus in Baiern gemacht hatte. Mord, Brand, Menschenraub, Verwüstung war die Folge dieser Einfälle, durch welche besonders die Gegend um Cham litt, ohne etwas entschieden zu haben.[3])

[1]) Matthias Nuewenburg. Böhmer Font. IV. 242 und 243.
[2]) Matthias Nuewenburg nach Böhmer l. c. 247.
[3]) Heinricus de Diessenhoven. Böhmer, Font. IV. 57. „A. 1347 mense Iunii Iohannes, frater Karoli, agressus versus Bavariam in confinibus Bohemie multas villas vastavit incendio... more paganorum, volens se ulcisci et fratri complacere."

Mittlerweile bereitete Karl alles vor, um seine Krönung in Böhmen so glänzend als nur möglich, und zugleich als Muster für seine Nachfolger zu gestalten, weshalb er noch vor seiner Abreise nach Tirol für die Anfertigung der Königskrone,[1]) eines Ringes und eines Scepters sorgte, aber auch ein förmliches Programm, wie die Krönung, mit welchem Ritus und welche Personen dabei beschäftigt sein sollen, entwarf. Da wir dieses Programm genau kennen, so sehen wir, dass ihm die Krönungsceremonien des Königs von Frankreich bei der Abfassung vorschwebten,[2]) und dass die Abfassung in lateinischer Sprache, und zwar noch vor der Abreise nach Tirol, durch Karl selbst stattfand. Allerdings war die Thronbesteigung der böhmischen Herzoge und Könige in den ältesten Zeiten nach gewissen Formeln und mit Bewahrung überlieferter Gebräuche erfolgt; aber es gab dabei bis auf Karl kein bestimmtes Ceremoniel, dasselbe war von Fall zu Fall festgesetzt; jetzt sollte es anders werden, es sollte ein Krönungsritus festgestellt werden, welcher die Nachfolger auf dem böhmischen Throne verpflichtet, und sich in der Wesenheit bis auf den heutigen Tag erhielt. Die Hauptperson, welche die Krönungsceremonie vornahm, war der Erzbischof von Prag, weshalb Karl zu Prag am 18. August 1347 über Ansuchen des Prager Erzbischofes

---

[1]) Siehe S. 439 d. W.
[2]) Řád korunovánie krále českého. Herausgegeben durch Josef Emler. Památky staré literatury české, číslo 4. Spisové císaře Karla IV. 73 a 108. Loserth, Die Krönungsordnung der Könige von Böhmen. Archiv für österreichische Geschichte der kaiserl. Akad. Bd. LIV.

und der Bischöfe von Olmütz, Breslau und Leitomyšl und vieler schlesischen Herren und böhmischer und mährischer Dynasten verordnete, dass für die Zukunft die böhmischen Könige nur von dem Prager Erzbischofe gekrönt werden sollen.¹) Diese Urkunde hat für uns auch noch die Bedeutung, dass sie uns alle die vornehmen Gäste namhaft macht, welche der Krönung beiwohnten. Diese waren neben dem Consecrator, dem Erzbischofe Arnost von Prag, der Bischof von Breslau, — denn Karl hat die Idee, das Bisthum Breslau als Suffragan von Gnesen abzulösen und zu Prag zu schlagen,²) nicht aufgegeben, — die zwei Suffraganbischöfe von Olmütz und Leitomyšl, die Herzoge Johann Heinrich, Titular-Herzog von Kärnten, Tirol und Görz, Reichsverweser während Karls Abwesenheit aus den Erblanden, Niklas, Herzog von Troppau und Ratibor, Karls persönlicher Freund, Bolek von Oppeln, die Herzoge von Schlesien, Wenzel, Bolek und Johann, Kazimir von Teschen und Heinrich von Sagan. Von böhmischen und mährischen Dynasten waren in der Deputation Jodok von Rosenberg, Wilhelm von Landstein, der mährische Landeshauptmann, die Brüder von Lipa, Berthold und Čeněk, die stark in Mähren begütert, die Brüder von Wartemberg, Waněk und Beneš, Ješek von Michelsberg, Hinek von Náchod, Ješek von Wartemberg, Hinek von Sleven (Slivno?), Ulrich von Neuhaus und dessen Sohn Heinrich, Ješek von Kravař, Stephan von Steremberch (sic!) und Jaroslaus von Sternberg. Alle diese erscheinen als Deputation an der Urkunde vom 18. August, die

¹) Cod. Dipl. Mor. VII. 530—532.
²) Siehe S. 359 d. W.

unterzeichnet ist von Personen, die allerdings auch noch mit vielen andern der Krönung, welche am 2. September 1347 vor sich gieng, beiwohnten, und dieselbe als Zeugen unterzeichneten: Johann von Isenburg, Bischof von Meissen, Apeczco von Frankenstein, Bischof von Lebus im Preussischen bei Frankfurt a. O., der Kurfürst Rudolf der ältere von Sachsen und Rudolf, dessen Sohn, Friedrich, Herzog von Teck, die Brüder Albert und Woldemar, Herzoge von Anhalt, Ulrich von Helfenstein, Hugo von Hohenberg, Friedrich von Zollern, Albert und Gunther, Grafen von Barbei, Johann, Herr auf Meklenburg, Kraft von Hohenlohe, Heinrich von Brunek, Ulrich, Herr in Hanau, Heinrich von Eberstein, Eberhard und Heinrich von Walsee und Ägidius, Herr auf Rodenacher. Wir führen diese Namen an, um zu zeigen, dass gerade die mächtigsten Reichsfürsten und Barone des deutschen Reiches sich an Karl angeschlossen haben. Der hohen Wichtigkeit wegen war diese Urkunde unter goldener Bulle ausgestellt.[1]

Die Anwesenheit der vornehmsten geistlichen und weltlichen Dynasten in der zweiten Hälfte des Monates August 1347 in Prag erlaubt uns einen Rückblick zu werfen auf Mähren vom 6. Juni 1345 an. Als Reichsverweser in

---

[1] Es ist dies der erste Majestätsbrief, welchen Karl als römischer König und lange vor seiner Krönung zum römischen Kaiser unter einer goldenen Bulle „Bulla aurea typario nostre Majestatis impressa" ausgefertigt hat. Eine Zusammenstellung der unter goldener Bulle ausgestellten Karl'schen Urkunden findet sich vor in Pelzel. Kaiser Karl IV. Bd. I. 175, Note.

dieser ganzen Zeit war Karls Bruder Johann Heinrich,
welcher noch immer seine Ansprüche auf Tirol, Kärnten
und Görz nicht aufgab; als solcher nennt er sich in der
Deputation vom 18. August an den römischen König, unter
ihm stand seit 1345 noch immer als Landeshauptmann
Wilhelm von Landstein, als Landeskämmerer erscheinen
Johann von Kravař und Gerhard von Kunstadt, der erstere
war Herr auf Neutitschein, Helfenstein, Rožňau und Krumau
und fungirte für die Olmützer Provinz; der letztere — Haupt
der Kunstadte — in der Brünner und Znaimer Provinz;
Kravař war in der Deputation. Unter Gerhard amtirte für
die Brünner Theodorich von Spran und Bludo von Kralitz
in der Znaimer Cuda. Das waren die höchsten Beamten in
Mähren in dieser Zeit. Wir lernen sie kennen aus einer
Urkunde[1]) vom 12. März 1347, durch welche Ulrich, Witek,
Pešek und Přibík, Brüder von Tachau, dem Nonnenkloster
Maria-Saal in Altbrünn alle von ihrem Bruder Střížek,
genannt Holub, geschenkten Güter in Gundrum sammt Feste
und Patronatsrecht überlassen. Holub machte die Schenkung
unter der Bedingung, in der Klosterkirche begraben zu
werden; vor zwei Jahren erscheint er als Zeuge mit den
obgenannten Beamten auf dem Verkaufsbriefe eines Herrn
Zdislav von Weitmühle, welcher am 30. November seine
Güter in Nosálovic an dasselbe Nonnenkloster abverkauft
hat.[2]) Den Tag darauf, also am 1. December 1345, übergeben Johann und Matthias von Sitzgras ihrer Schwester
Eufemia, welche Prämonstratenser-Nonne in Neureisch war,

---

[1]) Cod. Dipl. Mor. VII. 516 und 517.
[2]) Cod. Dipl. Mor. VII. 458—460.

mit Zustimmung ihrer Mutter Beatrix und im Einvernehmen ihrer nahen Verwandten, Imram und Philipp von Jakubov, drei Lahne in Sitzgras im Werte von 10 Schock Silber.[1]) Auffallend, dass je näher der Königskrönung, desto seltener erscheinen die Landesbeamten auf den mährischen Urkunden. Waren sie schon nach Prag abgegangen? So z. B. erscheint kein Landesbeamte auf einer wichtigen Urkunde vom 26. Aug. 1346. Heinrich von Lipa, Probst am Wyšegrad, verspricht seinen Geschwistern, Brüdern Berthold von Lipa und Heinrich von Osova Bytiška (de Ossow), jene Schäden zu vergüten, welche sie aus der für Katharina, Witwe des Hartlieb von Boskovitz, bezüglich der Güter in Cimburg geleisteten Bürgschaft erleiden würden.[2]) Ausgestellt ist diese Urkunde in Schönberg, einem Besitze der Familie von Lipa, einst einer der mächtigsten und reichsten in Mähren und Böhmen, seit der Gütertheilung aber ddo. Lipnitz 13. Januar 1346, wodurch vier Linien entstanden,[3]) im raschen Verfall. Vergebens suchten sie diesen Verfall dadurch aufzuhalten, dass sie zu Kromau 15. Mai 1347 übereinkamen, das gesammte zu Lipnitz getheilte väterliche Gut abermals zu vereinen, und den ältesten unter den Familiengliedern zum Herrn und Verwalter ihres väterlichen Erbes zu bestellen. Unter den damaligen nächsten Gliedern der Familie Lipa, Heinrich, Probst der Wišegrader Kirche und böhmischer Kanzler, Berchtold, böhmischer Landesmarschall, und dessen Bruder

---

[1]) Cod. Dipl. Mor. VII. 460.
[2]) Cod. Dipl. Mor. VII. 495.
[3]) Siehe S. 412—415 d. W.

Čeněk, war ihr Stiefneffe Heinrich von Lipa, ein Sohn ihres verstorbenen Bruders Heinrich, und unter diesen war der Älteste Berthold, dieser wurde nun zum Regenten und Verwalter des wieder vereinigten väterlichen Erbes bestellt.[1]) Als Zeugen erschienen Ješek von Boskovitz, Beneš von Mezeřitz, Heinrich von Osova, Otto von Milešin, alle Verwandte der Lipa von weiblicher Seite, dann Marquard, genannt Voitel von Bochtitz, Peško von Polna, Burggraf von Lipnitz, und Otto von Řeznovic, Burggraf von Kromau. Dass das Vermögen der Familie Lipa, namentlich des Hauptes derselben, Berthold, des böhmischen Landmarschalls, noch immer ein bedeutendes war, zeigt sein letzter Wille ddo. Lipnitz 10. December 1346. Im Einverständnisse mit seinem Bruder Čeněk und seinem Vetter, dem Wyšegrader Probste Heinrich, macht er Bestimmungen, welche, wie seinen religiösen Sinn, so sein Gerechtigkeitsgefühl im hohen Grade beweisen. Den religiösen Sinn beweist seine Bestimmung, die Schlosskapelle in Kromau mit 10 Mark Einkünfte und einem Felde zu bestiften. Das von ihm gestiftete Krankenhaus in der Stadt Kromau soll gleichfalls mit 10 Mark jährlichen Einkommens und nebenbei mit Weingärten bei

---

[1]) Cod. Dipl. Mor. VII. 521. „In ipsa nostra compositione et unione expresse addicimus, ut senior ex nobis etate, quicunque pro tempore fuerit, dominium supradicti nostri patrimonii tenere, habere ac regere debeat, sua cura et sollicitudine prout sue discretioni videbitur... Venditionibus et donationibus perpetuis, quas non nisi de speciali nostra scientia et consensu nostro unanimi fieri volumus, dumtaxat exceptis."

Hostraditz und Kromau dotirt werden. Dem Königinkloster in Altbrünn, in dessen Kirche er begraben werden will, vermachte er 200 Mark Prager Groschen, die auf Gnast bei Joslowitz (jetzt eine Schäferei) liegen. Seiner Gattin, Agnes von Lipa, weist er ihr Dotalitium auf die böhmischen Güter Pavlovitz und Schönstrass und auf die bei Šakwitz in Mähren liegenden Weingärten. Das gesammte Hausgeräthe, das Silberzeug und die Kleinodien, welche der Gattin gehören, verbleiben ihr; das, was von dieser Gattung ihm gehöre, müsse dem Spitale in Deutsch-Brod übergeben werden. Das Kloster Hradisch bei Olmütz, sowie das Stift Selau sollen gleich nach seinem Tode gewisse Legate von den Gütern Obědkovice in Mähren und Daschof in Böhmen und die Johanniter in Brünn von einem Hause daselbst erhalten. Sein Bruder Čeněk und sein Vetter Berthold werden beauftragt, den Kindern seines Vetters, Čeněk von Pirkenstein, als Schadenersatz die Burg Račic sammt den dazu gehörigen Gütern zu übergeben. Ebenso sollen sie Sorge tragen, dass das Testament seines schon lange verstorbenen Bruders Johann von Lipa vollkommen erfüllt werde. Der Schade, der den Unterthanen von Kromau und Polna durch die Anlegung eines Fischteiches und eines Standortes für Hausthiere angerichtet wurde, soll ersetzt werden.[1]) Seine Dienerschaft erhält 200 Mark und wird den Erben anempfohlen. Zum Testaments-Executor bestimmt Berthold von Lipa den Olmützer Prinz-Bischof Johann und seine Schwester, die Äbtissin von Maria-Saal in Altbrünn, Frau Katharina,

---

[1]) Cod. Dipl. Mor. VII. 507. „Per constructionem piscine et bestiarii in suis agris et pratis sunt lesi."

dann seine Freunde, die Herren Ješek von Boskovitz, Waněk und Ješek von Wessel, genannt von Warternberg, Ješek von Kravař, Heinrich von Osova (Bitischka bei Naměst) und seine Getreuen Heinrich von Kaufung, Hinek von Plessings, Hinek von Bludov, Otto von Milein, Pešek, Burggraf von Polna, Otto von Řeznovitz, Burggraf in Kromau. Hat Berthold das Testament entworfen, weil er die Annullirung der Gütertheilung ddo. Lipnic am 13. Jänner 1346 voraussah? Am 15. Mai 1347 geschah diese Annullirung, wie oben bemerkt, als dem ganzen Familienvermögen nachtheilig,[1]) aber schon am 22. Juli 1347 erneuerten zu Brünn die Herren Heinrich, Berthold und Čeněk die ursprünglich zu Lipnitz vorgenommene Theilung ihrer väterlichen Güter.[2])

---

[1]) Cod. Dipl. Mor. VII. 521. „Processu vero temporis, nos Henricus, Bertoldus et Czenko considerantes eandem divisionem nobis precipue et nostro dominio ac specialiter nostrorum debitorum extenuationi esse nocuam et damnosam."
[2]) Cod. Dipl. Mor. VII. 528. „Preterea nos Czenko de Lippa predictus, considerantes sinceritatis ac promocionis affectum, quam venerabilis dominus Heinricus, Wissegradensis ecclesie prepositus, et dominus Bertoldus de Lippa, patruus ac fratres nostri carissimi ad nos gesserunt fideliter, eo quod pro nobis bona ipsorum propria, videlicet castra Goldenstein et Bludov ac civitates Schonenberg et Gebbiczkam cum eorum pertinenciis, pro nobis et necessitate nostra non modica ad nostras preces et instancias pro duobus millibus sexagenis gross. pignori obligarunt... Ipsorum castra hereditaria, videlicet Rathais et Santhpach (Žampach) similiter pro duobus milibus sexagenarum pro nobis nomine pignoris spontanee obligarunt."

Bei dieser Erneuerung wurde Čeněk besonders berücksichtigt. Die Burgen Goldenstein und Bludov und die Städte Schönberg und Gewitsch in Mähren und die Burgen Rataje und Žampach in Böhmen fielen ihm unter gewissen Bedingungen zu. Als Zeugen erscheinen Poto von Turgau, Waněk und Ješek von Wartemberg, Hinek von Plessing u. s. w., aber keine Landesbeamten, auch nicht, wie bei dem Testamente, der Olmützer Prinz-Bischof Johann.

Wir wissen, dass der Bischof von Olmütz, Johann, in der grossen Deputation vom 18. August 1347 sich befand. Als Karls natürlicher Bruder, mit dem er stets in den besten Verhältnissen stand, musste er den innigsten Antheil an allem nehmen, was ihn, seinen Bruder, angieng. In der Öffentlichkeit tritt er jedoch in dieser letzteren Zeit, seitdem Karl Mähren verliess, also seit Februar 1346, wenig auf, die Regierung seiner durch die 1346 geschehene Errichtung des Bisthums Leitomišl durch beinahe zwei Decanate allerdings verkleinerten, aber doch noch immer sehr ausgedehnten Diöcese dem bischöflichen Consistorium überlassend, dessen Haupt, der Domdechant Nikolaus von Brünn, eben damals des Königs Karl IV. Geheimschreiber war. Wir lernen ihn als solchen kennen durch ein Breve Klemens' VI. vom 22. Juli 1346, durch welches er, dieser Olmützer Domdechant, die Einkünfte aller seiner geistlichen Ämter und Pfründen, auch wenn er vom Sitze dieser Ämter und Pfründen abwesend sei, mit Ausnahme der täglichen bei den Domherrnstellen üblichen Vertheilung, durch volle sieben Jahre als Domdechant beziehen könne.[1] Die zweite Dignität

---

[1] Cod. Dipl. Mor. VII. 493.

beim Olmützer Domcapitel war damals der Probst Bartholomäus. Diesen beauftragte Papst Klemens VI. am 7. September d. J. zugleich mit dem Bischofe von Kamin und dem Dechanten der heil. Kreuzkirche in Breslau, den Bischof von Lebus im heutigen Preussischen vor den Angriffen seiner Feinde zu schützen.¹) Die dritte Dignität war der Archidiaconus, Vitek von Ždanic. Dieser gehörte zur Regierung der Diacone, natürlich im Namen des Bischofs, von dem wir aus dieser Zeit nur wenige Urkunden besitzen; eine vom 24. April 1347, durch welche er erklärt, dass er vom Welehrader Kloster auf die Dauer seines Lebens die öden Dörfer Sdislavsdorf und Dietrichsdorf, bei den Burgen Hochwald und Schauenstein gelegen, weil sie in dem gegenwärtigen Zustande dem Stifte nichts getragen, unter gewissen Bedingungen erhalten habe.²) Als Zeugen erscheinen Gerhard von Kunstadt, Ješek von Fürstenberg, Wok von Holenstein und Michael von Borow in Schlesien. Eine andere Urkunde aus dieser Zeit des Prinz-Bischofs Johann, dieses Namens des VI. in der Olmützer Bischofsreihe, ist ddo. Pustoměř 23. Juni 1347, durch welche er den von Nikolaus von

---

¹) Cod. Dipl. Mor. VII. 499.
²) Cod. Dipl. Mor. VII. 520. „Cum... Abbas Atleus et Conventus monasterii Welegraden... nullas ex eo, quod desolate sunt, percipiant utilitates, eapropter volentes eorundem bonorum conditionem facere meliorem, nobis easdem villas et bona (prope castra nostra Hokenwald et Schowenstein), quoad usque vixerimus, dimiserunt." Noch am 1. Juni 1347 urkundet Bischof Johann für das von ihm gestiftete Nonnenkloster Pustoměř. Cod. l. c. 523.

Aussee der Kirche in Braunsberg zugewiesenen Feldzehent dreier Lahne zu Fritzendorf bestätigte.[1]) Gerade damals erkaufte das Olmützer Domcapitel in Klein-Senitz einen Besitz von drei Lahnen weniger eines Viertels um 40 Mark durch den Domdechanten Nikolaus, den Probst Bartholomäus und den Archidiacon Witek. Der Verkäufer war ein gewisser Bohuš von Klein-Senitz, welcher mit Zustimmung seines Schwiegersohnes, eines gewissen Podeba von Drahanovic, gleichfalls zu Olmütz, den Tag darauf, also den 29. Juni 1347, dem Neffen des Olmützer Domvicars, Jakob Kříž, sechs Lahne, den dritten Theil des Gerichtes und den dritten Theil der Mühle in Čákov bei Olmütz um 40 Mark erblich abverkauft hatte.[2]) Und wie benahm sich in dieser letzteren so ereignisvollen Zeit Papst Klemens VI. gegenüber Mähren?

Mit Ausnahme der Bestätigung der neuen Nonnenstiftung in Pustomět und der Gutheissung der Abtretung von 32 Pfarren an das neuerrichtete Bisthum in Leitomyšl, haben wir von seiner Thätigkeit für Mähren nichts anderes zu verzeichnen, als dass er nicht nur alle vacanten Domherrenstellen beim Olmützer Domcapitel an die ihm Anbefohlenen präsentirte, sondern auch auf viele Jahre im Vorhinein verliehen hatte, ja auch den Klöstern für die durch sie zu besetzenden Pfarren, die in der Regel zu den besseren gehörten, Candidaten vorschlug, die sie annehmen mussten. War das ein schweres Entgelt, welches Mähren für die Freundschaft ihres Markgrafen zum Papste Klemens VI.

[1]) Cod. Dipl. Mor. VII. 526.
[2]) Cod. Dipl. Mor. VII. 527.

bezahlen musste! Wir wollen dies mit einigen Daten belegen. Papst Klemens VI. ernennt 11. September 1345 Friedrich von Wien zum Domherrn von Olmütz und reservirt für ihn daselbst eine Präbende. Am 30. Sept. 1345 befiehlt er dem Bischofe von Olmütz, eine der Verleihung des Salzburger Erzbischofs zuständige Pfründe für Wernhard, Sohn Konrads von Passau und Pfarrers zu Gerisbach, in der Constanzer Diöcese zu reserviren. Am 11. Oct. d. J. beauftragt der Papst den Olmützer Bischof, dahin zu wirken, dass für den Priester der Passauer Diöcese, Pilgrim Huendlr, eine der Verleihung des Medlitzer Klosters zustehende Pfründe reservirt werde. Am 5. November d. J. reservirt Klemens VI. für den Priester der Olmützer Diöcese, Otto, eine der Verleihung des Tišnovicer Nonnenklosters zustehende Pfründe, und denselben Tag beauftragt er den Prager Domdechanten, eine der Verleihung des Nonnenklosters Maria-Saal in Altbrünn zuständige Pfarre für den Priester der Augsburger Diöcese, Konrad von Hosteten, zu reserviren.¹) Am 9. Mai 1346 — Markgraf Karl hat am 14. Februar 1346 Mähren verlassen — reservirt Klemens VI. für den Priester der Prager Diöcese, Albert Hořic, ein der Verleihung des Olmützer Bischofs und Capitels zuständiges Beneficium. An demselben Tage ernennt er Rainhart, Sohn Ulrichs, Herrn von Hanau, zum Domherrn von Olmütz, und gestattet, dass er zugleich die Probstei der Teinkirche und Canonicate zu Bamberg, Brünn und Mainz behalten dürfe.²) Am 5. Juni 1346 reservirte Klemens VI. dem Cleriker der Olmützer Diöcese,

¹) Cod. Dipl. Mor. VII. 453, 455, 456, 457.
²) Cod. Dipl. Mor. VII. 485 und 486.

Johann, Sohn des Hugo von Brünn, eine vom Tischnowitzer Nonnenkloster zu verleihende Pfründe, und am 16. Juli d. J. verleiht er dem bekannten Gerungus von Medlik ein Olmützer Canonicat und reservirt für denselben eine Präbende.¹) Am 21. November d. J. verleiht der Papst über Verwendung des römischen Königs Karl einem gewissen Johann, dem Sohne Tassos von Tassau, das durch Resignation des Cardinals Guido S. Susuna erledigte Olmützer Canonicat sammt Präbende, und gestattet, dass Johann zugleich ein Wyšegrader Canonicat und die Popicer Pfarre in der Olmützer Diöcese behalten dürfe, und reservirt den nächsten Tag darauf über dieselbe Verwendung ein der Verleihung des Brucker Convents zuständiges Beneficium für den Cleriker der Prager Diöcese, Johann, Sohn des Adalbert von Horawies. An demselben 22. November l. J. reservirt er eine von dem Znaimer St. Clara-Kloster zu verleihende Pfründe für Mathias, einem Sohne Heinrichs von Znaim, und reservirt auf Ansuchen K. Karls IV. eine vom Trebitscher Kloster zu verleihende Pfründe dem Cleriker der Prager Diöcese, Franz, Sohn Theodorichs von Časlau. An demselben 22. November verleiht Klemens VI. auf Fürbitte König Karls IV. dem Niklas, Sohn Pauls von Neusedlitz (Austerlitz), bei der Brünner St. Petri-Collegiatkirche ein Canonicat und reservirt für ihn eine dortige Präbende. Auch reservirt er durch dieselbe Fürbitte für den Cleriker der Prager Diöcese, Pezold von Hořovic, eine vom Olmützer Bischofe und Capitel zu verleihende Pfründe und verleiht einem gewissen

¹) Cod. Dipl. Mor. VII. 491.

Wenzel von Udrlitz ein Canonicat bei der Olmützer Kirche und reservirt ihm eine dortige Präbende.¹) Noch nicht genug daran. Am 2. December 1346 verleiht Klemens VI. einem gewissen Budislav, Sohn des Wilhelm von Wišehorovic, ein Canonicat und eine Präbende bei der Olmützer Kirche, nachdem der Prager Cleriker Johann, Sohn des Gregor von Dražic, dieselben durch den Wyšehrader Domherrn Johann von Tassau in die Hände des Cardinals Guido zurücklegte.²) Am 22. August 1347 verleiht derselbe Papst dem Kaplan des römischen Königs Karl IV., Wilhelm von Wilhartic, ein Canonicat bei der Olmützer Kirche und reservirt für ihn eine dortige Pfründe. Auf demselben 22. August, also noch vor der Krönung des römischen Königs als König von Böhmen, reservirt der Papst für den Olmützer Domherrn Konrad, einem Sohne des Brünner Bürgers Woyfron, eine von dem Olmützer Bischofe und Capitel zu verleihende Pfründe. Nach Karls Krönung verleiht Klemens VI. auf des letzteren Fürbitte seinem Kaplan, dem Olmützer Domherrn Johann, Sohne Tassos von Tassau, eine höhere, der Verleihung des Olmützer Bischofs und Capitels zustehende Kirchenwürde. Noch am 2. November 1347 beauftragt Klemens VI. den Breslauer Dechanten, dafür zu sorgen, dass für den Cleriker der Prager Diöcese, Ulrich, genannt Schaf, ein Olmützer Canonicat und eine Präbende reservirt werde.³) Und so gieng es in der Besetzung der höheren

¹) Cod. Dipl. Mor. VII. 502—505.
²) Cod. Dipl. Mor. VII. 506.
³) Cod. Dipl. Mor. VII. 532, 533, 535 und 543.

Kirchenbeneficien durch den Papst in Mähren weiter — ein harter Preis für die dem Regenten erwiesenen Freundschaftsdienste, von denen wohl auch jetzt die Krönung des römischen Königs in Prag als Erbkönig Böhmens nicht zu den letzten gehörte. Sie geschah am 2. Sept. 1347.

Karl IV. konnte diese feierliche Handlung ruhigen Gemüthes begehen. Er hatte allerdings in Deutschland gar viele Feinde, er konnte aber auch auf auswärtige Hilfe, besonders auf die Frankreichs rechnen, und noch am 4. August erhielt er vom Herzoge der Normandie und präsumtirten Thronfolger von Frankreich, Johann, „in Rücksicht der zwischen ihm und dem römischen Könige Karl bestehenden Freundschaft und Verwandtschaft" gegebene eidliche Versprechen, nach Vermögen Karls IV. und seiner Nachkommen Nutzen zu wahren und deren Schaden zu wenden.[1]) Überzeugt konnte er sein, dass Frankreichs Regentenhaus an den benachbarten Fürstenhäusern für den Luxemburger wirken werde, weshalb Karl, wie wir sagten, ruhigen Gemüthes sich der Durchführung des von ihm entworfenen Krönungs-Ceremoniells wohl unterziehen konnte. Dieses begann auf dem Vyšegrad mit der Vesper des Krönungssonntags, gleichsam damit anzeigend, dass in uralter Zeit der Vyšegrad die Metropolie Böhmens gewesen war. Hier wohnte der römische König, umgeben von den geistlichen und weltlichen Krönungsgästen, die in grosser

---

[1]) Cod. Dipl. Mor. VII. 529. „Et si nos sciemus, quod aliqui eundem vellent gravare in persona vel in bonis, nos ipsos eis opponemus et impediemus toto nostro posse."

Zahl erschienen waren, und deren Namen wir zum Theile anführten,[1]) der Vesper bei, verrichtete sein Gebet und war feierlich in seine Burg, die bei St. Veit lag, zurückgeleitet. Den andern Tag, Sonntag den 2. September, holten der Erzbischof und die beiden Suffragane in Pontifical-Kleidern den König aus seiner Wohnung ab, und umgeben von den ersten Landesbeamten, Jošt von Rosenberg, Landeskämmerer, Andreas von Duba, Landesrichter, Heinrich von Lipa, Landesmarschall, Hinek von Waldstein, Lehensrichter, Hinek Berka von Duba, Burggraf zu Prag, Wilhelm von Landstein, mährischer Landeshauptmann, Ješek von Kravař, mährischer Landeskämmerer, u. s. w., geleiteten sie ihn in die Krönungskirche zu St. Veit. Der Landeskämmerer schritt mit einem Stabe voran, um dem feierlichen Zuge Platz zu machen. Die obersten Landesbeamten trugen die Kroninsignien, das Schwert, den Scepter, den Reichsapfel und die Krönungsgewänder. Die Krone war noch am Haupte des hl. Wenzel.[2]) Dem Könige folgte die Königin, umgeben von ihren Frauen und geleitet von der Äbtissin des St. Georgsklosters am Hradschin. In der Kirche angelangt, legten die Würdenträger die Kroninsignien auf den Hauptaltar des hl. Veit, der König und die Königin bestiegen die für sie vorbereiteten Thronsitze, während der Erzbischof und die ihn begleitenden Bischöfe, oder besser, während der Pontificant und dessen Assistenz sich vor dem Altare auf das Antlitz warfen und mit dem Chore die Litanei zu Aller Heiligen absangen und dabei einschalteten: „Herr, wir bitten dich, erhöre uns, dass

[1]) Siehe S. 493 und 494 d. W.
[2]) Siehe S. 439 d. W.

er (Karl) zu der Kaiserwürde gelangen möchte," dadurch
den hohen Wert anzeigend, welcher an dieser Würde hieng,
und nachdem der Consecrator die Frage an den König
richtete, ob er die katholische Kirche und ihre Diener
schützen, und das versammelte Volk fragte, ob es den hier
anwesenden Karl zum Könige haben wolle, und dieses mit
Begeisterung zustimmte, schritt man zur Salbung und Krönung. Zwei Äbte begaben sich in die Kapelle des h. Wenzel,
nahmen dort den Kelch mit dem Chrisma, und brachten
vom Haupte des h. Wenzel die Königskrone. Der Erzbischof
salbte nun Kopf, Brust und Achsel des Königs und legte
ihm die Krönungskleider an, umgürtete ihn mit dem Schwerte,
steckte ihm den Königsring an und setzte ihm mit Hilfe
der zwei Suffraganbischöfe die heilige Wenzelskrone auf.
So gekrönt, that Karl vom Throne aus das Versprechen, die
Rechte der Kirche und des Landes zu wahren, nichts Wichtiges ohne dem Rathe seiner Getreuen zu thun und die geistlichen und weltlichen Stände stets zu ehren. Hierauf wurde
die Königin Blanka von zwei Bischöfen zum Altare geführt
und daselbst vom Consecrator mit Zuhilfenahme der Äbtissin
von St. Georg mit dem heil. Öle gesalbt, und als sie die
eigens für sie angefertigte Krone durch den Erzbischof
erhielt, traten die vornehmsten weltlichen Dynasten herzu,
und hielten die Krone ober ihrem Haupte, damit bezeugend,
dass sie bereit seien, selbe unter allen Umständen zu schützen.
Nun ward die Messe, während die Gekrönten am Throne
sassen, fortgesetzt. Nach gelesenem Evangelium ward ihnen
das Evangeliumbuch zum Kusse gereicht, nach dem Offer-
torium brachten sie, um den Altar gehend, als Opfer Brot,
Wein und ein Stück Gold; nach dem Agnus communicirte

der gekrönte König unter beiden Gestalten, und begab sich nach der Messe im feierlichen Zuge, wie es das Krönungs-Ceremoniel vorschrieb, in ein eigens zu diesem Zwecke aus Holz aufgeführtes Gebäude vor der Kirche des heil. Gallus, wo der König und die Königin mit ihren Gästen öffentlich die Krönungstafel hielten, während dem Volke auf verschiedenen Orten Lustbarkeiten geboten wurden. Noch an demselben Tage wurde die Königskrone dem Domcapitel übergeben und wieder auf das Haupt des heil. Wenzel gesetzt.[1]) So geschah die Krönung nach dem vom K. Karl entworfenen Ceremoniel, welches hoffentlich in nicht langer Zeit nach dem alten Ritus die Gegenwart wiederholt sehen werde.

Nach der Krönung blieb Karl noch etwa einen Monat in Prag. Seine Regierungsjahre in Böhmen zählte er aber

---

[1]) Beneš de Weitmil. Script. rer. Boh. II. 343 und 344. Franciscus, Loserth, Königssaaler Geschichtsquellen 591. Michael Herbipolen. Böhmer, Font. I. 472. „Anno D. 1347 quarto nonas Sept. prefatus Karolus ipsi Iohanni patri suo in regno Bohemie iure hereditario succedens, ab archiepiscopo Pragensi ibidem in regem Bohemorum solempniter extitit coronatus." Cont. Claustroneob. Pertz IX. 756. Zum Beweise, dass die Königskrone nur ausgeliehen war, „statuit (Karolus) et literis suis idem rex firmavit, ut quilibet suorum successorum, qui eadem corona erit successuris temporibus coronandus, debeat solvere Capitulo Pragensi ratione mutuationis dictæ coronæ CCC. sexagenas in utilitatem ecclesie et capituli convertendas." Beneš de Weitmil. Script. rer. Boh. II. 344. Hajek, welcher vermuthlich noch die alte Krone kannte, beschreibt selbe in seiner Chronika česká. Bl. 314.

nicht vom Tage der Krönung, sondern vom Tode seines Vaters, also vom 26. August 1346, damit anzeigend, dass er nicht durch die Krönung, wohl aber nach dem Erbrechte Böhmens und der damit verbundenen Länder, Mähren, Schlesien, Görlitz und Bautzen, Herr wurde. Diesen Monat benützte der König, um dem Lande und einzelnen Corporationen unterschiedliche Gnadenbezeugungen zu erweisen. Es ist begreiflich, dass er vor allem seinem religiösen Bedürfnisse entsprach, und zur Dankbarkeit am 3. September ein Carmeliterkloster vor dem Thore des heil. Gallus stiftete. und demselben zum ersten Baue der Kirche und des Conventes all das Holz schenkte, welches zur Erbauung der Festhalle verwendet war.[1] Dass die böhmisch-mährischen Stände sich als Preis der Krönung jenes Privilegium, das sie für das wichtigste hielten, nämlich die ehemalige Wahlcapitulation des Stifters der Luxemburger Dynastie, des Königs Johann I., vom Jahre 1310, und die für Mähren dieselbe Urkunde ddo. Brünn 18. Juni 1311, die noch als Original im mähr. Landesarchive erliegt, sich bestätigen liessen. müssen wir begreiflich finden. Sie betrifft die Grundlage eines jeglichen Staates, die Geld- und Blutsteuer und die Sicherheit des erworbenen Vermögens. Leider ist sie ohne Orts- und Zeitdatum, aber mit Ausnahme der Eingangsformel und des Schlusses wahrscheinlich von der mährischen abgeschrieben.

Nachdem König Karl den Ständen von Böhmen und Mähren alle Privilegien seiner Vorgänger bestätigt, verspricht er, namentlich, dass er keine Steuer, genannt Berna, ausser

[1] Beneš de Weitmil l. c. 344.

bei seiner Vermählung oder der Verheiratung eines Kindes
von ihnen erheben, dass er Ämter in Mähren nur an Mährer
und in Böhmen nur an Böhmen übertragen werde, dass das
Erbrecht der Verwandten bis zum vierten Grade gelten und
in diesem Falle das königliche Heimfallsrecht nicht eintreten solle, und verfügt endlich, dass er die Edlen von
Böhmen und Mähren nicht gegen ihren Willen zur Unterwerfung eines andern Landes über die Grenzen des Reiches
führen werde.[1]) Unter den andern vom Könige Karl nach
der Krönung ausgestellten Urkunden sind wichtig die für
Breslau bestimmten. Am 8. September 1347 befiehlt Karl
den Breslauer Rathsmannen, die Juden, seine Kammerknechte, wider allerlei Beeinträchtigungen zu schützen, wobei

---

[1]) Huber, Kaiserregest S. 33. Cod. Dipl. Mor. VII. 546. Vergl.
Cod. l. c. VI. 37. Ob diese Urkunde vor oder nach der Krönung Königs Karl oder später ausgestellt wurde, wissen
wir nicht, weil sie undatirt ist, und da sie offenbar nicht
vollendet ist, hat es den Anschein, dass ihre Ausfertigung
erst später erfolgte, ohnehin ist sie ja nur Copie der noch
vorhandenen mährischen vom 18. Juni 1311, in welcher
nach dem Worte „compellemus" der Schluss steht: „Post-
remo cum steuram, que Ber vulgariter dicitur, in casibus
superius expressis, nec non in coronatione regis Boemie,
in quo casu Berna etiam est tollenda, accipere nos contigerit, nolumus, ut plus quam unus ferto argenti de laneo
requiratur vel aliquatenus exigatur. Que omnia et singula
sigillis nostre excellencie fecimus communiri." Datum Brune
XIV. Kal. Julii. Sollte etwa der Punkt über die Krönungs-
steuer erst besprochen werden? Sollte der Beschluss der
producirten Urkunde erst später sammt Siegel angeschlossen
werden?

er jenen die Freiheit ertheilt, den Juden in Breslau die königlichen Contributionen und Collecten nach Bedürfnis der Zeitumstände zu erhöhen und zu vermindern, und in einer andern Urkunde von demselben Datum befiehlt er dem Rathe von Breslau, dass er unparteiisch den Reichen wie den Armen richten solle, nach Verdienst, wie auch, dass er keine Spaltungen, Zwietracht und Streit gestatten, sondern selbe gleich durch ihre Sorgfalt und Auctorität unterdrücken solle. Den nothwendig gewordenen Krieg mit dem Kaiser Ludwig von Baiern voraussehend, sucht König Karl seine Parteigänger und Verbündeten vor jeglichem Schaden, der ihnen aus ihrer Verbindung mit ihm erwachsen könnte, zu bewahren, wie dies aus einer Urkunde vom 19. September erhellt. Karl erlaubt nämlich den Brüdern Friedrich und Konrad von Auffenstein, dass sie alle Sachen und Leute, so sie Ludwig dem Baier, der sich Kaiser nennt, zum Unterpfande ihrer haftenden Schuld wegnahmen, in die Schlösser und Festen Böhmens bringen dürfen.[1] Andere vornehme Vasallen und mächtige Herren sucht König Karl durch Geld zu erkaufen. So verspricht er am 25. September dem Grafen Hugo von Fürstenberg dafür, dass er ihm mit seiner ganzen Macht und allen seinen Burgen gegen jedermann, den Herzog von Österreich ausgenommen, dienen will, 2000 Goldgulden, zur Hälfte zahlbar am 6. Januar und zur Hälfte am 30. März 1348.[2] Damit solche und ähnliche Zahlungen regelrecht und pünktlich geschehen, musste König Karl seinem Finanzwesen eine besondere Aufmerksamkeit zuwenden, und dass

---

[1] Cod. Dipl. Mor. VII. 536 und 537.
[2] Huber, Kaiserregest. S. 34.

er dies that, haben wir einen Beweis an einem Befehle ddo. Prag 4. October an alle Richter und Schöppen der Städte und Märkte des Königreiches Böhmen, dass sie die Juden ihrer Städte und Märkte zur Abfuhr des Judenzinses, welcher mit 340 Schock Prager Groschen im Rückstande war, an den königl. Kammerknecht und Prager Juden Trostlin verhalten.[1])

Mittlerweile sammelte K. Karl in der Nähe Prags zum beabsichtigten Feldzuge Truppen, die er öfter im Lager besucht haben mochte; so erschien er im Lager den 14. Sept., wo er dem Erzbischofe Otto von Magdeburg die Privilegien seines Erzstiftes bestätigte. Da er dies als römisch-deutscher König that, so sollte der deutsche Reichskanzler, der Erzbischof Gerlach von Mainz, die Ausstellung besorgen. Aus uns unbekannten Gründen, wahrscheinlich weil er noch immer mit Heinrich von Virneburg im Kampfe lag und seine Reichskanzlei noch nicht eingerichtet hatte, erscheint als Aussteller der böhmische Protonotar Welislav, Probst am Vyšegrad und Canonicus von St. Veit.[2]) Auch nach dem 20. Sept. urkundet K. Karl noch im Lager für zwei Familien in der Lombardei,[3]) erneuert noch mehrere durch seinen Vater an Breslau, Eger, Prag u. s. w. ausgestellte Urkunden, und bricht am 13. Oct. 1347 an der Spitze seines Heeres

---

[1]) Cod. Dipl. Mor. VII. 538.
[2]) Huber, Kaiserregest. 33. „Per manus Welislai Pragen et Wisegraden eccl. canonici aule nostre reg. prothonotar. vice Gerlaci Moguntinen archiepiscopi." Heinrich von Virneburg starb als abgesetzter Erzbischof erst am 1. Dec. 1353.
[3]) Huber, Kaiserregest. 34.

auf, um die Länder Ludwigs des Baiern anzugreifen und zwar in Baiern selbst.¹) Den Weg von Prag nahm er gegen Tauss, Böhm. Domažlice, in der Richtung nach Cham. Dass er in Tauss am 15. Oct. anwesend war, beweist eine durch den Kanzler Welislav dem Grafen von Helfenstein ausgestellte Urkunde, durch welche er das dem genannten Grafen durch den Kaiser Ludwig genommene Vogteirecht über das Stift Elchingen zurückstellt,²) und hier mochte er die Nachricht von dem am 11. Oct. auf einer Jagd bei München erfolgten plötzlichen Tode des deutschen Kaisers Ludwig des Baiern erhalten haben, wenigstens meldet er von hier aus der Stadt Prag mit grosser Freude, wie er hier mit Bestimmtheit erfahren habe, dass Ludwig von Baiern am 11. Oct. durch einen Sturz vom Pferde sein Leben, vom Schlage gerührt, nach einigen Stunden beim Kloster Fürstenfeld geendigt habe.³) So hat die göttliche

---

¹) Beneš von Weitmile. Script. rer. Boh. II. 344. „Eodem anno die XI. mensis Octobris Dominus Karolus, Romanorum et Boemie rex, congregavit magnum exercitum, terras Ludovici Bavari invasurus." Franciscus von Prag. Loserth, Geschichtsquellen 593. „Eodem anno tertio decimo die mensis Octobris dominus rex cum valido exercitu nobilium regni Boemie, quem cives Pragenses ac aliarum civitatum multum amplificaverunt, versus Bavariam processit cum comitatu principum plurimorum."
²) Huber l. c. 35.
³) Cod. Dipl. Mor. VII. 543 nach einem Formelbuche. Henricus Rebdorfen. Böhmer, Font. IV. 581. „Ludovicus... cum insisteret venationi et insideret equo suo, subito apoplexia percussus circa meridiem eiusdem diei (11. Octobris) ceci-

Vorsehung unvermuthet den römischen König von seinem ärgsten und energischesten Feinde befreit, ihm auf der ganzen Linie den Sieg verschafft. Warum nun nach Ludwigs Tode der römische König feindlich in Südbaiern einfiel, ist nur erklärlich, weil der schwäbische Städtebund noch immer in seiner ungeschwächten Kraft bestand, und Karl nicht wissen konnte, wie er ihn, wenn er ins Herz des Reiches eindringt, empfangen will. Er wollte zeigen, dass er mit Macht komme, das Einschüchterungssystem sollte sein Bundesgenosse werden.[1]) So lange Karl die Wahlstadt Frankfurt und die Krönungsstadt Aachen nicht sein nannte, war seine Stellung, wenigstens formell, immer eine prekäre, weshalb er trachtete, so schnell als möglich im südlichen Baiern

dit ad terram in medio familie sue de equo ad duo milliaria de Monaco, et subitanea morte decessit, sine omni penitencia et signo contricionis." Henricus de Diessenhoven l. c. 61. Ludwig IV. mit dem Beinamen der Baier war zu München geboren am 1. April 1282. Unter Vormundschaft seines Bruders Rudolf und seiner Mutter bis 1. April 1302, wurde zum deutschen Könige gewählt in Frankfurt am 20. October 1314, gekrönt in Aachen am 25. Nov. d. J., empfieng die eiserne Krone zu Mailand am 31. Mai 1327, zu Rom die Kaiserkrone am 17. Januar 1328, erbt als Herzog von Ober-Baiern am 20. Dec. 1340 Nieder-Baiern und starb am 11. Oct. 1347. Unter ihm geschah die vierte bairische Landestheilung.

[1]) Annal. Muticen ad an. 1347. Pertz IX. 829. „Infra octavam sui (Ludovici) obitus Karolus rex Boemie, sibi longo tempore contrarius, Bavariam a civitate Cambia usque in Ratisbonnam incendiis et rapinis devastavit; confusa vindicta mortuum invadens, viventem tangere non presumens."

festen Fuss zu fassen, was ihm auch zuerst in Straubing und dann in Regensburg gelang. Hier entliess er den grösseren Theil seines Heeres und nur mit einem mässigen Gefolge betrat er um den 20. Oct. die Stadt, die ihn als römischen König anerkannte. Die Herzoge Rudolf von Sachsen und Niklas von Troppau, Bischof Johann von Olmütz, Karls unechter Bruder, Johann, Herzog von Kärnten, Zdeněk von Lipa, Heinrich Berka von Duba, Heinrich von Neuhaus, Wilhelm von Landstein, Bonyk (sic!) von Wartemberg waren im Gefolge des Königs. Am 22. Oct. versprachen sie den Bürgern von Regensburg, sie gegen ihre Feinde, die Wittelsbacher, zu schützen, falls sie angegriffen und vom Könige Karl nicht geschützt werden sollten. Noch mehrere andere Urkunden liess der König Karl zu Gunsten der dortigen Bürger durch seinen Kanzler Welislaus ausstellen und blieb daselbst bis zum 31. October.[1]) An diesem Tage hielt er als römischer König seinen Einzug in Nürnberg, nachdem er an demselben Tage versprach, die Brüder Johann und Albrecht, Burggrafen zu Nürnberg, die bei ihm und dem Reiche mit ihrem Dienst bleiben wollen, mit ihren Kindern, Herrschaften, Leuten und Gütern zu schirmen. Hier in Nürnberg kamen schon von allen Seiten die deutschen Dynasten, um zu huldigen. Unter andern Rudolf, Herzog von Sachsen, Kurfürst und oberster Marschall des Reiches, den König Karl zu Nürnberg am 5. Nov. mit der Altmark dergestalt belehnt, dass die Elbe die Grenze gegen die Mark Brandenburg, deren Markgrafen Ludwig König Karl nicht

---

[1]) Huber, Kaiserregest. p. 36.

anerkannte, bilden solle.¹) Da kamen nun die zahlreichen Glieder der mächtigen Familie der Hohenlohe, dann die Grafen von Württemberg. Am 6. November bestätigt Karl zu Nürnberg den Grafen Eberhard und Ulrich von Württemberg, seinen getreuen Landvögten, alle ihre Briefe von Besitzungen und Rechten.²) Gerade hier in Nürnberg, wo der deutsche Ritterorden eine grosse Commende besass, in der sich häufig der Leiter dieses Ordens in Deutschland aufhielt, erkannte König Karl die Wichtigkeit desselben und trachtete ihn an sich zu ketten, weshalb er am 18. November demselben ein Hauptprivilegium, dasselbe, das im April 1221 der Kaiser Friedrich II. ausgestellt hatte, bestätigte; für uns hat diese Urkunde die eigene Bedeutung, dass sie uns den bisherigen Vyšegrader Probst, Welislaus, als Protonotar an der Seite des deutschen Königs zeigt, statt den mährischen Kanzler und Domdechant von Olmütz, Nikolaus von Brünn, welcher die Urkunde statt des Erzbischofs von Mainz, Gerlach, ausstellte, also ein Beweis, dass Gerlach gegen seinen Gegner, Heinrich von Virneburg, sich noch nicht behauptet hat.³)

¹) Riedel, Cod. Brandenburg, II. 2, 202.
²) Stälin, Württemberg. Geschichte, II. 234.
³) Nikolaus von Brünn verzichtete den 25. Dec. 1348 auf das Olmützer Decanat (Cod. Dipl. Mor. VII. 635) und heisst seit dem 21. Juni 1349 Probst von Prag. 22. Juli 1346 nennt ihn Klemens VI. Secretarius Caroli in regem Romanorum electi; vom 27. April 1347 recognoscirte er als Kanzler bis 12. Nov. 1347 abwechselnd mit Welislaus, seit 18. Nov. 1347 bis August 1349 allein als Kanzler, und erscheint vor dem 18. August 1350 als todt. Dobner Mon. III. 337.

Und solcher Urkunden, welche Privilegbestätigungen, Lehensverleihungen, Zollfreiheiten u. s. w. enthalten, hatte er in Nürnberg, wo er sich bis in den December aufhielt, noch gar viele unter der Recognoscirung des Kanzlers Nikolaus ausgestellt, ohne dabei auf die Angelegenheiten seines Erbkönigreiches zu vergessen.

Erinnern wir uns an die Urkunde des Papstes Klemens VI. für den Erzbischof Arnost von Prag vom 9. Mai 1346, durch welche er dem Letzteren eröffnet, dass der damalige Markgraf von Mähren, Karl, den Papst um Aufnahme der Benedictinermönche mit slavischer Sprache und katholischem Ritus in seinem Reiche ansucht.[1]) Der Erzbischof Arnost möge dazu beitragen, dass diese aus Slavonien zersprengten Mönche in Prag einen bleibenden Sitz finden möchten, um abermals segensreich wirken zu können. Arnost hat sich derselben redlich angenommen: denn durch sein Zuthun erliess K. Karl noch aus Nürnberg den Befehl an den Erzbischof, sie bei der Kirche des heil. Cosmas und Damian in Prag anzusiedeln. Am 21. Nov. 1347 datirte er daselbst den Stiftungsbrief für das Benedictinerkloster St. Hieronymus oder Emaus genannt in Podskal mit dem Entschlusse, in diesem Kloster die flüchtigen slavischen Mönche zu sammeln und nach der Zustimmung des Papstes ihnen den slavischen Ritus zu gestatten, d. h. zu erlauben, dass die lateinische Liturgie sammt der Messe in altslavischer

---

[1]) Siehe S. 440 d. W. Urkunde bei Pelzel, Kaiser Karl IV. n. 82.

Sprache abgehalten werde. Der Stiftungsbrief,¹) ddo. Nürnberg 22. Nov. 1347, hat sich noch erhalten, aus welchem wir ersehen, dass als Patrone dieser neuen Stiftung hingestellt werden die Mutter Gottes, der heil. Hieronymus, Cyrill und Method, Adalbert und Prokop.²) Als Bauort wurde die alte Pfarrkirche St. Cosmas und Damian ausersehen, deren Patronat König Karl vom Vyšegrader Capitel ablöste. Und weil Karl recht gut wusste, dass geistliche Stiftungen ohne weltlichen Besitz nicht lange bestehen können,³) setzte er in die Stiftungsurkunde auch die Dotation fest, liess selbe durch den Olmützer Domdechant und königlichen Kanzler Nikolaus ausstellen und bezeugen durch die Bischöfe Friedrich von Bamberg, Johann von Olmütz, durch Rudolf, den Kurfürsten von Sachsen, Nikolaus II., Herzog von Troppau, durch die Brüder von Wartemberg Eberhard und Ulrich und durch die Brüder Johann und Albert, Burggrafen von Nürnberg. Das Recht der Pontificalien erhielt das Kloster

¹) Pelzel l. c. n. 83, im deutschen Auszuge Cod. Dipl. Mor. VII. 544. Orgl. im Prager Metropolitancapitel.
²) Es ist der erste Fall, dass den beiden Slavenaposteln eine Kirche geweiht wurde. „Ob reverentiam et memoriam gloriosissimi confessoris beati Ieronymi, Stridonyensis doctoris egregii et translatoris interpretisque eximii sacre scripture de ebraica in latinam et slavonicam linquas, de qua siquidem slavonica nostri regni Boemie idioma sumpsit exordium." Pelzel l. c. n. 83.
³) „Verum cum spiritualia sine temporalibus nequeant diu subsistere . in perpetuum infra scriptos redditus, allodium, araturas et cetera. . una cum dicta parochiali ecclesia damus, donamus et concedimus, l. c. p. 922 n. 83.

erst am 3. Febr. 1349. Karl beschenkte das Kloster mit vielen Kostbarkeiten und Raritäten.¹) Am 22. November, also den Tag nach der Ausfertigung des Stiftungsbriefes, überschickte K. Karl noch von Nürnberg aus dem Erzbischofe Arnost von Prag diesen Stiftungsbrief und fordert ihn auf, sich mit der Errichtung dieses neuen Klosters bei der St. Cosmas und Damian-Pfarre in der Prager Neustadt zu

¹) Zu den Raritäten gehört ein Bruchstück eines Evangeliariums in kyrillischen Lettern (Evangelium Sazavské či Remešské) beiläufig aus dem J. 1010 bis 1040 und ein glagolitisches Pontificalbuch zum Gebrauche beim feierlichen Gottesdienste. König Karl wies 1356 dem Schreiber Johann einen Jahrgehalt an, um die „libros legendarum et cantus nobilis linquæ slavonicæ" für das Kloster zu schreiben. Beide Manuscripte zusammengebunden und mit Gold und Edelsteinen besetzt, wanderten 1450 als Geschenk der utraquistischen Stände nach Constantinopel — es handelte sich damals um den Anschluss an die griechische Kirche — und wurden zuletzt durch eine seltsame Verkettung der Umstände eine Krönungsinsignie der Könige von Frankreich. Im Jahre 1546 gelangte nämlich der Codex durch einen Kunsthändler an den Cardinal Karl von Lothringen, Erzbischof von Rheims, der französischen Krönungsstadt, und blieb seitdem als text du sacre bei der dortigen Domkirche. 1792 gieng der Codex verloren, 1835 wurde er in der Rheimser Stadtbibliothek wieder entdeckt und 1846 von Hanka als Sazawo-Emauskoje Svateje blagoviestowane veröffentlicht. Nach Anton Friend, Kirchengesch. Böhmens, II. 190.

beeilen,¹) sowie er den Tag vordem der Stadt Iglau alle ihre Rechte und Privilegien bestätigte.²)

Von Nürnberg richtet König Karl seine Reise noch im December nach Strassburg, wo er um den 15. December seinen feierlichen Einzug hielt. Bei der dortigen Kathedrale belehnte er seinen königlichen Gesandten, den dortigen Bischof Berthold von Buchek, mit der Krone am Haupte und mit Reichsapfel und Scepter mit den königlichen Regalien,³) also im vollen Glanze eines deutschen Königs, und doch beklagten sich vor Kurzem einige mächtige deutsche Dynasten, die dem Könige nachgiengen, in Avignon

---

¹) Pelzel l. c. n. 75. Auszug. Cod. Dipl. Mor. VII. 544. Heute sind Beuroner Benedictiner daselbst angesiedelt. Der Name Emaus, welchen dieses Kloster führt, kam daher, weil der Prager Erzbischof Oczko im Jahre 1372 die neue Kirche am Ostermontage einweihte, an welchem bekanntlich das Evangelium von den zwei Jüngern in Emaus gesungen wird. Die Hussiten verschonten 1419 dieses Kloster und vertrieben die Mönche, die erst 1593 zurückgerufen wurden; im Jahre 1635 aber, doch mit Abschaffung des slavischen Gottesdienstes, in das Kloster zum heil. Niklas auf der Altstadt Prag übersiedelten. Ihr verlassenes Emaus übernahmen damals die spanischen Benedictiner von Monserrat und in neuester Zeit die oberwähnten Beuroner Benedictiner.

²) Cod. Dipl. Mor. VII. 545 mit dem Datum XI. Kal. Decembr. (21. Novembr.) 1347.

³) Matthias Nuewenburg. Böhmer, Font. IV. 249. „Argentine receptus honorifice ipsum episcopum in gradibus ecclesie, indutus regalibus insigniis, habens coronam auream in capite, ac pomum et sceptrum in manibus, de suis regalibus, prestito sibi homagio, solempniter investivit."

beim Papste, dass König Karl wenig auf den seiner Stellung
gebührenden Anstand achte, dass er in kurzen Röcken und
enganliegenden Kleidern herumgehe, Turniere besuche und
sonst den Anstand wenig wahre, weshalb sich der Papst
veranlasst fand, in einem Breve vom 24. Febr. 1348 den
König deshalb zu tadeln und zu ermahnen, lange und weite
Kleider zu tragen, die Kampfspiele zu meiden und überhaupt
einen ernsten Anstand zu beobachten. Diesen Brief schickt
er durch einen Prager Domherrn, Welko mit Namen, welcher
mit königl. Briefen den päpstlichen Hof besuchte.[1]) Dieser
Domherr Welko befand sich bei jener Botschaft, welche die
Nachricht vom Tode des Kaisers Ludwig und von den glücklichen Fortschritten überbrachte, welche König Karl in
Deutschland machte, bei welcher Gelegenheit der König Karl
den Papst ersuchte, einigen Bischöfen die Vollmacht zu
ertheilen, den Bann und die andern kirchlichen Strafen von
den mit dem Interdicte belegten Ländern wegzunehmen, die
mit dem Banne wegen der Verbindung mit Ludwig dem
Baier gestraften Personen, wenn sie darum ansuchen, zu abso-
viren, um so Ruhe in die Gemüther zu bringen. Am 7. Dec.

---

[1]) Klemens VI. schreibt: „Ceterum ante adventum dicti Wel-
conis intelleximus relatione multorum, quod nonnulli mag-
nates Alamannie, qui honorem tuum puro zelantur affectu,
remurmurant et moleste plurimum ferunt, quod tu in vestibus
tuis, quas breves nimis et strictas portare diceris, gravi-
tatem illam, quam requirit fastigium dignitatis cesaree, non
observas, quodque contra decenciam dignitatis huiusmodi
hastiludiorum et torneamentorum exercitio te immisces."
Werunsky, Excerpta e registris etc. 63 n. 192.

1347 unterzeichnete der Papst ein weitläufiges Schreiben an den König Karl, das er vielleicht noch in Strassburg erhielt, worin ihm der Papst zum glücklichen Fortgange im Reiche Glück wünsche und ihm melde, dass er dem Erzbischofe von Prag und dem Bischofe von Bamberg oder einem derselben, die Vollmacht, den Kirchenbann überall aufzuheben, ertheilt habe, dabei aber nicht vergisst, den römischen König zu ersuchen, den König von Ungarn von der Unterstützung des gewaltigen Volkstribuns Colla (Niklas) de Rienzo abzubringen.[1]) Es sollte aber eine eigene Absolutionsform vom Papste an den König gesendet werden und diese Formel brachte der Probst von Bamberg, Marquard von Randek, als Karl schon vor Basel stand. Mit Randek kamen am 20. Dec. der Probst von Sadska, Nikolaus von Luxemburg, und der Vyšegrader Domherr Nikolaus.[2]) Die Absolutionsformel händigte Randek gerade zur rechten Zeit ein, weil die Bürger von Basel nur unter der Bedingung huldigen wollten, wenn Karl die Vollmacht der Absolution vorzeige. Diese Vollmacht zeigte der König den anwesenden Bischöfen von Strassburg, Basel, Bamberg und Würzburg vor; eingehändigt hat er sie bloss dem von Bamberg, weil der Erzbischof von Prag nicht anwesend war. Die Absolution war aber an gewisse Bedingungen gebunden, die den Anwesenden und selbst dem römischen Könige etwas hart zu sein schienen, besonders der Punkt, dass sie keinen römischen König, der nicht vom Papste bestätigt wäre, anerkennen, dass sie den Satz, es käme dem römischen

[1]) Pelzel, Karl IV. p. 205 n. 208.
[2]) Werunsky, Karl IV. II. 100.

Könige zu, einen Papst abzusetzen und einen andern zu wählen, für ketzerisch halten sollen; dann sollen sie der Witwe und den Kindern des verstorbenen Kaisers keinen Beistand leisten, so lange selbe mit der Kirche nicht ausgesöhnt seien, König Karl für ihren rechtmässigen Herrn anerkennen und ihm als dem vom Papste bestätigten römischen Könige gehorchen.[1] Ihm, dem Könige, und seinem Gefolge hat der Papst bereits am 18. December d. J. die Erlaubnis ertheilt, auch in den mit dem Interdicte belegten Orten, und dieser gab es gar viele, die heil. Messe und andere gottesdienstliche Handlungen in seiner Gegenwart verrichten zu dürfen.[2]

Doch die Bedingung, unter welcher die Absolution ertheilt werden sollte, schien den Bürgern von Basel zu hart, und der König sollte um eine neue Formel nach Avignon schreiben. Aber dem Könige lag an der baldigen Huldigung der Basler Bürger, und so musste es bei der alten Formel bleiben.[3] Am 20. Dec. hielt Karl seinen Einzug in Basel, während die Stadt, welche nicht zugeben wollte, dass Ludwig je Ketzer gewesen wäre, durch den Bischof von Bamberg kraft der päpstlichen Vollmacht vom

---

[1] Matthias Nuewenburg. Böhmer, Font. IV. 249—251.
[2] Cod. Dipl. Mor. VII. 545.
[3] Matthias Nuewenburg l. c. 251. „Visa autem forma huiusmodi dura, omnibus displicente, aliqui consuluerunt, eam non acceptandam per regem, sed occultandam, et pro alia forma scribendum. Sed quia timor erat, Basilienses non iuraturos regi, nisi reformarentur divina, rescriptum oportuit exhiberi."

Interdicte losgesprochen wurde. Karl blieb in Basel bis zum
26. December. Am grossen Weihnachtsfeste, den 25. Dec.,
erschien Karl mit den Kroninsignien in der Domkirche und
las mit lauter Stimme bei der Messe das Evangelium. „Es
ergieng der Befehl vom Kaiser Augustus" etc. mit dem ent-
blössten Schwerte in der Hand, und besuchte dann ein ihm
zu Ehren von den Bürgern veranstaltetes Fest, wobei er mit
einigen Bürgersfrauen sogar tanzte.[1] Dass er in Basel während
seines zwölftägigen Aufenthaltes mit seinen papierenen
Geschenken, die aber damals einen hohen Wert hatten und
nicht mit Gold aufzuwägen waren, sehr freigebig sich zeigte,
ist erklärlich. Am 21. Dec. gestattete er den Brüdern Johann
und Albrecht, Burggrafen von Nürnberg, alle Raubhäuser
und Vesten, daraus man des Reiches Strassen beschädigt
und beraubt, zu bezwingen und zu beschädigen, indem er
ihnen zugleich dieselben, so viel sie ihrer erzwingen, zu
Lehen gibt, und dass sie nach einer zweiten von demselben
Datum ausgestellten Urkunde die Veste Floss und Parkstein,
dann den Markt zur Weyden und die dazu gehörigen Märkte
bessern, bauen und befestigen mögen, sodann aber das
darauf Verbaute als Pfandgeld darauf schlagen sollen.[2]

Am 26. Dec. erfolgt die Abreise von Basel. Vorgebend,
dass sein Gefolge in der Nähe sei, bestieg er im Geheimen
einen Kahn und fuhr den Rhein hinunter bis zum Schlosse
Burgheim, übernachtete daselbst und ritt dann über Ehenheim

---

[1] Matthias Nuewenburg l. c. 252. „Rex quoque cum mulie-
 ribus Basiliensibus in coreis satis fatuos gestus habebat."
[2] Huber, Kaiserregest. S. 45 und 46.

weiter nach Hagenau, wo er mit seiner reisigen Mannschaft, die sich sogar an einer Stelle mit dem Schwerte in der Hand, wie es scheint, aus Irrthum, durchschlagen musste, wieder zusammentraf.¹) Über Weissenburg im Elsass, wo er einen Landvogt über Elsass bestellte, gelangte Karl wohl schon am 3. Jan. 1348 nach Speier. Hier huldigten ihm die Städte Worms und Erfurt, worüber er sehr erfreut war. Auch die freie Stadt Mainz zeigte sich willfährig, weshalb Karl schon am 5. Jan. ihr neue Privilegien ertheilte und die alten erneuerte. Manche Herren kamen und huldigten. Da aber der Erzbischof Gerlach von Mainz die Unvorsichtigkeit begieng, die päpstlichen Briefe wider den vom Papste abgesetzten Heinrich von Virneburg, bauend auf die Gegenwart des römischen Königs, öffentlich verlesen zu lassen, bildete der Anhang dieses ehemaligen Erzbischofes einen Auflauf, der den König bewog, schon am 8. Jan. Speier zu verlassen und noch an demselben Tage in Worms einzuziehen. Hier fügte sich leicht der Clerus und nahm die verhasste Absolutionsformel an, aber das Volk murrte und erzwang vom Bamberger Bischofe die Lossprechung ohne jeder Bedingung und ohne Beschwörung der Absolutionsformel. Die Gemüther beschwichtigten sich, Worms huldigte und freute sich mit dem Könige, als hier Boten des schwäbischen Städtebundes erschienen und Karl gegen

¹) Matthias Nuewenburg l. c. 252. „In die sti. Stephani (26. Decembris) a Basilea recedens, cum crederetur cum sua gente iturus, clam ingressus naviculam cum paucis in Reno descendit, in castro Burghein pernoctans, crastino transiens versus Ehenheim tanquam latenter."

Bestätigung ihrer Privilegien als König anzuerkennen versprachen. Der Markgraf Ludwig von Brandenburg hat bis jetzt den Bund in der Opposition erhalten; als aber derselbe sah, dass die ober- und mittelrheinischen Reichsstädte bereits huldigten, gab er, als in der Minorität, die Opposition auf, welche Minorität Karl als rechtmässigen König anzuerkennen versprach. Der Lohn für diese Willfährigkeit war ein Privilegium vom 9. Jan. für 23 schwäbische Städte, welche noch am 24. Dec. 1347 den schwäbischen Städtebund erneuert haben, durch welches ihre Unverpfändbarkeit gewährleistet und ihnen erlaubt wurde, jede Verletzung ihrer Rechte mit vereinten Kräften abwehren zu dürfen. Nachdem Karl noch in Worms andere Privilegien ertheilt hatte, zog er von da nach Mainz, wo ihm die Bürgerschaft nur unter der Bedingung die Thore öffnete, dass er versprach, den Erzbischof Gerlach nicht einzuführen und keine päpstlichen Briefe zu verkündigen.[1])

Hier in Mainz erschien um die Mitte des Monats Januar 1348 der greise Grossonkel des römischen Königs, Balduin, Erzbischof von Trier, um zu berathschlagen, was gegen den von der Wittelsbach'schen Partei projectirten Gegenkönig zu thun wäre. Denn, dass es, so lange Ludwig, der Markgraf von Brandenburg, und der abgesetzte Erzbischof von Mainz, Heinrich, am Leben sind, an Gegenkönigen nicht fehlen werde, lag am Tage, und wirklich war offenkundig,

---

[1]) Die bezüglichen Urkunden sind datirt in Huber, Kaiserreg. Karl's IV. S. 46—48 und gründlich verarbeitet in Werunsky, Kaiser Karl IV. Bd. II. 92—106.

dass seit November 1347 die Erhebung eines Gegenkönigs betrieben, dass am 10. Jan. 1348 in dem erzbischöflichen mainzischen Städtchen Oberlahnstein durch den Anhang des Markgrafen von Brandenburg und des abgesetzten Erzbischofs König Eduard III., wobei natürlich das Gold abermals die Hauptrolle spielte, zum römischen Könige gewählt wurde.[1] Der Kern der Berathung war, einen tauglichen Boten auszufinden, welcher den König Eduard III. bewegen sollte, auf die deutsche Krone zu verzichten. Als Boten wählte man unter grossen Versprechungen den Markgrafen Wilhelm von Jülich, den Schwager des englischen Königs, einen gewandten Mann, dem es auch wirklich gelang, Eduard III. zur Ablehnung der an ihn gefallenen Wahl am 10. Mai 1348 zu bewegen und dahin zu bringen, dass der König schon am 23. April mit K. Karl ein Bündnis abschloss,[2] freilich

---

[1] Matthias Knewenburg l. c. 263. „Ubi (Moguntiae) ad eum venerat Treverensis quasi latenter cum paucis. Ubi et nova receperant, quod feria quinta precedenti, scilicet post epiphaniam a. D. 1348 (10. Januarii) procuratoris et secretarii Ludovici, marchionis in Brandenburg, item palatinorum Reni Erici ducis Saxonie et Henrici archiepiscopi Moguntini, per papam depositi, tanquam electores principes, maiorem partem facientes, in Eduardum regem Anglie, habentem cum eis procuratorem et secretarium suum, in romanum regem ex opposito villa Rens super Renum sub castro Lonstein concordaverint eligendum." Vergl. Huber, Kaiserregest. Karl's IV. Reichssachen. S. 528.

[2] Huber, Kaiserregest. Karl IV. Reichssachen S. 529. Gottlob, Karl's IV. private und politische Beziehungen zu Frankreich S. 64 und 65.

in sehr abgeschwächter Form. Karls langjährige Freundschaft für die Valois erlaubte ihm nicht, sich mit Eduard gegen Frankreich zu verbinden; aber am 24. Juni liess sich Karl zu Prag zu dem Versprechen herbei, mit keinem Gegner des englischen Königs einseitig einen Vertrag einzugehen, ihm gegen alle Feinde beizustehen, gegen den König von Frankreich aber nur dann, wenn dieser die Reichsrechte verletzen möchte; endlich gelobte er seinen Unterthanen zu erlauben, im englischen Heere gegen Frankreich zu kämpfen. So gab bereits das politische Band nach, das bisher die Häuser Luxemburg und Valois umschlungen hielt. Bald sollte dasselbe noch mehr gelockert werden. Doch hierüber erst zum 1. August d. J.

Noch im März fasste Karl den Entschluss, in sein Erbkönigreich zurückzukehren, weil er das Resultat seiner Botschaft von England noch nicht kannte und den Wittelsbach'schen Plänen nicht traute. Immerhin war es möglich, dass von Baiern aus sein Land angegriffen werden könnte, und dieser Möglichkeit musste er mit seiner Gegenwart vorbeugen, weshalb er am 16. Jan. 1348 dem Erzbischofe Balduin von Trier seine Stellvertretung in ganz Deutschland, Gallien und den angrenzenden Ländern übertrug und ihm volle Gewalt überlässt, Landesfriedensbündnisse anzuordnen. Landvögte und andere Amtsleute einzusetzen, Geld zu prägen, Zölle zu ermässigen, aufzuheben oder aufzurichten, über die Juden zu verfügen, entzogene Reichsgüter wieder zu gewinnen, kurz im vollen Umfange des Wortes des Königs Stelle zu ersetzen, und nur Nützliches für das Reich zu thun.[1]) Noch

---

[1]) Huber l. c. 49 n. 560.

entliess er, leider unverrichteter Dinge, die Abgesandten der freien Stadt Frankfurt wegen seiner Aufnahme und zog nach Worms zu einem kurzen Aufenthalte mit dem Vorsatze, nach Schwaben abzureisen. Mit der Überzeugung, dass diese Reichsstadt so gut wie die andern freien Reichsstädte seinen Hof und Haushalt frei halten werden, liess er bei der Abreise die Küchenrechnung unbeglichen, was einen dreisten Fleischhacker veranlasste, mit heftigen Klagen gegen rückständige Zahlungen aufzutreten und einen Tumult des Volkes hervorrufen, der dem Könige gewiss unangenehm war. Karl liess einige seiner Begleiter als Bürgschaft der Zahlung zurück und reiste ab; den kecken Metzger liess er aus Worms ausweisen, in Speier hingegen, wohin der Metzger um Gnade bitten kam, befreite er ihn huldvoll von der Strafe.[1]) Von Speier zog Karl nach Ulm, wo er die Huldigung von 24 schwäbischen Städten empfieng, dann wollte er nach Nürnberg; aber gewarnt vor den Nachstellungen des Markgrafen Ludwig kehrte er nach Ulm zurück, um erst im Februar abermals über Nürnberg den Weg nach Böhmen einzuschlagen.[2]) Damals ersuchte ihn der Papst, von den

---

[1]) Matthias Nuewenburg. Böhmer, Font. IV. 254. „Ad querelam carnificis regem arrestantis, ne discederet, factus est in populo tumultus. Promittentibus autem pluribus, ne discederent hospitibus non pagatis, rex Spiram et Sveviam perrexit .. animo fidelitatem a civitatibus Svevie recipiendi in Ulma."

[2]) „Ulma a 24 Svevie oppidis, sub quibusdam pactis, iuramentis per ea prestitis, est receptus. Volens autem ire Nürnberg et deinde Bohemiam, positis sibi insidiis per marchionem

glücklichen Fortschritten in Deutschland öfter an ihn zu berichten.[1])

Die glücklichen Fortschritte, deren sich Karl bis jetzt erfreute, begleiteten ihn auch weiter und so auch in Prag, wohin er eilte. Nachdem die schwäbischen Städte, mit Ausnahme Konstanz, Schaffhausen, Zürich und St. Gallen, gehuldigt hatten,[2]) setzte er über Nürnberg und Bamberg die Reise nach Eger fort, wo er den Bürgern unter andern für die ihm und seinem Vater gegen Ludwig den Baier geleisteten Dienste Zollfreiheit im ganzen römischen Reiche verlieh,[3]) und kam am 1. März glücklich in Prag an. Von hier aus entsandte er unter Anführung Heinrichs von Neuhaus noch im März eine starke Abtheilung bewaffneten Volkes in die Besitzungen des Pfalzgrafen Ruprecht

---

in Brandenburg, reversus est Ulmam et deinde per aliam viam veniens Nürnberg, Bohemiam est reversus (Febr.)" Matthias Nuewenburg l. c. p. 254.

[1]) Das Mahnschreiben ist vom 3. Febr. 1348. Der Papst wünschte öfter Nachrichten über Karl. Am 7. September 1347 „reginam Romanorum rogat, quatenus sedem apostolicam per literas certiorem efficiat de statu Karoli, regis Romanorum." Werunsky, Excerpta p. 57 und 62.

[2]) Henricus de Diessenhoven. Böhmer. Font. IV. 64. „Mense autem Februarii anni 1348 crastino Blasii (4. Febr.) rex Karolus recedens de Ulma, postquam sibi omnes civitates Svevie, exceptis Constantiensibus, Thuricensibus, Schafusiensibus et sti. Galli, iuraverunt (peragravit Pragam)."

[3]) Pelzel, Gesch. Karl's IV. II. 199.

in die Oberpfalz, wo die Böhmen nach alter Art hausten.[1]) Es war dies eine Wiedervergeltung für seine Opposition wider Karl und für seinen Anhang an den Markgrafen Ludwig von Brandenburg, während damals mehrere Reichsstände nach Prag kamen, um dem römischen Könige zu huldigen. So huldigte am 11. März der Landgraf Heinrich von Hessen, der Schwiegervater des Polenkönigs Kazimir, am 26. März die thüringische Reichsstadt Mühlhausen[2]) u. s. w., also gerade zu einer Zeit, in welcher K. Karl mit der Ausführung verschiedener, längst gefasster Entwürfe beschäftigt war.

Vor allen Dingen fertigte er einen ordentlichen Stiftungsbrief für die Erweiterung der Hauptstadt Prags am 8. März 1348 aus, es sollte die Neustadt Prag gestiftet werden. Warum Karl und wie er dies zu thun beabsichtigte, sagt er in seiner Urkunde, weshalb wir daraus einige bezeichnende Stellen anführen wollen. Karl sagt: „Unter allen den häufigen Sorgen, die unsere Seele täglich beschäftigen, ist jene die grösste und vorzüglichste, wie Wir es zu Wege bringen könnten, dass unser Erbkönigreich Böhmen allenthalben auf das Schönste blühen, einer vollständigen Ruhe geniessen, das allgemeine Wohl desselben immer zunehmen und vor den Angriffen der Feinde gesichert sein möchte. Diese Bemühungen, anstatt dass sie uns schwer fielen, beruhigen uns vielmehr, besonders wenn Wir unsere Gedanken damit

---

[1]) Matthias Nuewenburg l. c. 254. „Eodem anno de mense martii misit magnam gentem de Bohemia, quam terram Roberti, ducis Bavarie, Palatini plurimum devastavit."

[2]) Werunsky, Gesch. Karl's IV. II. 112 und 113 nach Huber, Kaiserregest. p. 53 und 54.

beschäftigen, wie Wir dieses unser Königreich am füglichsten verherrlichen und emporbringen könnten, welches Wir Uns vor allen anderen Reichen, die Uns die Vorsehung geschenkt hat, zum Gegenstande unserer Lust und des Vergnügens auserwählt haben;" dann fährt er fort: „Nachdem Wir die grössere Stadt Prag zu der Hauptstadt des ganzen Königreiches erhoben haben, und wahrnehmen, dass sie die Menge Einwohner, welche täglich zunehmen, und noch mehr durch die hohe Schule, die Wir hier errichten wollen, sich vermehren werden, nicht wird alle in sich fassen können, so haben Wir beschlossen, sie auf folgende Art zu erweitern: Wir wollen und befehlen also, dass die zu erbauende Stadt die Neustadt heisse, und dass die Einwohner derselben den ganzen Raum von den Mauern der alten bis zu den Mauern, womit Wir die neue Stadt umfassen werden, eigenthümlich besitzen, und Häuser darauf nach ihrem Belieben zu bauen die Freiheit haben sollen. Wir ertheilen durch diesen Brief dieser neuen Stadt alle Freiheiten, Vorrechte, Begnadigungen, Gesetze, Gewohnheiten und Würden, deren die alte Stadt geniesset und sich freuet; die Einwohner derselben sollen vor keinem andern Gerichte, als vor dem, welches Wir ihnen daselbst anordnen werden, zu erscheinen verbunden sein; Wir erlauben uns ferners, dass alle Wochen am Montage ein Markt, alle Jahre aber einmal, nämlich am St. Veitstage, ein Jahrmarkt, der sonst in der alten Stadt gehalten wurde, künftig in der neuen Stadt soll gehalten werden; die neuen Einwohner werden nicht von den Gebäuden, sie mögen noch so gross und prächtig aufgeführt werden, sondern von dem ihnen angewiesenen Grunde allein die Abgaben zahlen; sobald einem Einwohner sein Platz wird angewiesen sein, soll er nach einem Monate darauf sein Haus zu bauen anfangen, und es nach einer Zeit von zehn Monaten so aufgeführt haben, dass es bewohnt werden möge. Keiner soll über den ihm angewiesenen Platz oder in die Gasse hinein sein Haus führen: den Übertretern dieser Verordnung soll das Gebäu wieder eingeworfen werden: letzteres erlauben Wir, dass die Juden in eben der neuen Stadt für sich Wohnungen bauen mögen, und nehmen sie daher in unsern königlichen Schutz." Karl ertheilte noch am nämlichen Tage für die neuen Einwohner einen Gnadenbrief, worin er sie, Christen und Juden, auf zwölf Jahre von allen Steuern und Abgaben freisprach; davon wurden aber die Bürger der alten Stadt, die sich in der neuen niederlassen würden, ausgenommen, weil er nicht wollte, dass diese hiedurch einen Abgang an Einwohnern erleiden sollte. Karl befahl zugleich, dass alle Bierbräuer, Wagner, Schmiede, Klempfner und andere dergleichen lärmende Handwerksleute, welche mit ihrer Arbeit und dem Klopfen ihre Nachbarn zu beunruhigen pflegten, sich von der alten in die neue Stadt übertragen möchten; nur die Waffenschmiede und Hufschmiede wurden hievon ausgenommen.[1]) Unter seiner Aufsicht wurde

---

[1]) Pelzel, Urkundenbuch vom 1. April 1847, n. 42, 43 und 44 vom 8. März 1348, S. 49. „Item volumus, quod brasiatoria, siccatoria, braxatoria, currifices et mallcatores cuiuslibet stanni, nec non fabri cuiuscunque conditionis existant, ordinatis tamen ad opus et usus equorum et armaturas facientibus dumtaxat exceptis, ad dictam novam civitatem infra annum... transferantur." Diese beiden Urkunden, n. 43 (S. 47) und n. 44 (S. 49), sind vom nämlichen Jahre und

nun die neue Stadt vermessen, die Plätze und Thore bestimmt, und der ganze neue Stadtraum von Vyšegrad an bis hinter dem Dorfe Poříž mit einer Stadtmauer eingefriedet: binnen zwei Jahren sollte die Stadt vollendet sein. Den Einwohnern, welche sich dort anbauen wollten, sicherte Karl auf zwölf Jahre die Steuerfreiheit zu; doch musste jeder, der eine Baustelle kaufte, innerhalb eines Monates darauf zu bauen anfangen und den Bau binnen zehn Monaten zu Ende führen. Die künftigen Steuern sollten jedoch nicht nach der Grösse der Gebäude, sondern nach der Area, die sie einnehmen, bemessen, und nie über die Hälfte ihres Wertes verschuldet werden. Durch diese Mittel zog Karl eine Menge reicher Bürger aus den volkreicheren böhmischen Städten in die neue Ansiedlung, und mit ihnen viele Arbeiter und Handwerker, die alle reichlichen Erwerb fanden.[1] Am linken

Tage, und doch steht bei der ersten Regnorum nostrorum anno tertio und bei der zweiten anno secundo. So steht auch bei dem Diplom Num. XLII. vom 1. April 1347 unserer Reiche in dem andern anstatt ersten Jahre (S. 44). Dies kömmt daher, weil Anfangs in Karl's Kanzlei die einen die Jahre der Regierung Karl's von dem Tage, da er dazu gelangt war, also nach Johann's Tode, andere aber vom Neujahrstage an rechneten. Die weiteren der Neustadt zugesagten Privilegien sind dieselben, wie sie die Altstadt besitzt, die Steuerfreiheit auf 12 Jahre, die Sesshaftmachung der Juden, die Bauordnung u. s. w., im Auszuge Cod. Dipl. Mor. VII. 550 vom 8. März 1348.

[1] Wann Karl den Grundstein legte, ist nicht so klar. Beneš sagt l. c. 346. „A. D. 1348 die beati Marci (25. April) D. Karolus.. posuit primarium lapidem et fundavit novam

Moldauufer wurde die bisherige Vorstadt Aujezd mit der Stadt vereinigt, dieser ganze Stadttheil nicht mehr die Neustadt, sondern die Kleinseite genannt, und auch der Markt Hradčany sammt dem Pohořelec und dem Stifte Strahov in den Umfang der Stadt gezogen. Die vielen fremden Arbeiter und Handwerker halfen auch bei dem raschen Aufbaue des Slavenklosters Emaus, das zur Neustadt gehörte.[1])

Da König Karl auch noch weiter seinen Hofarchitekten Matthias von Arras und die vielen an seinem Hofe anwesenden Künstler, den Wurmser aus Strassburg und den bewährten Italiener Thomas von Mutina, beschäftigen wollte, beschloss er, Karlstein aufzubauen. In der Nähe Prags sollte dieser Bau einen doppelten Zweck haben. Es sollte vor allem die Hauptburg des Landes werden, welche Prag decken, aber auch als uneinnehmbar nach damaliger Zeit, die Reichskleinodien und das Kronarchiv bewahren und schützen, dabei aber auch sollte es dem Regenten als ruhiger Zufluchtsort dienen, wenn dieser von den Regentensorgen ausruhen, seiner asketischen Richtung, ohne gestört zu werden, nachhängen und seine religiösen Bedürfnisse befriedigen wollte, und darum musste die strategische und die religiöse Seite von dem Architekten berücksichtigt werden. Beides wurde im vollen

civitatem Pragensem." Franciscus (Loserth 594). „A. D. 1348 vicesimo sexto die Marcii fundavit D. rex novam civitatem Pragensem manu propria primum lapidem ponendo." Über das Datum der Grundsteinlegung lieferte Dobrovsky einen Aufsatz in der Monatsschrift des böhmischen Museums December 1827, S. 43 und ffg.

[1]) Siehe S. 518 d. W.

Masse erreicht, wie noch die Gegenwart zeigt.[1]) Gold und
böhmische Halbedelsteine wurden zur inneren Ausschmückung
der drei Burgkirchen, die von Reliquien strotzten, namentlich
die kostbare Kreuzkapelle, verwendet, zu welchen am 10. Juni
1348 in Abwesenheit des Königs durch den Erzbischof
Arnost der Grund gelegt wurde. Viele nahegelegene Ortschaften wurden der neuen Burg zum Lehendienste angewiesen: zwei Burggrafen, einer aus dem Herren- und der
andere aus dem Ritterstande, ihr vorgesetzt, jedoch da sie
auch des Landes Privilegien unter ihrer Obhut hatten, nicht
nur dem Könige, sondern auch den Ständen mit Eid verpflichtet. Den Gottesdienst besorgte ein Collegiatcapitel aus
4 Domherren und dem Capiteldechant, welche erst 1357
eingerichtet und bestiftet wurden. Der Bau der Burg dauerte
neun Jahre; der vollendete Bau wurde durch den Erzbischof
Arnost am 27. März 1357 eingeweiht. Karl hielt sich später
gerne auf seiner neuen Burg auf, wie die vielen hier datirten
Urkunden darthun. Wie bei Prag, liess er auch hier aus
verschiedenen Ländern eine Menge Weinreben von der besten
Gattung nach Böhmen kommen und bei Karlstein Weingärten

[1]) Über die Restaurationsarbeiten der Burg Karlstein und der
Karlshoferkirche in den Jahren 1852—1854 liest man einen
Bericht des böhmischen Landesbaudirectors Wachtel in
den Mittheilungen der k. k. Central-Commission. Wien
1857. I. 80. Beneš de Weitmil l. c. 386. „In diffuso orbe
terrarum non est castrum neque capella de tam pretioso
(opere) et merito, quia in eodem conservabat insignia
imperialia et totius regni sui thesaurum." Inwiefern der
Anlage von Karlstein die Idee des heil. Gral zu Grunde
lag, ist sehr zu bezweifeln.

anlegen. Bei der Stadt Melnik liess er Burgunderreben pflanzen, Teiche anlegen, alte verfallene Bauwerke herstellen, Goldwäscherei und Perlenfischerei in den böhmischen Flüssen begünstigen; kurz, Böhmen erhielt bald eine andere Gestalt, und da die böhmisch-mährischen Dynasten die Vortheile sahen, welche die neue Thätigkeit in allem brachte, ahmten sie auf ihren Gütern dieselbe nach und mehrten so den Wohlstand und mit demselben die Gesittung, weil Armut und Roheit in der Regel Hand in Hand gehen.[1])

Da jedoch das Volkswohl ohne gesicherte Rechtszustände unmöglich gedeihen kann, zu den Rechtszuständen aber die Handhabung der Privilegien gehört, verwendete König Karl seine Zeit in Prag vorzüglich für sein geliebtes Mähren, indem er schon am Wege dahin noch in Nürnberg am 14. Febr. 1348 der Stadt Brünn alle ihre Rechte und Privilegien bestätigte.[2]) Zur Förderung ihres Handels und Stadtverkehres gestattete Karl zu Prag am 22. März d. J. den Bürgern von Brünn behufs der Pflasterung ihrer Stadt und Ausbesserung der Brücken und Wege die Erhebung eines Hellers von jedem durch die Stadt ziehenden Pferde jener Leute, die in der Stadt nicht Steuer zahlen, auf drei

---

[1]) „Hoc advertentes Baronis, Nobiles, Religiosi et Plebegii plantaverunt ubique vineas, ortos et extruxerunt piscinas in Boemia, gratias agentes altissimo, qui talem eis concessit principem, sub cuius ditione omnia eis prosperabantur." Beneš l. c. 346.

[2]) Cod. Dipl. Mor. VII. 549. Das Orgl. hat XVIII. Kal. marcii für Februar, was wohl ein Schreibfehler ist. Vergl. Huber Kaiserregest. Karl's IV. S. 52 n. 610.

Jahre.¹) Zur Hebung des Handels in Brünn verordnet er gleichfalls zu Prag am 22. März d. J., dass die aus Österreich, Ungarn und Polen kommenden Kaufleute mit ihren Waren nur durch Brünn, sonst auf keiner andern, selbst nicht auf der königlichen Strasse, weiter nach Mähren und über Mähren zu ziehen haben.²) Es war dies nach unseren modernen Begriffen ein Handelsbündnis, Transitowaren wider den Willen der Verkäufer aufzuhalten, und überhaupt den Strassenzwang einzuführen: doch mag dies in den eigenthümlichen Finanzverhältnissen einzelner Städte seine Entschuldigung finden. So gleich in der Urkunde vom 23. März 1348, durch welche der König Karl den Bürgern von Brünn gestattet, dass sie zur Vergütung der in seinem Namen an den König Ludwig von Ungarn und Heinrich von Lichtenburg abzustattenden jährlichen Schuldenzahlung den von den Juden, welche in die Stadt aufgenommen worden, zu entrichtenden Zins von 100 Schock Groschen insolange einheben können, bis jene jährliche Zahlung an die beiden königl. Gläubiger beglichen sei.³) Da nun die

¹) Cod. Dipl. Mor. VII. 552. „Presentibus post prefatum triennium minime valituris."
²) Cod. Dipl. Mor. VII. 552 und 553. „Ut dicta civitas (Brunnensis) eorum succesoribus dilatetur honoribus et votivis prestante altissimo successibus augeatur, concedendum duximus" etc.
³) Cod. Dipl. Mor. VII. 553. „Ut a censu annuo, quem Hungarie regi... nec non Heinrico de Lichtenburg, fideli nostro dilecto, pro nobis et nostro nomine annis singulis solvere sunt asstricti, eo facilius se redimant de alicuius subventionis auxilio providere."

Städte Zahlungen für die Regenten übernahmen, mussten diese für die Mittel sorgen, damit die Bürger nicht zum Schaden kämen, und ein solches Mittel war der Strassenzwang und der Jude, welcher, da er keinen Ackerbau trieb und dem Handwerke sich nur zeitig widmete, auch schon damals den Klein- oder Detailhandel betrieb, und dabei den Wucher cultivirte, weshalb sich der Richter und die Magistratspersonen beim Könige beklagten, dem Judenwucher, wozu ihnen die Annahme von Pfändern die beste Gelegenheit bot, durch ein Gesetz entgegenzusteuern, weshalb Karl „immer eingedenk der treuen Dienste, welche die Bürger von Brünn ihm und seinem Vater in manchen Nöthen leisteten,"[1] ein solches Gesetz zu Prag 23. März ergehen liess. Er verordnet nämlich, dass die Juden von Brünn nach Sonnenuntergang gar keine Pfänder, bei Tag solche, die aus einem Diebstahl herzurühren scheinen, von unbekannten oder verdächtigen Leuten nur in Gegenwart zweier Schöffen annehmen können. Ebenso sollen sich die Juden selbst bei Tage in den Kauf von Pferden, Ochsen, Kühen oder andern Dingen, auf denen der Verdacht ruht, sie seien gestohlen, nicht einlassen, es sei denn unter der Zeugenschaft zweier Stadtgeschwornen.[2] König Karl hat durch dieses Gesetz nichts anderes gethan, als die alte Otakar'sche Verordnung gegen die Judenpfänder vom 23. Aug. 1268 erneuert, und dadurch die Giltigkeit und Rechtscon-

---

[1] „Servicia .. que nobis, nec non clare memorie illustri regi Boemie, genitori nostro carissimo, in magnis et arduis negotiis impenderunt hactenus, et impendere continue non desistunt." Cod. Dipl. Mor. VII. 552.
[2] Cod. Dipl. Mor. VII. 554.

tinuität der Otakar'schen Judengesetze vom genannten Jahre
anerkannt.¹) Überhaupt wusste König Karl seinen mehr als
zweimonatlichen Aufenthalt in Prag hauptsächlich dazu zu
benützen, um die wichtigsten staatsrechtlichen Privilegien
des Königreiches Böhmen und des damit vereinigten Mährens
als römischer König zu bestätigen. Obwohl es gewiss in
seiner Absicht lag, gerade die Grundlage des Königreiches
Böhmen, wie dieselbe von den alten deutschen Kaisern, seinen
Vorgängern, gelegt wurde, anerkannt und bekräftigt zu sehen:
liess er sich dennoch hiezu erbitten, dadurch gleichsam
zeigend, dass er diese Urkunden nicht zu seinem eigenen,
sondern zum Vortheile seines geliebten Erbkönigreiches
bekräftigt wissen wolle. Diese Urkunden, welche lange Zeit
die Grundlage des böhmisch-mährischen Staatswesens bildeten,
sind in der chronologischen Reihe folgende: 1. Brief Friedrichs I. vom 18. Febr. 1158. 2. Brief des römischen Königs
Friedrich II. ddo. Basel 26. Sept. 1212, namentlich die
freie Königswahl betreffend. 3. Brief Königs Richard ddo.
Ulm 26. Juli 1216, die Wahl Wenzels I. von Böhmen zum
Könige betreffend, und ddo. Aachen 9. August 1262, womit
K. Otakar II. nicht nur mit Böhmen und Mähren, sondern
auch mit Österreich und Steier belehnt wurde. 4. Brief
Königs Rudolf ddo. 4. März 1289, das Schenkenamt und
die Kurstimme des Königs von Böhmen betreffend. 5. Desselben Rudolfs ddo. Erfurt 26. Sept. 1290, denselben Gegenstand betreffend. 6. Bestätigt in gleicher Weise die inscrirte
Urkunde Königs Rudolf ddo. Erfurt 27. Juli 1290, Übertragung der ihm durch den Tod des Herzogs Heinrich von

¹) Cod. Dipl. Mor. IV. 7 und sqq.

Breslau ledig gewordenen Lehen auf König Wenzel von Böhmen und dessen Erben betreffend. 7. Weiter bestätigt er die in gleicher Weise inserirte Urkunde Königs Rudolf ddo. 25. Sept. 1290, den Erbvertrag des Herzogs Heinrich von Breslau mit dem Könige Wenzel von Böhmen betreffend. 8. Die Bestätigung der Urkunde Königs Rudolf ddo. Erfurt 26. Sept. 1290, die Belehnung des K. Wenzel von Böhmen mit dem erledigten Herzogthume Breslau betreffend, und endlich 9. bestätigt K. Karl in gleicher Weise die Urkunde Königs Albrecht ddo. Nürnberg 17. Nov. 1298, wornach der König von Böhmen nicht verpflichtet ist, das Schenkamt gekrönt zu verrichten. Diese 9 Urkunden, die König Karl vom staatsrechtlichen Standpunkte für sein Erbkönigreich für besonders wichtig hielt, bestätigte er im allgemeinen Landtage, den er wahrscheinlich im März ausschrieb,[1]) zu Prag am 7. April 1348, und zwar auf Bitten des Erzbischofs von Prag, Arnost, des Bischofs von Olmütz, Johann, des Bischofs von Leitomyšl, Johann, des Bischofs von Breslau, Brzecslav von Pogorel, dann seines Bruders Johann Heinrich, Herzog von Kärnten, Graf von Tirol und Görz, Nikolaus II., Herzog von Troppau und Ratibor und anderer Gäste weltlichen und geistlichen Standes.[2]) Diese legten dem römischen Könige Karl folgende Urkunden vor: den Freiheitsbrief Kaiser Friedrichs I. ddo. Regensburg 18. Jan. 1158, durch welchen er dem Herzoge Wladislav von Böhmen das Tragen eines goldenen Reifens und den Genuss eines

---

[1]) Cod. Dipl. Mor. VII. 572. Ddo. Prag 3. Mai 1348.
[2]) Cod. Dipl. Mor. VII. 567.

Tributes von Polen bewilligte.¹) Weiter legten sie ihm vor die Urkunde Königs Friedrich II. ddo. Basel 26. September 1212 zur Bestätigung. Da diese Urkunde Jahrhunderte lang als Palladium des Landes galt, wollen wir hier ihren Inhalt kurz skizziren. Nachdem Friedrich II. dem böhmisch-mährischen Reiche das Zeugnis gegeben, dass es seit alter Zeit hervorragende Dienste dem deutschen Kaiserthum geleistet, und dass König Přemysl einer der ersten Fürsten war, die ihn, den Hohenstaufen Friedrich, zum Kaiser gewählt haben und ihm treu anhiengen, reproducirt er im Allgemeinen die vom Könige Philipp ertheilten Privilegien. Wir haben über dieselben keine Urkunde; aber Friedrich gibt ihren Inhalt an. Obenan steht: a) Die durch König Philipp ertheilte Königswürde; b) Friedrich II. bestätigt nicht nur seine, sondern er belehnt auch Přemysl und alle seine Nachkommen für immerwährende Zeiten taxfrei mit dem Königreiche; c) die Regalien sollen die Könige Böhmens pflichtschuldigst von den römischen Kaisern empfangen, folglich im Verbande mit dem heiligen römischen Reiche deutscher Nation verbleiben;²) d) die etwa vom Königreiche abalienirten Theile sollen wieder an dasselbe zurückfallen, folglich dem Könige, wenn's nöthig, auch das Recht zustehen, Frieden und Krieg

---

¹) Cod. Dipl. Mor. VII. 567.

²) „Regnum Boemie liberaliter et absque omni pecunie exactione, et consueta curie nostre iustitia sibi suisque successoribus in perpetuum concedimus, volentes, ut quicunque ab ipsis in regem electus fuerit, ad nos vel successores nostros accedat, regalia debito modo recepturus." Cod. Dipl. Mor. VII. 556.

zu beschliessen; e) das Investitursrecht über die Landesbischöfe gebühre dem jedesmaligen Könige von Böhmen, nur solle er sie bei den bisherigen, durch deutsche Kaiser erworbenen Rechten, wozu hauptsächlich das Erscheinen auf den deutschen Hoftagen und der Titel „Reichsfürst" gehören, belassen.¹) So weit geht das Privilegium des Königs Philipp. Aus eigener Machtvollkommenheit setzt König Friedrich II. noch hinzu: f) die Könige von Böhmen sind nur verpflichtet, zu einem Reichs- oder Hoftage, wenn derselbe in Bamberg oder Nürnberg, oder höchstens in Merseburg abgehalten werde, zu erscheinen; g) wenn ein Herzog von Polen auf die Einladung des Kaisers zu den Hof- und Reichstagen erscheinen wolle, so mögen ihm die Könige Böhmens, wie dies von altersher Sitte ist, ein sicheres Geleite geben; h) die Vorladung zu den Reichs- und Hoftagen müsse jedoch wenigstens sechs Wochen früher erfolgen, und schliesslich i) stehe es den böhm. Königen frei, entweder 300 Geharnischte zu jedem Krönungszuge der deutschen Kaiser nach Rom zu schicken oder dieselben jedesmal mit 300 Mark Silber abzulösen.²) Diese hochwichtige Urkunde, die König

---

¹) „Ius quoque et auctoritatem investiendi episcopos regni sui integraliter sibi et heredibus suis concedimus, ita tamen, quod ipsi ea gaudeant libertate et securitate, quam a nostris predecessoribus habere consueuerunt." Cont. Gerlaci ad an. 1197. Pertz XVII. 708.

²) Orgl. im Haus-, Hof- und Staatsarchive in Wien. Guter Abdr. in Erben, Regest. I. 247 und Jireček, Cod. iuris Bohem. Cod. Dipl. Mor. II. 60.

Karl zu Prag am 7. April 1348 unter ganz besonderen
Zeugen, die den ersten deutschen Familien angehörten,
bestätigte, enthält, so zu sagen, das Bekenntnis, unter
welchem er sich die Stellung des Königreiches Böhmen zum
deutschen Reiche dachte; die böhmischen Könige sollten in
einem Lehensverbande zum jedesmaligen deutschen Kaiser
stehen, und auf diese seine Ansicht knüpfte Karl die näheren
Bestimmungen über die Königswahl, oder über die sogenannte
Wahlfreiheit Böhmens an. Nachdem er von der Voraussetzung ausgeht, dass die Wahlfreiheit zu den grössten
inneren Zerrüttungen Anlass geben würde, will er solche
Vorkehrungen treffen, welche den inneren Frieden sichern,
nämlich dass die Wahlfreiheit limitirt werde, und zwar für
den unerhörten Fall, dass kein männlicher und kein weiblicher Sprosse des königlichen Hauses Böhmens nicht bloss
des seinen, sondern auch seiner beiden Brüder, Johann und
Wenzel (seine Schwestern Margaretha, Guta [† 20. Mai
1339], Anna und Elisabeth sind bereits todt), vorhanden,
oder auf irgend eine andere Weise des Königreichs ledig
werden würde, dass dann den Landesprälaten, Herzogen,
Fürsten, Baronen, Adeligen und der ganzen Communität des
Königreiches und seiner Appertinenzien die Wahl freistehe,
jedoch mit der Bedingung, dass der Gewählte sich an den
römischen Kaiser wende, um aus dessen Händen die Regalien
zu empfangen, d. h. sich mit dem Königreich Böhmen
belehnen zu lassen. Diese Bestimmung aber, welche in
staatsrechtlicher Beziehung so ausserordentlich wichtig ist,
wurde von Karl, als römischem König, gefasst, nicht auf
einem Landtage, obwohl er damals tagte, noch nach Anhörung
seiner Stände, sondern nachdem er mit den Kurfürsten

des Reiches und andern Fürsten desselben reifliche Berathung gepflogen hatte.¹) Als Zeugen erscheinen: Gerlach, Erzbischof von Mainz, Erzkanzler in Deutschland, Rudolf der Ältere,

---

¹) Cod. Dipl. Mor. VII. 557. „Electionem regis Boemie in casu dumtaxat et eventu, quibus de genealogia progenie vel semine aut prosapia regali Boemie masculus vel famella superstes legittimus, quod Deus avertat, nullus fuerit oriundus, vel per quecumque alium modum vacare contigerit, dictum regnum ad prelatos, duces, principes, barones, nobiles et communitatem regni prefati et pertinentiarum eiusdem, habita cum nonnullis regis Romanorum, futuri imperatoris, coëlectoribus ac aliis principibus, qui tunc temporis nostre celsitudinis presentie assistebant, deliberatione matura, ipsorumque sano digesti consilio, volumus, decernimus, pronuntiamus, interpretamus et presentis scripti patrocinio declaramus, rite, iuste et legittime in perpetuum pertinere ipsiusque regis Boemie electionem, in casu et eventu predictis et non aliis, prefatis prelatis, ducibus, principibus, baronibus, nobilibus et communitati dicti regni et pertinentiarum eiusdem de nostra regis Romanorum plenitudine potestatis ac ex certa scientia damus, concedimus, conferimus et donamus, dictamque electionem meliori, salubriori et saniori, quo potest modo fieri, confirmamus et transferimus in eosdem, volentes etiam, ut quicumque in regem Boemie electus fuerit, ad nos et successores nostros, Romanorum reges et imperatores accedat, sua a nobis et successoribus nostris, modo debito et solito, Regalia recepturus." Umständlich über diese Urkunde, welche des Siegels wegen unter dem Namen der „goldenen Bulle" bekannt ist, C. Höfler, Mittheilungen des Vereines für Geschichte der Deutschen in Böhmen. VIII. Jahrg. 3. und 4. Heft. S. 81 und ffg. Goldast in appendice docum. S. 55 n. 32.

Herzog von Sachsen, Reichsmarschall, Rudolf der Jüngere von Sachsen und Friedrich von Teck, Herzoge, Johann, Burggraf von Nürnberg, Ulrich, Landgraf von Leuchtenberg, die Grafen Friedrich von Orlamünde, Ulrich von Helfenstein und Rudolf von Wertheim, Peter von Hewen, Kraft von Hohenlohe, Gottfried von Bruneck, Eberhard und Friedrich von Walsee, Eglof von Triberg und Burkhard von Ellerbach; also nur deutsche Fürsten.

Die weitere staatsrechtliche Urkunde, welche der Erzbischof von Prag und jene Oberwähnten dem deutschen Könige Karl zur Bestätigung vorlegten, war die des römischen Königs Richard, ddo. Aachen 9. August 1262 dem Könige Otakar II. ausgestellt, durch welche demselben Könige der Besitz von Böhmen und Mähren aus königlicher Machtvollkommenheit bestätigt, und Österreich und Steiermark zu Lehen gegeben werden.[1]) Wir können dieser Urkunde nur insoferne einen staatsrechtlichen Wert beilegen, als sie die formelle Anerkennung des factischen Besitzes ausspricht, aber gerade das wichtigste Moment, den Belehnungsact, ganz ausser Acht lässt. Weder persönlich, noch durch Abgeordnete liess sich Otakar je belehnen; ihm war seine Stellung zum Könige Richard factisch die eines Bundesgenossen, eines Freundes, dessen Wort gewichtiger auf die deutsche, als auf die böhmische Wagschale fiel. Als Zeugen erscheinen auf der zu Prag am 7. April 1348 erfolgten Bestätigung dieselben Herren aus dem deutschen Reiche, wie an der vom J. 1212. Beim ersten Anblicke erscheint diese Richard'sche Urkunde

---

[1]) Goldast in appendice docum. S. 59 n. 33. Cod. Dipl. Mor. VII. 559.

für Karl ohne Wert; erinnert man sich aber, in welcher Stellung Karl die Krone Böhmens zum deutschen Reiche haben wollte, dann ist uns klar, warum er jene Urkunde bestätigt haben wollte. Aus demselben Grunde lag ihm auch daran, Königs Rudolf Urkunden ddo. Eger 4. März 1289 und Erfurt 26. Sept. 1290, das Schenkenamt und die Kurstimme des Königs von Böhmen betreffend, zu bestätigen.[1] Besonders lag ihm viel an der Stellung des Herzogthums Breslau zur Krone Böhmens, weshalb er die diese Stellung regelnden Urkunden, als das sind: K. Rudolf zu Erfurt 26. Juli 1290, womit derselbe alle Reichslehen, welche ihm im Breslau'schen zufallen könnten, an Böhmen verleiht,[2] am 27. Juli 1290, 25. Sept. und 26. Sept. d. J., den Erbvertrag des Herzogs Heinrich von Breslau betreffend, bekräftigte,[3] und überhaupt die Einverleibungsurkunden der schlesischen Herzogthümer sammt Glatz und der Markgrafschaft Bautzen und Görlitz zur Krone Böhmens zu Prag am 7. April 1348 ausstellte.[4]

Unter den anderen am 7. April 1348 vom römischen Könige Karl unter goldener Bulle, aber zugleich als König von Böhmen ausgestellten Urkunden hat die eine, welche die uns bekannten Herren aus Deutschland bezeugt haben, die besondere Bedeutung, weil sie das staatsrechtliche Verhältnis der Markgrafschaft Mähren, des Bisthums Olmütz

[1] Cod. Dipl. Mor. VII. 559.
[2] Cod. Dipl. Mor. VII. 568. Prag 8. April 1348. Extract per extens. Goldast. pag. 207.
[3] Goldast, Acta publ. 287. Cod. Dipl. Mor. VII. 561 und 562.
[4] Cod. Dipl. Mor. VII. 567 im Auszuge. Huber, Kaiserregest Karl's IV. S. 54 und 55 n. 646—650.

und des ehedem zu Mähren gehörigen Herzogthums Troppau zum Könige und der Krone Böhmen festgesetzt. König Karl geht hier den historischen Weg: er legt vorerst, da seine Absicht war, aus den genannten drei Theilen, in welche nun Mähren zerfällt, unmittelbare böhmische Kronlehen zu schaffen, unterstützende Urkunden in Originalen den meisten angehenden Persönlichkeiten vor, dem Olmützer Bischofe, Johann Wolek, seinem natürlichen Bruder, dem durch Königs Johann Testament vom 9. Sept. 1340[1]) zum Markgrafen von Mähren bestimmten Johann Heinrich, dem bisherigen, obwohl vertriebenen Herzoge von Kärnten und Grafen von Tirol und Görz, und dem damaligen Herzoge von Troppau und Ratibor, Nikolaus II. Zu diesen Originalurkunden gehörten das Fridericianum ddo. Basel 26. Sept. 1212, wo Friedrich II. über die Stellung des Olmützer Bischofs zur Krone Böhmen spricht, und dann die nicht mehr vorhandene Donatio Otakari II., welche er mit dem Fürstenthume Troppau seinem natürlichen Sohne, dem Vater des hier anwesenden, jetzt regierenden Nikolaus II. gemacht hatte, als er Mähren theilend, das Herzogthum oder Fürstenthum auf eigenthümliche Art geschaffen und den Herzog von Troppau, den er aus Gnaden zum Fürsten erhoben hatte, und dessen Nachfolger, den Königen Böhmens und der Krone dieses Landes unterworfen wissen wollte. Und nun erklärt der König nach vorangegangener Prüfung und dem Beirathe einiger Reichsfürsten und böhmischer Magnaten aus königlich römischer Machtvollkommenheit, dass das Bisthum, die Markgrafschaft

---

[1]) Siehe S. 215 d. W. Karl's jüngster Bruder, Herzog Wenzel, war 1348 sicher in Prag nicht anwesend.

Mähren und das Herzogthum Troppau, unmittelbar unter die Herrschaft der Könige und der Krone Böhmen gehöre, und dass die Bischöfe, Markgrafen und Herzoge mit ihren Fürstenthümern, wenn sie durch den Tod oder auf eine andere Weise erledigt würden, stets von dem Könige und der Krone Böhmen belehnt werden müssen, und diesem den Lehenseid zu leisten schuldig seien.[1]) Diese Worte zeigen deutlich das staatsrechtliche Verhältnis, in welches die Markgrafschaft, das Olmützer Bisthum und das Troppauer Fürstenthum zu Böhmen traten. Alle drei wurden ein „nobile et insigne feudum" oder, wie Pulkava sagt,[2]) ein „insigne vasallagium," oder nach unserer Sprachweise, ein unmittelbares Kronlehen.[3])

---

[1]) Cod. Dipl. Mor. VII. 564. „Omnem defectum... si quis . in donatione Otakari, ut si fortassis ducatum Oppavie absque romani principis et superioris licentia creare non poterit, vel si eadem donatio omnium contraria videbatur, quavis obscuritate, interpretatione dubia, verborum defectu, aut ex alia occasione vel causa compertus fuerit, supplentes de plenitudine Romanorum regiæ potestatis." G. Biermann, Geschichte der Herzogthümer Troppau und Jägerndorf. Troppau 1874. S. 157 und ffg.

[2]) Dobner, Mon. III. p. 251.

[3]) Umständlich darüber: Dudik, des Herzogthums Troppau ehemalige Stellung zur Markgrafschaft Mähren. Wien 1857. S. 39—52. Das Lehensfürstenthum Olmütz nimmt unter den zur Krone Böhmen gehörigen Lehen den ersten Rang ein; es ist ein rittermässiges Kronlehen, für dessen Genuss die Adelseigenschaft, mit geringen, in der Vorzeit eingetretenen Ausnahmen, als ein nothwendiges Erfordernis angesehen wurde. Nun ist aber seit einigen Jahren unter dem Ministerium Schmerling der Geburtsadel als Bedingung

In den nächstfolgenden Tagen des Monates April stellt König Karl für Mähren noch folgende Urkunden aus: Am 12. April bestätigt er dem Magister der Schulen und den Vicären der Olmützer Domkirche die ihnen im Jahre 1335 verliehenen Privilegien, demgemäss sie von der Zahlung aller Abgaben befreit wurden. Karl stellt als römischer und böhmischer König diese Urkunde aus mit dem Bemerken, dass die zu Prag erneuerte Urkunde ddo. Prag 26. Juli 1335 von ihm ausgestellt wurde, so lange er noch Markgraf von Mähren war.[1]) Also war Karl am 12. April 1348 nicht

> für die Candidatur der Domherrenstellen beim Olmützer Capitel aufgehoben. Nachdem der jeweilige Olmützer Fürsterzbischof aus der Mitte des Olmützer Capitels mittelst freier Wahl oder der Postulation hervorgeht, und über seine Bitte von Seiner k. und k. Majestät, dem Kaiser von Österreich, als Könige von Böhmen, mit dem Lehensfürstenthume belehnt wird, so war die Adelseigenschaft für den Fürsterzbischof als Lehensträger schon an und für sich umsomehr ein nothwendiges Erfordernis, als das Lehensfürstenthum Olmütz ein reines Mannslehen ist, dem die rittermässige Eigenschaft als nothwendiger Bestandtheil inhaerirt, und von jeher auch bei den Besitzern der Afterlehen, die lehensgemäss rittermässige Lehen sind, angesprochen wurde. Vergl. Eduard Pátros. Die böhmischen Kronlehen. S. 42 und ffg.
>
> [1]) Cod. Dipl. Mor. VII. 569. „Literas, dudum eis (Magistro scholarum et Vicariis eccles. Olom.) per nos, dum essemus Marchio Moravie, super liberatione, immunitate et exceptione hominum predictorum et possessionum a collectis et exactionibus tam generalibus et specialibus traditas et concessas, ratificare... dignaremur."

mehr Markgraf von Mähren. Erinnern wir uns, was wir bei jener Urkunde vom 7. April 1348 gesagt haben, durch welche Mähren, das Fürstenthum Olmütz und Troppau zu unmittelbaren böhmischen Kronlehen erklärt wurden. Dort kommt Karls Bruder, Johann Heinrich, zum erstenmal mit dem Titel: „Markgraf von Mähren" vor. Karl hat die testamentarische Bestimmung seines Vaters genau befolgt, die Markgrafschaft aber seinem Bruder bloss dem Titel, nicht der That nach übergeben. Das souveräne Recht über die Markgrafschaft behielt sich der König noch einige Monate vor, bis Johann Heinrich am 26. Dec. 1349 mit Mähren belehnt wurde, und mit dem Beginn des Jahres 1350 die Regierung von Mähren übernahm. Dass Karl die Souveränitätsrechte in Mähren damals ausübte, und Johann Heinrich sich noch fort Herzog von Kärnten und Graf von Tirol und Görz nannte, ersieht man aus einer Urkunde für das Cistercienserstift Saar in Mähren ddo. Prag 16. April 1348, durch welche Karl die Güter dieses Klosters von der Zahlung der allgemeinen Landessteuer befreit, seinem Bruder Johann und den mährischen Beamten auftragend, dafür zu sorgen, dass dieses vom römischen und böhmischen Könige Karl ertheilte Privilegium genau gehandhabt werde.[1]) Den Tag darauf, also

---

[1]) Cod. Dipl. Mor. VII. 570. „Mandantes firmiter et districte illustri Iohanni, duci Kariuthie, fratri et principi nostro karissimo, nec non universis capitaneis, Camerariis, Subcamerariis, Burggraviis, Bernariis et Collectoribus berne ceterisque Officialibus et subditis nostris per Boemiam et Moraviam... quatenus .. bona eorum in Moravia in predicta libertatis et exemptionis gratia nullatenus impedire... debeant."

den 17. April 1348, bestätigte K. Karl die dem Saarer Kloster vom K. Johann 1331 und von ihm selbst 1338 ausgestellten Urkunden, denen zufolge dasselbe von der Zahlung der allgemeinen Steuer befreit wurde.¹) Um dieser Gnade sicher zu sein und den wirklichen Antritt der Regierung des bisherigen Titular-Herzogs von Kärnten und Grafen von Tirol und Görz, Johann Heinrich, voraussehend, legte das Kloster Saar seine vom römischen und böhmischen Könige Karl zu seinen Gunsten hier citirten Urkunden, während sich der Abt, wie es scheint, zu Prag beim allgemeinen Landtage aufhielt, vor, damit ihnen Herzog Johann seine Zustimmung gebe, was zu Prag am 22. Mai 1348 auch wirklich geschehen ist.²) Der allgemeine Landtag, das generale Colloquium, oder, wie es später hiess, der General-Landtag, bei welchem böhmische und mährische Stände gemeinschaftlich vertreten waren, und gewöhnlich bei dem Antritte eines neuen Regenten in Prag einberufen wurden, besonders wenn es sich um gemeinschaftliche Interessen, wie es z. B. der

---

¹) Cod. Dipl. Mor. VII. 571.
²) Cod. Dipl. Mor. VII. 577. „Nobis (Iohanni D. G. Karinthie duci, Tyrolis et Goricie Comiti)... supplicatum extitit, ut ad infra scriptarum literarum tenores et continencias consensum nostrum dare dignaremur .. Tertia vero litera continebat, quod iam nominatus Dominatus et frater noster dilectus pretatum monasterium et universa bona ipsius expressa tamen, que nunc ad presens in Moravia habet, seu iusto titulo possidere dignoscitur a solucione prefate Berne, Steuris, subsidiis, vexacionibus, Ralliis, angariis et generaliter a quibusvis gravaminibus perpetuis temporibus absolvit, eximit et libertavit."

Landfriede war, handelte, und den deutlichsten Beweis der politischen Untheilbarkeit des Lehens Mähren zur Krone Böhmen lieferte, war vom Könige Karl gleich nach seiner Ankunft in Prag, wahrscheinlich im Monate März, einberufen.[1]) Auf die durch den Landesunterrichter, Raimund von Kostemlat, geschehene Einladung erschienen aus den Baronen: Johann von Rosenberg, Landeskämmerer, Andreas von Duba, Landrichter, Heinrich, Vyšegrader Domprobst, Landeshauptmann von Böhmen u. a. Von Seite Mährens waren anwesend: Der Landeshauptmann Wilhelm von Landstein, Johann von Weselí, Johann von Michalčitz, Waněk von Wartemberg, Hinko von Waldstein u. s. w.

Auf diesem General-Landtage ist von diesen anwesenden Baronen und Vladyken der Landfriede beschworen worden, zu dessen Erhaltung energische Massregeln beschlossen wurden, welche Karl als König von Böhmen der Stadt Iglau, die damals schon ein ausgebildetes Stadtrecht besass, mittelst eines am 3. Mai 1348 ausgefertigten offenen Briefes zur Kenntnis und Darnachachtung bekannt gab. „Fürs erste," heisst es in dem offenen Briefe, „sei beschlossen worden, dass, wenn die Popravci, d. i. die theils vom Könige ernannten, theils in erblicher Würde die Justiz in den

---

[1]) Balbin, liber de Magistrat. c. 9. §. II. In der Urkunde Cod. Dipl. Mor. VII. 572 heisst es bloss „Ordinatio communis pacis per nonnullos tam de Bohemia quam Moravia Barones et Vladicones, fideles nostros dilectos, per iuramenta corporalia his diebus proxime preteritis, in generali colloquio Prage edita et firmata,... vobis in speciale gaudium duximus intimanda."

einzelnen Gerichtssprengeln oder Kreisen ausübenden Justitiarii provinciarum, die Friedensstörer, wozu in erster Linie die Proscribirten, Diebe, Räuber, Mörder u. a. gehörten, mit ihren Sclaven oder milites verfolgen, was „honění nepřátel" hiess; so soll jedermann, ohne Unterschied des Standes, bei Vernehmung des Geschreis „Nastojte" pokřik, Zeter, Mordio u. s. w. oder über geschehene Aufforderung von Seite der Popravci zur Hilfeleistung sich beeilen, bei sonstiger Strafe von 5 Marken, von welcher Pflicht nur Krankheit oder Abwesenheit vom Hause entschuldigen könne. Wenn aber diese Verfolger des flüchtigen Gesindels sich einem Dorfe so weit nähern, dass das Geschrei in dem Dorfe kann vernommen werden, so müssen alle Einwohner, die gesund sind, sich sogleich erheben und an die Verfolger sich anschliessen. Der Besitzer des Dorfes hat von jedem Manne, der sich dieser Pflicht ohne Grund entzieht, eine Geldbusse von 5 Groschen einzuheben; unterlässt er aber diese Einhebung, so soll er für seine Fahrlässigkeit einen Strafbetrag von 5 Mark, welche der königlichen Kammer und den Popravci zufallen, entrichten. Die Sachen, in deren Besitz sich die Flüchtigen befinden, sollen jenen, die sie daraus vertrieben, bleiben. Weiters sei beschlossen worden, dass, wo immer Schankhäuser aus den Zeiten König Wenzels bestehen, diese ohne Anstand noch fortdauern sollen. Die Schankwirte aber auf dem Lande sollen nicht befugt sein, selbst Bier zu brauen, sondern sie haben sich das Bier aus den nächstliegenden brauberechtigten Städten und Märkten zu verschaffen. Schliesslich wird den Iglauern befohlen, diese zur Erhaltung der öffentlichen Sicherheit getroffenen Verfügungen, um ihnen eine grosse Verbreitung zu geben und sie somit allgemein bekannt zu geben, an jedem Gerichtstage, wie dies bei allen öffentlichen Verordnungen der Fall ist, kundzumachen und ihre Durchführung nach allen Kräften zu befördern.[1]) Ganz besonders sollen die Magistratspersonen in den Städten sowohl den Einheimischen als auch den Fremden das Würfel- und Kugelwerfen (Kegelspiel) verbieten, weil sich bei diesen Spielen gar oft die Leidenschaften so erhitzen, dass die grössten Verbrechen zwischen den Spielern stattfinden und so den Landfrieden brechen; worauf Geldstrafen, ja sogar, wenn zum viertenmale die Spieler betreten wurden, eine einjährige Ausweisung aus der Stadt erfolgte. Selbst der Wirt, wenn er den Spielern einschenkte, wurde damit bestraft, dass er die Zeche, die während des Spieles gemacht wurde, verlor;[2]) hart war im Stadtrechte die Strafe über solche, welche bei falschem Würfeln ertappt, und durch zwei Zeugen überwiesen wurden. Diese mussten als Betrüger dem Stadtrichter zehn Solide als Strafe geben.[3]) Ob auch noch anderen Städten dieser

---

[1]) Cod. Dipl. Mor. VII. 572. „Mandamus itaque fidelitati vestre firmiter et expresse, quatenus prefata statuta, seu ordinationem pacis, apud vos et in vestro territorio singulis diebus forensibus procuratis publice et fideliter proclamari, vos nihilominus in executione premissorum loco et tempore se ad hoc offerentibus tales ostendatis, prout pacem diligitis et poenam gravissimam pro negligentia, si quam commiseritis, diligetis evitare."

[2]) Cod. Dipl. Mor. VII. 547. „Potus per hospitem super ludum datus, non solvatur, sed penitus omittabur."

[3]) Tomaschek, Deutsches Recht in Österreich im 13. Jahrh., S. 256.

Beschluss des allgemeinen Prager Landtages kundgemacht wurde, ist wahrscheinlich; denn warum sollte Iglau allein bevorzugt worden sein, besonders da der Landfriede, welcher in Prag beschlossen und anerkannt wurde, eine allgemeine Giltigkeit hatte. Es hat sich diese Notification einfach in den anderen Städten nicht erhalten; dagegen sorgten andere Städte, wie z. B. Znaim, Karl'sche Urkunden in ihren Archiven zu erhalten, welche für damalige Zeiten einen praktischen Wert für die Stadtgemeinde hatten. Am 12. Mai 1348 bestätigt Karl als römischer und böhmischer König zu Znaim der Stadt Znaim alle Rechte und Privilegien, die sie von den Přemysliden und vom König Johann hatte, und befreit alle Güter derselben in Etmitz, Kuchařovitz, Schallersdorf und Waltrowitz, namentlich die vielen der Stadt Znaim gehörigen Mühlen in Schallersdorf, in Nezachleb, in Bochmalitz, in Rochof und unter der Znaimer Burg, von der Zahlung der königl. Landessteuer und von der Gerichtsbarkeit der mährischen Landrichter und Lehensträger und unterstellt alle Stadtunterthanen dem Stadtgerichte, und diese Gnaden erweist der Regent, um der grossen Verarmung der Stadt, in welche diese durch Krieg, Pest und durch Feuersbrunst gerathen war, aufzuhelfen,[1]) und belehnt am 14. Mai d. J. gleichfalls zu Znaim den Heinrich von Walsee, Herrn zu Drosendorf, mit dem Markte Fratting, dem Dorfe zu

---

[1]) Cod. Dipl. Mor. VII. 573. „Gravissimas paupertatum suarum conditiones et immensa dispendia, quas et que dudum ex guerarum pestibus et per ignis repentinam voraginem, prout de hiis sufficienter informati sumus, pertulerunt."

Rantzern und einigen Gütern zu Nespitz, Hafnerluden und überhaupt mit den Gütern, die er in Mähren von Johann, Heinrich und Albrecht von Klingenberg erkauft hat.[1]) Heinrich von Walsee tritt mit diesen Gütern zum Markgrafen von Mähren in dasselbe Verhältnis, in welchem die Gebrüder von Klingenberg gestanden haben.

Dieser allgemeine Prager Landtag hat noch die Bedeutung, dass auf demselben die Gründungsurkunde für die Prager Universität mit goldener Bulle am 7. April 1348 ausgestellt wurde. Seitdem König Karl den Gedanken fasste, aus Prag eine Metropole nicht nur für die Länder der böhmischen Krone, sondern für das gesammte deutsche Reich zu bilden, war seine Tendenz, die rechten Mittel hiezu ins Leben zu rufen. Zu diesem Ende gründete er die Neustadt Prag in der Absicht, um dem voraussichtlichen Zuzuge fremder Einwohner Thor und Riegel zu öffnen, und nicht nur Raum den Ankömmlingen zu verschaffen, sondern denselben auch alle mögliche Bequemlichkeit zu gewähren; dies war das erste Mittel — die Raumgewinnung. Das zweite Mittel war die Erhöhung des Prager Bisthums zu einem Erzbisthume, um den Angekommenen in religiöser Hinsicht für alle Fälle zu genügen und Prag zur Metropole zu erhöhen, und als drittes Mittel erschienen ihm die Unterhandlungen mit dem apostolischen Stuhle, um auf der einzig wahren und damals möglichen Basis das im Kopfe tragende Gebäude für die Zukunft zu begründen, und dieses Gebäude war die Errichtung der Universität — des Studium generale — in Prag.

An Schulen hatte Karls Reich keinen Mangel. Es gab

---

[1]) Cod. Dipl. Mor. VII. 574.

Dom- und Klosterschulen, es gab Pfarr- und Bürgerschulen; alle diese aber waren, um mich so auszudrücken, Fachschulen für Lesen, Schreiben, die lateinische Grammatik, für Musik und Choralgesang und für die Fächer des sogenannten Quadriviums, und dies alles zum Zwecke der Theologie, in der sich noch in damaliger Zeit alles Wissen concentrirte. Wer eine allgemeine, eine encyklopädische Bildung suchte, wer sich in das Labyrinth der Rechtsgelehrsamkeit, in das römische und canonische Recht, oder in die Tiefen der Arzneikunde, die schon damals ihren Mann nährten und ihm Ruhm und Reichthum einbrachten, versenken wollte, musste dies im Auslande suchen; er musste wandern in Städte, wo die Studia universalia unter dem Schutze der Kirche ihre Pflege fanden, was mit Auslagen und manchen Mühen und Beschwerden verbunden war. Diese Mühen und Beschwerden wollte Karl den Bewohnern der Hauptstadt ersparen, und ihnen auch ein Studium generale stiften.

Infolge der Zeiten wurde zweimal der Anlauf gemacht, nach dem Muster der Universität zu Bologna und zu Paris in Prag ein Studium generale zu begründen. Im Jahre 1248 und 1271 geschieht eine deutliche Erwähnung eines solchen Studiums generale oder einer Universität in Prag, an welcher die Gegenstände aller vier Facultäten gelehrt, und Magister- und Doctorgrade für die gesammte Christenheit giltig ertheilt wurden. Königs Otakar II. Stellung zum deutschen Könige Rudolf von Habsburg war einem solchen Unternehmen nicht günstig, und das so glücklich begonnene General-Studium hörte, wahrscheinlich aus Mangel an Studenten, auf. Dies sollte jetzt anders werden. Karl, der Mann nicht nur der Pläne, sondern der Thaten, hatte nicht nöthig, am

Generallandtage zu Prag im Frühjahre 1348 eine Opposition zu bekämpfen, wie sie 1291 dem Könige Wenzel II. entgegenstand, als es sich um den gleichen Zweck, in besonderer Rücksicht auf die Theologie, handelte. Karls freundschaftliches Verhältnis zum Papst Klemens VI., besonders aber sein Ansehen und seine Macht in Prag liessen auf ein glückliches Gedeihen seiner Unternehmung, die nur durch den Papst möglich war, hoffen, und schon in dem Jahre 1346, als sein Vater bei Crecy fiel, unterhandelte der nunmehrige böhmische König durch seinen Bevollmächtigten am päpstlichen Hofe zu Avignon glücklich wegen der Errichtung einer Universität in Prag, weil der Papst die Bewilligung hiezu durch eine Bulle vom 26. Jan. 1347 ertheilte.[1]) Nachdem Klemens VI. die gute und gesunde Lage Prags hervorhebt, das billige Leben daselbst und den leichten Zugang aus den benachbarten Ländern und Königreichen, die keine Universitäten hatten, berührt, hebt er besonders hervor, dass Böhmen die katholische Lehre rein und unverfälscht erhalten habe und dass dies ihn, den Papst, hauptsächlich bewogen habe, die Bitte des deutschen und böhmischen Königs zu erhören, zugleich den auf der Prager Universität Studierenden und Docirenden alle Rechte und

---

[1]) Cod. Dipl. Mor. VII. 513. Klemens VI. ertheilt über Ansuchen K. Karl's IV. die Zustimmung, dass zu Prag eine Universität gegründet werde, und bezeichnet die Rechte, welche die daselbst unter den Auspicien des Prager Erzbischofs promovirten Doctoren und Magister erlangen. Nach dem Originale in Monument. histor. Universitatis Carolo Ferdin. Pragen. II. 219.

Freiheiten ertheile, welche die Studenten und Doctoren der bereits bestehenden Universitäten in Bologna und Paris geniessen. Der jedesmalige Erzbischof von Prag soll hiebei der Kanzler der neuen Universität werden. Da der Papst, gewiss nach der Absicht des Königs, hauptsächlich die Pariser Universität im Auge hatte, wo Karl selbst studirte, und diese einen rein katholischen Charakter an sich trug, so ist erklärlich, wie die Prager Universität denselben Charakter und ihre erste Dotation durch den Regular- und Secularclerus Böhmens erhielt,[1]) und daher ganz begreiflich, wie gleich nach Publicirung der oberwähnten päpstl. Bulle die eigentlichen Universitätsvorlesungen mit der Eröffnung der theologischen Facultät, und zwar schon 1347, begannen. Der Augustinermönch Nikolaus bei St. Thomas in Prag wird als der erste Universitäts-Professor an der theologischen Facultät erwähnt. Mit ihm waren noch drei andere Mönche verschiedener Orden als Professoren der theologischen Fächer

---

[1]) Beneš von Weitmil, Script. rer. Boh. II. 350. „Et ut legentes Magistri haberent certa solaria singulis annis perpetuis temporibus, ipse rex primum, demum dominus Arnestus, sanctæ Pragensis archiepiscopus primus, et Capitulum eiusdem ecclesiæ, omnes quoque ac alii prælati et collegia aliarum ecclesiarum, nec non monasteria regni Bohemiæ contribuerunt satis magnam summam pecuniæ, et redditus ac census perpetuos ad sanctum huiusmodi opus in certis locis emerunt et bona eadem archiepiscopatui Pragensi unierunt, et dominum archiepiscopum Pragensem et suos successores, Cancellarium studii Pragensis fecerunt et esse voluerunt."

ernannt, und somit die theologische Facultät der Prager Universität eröffnet. Der ehemalige Leibarzt Königs Johann, Walther, Lehrer der freien Künste, ward von Karl zum immerwährenden Rector der Prager Universität ernannt.[1]

Noch fehlte jedoch, um das neue Institut rechtsfähig zu machen, die Zustimmung der Stände, und diese erfolgte auf dem General-Landtage, welcher, wie uns bekannt, im Frühjahre zu Prag abgehalten wurde. Dass neben den vielen, äusserst wichtigen Gegenständen, wie die Verfügungen über die Wahl des Regenten in Böhmen, Stellung der Markgrafschaft Mähren zur Krone Böhmens u. s. w., auch über die Gründung der Universität beim Landtage durch die versammelten böhmischen und mährischen Stände verhandelt wurde, lesen wir deutlich in einer Karl'schen Urkunde ddo. Prag 30. Juli 1366, durch welche zur Vermehrung der Doctoren und Magister der Theologie in der Stadt Prag ein Collegium für 12 Magister in artibus, das „Collegium Karoli" heissen sollte, gegründet und dotirt werden solle, von denen zwei Theologie und zehn die artes liberales lesen werden.[2] Nach reiflicher Überlegung der beim General-Landtage Anwesenden stellte K. Karl am 7. April 1348 die Stiftungsurkunde unter seiner goldenen Bulle aus, und gründete somit zu Prag eine Universität mit denselben Privilegien und Freiheiten für Doctoren, Lehrer und Schüler, wie zu Paris und

---

[1] Cod. Dipl. Mor. VII. 639.
[2] „In nobili civitate nostra Pragensi, ubi sedis apostolicæ gratia et ex consensu regio Boemiæ ad principum, baronum, procerum et regnicolarum ipsius instantiam vigeat Studium generale." Monum. histor. Universit. II. 232.

Bologna.[1]) Kurz darnach stellte Karl als römischer König zu Isenach am 14. Jan. 1349 eine Bestätigungsurkunde der Prager Universität aus und verleiht derselben alle Freiheiten, Rechte und Privilegien, welche andere Lehranstalten durch römische Kaiser und Könige erhalten haben.[2])

So erstand die Prager Universität, unstreitig einer der hervorragendsten Acte des allbeliebten Königs, wodurch erst Prag, wenngleich nicht, wie Karl beabsichtigte, Hauptstadt des deutschen Reiches, dennoch berühmt in der ganzen civilisirten Welt wurde, weil dahin Studenten aus England, Frankreich, aus der Lombardei, Ungarn, Polen und aus allen Nachbarländern wanderten, und Fürsten und Prälaten aus den verschiedenartigsten Theilen Europas pilgerten, um ihren Wissensdrang zu sättigen.[3])

---

[1]) Schenkel, Gesch. der juridischen Facultät der Prager Universität, I. 231. Monum. histor. Universit. Prag. I. 223. Wacsl. Wlad. Tomka, Děje university Pražské. V Praze 1849. Dil I. Friedung, Kaiser Karl IV. und sein Antheil am geistigen Leben seiner Zeit. Wien 1867. S. 125—146.

[2]) Pelzel, Abbildung böhmischer und mährischer Gelehrten III. V. Huber, Regest. K. Karl IV. S. S. 55 und 68.

[3]) Beneš de Weitmil. Script. rer. Bohem. II. 550. „Et factum est studium tale in civitate Pragensi, cui nunquam fuit simile in omnibus partibus Alemaniæ, et veniebant illuc de alienis partibus, videlicet de Anglia, de Francia, de Lombardia, de Vngaria, de Polonia et de singulis circumiacentibus terris studentes, filii Nobilium et principum ac Prælati ecclesiarum (durch den Beschluss des Conciliums von Lateran 1215 bestimmt) de diversis mundi partibus. Et facta est civitas Pragensis ex studio huiusmodi famosa

Nachdem K. Karl, wie wir gesehen, auf dem General-Landtage noch einige Belehnungen vor sich nahm, und einen Landfrieden publicirte, reiste er nach Brünn ab, wo er am 19. Mai d. J. den Bürgern und Unterthanen der Stadt Znaim die Benützung der Viehweide, genannt Burgholz, gestattete.[1] Hier mochte er die Nachricht von der am 10. Mai 1348 erfolgten förmlichen Ablehnung der dem englischen Könige Eduard III. von den Kurfürsten der bairischen Partei angetragenen deutschen Königskrone erlangt haben, was gewiss dazu beitrug, die in Laa abgebrochene Unterhandlung mit dem Herzoge Albrecht von Österreich anzubinden, zu welchem Zwecke er in der zweiten Hälfte des Monats Mai seine Gemahlin Blanka und die Tochter Katharina nach Brünn kommen liess, wo sich Herzog Albrecht mit seiner Gemahlin Johanna und den beiden Söhnen Rudolf und Friedrich einfanden; denn es handelte sich um nichts Geringeres, als um die schon 1344 verabredete Vermählung der Tochter Karls, Katharina, mit Albrechts ältestem Sohne Rudolf.[2] Die darüber hier zu Brünn gepflogenen Unter-

---

et celebris in terris alienis valde, et propter consuetudinem scholarum tempora in eadem aliquantulum cariora fuere, quia multitudo maxima eorum illuc confluctat."

[1] Cod. Dipl. Mor. VII. 575. „Propter ipsorum commoditatibus dignum duximus, ut cives nostri (Znoimenses) et alii homines, ad dictam civitatem respectum habentes, vel contributionem facientes... omnia et singula pecora sua in pascuis nostris, que Burcholz vulgariter nuncupatur, cunctis in antea temporibus pascere licite possint et valeant."

[2] Vergl. S. 345 d. W. Lichnovsky, Gesch. III. 257.

handlungen zerschlugen sich für diesmal, weil Karl der Forderung Albrechts, dem Grafen Konrad von Hardeck, der sich gegen den Willen des Herzogs mit einer Tochter seines Bruders Leopold vermählt hatte, nicht beistehen zu wollen, nicht willfahren wollte.¹) Es kam also die beabsichtigte Ehe, zu welcher bereits den 9. Mai 1346 die päpstliche Dispens eingeholt wurde,²) in Brünn nicht zustande; aber die Annäherung Österreichs an den deutschen König Karl wurde fester und vertrauensvoller, was um so wichtiger und einflussreicher ist, als die Kurfürsten der bairischen Partei gleich nach Ablehnung des englischen Königs für die deutsche Königswürde, für einen neuen Gegenkönig sorgten, und Anfangs Juni 1348 denselben in der Person des Schwiegersohnes des verstorbenen Kaisers Ludwig, in der Person des thatkräftigen Landgrafen von Thüringen und Meissen, Friedrich, dessen Gemahlin Mathilde bereits am 3. Juli 1346 gestorben war,³) fanden, einen Throncandidaten, welcher dem Könige Karl um so gefährlicher wurde, als ihm zugleich

¹) „Interea inter Bohemiam et Austriam Karolo rege predicto et Alberto Australi pro perficiendis nuptiis inter eorum liberos convenientibuo in vicino, et dicente Australi tractatoribus: „quod scire vellet, quod rex non assisteret comiti de Megdburg, in confinio Austrie, Ungarie et Bohemie residenti;" rex vero eundem comitem, tanquam servitorem suum, dicent relinquere se non posse, ambo infecto negotio sunt reversi." Matthias Nuewenb. Böhmer, Font. IV. 258. Kurz, Österreich unter Albrecht dem Lahmen, S. 254.
²) Werunsky, Excerptae registris etc., p. 44 und 49, n. 105 und 130.
³) Häntle, Genealogie des Hauses Wittelsbach, S. 10.

die Hand der 1293 geborenen Kaiserinwitwe Margaretha angetragen wurde, die anzunehmen er nicht abgeneigt war, besonders als das Haupt der Wittelsbacher Partei, Markgraf Ludwig von Brandenburg, der Gemahl der Margaretha Maultasch, damit einverstanden war.[1])

Unter solchen Umständen musste es dem Könige Karl daran gelegen sein, jene Parteigänger in guter Stimmung zu erhalten, die ihm gegen seine Hauptfeinde, namentlich wider Ludwig von Brandenburg, nützlich sein konnten, und hieher gehörte Albrecht von Österreich und die Herren von Mecklenburg. Zu diesem Zwecke bestätigte er noch zu Brünn am 26. Mai dem Herzoge Albrecht von Österreich und seinen beiden Söhnen, Rudolf und Friedrich, alle von ihren Vorfahren hergebrachten Rechte, Freiheiten, Gnaden und Gewohnheiten, wozu auch die Juden gehören sollen. An demselben Tage gibt Karl dem genannten Herzoge und dessen Erben um seine und seiner Vorfahren grosse Dienste 20.000 M. S., und versetzt ihnen dafür die Städte und Festen Breisach und Nevenburg, Schaffhausen und Rheinfelden.[2]) Noch forderte Karl zu Brünn am 27. Mai 1348 die Bürger von Kuttenberg, Caslau und Kolin auf, dass sie sich mit den Iglauern bezüglich des gegenseitigen Beistandes in der Erhaltung des öffentlichen Friedens (Landfrieden) verbünden. Karl that dies, wie er sagt, um das Raubritterthum, um dessen Hintanhaltung sich die Bürger von Iglau grosse Verdienste erworben haben, mit gemeinsamer Kraft auszurotten und dem Land-

---

[1]) Werunsky, Gesch. II. 119.
[2]) Cod. Dipl. Mor. VII. 579 und 580.

frieden von Prag zu entsprechen.¹) Bevor jedoch Karl Brünn verliess, bekräftigte er den Herburger Nonnen ein von ihm als Markgrafen am ˙17. Dec. 1342 ausgestelltes Privilegium, befreit die Stadt Klattau am 31. Mai von allen Steuern, ernennt an demselben Tage den Grafen Albrecht von Werdenberg-Heiligenberg zum Hauptmann und Schützer der Kirche und des Bisthums Trient,²) und reiste von Brünn nach Seefeld ab, einem dem Herrn von Kuenring gehörigen, schon in Österreich liegenden Schlosse; denn Herzog Albrecht entschloss sich als guter Politiker, Karl von Böhmen als römischen König unbedingt anzunehmen, weil er wusste, dass die mächtigen österreichischen Grafen von Hardeck und die Herren von Walsee-Drosendorf an Karl hiengen und dieser am 7. April d. J. jenes Privilegium Königs Richard vom 9. August 1262 als römischer König in den Vordergrund zog, durch welches Otakar II. nicht bloss mit Böhmen und Mähren, sondern auch mit Österreich und Steiermark belehnt wurde.³) Um möglichen Collisionen auszuweichen, liess er sich von Karl, als römischem Könige, mit den Herzogthümern Österreich, Steiermark, Kärnten, Krain, der win-

---

¹) „Quia pro communi bono pacem et commodum omnium terrarum nostrarum, favente altissimo, avidis desideriis intendimus procurare, qua tamen optato modo effectui mancipari minimo valeant, nisi homines et inhabitatores ipsarum terrarum favoribus et benignis promocionibus mutuo se adiuvarent .. adversus maleficos homines, profugos et turbatores pacis." Cod. Dipl. Mor. VII. 580.
²) Huber, K. Regesten. 57 und 58.
³) Huber l. c. S. 547 und 548.

dischen Mark und Portenau belehnen, und aus seiner Hand auch die deutschen Reichslehen in Schwaben und Elsass entgegennehmen, sowie überhaupt alles, was Ludwig, der sich Kaiser nannte, den Herzogen Albrecht und Otto verliehen hatte, zu empfangen. Aber diese Belehnung sollte dem alten Freiheitsbriefe Kaisers Friedrich I., welcher 1156 Österreich zu einem Herzogthume erhoben hat, gemäss, nur am österreichischen Boden geschehen, und obwohl Karls Grossvater, Kaiser Heinrich, den Herzog Friedrich den Schönen zu Speier, und Kaiser Ludwig den Herzog Albrecht zu Linz belehnte, achtete Karl das Privilegium und reiste nach Seefeld, also auf österreichischen Boden, mit seiner ganzen Kanzlei, um daselbst den Herzog Albrecht auch mit Kärnten, dessen Titel noch sein Bruder Johann führte, zu belehnen, wogegen Herzog Albrecht und dessen beiden Söhne, Rudolf und Friedrich, sammt ihren Erben, Karl, König von Böhmen und Markgrafen von Mähren, als römisch-deutschen König anerkannten. Erst jetzt wurde der Vertrag von Enns förmlich anerkannt und Herzog Johann seiner Ansprüche auf Kärnten auch von Seite seines Bruders, des deutschen Kaisers, für verlustig erklärt. Die feierliche Belehnung geschah zu Seefeld am 5. Juni in Gegenwart der beiderseitigen Gemahlinnen, Blanka und Johanna.[1]) Noch verspricht Karl an demselben Tage alle

---

[1]) Cod. Dipl. Mor. VII. 583. „Omnes comitatus et dominia Austrie et Styrie et Karinthie. . nec non dominia Carniole, Marchie et Portus Naonis.. omniaque feuda, iura et libertates, que in Svevia, Alsatia et alibi ab imperio (dux Albertus et eius filii, Rudolfus et Fridericus) tenuerunt et possederunt, ego Karolus, velut romanorum rex, nomine et

mit dem Herzoge Albrecht von Österreich eingegangenen Bündnisse zu halten,[1]) liess alle diese Briefe durch seinen Kanzler, den Olmützer Domdechant Nikolaus von Kinuas, statt des deutschen Reichskanzlers Gerlach, Erzbischofs von Mainz, recognosciren, und verlobte sein sechsjähriges Töchterchen Katharina mit dem achtjährigen Rudolf, dem ältesten Sohne des Herzogs Albrecht. Herzogin Johanna nahm, wie es damals an den Fürstenhöfen allgemein Sitte war, die junge Prinzessin mit sich nach Wien, um sie unter ihren Augen bis zur Brautnacht zu erziehen.[2]) Leider, es war hier in Seefeld die letzte Trennung der Mutter von der Tochter; denn nach kaum zwei Monaten starb Karls erste Gemahlin, Blanka, und zwar am 1. August 1348 zu Prag, und wurde in der Prager Domkirche begraben. Ihre erste Tochter, Margaretha, ist seit 1330 Gemahlin König Ludwigs von Ungarn.[3])

vice Romani imperii, contulimus et conferimus cum omnibus iuribus, prout ab antiquis temporibus et modernis hucusque devolutum fore dinoscitur et deductum, nec non universa feuda, que dux Albertus prefatus et felicis recordationis illustris Otto, quondam dux, frater ipsius, ab olim Ludovico de Bavaria, qui se imperatorem nominarit, tenuerunt et possederunt."

[1]) Cod. Dipl. Mor. VII. 584.
[2]) Annal. Zwettl. Pertz IX. 684 und flg. Henricus de Dissenhov. Böhmer, Font. IV. 66. „Karolus rex Rudolfo, Alberti ducis filio, suam filiam (Katherinam) despousavit, ac eam Austrie reliquit, licet ambo adhuc essent impuberes nec simul dormiverint."
[3]) Beneš de Weitmil. Script. rer. Boh. II. 347.

Noch an demselben Tage, an welchem er die feierliche Belehnung an die Herzoge von Österreich zu Seefeld ertheilte, begab sich der römische König Karl nach Znaim, wo er eben eine Woche blieb. Hier feierte er am 8. Juni die Pfingsten, bestätigt mehrere Urkunden, die sein Vater den Klarisserinnen in Znaim und den Prämonstratensern in Bruck 1327 und 1336 ausgestellt hatte, erneuerte dem Kloster Maria-Saal in Altbrünn alle Privilegien[1]) und empfieng einen vornehmen Gast aus dem hohen Norden, den Herzog Barnim von Pommern-Stettin. Er huldigte Karln, und erhielt von ihm die Belehnung mit seinem Herzogthum, sowie die Anwartschaft auf die Insel Rügen und als Reichsjägermeister auf alle Lande seiner Vettern, der Herzoge von Pommern-Wolgast, wodurch König Karl den letzten Rest der einstigen Lehensabhängigkeit des Herzogthums Pommern-Stettin von den brandenburgischen Markgrafen vernichtete. Nach dieser Handlung reiste König Karl nach Prag, wo er am 17. Juni schon weilte, und wo er seinem Hauptgegner, dem Wittelsbacher Ludwig von Brandenburg, einen neuen Feind zu verschaffen suchte; dies waren die jungen Herren Albrecht und Johann von Mecklenburg, dessen (Mecklenburg) Erzbischof Otto schon am 28. April 1348 zu Prag im Auftrage des deutschen Königs durch die Fürsten Rudolf den Jüngeren, Herzog von Sachsen, und Albrecht, Grafen von Anhalt, mit den Regalien investirt wurde. Diesen beiden jungen Herren hatte König Karl schon am 17. October des vorigen Jahres zu Tauss das Land Stargard, bisher ein brandenburgisches

---

[1]) Cod. Dipl. Mor. VII. 584—587.

Lehen, als erbliches Reichslehen verliehen.¹) Jetzt wollte er selbe durch eine Standeserhebung noch mehr zum Kampfe gegen die Wittelsbacher aufmuntern. Mit Zustimmung der Kurfürsten, Fürsten und Reichsvasallen erhob er in Prag die genannten Gebrüder von Mecklenburg zu Fürsten und Herzogen von Mecklenburg, und belehnte sie mit allen Rechten, welche bisher Herzog Rudolf von Sachsen in ihrem Lande besessen und dermalen zu diesem Behufe ihm aufgegeben hat. Unter den Zeugen waren: Gerlach, Erzbischof von Mainz, Rudolf der Ältere, Herzog von Sachsen, Arnost, Erzbischof von Prag, Ulrich, Bischof von Chur, weiter die Herzoge Barnim von Stettin, Friedrich von Teck, Wladislav von Teschen; die Grafen Rudolf von Ochsenstein, Kraft von Hohenlohe, Ulrich von Helfenstein; die Edlen Wilhelm von Landstein, Simon von Lichtenberg, Walter von Geroldseck, Jodok von Rosenberg, Heinrich und Ulrich, Brüder von Neuhaus, Burkhard von Ellerbach, Burghard, Mönch von Basel. Beglaubigt hat die Standeserhöhung für Mecklenburg der Domdechant von Olmütz und Karls Reichskanzler Nikolaus († 18. August 1350).²)

Durch solche und ähnliche Mittel suchte König Karl seinen Hauptgegner, den Markgrafen Ludwig von Brandenburg, einzuschüchtern; aber den Herzog Albrecht von Österreich hat er trotz der Unterhandlung zu Seefeld zu einem bewaffneten Bündnis wider den Markgrafen nicht gebracht, was doch Karl gewiss sehnlichst gewünscht hatte,³) und ohne seiner Hilfe war an einen

¹) Huber, K. Kaiserreg. S. 56 n. 669 und 35 n. 371.
²) Huber, K. Kaiserreg. S. 59 n. 711. Dobner, Mon. III. 337.
³) Siehe S. 567 u. ffg. d. W.

günstigen Erfolg nicht zu denken. Da also die Waffen nicht entscheiden konnten, sollte die Politik, in welcher ohnehin Karl aus seiner italienischen und französischen Schule Meister war, ins Treffen geführt werden. Da traf er nun jenes Mittel, mittelst welchem Herzog Albrecht seine besten Erfolge erreicht hatte. Auch hier sollte er versuchen, im gütlichen Wege eine Vermittlung zwischen sich und dem Markgrafen Ludwig von Brandenburg, dem jetzigen Haupte der Wittelsbach'schen Partei, anzubahnen. Herzog Albrecht sollte als Schiedsrichter, da er auch bei Ludwig eine geachtete Person war, auftreten, und auf Sonntag nach Jacobi, damals den 27. Juli, die Stadt Passau, weil den beiden Contrahenten gleich genehm, als den Ort der Zusammenkunft festsetzen. Herzog Albrecht fand bei König Karl einen gut vorbereiteten und geneigten Boden. Denn Karl war durch den Abfall der Reichsstadt Frankfurt, und die Throncandidatur des mächtigen Markgrafen von Meissen doch in Angst um seine deutsche Krone, wenn nämlich der Markgraf Ludwig die Wittelsbacher Partei mit seiner ganzen Macht gestützt hätte, und darum willigte er allsogleich in den Vorschlag ein. Es geschah dies noch während seiner Anwesenheit in Prag, wohin er den 17. Juni aus Znaim kam und daselbst bis etwa 20. Juli verblieb.

In dieser Zeit herrschte die schönste Ruhe in Mähren. Das Civil- wie das canonische Recht standen in Achtung, die Wegelagerer wurden durch das Recht, d. i. durch den Landfrieden und die Städtebündnisse,[1] im Zaum gehalten, der

---

[1] Siehe S. 554 d. W.

Wohlstand wuchs und grössere Stiftungen wurden gemacht. Am 14. Juni 1348, als König Karl mit dem Herzoge Barnim von Pommern-Stettin hohe Politik machte, stiftete eine Bürgersfamilie in Olmütz, Konrad Wockensteter und dessen Gemahlin Katharina, bei der Olmützer Domkirche ein neues Canonicat. Zu diesem Zwecke hatten die Eheleute 15 Mark Silber auf ihr Dorf Podbřezic bei Rausnitz angelegt, und mit Zustimmung des Prinz-Bischofs Johann, des Domdechanten Nikolaus von Brünn, Lucko's Sohn, Bartholomäus, Domprobst, und Vitek, Archidiacon, als Stifter sich des alten Rechtes bedient, ihren Sohn Niklas zum ersten Canonicus dieser neuen Stelle zu ernennen, welcher bloss 6 Mark jährlichen Einkommens beziehen sollte, während der Rest von 9 Mark zur Vertheilung an das Domcapitel kommen sollte. Der damalige Brünner Kämmerer, Erhard von Kunstadt, sollte als Landesbehörde interveniren, und so die Stiftung perfect machen.[1]) Einen zweiten Act, welcher den Beweis der herrschenden Ordnung liefert, haben wir in einer Entscheidung des Brünner Stadtrathes vom 21. Juni 1348. Mit Zustimmung des böhm. K. Karl hat nämlich ein gewisser

---

[1]) Cod. Dipl. Mor. VII. 587. „Iohannes, episcopus Olomucen, notum facit, quod honestus vir, Conradus, dictus Wokensteter et consors eius Catharina, cupientes in ecclesia Olom. in missis, vigiliis ac aliis quibuslibet piis et devotis operibus fieri participes, ad honorem Dei et B. M. V. et sanctorum martyrum Wenceslai et Cristini, patronorum eius, Canoniam in prefata eccles. Olom. de novo creaverunt... assignantes 15 marcas redditus annui census in villa Pewrzycz prope Rauscnis sita."

Karl von Pohorlicer ein Testament für seine vier Söhne über sein in Tikovitz liegendes Erbe entworfen, und seinen Sohn Marcus zum Testaments-Executor bestimmt. Da dieser nicht nach dem Willen des Vaters verfuhr, klagte ihn dessen Bruder Matthäus, und unterstützte die Klage durch Eide und durch seine beiden Brüder Lukas und Johannes, die dem Priesterstande angehörten. Der Brünner Stadtmagistrat, mit dem Stadtrichter Jakob Alrami an der Spitze, entschied durch Zeugen zu Gunsten des Bruders Matthäus, Markus wurde sachfällig und ein beständiges Schweigen wurde den streitenden Parteien aufgelegt.[1]) Am kirchlichen Forum entschied der Brünner und Olmützer Domherr Theodorich in Abwesenheit des Magister Hermann, General-Vicar in spiritualibus des Olmützer Bischofs Johann und damaliger Probst der St. Peterskirche in Brünn, dem eigentlich die Entscheidung des Zehentprocesses zwischen dem Pfarrer Herussius in Chinhait (sic) und Wachsmut, Comthur der Johanniter-Commende in Altbrünn, gehörte. Der Pfarrer bezog unrechtmässiger Weise den Feldzehent von den Filialkirchen in Bohdalau und Kreuzendorf, welche an den Grenzen der grossen Pfarre in Chinhait lagen, vorgebend, dass ein Feldzehent nur von Taufkirchen bezogen werden dürfe. Da aber die Johanniter in Altbrünn den uralten Besitz des Zehents der zwei genannten Filialpfarren nachwiesen, sprach der Richter Theodorich denselben ihnen zu.[2]) In Privatange-

---

[1]) Cod. Dipl. Mor. VII. 588—591. In der Urkunde vom 21. Juni 1348 kommt Jakob Alrami als Richter der Stadt Brünn vor.
[2]) Cod. Dipl. Mor. VII. 591. „Ego Theodricus, Olom. et Brunens. ecclesiarum canonicus, absente honorabili viro,

legenheiten entschied man, um lästigen und kostspieligen Processen vorzubeugen, eben weil allgemeiner Friede herrschte, am liebsten am friedlichen Wege durch selbstgewählte Schiedsrichter, wie dies ddo. Ratibořice 28. Juni 1348 geschah. Damals stand Ulrich von Račic und Henslin von Jackau, Dorf im Znaimer Kreise, wegen ihrer Erbgüter in Leipnik im Streite. Um denselben zu vermeiden, entschlossen sie sich zu einem Schiedsgericht, das sie zusammensetzten aus den edlen Herren Wilhelm von Mikulovic, Michko von Račic und den beiden Brüdern Ctibor und Michko von Ratibořic.[1]) Und endlich die Sorgfalt K. Karls für die Zünfte, dieser specifisch mittelalterlichen Einrichtung, deren Charakter und Art im Einklange mit den religiösen Gesinnungen der Gesellschaft überhaupt stand. Die Zünfte ersetzten unsere heutigen Humanitätsanstalten und förderten den Gehorsam. Sie hatten natürlich auch ihre Schattenseiten, aber diese wurden von den guten Seiten nicht überwogen. Jedes Handwerk hatte seine Zunft, zu welcher besonders unter K. Johann der Grund gelegt wurde. Nach festen

> Magistro Hermanno, preposito ecclesie S. Petri in Brunna venerabilis… Iohannis episcopi Olom. Vicarius in spiritualibus generalis recognosco .. quod. dominus Herussius presbyter, Rector parochialis ecclesie in Chinhait Olom. eccles. confirmatus… recognovit, decimas universas et singulas predictas villarum Bohdalau et Crewzendorf dictarum in limitibus dicte sue ecclesie in Chinhait sitarum ates religioso viro fratri Wachsmodo, Commendatori domus hospitalis Boh. Sti. Iohanni Ierosol. in antiqua Brunna… rite et racionabiliter deberi."

[1]) Cod. Dipl. Mor. VII. 593.

Grundsätzen mit Unterlage der Religion bildeten sie sich, und wenn K. Karl dieselben bestätigte, that er der damaligen Menschheit nur Gutes. Eine der einflussreichsten Zünfte war die der Fleischhauer, denen K. Johann Privilegien ertheilte. Karl hatte zu Prag am 1. Juli 1348 diese Privilegien den Fleischhauern zu Budweis bestätigt.[1]) Und wie er die Zünfte anerkannte und ihre Freiheiten bestätigte, so that er dasselbe mit den Klöstern, die, was die Förderung der Humanität anbelangt, mit den Zünften wetteiferten. Am 1. Juli bestätigte er die Privilegien des Klosters Goldenkron, am 7. die der Maltheser in Prag und schenkt noch zu Prag am 11. Juli in Gegenwart seines Bruders Johann dem gewesenen Herzog von Kärnthen u. s. w., den Bürgern von Melnik zur Vergütung der für Ausrottung der Bösewichte unverdrossen angewendeten Mühen alle jene Güter, welche der Verbrecher wegen nach dem Rechte und Gewohnheit des Reiches dem Könige zuzufallen pflegten.[2]) Die Prager Chronik hat daher vollkommen Recht, wenn sie bemerkt, dass nach der Krönung des Königs Karl von Böhmen gleichsam das goldene Zeitalter in Böhmen und Mähren eintrat, besonders als die kirchlichen und weltlichen Wirren, welche unter der Regierung des Kaisers Ludwig herrschten, durch dessen Tod ein Ende nahmen;[3]) für Böhmen und

---

[1]) Cod. Dipl. Mor. VII. 594.
[2]) Cod. Dipl. Mor. VII. 595.
[3]) Chronicon Pragense, Loserth pag. 592. „Huius rei gratia ex divina clementia Romanorum Boemorumque regnis post turbulenta et inordinata tempora quasi aurea secula advenerunt, ut liquet ex causis legitimis et preclaris; unde

Mähren ist dieses Urtheil allerdings ein richtiges, aber noch nicht für Deutschland.

Hier hatte die Wittelsbacher Partei noch immer einen starken Anhang, sie hatte auch an dem Gegenkönige Friedrich von Meissen und an Ludwig, dem Markgrafen von Brandenburg, welcher an dem jüngsten Abfalle der Reichsstadt Nürnberg eine starke, wenn auch nicht so materielle als moralische Hilfe gefunden hat, einen Mittelpunkt gefunden. Hier in Nürnberg gab es eine Partei, welche nie für Karl war, und wenngleich in der Minderzahl, doch, wie dies bei vielen Reichsstädten, welche dem Könige Karl huldigten, der Fall war, nur auf eine schickliche Gelegenheit warteten, dessen Seite zu verlassen und den Wittelsbachern abermals zu huldigen. Besonders eifrig wider Karl waren gewisse Zünfte, welche am 4. Juni 1348 einen Aufstand gegen die rathsfähigen Geschlechter erregten und es durchsetzten, dass ein neuer Rath ernannt wurde, welcher den Markgrafen Ludwig von Brandenburg und dessen Bruder als Schirmherren herbeirief und ein förmliches Zunftregiment wider Karl in Nürnberg organisirte,[1]) was ihm unmöglich gleichgiltig sein konnte. Es war ihm daher nur

---

venit hora et nunc est, in qua tota terra Ludovice fraudis ac Bavarice caliginis nox precessit et dies illuxit, in qua iustorum semita quasi lux splendens suscepit incrementum."

[1]) Matthias Nuewenburg. Böhmer, Font. IV. 258. „Opidum quoque Nürenberg, eiectis potentioribus, regis fautoribus, dicente populo: se non consensisse in regem, marchionem de Brandenburg acceptavit." Henricus de Diessenhov, l. c. 66 und Henricus Rebdorfen. l. c. 533.

erwünscht, als Herzog Albrecht von Österreich die Idee aussprach, nicht mit Waffen, sondern am friedlichen Wege, also durch Verhandlungen, dem muthmasslichen Thronstreite vorzubeugen. Hiezu gab die Übergabe der Prinzessin an die Herzogin Johanna in Brünn die schicklichste Gelegenheit. Gewiss hätte Karl am liebsten eine bewaffnete Unterstützung des Herzogs Albrecht wider die Wittelsbach'sche Partei gesehen; aber dazu war Herzog Albrecht nicht zu bewegen. Wenngleich er in den Verträgen zu Brünn König Karl als rechtmässigen König in Deutschland anerkannt hatte, so wollte er um keinen Preis wider Ludwigs Sohn, den Markgrafen von Brandenburg, den eigentlichen Vertreter der alten Wittelsbach'schen Reichsidee, das Schwert ziehen. Höchstens erklärte er als Vermittler zwischen Karl und Ludwigs Söhnen aufzutreten, um auch diese zur Anerkennung Karls zu vermögen. Um dieses heilsame Friedensgeschäft zustande zu bringen, ward, wie gesagt, eine Zusammenkunft der Fürsten auf den 27. Juli in Passau zwischen Albrecht und Karl und ihrem Anhange festgesetzt. Hier sollte Albrecht als Schiedsrichter auftreten, und seiner Entscheidung sollte sich die Wittelsbach'sche Partei fügen, wozu als Bedingung galt, dass K. Karl vorerst alle Urkunden, welche zu Österreichs Nachtheil von Kaiser Ludwig ausgestellt waren, vertilge. Vorzüglich gieng ihm, dem Herzoge Albrecht, um jene Urkunde, welche Kaiser Ludwig dem böhmischen Prinzen Johann Heinrich und seiner Braut Margaretha wegen Kärnthen zu voreilig am 5. Mai 1325 verliehen hatte, diese Urkunde konnte leicht missbraucht und ein Zunder eines neuen Zankes werden, welchen Albrecht vorsichtig und klug zu beseitigen suchte.

K. Karl machte sich in Begleitung des Sachsenherzogs Rudolf, seines Freundes, und der Erzbischöfe Gerlach von Mainz und Ernst von Prag und einer Anzahl von Reisigen auf den Weg nach Passau, wo er schon am 24. Juli urkundet.[1]) Karl blieb hier bis nach dem 27., weil wir von ihm aus Passau Urkunden besitzen, durch die er am 26. Juli seinem getreuen Wilhelm von Landstein alle Rechte, Privilegien und Pfandschaften, die sowohl er, als auch sein Vater ihm und dessen Erben ertheilt hatte, wörtlich bestätigte, und durch welche er am 28. Juli dem Hertwig von Lichtenstein das ihm vom Könige Johann ddo. Paris 21. März 1332 verliehene Privilegium, mit welchem das Gut Nikolsburg sammt Anhang von der königlichen Steuer und vom Landgerichte befreit, erneuert hatte.[2]) Auf Sonntag nach Jakobi, also den 27. Juli 1348, begannen die Friedensunterhandlungen mit dem Markgrafen Ludwig von Brandenburg, welcher mit seinen Brüdern und mit 2000 Rittern nebst einer grossen Anzahl geistlicher und weltlicher Grossen in Passau erschien. Die grosse Anzahl der Gewappneten hatte zwar den deutschen König stutzig gemacht; nichtsdestoweniger zeigte Karl seine gute Absicht[3]) und begann

---

[1]) Huber K. Kaiserurkunden, S. 60. Siehe S. 578 d. W.
[2]) Cod. Dipl. Mor. VII. 595 und 596.
[3]) Matthias Nuewenburg. Böhmer, Font. IV. 259. „Albertus dux Karolum Bohemum, Ludovicum Bavarum, marchionem in Brandenburg, et alios multos in Pataviam ad dominicam post Iacobi (27. Juli) pro tractanda concordia convocavit." Heinricus Rebdorfen. l. c. 533. „Eodem anno (1348) circa festum beati Jacobi (25. Juli) tractatum sollemnem habuit

durch Albrecht die Unterhandlungen,¹) als sich die Kunde verbreitete, König Karl habe sich gegen König Eduard III. von England zu Dingen verpflichtet, welche dem baierischen Hause sehr nachtheilig wären; es hiess, Karl habe Seeland und Holland, damals Eigenthum der baierischen Prinzen, durch ihre verstorbene Mutter den Söhnen Eduards III. und deren Hause Jüllich einzuräumen verheissen. Mochte die Nachricht wahr oder falsch gewesen sein, sie erzürnte derart den Markgrafen, dass er jegliche weitere Unterhandlung abbrach, und Passau mit seinem Anhange verliess. Dasselbe that auch Karl, welcher den Unwillen der Gegner noch am Vorabende seiner Abreise dadurch erfuhr, dass sie den deutschen Reichsadler, welcher am Wohnhause Karls angebracht war, in höchst gemeiner Weise besudelten.²) König

rex Karolus cum filiis Ludovici in Patavia, et Albertus dux Austrie predictus fuit mediator inter eos. Ibi interfuerunt archiepiscopus Salzburgen, episcopi Patavien fratres carnales, quia regalia sua ab eodem rege receperunt, interfuerunt archiepiscopus Gerlacus Mogentinus, archiepiscopus Pragensis, episcopi Bambergen et Herbipolen, fratres carnales et nuntii regis Ungarie et maxima copia principum, baronum et nobilium. Sed predicti filii Ludovici cum maiori comitiva, quam rex, erant ibidem, et modus concordandi eos bene fuit inchoatus, sed non consummatus."

¹) Kurz, Österreich unter Albrecht dem Lahmen, S. 257 ffg. und 366. Dass es Karl um einen bleibenden Vergleich zu thun war, ist aus dem vorhandenen Bruchstücke des Ausgleichsgeschäftes wahrzunehmen, wo auch die Tiroler Dinge erwähnt wurden.

²) Matthias Nueweuburg l. c. 259.

Karl und Herzog Albrecht traten die Rückreise auf der Donau an. In Linz wurde Halt gemacht. Hier hob am 31. Juli König Karl alle Gnaden und Freiheiten auf, welche Kaiser Ludwig der Baier zum Nachtheile der Grafschaften, Gerichte und Freiheiten des Herzogs Albrecht von Österreich und seiner Söhne, Rudolf und Friedrich, wem immer gegeben hat, und vernichtet an demselben 31. Juli die Handfesten und Freiheiten, welche derselbe Kaiser Ludwig der Stadt- und Bürgergemeinde zu Passau zum Nachtheile des dortigen Bischofs ertheilt hat,[1]) während Ludwig von Brandenburg sich mit seinem Anhange nach München begab.

Ob König Karl noch in Linz, oder schon in Freienstadt in Österreich, wo er am 1. August urkundete, die Nachricht von dem Tode seiner Gemahlin Blanca, von den Böhmen lieber Margaretha genannt, die in Prag, man weiss nicht an welcher Krankheit, im 32. Lebensjahre am 1. August 1348 starb, erhielt, ist nicht constatirt, ebensowenig, ob sich Karl und wie lange in Prag aufhielt. Begraben wurde die allgemein geliebte und geachtete, gekrönte böhmische Königin in der St. Veitskirche, der sie viele Geschenke, besonders schöne Teppiche, gegeben hatte.[2])

---

[1]) Huber, K. Kaiserregesten. S. 61.
[2]) Chronicon Francisci Dobner Mon. VI. 314. „Anno 1348 prima die Augusti . obiit regina Boemie, domina Blanca, prima conthoralis incliti domini Karoli, regis Boemie et Romanorum, et cum magno aparatu et solempnitate sepulta est in ecclesia Pragensi, que huic plurima legavit, et precipue regales cortinas."

In der Mutter-Gottes-Kirche der Prager Mansionarien, in welcher sie einen Altar stiftete zur Ehre der Unschuldigen Kinder und des heil. Ludwig von Frankreich, machte sie Stiftungen.[1] Karl bestimmte jährlich 4 Schock Prager Groschen auf Seelenmessen, die am Gedächtnistage ihres Todes gehalten werden sollen.[2] Ihr Bildnis befindet sich im Prager Dome, welcher eben damals im Baue begriffen war.[3] Die Kunde von dem Tode dieser ihrer Sittsamkeit und Eingezogenheit wegen sehr gerühmten Königin, deren Bildnisse Karl selbst den Namen Margaritha unterstellte, gieng in alle Weltgegenden, und somit auch nach dem päpstlichen Hofe, nach Avignon. Klemens VI. bedauert in einem Breve an Karl vom 19. Sept. 1348 den Tod dieser in der Jugend gestorbenen Königin, der zweiten Hälfte des Königs, wie sich der Papst ausdrückt,[4] tröstet ihn und

---

[1] Cursus Mansionariorum. Dobner Mon. III. 308. „Kalendis Augusti. Vincula St. Petri. In anniversario domine Blance Romanorum et Boemie regine, que construit altare sanctorum Innocentum et Ludovici regis Francie in choro S. Marie in ecclesia Pragensi. Precentor dabit Mansionariis unam sexagenam grossorum more aliarum portionum dividendam inter interessentes de bonis in Cheb; maiorum vero Mansionariorum quilibet legat unam missam defunctorum, et quilibet ex minoribus dicat vigilias novem lectionum, dominis Canonicis duas sexagenas grossorum et dominus Precentor unam pro se reservabit, videlicet que debet dare pro cera."

[2] Pubička, Chronol. Geschichte Böhmens V. 2, S. 363.

[3] Huber, K. Kaiserreg. S. 61.

[4] Pelzel l. c. 200. „in occasu cius velut in suscepta subtracta tibi quasi altera parte tui."

gibt ihm den Rath, sich die zukünftige Gemahlin, da er ja keine männliche Erben für sein Königreich Böhmen habe, abermals aus dem französischen Hause zu wählen.¹) Wir werden sehen, dass diesmal Karl den Rath seines treuen und mächtigen Freundes nicht befolgt habe, obwohl es allen Anschein hat, dass Papst Klemens nur im Einverständnisse mit Frankreich den erwähnten Schritt unternommen habe; denn Frankreich war auf England, seitdem Eduard III. der deutschen Krone entsagt hat, eifersüchtig, da es sah, dass sich König Karl den Plantagenet nähere, und an den Höfen die Kunde durchschimmere, dass Karl von Böhmen und Deutschland möglicherweise die englische Prinzessin Isabella nicht ausschlagen würde, was dem französischen Könige höchst unangenehm wäre, und da des Papstes Einfluss auf Karl demselben bekannt war, ist dessen Andeutung erklärlich.

Also mit der beabsichtigten Aussöhnung durch Herzog Albrecht in Passau ist es dem deutschen Könige nicht gelungen; dagegen war Karl glücklicher in seinen Unterhandlungen mit dem Markgrafen Friedrich von Meissen, dem Schwiegersohne des verstorbenen Kaisers Ludwig des Baier.²) Die Wittelsbacher Partei rechnete nach dem verunglückten

---

¹) Pelzel, Kaiser Karl IV. 200 n. 201. Breve Klemens VI. „Tanto ex paterne Karitatis affectu, quam ad eam gessimus, dum vivebat, doluimus potius, quanto ipsius nondum annosa etas longioris vite spacia promittebat . Aliquam ex ipsa Francie domo suscipias tibi .. in matrimonio copulandam."

²) Matthias Nuewenburg l. c. 259. „Marchione, quod Bohemum nunquam pro rege Romano ex predicta electione habeat asserente."

Passauer Ausgleichsversuche auf den Schwager des Markgrafen Ludwig von Brandenburg, welcher nach Ludwig des Baier Tode als Ludwig V. mit dessen 5 Brüdern: Stephan II., Ludwig VI, Wilhelm I., Albrecht I. und Otto I., die sämmtlichen Länder ihres Vaters gemeinschaftlich bis zur fünften baierischen Landestheilung vom 13. Sept. 1349 regierte. Dieser Schwager ist der uns schon bekannte Friedrich II., Markgraf von Meissen.[1]) Während von Seite Ludwigs V. alles veranstaltet wurde, um ihn zur Annahme der Throncandidatur zu vermögen, eilte der deutsche König Karl, wie wir erwähnten, zum Leichenbegängnisse seiner Gattin Blanka nach Prag. Lange konnte er sich daselbst nicht aufgehalten haben, weil wir bereits vom 11. August aus Bürglitz, seiner Burg, am linken Ufer der Beraun in der Mitte zwischen Prag und Pilsen gelegen, eine Urkunde besitzen, durch welche er für sich und seinen Bruder Johann Heinrich, den er trotz der Belehnung des Herzogs Albrecht noch Herzog von Kärnten nennt, die Vögte Ulrich, Hans und Hartwig von Mätsch und alle ihre Freunde, die sie in seinen Dienst bringen, mit Leib und Gut in seine und seines Bruders Huld und Gnade nimmt, ihnen wider alle Gegner zu helfen und sie bei ihren hergebrachten Rechten

---

[1]) Mechtilde, älteste Tochter des Kaisers und seiner ersten Gemahlin Beatrix von Schlesien-Glogau, geb. um 1309, war vermählt in Nürnberg Anfangs Mai 1329 mit Friedrich II. dem Ernsthaften, Markgrafen von Meissen, welcher 1310 zu Gotha geboren war und auf der Wartburg am 18. Nov. 1349 starb. Seine Gemahlin starb schon am 3. Juli 1346. Häutle, Genealogie der Wittelsbacher, S. 10.

zu schützen verspricht; weiter bestätigt er ihnen alle Lehen, die sie von der Herrschaft Tirol inne haben oder die ihnen entfremdet worden, verheisst ihnen den Schaden zu ersetzen, den sie in seinen Diensten oder des Krieges wegen, welchen sie seinetwegen gegen den Markgrafen Ludwig von Brandenburg führen, erleiden würden, und bei einer Sühne mit dem Markgrafen für sie zu sorgen.[1]) Also auch in seinem grossen Herzenskummer vergass er nicht seines geliebten Bruders und dachte an dessen Zukunft. Von Bürglitz begab sich Karl nach Zittau, um am 19. August diese Stadt dem anwesenden Herzoge, Rudolf von Sachsen, für dessen Auslagen, die er bei seiner Wahl hatte, zu verpfänden. Neben dem Grossoheim und Erzbischof, Balduin von Trier, war Karl diesem Herzoge unter seinen vielen Freunden für dessen treue Anhänglichkeit am meisten zum Danke verpflichtet. Er war unter den Kurfürsten der erste, welcher bereits am 24. December 1346 der Stadt Konstanz, Zürich und überhaupt den eidgenössischen Städten die am 11. Juli 1346 zu Rense erfolgte Wahl des Markgrafen von Mähren, Karl, bekannt machen liess,[2]) der von nun an fast beständig in Karls Gesellschaft blieb, und den er dieser seiner Treue wegen gleich zu Nürnberg am 5. November 1347, weil er Ludwig von Brandenburg mit Zustimmung des Papstes als unrechtmässigen Besitzer von Brandenburg betrachtete, mit Rath seiner Fürsten und Herren ihn und dessen Kinder und Erben mit der Altmark dergestalt belehnte, dass die Elbe die Grenze gegen die Mark Brandenburg sein solle, womit

---

[1]) Huber, K. Kaiserregesten. S. 61 n. 731.
[2]) Cod. Dipl. Mor. VII. 509.

der Krieg wider den Brandenburger gewissermassen angesagt und gerechtfertigt war.[1]) Noch in Zittau hat Karl am 16. August Gnadenbriefe für das Stift Břevnov wegen Braunau und am 17. wegen Marienthal ausgestellt, und kehrte um den 23. August nach Prag zurück, um daselbst einige Tage zu verbleiben.[2])

Nach der in Prag vor einigen Wochen erlittenen Herzenstrauer erwartete ihn hier eine Freude, der sein Herz besonders zugänglich war. Im Jahre 1346 gründete der fromme Prager Bürger Nikolaus Rokitaner, dessen Nachfolger später von Oboř hiessen, in Prag das Jungfrauenkloster Benedictiner Ordens „zu Gottes Barmherzigkeit," sonst auch Kloster des heil. Geistes genannt. Die Stiftung geschah durch ein Testament, zu dessen Executor der edle Stifter den damaligen Bischof von Olmütz, Johann VI., den der König Karl mit Vorliebe seinen Oheim nennt, bestellt hat, doch mit der Bedingung, mit der testamentarischen Durchführung sich mit dem Erzbischofe von Prag, dem alle Benedictinerklöster in Böhmen in spiritualibus unterstanden, ins Einvernehmen zu setzen. Die Stiftung war schon unter K. Johann gutgeheissen, aber durchgeführt wurde sie nach dem Tode des Stifters Nikolaus Rokitaner erst unter K. Karl, welcher die Freude hatte, dass sein geliebtes Prag durch ein neues Gebäude verschönert wurde; denn man wählte zum Bauplatze ein Grundstück in der Nähe der Judenstadt in der Neustadt. Zur Dotation hatte der Stifter das Dorf Libodřice angekauft. Sein Bruder Meinlein schenkte zur

---

[1]) Huber, Kaiserregesten Karls S. 39 u. 411.
[2]) Huber, Kaiserregesten Karls S. 61.

Vermehrung der Dos über 50 Schock Prager Groschen jährlicher Zinsungen, und aus baren deponirten Geldern des Stifters Niklas wurde vom Testamentsexecutor, Bischof Johann, das böhmische Dorf Přísud angekauft. Er selbst schenkte noch aus Eigenem dem neuen Kloster den ihm gehörigen, am Prager Benedictithore liegenden Hof. Am 27. August 1348 bestätigte K. Karl dieses neue Frauenkloster, unterordnete es dem Prager Erzbischofe, nahm es in seinen besonderen Schutz, und verlieh ihm alle jene Freiheiten, deren sich das in Mähren liegende Nonnenkloster desselben Ordens, Pustoměř, erfreute. Es wurde auch das neue Kloster, wie Pustoměř, von allen landesfürstlichen Steuern befreit und vom Prager Erzbischofe, wie vom Könige Karl, zu Prag am 11. September 1348 in Allem und Jedem anerkannt und bestätigt. Der Bischof von Olmütz, Johann, wird in dieser Urkunde als Mitstifter genannt.[1]) Aus den Zeugen,

---

[1]) Cod. Dipl. Mor. VII. 600 und 614. „Nikolaus Rokicanerus, quondam civis noster Pragensis, aliquantisper ante mortem suam, locum aliquem religiosum... propriis sumptibus proposuisset instituere... et postmodum infirmitate gravi, in qua etiam vitam finivit, preventus, tam salubre tamque pium non valens propositum consummare, condidit testamentum, in quo.. Iohannem episcopum Olom. principem et avunculum nostrum dilectum (spricht K. Karl), suae constituit executorem voluntatis ultimae principalem ante mortem et in morte inter alia specialiter dicti negocii curam et executionem committens eidem." Der Erzbischof sagt in seiner Urkunde vom 11. Sept. (l. c. 614). „Monasterium morte preventus non perfecit, imo nec etiam inchoavit... in quadam area, seu loco plateae, seu vico Iudaeorum con-

welche die Urkunde Königs Karl vom 27. August 1348 unterzeichnet hatten, erkennt man die Männer, welche damals als Räthe und Freunde in der Nähe des Königs weilen. Es waren die Erzbischöfe Gerlach von Mainz und Arnost von Prag, Rudolf, Herzog von Sachsen, Ulrich von Langburg, Bischof von Chur, Heinrich, Prager Probst und böhmischer Landesnotar, Wilhelm von Landstein, Landeshauptmann von Mähren, Andreas von Duba, Cudenrichter in Prag, Stephan von Sternberg, Ješek von Kravař, Olmützer Kämmerer, Stephan von Kamenic, Ješek von Boskowitz, Wokoun von Holenstein u. a. m. Dem hier genannten Herzoge Rudolf von Sachsen, Kurfürsten und obersten Marschall des Reiches, verpfändete K. Karl am 28. Aug. den Reichsforst bei Frankfurt für 5000 Gulden für eine Schuld, die sich dieser in seinem Dienste zugezogen und die ihm Karl schuldete. Auch ein Haus schenkte er ihm auf der Kleinseite, das man den Walhenhof, später den sächsischen Hof, nannte,[1] damit der Herzog, so oft er am königlichen Hofe in Prag sich aufhalte, bequem wohnen könne. Da König Karl nach einigen Wochen, Prag 31. October, dem Markgrafen Fried-

tiguo et vicino, in dicta civitate Pragensi situato, prout etiam ipse testator sic fieri decreverat et disposuerat accedente ad hoc felicis recordationis... quondam domini Iohannis, tunc Bohemie regis, conniventia et consensu," weshalb wir uns mit Frind, Kirchengesch. Böhmens, entschlossen haben, die Stiftung des Nonnenklosters „ad misericordiam Dei" in das Jahr 1346 zu setzen. Hammerschmied, historia monasterii Sti. Spiritus Pragæ.

[1] Cod. Dipl. Mor. VII. 604. Ddo. Prag am 28. August 1348.

rich von Meissen auf Lebzeiten desselben Grundes wegen ein Haus auf der Altstadt in der Nähe des heil. Jakob schenkte, so hat es den Anschein, als ob Karl die deutschen Fürsten an Prag gewöhnen wollte, um, da das deutsche Reich als solches keine Hauptstadt hatte, Prag zur Hauptstadt des gesammten Reiches nach und nach zu erheben,[1] — ein kühner Gedanke! doch bei Karls Unternehmungsgeist nicht unmöglich.

Woher kam aber die erste Colonie für das neue Heiligen-Geist-Nonnenkloster? Da K. Karl alle Freiheiten und Privilegien des Klosters zu Pustoměř demselben zusichert, so hat es den Anschein, dass die ersten Nonnen aus diesem Kloster nach Prag übersetzt wurden, was um so wahrscheinlicher klingt, als der Mitbegründer desselben, der Prinz-Bischof Johann von Olmütz, gewiss das von ihm in Mähren begründete Kloster in Pustoměř mit allen ihm zu Gebote stehenden Mitteln wird zu heben getrachtet haben, wozu nach damaliger Anschauung die Ausschickung tauglicher Colonien in erster Linie gehörte. Und wie sehr K. Karl gerade damals den Nonnen in Pustoměř gewogen war, zeigen die Urkunden, mit denen er selbe auch während seines Aufenthaltes in Prag am 28. und 30. August beglückt hat. Noch am 1. September erneuert und bestätigt Karl als deutscher und böhmischer König die dem genannten Nonnenstifte ddo. Prag 24. August 1341 noch als Markgraf gemachte Schenkung der Güter in Dražowitz bei Wischau, und eröffnet am 10. Sept. 1348 noch immer in Prag allen Kämmerern und Landesrichtern in Mähren, dass er die Leute des Nonnen-

[1] Tomek, Dějepis města Prahy, II. 12. Cod. Dipl. Mor. VII. 621.

klosters zu Pustoměř von der weltlichen Gerichtsbarkeit befreit hat,¹) während zur selben Zeit der Hauptfundator, Prinz-Bischof Johann, zu Pustoměř am 8. September d. J. dem Stifte den Markt Švabenitz und Schreinern (längst eingegangen) nebst den Dörfern Prus, Schönfeld und Ondratitz und einigen Weingärten in Klein-Němčitz schenkte.²)

Also hielt sich K. Karl, wie wir eben sehen, nahezu zwei Monate in Prag auf, mit ernsten Angelegenheiten sich beschäftigend; denn dass er seine Aufmerksamkeit den Klöstern widmete, entsprach seinem religiösen Sinne, welcher eben jetzt sich lebendig regte. Nach dem missglückten Passauer Ausgleichsversuche sah er nur zu deutlich ein, dass, um in Deutschland allgemeine Anerkennung und somit den Frieden zu finden, nur die Waffen die Wittelsbach'sche Partei niederhalten können, weshalb er die Zeit in Prag ganz besonders zu Kriegsrüstungen benützt, um durch einen Hauptschlag Ludwig von Brandenburg und seinen Anhang niederzuschmettern. Dass er in steter Relation mit dem päpstlichen Hofe, dem die Unterdrückung der Wittelsbacher Partei ganz besonders am Herzen lag, blieb, dafür sprechen die häufigen Gesandtschaften, welche von Prag nach Avignon und zurück giengen. Wir nennen als Leiter solcher Gesandtschaften den päpstlichen Kaplan und Probst von Sádska, Niklas von Luxemburg, den ehemaligen Privatsecretär des K. Johann, den Kanzler des deutschen Reiches unter Karl, Nikolaus von Brünn, Domdechant zu Olmütz, den Landeshauptmann von Mähren, Wilhelm von Landstein, und Rudolf,

¹) Cod. Dipl. Mor. VII. 604, 605, 608 und 611.
²) Cod Dipl. Mor. VII. 612.

Herzog von Sachsen.¹) Noch am 16. Sept. 1348 antwortet Klemens VI. an die Anfragen, die K. Karl durch den Probsten des Zderaser Klosters, Heinrich von Böhmen, an den Papst in Avignon stellte.²) Welcher Art diese Anfragen gewesen sein mochten, ist aus einem Schreiben des Papstes vom 1. Sept. d. J. an Karl ersichtlich; dieser hat eben wegen der Wittelsbach'schen Partei den zum Lehrer auf der neu errichteten Universität in Prag bestimmten Dominikaner Ordensbruder, Johann, nach Avignon abgesandt. Der Papst fordert, vor der Rückkehr dieses seines Abgesandten Johann mit den Söhnen Ludwigs des Baier keine Friedensverhandlungen vorzunehmen.³) K. Karl befolgte genau diesen Rath. Er hatte Mannschaft nach dem bairischen Nordgau geschickt, dem Brandenburger, der Karls Absichten kannte, die Strasse zu sperren. Um die Böhmen zu verjagen, mag er irgendwo in der Lausitz seinen Schwager, den Markgrafen Friedrich von Meissen, gesprochen haben, welcher sich, wie wir wissen, nicht ungeneigt zeigte, die deutsche Krone anzunehmen. Doch Karl, welcher in den letzten Tagen Septembers sich schon in Bautzen aufhielt, war schnell mit seinen Unterhändlern da, welche den Markgrafen bewogen haben, von dem eitlen Unternehmen abzustehen, und Karl als König in Deutschland anzuerkennen, was auch gelang; freilich mochten früher

---

¹) Werunsky, Excerpta ex registris pag. 64. Ddo. 19. Mai 1348, n. 198.
²) Werunsky, Excerpta ex registris pag. 65 n. 203. „Karolo, regi Romanorum, respondit ad ea, que per Henricum de Boemia, prepositum monasterii Sderasien, sibi fuerint exposita."
³) Cod. Dipl. Mor. VII. 612.

Unterhandlungen gepflogen worden sein, weil der Markgraf gleich den 20. September sich von Karl alle Pfandbriefe erneuern liess, die er über Altenburg, Chemnitz und Zwickau besass, was voraussetzt, dass er bereits den König Karl als seinen Herrn anerkannt hatte. Karl beurkundet dies durch eine Urkunde ddo. Budissin 21. Sept. und bekennt, dass ihn der Markgraf für einen römischen König anerkannt, ihm Treue und Beistand gelobt, und sein Fürstenthum von ihm und dem heiligen römischen Reiche zu Lehen zu nehmen versprochen hat. Für die Dienste, die er ihm noch thun soll, gibt ihm Karl 4000 Schock Prager Pfennige, die er ihm auf seine innehabenden Reichspfandschaften und auf die Städte Nordhausen und Gosslar anweist.[1])

So von der Sorge, die ihm der Markgraf von Meissen, wenn als Gegenkönig anerkannt, gemacht hätte, befreit, und im Bewusstsein, dass er an der Grenze der Mark Brandenburg treue und sichere Freunde habe — man denke an die Belehnung des Erzbischofs Otto von Magdeburg, an die Erhebung Mecklenburgs zum Herzogthume, an die Belehnung Barnims von Stettin und seinen Vetter mit Pommern und Rügen, an die Aufhebung der Lehensabhängigkeit Pommerns von Brandenburg, — alles Vorbereitungen, die Macht des Brandenburgers zu brechen, — und man wird begreiflich finden, wie K. Karl mit voller Überzeugung, diesesmal den Sieg davon zu tragen, den Kampf wider die Wittelsbachische Partei angetreten hatte. Und um diese Partei, namentlich Ludwig von Brandenburg, auch in Tirol zu beschäftigen,

---

[1]) Huber, K. Kaiserregesten. S. 63 n. 757 und 758.

und so seine Aufmerksamkeit zu theilen, wandte er sich an die Stände von Tirol, besonders an die Vögte von Mätsch im Vintschgau und an die Herren von Vilanders, die er schon zu Bürglitz und am 4. August zu Prag ermunterte, den Kampf wider den Markgrafen und seinen tyrannischen Landeshauptmann, Herzog Konrad von Teck, fortzusetzen, und verspricht für sich und seinen Bruder Johann, den er trotz der Belehnung des Herzogs Albrecht von Österreich noch immer Herzog von Kärnten nennt, und ihren Erben und Freunden, die sie in seine Dienste bringen würden, gegen jedermann zu helfen und bei ihren hergebrachten Rechten und Würden zu lassen, bestätigt ihnen alle jetzt oder früher innegehabten Lehen in Tirol, und gelobt ihnen allen Schaden zu ersetzen, den sie in seinem Dienste, oder von des Kriegs wegen, den sie seinetwegen gegen Ludwig von Baiern führen, nehmen würden.[1]) Dies zu thun und zu versprechen war um so nothwendiger, als am Schlusse des Jahres 1347 der Bischof von Trient, Nikolaus Alrein von Brünn, gestorben war,[2]) und mit ihm Karls verlässlichster Freund in Südtirol. Schon um den 22. Sept. stand er mit seinen Scharen bei Spremberg an der Spree nicht weit von Frankfurt an der Oder. Da kam ihm, kaum von ungefähr, sondern nach einem ganz gewiss seit längerer Zeit vorgearbeiteten Plane,

---

[1]) Huber, Vereinigung Tirols. S. 165 extr. n. 118. Ddo. Prag 4. Sept. 1348.

[2]) „Clemens VI. commendat Karolo, Iohannem, quem prefecit ecclesie Tridentine in episcopum. 1. Novembr. 1348." Dieser Johann, de Pistora genannt, war früher Bischof in Spoletto. Werunsky, Excerpta ex Regest. pag. 65 n. 205.

ein bis jetzt noch nicht aufgehellter Umstand zuhilfe. Es trat nämlich das Gerücht auf, der in den Wirren 1319 und 1320 verschwundene kinderlose, damals sehr mächtige und geliebte Markgraf von Brandenburg, Waldemar, sei nach vielen Jahren wieder zum Vorscheine gekommen. Es war im Monate August 1348, als sich in der Mark Brandenburg die Kunde verbreitet hatte, der vermisste Markgraf Waldemar sei, nachdem er viele Jahre in fremden Landen wegen schwerer Sünden Busse gethan, erschienen, und fordere sein Land, das ihm Kaiser Ludwig unrechtmässig entzogen und mit demselben seinen ältesten Sohn Ludwig belehnt hatte, wieder zurück. An dem Erzbischofe von Magdeburg, Otto, und an dem Herzoge Rudolf von Sachsen fand er den ersten kräftigen Anhang.[1]) Diejenigen, welche sich noch an

---

[1]) Heinricus de Diessenhoven. Böhmer, Font. IV. 67. „Mense Augusti anni predicti 1348, quidam venit in Marchiam Brandenburgensem, dicens, se esse marchionem Brandenburgensem, qui ante 30 annos dicebatur mortuus, pro cuius etiam morte dicebatur marchionatus vacare, quem etiam Ludovicus contulerat filio suo primogenito, qui se etiam marchionem appellabat et eius possessionem habebat." Matthias Nuewenburg l. c. 260. „Rudolfus, dux Saxonie, quemdam in terra sua similem Walmaro marchioni in Brandenburg, inveniens, eumque marchionem esse fingens, pretensis multis figmentis, qualiter olim se fingens mortuum, a terra clam recesserit ex causa penitencie, alio nomine ipsius defuncto multas civitates marchie ad recipiendum eundem induxit." Das Hauptwerk über Waldemar ist Klöden, Diplomatische Geschichte des Markgrafen Waldemar von Brandenburg, 3. und 4. B. Berlin 1845. Nach

den verschwundenen Markgrafen erinnerten, sahen an dem
eben Aufgetauchten dieselbe gedrängte Gestalt, hörten denselben

Huber, K. Kaiserregesten Karl IV. S. 531 Reichssachen:
Gegen Klöden, der an die Echtheit Waldemars glaubt,
und dessen Gründe für die Echtheit Waldemars. O. v. Heine-
mann, Der falsche Waldemar in Scheltz, Gesammtgeschichte
der Ober- und Nieder-Lausitz, I. 315 und ffg. Als Grund
Waldemars 29jähriger Abwesenheit gab das Gerücht an,
Waldemar habe, von Gewissensbissen wegen allzu naher
Verwandtschaft mit seiner Gemahlin Agnes gequält, seinen
Tod nur erdichtet, und im Cistercienserkloster Chorin einen
andern statt seiner begraben lassen. Darauf sei er ins
heilige Land gepilgert und habe 28 Jahre lang ein armes
bussfertiges Leben geführt. Die diese Mähre aufbrachten,
haben vergessen, dass Waldemar vom Papste Klemens V.
wegen der nahen Verwandtschaft eine Ehedispens erlangt
und daher keine Ursache hatte, sich Gewissensbisse machen
zu müssen. Klöden gibt S. 21 als Ursache des Ver-
schwindens Waldemars Monomanie an, im Verborgenen,
ohne jeglichen Umgang mit andern zu leben. Werunsky,
Geschichte Kaisers Karl IV. Bd. II. 125 und ffg., über den
falschen Waldemar. Huber hat die Quellen über diese Persönlichkeit in seinen Kaiserregesten unter die Reichssachen
S. 531 übersichtlich zusammengestellt. Von böhmischen
Quellen hält der Chronist, welcher am nächsten dem Könige
Karl stand, Beneš von Weitmil, für unterschoben: „licet
communis esset de ipso, quod iste non esset ille verus et
antiquus Woldemarus, et creditur, quod fuit truffa excogi-
tata contra nequitiam Ludovici prefati, quia sic ars deluditur
arte." Beneš, Script. Boh. II. 353. Franciscus Pragen,
Dobner Mon. VI. 315 scheint ihn für echt zu halten.

Klang der Stimme, und da der Markgraf Ludwig von
Brandenburg im Lande nicht beliebt war, und dies fühlend
sich auch wenig darin aufhielt, dabei, wenn er ja im Lande
sich aufhielt, ein leichtsinniges, liederliches Leben führte,
das die etwas rauhen Märker nicht aussprechen konnte,
war es kein Wunder, dass dem Aufgetauchten, besonders
als er nicht gleich mit Geldforderungen auftrat, die dem
Regierenden und seinen bairischen Beamten zu ihrer zweiten
Natur gehörten, sich noch im August sein Anhang wunderbar
mehrte, besonders als ihm der Erzbischof von Magdeburg,
Otto von Hessen, seine Stadt Wolmirstädt zu seinem
ständigen Aufenthalte anwies, und durch seine reiche und
zahlreiche Verwandtschaft ungemein für den „Erfundenen,"
mit welchem K. Karl schon auf seinem Zuge wider Ludwig
den Brandenburger bekannt wurde, wirkte; denn Karl meldet
Anfangs September in einer nicht näher bezeichneten Stadt,
dass nach den vom Markgrafen Waldemar von Brandenburg,
sowie vom Erzbischofe Otto von Magdeburg und vom Grafen
von Anhalt, dem er Geld schuldete, erhaltenen Nachrichten,
gedachter Markgraf bis zum 29. August bereits 25 Städte
in der Mark in seine Gewalt gebracht hatte, und dass bei
seinem gewaltigen Vorschreiten ohne Zweifel bald alle Städte
und Edlen jener Herrschaft ihm unterworfen sein würden,
dass er auf die Meldung, Waldemar wolle ihm in allem
gehorchen, in Böhmen eine Heerfahrt nach der Mark, auf
acht Tage nach nächstem Sonntag, 15. Sept., ausgeschrieben,
auch den Edlen und Städten in Ober- und Nieder-Elsass
und Schwaben geboten habe, Ludwig, den Sohn Ludwigs
des Baier, und dessen Lande und Helfer anzugreifen, und
dass er dem mit ihm freundschaftlich verbundenen Herzoge

Albrecht von Österreich dasselbe aufgetragen habe.¹) Waren schon die Bedingungen des Passauer Vertrags vergessen? Auffallend wäre es, wenn K. Karl eine so wichtige Unternehmung, wie dies das Aufgebot wider Ludwig von Brandenburg gewesen war, ohne Berathung mit dem Papste vorgenommen hätte. Dass dies nicht der Fall war, sondern dass Karl eine solche Berathung auch über den aufgetauchten neuen Markgrafen ausgedehnt habe, zeigt die Antwort des Papstes Klemens VI. vom 27. Oct. 1348. „Es sei die eben aufgetauchte Thatsache mit dem neuen Markgrafen von Brandenburg ein Fingerzeig Gottes, damit das gebannte Geschlecht Ludwigs des Baier gänzlich hinausgeworfen werde; dies möge Karl, der römische König, fest glauben."²) Es war also von Seite der römischen Curie für Karl die Aufforderung, sich des Pseudo-Markgrafen als eines Fingerzeigs Gottes zu bedienen, und den Kampf bis zur Vertilgung des gottvergessenen Geschlechtes fortzuführen. Diese päpstliche Aufforderung fiel mit den Wünschen des deutschen und böhmischen Königs Karl zusammen. Als er daher beim Spremberg mit den Haufen des falschen Markgrafen, und mit jenem seiner Freunde und

---

¹) Riedel, Cod. Brandenburg. II. 216. „Audito etiam et literis eiusdem principis (Woldemari) intellectis, quod nostris ac votis offerret nostriae maiestatis, imperii in omnibus et per omnia pariturus."

²) Werunsky, Excerpta ex Registris pag. 65 n. 204. „Karolo, regi Romanorum, scribit, quod credat factum marchionis Brandenburgensis noviter inventi, a Domino preparatum, ut progenies damnata Ludovici de Bavaria eiceretur ddo. Avenione VI. Kal. Novembr. an. 6 (7?).

Bundesgenossen gegen Ende September zusammentraf, war unter den anwesenden Reichsgrossen der Schritt besprochen, wie der Herrschaft des Baier in Brandenburg mit einem Schlage ein Ende zu machen, und dies sollte durch die Belehnung des Pseudo-Markgrafen geschehen.

Um jedoch wenigstens vor dem Volke das Recht zu wahren, hatte man beschlossen, im Lager zu Heinersdorf südöstlich von Müncheberg an der Strasse nach Frankfurt a. d. O. aus den hier anwesenden deutschen Herrschaften eine Commission zu ernennen, welche die wahre Provenienz des aufgefundenen neuen Markgrafen untersuchen, und darüber an K. Karl berichten sollte. Nach dem Ergebnis der Untersuchung solle dann die Belehnung erfolgen. Die erwählte Commission bestand aus sieben Mitgliedern, worunter Herzog Rudolf, der Ältere, Herzog von Sachsen-Wittenberg der Einflussreichste war. Er ist derselbe, von welchem die Sage gieng, er hätte den falschen Waldemar erfunden, und ihm die zu spielende Rolle eingelernt.[1]) Fünfe von dieser Commission

---

[1]) Gesta Alberti II. episc. Halberstadien. Pertz Monum., XXIII. 129. Von einem ganz gleichzeitigen Chronisten, welcher den Erzbischof Otto von Magdeburg, den Herzog Rudolf von Sachsen-Wittenberg und die Grafen Albert und Waldemar von Anhalt beschuldigt: „Querebant enim hominem aliqualem similitudinem Woldemari marchionis habentem, actus et facta terre per se scientem, vel ab aliis informatum, et apud ipsos aliquo tempore nutritum, qui se diceret marchionem Woldemarum Brandenburgen, nec aliquando mortuum se fuisse, nisi a tempore, seculo, prout monachus mortuus fingitur iuris finxione... paucis tamen dumtaxat exceptis, qui usi saniori consilio, credere nolue-

gehörten neben dem Erzbischofe Otto von Magdeburg zu
dessen vorzüglichsten Beschützern, die ihn, den falschen Waldemar, mit Heeresmacht in die Mark eingeführt haben. Übrigens
hatten wahrscheinlich nur zwei von den Commissions-
Mitgliedern, nämlich der alte Herzog Rudolf von Sachsen und
Albrecht von Anhalt, den alten wirklichen Markgrafen gekannt.[1])
„Von einer solchen Commission konnte Niemand eine
unparteiische Untersuchung und Beweisführung erwarten,
am allerwenigsten der nüchterne und klar blickende König
Karl, bei dem ja der Entschluss, den falschen Waldemar als
echt anzuerkennen, bereits seit länger feststand. Wie zu
erwarten war, berichteten die Mitglieder der Commission,
sie hätten von Fürsten, Herren, Rittern und anderen gemeinen
Leuten, die den Markgrafen Waldemar gekannt, zuverlässlich
erfahren, dass der Prätendent wirklich der sei, für den er
sich ausgibt, nämlich der echte Waldemar. Die Herren
vermieden es jedoch wohlweislich die Zeugen der Echtheit
namhaft zu machen, und auch jene beiden Commissions-
Mitglieder, die den Markgrafen Waldemar gekannt hatten, hüteten
sich aus eigener Überzeugung, mit aller Bestimmtheit auszusagen,
dass die fragliche Person Markgraf Waldemar sei, geschweige

runt. Ceteri vero predictum simulatum et falsum, alio
nomine dictum Melsak, cum magno honore... receperunt."
[1]) Die Namen der Commissionsmitglieder sind zu lesen in der
Belehnungsurkunde des falschen Waldemar. Gegeben im
Felde zu Heinersdorf bei Mönchsberg am 2. Oct. 1348.
Riedl, Cod. Brandenburg. II. 217.

denn diese Aussage mit ihrem Eide zu erhärten."[1]) Nichtsdestoweniger nahm K. Karl den Commissionsbericht als wahr an, und bestimmte den 2. October als den Tag, an welchem der falsche Waldemar belehnt werden sollte.

Als der zur Belehnung anberaumte Tag des 2. October anbrach, führte man im Lager bei Heinersdorf den deutschen König zum improvisirten und glänzend ausgestatteten Throne, wo er im vollen Ornate, umgeben von den Erzbischöfen, Herzogen und Fürsten, die eben im Lager waren, und im Angesichte seines Heeres, Platz nahm. Die Glieder der Verifications-Commission, dann Rudolf der Jüngere, Sohn Herzogs Rudolf von Sachsen-Wittenberg, Johann Herzog zu Mecklenburg, Albrecht Graf zu Anhalt und viele andere stellten den Pseudo-Markgrafen vor den König; dieser leistete die Huldigung und den Treueid, worauf ihn Karl nach hergebrachter Weise mit der Markgrafschaft Brandenburg und Landsberg, sowie mit der Kurwürde und allem Zubehör, wie er dieselbe inne hatte, ehe er vom Lande schied, belehnte, dabei versprechend, ihn im Besitze dieser Lehen gegen Jedermann, selbst als König der Böhmen, zu schützen, weshalb unter den Zeugen, welche die vom deutschen Reichskanzler an der Stelle des noch nicht eingeführten Gerlach von Mainz, Nikolaus, Olmützer Domdechant, ausgestellte Lehensurkunde bestätigten, der Erzbischof von Prag, Arnost, und die folgenden böhmischen Herren erscheinen: Andreas von Duba, Pota von Torgau, Protas von Skuhrov (sic!), Wenzel und Johann von Wartemberg-Weseli, Johann von Michelsberg, Heinrich von Sliven, Jodok

---

[1]) Wörtlich aus Werunsky, Geschichte K. Karl IV. II. 135 und 136.

von Rosenberg, Albrecht von Křenovitz und Friedrich von Bieberstein.¹) Neben dieser Lehensurkunde erhielt Waldemar von demselben Tage noch zwei andere Urkunden. Durch die eine gebietet Karl, allen in der Mark Brandenburg und in Landsberg lebenden Unterthanen, dem Neubelehnten zu huldigen und zu gehorchen, und ihnen, den Urhebern dieses Waldemar-Spukes, seine Anerkennung zu zollen; belehnte Karl hier im Lager auf den Fall, dass Markgraf Waldemar erblos sterbe, in Eventual-Succession Rudolf den Jüngeren und Otto Herzoge von Sachsen, Albrecht und Waldemar Grafen von Anhalt und Fürsten von Ascanien mit den Marken zu Brandenburg und zu Landsberg und der Kurwürde, wie sie Waldemar besessen hat, ehe er vom Lande schied. Zeugen und der Ausfertiger, wie in der Lehensurkunde.²) Den mit der Belehnung verbundenen Festlichkeiten, wobei auch ein vom Könige Karl vorgenommener Massenritterschlag war, wohnte auch Karls Bruder, der sich noch immer Herzog von Kärnten nannte, Johann Heinrich, bei. Wir finden ihn unter den Herren verzeichnet, welche im Lager des Pseudo-Waldemars

---

¹) Riedl, Cod. Brandenburg. II. 217. „Haben wir geliehen und verleihen dem vorgenannten Markgrafen Waldemar und seinen Erben und Nachkommen die Mark zu Brandenburg und zu Landesper (als Anwartschaftstitel) mit allen Ehren, Würden und Rechten .. und aller Zugehörunge, und bei Namen mit der Stimme und Kur, die ein Markgraf zu Brandenburg hat an der Wahl eines römischen Königs und setzten ihn in Gewähr in aller Weis... ehe er davon schiede."

²) Riedl, Cod. Brandenburg. II. 219 und 229.

zu Tempelfeld eine Stunde westlich von Heinersdorf, am 2. October, die dem Herzoge von Sachsen, und den Fürsten von Anhalt-Ascanien geschehene Verleihung der eventuellen Succession in die Marken Brandenburg und Landsberg bezeugen. Der Erzbischof Ernst von Prag, Rudolf Herzog von Sachsen-Wittenberg und die obangeführten böhmischen Magnaten waren in Johanns Gesellschaft.[1]) Natürlich war auch der falsche Waldemar anwesend, welcher am selben Tage die Abtretung der Mark Laussitz an die Krone Böhmens zugleich mit einem eigenen Gebotsbriefe an die Stände der Laussitz ergehen liess, dem Könige Karl und der Krone Böhmen zu huldigen, wofür Karl aus Dankbarkeit im Felde bei Frankfurt a. d. O. am 11. October alle Eingesessenen und Unterthanen der Mark Brandenburg, welche Waldemar nicht als Markgrafen anerkennen, in die Reichsacht erklärt,[2]) und dann sich zur Belagerung Frankfurts, wohin sich Ludwig, der Markgraf von Brandenburg, mit seinem Anhange geworfen, angeschickt hat.

K. Karl hatte mit dem falschen Waldemar und dessen Freunden, den Ascaniern, Hessen und den Sachsen eine Übermacht von Frankfurt, doch die Stadt war wohl befestigt. Wassergräben, Mauern und Thürme widerstanden den damaligen Mitteln, durch welche man befestigte Städte zu bezwingen suchte, und nachdem sich Karl und sein Heerführer in einer

---

[1]) Riedl, Cod. Brandenburg. II. 222, 223 und 227. Von demselben 2. October datirt ein offener Gebotsbrief des falschen Markgrafen an die Stände der Lausitz, dem Könige Karl und der Krone Böhmen zu huldigen.

[2]) Cod. Dipl. Mor. VII. 617, 618.

neuntägigen Belagerung, die ihnen bei den häufigen Stürmen so manchen Tapferen kostete, von der Unmöglichkeit der Bezwingung dieser Stadt überzeugten, und der Winter im Anzuge war, beschloss Karl die Belagerung aufzuheben und den Rückmarsch anzutreten.[1]) Karls Bruder, Johann, nahm Theil an der Belagerung, und gehörte wahrscheinlich unter diejenigen, welche hier vor Frankfurt (?) von Karl den Ritterschlag erhielten. Dass er vor Frankfurt lag, zeigt eine Urkunde, worin er im Lager vor Frankfurt am 11. Oct. 1348 erklärt, dass sein Vater, König Johann, das Schloss Nachod vom Johann von Nachod im Tauschwege erhalten habe. Johann von Nachod gehörte der berühmten Familie der Herren von Berka und Duba. Doch nur kurze Zeit blieb Nachod luxemburgisch: es gelangte wieder an die alten Herren von Berka und Duba. Johann Heinrich, welcher in der Zeit der Abwesenheit des Königs als Stellvertreter in Böhmen fungirte, blieb noch im Gefolge seines Bruders, während Mähren die ganze Zeit hindurch unter der Aufsicht des Landeshauptmannes, Wilhelm von Landstein, stand. Wir lernen seine Thätigkeit kennen aus einer Urkunde vom 28. October 1348, die er als Landeshauptmann von Mähren den Johanniter-Commenden zu Přibitz und Altbrünn ausstellt,

---

[1]) Henricus de Diessenhoven. Böhmer, Font. IV. 67. Matthias Nuewenburg. l. c. 260. Beneš, Script. II. 352. Applicuit ad civitatem Frankenfurd prædictam, in qua se Ludovicus recluserat, et castra metatus est (Karolus) ibidem in obsidione civitatis per IX. dies et irrecuperabilia dampna intulit Ludvico in ultionem fratris sui Iohannis, qui etiam ibidem in obsidione erat cum magna gente."

und darin verspricht, dass er sie bei den vom König Karl erhaltenen Freiheiten, auch den Burggrafen, welcher auf dem Spielberge seinen Sitz hat, beschützen wolle.[1]) Und wie der Landeshauptmann, so nahm sich auch der Landesbischof, Johann von Olmütz, der Unterdrückten an, und sorgte für die Ruhe im Lande. Die Olmützer Nonnen Augustiner-Ordens bei St. Jacob hatten eine Mühle an einem Marcharme; der Advocat in Olmütz, Nikolaus, wollte sie um diese Einnahmsquelle auf ungerechte Weise bringen. Der Bischof vernahm diese Ungerechtigkeit, und um die Nonnen zu retten, nahm er die Jakobsmühle, denn so wurde sie genannt, in seinen eigenen Schutz.[2]) Durch ein so gerechtes Verfahren hob der Bischof allseitig das Vertrauen und mit demselben den Wohlstand, so, dass das Olmützer Capitel im Stande war, am 27. October l. J. vom Matthias von Klein-Senitz für zweihundert Mark Grundzinsen in Klein-Senitz, Čákov und Loučka anzukaufen.[3])

Gewiss erhielt K. Karl im Feldlager Nachricht über den befriedigenden Zustand seiner Lande Böhmen und Mähren, so dass er voll Beruhigung das Lager bei Frankfurt um den 18. Oct. abbrechen, und mit seinem Bruder bei Fürstenberg, südlich von Frankfurt, vielleicht schon den

---

[1]) Cod. Dipl. Mor. VII. 620. „per nos aut purchravios nostros in Spilmberch in omnibus rate et grate, volumus conservare."
[2]) Cod. Dipl. Mor. VI. 619. „ipsum molendinum in nostram recepimus potestatem... per quod tamen nichil nobis, vel nostris successoribus iuris vel utilitatis intendimus vendicare."
[3]) Cod. Dipl. Mor. VII. 620.

18. Oct., den Erzbischof Otto von Magdeburg und den Pseudo-Markgrafen Waldemar ermächtigen und beauftragen konnte, einen Landfrieden in dem Lande zu Sachsen auf drei Jahre vom nächsten Martinstage an schwören zu lassen, und setzt zu einem Richter dieses Landfriedens den genannten Pseudo-Markgrafen über Räuber, Diebe und andere böse und ungerechte Leute und wer sie hegt, und erlaubt ihm statt seiner einen oder mehrere Richter zu setzen.[1]) Von Fürstenberg setzt K. Karl seinen Marsch nach Kotbus fort, wo er am 25. October ein Bulletin an die Stadt Hagenau im Mecklenburgischen schickt, in welchem er mittheilt von dem, was ihm in jüngster Zeit widerfahren ist, namentlich, dass ihn Friedrich, Markgraf zu Meissen, als König anerkannt habe, dass er den wieder zu Lande gekommenen Markgrafen Waldemar nach vorangegangener genauer Untersuchung als solchen anerkannt, und ihn vor den Augen des in der befestigten Stadt Frankfurt an der Oder eingeschlossenen Reichsfeindes, Ludwig von Baiern, mit Land und Leuten und auch anderen Herren belehnt habe.[2]) Am 31. October

---

[1]) Riedl, Cod. Brandenburg. II. 229. Ausgestellt dem Erzbischofe Otto von Magdeburg und dem Markgrafen von Brandenburg und Landsberg, Waldemar. Gegeben zu Felde bei Fürstenberg.

[2]) Beneš de Weitmil. Script. II. 352. „Ludovico existente in civitate, et per muros civitatis aspiciente," als König Karl den falschen Waldemar feierlichst belehnt hatte, obwohl der Ort, wo die Belehnung stattfand, Heinersdorf bei Münchsberg, wie Werunsky l. c. II. 137, Note 3, angibt, von Frankfurt 3½ Meilen in gerader Linie entfernt ist. Huber, Kais. Reichsregest. S. 64.

war Karl in Budissin und schenkte daselbst dem Markgrafen Friedrich von Meissen, weil er seiner gegenwärtig sein und sich zu seinen Diensten neigen will, ein Haus in der grössern Stadt Prag bei St. Jakob.[1]

Am Freitag vor Martini, also am 7. November, kam Karl nach Breslau. Die Breslauer kannten ihn aus der Zeit seiner Anwesenheit mit seinem Vater. Aber als König von Böhmen und als deutscher König hat er Breslau noch nicht betreten, und doch gieng von ihm der Ruf voraus, dass er zwar nicht die schwungvolle Ritterlichkeit seines Vaters, dem die Schlesier mit dem Sohne aller Orten gehuldigt haben, aber dafür auch nicht dessen unstetes Wesen, noch den Hang zu Fehden und Abenteuern innehatte, dass er im Gegentheile zu seinem Vater, wo er es nur konnte, vermied, zum Schwerte zu greifen, und lieber durch die Künste der Diplomatie, in der er ein unübertroffener Meister war, seine Sache zu führen wusste, was besonders die Bürgerschaft ansprach, welche nicht Waffengetöse, wohl aber ruhige, friedliche Zeiten wünschte. Und weil sie alle diese vorzüglichen Eigenschaften an Karl wahrnahmen und dabei auch seine tiefe Frömmigkeit, ohne welcher sie sich einen guten Regenten gar nicht denken konnten, empfiengen sie ihn mit ungeheuchelter Freude, wofür ihnen der König am 14. November ihre Rechte und Freiheiten bestätigte.[2] Die Ursache, warum K. Karl, welcher vielleicht schon von Bautzen aus sein böhmisches Heer entliess,[3] nach Breslau

---

[1] Siehe S. 589 d. W.
[2] Huber, K. Reichsregister S. 64 und 65.
[3] Werunsky, K. Karl IV., II. 140.

Bolek II. bemächtigt sich Landshut 1348.

zog, scheinen die unklaren Verhältnisse des Herzogs Boleslav II. von Schweidnitz-Jauer zur Krone Böhmen gewesen zu sein. Bolek II., der seit dem Tode seines Vaters-Bruders, Heinrich von Jauer, 1346 auch dessen Lande geerbt hatte, war damals bei weitem der mächtigste Fürst Schlesiens; er gebot über einen weiten fruchtbaren Strich Landes von der ersten Hügelkette des Landes bei Freiburg und Striegau bis auf den Kamm des Riesengebirges, und von Bunzlau bis fast zu den letzten Abhängen des Eulengebirges. Eng hielt er mit seinem Schwager Kazimir zusammen; aber auch der mächtige König von Ungarn Ludwig nahm lebhaften Antheil an seinem Schicksale. An seinem Hofe war die Nichte und Erbin Boleks, Anna, deren Mutter eine Schwester Ludwigs war, erzogen. „Sei es nun, dass wegen der Erbschaft Heinrichs von Jauer Karl von Böhmen und Bolek II. von Schweidnitz in Streit geriethen, oder dass K. Kazimir nach dem Tode K. Johanns die Gelegenheit zu Eroberungen für günstig erachtete, genug, es kam 1347 zu neuen Kämpfen. Bolek gelang es, am Anfange des Jahres 1348 seine Stadt Landshut, welche K. Johann 1345 erobert und seitdem besetzt gehalten hatte, wieder zu gewinnen, indem er ein Häuflein Bewaffneter, auf Wägen versteckt, ohne Verdacht um oder in die Stadt zu bringen vermochte [1]) und polnische Kriegshaufen schwärmten von der Burg Orla aus (bei Krotoschin) verwüstend bis an die Thore Breslaus." [2])

[1]) Stenzel, Script. rer. Siles. Chronica princip. Polon. I. 122 und 123.

[2]) Wörtlich, Grünhagen, Schlesien und der Kaiser Karl IV. Zeitschrift des Vereines für Geschichte und Alterthum Schlesiens XVII. S. 4.

So dauerten die wechselseitigen Angriffe und Plünderungen, bis K. Karl in Breslau ankam, sich dort Freunde erwarb, am 12. Nov. daselbst vom Heinrich von Haugwitz die ihm vom Herzoge Niklas von Münsterberg versetzte Stadt Frankenstein sammt dem Kloster Kamenz in Pfand nahm und am 14. Nov. sich den Pfandbrief von der Stadt Frankenstein einhändigen liess,[1]) wozu ihm die Bürgerschaft von Breslau beihilflich war; denn am 23. November bekennt K. Karl urkundlich, dass ihm die Consulen und Räthe zu Breslau zur Einlösung der Stadt Frankenstein 500 Mark Groschen zusammengebracht haben, wofür er ihnen den jährlichen Zins von den Juden, seinen Kammerknechten zu Breslau und Neumarkt, verpfändete.[2]) Den Tag früher, also den 22. November, erschien der K. Kazimir von Polen in dem Grenzstädtchen Namslau. Hieher kam Kazimir, weil er an der Seite Ludwigs des Brandenburgers stand und ihm manchen Kriegsvortheil brachte. Doch Karls diplomatischer Gewandtheit gelang es bald, die alten guten Verhältnisse, in welchen er zu Polen stand, wieder herzustellen. Um dem Zwiste, welcher nur unter der Asche glimmte, und mit Noth bei Bolek II. von Schweidnitz hintangehalten wurde, für eine längere Zeit vorzubeugen, wurde Bolek II. in den mit Kazimir abgeschlossenen Friedensbund aufgenommen und festgesetzt, dass, falls zwischen dem Herzoge von Schweidnitz und dem Königreiche Böhmen Unzukömmlichkeiten

---

[1]) Cod. Dipl. Mor. VII. 621.
[2]) Huber, K. Kaiserregesten S. 65 hat als Datum 24. Nov., während Cod. Dipl. Mor. VII. 623 den 23. Nov. nennt.

ausbrechen, Herzog Albrecht von Österreich selbe als Schiedsrichter schlichten solle. Zudem versprach Kazimir, dass er mit Vorbehalt und Ausnahme des Königs von Ungarn, dem deutschen Könige gegen alle seine Feinde Beistand leisten und unterstützen wolle, sobald er dem deutschen Ritterorden und den brandenburgischen Fürsten bairischer Linie diejenigen Landestheile, die sie von Polen abgerissen haben, wieder gewonnen haben würde, wozu ihm K. Karl mit Rath und That behilflich sein solle; was aber Kazimir überdies erobern werde, das wolle er mit Karl so theilen, dass die eine Hälfte Polen, die andere Karl zu Gute käme. Schliesslich, worauf das Hauptgewicht zu legen kam, wurden noch die Schuldverschreibungen Karls, die sich seit dem Litthauer Feldzuge sehr angehäuft haben, für immerwährende Zeiten cassirt.[1]) Mit Herzog Bolek hielt Karl drei Tage später, also am 25. November, eine Besprechung zu Liegnitz. Bolek, welcher ohne Unterstützung des Polenkönigs sich in seiner feindlichen Haltung gegen die Krone Böhmen nicht behaupten konnte, gelobte, mit Karl und allen Unterthanen desselben bis auf Fastnacht des folgenden Jahres Waffenstillstand zu halten.[2])

Nachdem K. Karl durch seine glückliche Politik den

---

[1]) Cod. Dipl. Mor. VII. 622 und 623. „Recuperatis tamen limitibus regni nostri predicti, promittimus sub fide et iuramento: Regi adversus omnem hominem auxiliari, astare et assistere, regie Ungarie dumtaxat excepto, prout in antiquis literis nostris est impressum, et predictum regem et fideiussores eius, qui nobis suis patentibus literis pro quadam summa pecunie promiserunt, de predicta pecunia nullis umquam temporibus admonere."

[2]) Werunsky, Karl IV., II. 141.

König Kazimir von Polen und seinen Verwandten, den Herzog Bolek von Schweidnitz, von dem Brandenburger Ludwig abgezogen und für sich gewonnen, folglich den Rücken gedeckt hatte, ritt er von Liegnitz über Bautzen nach Wittenberg, der gewöhnlichen Residenz seines alten Freundes, des Sachsenherzogs Rudolf, weshalb dieser Herzog auch von Sachsen-Wittenberg genannt wird. Hier in Wittenberg verbündete sich Otto, Erzbischof von Magdeburg, mit den jungen Herzogen von Sachsen, den Brüdern Rudolf und Otto, und mit den Brüdern, den Grafen Albrecht und Waldemar von Anhalt, einander zu helfen, damit der Pseudo-Markgraf Waldemar von Brandenburg die genannte Mark erobere. Bei dieser Gelegenheit wurde durch Karl festgesetzt, was nach dem Tode des schon bejahrten falschen Waldemar mit der Mark geschehen solle? Natürlich war mit derselben zu Gunsten des Erzbisthums Magdeburg und der Häuser Sachsen-Wittenberg und der Grafen von Anhalt verfügt.[1])

So schien sich alles zu Gunsten des Königs Karl zu gestalten, die Lausitz war mit der Krone Böhmen in Verbindung und der Markgraf Friedrich von Meissen war von der Bahn, um als Gegenkönig zu wirken, abgebracht, wenn auch noch nicht als Freund gesichert; Ludwig von Brandenburg hat ihn noch nicht aufgegeben. K. Karl wusste, dass Friedrich von Meissen sich in Dresden aufhalte. Auch vernahm er, dass Ludwig von Brandenburg dahin geeilt sei, um ihn womöglich zur Annahme der deutschen Krone zu bewegen, was ihm jedoch nicht gelang. K. Karl wollte

---

[1]) Huber, K. Reichssachen l. c. S. 533. Riedl, Cod. Brandenb. II. 232.

jedoch dem Unternehmen vorbeugen, und eilte in Gesellschaft seines Bruders, Johann Heinrich, und einiger böhmischen Grossen nach Dresden, wo er fast den ganzen Monat Dec. verblieb. Dass K. Karl noch in Wittenberg von der Absicht seiner Gegner, falls Friedrich von Meissen nicht zur Annahme der deutschen Krone zu bewegen wäre, ihm einen neuen Gegenkönig aufzustellen, unterrichtet war, ist wohl sicher, obwohl keine Urkunde dies bestätigt. Aber Ludwig von Brandenburg hat schon Anfangs December den vom Papste am 7. April 1346 abgesetzten Erzbischof und Kurfürst von Mainz, Heinrich von Virneburg, und seine Vettern Rudolf und Ruprecht, Rheinpfalzgrafen, dahin vermocht, den Grafen Günther von Schwarzburg, Herrn von Arnstadt d. ä. zum Gegenkönige zu wählen. Er selbst, Ludwig, gibt zu Dresden 9. December 1348 dem Grafen Günther von Schwarzburg-Arnstadt seine Stimme zur Wahl desselben zum römischen Könige. Falls die beiden Rheinpfalzgrafen binnen 6 Wochen dem Günther von Schwarzburg-Arnstadt ihre Kurstimmen geben, dann möge Ludwigs des Brandenburgers Hofrath, Hippolit von Stain, die in Ludwigs Verwahrung in München befindlichen Reichskleinodien dem neuen Könige dort, wo dieser will, übergeben; sollte aber wider Erwarten Graf Günther der zwei genannten Fürsten Stimmen nicht erhalten, so soll er, der Graf, seine, Ludwigs von Brandenburg und seiner Brüder Vollmacht haben, mit dem Könige von Böhmen eine Sühne zu verhandeln.[1]) Wird der Graf König, dann sollen ihm, falls er nach Lombardien ziehen solle, alle Städte und Burgen in Tirol offen stehen. Diese Zusage

---

[1]) Riedl, Cod. Brandenburg. II. 234

Ludwigs des Brandenburgers soll nach seiner Erklärung ddo. Dresden 11. December nur für die nächsten 6 Wochen Giltigkeit haben, und Hippolit von Stain muss binnen der nächsten 6 Wochen die Reichskleinodien ausliefern.¹)

Obwohl der neue Throncandidat zu den unbemittelten deutschen Dynasten gehörte, stand er im Rufe einer gewissen Entschlossenheit, und genoss eine nicht gewöhnliche Achtung unter den Anhängern der Wittelsbacher Partei, so dass er als Feind nicht ganz zu verachten war, weshalb es K. Karl daran liegen musste, mit dem für sich gewonnenen Friedrich von Meissen und Thüringen, und mit dessen Söhnen, Friedrich, Balthasar, Ludwig und Wilhelm, ein Offensiv- und Defensivbündnis gegen jedermann zu schliessen. Am 21. Dec. war dieses Offensiv- und Defensivbündnis zu Dresden mit K. Karl und mit dessen Brüdern, Johann, Titular-Herzog von Kärnten und Herr in Tirol und Görz, und Wenzel, Graf von Luxemburg, mit der Bedingung abgeschlossen, dass die Markgrafen von Meissen und Thüringen im Kriege gegen die Herzoge von Baiern ein Jahr lang keine Hilfe zu leisten brauchen, eine Clausel, welche in einer andern Urkunde fallen gelassen wurde, wenn sie nicht selbst mit diesem innerhalb dieser Zeit in Krieg verwickelt würden. Bei den mit den Meissnern abgeschlossenen Verhandlungen waren von Seite des Königs und seiner Brüder zugegen die Landherren Poto, Herr zu Arnau, Zbinek von Hasenburg, des Königs Kammermeister, Beneš von Wartemberg, Herr zu Tetschen, Ješek von Krawař, des Königs Geheimrath, Poto von Turgau, Herr zu Bechin, Friedrich von Schönberg, Herr

¹) Riedl, Cod. Brandenburg. II. 295.

zu Komottau, Thimo von Koldicz, Marschall, Albrecht von Malticz, Hofrichter.¹)

Karl durfte jedoch in Dresden nicht vergessen, dass, während er Freunde in Deutschland aufsucht, um dem neuen geplanten Gegenkönige kräftigst zu begegnen, er dadurch den Markgrafen von Brandenburg gewiss zum energischen Kriege reizen werde, und dass er auch für seinen Bruder Johann Heinrich in Tirol zu kämpfen habe, weshalb er bedacht war, seine Parteigänger in Tirol, vor allem die mächtigen Vilanders und die Greifensteiner, durch Verpfändung tirolischer Burgen und Ämter für die bereits gebrachten und noch zu bringenden Opfer zu entschädigen, und zum Ausharren im Kampfe wider den Landeshauptmann von Tirol, Herzog Konrad von Teck, aufzumuntern. König Karl hatte allerdings keine materielle Macht, seine Zusicherung durch die That zu unterstützen; aber sein Wille gab die Ermächtigung zu gewaltsamen Schritten, die sonst strafbar gewesen wären; denn K. Karl hoffte noch immer auf die Recuperirung Tirols, und auf eine Entschädigung von Seite Ludwigs des Brandenburgers, besonders als er erfuhr, dass Papst Klemens VI. schon am 17. Dec. 1348 dem Patriarchen von Aquileja und dem Bischofe Ulrich von Chur den Auftrag ertheilt habe, die Untersuchung der zwischen Johann Heinrich, dem Sohne des böhmischen Königs Johann, folglich Bruder des deutschen und böhmischen Königs, und der Fürstin Margaretha von Tirol, beabsichtigten Ehescheidung einzuleiten, und somit auch vom kirchlichen Standpunkte aus in die Wittelsbachische Angelegenheit einzugreifen.¹)

¹) Cod. Dipl. Mor. IV. 628, 629, 634, 635.

Die Veranlassung hiezu gab Karls Bruder, Herzog Johann Heinrich von Tirol. Vielleicht der erzwungenen Ehelosigkeit müde, gewiss nach dem wohlerwogenen Rathe seines Bruders Karl hat Herzog Johann Heinrich um die Auflösung seiner Ehe mit Margaretha Maultasch beim Papste Klemens VI. gebeten und erwirkt, dass die Curie am 17. Dec. 1348, wie oberwähnt wurde, den Patriarchen von Aquileja und den Bischof von Chur, Ulrich von Langburg, als Untersuchungsrichter bestellte, zu eruiren, ob es wahr sei, dass sich Johann von Tirol mit Margaretha, Tochter des Herzogs Heinrich von Kärnten, obwohl sie im vierten Grade verwandt gewesen, aus Unkenntnis dieses Hindernisses vermählte, zehn Jahre oder mehr mit ihr gelebt habe, dass aber die Gemahlin wegen Impotenz des Gemahls, da sie doch Mutter sein wollte, ohne kirchlicher Dispens den Markgrafen Ludwig von Brandenburg geheiratet habe. Diese Umstände sollen sie untersuchen, und falls sie selbe für begründet finden, die Ehe auflösen.[2]) Darum befiehlt Bischof Ulrich von Chur am 30. Mai 1349 allen Geistlichen der Diöcesen Chur und Prag den Grafen Johann von Tirol und die Frau Margaretha aufzufordern, persönlich oder durch Bevollmächtigte am 10. Juli in der Pfarrkirche zu Tirol vor ihm zu erscheinen, um das Urtheil in ihrer Ehescheidungsangelegenheit zu vernehmen.[3]) Als Bevollmächtigte erscheinen für den Grafen Johann von Tirol Johannes Apeczko von Glatz, und für die Fürstin Margaretha der Pfarrer Heinrich

---

[1]) Cod. Dipl. Mor. VII. 627.
[2]) Cod. Dipl. Mor. VII. 627. „Inter ipsos Iohannem et Margaretham divortii sententiam ferri."
[3]) Cod. Dipl. Mor. VII. 656.

von Lutkilch in Silz, Brixener Diöcese. Die Vollmacht, welche Graf Johann von Tirol dem Herrn Johann von Apeczko aus Glatz zu Mysenburg am 13. Juni 1349 ausgestellt hatte, enthält die alten Punkte, welche nach des Grafen Johann Ansicht die Ehe mit Margaretha ungiltig machen: Die Verwandtschaftsgrade und die Impotenz der Frau.[1]) Im Cistercienserkloster zu Stams haben diese beiden Bevollmächtigten dem dort anwesenden päpstlichen Rathe Ulrich, Bischof von Chur, in feierlicher Sitzung am 16. Juli 1349 ihre Vollmachten vorgelegt und darüber ein Notariats-Instrument ausgestellt.[2]) Die Folge aller dieser Verhandlungen und der Ehescheidungsklage des Grafen Johann von Tirol an den Papst war, dass der gräfliche Bevollmächtigte Johann Apeczko acht Punkte dem Bevollmächtigten der Margaretha von Kärnten, dem Pfarrer Heinrich von Silz, vorgelegt hatte, und welche dieser im Namen der Margaretha Maultasch alle als wahr beeidete. Diese acht als wahr angenommenen Punkte lauteten: „Dass Johann, des Königs von Böhmen Sohn, sich mit Margaretha, Tochter Herzogs Heinrich von Kärnten, erst verheiratet, ihr zehn Jahre beigewohnt, dass sie diese zehn Jahre oder wenigstens drei Jahre davon sich alle Mühe gaben, ehelich zusammenzukommen, dass aber Johann in dieser Beziehung verhext, die eheliche Pflicht nie ausüben konnte, dass Margaretha, nachdem sie diese durch Verhexung bewirkte Impotenz ihres ihr rechtlich angetrauten

---

[1]) Cod. Dipl. Mor. VII. 657.
[2]) Cod. Dipl. Mor. VII. 665. Das kirchliche Strafverfahren gegen Margaretha von Tirol wegen der Verjagung ihres ersten Gemahls und ihrer Verheiratung mit Ludwig dem Brandenburger. Von Prof. Dr. Alfons Huber 305 bis 334. B. 37

Gemahls erkannt habe, in der Absicht, um legitime Erben zu hinterlassen, sich mit Ludwig von Baiern, ohne erst die Dispens der Kirche zu erwarten, vermählte, mit demselben, als ihrem Gemahle, zusammenwohnend, von ihm mehrere Söhne und Töchter geboren habe, dass Johann in der Folge der Zeit thatsächlich seine frühere Impotenz widerlegt habe, und in die Nothwendigkeit gesetzt sei, gleichfalls legitime Nachfolger zu besitzen, sich verehelichen muss, und dass dies alles in Tirol und in Böhmen allgemein bekannt sei."[1]) Mit diesen durch Margaretha an Eidesstatt gemachten Aussagen, die durch den päpstlichen Richter, den Bischof von Chur, Ulrich, an die Curie geschickt wurden, war der Ehescheidungsprocess so gut wie entschieden. Ludwig und Margaretha hatten schon lange die Lossprechung vom Banne und die kirchliche Anerkennung ihrer Ehe, die bisher nur als Concubinat betrachtet werden konnte, sehnlichst gewünscht, und es wurde ihnen die Erreichung dieses Zieles

---

[1]) Cod. Dipl. Mor. VII. 911. Ohne Ort und Datum. „Quod dominus Iohannes adversus dominam Margaritam maleficiatus duntaxat, ut indubitanter presumitur, cum ea nunquam factus est nec unquam effici potuit una caro. Istam confitetur. Quod domina Margarita predicta prescriptum maleficium et impotentiam in prefato domino Ioanne perpendens, ab ipso divertit... Item quod dominus Iohannes predictus, naturalem habet potentiam, mulieres alias cognoscendi, et desiderans, esse pater, non velit continere, et pro honore ac voluntate dominiorum suorum cupit heredes legitimos procreare. Istam (expositionem) credit ex fide dignorum relatu esse veram." Huber, Geschichte der Vereinigung Tirols mit Österreich, S. 169.

einigermassen dadurch erleichtert, dass Margarethens erster Gemahl, Johann, der erzwungenen Ehelosigkeit müde, mit Zustimmung seines Bruders, K. Karl, um die Auflösung seiner Ehe beim Papste Klemens VI. gebeten und sie auch im Juli 1349 erwirkt und verkündet habe.[1])

Mit der Regelung dieses Ehelebens hatte K. Karl einen wesentlichen Schritt zur Pacificirung Deutschlands gemacht. Er hatte, wie uns bekannt, an Ludwig von Brandenburg den Hauptfeind vor sich; war dieser unschädlich gemacht, konnte ihm der eben damals durch sein Zuthun aufgestellte Gegenkönig, Graf Günther von Schwarzburg, nicht mehr gefährlich werden. Es war daher durch die von dem Markgrafen Ludwig gewünschte Aussöhnung mit dem Papste der einzig richtige Weg eingeschlagen, um zum Frieden in Deutschland zu gelangen. Bevor dieser nicht erfolge, war an eine Rückkehr des Königs in sein Erbkönigreich Böhmen und Mähren nicht zu denken, aber auch ihre Regierung ohne Stellvertreter länger nicht zu halten. Karls Bruder, Johann, welcher sie in der Regel führte, befand sich seit mehreren Monaten im Gefolge seines Bruders. Erst in Dresden,[2]) wo Karl fast den ganzen December zubrachte,

---

[1]) Heinricus Rebdorfen. Böhmer, Font. IV. 536.
[2]) Dresden, 27. Dec. 1348. Karl bestätigt der Erb-Hauptstadt Prag alle von den früheren römischen und böhmischen Königen erhaltenen Privilegien und Begnadigungen. Cod. Dipl. Mor. VII. 636. Dresden, 1. Jan. 1349. Karl bestätigt der Stadt Leitmeritz den Fortbestand der dort seit undenklichen Zeiten bestehenden Niederlage für Getreide, Salz, Fische, Wein und andere verkäufliche Waren. Cod. Dipl. Mor. VII. 639.

scheint er das Hoflager verlassen und nach Böhmen die Reise angetreten zu haben. Wenigstens finden wir ihn als bevollmächtigten Stellvertreter des Königs, wie er den 22. März 1349 zu Prag das Patronatsrecht zu einer Domherrenstelle bei der Wyšegrader Kirche an das dortige Capitel überträgt,¹) und wie er mitten in Böhmen, zu Beraun, am 26. März 1349 urkundet: denn damals verlieh er im Namen seines Bruders, des Königs von Deutschland und Böhmen, dem Pešek Krabice von Weitmühl das Landgericht und Jägermeisteramt des Trautenauer Districtes.²) Diese und ähnliche, leider urkundlich nicht nachweisbare, aber vorauszusetzende aufrichtige und energische Unterstützung des Königs von Böhmen, Karl, in Regentenpflichten durch Herzog Johann war für den deutschen König von folgenreicher Wichtigkeit; denn die Wahl des Gegenkönigs Günther von Schwarzburg ward durch den entschiedenen Anhänger der Wittelsbacher Partei und erklärten Feind des Königs Karl, durch den abgesetzten Erzbischof von Mainz, Heinrich von Virneburg, als Erzkanzler des deutschen Reiches,³) durch

---

¹) Cod. Dipl. Mor. VII. 649. „Nos Iohannes dux Karinthie, nunc vero Capitaneus regni Bohemie generalis."
²) Cod. Dipl. Mor. VII. 651. „Quia nos auctoritate invictissimi Karoli. . fratris nostri .. qua plenarie ex ipsius commissia fungimur et virtute propria, fideli nostro dilecto, Pesconi Krabicze de Weytmil, officia, videlicet iudicium provinciale, quod Landgericht dicitur, et forestariam silvarum districtus Truthenovien... contulimus."
³) Huber, K. Kaiserregesten. Reichssachen ad an. 1349, S. 534.

ein Umlaufsschreiben ddo. Frankfurt 30. Dec. 1348 an die Kurfürsten, und namentlich an den greisen Erzbischof von Trier, Balduin, auf den 16. Jan. bei Frankfurt auf dem sogenannten Galgen- oder Wahlfelde ausgeschrieben und am 1. Jan. 1349 eine Art von Vorwahl unternommen. Ruprecht, Pfalzgraf bei Rhein und Herzog in Baiern, erwählte nämlich als Bevollmächtigter seines Bruders, des Pfalzgrafen Rudolf I., für sich selbst den Grafen Günther von Schwarzburg zu einem römischen Könige und verspricht, demselben gegen König Karl von Böhmen und gegen alle Widersacher beizustehen. Und nachdem noch am selben Tage der exilirte und excommunicirte Erzbischof von Mainz, Heinrich, mit seinen Mitkurfürsten, den Rheinpfalzgrafen Rudolf und Ruprecht d. Ä., dem Markgrafen Ludwig von Brandenburg und dem Herzoge Erich von Sachsen ihre Stimmen und ihre materielle Unterstützung dem Grafen Günther von Schwarzburg, Herrn zu Arnstadt, zusagten,[1] musste Karl alle seine geistigen und materiellen Kräfte aufbieten, um die noch bis jetzt errungenen Vortheile nicht einzubüssen. Wenn wir bedenken, dass Karl nur in äusserster Noth zum Schwerte griff, und es vorzog, alle Streitigkeiten lieber am diplomatischen Wege zu begleichen, so werden wir uns nicht wundern, dass er diesen letzteren Weg einschlug und dabei glücklich sein Ziel, allgemeine Anerkennung und den Frieden in Deutschland, erlangte; so dass er mit Ruhe seine Familienangelegenheiten, namentlich die Stellung seines Bruders Johann Heinrich ordnen konnte. Es ist wohl wahr,

---

[1] Huber, K. Kaiserregesten. Rechtssachen S. 535. Heinricus Rebdorfen. Böhmer, Font. IV. 534.

dass die Gleichzeit nicht viel Achtung und gar keine Furcht vor dem Gegenkönige hatte, besonders wenn sie die Armut desselben, dessen Besitzungen kaum eine Quadratmeile Landes betrugen, mit den Reichthümern und Ehren des rechtmässig erwählten deutschen Königs Karl in Vergleich zog,[1]) aber die Macht des Erzbischofs von Mainz, Heinrich, und seiner Mitkurfürsten war nicht zu verachten, und Karl musste auf seiner Hut sein, weshalb ihm sehr erwünscht war, als er am 10. Jan. 1349 durch die Grafen von Hohenstein und Heinrich und Günther von Schwarzburg, den beiden Brudersöhnen des Gegenkönigs, also seinen nahen Verwandten, eine Verschreibung, und eine Verbindung gegen die Kinder Ludwigs des Baiers und gegen den Grafen Günther zu Schwarzburg von Erfurt aus erhalten hatte.[2])

Als K. Karl diese Nachricht erhielt, stand er in Bonn. Hier verleiht und bestätigt er am 26. Jan. 1349 dem Abte Theodorich von Corvei wegen der Verarmung seines Klosters und wegen der Zuneigung seines Vaters, K. Johann, der dessen Abtwahl erwirkte, das Recht, in genannten Orten Freigrafen, welche in der Volkssprache Freigeding genannt werden, zu bestellen, und selbst, gleich den Bischöfen von Münster und Paderborn, Schöffe der westphälischen Gerichte zu sein, um dem argen Treiben der Gottlosen ein Ende zu machen. Es war dies die Erweiterung der sogenannten

---

[1]) Heinricus Rebdorfen l. c. N. 535. „Et communiter derisio videtur hominibus, quod hic de regno se intromittit, quia Karolus divitiis, honoribus et iustitia tituli regalis ipsum excedit."

[2]) Cod. Dipl. Mor. VII. 641 in Extract.

Vehmgerichte auf westphälischer Erde, diesem sehr erwünschten Schilde des Clerus und der Städte gegen die verhassten Burgherren. Am 27. Jan. widerrief K. Karl, welcher sich durch die Erweiterung des Vehmgerichtes die Volksliebe erworben hat, alle Vorrechte der Stadt Köln, welche den Erzbischof beeinträchtigten,[1]) ein Schritt, welcher ihm bald gute Früchte brachte. Denn noch von Bonn aus ermächtigte Karl den Markgrafen von Jülich, Wilhelm, in seinem Namen mit der mächtigsten alten Reichsstätte, der Freistadt Köln, über seine Anerkennung zu verhandeln. Vom 7. bis 19. Febr. hielt sich Karl beim Erzbischof Walmar in Köln auf. Am 7. Februar hat ihm Köln gehuldigt, gerade zur Zeit der Wahl des Grafen Günther von Schwarzburg, welche zu Frankfurt am 30. Jan. stattfand.[2]) Nachdem K. Karl der Stadt Köln die ausgedehntesten Privilegien, namentlich solche, welche den Handel betreffen, denn Köln stand sozusagen tonangebend an der Spitze der hanseatischen Städte, verliehen, versprach er, niemals zwischen Mainz und Köln einen neuen Zoll zu errichten, die bestehenden zu erhöhen, verzichtete darauf, die Kölner wider ihren Willen zur Heeresfolge, Beisteuer oder Truppenbequartirung zu zwingen, und gelobte den Kölner Kaufleuten noch speciell am 8. Febr. 1349, die Rechte und Freiheiten, derer sie sich unter der Regierung Königs Johann in Böhmen erfreut haben, zu erhalten. Er ordnete in Köln seine Schuldverhältnisse zum Erzbischofe Balduin von Trier, welche bereits eine Summe von 50.000 Mark Silber erreichten, als König Eduard III. von

---

[1]) Huber, K. Kaiserregesten. S. 69.
[2]) Umständlich über die Wahl, Werunsky, Karl IV. 153—155.

England am 1. Febr. 1349 zu Westmünster bekannt gab, dass er seinen Schwager, den Markgrafen Wilhelm von Jülich, dessen wir oben erwähnten,[1]) zur Feststellung der äusseren Heiratsbedingungen mit seiner 16jährigen Tochter Isabella betraut habe. Der Unterhändler kam zu spät. König Karl hat sich mittlerweile, um seinen Gegnern die Hauptstütze zu entziehen, seine Braut im Lager seiner Feinde aufgesucht.

Wir sahen, dass Pfalzgraf Rudolf II. fast immer die Initiative ergriff, wenn es sich gegen Karl handelte. Am 23. Juni 1338 vermachte er zu Frankfurt a. M. seinen Länderantheil den 5 Söhnen Kaiser Ludwigs IV. und übergab denselben am 2. Juli 1341 in der That auf 4 Jahre an gedachten Kaiser. Geboren 1306, erblindete er, und zog sich die letzten Jahre seines Lebens von den Regierungsgeschäften nach Neustadt an der Haardt zurück, wo er am 4. October 1353 starb. Seine Gemahlin war Anna, Tochter Herzogs Otto II. von Kärnten und Grafen von Görz und Tirol, geboren um 1300, vermählt 1328, gestorben zwischen dem 16. Mai 1331 und 4. Juli 1335 zu Heidelberg. Aus dieser Ehe entstammt die Tochter Anna, geboren am 26. Sept. 1329.[2]) Der alte Grossoheim, der Erzbischof von Trier, Balduin, scheint seinen Grossneffen, den deutschen König Karl, schnell in das richtige Fahrwasser geleitet zu haben; denn, während K. Karl sich den von Frankreich bedrohten westlichen Provinzen des Reiches zuwandte, um den Rhein für sich gesichert zu behalten, schickte Balduin seinen Hof-

---

[1]) Siehe S. 621 d. W.
[2]) Häutle, Genealogie des Stammhauses Wittelsbach S. 15.

meister, den Ritter Simon von dem Wald, zum Pfalzgrafen Rudolf II., um wegen der Heirat seines Grossneffen mit der Prinzessin Anna zu unterhandeln. Ende Februar 1349 treffen wir Karl zu Westkerk auf der Insel Tholen unfern Berg op Zoom, also in der jenseitigen Grenze Brabants. Was dort verhandelt wurde, wissen wir nicht; war es vielleicht die artige Ablehnung der ihm angetragenen englischen Prinzessin?[1]) Jedenfalls nahm hier Karl die Reichsrechte wahr, und brachte den zu Frankreich hinüberneigenden und selbst in französischen Vasallstaat eingetretenen Fürsten und Grossen ihre Zugehörigkeit zu Deutschland wieder zum Bewusstsein; desshalb gab er am 27. Febr. zu Westkerk auf der Insel Tholen in Seeland auch dem Herzoge Johann III. (1312 1355) von Brabant und Limburg damals wiederholt das Privilegium, dass die Vasallen und Unterthanen desselben vor kein auswärtiges Gericht citirt werden dürfen, also auch vor kein französisches, vor dem der Herzog selbst in seinen flandrischen Händeln so oft gestanden.[2]) Das Hauptaugenmerk aber musste K. Karl auf die in eben jener Zeit grossentheils in Frankreichs factischen Besitz übergehenden arelatischen Provinzen richten.[3])

Sich der Ausdehnung der französischen Herrschaft über die

---

[1]) Siehe S. 622 d. W.
[2]) Huber, K. Kaiserregesten. S. 71 n. 877.
[3]) Die Reichsrechte über das Arelat erstreckten sich überhaupt auf alle Gebiete, Länder, Städte, Bisthümer und Abteien, die zwischen der Grafschaft und dem Meere, zwischen der Rhone und Saone Ufer und der lombardischen Grenze eingeschlossen sind.

französisch sprechenden Landestheile auf die Dauer zu widersetzen, würde dem Reiche schwerlich gelungen sein, da der Gang der Geschäfte das Zusammenhalten der politischen mit der Sprachgrenze anstrebt. Aber diesen Gang aufzuhalten, das war unter K. Karl möglich, da Frankreich in den englisch-französischen Kriegen seine ganze bis dahin gesammelte Kraft verzehrte, und um seine eigene freie Existenz zu kämpfen hatte. K. Karl ist es daher auch zum Verdienst zu rechnen, dass er dem Frankreich günstigen nationalen Gravitationsgesetze entgegentrat und die westlichen Provinzen dem Reiche zu erhalten suchte.[1]) Am 1. März befand sich bereits Karl auf der Rückreise, und schon am 4. langte er im pfälzischen Bacherach am Rhein an, wo Pfalzgraf Rudolf und dessen Tochter Anna bereits seiner harrten. Weil alles vorbereitet war, wählte sie König Karl zur Gattin; denn durch die Ehre, sein Kind mit dem königlichen Diadem geschmückt zu sehen, vergass ihr Vater, der Pfalzgraf Rudolf, an seinen Verwandten, Ludwig von Brandenburg, und liess schon am 4. März zu Bacharach die Trauung vorsichgehen[2]) Die Anwartschaft auf die an Böhmen grenzende Oberpfalz brachte die neue junge Frau dem Könige Karl als Heiratsgut zu, während er, Karl, ihr als Morgengabe 9000 Mark Silber verschrieb, und ihr dafür Tachau und Pfraumberg versetzte.[3]) Durch diese Heirat trennte Karl

---

[1]) Gottlob, Karl IV., private und politische Beziehungen zu Frankreich. Wörtlich S. 68.
[2]) Franciscus Dobner. Mon. VI. 315.
[3]) Cod. Dipl. Mor. VII. 647.

die bisher geschlossene Wittelsbach'sche Opposition und bereitete den Sturz des Grafen Günther vor.

Leider, dass der Papst Klemens VI. diese Heirat ungnädig aufnahm. Er wünschte sich dem französischen Königshause gefällig zu erzeigen, und jetzt heiratet Karl, zwar keine namentlich Excommunicirte, aber dennoch ein Glied des verhassten Wittelsbacher Hauses, dadurch zeigend, dass sich Karl von der Curie zu emancipiren trachtet, was ihm später noch manche Unannehmlichkeiten brachte. Gut für ihn, dass Klemens VI. bereits am 6. Dec. 1352 das Zeitliche segnete. Für diesesmal brachte der Ungehorsam für Karl die besten Früchte. So gleich in Speier, wohin er auf den 22. März 1349 einen Hoftag ausschrieb,[1]) um dabei eine hochpolitische Frage zu berathen; es handelte sich nämlich darum, den noch immer mächtigen und reichen Erzbischof von Mainz, Heinrich, durch einen förmlichen Reichstagsbeschluss für abgesetzt, und seiner Kurstimme und seines Besitzes für verlustig zu erklären. Karls Klugheit hat die Beisitzer des Hoftags für sich gewonnen, und nachdem er den Bürgern der Stadt Mainz versprochen hat, bis zum 24. Juli die päpstliche Absolution zu erwirken, wurde der

[1]) Matthias Nuewenburg. Böhmer, Font. IV. 268. „Cum autem Karolus Guntherum prepotentia sua et sibi adherentium invadere non posset, indixit colloquium Spiram ad dominicam Laetare (22. März), ubi convenientibus Treverense, Gerlaco Moguntino, comite de Wirtemberg, multisque baronibus et civitatum nuntiis, cum speraretur, Guntherum in vicino venturum pro concordia tractanda, ipse spernens castrum Frideberg obsedit."

Erzbischof Heinrich im Sinne der Kirche abgesetzt, und in die Stadt Mainz der vom Papste eingesetzte Gerlach als Erzbischof aufgenommen. Heinrich, Graf von Virneburg, zog sich in seine feste Stadt, Eltvil, zurück. Am 24. Mai schreibt Karl der Stadt Erfurt, dass die Reichsfürsten zu Speier am 29. März den Rechtsspruch gemacht haben, dass der Papst einen Erzbischof absetzen könne, und dass daher nicht mehr Heinrich von Virneburg, sondern Gerlach von Nassau für einen Erzbischof von Mainz zu halten sei.[1]) Damals stand K. Karl im freundschaftlichsten Verhältnisse mit seinem in Böhmen als königlicher Statthalter waltenden Bruder, Johann Heinrich, dem er aus Speier Anfangs April die erfreulichsten Nachrichten mittheilte, dass ihn die Stadt Köln als römischen König und rechten Herrn feierlich empfangen, und dass Johann, Herzog von Brabant, Wilhelm, Markgraf von Jülich, Johann von Falkenberg und andere Grafen und Barone ihm gehuldigt und ihre Lehen von ihm empfangen haben, und dass er dann, nach kurzem Aufenthalte in der Grafschaft Lützelburg, nach Speier sich begeben habe. Nunmehr beabsichtige er, nach Berathung mit den Cur- und andern geistlichen und weltlichen Fürsten und nach Beschluss derselben am 1. Mai in der Gegend von Frankenthal zwischen Worms und Speier ein Heer zu sammeln und an dessen Spitze persönlich gegen seine Feinde vorzurücken.[2]) Dieser Heereszug wurde wirklich beschlossen, Karl ordnete seine Schuldbriefe durch die im vorigen Jahre durch Juden vorgefundenen gestörten Verhältnisse in den verschiedenen Städten, ver-

---

[1]) Huber, K. Kaiserregesten. S. 78.
[2]) Huber, K. Kaiserregesten. S. 74.

theilte Lehen und unterschiedliche Geldgeschenke an die Anwesenden und rückte in der ersten Hälfte Mai's ins Feld wider Günther. Doch äusserst gering waren die Erfolge, welche der Gegenkönig bis zur Gegenwart zu erringen vermochte.[1]) Er war in Frankfurt, als Karl ins Feld rückte und noch fast täglich Zuzüge erhielt, die ihm freilich viel Geld kosteten. Günther, obwohl sich bereits unwohl fühlend, hat am 10. Mai das Mainz gegenüberliegende Städtchen Kastel besetzt. Er that dies, um den Mainzern, und folglich dem Heere Karls, den Proviant und die Warenzufuhr auf dem Rhein abzufangen. Von Kastel aus versuchte Günther, K. Karl zu einem Treffen aufs rechte Rheinufer hinüberzulocken. Karl that dies nicht, vielmehr besprach er sich mit den Mainzern, wie es möglich wäre, den Grafen Günther von seiner Basis, der Stadt Frankfurt, abzuziehen. Damit dies möglich werde, beschloss man, auf die Residenz des abgesetzten Erzbischofs Heinrich, Eltvil, den Marsch zu richten. Kaum war dies geschehen, liess Günther die kleine Feste Kastel in Brand stecken, damit Karls Heer nicht einen Stützpunkt gewänne, falls es Karl einfallen sollte, Frankfurt

---

[1]) Was die Zahl der Combattanten betrifft, sagt Werunsky, Karl IV. 174 u. ffg., über welche die beiden Gegner verfügten, fehlen uns die Anhaltungspunkte selbst zu einer beiläufigen Schätzung. Nur die Contingente, aus denen die beiden Heere bestanden, lassen sich mit ziemlicher Sicherheit angeben. Sie werden wirklich angegeben und aus dem Umstande, dass das Heer Günthers in dem kleinen Kastel Platz fand, ist zu entnehmen, dass Karls Aufgebot bedeutend stärker war, als das seines Gegners.

anzugreifen. Auf dem Rückmarsche wurde Günthers Nachhut zersprengt, das Gros des Heeres gelangte glücklich nach Eltvil, und wurde von Karl gleich eingeschlossen. Graf Eberhard von Württemberg übernahm von Eltvil die taktische Führung des Heeres, dessen Seele Karl blieb, und hier vor Eltvil gar vielen als Preis ihrer Tapferkeit die Ritterwürde ertheilte. Papst Klemens VI. beglückwünschte am 19. Mai 1349 K. Karl aus Anlass des über den Grafen Günther und dessen Anhang errungenen Sieges.[1]

Mittlerweile nahm die Krankheit des Gegenkönigs immer mehr zu. Während K. Karls Freunde sich so mehrten, dass wohl vorauszusehen war, dass der Krieg bei Mangel der Gegner von selbst aufhören werde, und als vollends der moralische Urheber der Wahl des Gegenkönigs, Ludwig, Markgraf von Brandenburg, bloss seinen Vortheil wahrnehmend, ein Bündnis mit K. Karl schloss, und dasselbe auf sein Anrathen auch die Hauptgegner, Heinrich von Virneburg und Ruprecht d. Ä. von der Pfalz, thaten, mochte Günther von Schwarzburg wahrgenommen haben, dass es an der Zeit sei, sich an die Grossmuth K. Karls zu wenden, was schon Ludwig von Brandenburg vor ihm that. Denn, kaum aus Tirol im Monate Mai in das Lager vor Eltvil zurückgekehrt, schloss er hier in seinem und der Geschwister Namen am 26. Mai einen Friedensvertrag mit K. Karl und mit seinen Brüdern Johann und Wenzel. Johann weilte in Böhmen, Wenzel in Luxemburg. Die Freisprechung der im letzten Kriege gemachten Gefangenen erkannte Karl als einziges rechtmässiges Reichsoberhaupt an, und Ludwig versprach

---

[1] Cod. Dipl. Mor. VII. 653. Ddo. Eltavil 26. Mai 1349.

Abdankung des Gegenkönigs Günther 1349.

auch, Günther zum Verzicht auf die Krone zu bewegen. Auf ähnliche Weise thaten die beim kranken Gegenkönige Günther weilenden Heinrich, Graf von Virneburg, und Ruprecht d. Ä. von der Pfalz; auch sie anerkannten Karl als alleinigen deutschen König.[1]) An demselben 26. Mai 1349 verspricht zu Eltvil Markgraf Ludwig von Brandenburg und Herzog zu Baiern dem K. Karl die Reichskleinodien, binnen vier Wochen nach seiner Rückkehr von Avignon auszufolgen, wenn er (Ludwig) dort für sich, seine Brüder und ihre beiden Länder die Lossprechung vom Banne erlangt haben werde, und verspricht ihm Beistand zu leisten und freien Durchzug nach Italien zu gewähren.[2]) Mit dieser Concession war ja auch der Streit mit dem Grafen Johann Heinrich schon ausgeglichen; denn K. Karl verzichtete im Felde vor Eltvil am 26. Mai 1349 für sich und seine Erben zu Gunsten des Herzogs Ludwig von Baiern und seiner Erben auf alle Rechte und Ansprüche auf das Land Kärnten, die Grafschaft Tirol und Görz und die dazu gehörigen Vogteien zu Aglay, Trient und Brixen.[3]) Den am Körper gebrochenen Gegenkönig brachte endlich Ludwig von Brandenburg, obwohl nicht mit leichter Mühe, zur Abdication gegen lebenslängliche Zahlung von 22 tausend Mark und gegen gewisse Entschädigung. Diese Entschädigung bestand in der

---

[1]) Cod. Dipl. Mor. VII. 653. Die Söhne Ludwigs des Baiern. Ludwig der Brandenburger, Stephan II., Ludwig der Römer, Wilhelm und Albrecht, unterzeichneten den Friedensvertrag.
[2]) Cod. Dipl. Mor. IV. 654. Riedl, Cod. Brandenburg. II. 252, 253.
[3]) Huber, Geschichte der Vereinigung etc. S. 168 u. 133.

Verpfändung der Reichsstädte Gelnhausen sammt Burg. Nordhausen, Goslar, der königlichen Einkünfte von Mühlhausen in Thüringen. Am 31. Mai liess K. Karl zu Mainz dem Günther von Schwarzburg von diesen Städten den Huldigungseid leisten.[1]) Noch aus dem Lager vor Eltvil schrieb K. Karl dem Dogen von Genua, dass, nachdem er mit Hilfe seiner Getreuen und mehrerer Reichsstädte über den Rhein gegangen, und sich bei Eltvil im Angesichte der Feinde, die sich aus Furcht durch Gräben und andere Mittel geschützt, gelagert hatte, das Heer seiner Feinde theils gegen die Berge, theils rheinabwärts flüchtig sich zerstreut habe, dann der Günther von Schwarzburg, Ludwig von Baiern, der sich Markgraf von Brandenburg nennt, der Pfalzgraf Ruprecht und Heinrich von Virneburg, der abgesetzte Erzbischof von Mainz, in jene Stadt geflohen, und er sie belagert und gezwungen habe, dass Ludwig, Rupert und die Vormünder der Mainzer Kirche, darunter einer der wichtigsten, Kuno von Falkenstein, ihn als römischen König anerkannten, und Günther von Schwarzburg auf das Reich verzichtete.[2])

---

[1]) Huber, K. Kaiserregesten. S. 79 und 80. Matthias Nuewenburg. Böhmer, Font. IV. 270. „Veniens autem marchio de Brandenburg sine gente, habitis tractatibus cum rege, videns etiam Guntherum factum invalidum, negotium comportavit (26. Mai), ita quod Gunthero data sunt (pro renuntiatione iuris sue electionis) vigintiduo milia marcarum et duo oppida Thuringie imperialia pro tempore vite sue." Nicht zwei, sondern vier Reichsstädte leisteten die Huldigung: Gelnhausen, Nordhausen, Goslar und Mühlhausen.

[2]) Riedl, Cod. Brandenburg. II. 254. Huber, K. Kaiserregest. S. 79 n. 963.

Gleich nach der Resignation des rechtlich erwählten Königs Günther, die noch in Eltvil um den 26. Mai erfolgte, kehrte K. Karl nach Mainz zurück, während Günther von Schwarzburg am 27. Mai 1349 halbtodt nach Frankfurt auf einer Tragbahre mit allen Zeichen eines erwählten deutschen Königs gebracht wurde.¹) Es gieng die Sage herum, dass ihn sein Arzt, Freidank, auf den Rath seiner Wähler, denen Günther unbequem wurde, nachdem der Arzt an der gereichten Medicin das Leben gezwungen aufgeben musste, vergiftet habe.²) Am 14. Juni war Günther todt und wurde unter allen ihm gebührenden Ehrenzeichen in der Bartholomäuskirche zu Frankfurt begraben. König Karl ehrte den ehemaligen Gegner mit seiner Gegenwart.³)

---

¹) Huber, K. Reichssachen S. 538. „Die 6. Kal. Iunii (27. Mai) in meridie rex Guntherus semimortuus in feretro signis imperialibus, vexillo et tubis præcedentibus, Francofordiam est delatus." Latomus. Böhmer, Font. IV. 413.

²) Chron. Sanpetrinum 179. „Tandem in Frankofurt miraculariter interemtus est, ut indubitanter creditur, per consilium et auxilium ipsorum principum (nämlich seiner Wähler)." Matthias Nuewenburg. Böhmer Font. IV. 269. „Post hec in principio Maii, infirmante Gunthero in Frankofurt, magister Fridank, famosus medicus, sed comitibus de Nassowa antiquitus familiaris, cum Gunthero potionem dederit, eam temptavit licet invitus, post hec Guntherus eam bibit. Mortuo autem medico infra triduum (sein Testament ist vom 15. April 1349), Guntherus inflatus quoad valentiam (corporis statim) inutilis est effectus, quod famulus medici iniecisset venenum."

³) Iohannes Latimus. Böhmer, Font. IV. 414. „Exequia Guntheri regis." Eine gute Bemerkung über die Sage der Ver-

„Mit dem Tage von Eltvil nach fast dreijährigem wechselvollen Kampfe von allen Kurfürsten als römischer König anerkannt, konnte Karl die Unterwerfung der noch übrigen Anhänger Günthers in nächster Zukunft mit Bestimmtheit erwarten."¹) Leider, dass Karl bei der Aplanirung der Wirren, die ihn von der deutschen Krone so viele Jahre ferne hielten, nicht immer den strengen Weg des Rechtes innehalten konnte. Wir dürfen nicht unseren Massstab an seine Zeit legen. So z. B. in dem Mainzer Schisma zwischen dem Grafen Heinrich von Virneburg, und dem vom Papste eingesetzten Gerlach von Nassau. Trotz Heinrichs Unterwerfung sah Karl sehr gut ein, dass dafür ein Äquivalent geboten werden müsse. Als Erzbischof und Reichskanzler konnte er ihn nach dem Speirer Reichsbeschlusse allerdings nicht anerkennen, aber er bestätigte als deutscher König die Privilegien und Pfandschaften des Mainzer Erzstiftes, und gab die Zusicherung, in Fehden, die möglicherweise zwischen Gerlach, dem Geld- und Soldatenarmen, und ihm, Heinrich, dem Besitzer der meisten Burgen und Städte des Erzstiftes,

---

giftung des Königs Günther hat Werunsky l. c. II. 189. Abgesehen von den einander völlig widerstreitenden Behauptungen und der ungleich langsamen Wirkung des Gifttrankes bei Günther muss man sich jenem vagen Gerüchte gegenüber schon deshalb skeptisch verhalten, weil kein Jahrhundert mehr Vergiftungsfabeln in Umlauf gesetzt hat, als gerade das 14. und in diesem die Schreckenzeit der Jahre 1348—1350, wo das Märchen von der Brunnenvergiftung durch die Juden allgemein Glauben fand.

¹) Wörtlich aus Werunsky, Karl, Gesch. II. 184.

ausbrechen werden, sich gegen die Zusicherung vom 12. Juli 1346, nach welcher K. Karl dem Erzbischofe Gerlach Hilfe zusagte, so lange Heinrich in Waffen steht, neutral zu verhalten. Wohl hütete sich K. Karl, von den Abmachungen mit Heinrich von Virneburg etwas zu veröffentlichen, vielmehr stellte er zu Mainz am 30. Mai 1349 für Gerlach eine Urkunde aus, durch die er diesem Erzbischofe verspricht, wegen dessen grosser um ihn gehabten Verdienste, eidlich, ihm gegen den abgesetzten Erzbischof, Heinrich von Virneburg, und gegen alle diejenigen, die in seinem Namen ihm (Gerlach) das Erzbisthum vorenthalten, mit aller seiner Macht beizustehen.[1]) Es ist dies eine offenbare Zweideutigkeit, die nur darin eine Art von Entschuldigung findet, wenn man auf den sparsamen Charakter des Königs Karl, und auf den Umstand hinblickt, dass gerade damals das Kriegführen ungemein kostspielig zu stehen kam, weil jeder Ritter, welcher sich stellte, gut bezahlt werden musste, und durch den langjährigen Thronkrieg Fürsten und Städte ganz verarmt waren, und Karl, ein Feind des Krieges, den ehemaligen Erzbischof Heinrich vor jeder Fehde fern halten wollte. Zudem waren Karls Finanzen recht heruntergekommen, so dass er sich mehreren böhmischen Herren verpflichten musste. Noch in Frankfurt hat er am 20. Juni dem Herrn Heinrich von Neuhaus und dessen Brüdern für eine Schuld von 3000 Schock Groschen, und für Dienstleistungen 1000 Schock Groschen Schloss und Stadt Taus mit dem Landgerichte und andern Gerichten verpfändet, und machte

---

[1]) Huber, K. Karl Kaiserregest. S. 79 n. 969. Zu Koblenz 12. Juli 1346, S. 22 n. 236.

am 22. Juni gleichfalls zu Frankfurt den Heinrich von Neuhaus und Jodok von Rosenberg zu Justitiären, also Popravcen der Pilsner Provinz.[1])

Wie freundschaftlich schon damals König Karl zu Ludwig, dem Markgrafen von Brandenburg, stand, beweist dessen Schreiben, durch welches er (Ludwig) allen Unterthanen der Länder K. Karls den freien Zutritt in seine Lande, also den freien Handel, zusichert.[2]) Für diese Freundlichkeit schenkte König Karl noch in Frankfurt dem Markgrafen Ludwig von Brandenburg drei der besten Judenhäuser zu Nürnberg, die er selbst wählen mag. Es war dem Könige leicht, mit dem Judenvermögen Geschenke zu machen. Wir sind ja in der Zeit (1348—1350), in welcher die Juden als rechtlos betrachtet wurden. Von Mainz kam noch K. Karl, wie wir sagten, zur Leichenfeierlichkeit des Grafen, und blieb dort als gnädiger König der Stadt und ihrer Bürger bis zum 5. Juli. An diesem Tage wurde der Beschluss gefasst, von Frankfurt nach Aachen, um sich dort mit der Königin Anna, die in des Königs Gefolge war,

---

[1]) Cod. Dipl. Mor. VII. 660 und 661. Die Institutio der Popravci wurde unter K. Karl ausgebildet. Maiestas Carolina. Archiv český III. 103. „ut rectum in regno Bohemie ubique procedat iudicium et nulla relinquatur occasio a recto tramite deviandi, sancimus, quod barones in singulis provinciis de more solito ordinandi tres in numero in officio maiorum scabinorum seu iustitiariorum vel correptorum et ceteri nobiles eodem numero per loca singula (ut est moris) minores scabini præfigendi non ordinentur vel statuantur ita, quod duo ex eis tribus fratres existant."

[2]) Cod. Dipl. Mor. VII. 662.

zur deutschen Königin krönen zu lassen, zu fahren.¹) Den Weg nahm das Königspaar über Mainz, wo K. Karl dem böhmischen Cistercienserkloster Goldenkron eine inscrirte Urkunde des Bavarus von Bavarov ddo. 2. Febr. 1315, Güterschenkung betreffend, bestätigte;²) dann gieng der Weg nach Bopard und von dort wollten sie Aachen erreichen, mussten aber in Bonn einkehren, weil Aachen so voll von Geisslern war, dass der König mit den Seinigen in der Stadt nicht aufgenommen werden konnte.³) In Bopard bestätigte Karl am 8. Juli dem Schreiber und Hofgesinde seines Bruders Johann, welcher als Statthalter in Böhmen lebte, das Forstmeisteramt in Trautenau, welches gedachter Herzog Johann diesem seinem Schreiber, Beneš von Weitmil, und seinen Brüdern verliehen hatte.⁴) Mittlerweile zogen die Geissler ab und am 22. Juli verliess Karl, seine Gattin, ihr Vater, Oheim und Ludwig von Brandenburg Bonn, und hielten am 24. Juli ihren Einzug in Aachen. Die Stadt huldigte.

Ein schöner Handlungsact ist uns von K. Karl am 24. Juli, also am Tage seines feierlichen Aufzuges in Aachen,

---

¹) Iohannes Latomus. Böhmer IV. 415. „Die III. nonas Iulii (5. Iuli) rex et regina discesserunt Aquisgranum pro coronatione ubi, in vigilia sti. Jacobi (24. Iuli) coronatur."
²) Huber, K. Karl Kaiserregest. S. 86.
³) „Descendit circa finem Iulii rex cum uxore versus Aquisgrani, sed per multitudinem peregrinorum flagellantium inibi recipi non poterat, sed expectavit in Bunna." Matthias Nuewenburg. Böhmer, Fontes IV. 271.
⁴) Pelzel, Karl IV. S. 265. Urkunden. 128, S. 132.

verzeichnet. Er befiehlt nämlich den Pröbsten, Rittern, Richtern und der Gemeinde der Stadt Lützelburg, die Lehen und die Güter der Juden zu schützen, da der Papst und er (der König) glauben, dass jene unschuldig seien und die zahlreichen Verbrechen, deren man sie beschuldigt, nicht begangen haben. Man solle warten, bis man sich überzeuge von den ihnen angeschuldigten Verbrechen; erst dann solle man sie nach ihren Vergehungen bestrafen.[1]) Diese Zuschrift war eine den König ehrende Handlung am Vorabende seiner Krönung und der seiner Gemahlin durch den Erzbischof Balduin von Trier, da der eigentliche Consecrator, der Erzbischof Walram von Köln, die Administration des weltlichen Besitzes seines Erzbisthums Schulden halber in fremde Hände übergab, und an den ihm befreundeten französischen Hof sich zurückzog, und daher von Aachen abwesend war.[2]) Am 25. Juli erfolgte die Krönung durch Balduin von Trier. Nach einem sonst ziemlich gut unterrichteten Chronisten, der sich Heinrich, Chorherr in Rebdorf bei Eichstadt, nannte, fand bei der Krönung zwischen dem Markgrafen von Jülich und dem Markgrafen Ludwig von Brandenburg ein Streit statt über das Recht, wer das königliche Scepter zu tragen habe.[3]) Auf den Rath des Königs entschieden die Fürsten:

---

[1]) Huber, K. Kaiserregest. S. 87 n. 1079.
[2]) Werunsky, Karl IV. II. 195. Da Erzbischof Walram von Köln den 14. August in Köln starb (Matthias Nuewenburg. l. c. 272), so mochte wohl seine Krankheit Ursache gewesen sein, dass er den K. Karl nicht krönte.
[3]) Heinr. Rebdorfen. Böhmer, Font. IV. 536. „In qua coronatione cum marchio Iuliacensis sceptrum teneret regale,

bei der Krönung des Königs stehe dieses Recht dem Markgrafen von Brandenburg, bei Verleihung der Reichslehen dem von Jülich zu.¹) Dies geschah am Jakobsfeste, den 25. Juli, während der Krönung in der uralten Mutter-Gotteskapelle zu Aachen, von welcher der Chronist, um sie nicht als eine neue Krönung hinzustellen, bemerkt, dass von der ersten Krönung in Bonn 11. Juli 1346 Karls deutsche Regierungsjahre gerechnet werden.²) Es war aber die Krönung in Aachen nach der öffentlichen Volksmeinung, um deutscher König zu werden, ebenso nothwendig, wie die Krönung in Rom, wenn der deutsche König den Kaisertitel führen wollte. Womit geschah aber die Krönung, da ja die Kroninsignien nach Ludwigs des Baiern Tode noch immer in München in den Händen Ludwigs von Brandenburg, der auch in Aachen nicht zugegen war, sich befanden? Am Tage dieser feierlichen Krönung, in die solempnitatis coronationis nostre, wie sich König Karl ausdrückt, nimmt er in einer umfassenden Urkunde die Stadt Aachen in seinen Schutz

  Ludewicus marchio Brandenburgensis... recipere sibi voluit de manu dicens, ad officium suum hoc spectare, propter quod rumor est inter eosdem dominus suscitatus."
¹) „Per principes extitit definitum: quod, quando rex Romanorum coronatur, tunc ad officium marchionis Brandenburgensis spectat sceptrum regale tenere; sin autem feuda regalia concedit, tunc ad officium alterius marchionis hoc spectat." Heinricus Rebdorfen. Böhmer IV. 537.
²) „Rex autem non ab hac coronatione, sed a prima (Bonnæ 11. Iulii 1346) annos regni sui scribit ut prius." Henric. Rebdorfen l. c. 537.

und bestätigt ihre Privilegien.¹) Als Zeugen, folglich als anwesend bei der Krönung, erscheinen: Balduin, Erzbischof von Trier, Reichserzkanzler in Gallien, Engelbert, Bischof von Lüttich, Rudolf und Ruprecht, Rheinpfalzgrafen, die Herzoge Johann von Brabant, Heinrich, sein Sohn, Heinrich von Glogau, Wladislav von Teschen, Wilhelm, Markgraf von Jülich, dann zwei Äbte von Corneil-Münster und Stablo. die Grafen Johann von Spanheim, Wilhelm von Wied und Wilhelm von Katzenellenbogen, die Edlen Johann, Herr von Falkenberg, Johann von Falkenberg, Herr von Burn, Reinold von Randinrode, Jodok von Rosenberg, Bernhard von Czimburg, sein Hofmeister, Sbinco von Hasenburg und Busko von Willhartitz, seine Kammermeister, Arnold von Boland und der Luxemburger Heinrich von Huffalisz. Recognoscirt hat diese Urkunde des Königs Kanzler, der jetzige Probst von Prag (ehemals von Olmütz), Nikolaus von Brünn. Aus einem Breve vom 25. December 1348 entnehmen wir, dass Nikolaus von Brünn schon vor längerer Zeit der Domdechantei in Olmütz entsagt habe, aber vom Könige zum Probste befördert, in seinem Amte als Kanzler verblieb. Die erledigte Olmützer Stelle übergab nach demselben Breve Klemens VI. dem Olmützer Domherrn Konrad, Sohn Wiffos von Brünn.²)

---

¹) Huber, Kaiserregest. S. 87 n. 1080.
²) Cod. Dipl. Mor. VII. 635. „Cum itaque Decanatus eccles. Olom., quem dilectus filius Nicolaus de Bruna, olim ipsius ecclesie Decanus dudum obtinuit, per liberam resignationem ipsius Nicolai in manibus nostris sponte factam et ab eodem Nicolao ad nos admissam, apud apostolicam sedem

Karl hielt sich in Aachen, und mit ihm sein Kanzler Nikolaus, bis in die ersten Tage Augusts auf; am 26. Juli liess er daselbst gleichfalls durch den Erzbischof von Trier, Balduin, in Gegenwart der oben angeführten Grossen seine Gemahlin Anna von der Pfalz als deutsche Königin krönen, und übertrug von demselben Tage bis auf Widerruf die Verwaltung des Reiches und der Grafschaft Luxemburg mit sehr ausgedehnten Vollmachten an den Erzbischof von Trier, und erklärt, diese Vollmacht nur zu widerrufen mit seinem Worte und offenen Briefen „die mit unserem grossen Insiegel versiegelt und unserem Handringerlin und auch unser selber Handschrift gezeichnet werdent." [1])

Die Übergabe der Verwaltung des Reiches an den Erzbischof von Trier war nothwendig, weil K. Karl die Absicht hatte, einmal wieder in sein Königreich Böhmen zu gehen. Im September 1348 hat Karl Prag zum letztenmal gesehen, am 5. August 1349, also nach beinahe einem Jahre. zog er aus Aachen nach Köln, fast den ganzen Monat August hielt er sich in Köln auf. Die Urkunden, die er hier in grosser

---

vacare noscatur ad presens, nullusque preter nos hac vice disponere possit pro eo .. decrevimus." Übrigens wird Nikolaus noch als Olmützer Domdechant aufgeführt in einer Urkunde des Olmützer Prinz-Bischofs Johann ddo. Olmütz 28. December 1348, durch welche der Bischof dem Nonnenkloster zu Pustoměř den Grund, auf welchem dasselbe erbaut ist, schenkt. Cod. Dipl. Mor. VII. 637. Nikolaus scheint als Prager Probst, aber in seiner Würde als Kanzler, um den 18. August 1350 gestorben zu sein. Dobner, Mon. III. 337.

[1]) Huber, K. Kaiserregesten. S. 88 n. 1098.

Menge ausstellt, beziehen sich grossentheils auf die Juden und ihre Verhältnisse in den verschiedenen Städten, die ebenso damals, und in dem Jahre früher massenhaft verbrannt, erschlagen oder verjagt, ihr Hab und Gut verloren haben, oder sie betrafen Karls Schuldverhältnisse zum Erzbischofe Balduin von Trier, die sich auf 50.000 Mark Silber belaufen haben mochten,[1]) oder sie beziehen sich auf den falschen Waldemar, welcher dem K. Karl nach seiner allseitigen Anerkennung in Deutschland gewiss unbequem war, besonders als er wahrnahm, dass es nicht so leicht wird, die Söhne Ludwigs des Baier, und namentlich den Markgrafen von Brandenburg, Ludwig, und dessen Gemahlin Margaretha, von der grossen Excommunication zu befreien. Wir wissen, dass dies eine Hauptbedingung war, damit die Wittelsbacher Partei mit Karl in einen bleibenden Frieden trete, ja es scheint uns, dass Ludwig noch vor der Aachner Krönung bereits von den Schwierigkeiten unterrichtet war, die sich seiner Lossprechung in Avignon entgegensetzten.

---

[1]) Werunsky, K. Karl IV. II. 157. Die Schulden an Erzbischof Balduin machten dem Könige Karl viel Kummer. Am 7. Febr. 1349 bekennt Karl zu Köln, dass er diesem Erzbischofe 15 Mark Silber schuldig sei, wofür er die Steuer in Böhmen und Mähren (Brünn) und alle sonstigen Einkünfte daselbst verpfändet, mit der Verpflichtung zum Einlager in Wittlich (bei Trier) für seine eigene Person. Und den nächsten Tag, 8. Febr. 1349, stellt Karl gleichfalls zu Köln demselben Erzbischofe einen Schuldbrief von 20 Tausend Mark aus mit Verpfändung aller Einkünfte aus seinen Reichen in Allemanien, Böhmen, Polen und Mähren. Cod. Dipl. Mor. VII. 644.

K. Karl anerkennt den falschen Waldemar 1349.

Als K. Karl den Dominikaner Johann von Dambach, den er an der neugegründeten Universität zu Prag besucht hat, in dieser Angelegenheit an den päpstlichen Hof sandte, und von dort in einer Rückantwort an Karl der Befehl kam, mit den Söhnen des verstorbenen Kaisers Ludwig, folglich auch mit Ludwig von Brandenburg, keinen Frieden zu schliessen, bevor nicht darüber näher berichtet und von Seite des apostol. Stuhles ein Beschluss gefasst werden werde.[1]) Nach dieser Antwort des Papstes war es erklärlich, warum Ludwig von Brandenburg von Aachen am 25. Juli sich fern hielt, ja, wie am 15. August 1349 Karl hier in Köln an alle Fürsten, Grafen und Herren notificiren konnte, dass er niemanden andern, also auch nicht Ludwig den Brandenburger, sondern den Waldemar als Markgrafen von Brandenburg anerkenne, und nach dessen Tode die Herzoge von Sachsen und die von Anhalt. Also der Pseudo-Markgraf solle anerkannt werden, nachdem Karl mit den Söhnen Ludwigs von Baiern am 26. Mai den Frieden von Eltvil abgeschlossen[2]) und sich von ihm als Markgrafen von Branden-

---

[1]) Riedl, Cod. Brandenb. II. 260. „Quocirca serenitatem tuam attente rogamus, tibi tui honoris intuiti nihilominus svadentes, quatenus donec dux idem Iohannes, vel alius nuntiis tunc, quem ad nos mitter poteris, ad te cum plena et certa super hiis responsione nostras redierit, cum eisdem prefati Ludovici filiis, de pace vel concordia cum ipsis habenda, tractatum aliquem non consummes."

[2]) Beurkundet K. Karl zu Eltvil 26. Mai, dass er mit den Herzogen in Baiern, namentlich mit Ludwig, Stephan und Ludwig dem Römer, des Markgrafen Brüdern, und allen ihren Geschwistern um alle Misshelligkeiten, Krieg und

burg Willebriefe ausstellen liess! — Inconsequenzen, die entstehen mussten, als K. Karl zu Köln am 11. Aug. 1349 den Urtheilsspruch der Kurfürsten, namentlich „Rudolfs, Pfalzgrafen von Rhein," annahm, wornach Karl zur Erfüllung seiner dem Markgrafen Ludwig gemachten Verschreibungen verpflichtet sei.[1]) Wie an die verschiedenen Fürsten, Grafen und Herren, so notificirt König Karl zu Köln an demselben 15. August gleichen Inhalt mehreren Brandenburgischen Städten, wie Berlin, Spandau, Strassburg u. a., nachdem er ihnen dies schon durch seine Briefe und durch Diethmarn, Domherrn zu Breslau, seinen Schreiber, früher kundgethan, mit dem kurzen Zusatze, dass sie zwei Mitglieder des Rathes jeder Stadt mit dem Herzoge Rudolf von Sachsen und andern Freunden zur Einholung näherer Information nach Böhmen, wohin er um Michaeli, also um den 29. Sept., ankommen will, schicken mögen.[2]) Noch während des Aufenthaltes in Köln gelobt K. Karl dem Gerhard von Jülich, Grafen zu Berg und Raversberg, alle angegebenen Verabredungen zu halten, die Niklas, Probst zu Prag, sein Kanzler, auf den

Aufläufe versöhnt und verzichtet sei, und gelobt die zwischen ihnen vereinbarten Stücke wegen Lediglassung aller Gefangenen, Zurückstellung der den Getreuen und Dienern beider Theile im Kriege weggenommenen Güter und Lehen seinerseits halten zu wollen. Huber, K. Kaiserregesten. S. 79 n. 961.

[1]) Riedl, Cod. Brandenb. l. c. II. 261 n. 894 und 895.
[2]) Riedl, Cod. Brandenb. II. 262. „Wer auch anders sagt, dass wir jemand anders, dann vorgenannten Waldemar vor einen Markgrafen zur Brandenburg halten und haben, der thut uns nicht recht, wann das nicht ist."

Fall, dass er zum Erzbischofe von Köln gemacht wird, mit demselben eingegangen ist.¹) Der Papst hat so dieses Erzbisthum dem Probste von Tust, einem Canonicus von Köln, gegen Verabreichung einer grossen Geldsumme verliehen.²)

Von Köln gieng der Weg nach Speier, wo Karl sammt der Gemahlin bis in die zweite Hälfte Septembers verblieb. Hörend die vielen Klagen über das Faustritterthum, besonders in den Grenzmarken, eröffnete er hier zu Speier Verhandlungen über einen Landfrieden; doch vergeblich, höchstens dass es ihm gelang, eine nördlich von Speier liegende, dem Pfalzgrafen Ruprecht gehörige Burg, Neuhof genannt, wegen verübten Räubereien mit Hilfe der Bürger von Speier dem Erdboden gleich zu machen.³) Von Speier aus meldet Karl am 16. September dem Bischofe Engelbert und dem Capitel von Lüttich, dass der üble Wille, den sie gegen den Erz-

---

¹) Matthias Nuewenburg. Böhmer IV. 272. „Walram, Erzbischof von Köln, starb am 14. August 1349. Decanus Olomucen, cancellarius regis, apud papam pro archiepiscopatu laborat; sed papa preposito de Tust, uni de capitulo, multa pecunia recepta, providit."

²) Matthias Nuewenburg l. c. Die Kirchengeschichte kennt keinen Probst von Tust als Walmar von Jülich Nachfolger, sondern einen Wilhelm von Gennep, welcher vom 18. Dec. 1349 bis 15. Sept. 1362 regierte.

³) „Reversus autem rex Spiram, vocatis dominis et civitatibus, tractans de pace generali circa Renum, sed non perficiens; item conquerens de Metensibus, eum nolentibus habere pro rege vel scribere regem Romanorum, sed non habens responsum, in expensis deficiens, primo ivit Nürenberg." Matthias Nuewenburg. l. c. 271. Wegen Neuhof die Note l. c.

bischof Balduin von Trier, den bestellten Reichsverweser, bezüglich der Zahlung ihrer Schuld für die Erwerbung von Burg und Stadt Durbuy an den Tag gelegt, ihm und dem Erzbischofe grosse Nachtheile bringen könnte, wegen der Unmöglichkeit, eine auf Martini fällige Summe zu zahlen, fordert sie auf, ihren Verpflichtungen unverzüglich nachzukommen, widrigenfalls er und der Erzbischof sich an ihnen schadlos halten würden.¹) Man sieht, dass Karls Finanzen noch immer nicht rosig waren, weshalb der Chronist Matthias von Nuewenburg bemerkt, dass Karl zum Ende Septembers nach Nürnberg zog, dort 133 Bürger verbannte, die Bürger durch List ihrer Waffen beraubte, die Zünfte abschaffte und das Patriciat wieder herstellte, und nachdem er Geld erpresste, zu Ende September bei Eger mit seiner Gemahlin die böhmische Grenze passirte, ohne Deutschland im Frieden hinterlassen zu haben. ²) Nur drei Tage, vom 7. bis 9. October, hielt sich Karl in Eger auf. Es scheint, dass er aus Rücksicht für seine Gemahlin kurze Tagreisen und längere Aufenthalte angeordnet habe. Er erwartete Familienfreuden. Der Stadt Breslau schenkte er zu Eger am 7. October wegen erlittener Feuersbrunst die Häuser und liegenden Gründe der unglücklichen Juden nebst zwei Synagogen daselbst mit der Bestimmung, dass,

---

¹) Huber, Kaiserregest. Karl IV. S. 93 n. 1157.
²) Matthias Nuewenburg. Böhmer, Font. IV. 271. „Ubi (in Nürnberg) nollente marchione eis assistere sub gracia est receptus, et quodam dolo receptis civium armis, et extorta ab eis pecunia, Bohemiam est reversus circa finem Septembris, male terra regni pacata."

wenn die Häuser höher als um 400 Mark erkauft würden, der Überschuss an die königliche Kammer gezahlt werden solle.¹) An demselben 7. October 1349 belehnte er in Eger einen gewissen Bonifacius de Lupis für treue Dienste in Tirol mit der Burg Primey im Districte Feltre, gibt den 8. October d. J. den Befehl dem Rathe zu Bonn, die neu angelegten Wehren auf der Oder wieder abzuschaffen, und bestätigte am 9. Oct. dem Nonnenkloster St. Klara in Eger eine Urkunde seines Vaters vom J. 1335 wegen Befreiung von der Berna.²) Bevor jedoch K. Karl Prag betrat, erfüllte er einem seiner Unterthanen, dem Prager Kaufmanne Woimar, genannt Dairt, einen lang gehegten Wunsch. Diesem wurden nämlich bei Treviso 700 Gulden durch Venetianer gestohlen. Der König hatte sich schon einmal an den Dogen Andreas Dandolo (1343—1354) gewandt, damit dem Kaufmanne das geraubte Geld zurückgestellt werde. Da dies nicht geschah, so wiederholte er von Taus aus am 18. October dieses Ansuchen.³) Es hat daher ein gleichzeitiger böhm. Chronist, der Minorit Beneš, vollkommen Recht, wenn er sagt, dass Karl mit seiner Gemahlin Anna nach St. Gallus, also nach dem 16. October, Böhmen betrat.⁴)

¹) Huber K. Kaiserregesten. S. 95 n. 1189. An die königl. Kammer solle auch alles verborgene und vergrabene Geld, Kleinodien und Pfänder abgeliefert werden.
²) Cod. Dipl. Mor. VII. 672 und 673.
³) Cod. Dipl. Mor. VII. 673 mit der Bemerkung: „Recepta fuit 1349 mensis Decembr."
⁴) „Cum uxore sua post festum Sti. Galli (16. Octobr.) Bohemiam intravit et eam in die Omnium Sanctorum coronavit." Beneš ad an. 1349. Dobner, Mon. IV. 34.

In den 13 Monaten seiner Abwesenheit hat sich in Prag und überhaupt in Böhmen vieles geändert. Was auf den Fremdenverkehr in Prag, folglich auf die Vermehrung der Bevölkerung im Lande, einwirkte, ist des Königs Verordnung ddo. Dresden 3. Jan. 1349, wo sich sein Bruder Johann mit dem Markgrafen Friedrich von Meissen und mit dessen Söhnen aufhielt,[1]) dass die nach der grösseren Stadt Prags kommenden Bürger und Kaufleute anderer Städte, wenn sie auch daselbst wohnen, zu den Abgaben und Steuern der Stadt aber nichts beitragen, nicht als Bürger, sondern als Fremde zu betrachten seien.[2]) Da aber mit der Verleihung des Bürgerrechtes viele Rechte vereint waren, so z. B. das Recht, in den Rath und in die Zünfte gewählt zu werden; so geschah es, dass gar viele Fremde das Bürgerrecht annahmen, und so den Augapfel des Königs, die Neustadt, bevölkerten, in welcher Karl seiner Lieblingsschöpfung, das Kloster Emaus, durch eine Urkunde vom 18. Januar 1349 einen immerwährenden Zins einer Mark von jeder Fleischbank in derselben Stadt schenkte.[3]) In Mähren nahm das Nonnenkloster in Pustoměř durch die Sorgfalt des Olmützer Bischofes Johann an Vorrechten und Privilegien zu. So schenkt Bischof Johann das Jahr früher dem Nonnenkloster in Pustoměř den Grund, auf welchem dasselbe erbaut ist, ddo. Olmütz 28. Dec. ber 1348.[4]) Am 14. Jan. 1349 tauscht Bischof Johann zwei zum Lehen in Meilitz, einer bei Pustoměř aufgebauten Burg, gehörige Lahne für zwei andere in Ondratitz bei

---

[1]) Huber, Kaiserregest. S. 67 n. 823.
[2]) Cod. Dipl. Mor. VII. 640.
[3]) Cod. Dipl. Mor. VII. 643.
[4]) Cod. Dipl. Mor. VII. 637.

Wischau gelegene und dem Nonnenkloster gehörige Lahne ein.[1]) Bischof Johann von Olmütz hielt sich gerne im Nonnenkloster zu Pustoměř auf, wo seine Halbschwester Elisabeth Äbtissin war, und datirte oft wichtige Urkunden von hier aus. So datirte er von da aus am 3. März 1349 für Nikolaus, Sohn des Bruno, und dessen Bruder Peter für die bei dem Wiederaufbaue der Burg Blansko angewendeten Auslagen einen Pfandbrief auf das Gericht und die Vogtei der Stadt Zwittau.[2]) Damals war der Domherr und Custos der Olmützer Domkirche Heinrich, Official der Prager erzbischöflichen Kanzlei, also ein Beweis, dass Heinrich allgemein Achtung genoss, und überhaupt, dass auch der Regular-Clerus in gleichem Ansehen stand. Am 30. Sept. 1349 befreite der Olmützer Bischof Johann zu Olmütz die Menschen des Klosters Pustoměř, welche auf den bischöflichen Gütern wohnten, von dem Gerichte der Burg Meilitz.[3]) Heinrich von Lipa bestätigte dem Saarer Kloster alle von den Herren von Obřan und Lichtenburg ertheilten Begnadigungen und Schenkungen ddo. Saar 10. April 1349.[4])

[1]) Cod. Dipl. Mor. IV. 642.
[2]) Cod. Dipl. Mor. VII. 646. „Qualiter ipse Nicolaus dudum de nostro speciali mandato Castrum nostrum Blansko, quod quasi per omnia in edificiis suis erat collapsum, reedificavit, et in eius reparationem notabilem summam pecunie impendit, quam usque ad 300 marcarum grossorum denariorum Pragensium est estimatum."
[3]) Cod. Dipl. Mor. VII. 671. Beim General-Capitel des Olmützer Domcapitels auf der Herbstsynode waren zugegen der Domdechant Nikolaus, obwohl er schon auf Prag resignirt hat, und Witek, Archidiacon.
[4]) Cod. Dipl. Mor. VII. 652.

Ein naher Verwandter desselben: Hinek von Duba, befreite zur selben Zeit ddo. Nachod 4. Februar 1349 den Abt von Břevnov, Předbor, und die Leute der Klöster Břevnov, Polic, Brumov und Raihrad von der Zahlung der Mauth, Gleit genannt, in Nachod.¹) Selbst das sonst unbedeutende Nonnenkloster Dominikanerordens in Brünn, Maria Zell, auch Kloster der Herbugerinnen genannt, fand Wohlthäter an Luther und Katharina, Alrams Kinder, welche fünfthalb Lahne in Strutz Namens des oberwähnten Klosters kauften und dafür zu Brünn den 27. Februar 1349 eine Urkunde ausstellten.²) Solche und ähnliche Veränderungen fand K. Karl in Böhmen vor, als er im October seine zweite Gemahlin Anna nach Prag brachte, und sie daselbst mit grosser Pracht zur Königin von Böhmen krönen liess, hatte aber alsbald die Aufgabe, das vor beinahe zwei Jahren in ein förmliches System gebrachte Güterwesen, die sogenannte Landtafel zu revidiren, d. h. nachzusehen, ob dieses von ihm gegründete Institut sich eingewurzelt und thätig erhalten habe.

Böhmen und Mähren hatten ein und dasselbe Institut, d. i. eine Reihe von amtlich angelegten Büchern, die unter der Verwaltung der Landesrechtsbeamten standen, und Tabulae terrae oder Landtafel, böhmisch Desky, hiessen. In Böhmen bezeichnet das Wort Desky ohne jeden weiteren Beisatz: die Landtafel, und doch wurde das Wort Desky für andere öffentliche

---

¹) Cod. Dipl Mor. VII. 643.
²) Cod. Dipl. Mor. VII. 645. Der Bischof von Trient, Nikolaus früher Karls, des Markgrafen Kaplan, stammt aus dieser Familie. Siehe S. 21 d. W.

Bücher, die dann das beigesetzte Attribut näher bezeichnete, z. B. Desky dvorské, peněžné, zápisné etc. gebraucht, während in Mähren Desky ausschliesslich nur die Landtafel hiessen, und die übrigen öffentlichen Aufzeichnungen mit dem Worte Knihy oder Rejstra benannt wurden. Diese alte böhmische Landtafel mit ihren Unterabtheilungen verbrannte, mit Ausnahme der Hoflehentafel, im Jahre 1541 bei dem grossen Brande der Prager Burg, wo sie aufbewahrt wurde. Bald nach dem Brande suchte man sie wieder zu sammeln; was sich ergänzen liess, wurde ergänzt, und zwar aus vorhandenen Urkunden und Vermerken bezüglich des landtäflichen Besitzes. So bildeten sich abermals die Desky veliké, oder die eigentliche Landtafel; die übrigen Aufzeichnungen, z. B. die Desky pamatné, zápisné, etc. sind für immer verloren. Die einzelnen Bände der Landtafel nannte man Quaternen. Man nannte sie entweder nach dem Vice-Landschreiber, oder nach der Farbe des Einbandes „albus, rubeus, žlutý, zelený Kvatern." Wenn nämlich ein neuer Oberstkämmerer, dem die Beaufsichtigung der Landtafel unmittelbar oblag, sein Amt antrat, liess er ein neues Heft anfertigen, an dasselbe die späteren während seiner Amtsverwaltung anreihen, dann die einzelnen Bücher oder Quaternen einbinden, den Einband mit seinem Wappen versehen und mit dem Namen, z. B. Liber Erhardi de Kunstadt etc. bezeichnen. Die übrigen beim mährischen Landrechte in Verwendung gewesenen Aufzeichnungen nannte man Knihy naučné, die Belehrungen, welche dem Oberstkämmerer bezüglich der Einlagen und Löschungen in der Landtafel, oder dem Landeshauptmann in Waisenangelegenheiten ertheilt wurden. Knihy odhadné, in welche die gerichtlichen Schätzungen beim Executionsverfahren verzeichnet wurden, Knihy památné, die Landesgedenkbücher für wichtige Aufzeichnungen sowohl für die Parteien als für das Gericht selbst, Knihy poklidové, welche die Verträge über Abstehung von der Klage enthielten, Knihy půhonné a nalezové, vorzugsweise Rejstra genannt, Citations- und Urtheilsbücher. Sie hiessen nach den Terminen, an welchen die Citation angemeldet wurde, Rejstra svatojirska, svatomartinska etc., Knihy rokové, in diese wurden die Termine bei Ehrenbeleidigungsklagen eingetragen. Da die Entscheidung darüber dem Landeshauptmann zustand, wurden diese Knihy rokové bei ihm aufbewahrt; sie blieben bei ihm auch in der Zeit, wo nicht mehr er allein, sondern das Landrecht mit ihm solche Klagen verhandelte. Wenn der Landeshauptmann sein Amt niederlegte oder starb, wurden diese Knihy rokové dem Landrechte übergeben.

Ausser den eigentlichen Desky zemské und půhonné, welch letztere vom Jahre 1348 bis auf unsere Tage, die ersteren von 1405 bis in das letzte Drittel des 17. Jahrh. reichen, und im Original vorhanden sind, erhielten sich in Mähren nur noch einige Knihy odhadné, die bis jetzt in der Landtafel aufbewahrt sind.

Die Wichtigkeit der Landtafel beruhte zunächst auf dem Principe der Publicität, jede Einlage geschah öffentlich.[1] Die Einlagen sollten jedem bekannt sein, damit er, falls es nothwendig wäre, seine Einsprache, seinen Odpor, erheben

---

[1] „Také nemá ve desky nic pokútně kladeno býti, a na tom jich najvětši moc jest, že do nich jde zjevně a svobodně všecko." Kn. Tovačovská. Brandl. Glossar S. 31.

könnte;[1]) deshalb kam im 16. Jahrhunderte der Gebrauch auf, vor Eröffnung des Landrechtes die seit der letzten Landrechtssitzung geschehenen Einlagen öffentlich vorzulesen. In älterer Zeit, wo eine jede Župa auch ihre Landtafel hatte,[2]) konnten auch Nichtadelige ausnahmsweise und aus besonderer Gnade des Landesregenten Einlagen in die Landtafel mit Zustimmung des Herrenstandes thun, später blieb die Landtafel nur auf die vier politischen Stände, Herren, Ritter, Prälaten

---

[1]) „Desky všem známy býti mají a před žádným netajeny." Kn. Tovač.

[2]) Für Jamnitz, Iglau, Znaim ist dies nachweisbar aus den ältesten Quaternen der Brünner Landtafel, wo von 1348 ab in den ersten Jahren die Einlagen nach den Provinzen Brünn, Znaim, Jamnitz und Iglau abgetheilt sind. Im 14. Jahrhunderte überragte die Olmützer Landtafel alle übrigen. Eine Urkunde vom J. 1303 sagt: Hec acta in tabulas publicas Olomucensis cude, ad quam universe provincie Moravie se reclinant, redegimus in signum efficacie amplioris. (Cod. Dipl. Mor. V. 167.) Dass auch in Böhmen die einzelnen Župen ihre Landtafeln hatten, darauf scheint hinzudeuten die Urkunde des römischen Königs Karl ddo. Zitavie 18. August 1348, worin er den Bürgern von Melnik die Verwaltung der Landtafel, wo ihnen solches Amt die Königin Elisabeth, die königliche Mutter, vordem verliehen hatte: „Civitati Melnicensi Stylum, Regimen et annotacionem Tabularum terre, habenda regenda et dirigenda committimus... ut predictas tabulas terre gubernent. Quemadmodum easdem temporibus clare memorie illustris Elisabeth, quondam regine Boemie, matris nostre carissime, in possessione pacifica tenuerunt, et sicut idem officium supra dicta mater nostra ipsis dignoscitur erogasse." Cod. Dipl. Mor. VII. 599.

und die königlichen Städte, beschränkt. Wer eine Einlage thun wollte, musste darum einschreiten; nur der Landesfürst hatte das Recht zu befehlen, dass irgend eine Einlage erfolge. K. Karl erliess das Gesetz 1348, dass von nun an nur die politischen Districte Brünn und Olmütz Landtafeln besitzen, und zwar nach einer bestimmten topographischen Eintheilung, so dass, was zur Brünner Landtafel gehörte, nur in die Brünner Landtafel eingetragen werden konnte: dasselbe galt von der Olmützer Landtafel.[1]) Die Einlagen geschahen Anfangs in lateinischer Sprache; im J. 1480 begannen die böhmischen Einlagen in Mähren, in Böhmen erst 15 J. später, 1495. In Schlesien gab es eine Landtafel in Troppau und eine in Jägerndorf.[2])

Das dem Kämmerer zugestandene Vorrecht: rechtsgiltige Zeugnisse über landtäflich eingetragene Acte allein, ohne alle Controle, zu ertheilen, musste zur Vermeidung künftigen Missbrauchs eingeschränkt werden. Als Karl nach Prag aus Deutschland kam, fand er diesen Missbrauch vor,

---

[1]) Durch Verordnung Ferdinands III. vom 2. Jan. 1642 wurden beide Landtafeln, und zwar in Brünn, vereinigt.

[2]) Die ältere Troppauer Landtafel verbrannte 1431. Von da an geht die damals neu angelegte Landtafel bis zum Jahre 1747 in böhmischer, hierauf in deutscher Sprache bis in die neueste Zeit. Die Landtafel in Jägerndorf erhielt sich von 1404 bis auf unsere Tage. Darüber Brandl, Glossar. Demuth, Geschichte der Landtafel im Markgrafthume Mähren. Brünn 1857. Kl. 4°. Šembera, Staré desky zemské i manské v Moravě a v Opavsku. Časop. Česk. Mus. 1846, str. 697.

und diesen beschloss er abzustellen. Eröffnet war die Landtafel, wie sie Karl angeordnet hat, am 26. Juli 1348 beim Landgerichte in Olmütz durch den Olmützer Archidiacon, Witek, in Gegenwart des mährischen Adels und der Landeskämmerer der Olmützer und Brünner Provinz, Stephan von Sternberg, Johann von Kravař und Erhart von Kunstadt.[1] Am 27. Juli d. J. geschah die abermalige Eintragung in die Landtafel beim Olmützer Landrechte durch denselben Witek in Gegenwart Erhards von Kunstadt, Stephans von Sternberg und Landrichters Herscho. Zu Brünn wurde die Landtafel eröffnet am 1. August 1348 in Gegenwart des Kämmerers der Brünner Provinz, Gerhard von Kunstadt, des Landesnotars und Probstes der St. Peterskirche in Brünn, Magister Hermann, Olmützer Domherr, des Čudenrichters der Brünner Provinz, Theodorich von Sprau und anderer Beamten des Znaimer und Jamnitzer Districtes, des Adels und der betheiligten Parteien der Brünner Provinz, welche am 1. August zum Landtage zahlreich in Brünn erschienen waren.[2] Die erste Instruction des Kaisers für die Landtafel

---

[1] Cod. Dipl. Mor. VII. 596. „Secundum dispositionem et ordinationem invicti principis, domini regis Romanorum et Bohemie, que Tabule predicte terre, sive acta in potestatem honorabilis viri domini Witkonis, archidiaconi Olomucensis, per consensum dominorum et baronum Moravie sunt assignate."

[2] „Tabulæ, seu libro terræ, quem serenissimus princeps dominus Karolus, Romanorum rex, semper augustus, et Boemiæ rex, ad preces et de maturo nobilium et consiliariorum suorum consilio pro insertione vel annotacione

Mährens ist ddo. Breslau 9. Februar 1359.[1]) Doch vor dieser Instruction gieng ununterbrochen das Geschäft der Landtafel. Am 16. Jan. 1349 geschah die Eröffnung der Landtafel bei dem Brünner Landrechte unter den oberwähnten Würdenträgern, am 7. Februar d. J. in Olmütz unter dem Landeshauptmann Stephan von Sternberg, dem Olmützer Kämmerer Johann von Kravař, dem Brünner Kämmerer Konrad von Kunstadt, dem Čudenrichter Kuno von Čelekowitz und unter dem Landesprotonotar Theodorich von Sprau und dem Olmützer Archidiacon Vitek. Dasselbe geschah am 17. Juni 1349 beim Landrechte in Olmütz und am 3. Juli d. J. in Brünn unter den oberwähnten hohen Landesbeamten und Landesnotaren.[2])

Karls Anordnungen bei der Begründung der Landtafel, einmal durch Instructionen in gewöhnlichen Gang gebracht, erhielten sich selbst bei dem eingetretenen Wechsel und Einführung der Landesbeamten in ihre gesetzliche Stellung und Übung, jedoch immer mit Aufrechthaltung des Grundprincipes, Sicherung des in der Landtafel eingelegten Eigenthums oder den nothwendigen Abänderungen und Zusätzen, wenn sie den Zeitumständen angepasst werden mussten, in ihrer wohlthätigen Wirkung bis zur Gegenwart.

vendicionum, donacionum, prout supra bonorum sive hereditatem nobilium et incolarum in districtibus supradictis (Brünn, Znaim und Jamnitz) situatorum, prouide constituit et creavit pro testimonio et memoria causarum subscriptarum perpetuo valituris presentibus predictis sunt inscripti." Cod. Dipl. Mor. VII. 597.

[1]) Demuth, Geschichte der Landtafel in Mähren. S. 15—21.
[2]) Cod. Dipl. Mor. VII. 643, 644, 663 und 664.

War die Landtafel ämtlich begründet und in festen Gang gebracht, waren die staatsrechtlichen Verhältnisse Mährens und Böhmens durch die Bestätigungen der hieher einschlägigen wichtigsten Urkunden festgesetzt, so musste der Gedanke, die Rechtsverhältnisse im Innern zu ordnen und an geschriebene, daher feste und bestimmte Gesetze dauernd zu binden, bei einem Manne, wie K. Karl war, welcher weder eitle Träume, noch phantastische Theorien, noch auch Liebhabereien eines Sonderlings waren, was er bezweckte, war der natürlichen Tendenz entsprungen, damit alle von ihm getroffenen Anstalten den wahren Bedürfnissen seiner Zeit entsprechen, die edelsten Interessen der Menschen fördern und so sich auszeichnen in der Ausführung meist durch hohe Zweckmässigkeit und richtige Berechnung der Mittel.[1]) Karl liess daher nach dem Vorbilde seines mütterlichen Grossvaters und Vorfahren in Böhmen, Wenzel II., ein eigenes Gesetzbuch unter seiner persönlichen Leitung abfassen, welches unter dem Namen „Maiestas Carolina" bekannt ist, die er den vereinigten böhmisch-mährischen Ständen auf dem Prager General-Landtage im März 1348 wahrscheinlich zur Annahme vorlegte.[2]) „Seine eingestandenerweise vorzügliche Nebenabsicht dabei war, die Verschleuderung der böhmischen Krongüter, die dem Reiche unter seinem Vater so tiefe Wunden geschlagen hatte, für seine Nachfolger in der Zukunft hinaus unmöglich zu machen; darum bezeichnete

---

[1]) Palacký, Gesch. Böhmens, II. 2. S. 288.
[2]) Werunsky, im IX. Band der Zeitschrift der Savigny-Stiftung für Rechtsgeschichte, germanische Abtheilung.

er als Hochverrath jede directe oder indirecte Theilnahme daran. Die Ordalien schaffte er als etwas Verbrecherisches ab, verbot alle gegenseitigen Bündnisse unter den Unterthanen zur wechselseitigen Hilfe, sowie alle Fehden, setzte den Verleihungen von Landgütern an die todte Hand Schranken, und suchte die Ständeunterschiede mehr und mehr zu schärfen; im Übrigen sanctionirte er meist das Herkommen und die bereits bestehenden Verhältnisse. Aber neu war die Zumuthung an die böhmisch-mährischen Gerichte, in Zukunft nicht mehr autonomisch, wie bisher, sondern genau nach der Andeutung dieses Gesetzbuches zu verfahren." [1]) Die Stände, eifersüchtig auf ihre alten Rechte, erbaten sich Bedenkzeit und fanden es nach langen Erörterungen gewagt, von der bisherigen Weise abzubrechen, wodurch die Maiestas Carolina nie in Rechtskraft trat. [2])

So segensreich das Jahr 1348 durch Karls Anordnungen war, so schreckliche Ereignisse bringt die Zeit zum Vorschein, so dass die ersten Jahre der Regierung des römischen Königs im wahren Sinne des Wortes den Namen einer Schreckenszeit verdienen, es ist dies vor allem der sogenannte schwarze Tod, die echt orientalische Pest, welche in solcher Heftigkeit auftrat, wie noch nie im ganzen Mittelalter; es sind dies die Judenverfolgungen und die Plagen der Geissler.

Der schwarze Tod kam aus dem innern Asien und raffte so zahlreiche Menschen hinweg, dass in manchen Orten

---

[1]) Wörtlich nach Palacký, Gesch. l. c. 291.
[2]) Abgedruckt durch Palacký im Archiv český, III. 2, 65—180. Förmlich vom Könige Karl für null und nichtig erklärt im Landtage vom 6. October 1355.

mehr als der neunte Theil ihrer Bewohner in der kürzesten Zeit verstarb. Doch traf dieses Unglück, wie meistens, nur die ärmeren Classen; es ist z. B. kein regierender Fürst bekannt, der daran gestorben wäre. Wie gewöhnlich bei solchen Anlässen, schrieb das gemeine Volk die räthselhafte, und dabei schreckliche Erscheinung des schwarzen Todes, so genannt nach der Farbe der Leichname, einer allgemeinen Brunnenvergiftung durch die Juden zu, und darum wandte sich seine Wuth, zumal in Deutschland, gegen die Juden, als eigentliche Schuldige. Es brach daher, namentlich auf den Besitzungen des Grafen Amadeus VI. von Savoyen und in den Städten des Rheins, eine greuliche Judenverfolgung aus, die schon von 1339 bis 1351 in ihrer vollen Heftigkeit dauerte, und besonders schreckenerregend und grausam wurde, als sie einen socialen Charakter annahm und Befreiung von Judenschulden sich zum Zwecke setzte. Da war es die Kirche, welche sich der verfolgten Juden annahm. Papst Klemens VI. erliess nach einander, am 4. Juli und 26. Sept. 1348, zwei Bullen, worin er jede Beraubung und Ermordung von Juden bei Strafe des Kirchenbannes und mit Hinweis auf die Thatsache verbot, dass die letzteren selbst zahlreich der Pest erliegen, und dass auch solche Gegenden heimgesucht worden seien, in denen es keine Juden gäbe.[1]

Dass der deutsche K. Karl der Judenverfolgung in den deutschen Städten keinen oder nur sehr ungenügenden Einhalt thun konnte, ist nicht seiner Überzeugung oder Mangel an Gerechtigkeitssinn zuzuschreiben, sondern der Verfassung

---

[1] Raynald, Annal. eccl. ad an. 1348.

des deutschen Reiches, die Karl hinderte, selbst wenn er den ernstesten Willen gehabt hätte, den Greueln Einhalt zu thun, und bei dem Mangel ausgiebiger bewaffneter Macht, der zahlreichen Menge des in den Zünften militärisch organisirten Volkes gegenüber, namentlich in den grossen Reichsstädten, etwas auszurichten. Es ist wohl nicht bloss zufällig, wenn uns in Bezug auf das Reich keine ähnliche Weisung Karls an die Reichslandvögte oder Stadträthe erhalten ist, wie betreffs seiner luxemburgischen Stammlande, wo ihm sein landesherrliches Recht, das er im Namen seines unmündigen Bruders ausübte, mehr wirkliche Gewalt verliehen, als die schattenhafte königliche Oberherrschaft in Deutschland. Als nämlich auch Luxemburg sich an der Judenverfolgung betheiligen wollte, da richtete Karl am 24. Juli 1349 an die Pröbste, Ritter, Richter und die Stadtgemeinde von Luxemburg den energischen Befehl, das Leben und die Güter der Juden zu schützen, mit der vernünftigen Motivirung, „dass der Papst und er selbst die Juden für unschuldig halten, und nicht glauben, dass sie die zahlreichen Verbrechen, deren man sie beschuldigt, begangen haben; deswegen solle man abwarten, bis man sich wirklich überzeugt habe, dass die Juden Verbrechen begangen hätten, und dann erst solle man sie nach ihrem Verschulden bestrafen."[1]) Böhmen und Mähren waren vor den Greueln der Judenverfolgungen verschont, weshalb hier jene besonderen Weisungen des K. Karl nicht nöthig waren. Die genannten Länder bildeten damals

---

[1]) Werunsky, Gesch. K. Karls II. 271. Huber, Kaiserregesten S. 87 n. 1079.

kein günstiges Terrain für die Juden, welche Orte und Länder sich schon damals aussuchten, wo eine etwas reichere, aber dabei noch industriearme Bevölkerung wohnte. Böhmen und Mähren waren zur Zeit des Königs Karl, „im Vergleiche zu Deutschland wirtschaftlich weit geringer entwickelt, die arbeitende Classe hatte sich noch wenig genossenschaftlich organisirt, das Zunftwesen stak auf dem Lande noch in den Kinderschuhen." [1]) Da war für den Juden nichts zu suchen, und daher auch keine Veranlassung zum Hasse und zur Verfolgung, wie in Deutschland.

Ebenso verschont, wenigstens zum Theile, blieben die böhm. Kronländer von der Pest, dem sogenannten schwarzen Tode, der unter Karl in Mitteleuropa furchtbar wüthete. Auch weist nichts darauf hin, dass dieselbe in Schlesien im J. 1348 irgend welche Verheerungen angerichtet habe, wohl aber grassirte die Bubonenpest viel verderblicher im folgenden Jahre 1349 in Mähren.[2]) Sie scheint aus Österreich eingewandert zu sein. Die Städte Znaim und Brünn wurden besonders arg heimgesucht, so dass sich der Markgraf von Mähren, Johann Heinrich, Karls Bruder, veranlasst fand, diesen durch die Pest sehr heruntergekommenen

---

[1]) Werunsky l. c. 266. Im Jahre 1348 fand allerdings in Böhmen und Mähren eine Judenverfolgung statt, doch diese war ohne socialistischer Färbung, sondern bloss religiöser Fanatismus war ihr Wesen.

[2]) Beneš Minorita. Dobner Mon. IV. 34. „Ipso anno (1349) pestilentia, sive mortalitas in diversis partibus regni Boemie et Moravie maxima fuit, hoc, ut dicebatur per procurationem Iudeorum, qui etiam plures necati et cremati sunt."

Städten durch besondere Gnaden unter die Arme zu greifen. Dies geschah durch die Hebung der Bevölkerung, indem er den Zuzug der Fremden begünstigte, was besonders durch Steuernachlässe geschah. Brünn z. B. erhielt durch eine Urkunde ddo. Brünn 6. Dec. 1351 für jene, welche sich in der durch die Pest entvölkerten Stadt niederlassen wollten, von St. Georgi an die nachfolgenden 4 Jahre Steuerfreiheit von allen landesfürstlichen und städtischen Abgaben, wogegen die jetzigen Bewohner der Stadt Brünn jährlich 300 Mark zu zahlen haben.[1]) Ebenso verleiht der genannte Markgraf zu Brünn am 21. Dec. 1351 den neuen Ansiedlern, die sich in dem durch die Pest entvölkerten Znaim niederlassen wollten, von St. Georgi an durch nachfolgende 4 Jahre, wie den Ansiedlern in Brünn, Steuerfreiheit, nur sollen sie von Erbschaften gleich den angesiedelten Bürgern die Steuer entrichten.[2]) War Brünn und Znaim durch die orientalische

---

[1]) Cod. Dipl. Mor. VIII. 95. „Qualiter conditio civitatis nostre Brune, que hactenus per pestilentiam et mortalitatem hominum miserabiliter devastata et deserta fuit, et adhuc desolationi subiecta cernitur, nostra mediante sollicitudine melioretur."

[2]) Cod. Dipl. Mor. VIII. 98. „Presertim cum civitas nostra Znoimensis, que in metis marchionatus nostri consistit, per pestilentiam et epidemiam, pro dolor! in tantum sit devastata his proximis preteritis temporibus et desolata, quod nonnisi mediante speciali nostre liberalitatis gracia potuit de huiusmodi destructione relevari. Igitur . . damus . . . libertatem, ut iidem advene, durante dicta libertate (quatuor annorum) de bonis et rebus ac patrimoniis suis, que secum afferent aut ibidem acquisiverint, nullas contributiones seu

Pest entvölkert, wie mochte es im Lande ausgesehen haben? Leider haben wir über diese gewiss traurige Zeit weder in Böhmen, noch in Mähren irgend welche Berichte. Die gleichzeitigen Chronisten berichten über diese Pest, welche über Österreich kam, und durch ihre Länge und Heftigkeit ihresgleichen nie hatte; man musste Schachte graben, um die Leichname beerdigen zu können, bis der Eintritt der kalten Witterung ihrer Weiterverbreitung Einhalt that.[1]

losungas cum prefata civitate facere debebunt, de hereditatibus vero, quod iidem ibidem concuperaverint, ad instar alienorum suorum concivium iuxta civitatis consuetudinem contribuere tenebuntur."

[1] Beneš de Weitmil. Script. rer. Boh. II. 347. „Eodem anno 1348 die 17. Ianuarii fuit ecclipsis lunae et coniunctio quorumdam malivolorum planetarum, ex quibus coniunctionibus et malis constellacionibus orta est inaudita epidemia seu pestilentia hominum in universo mundo, et duravit XIV. annos proxime sequentes (bezogen überhaupt auf die Pest nach Nachrichten aus Asien), et iam ibi, iam illic in terris Christianorum et Paganorum ubique. Nec erat alicubi refugium, quia sicut in planis, sic in montibus et siluis homines moriebantur. In omnibus locis fiebant foucae grandes et plures singulis annis predictis, in quibus morientium corpora sepeliebantur. Talis pestilentia et ita longa nunquam fuit a seculo." Chron. Francisci. Edit. Loserth, pag. 597. „Mortalitas quoque ad Austriam etiam pervenit et in regno Boemie inceperat dominari, sed aura recens et frigida ipsam eliminavit, sed Deo potius et suis sanctis est gratias agendum." Alfons Huber, Kaiserregest. Karl IV. Reichssachen ad an. 1349 mit Angabe der wichtigeren Quelle. S. 534.

Wenn auch an der allgemeinen Pest Mähren und Böhmen nicht in jenem Grade litten, wie etwa Mitteldeutschland und Österreich, so wurden sie durch die dritte Plage, die damals epidemisch auftrat, und Folge der Schrecknisse des schwarzen Todes war, durch die Secte der Flagellanten oder Geissler, heimgesucht. Um das neue Jahr 1349 trat in den österreichischen Ländern eine religiöse Secte auf, welche die Schlechtigkeit der Menschen als Ursache der grossen Pest, und selbe daher als Strafe Gottes betrachtete, die, weil sie ausserordentlich und ungewöhnlich war, auch durch ungewöhnliche und ausserordentliche Mittel gesühnt werden sollte. Die gewöhnlichen Bussübungen: Fasten, Beten und Almosengeben, richten nichts mehr aus, so dachten die Frommen, und Geisselung des sündigen Leibes sollte den Zorn Gottes sühnen. Zu diesem Zwecke traten einige exaltirte Männer in der Zahl von 40 bis 100 zusammen, welche die Geisselbusse als Präventivmassregel gegen die damals besonders stark auftretende Pest ansahen.[1]) Anfangs durch ihren feurigen Busseifer eine allgemeine Bewegung erregend, wurden sie, wo sie hinkamen, mit grosser Ehrfurcht und mit allem kirchlichen Pompe empfangen, und bei den einzelnen Bürgern gastlich aufgenommen und ver-

---

[1]) „Anno 1349 circa circumcisionem Domini usque in pascham viri 40, 60 vel 100 coadunate per ecclesias decurrentes cum flagellis se denudantur usque ad cingulum publicas egerunt penitentias, cantando de passione Domini." Contin. Zwetlens. quarta. Pertz. Mon. hist. SS. XI. 685. Die Chronik von Neuberg nent die Geisselbusse eine Strafe Gottes. Cont. Novimontis. Pertz, Mon. IX. 675.

pflegt. Am 1. März 1349 erschienen sie in Böhmen und
hielten in Prag ihren feierlichen Einzug.¹) Die kirchlichen
und weltlichen Behörden duldeten diese Schwärmer, solange
keine häretischen oder socialistischen Ausschreitungen sich
bei ihnen kundgaben. Als aber ein entschieden anticlerikaler
Charakter sich der Flagellanten bemächtigt hatte, und socia-
listische Elemente dieselben zersetzten, trat vor allem die
kirchliche Autorität wider sie auf, und untersagte ihr öffentliches Auftreten. In Prag that es der Erzbischof Arnost, wie
es der Chronist Franz ausdrücklich bezeigt, und in den
Suffraganbisthümern, obwohl wir dafür keine bestimmten
Belege haben, mochten diesem Beispiele des Metropoliten die
Suffraganbischöfe nachgefolgt haben. König Karl hatte nicht

¹) „Eodem anno (1349) venerunt in Boemiam quidam perversi
viri de Alamania, qui se se flagellabant in conspectu hominum et sibi mutuo, videlicet laicus laico, confitebantur
peccata sua, et peuitencias iniungebant et predicabant ad
populum et multos simplices decipiebant. Quorum errores
venerabilis dominus Arnestus, primus archiepiscopus, cogno-
scens, eos talia facere prohibuit et impedivit." Beneš Sep.
II. 347. „Eodem anno currenti Pragam venerunt multi penitenciam agentes de diversis terris, senes et iuvenes, tur-
matim et processionaliter in ciliciis, et in ecclesias circum-
currentes precincti manus parvo linteo, superius nudi
cedebant se graviter flagellantes usque ad largam sanguinis
effusionem... Et quia secta eorum erat non modicum cor-
rupta, in se continens varios errores, quibus cognitis
dominus archiepiscopus cum aliis prelatis ecclesiarum
amplius ipsos sustinere nolentes, de Boemia exire coege-
runt." Francis. Edit. Loserth. pag. 599. Auch der Chronist
Beneš Minorita. Dobner, Mon. IV. 34.

nöthig gehabt, mit königl. Patenten wider diese Schwärmer aufzutreten.[1])

Erzbischof Arnost sorgte für die Herstellung der Kirchenordnung durch die Einberufung einer Provinzial-Synode. Nachdem nämlich Arnost von Pardubitz 1344 Prager Erzbischof wurde, und in demselben Jahre mittelst einer Bulle vom 25. August durch das erzbischöfliche Pallium die förmliche Jurisdiction in der Metropolie erhielt, war es an der Zeit, an die neue Organisation der Prager Metropolie zu denken; denn die bis jetzt bestandenen Mainzer Metropolitan-Statuten hatten, besonders was die Disciplinaria betrifft, ihre Rechtskraft in der Prager Diöcese verloren, und Arnost musste an ihre Wiedererneuerung denken, was aber nur möglich war durch neue Statuten, welche für die gesammte böhmische Metropolie, folglich auch für ihre Suffragane, die Bischöfe von Olmütz und Leitomyšl, Geltung haben sollten; dies that der Erzbischof Arnost durch die Einberufung der grossen böhmischen Provinzial-Synode vom November 1349 in der Hauptstadt Prag, wo den 11. und 12. November ihre Beschlüsse angenommen und unterzeichnet wurden. Bevor jedoch diese Provinzial-Synode zusammentrat, musste nach den bestehenden Canonen eine General-Visitation und eine Organisation der Suffraganbisthümer vorsichgehen, was nur zwischen den Jahren 1345—1349 geschehen konnte, weil

---

[1]) Umständlich mit Angabe vieler Quellen über den schwarzen Tod, die Judenverfolgung und die Geissler, siehe Werunsky, Gesch. Kais. Karl IV., II. 239—324. Dann Huber l. c. 535, und Zachers Artikel die „Geissler" in Ersch und Grubers Encyklopädie.

nur in dieser Zeit noch der Olmützer Bischof Johann am Leben war (er starb im September 1351). Aus dieser Zeit erhielt sich der sogenannte Visitations-Recess in der Olmützer Kirche und erstreckt sich auf zwei Punkte, auf die Pflichten und Obliegenheiten der zur Domkirche gehörigen Würdenträger: Bischof, Dechant, Probst, Archidiacon, Custos und Scholasticus, und dann auf die Gerechtsamen der Capitularen und Vicarien und auf ihre Pflichten dem Chore gegenüber,[1]) und nachdem ein ähnlicher Recess für die Prager Diöcese schon am 18. October 1343 erfolgt war.[2]) So ist alles geschehen, um rechtsgiltig die grosse Provinzial-Synode vom November einzuberufen, um als Gesetz für die ganze Prager Metropolie zu gelten. Abstellung aller Missbräuche in der Erlangung von Weihen und Kirchenämtern, Beförderung des sittlichen und kirchlichen Wandels der Geistlichkeit, moralische Hebung des Volkes, strenge Ordnung im Gottesdienste und in der Verwaltung der heil. Sacramente und eine sichere Procedur in kirchlichen Streitsachen war der Gegenstand derselben, die zugleich das Spiegelbild ihrer Zeit sind. Wenn Arnost verordnet, dass ohne Synodal-Bewilligung keine neuen Lesestücke, keine neuen Hymnen und Sequenzen, überhaupt keine neuen Officien in den Kirchen eingeführt werden dürfen, so wirkt er dem überschwenglichen Neuerungsgeiste entgegen. Wenn er auf die sichere Aufbewahrung der con-

---

[1]) Statuten des Metropoliten von Prag, Arnost von Pardubitz, für den Bischof und das Capitel von Olmütz um das Jahr 1349, von Dr. B. Dudík.

[2]) Synodal-Statuten des Bischofs Arnost von Pardubitz für die Prager Diöcese vom 18. Oct. 1343, von Dr. B. Dudík.

secrirten Hostie und der heil. Öle dringt, so hatte er den Missbrauch vor Augen, welchen der Aberglaube mit den gottgeweihten Gegenständen zu treiben pflegte. Gegen diesen Aberglauben zielt auch das Statut „de sortilegis." Er befiehlt darin, alle Wahrsager, Zauberer und Zeichendeuter aus den Gemeinden zu verjagen, weil sie das Volk nur irreführen. Und seine Verordnungen über die Simonie, über die Art und Weise, Beneficien zu erwerben, über das Patronat u. s. w., was bezwecken sie anderes, als dem Clerus in seiner Sucht nach Reichthümern einen Riegel vorzusetzen? Doch Arnost stellte sich mit der Codificirung der kirchlichen Verordnungen in seinen berühmten Statuten, welche auf das praktische und seelsorgliche Leben sich beziehen, noch nicht zufrieden, er wusste, dass die besten Gesetze, wenn in ihrem Geiste unverstanden, ohne Erfolg bleiben.

Um diesem Übel abzuhelfen und dem minder gebildeten Clerus unter die Arme zu greifen, decretirte er auf der Provinzial-Synode von 1349, „dass den Statuten derselben, damit kein Cleriker mit der Unkenntnis der Glaubensartikel sich decke, das über die Glaubens- und Sittenwahrheiten handelnde Werk: „De tribus punctis essentialibus religionis christianae," sonst auch „Summula" genannt, angeschlossen, und so allen zugänglich gemacht werde;" denn es galt die Verordnung, dass die Kathedral- und Collegiatkirchen je zwei Exemplare der erwähnten Provinzial-Statuten oder, wie sie Arnost nennt, Constitutionen, und folglich auch der Summula besitzen sollen, von denen das eine Exemplar unter erzbischöflicher Approbation und Siegel in der Sacristei, das andere an einem leicht zugänglichen Orte der Kirche an einer Kette befestigt offen liegen solle, und so müsse auch jeder selbständige Seelsorger, Archidiacon, Landdechant und Pfarrer ein Exemplar der Constitutionen besitzen. Zur Anschaffung wird eine dreimonatliche Frist festgesetzt. Dies erklärt uns, wie es kam, dass verhältnismässig recht zahlreich die Handschriften der Arnostinischen Statuten und der ihnen angehängten Summula bis zur Gegenwart sich erhielten. Diese Summula oder „Summa de tribus punctis essentialibus religionis christianæ" ist sozusagen der Katechismus des 14. Jahrh. und gibt in Kürze die unentbehrlichsten Wahrheiten, die ein Seelsorger, um seiner Pflicht zu genügen, wissen soll. Ihr Verfasser nennt sich Magister Thomas de Hybernia und bezeichnet 1316 als das Jahr ihrer Abfassung.[1]

Durch die Provinzial-Synode und die Summula wurde auf den Unterricht des Volkes so gewirkt, dass die durch die Geissler verbreiteten Phantasien im Lande nach und nach aufhörten.

Nach der Krönung Karls zu Aachen 25. Juli und der seiner Gemahlin Anna, den Tag darauf, hielt sich Karl vom 9. August 1349 bis Ende dieses Monats in Köln auf. Die merkwürdigste Urkunde, die er hier ausstellte, ist vom 15. August, durch welche er allen Fürsten, Herren, Städten und allen guten Leuten verkündet, dass er Waldemar für einen Markgrafen von Brandenburg und Landsberg anerkenne, und anders niemanden mehr, und nach dessen Tode die

---

[1] Statuten des ersten Prager Provinzial-Concils vom 11. und 12. November 1349. Im Anhange Tractatus de tribus Punctis Essentialibus Christianæ Religionis, von Thomas de Hybernia aus dem Jahre 1316. Brünn 1872. Dr. B Dudik.

Herzoge von Sachsen und die von Anhalt.¹) In gleichem Sinne schreibt er an die Städte Brandenburgs, nachdem er ihnen dies schon durch seine Briefe und durch Diethmarn, Domherrn zu Breslau, seinem Schreiber, kundgethan, mit dem weiteren Zusatze, dass sie, wenn er wieder in Böhmen sein werde, was er vor Michaelis, also vor dem 29. Sept., zu thun beabsichtigte, ihre Machtboten mit dem Herzoge Rudolf von Sachsen und andern Freunden zu ihm senden sollen.²) Und doch hat K. Karl durch eine Urkunde ddo. vor Eltvil 26. Mai 1349 dem Markgrafen Ludwig versprochen, ihm die entrissene Mark Brandenburg zurückzustellen, wogegen der Markgraf seinen Beistand zur Behauptung des römischen Königsthrones verspreche, und gelobte binnen zwei Monaten nach Karls Aufforderung seine Lehen von ihm zu empfangen, und bei einem künftigen Römerzuge dem Heere desselben freien Durchzug durch seine Lande zu gewähren; Karl dagegen entsagte allen Ansprüchen auf das Herzogthum Kärnten,³) die Grafschaften Tirol und Görz und die Vogteien über Trient, Brixen und Aquileja, sicherte ihm die Bestätigung der vom Kaiser Ludwig erhaltenen Freiheiten

---

¹) Huber, Kaiserregesten Karls IV. S. 90 n. 1122.
²) Huber, Kaiserregesten Karl IV. S. 90, n. 1123. Riedl, Cod. Brand. II. 2, 262 n. 896.
³) Abgesehen von seiner am 14. December 1341 geschehenen Verzichtleistung auf Kärnten, hatte Karl selbst am 5. Juni 1348 den Herzog Albrecht von Österreich mit jenem Lande belehnt. Karl besass also streng genommen betreffs Kärntens kein Recht mehr, worauf er zu Gunsten des Markgrafen Ludwig hätte verzichten können. Siehe S. 567 d. W. Huber, Kaiserregest. Karls ddo. Seefeld 5. Juli 1348, S. 58.

und Rechte zu, und versprach, wahrscheinlich mündlich, ihm sowohl als seinen Brüdern, beim Papste die Lösung vom Kirchenbanne auszuwirken, und zu diesem Ende gemeinschaftlich mit dem Markgrafen eine Reise nach Avignon zu unternehmen.[1]) Würde die Reise Erfolg haben, so solle binnen vier Wochen nach der Zurückkunft vom päpstlichen Hofe seitens des Markgrafen die Auslieferung der Reichskleinodien an König Karl erfolgen;[2]) dies waren grosse Zusagen, die nicht so leicht erfüllt werden konnten. Leichter war die Zusage wegen Verzichtleistung auf Tirol, Görz und Kärnten zu erfüllen. Der Erfolg hieng von Karl ab. Karl hat daher vor Eltvil 26. Mai 1349 die Verzichtsurkunde leicht ausstellen können;[3]) aber den Papst zu Gunsten des Markgrafen Ludwig und seiner Brüder zu stimmen, hieng nicht von ihm ab, ebenso auch nicht die Entfernung des falschen Waldemar. Hier musste Karls diplomatische Befähigung aushelfen. Für jetzt setzte der römische König seine Krönungsreise fort, und zwar hielt er sich vom September an in Speier, wo er einen Landfrieden, aber vergeblich, anstrebte. Dies gelang ihm erst in Nürnberg am 4. October, die Verkündigung eines Landfriedens für Franken, der bis 23. April 1351 dauern sollte.[4]) In die Competenz dieses Landfriedens gehörten: Raub, Mord, Brand, ungerechte Fehden, Streitig-

---

[1]) „Intenderat autem rex et marchio simul pro perficienda concordia se transferre ad papam." Matthias Nuewenb. Böhmer, Font. IV. 269.

[2]) Werunsky. Gesch. Karls IV. II. 181.

[3]) Huber l. c. 79 n. 902.

[4]) Huber, Kaiserregesten Karls S. 94 n. 1178.

keiten zwischen Herren und Städten, Aufstände in letzteren und endlich Schutz der Reisenden. Die Austragung aller Fehden sollte jedoch nicht in jene Competenz fallen.

Unmittelbar nach Errichtung dieses Landfriedensbündnisses verliess Karl Nürnberg, und kehrte auf einem Umwege über Weiden, Eger und Taus nach Prag zurück, wo er zu Ende October nach 13monatlicher Abwesenheit eintraf, und wo am 1. November 1349 die Krönung seiner Gemahlin Anna, im Lande Mečka genannt, als Königin von Böhmen mit dem üblichen Gepränge stattfand.[1] Diese gebar ihm im nächsten Jahre 1350 den 17. Januar einen Sohn, der in der Taufe den Namen Wenzel erhielt. König Karl erfreute sich nicht lange des heissersehnten Sohnes; denn Wenzel starb schon den 26. December 1351 und wurde in der Familiengruft zu St. Veit begraben.[2] Leider folgte dem

---

[1] „Anno 1349 4. Martii rex Boemie ducit uxorem, nomine Meczkam, filiam Landgravii de superiori Bavaria, et cum ipsa post festum sancti Galli (16. Octobr.) Bohemiam intravit, et eam in die Omnium Sanctorum (1. Novembr.) coronavit." Chron. Benešii. Min. Mon. IV. 34.

[2] „Eodem tempore dominus Karolus, Romanorum et Boemie rex, duxit in coniugem Annam, filiam comitis Palatini Reni, ex qua sequenti anno (1350) genеrauit filium primogenitum Wenceslaum, sed anno secundo aetatis sue puer idem mortuus, in ecclesia Pragensi sepultus est." Beneš de Weitmil. Script. rer. Boh. II. 349. „In eodem anno in dominio Omnis terra, prefata domina regina (Anna) peperit filium primogenitum et baptizatus est in castro Pragensi in ecclesia Cathedrali cum magna solennitate, nomine Wenceslaus." Chron. Francisci. Dobner Mon. VI. 315.

Sohne schon am 2. Febr. 1353 die Mutter, die Königin Anna, nach. Man begrub sie an der Seite des Sohnes in der Veitskirche.¹) Es ist bewiesen, dass Karl in seiner ersten Freude über die erfolgte Krönung seiner Gemahlin Anna, dem Abte und dem Convente des Slavenklosters bei St. Cosmas und Damian in der Prager Neustadt die Dörfer Lhota und Lhota Milhostina am 3. Nov. 1349 geschenkt hat.²) Auch hat König Karl nach einigen Tagen, den 20. November d. J., dieses Slavenkloster auf der Neustadt von der Zahlung der Maut im ganzen Königreiche Böhmen befreit. Diese Gnaden ertheilt Karl dem Slavenkloster, das er seinen Liebling nennt.³) Am Krönungstage seiner Gemahlin gab Karl auch dem Erzbischofe in Prag die Vollmacht, bei dem Stifte zu Leitmeritz einen Domdechant mit den Rechten der Domdechanten bei dem bischöflichen Capitel einzusetzen.⁴)

Wie Karl sein Slavenkloster hegt und pflegt, so sein Verwandte Johann, Bischof von Olmütz, das durch ihn gestiftete Nonnenstift Pustoměř. Er ernannte daselbst den 8. November 1349 den von der Äbtissin Agnes und dem Convente des Klosters vorgeschlagenen Canonicus

---

¹) „Anno 1353 domina Meczka regina in die Purificationis viam universe carnuis ut ingressa et Prage in summo est sepulta." Chron. Beneš. Dobner, Mon. IV. 86.
²) Cod. Dipl. Mor. VII. 674.
³) „Monachos, quos regio et speciali favore prosequimur." Pelzel, Kaiser Karl IV. Urkundenbuch S. 275. Cod. Dipl Mor. VII. 676.
⁴) Pelzel, Kaiser Karl IV. S. 275.

der Collegiatkirche zu St. Mauritz in Kremsier, Nikolaus zum Pfarrer der dem Kloster incorporirten Kirche zu Gdossau.¹) Die Domherren auf dem Prager Schlosse hatten dem Könige Vorstellungen gemacht, dass die grossen Freiheiten, die er der Stadt Prag ertheilte, ihren Zolleinkünften in den Prager Kaufhallen nachtheilig wären. Karl gab deshalb am 8. November 1349 zu ihrem Besten die Verordnung, dass die Zolleinkünfte von allen Waren nach wie vor entrichtet werden sollen²) und dass auch die Privilegien, die er den Domherren ertheilte, keinen Nachtheil erleiden dürfen.

Karl blieb bis in die ersten Tage des Januars 1350 in Prag. Die Verhältnisse seines Hauses hatten inzwischen sowohl durch die Todesfälle seiner Schwester Gutta († 20. Mai 1349), der Gemahlin des Kronprinzen von Frankreich, und seiner Tochter Margaretha (geb. 1335, † 24. Mai 1349), die mit König Ludwig von Ungarn vermählt war, als auch durch die Verzichtleistung auf das Tiroler Erbe, und auf die Fürstin Margaretha Maultasch von Seite seines Bruders Johann Heinrich bedeutende Veränderungen erlitten. Es wurde nothwendig, den letzteren durch die Belehnung mit Mähren aus seiner falschen Stellung zu ziehen und angemessen zu versorgen,³) was jedoch nur möglich wurde, indem er noch

---

¹) Cod. Dipl. Mor. VII. 674.
²) Cod. Dipl. Mor. VII. 674.
³) Den Lehensbrief, womit Johann Heinrich und seine Nachfolger mit Mähren belehnt wurden, ddo. Prag 26. Dec. 1349 eröffnet „Karolus IV., divina favente clemencia Roma-

zu Prag am 26. December 1349 in Gegenwart hoher weltlicher und geistlicher Herren, die aus deutschen und aus den Ländern der böhmischen Krone anwesend waren, für seinen Bruder einen Lehensbrief ausstellte. Johann Heinrich wurde, wie wir wissen, durch K. Johanns Testament vom 9. Sept. 1340 Erbe von Mähren. Als Markgraf erscheint er zum erstenmal in einer Urkunde vom 12. April 1348, durch welche die Olmützer Domschule und die dortigen Vicäre von allen Abgaben befreit wurden. Aber König Karl hat damals seinem Bruder bloss den Titel eines Markgrafen verliehen, aber noch nicht das souveräne Recht über die Markgrafschaft. Dies geschah erst nach gepflogenem Rathe geistlicher und weltlicher Herren der Krone Böhmens.[1]

norum Imperator, semper augustus et Boemie rex ad perpetuam rei memoriam. Inter ceteras sollicitudinum curas, quibus pro universorum statu fidelium nostre Maiestatis animus ex innata nobis benignitate distrahitur: illud nostre meditationi occurrit, precipuum, ut de honorifico ac decenti statu illustris Iohannis, Marchionis Moravie, fratris germani nostri carissimi, sollerter et diligentius intendamus." Cod. Dipl. Mor. VII. 679.

[1] „Sano igitur animo deliberato, nonnullorum tam ecclesiasticorum, quam secularium principum, baronum ac nobilium regni nostri Boemie consilio precedente, dicto fratri et principi nostro et suis heredibus ac proheredibus legitimis sexus masculini nobilem et insignem Principatum, Marchionatum Moravie... tam in bonis venerabilis Olomucensis episcopi, principis nostri et successorum ipsius, quam aliorum Baronum ac incolarum Moravie. in feudum nobile et iusto feudi titulo a nobis, heredibus et successoribus

Durch die förmliche Belehnung und Ausstellung der Lehensurkunde vom 26. Dec. 1349 wurde der Fürst Johann Heinrich selbständiger Regent. Diese Urkunde setzt fest, dass die Markgrafschaft Mähren mit Ausnahme des Olmützer Bisthums und des Herzogthums Troppau, die dem Könige von Böhmen unmittelbar zu Lehen gehen, ein Feudum nobile und insigne der Krone Böhmens sei mit der Bestimmung, dass im Falle der Erlöschung des Mannsstammes Mähren an den König von Böhmen zurückfallen solle, wie umgekehrt, wenn die Könige von Böhmen ohne männlicher Erben abgiengen, das Reich Böhmen und die Grafschaft Luxemburg an den Markgrafen Johann und seine männlichen Erben kommen solle. Als Zeugen an diesem Lehensbriefe sind angemerkt: Arnost, Erzbischof von Prag, und die Bischöfe Johann, Prinz-Bischof von Olmütz, und Nikolaus, Bischof von Naumburg,[1]) Rudolf von Sachsen, Erzmarschall des deutschen Reiches, Rupert, Pfalzgraf von Rhein und Herzog

---

nostris regibus Bohemie, et a corona regni prefati habendum, tenendum, possidendum ac utifruendum perpetuo damus, conferimus et donamus." Cod. Dipl. Mor. VII. 679.

[1]) „Johanne Olomucensi et Nicolao Naumbergensi Episcopis." Cod. Dipl. Mor. VII. 684. Wer war dieser Bischof, Nicolaus Naumbergensis episcopus? Huber in den Kaiserregesten Karls IV. hält ihn für den Bischof (Zeitz) von Naumburg. Aber die Bischofsreihe von Naumburg (Gams series Episcopi pag. 296) kennt zum Jahre 1349 einen Johann von Miltitz als Bischof, aber nicht einen Nikolaus. Es scheint hier ein Schreibfehler zu liegen.

von Baiern. Weiter Smil (?) von Landstein,[1]) Johann von Michelsburg, Heinrich von Lichtenburg, Andreas von Duba, Jodok von Rosenberg, Tasso von Sarrow, (Scuhrov?) Zbinko von Hasenburg, Johann von Sternberg, Božek von Wilhartic, Hašek von Sweratic,[2]) alle böhm. Herren; mährische Herren: Stephan und Jaroslav von Sternberg, Bernard von Cimburg, Johann von Boskowitz (Borcowicz?), Heinrich von Lichtenburg, Heinrich von Vöttau, Jenšo und Proček von Lomnitz.[3])

Nachdem Markgraf Johann an demselben Tage dem Könige Karl den Gegenrevers unter denselben Zeugen eingehändigt hatte, begann er als Markgraf die Regierung. Mit diesem Acte beginnt seine Regierung und die des Königs Karl hört als die des Markgrafen auf. Johann Heinrichs Regierung von Mähren dauert bis 1375.

Die Regierung seines Vorgängers, des Markgrafen Karl, gehört zu den glücklichsten in Mähren; freilich können wir dieselbe nur erfassen, wenn wir die ganze Thätigkeit des gewaltigen Mannes in Betracht ziehen, und daher seine Regierung in Deutschland ebenso beurtheilen, wie in Böhmen. Gross in der Conception und sicher in der Aus-

---

[1]) Nicht Smil, welcher damals unbekannt war, sondern Wilhelm von Landstein, wie er richtig auf dem Revers steht, soll hier stehen.

[2]) Sveratic ist das heutige Zvířetice.

[3]) Original im k. k. Haus-, Hof- und Staatsarchive mit seidener Bulle. Abgedr. Cod. Dipl. Mor. VII. 679—684 ddo. Prag 1350 in Iubileo. VII. in Kal. Ianuarii. Regnorum nostrorum anno quarto 26. December war eben der Tag, an dem das fünfzigjährige allgemeine Kirchenjubiläum Jahresanfang 1350 begann.

führung, kühn im Denken, rasch im Handeln erscheint Karl von dem Augenblicke an, als er durch das Übernehmen der Markgrafschaft selbständig wurde. In seiner Stellung zu seinem leidenschaftlichen Vater bewies er die Fähigkeit, grosse Völker zu regieren. Er bewies eben dies in Böhmen, wo er so gut und weise regierte, dass ihm die dankbare Nachwelt den Namen des Vaters des Vaterlandes ertheilte;[1] denselben Namen verdiente er auch in Mähren; denn all das Schöne und Edle, welches ihm diesen Namen in Böhmen zusichert, kam auch dem Nachbarstaate zugute. Mähren war, was die Hauptsache ist, ganz rasch vorwärts an der Bahn der Cultur gegangen, ohne von den Nachbarstaaten gehindert zu werden. Wir wissen sehr gut, dass auch in anderen Nationen von Zeit zu Zeit ein gewaltiges Streben erwacht, sich von den Einflüssen der Ausländer zu befreien und ein streng eigenthümliches Leben zu beginnen. Diese Rückschläge sind im gewissen Sinne nothwendig, weil sie das Volk erinnern, dass es seine Individualität festhalten müsse, dass es so viel Fremdes sich nicht aneignen dürfe, um sich selbst fremd zu werden.[2] Unter dem Markgrafen Karl, dessen ganzer geschichtlicher Schwerpunkt in der Gesetzgebung und der Verwaltung ruht, hat das deutsche Wesen grossen Einfluss im Lande gewonnen, so dass Karl den Gedanken hegte, Prag zur Hauptstadt seiner Reiche zu

---

[1] Dr. Josef Kalousek. Karl IV. Otec vlasti. Prag 1878.
[2] Dr. Josef Kalousek. Über die Nationalität Karls IV. Entgegnung auf einen von Prof. Dr. J. Loserth unter demselben Titel in den Mittheilungen des Vereines für Geschichte der Deutschen in Böhmen veröffentlichten Aufsatz. Prag 1879.

erheben.¹) Den Gedanken in die That umsetzen, die Andeutungen begreifen, welche der Geist der Geschichte ertheilt, die Richtung erkennen, nach welcher er weist, ihre Nothwendigkeit auch den andern begreiflich machen und sie in Wirklichkeit einschlagen und den Weg glücklich zurücklegen, das ist es ja, was den Staatsmann auszeichnet, dem dieser Ehrenname wahrhaft beigelegt werden kann, und dass dem K. Karl dieser Name gebührt, ist allbekannt.

¹) Siehe S. 563—606 d. W.

I. O. G. D.

Corrigenda.

Seite 6,	Zeile von oben 3,	statt	brachten lies: knüpften.
„ 7,	„ „ „ 3,	„	königliche lies: königlichen.
„ 10,	„ „ „ 21,	„	redidicimis lies: redidicimus.
„ 22,	„ „ „ 1,	„	dafür lies: darum.
„ 40,	„ „ „ 1,	„	bestätigten lies: bestätigen.
„ 64,	„ „ „ 3,	„	den lies: dem.
„ 71,	„ „ „ 3,	„	6 November lies 6. December.
„ 79,	„ „ „ 15,	„	Heeren lies: Heere.
„ 95,	„ „ „ 8,	„	werde lies: wurde.
„ 96,	„ „ „ 10,	„	der lies: den.
„ 97,	„ „ „ 6,	„	Johann lies: Johanns.
„ 105,	„ „ „ 6,	„	des lies: dem.
„ 113,	„ „ „ 1,	„	lies: Bulla Benedictina 1336.
„ 132,	„ „ „ 26,	„	erheben lies: erhöhen.
„ 143,	„ „ „ 17,	„	1328 lies: 1228.
„ 152,	„ „ „ 5,	„	Individualität lies: Intimität.
„ 158,	„ „ „ 22,	„	colorum lies: cœlorum.
„ 303,	„ „ „ 11,	„	Erzherzog lies: Herzog.
„ 309,	„ „ „ 2,	„	einstehen lies: entsprechen.
„ 337,	„ „ „ 2,	„	Dompropsten lies: Dompröbsten.
„ 339,	„ „ „ 3,	„	deren lies: dessen.
„ 341,	„ „ „ 3,	„	habenden lies: gehaltenen.
„ 412,	„ „ „ 11,	„	den lies: das.
„ 458,	„ „ „ 16,	„	Zwinkov lies: Zwikow.
„ 504,	„ „ „ 8,	„	Susuna lies: Susannæ.
„ 509,	„ „ „ 13,	„	werde lies: wird.
„ 548,	„ „ „ 10,	„	das lies: da.
„ 575,	„ „ „ 17,	„	nicht lies: weit.
„ 588,	„ „ „ 11,	„	Wokoun lies: Wok.
„ 592,	„ „ „ 20,	„	seinen Vetter lies: seines Vetters.
„ 628,	„ „ „ 4,	„	von lies: vor.
„ 635,	„ „ „ 1,	sind die Worte: zur deutschen Königin, wegzulassen.
„ 648,	„ „ „ 9,	statt	kauften lies: kaufte.
„ 649,	„ „ „ 11,	„	Vermerken lies: Vormerken.
„ 676,	„ „ „ 2,	„	das Übernehmen lies: die Übernahme.

Zum Tode des Königs Johann in der Schlacht bei Crecy tragen wir folgende Note nach:

La prise d'Alexandrie, ou chronique du roi Pierre I. de Lusignan par Guillaume de Machant publiée pour la premiere fois par le societé Orient latine par M. L. de Mas. Latrie Genéve 1877. 8⁰. Es ist dies eine im Französischen gereimte Chronik über das Königreich Cypern, welches die Familie Lusignan nahezu 300 Jahre besass (1192—1489). Die Chronik beschäftigt sich mit dem Könige Peter I. von Cypern vom J. 1339 bis 1369. Der Verfasser war nahezu 30 Jahre in Verbindung mit den Luxemburgern. Er war Valetus camaræ; etwa in seinem 17. Lebensjahre zuerst am Hofe der Herzogin zu Navarra, seit 1316 trat er in derselben Eigenschaft in den Dienst des Königs Johann von Luxemburg, in welchem er nahezu 30 Jahre zubrachte. Zuerst war er des Königs Secretär und hat somit Gelegenheit, in seiner Reimchronik viele Einzelnheiten sowohl vom Könige Johann, als auch über dessen Kinder Karl und Heinrich zu berichten. Machant starb in dem Jahre 1377. Zur Charakteristik der Könige Johann und Karl ungemein wichtig. Einen guten Aufsatz schrieb Dr. Konstantin Jireček: „Guillaume de Machant, sekretář krále Jana Lucemburského" in Časopis Musea král. českého 1877. S. S. 78—93 mit vielen Auszügen.

Über die Flagellanten (pag. 663 Anm.) seien noch erwähnt die Worte des Beneš Minorita: Anno 1349 in quadragesima quidam idioti penitentes, dicti flagellatores, regnum Bohemie magna in multitudine intraverant sub vexillis, cantantes cantilenas in theutonico, quibus associati fuerunt nostri terrigene multi de civitatibus diversis, donec per archiepiscopum Boemie sunt prohibiti, qui sine licencia episcoporum suorum et doctrina sacerdotum assumserunt illam penitenciam, imo in cantu et in factis eorum principales fidei catholice contrarii inventi sunt vitiosi.

www.ingramcontent.com/pod-product-compliance
Lightning Source LLC
Chambersburg PA
CBHW021217300426
44111CB00007B/347